格诺威部分客户名单

（排名不分先后）

重庆市志

主　修　唐良智

主　审　屈　谦　唐　慎

总编辑　刘文海

重庆市志

九三学社重庆地方组织志

（1946—2007）

九三学社重庆市委员会　编纂

西南师范大学出版社

图书在版编目(CIP)数据

重庆市志．九三学社重庆地方组织志 ：1946—2007 / 九三学社重庆市委员会编纂．-- 重庆 ：西南师范大学出版社，2019.12

ISBN 978-7-5621-9631-0

Ⅰ．①重… Ⅱ．①九… Ⅲ．①重庆一地方志②九三学社一概况一重庆一 1946-2007 Ⅳ．① K297.19 ② D665.7

中国版本图书馆 CIP 数据核字（2018）第 225700 号

责任编辑：段小佳

封面设计：张小卉　殷　智

重庆市志·九三学社重庆地方组织志

CHONGQING SHI ZHI JIUSAN XUESHE CHONGQING DIFANG ZUZHI ZHI

(1946—2007)

九三学社重庆市委员会 编纂

西南师范大学出版社出版、发行

重庆巴南彩印厂印刷

开本:889mm×1194mm　1/16　印张:30　插页:20　字数:894千字

2019年12月第1版　2019年12月第1次印刷

ISBN 978-7-5621-9631-0

定价：238.00元

重庆市地方志编纂委员会

《重庆市志·九三学社重庆地方组织志（1946—2007）》编纂委员会（2008年2月）

顾　　问　许香谷　徐宗俊　何知凡　黄秉来　蓝钧鳌　姚珍薇　柳恩梅
主　　任　谢小军
副 主 任　潘复生　邱道持　陈义华　屈　谦　黄爱龙　周伯安　刘云艳
　　　　　杨开奎

《重庆市志·九三学社重庆地方组织志（1946—2007）》编纂委员会（2012年4月）

顾　　问　许香谷　徐宗俊　何知凡　蓝钧鳌　姚珍薇　柳恩梅　邱道持
　　　　　周伯安
主　　任　谢小军
副 主 任　潘复生　陈义华　屈　谦　黄爱龙　刘云艳　杨开奎　杨　丹
　　　　　余国东

《重庆市志·九三学社重庆地方组织志（1946—2007）》编纂委员会（2017年4月）

顾　　问　徐宗俊　谢小军　何知凡　蓝钧鳌　姚珍薇　柳恩梅　邱道持
　　　　　周伯安　潘复生　陈义华
主　　任　屈　谦
副 主 任　黄爱龙　刘云艳　杨开奎　杨　丹　余国东　黄　华　魏子栋

《重庆市志·九三学社重庆地方组织志（1946—2007）》审查验收机构人员

初　审

九三学社重庆市委员会　谢小军　屈　谦　潘复生　陈义华　黄爱龙　刘云艳
杨开奎　杨　丹　余国东　黄　华　魏子栋

复　审

重庆市地方志办公室　刘文海　夏小平　殷　智　熊蜀黔　洪　霞　杨祖静
司逸澈　陈欣如

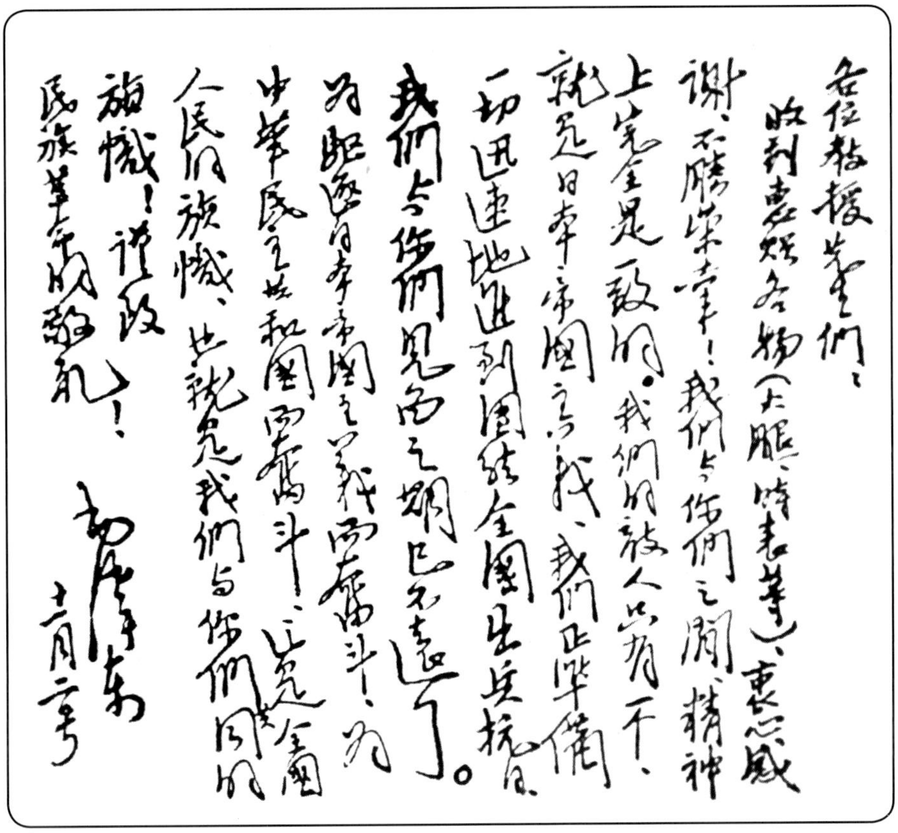
各位教授先生们：
收到惠赠各物（火腿、时表等），衷心感谢，不胜荣幸！我们与你们之间，精神上完全是一致的。我们的敌人只有一个，就是日本帝国主义，我们正准备一切迅速地进到团结全国出兵抗日，我们与你们见面之期已不远了。为驱逐日本帝国主义出中国而奋斗，为中华民主共和国而奋斗，这是全国人民的旗帜，也就是我们与你们的共同的旗帜！谨致
民族革命的敬礼！
毛泽东
十一月二日

1935年底，许德珩、劳君展夫妇得悉红军北上抗日，长征到达陕北，很受鼓舞，为表敬意，买了一些日用品和食品，委托共产党员徐冰等人带到延安，毛泽东收到后，于1936年11月2日写信致谢。图为毛泽东致许德珩夫妇的书信手迹

抗战时期的许德珩（摄于重庆）

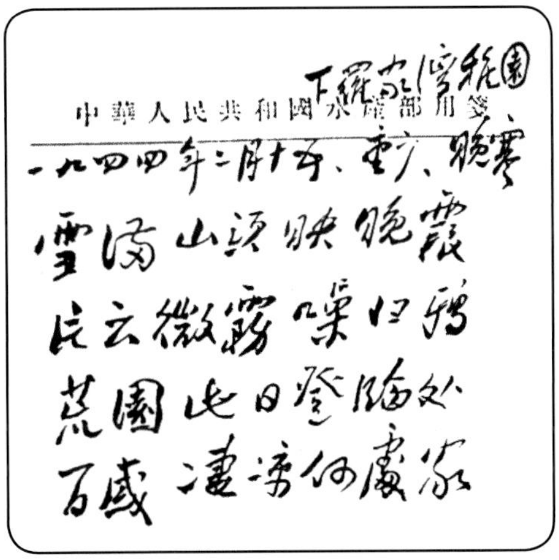
中華人民共和國水產部用箋
下罗家湾稚园
一九四四年二月十五、重庆、晚寒
雪满山头映晚霞
片云微雾噪归鸦
荒园此日登临处
百感凄凉何处家

1944年2月15日，
许德珩于重庆下罗家湾稚园寓所，晚寒
雪满山头映晚霞，片云微雾噪归鸦。
荒园此日登临处，百感凄凉何处家。

1946年1月6日，九三座谈会在重庆中苏文化协会所在地举行集会，决定筹组九三学社。图为位于重庆七星岗捍卫路的中苏文化协会会址

九三學社開成立大會

通過社章綫起發表宣言

提出對當前時局的主張

成立宣言

1946年5月6日，《新华日报》对九三学社成立大会的报道

1945年至1946年间，九三学社创始人经常在重庆自来水厂（税西恒任总工程师、亲自设计建造）职工宿舍和两路口新村5号兰园税西恒家中座谈。图为自来水公司职工宿舍楼以及税西恒夫妇在兰园前合影

1946年5月4日，九三学社在重庆市中华基督教青年会（青年大厦）召开成立大会。图为青年大厦旧址

2005年8月，九三学社成立旧址纪念碑落成。图为九三学社中央主席韩启德在九三学社旧址纪念碑揭碑仪式上讲话

在周恩来、潘梓年领导下，由九三学社创始人梁希、潘菽、金善宝等科技界人士近20人组成了“自然科学座谈会”，其中一部分人负责编辑《新华日报》的《自然科学副刊》。图为位于重庆化龙桥虎头岩《新华日报》总馆全景

位于重庆民生路208号的《新华日报》营业部旧址

抗战爆发后，著名林学家梁希和著名农学家金善宝积极投身抗日救亡运动，经常在一起讨论时局，发表政治见地。图为1937年10月，梁希（左）与金善宝在重庆

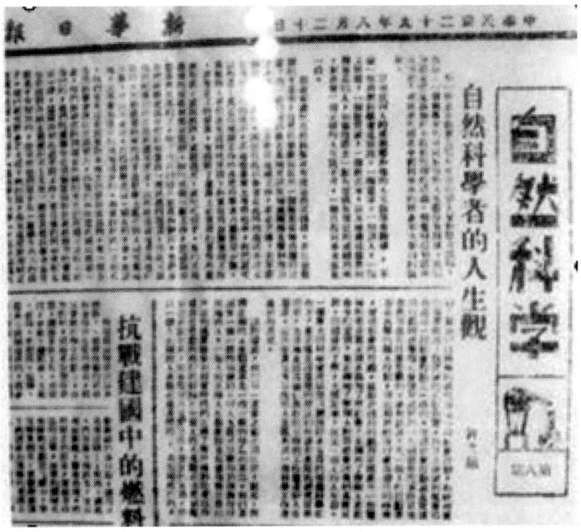

新華日報

自然科學

自然科學者的人生觀

抗戰建國中的燃料

图为《新华日报》副刊部分版面

2000年，以社员王智彪为首的科研组研制的海扶超声聚焦刀荣获“国家技术发明二等奖”，是我国唯一具有自主知识产权的大型医疗设备。图为全国人大副委员长、九三学社中央主席吴阶平（前排中）视察王智彪（前排右一）的超声医疗工程研究中心

1997年10月9日，中共重庆市委书记张德邻（前排左五），重庆市政协主席张文彬（前排左四），中共重庆市委副书记、副市长王鸿举（前排左六），重庆市副市长、重庆市人大常委会副主任肖祖修（前排左三）与出席九三学社第七次全国代表大会的重庆代表合影

1992年6月6日，全国政协副主席、最高人民检察院副检察长、九三学社中央副主席王文元（第九届全国政协副主席）（前排中）来渝视察工作期间，到社市委机关看望社市委领导和全体机关干部

1995年9月4日，全国人大常务委员会副委员长、九三学社中央主席吴阶平在社市委举行纪念建社50周年座谈会上，为社市委题词“继承传统，开拓创新”

1996年5月，九三学社中央副主席、中国科学院院士、中国工程院院士王选（第十届全国政协副主席）到重庆大学作题为《高科技产业与人才培养》的学术报告，在渝期间与部分社市委领导合影。从左至右：第一届社市委主委徐宗俊，副主委侯雪岩，名誉主委许香谷、王选，名誉副主委李继华，名誉副主委何知凡

2000年11月，九三学社中央常委会在重庆召开，这是新中国成立以来社中央第一次在京外召开常委会

2003年8月12日，全国人大常委会副委员长、九三学社中央主席韩启德在社市委机关会议室，为社市委题词“弘扬民主与科学的光荣传统”

2004年4月27日，中共重庆市委书记黄镇东（前排中），市政协主席刘志忠（前排左四），中共重庆市委副书记邢元敏（前排左二），中共重庆市委常委、宣传部长何事忠（前排左五），重庆市政协副主席、市委统战部部长辜文兴（前排左一）走访社市委机关，与社市委领导和机关干部合影

2004年10月18日，来渝参加学术会议的九三学社中央名誉主席吴阶平在重庆希尔顿酒店会见社市委领导及社员代表

2005年8月，全国人大常委会副委员长、九三学社中央主席韩启德（左一）与社中央副主席洪绂曾（左二）观看社市委编辑的社史展板

九三学社重庆市历届主任委员

税西恒
（1889—1980）
重庆分社第一届主任理事
重庆分社第二至六届主任委员

王际强
（1906—1995）
重庆分社第六届主任委员
重庆市委第七届主任委员

许香谷
（1922—2015）
重庆市委第八、九届主任委员

徐宗俊
（1931—）
重庆市委（直辖）第一届主任委员

谢小军
（1950—）
重庆市委（直辖）第二、三、四届主任委员

1946年10月27日，九三学社重庆分社在上清寺国民外交协会召开成立大会。图为20世纪40年代的上清寺（国民外交协会所在地）

九三學社重慶分社開成立會

致電聯合國大會

請大會討論非敵國駐軍問題

糾正美國對遠東的錯誤政策

图为中共中央机关报《新华日报》登载的九三学社重庆分社成立报道

新華日報

渝市二十一人民團體

呼籲全民制止分裂的國大

1946年11月10日，九三学社重庆分社与在渝的21个人民团体联合发表声明，呼吁全民制止分裂的“伪国大”

重庆分社成立后，积极参加重庆地区的反美抗暴游行

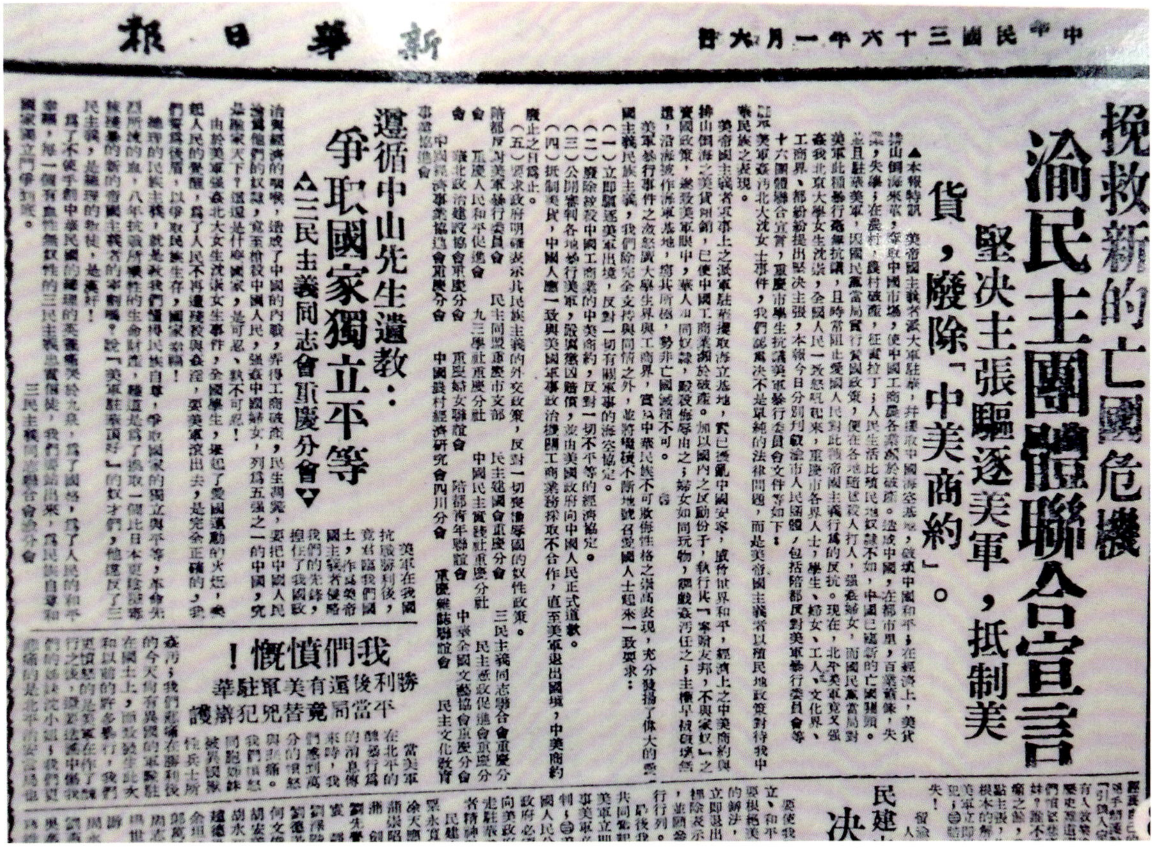

中華民國三十六年一月六日

新華日報

挽救新的亡國危機

渝民主團體聯合宣言

堅決主張驅逐美軍，抵制美貨，廢除「中美商約」。

遵循中山先生遺教：爭取國家獨立平等

△三民主義同志會重慶分會△

我們憤慨！

勝利後還有美軍駐華

平當局竟替兇犯辯護

1947年1月6日，重庆分社与陪都反对美军暴行委员会、民盟重庆支部等15个人民团体发表联合宣言。坚决主张驱逐美军，抵制美货，废除《中美商约》。图为《新华日报》登载的消息

新中国成立后，重庆分社于1951年9月3日（恢复）成立。图为参加大会的全体社员合影。前排左起：王克诚、严济慈、初大告、谢立惠、税西恒、乐怡然、尹赞勋。第二排左起：何知凡、王际强、柯召、李承三、施白南、刘淳玉、甘斗南。第三排左起：江泽佳、席炤、王元吉、李继华、漆文定、朱传秀。第四排左起：徐僖、胡坤陛、李长河、黄惠荣、李滨荪

1951年9月，九三学社重庆分社恢复成立。图为重庆分社理事会全体理事与来渝指导工作的九三学社中央理事会理事初大告（前排左四）严济慈（前排右一）合影。重庆分社第一届理事会理事：税西恒（二排左四）、谢立惠（二排左三）、乐怡然（三排右一）、刘淳玉（三排左一）、漆文定（二排左一）、王克诚（二排左二）、谢秉仁（三排左二）；候补理事柯召（三排左四）、王元吉（三排左三）

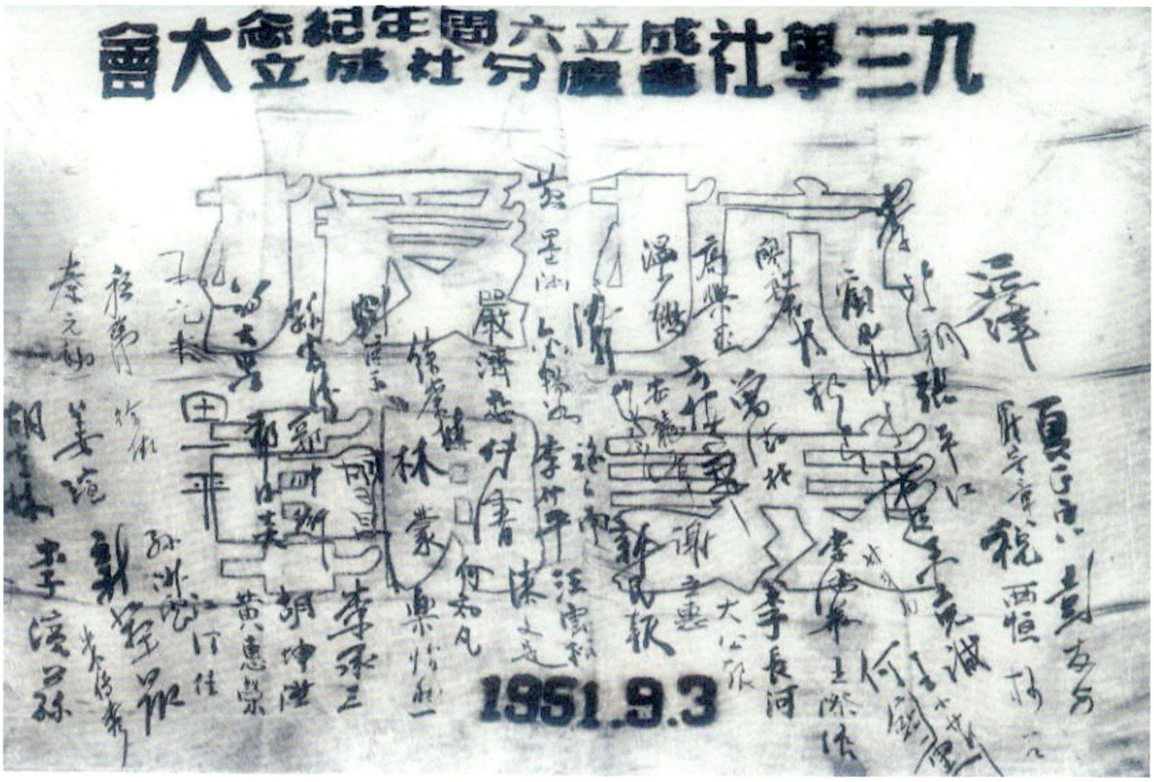

图为九三学社重庆分社（恢复）成立大会签名绢

1962年1月27日，重庆分社第五届委员会全体委员合影。前排左起：郑兰华、乐怡然、税西恒、王际强、李梅青、李韵笙。第二排左起：刘淳玉、曹良仁、吕钟灵、安龙章、王元吉。第三排左起：何文俊、江泽佳、李继华、谭朝杰、何知凡、赵幼祥

1980年2月29日，九三学社重庆分社召开第六次社员大会，选举产生九三学社重庆分社第六届委员会。图为与会全体社员合影

1984年5月4日，九三学社重庆市委（省辖）召开第七次社员代表大会，选举产生九三学社第七届委员会。图为与会全体代表合影

1988年9月26日，九三学社重庆市委（省辖）召开第八次社员代表大会。图为与会全体代表合影

1992年1月25日，九三学社重庆市委（省辖）召开第九次代表大会。图为与会全体代表合影

1997年4月22日，九三学社重庆市委员会第九届（省辖），第一届(直辖）委员、名誉主委、副主委、顾问与社中央副主席徐采栋（前排中）合影

1997年4月20日，九三学社重庆市委召开第一次社员代表大会。图为与会全体代表合影

2002年4月1日，九三学社重庆市委召开第二次社员代表大会。图为与会全体代表合影

2002年4月3日，九三学社重庆市第二届（直辖）委员会委员合影

2007年3月31日，九三学社重庆市委召开第三次社员代表大会。图为与会全体代表合影

2007年4月2日，九三学社重庆市第三届（直辖）委员会主委、副主委、秘书长合影

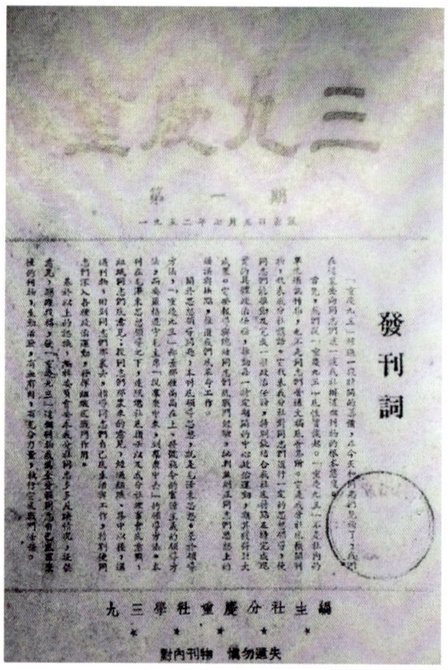
重慶九三
第一期
發刊詞

1952年7月5日，重庆分社内部刊物《重庆九三》创刊。图为《重庆九三》第一期发刊词

1978年4月8日，重庆分社恢复活动，于11月7日至11日，分别在沙坪坝区、市中区（现渝中区）、北碚区召开座谈会，了解社员和基层组织情况。图为重庆分社临时领导小组副组长王际强在会上传达全国人大五届一次会议精神

1980年11月，社中央副主席潘菽听取重庆分社机关建设情况汇报，并与重庆分社主委、副主委及机关全体工作人员合影。前排左起：李继华、乐怡然、潘菽、陈立、王际强；后排左起：糜文萍、王敏常、张炳荣、漆文定、李本哲、何知凡、刘淳玉、黄坤、潘立斋、李花、王菊敏

1985年4月，九三学社四省（区）五方首次工作会议在渝举行

成立于1953年4月的西南师范学院支社，是重庆分社建立的第一个基层组织。图为1985年，西南师范学院支社召开组织生活会

1986年9月4日，社市委举行纪念建社40周年座谈会

1988年3月29日，九三学社重庆市北碚区委员会成立。社北碚区委是九三学社重庆市成立的第一个区级组织

1991年9月，为纪念九三学社重庆分社成立45周年，社市委分别在沙坪坝区、北碚区和市中区（现渝中区）召开老社员座谈会（依据社中央的提法，“老社员”专指“文革”前入社的社员）。图为1991年9月14日，沙坪坝区“老社员”合影

1991年9月17日，北碚区“老社员”合影

1991年9月26日，市中区（现渝中区）“老社员”合影

1993年7月，社市委召开基层工作座谈会，就如何加强思想建设进行专题交流

2001年，社市委召开区级组织社务工作经验交流会

图为2001年5月，九三学社重庆大学第一届基层委员会成立大会留影

九三学社重庆市委第五次新社员学习会
2003年11月21日于重庆邮电学院

2003年11月，九三学社重庆市委第五次新社员学习会合影

2004年12月，社市委举行纪念《中共中央关于坚持和完善中国共产党领导的多党合作和政治协商制度的意见》颁布15周年座谈会

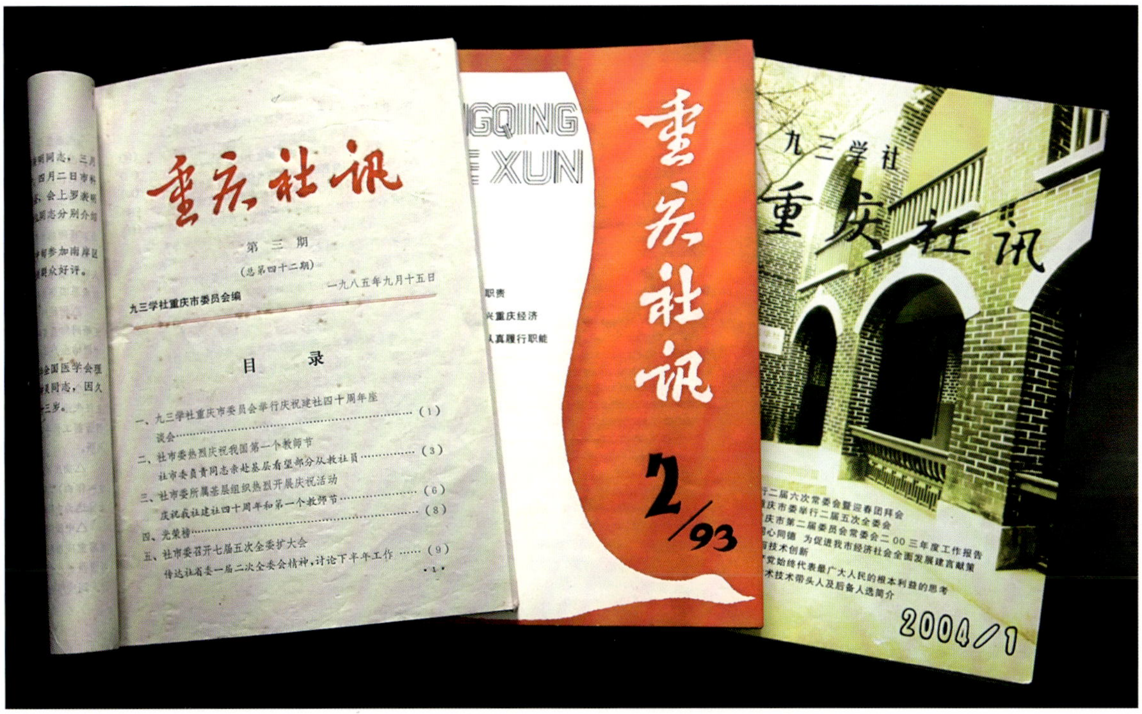

重庆分社内部刊物《重庆九三》，1980年后更名为《重庆社讯》

社市委编辑出版的重庆统战政协文史资料丛书之《重庆九三学社》

社市委出版的纪念画册《同心六十年　光影记春秋》

图为位于重庆市渝中区金汤街80号的九三学社重庆市委员会机关办公地址（1958—2010年）

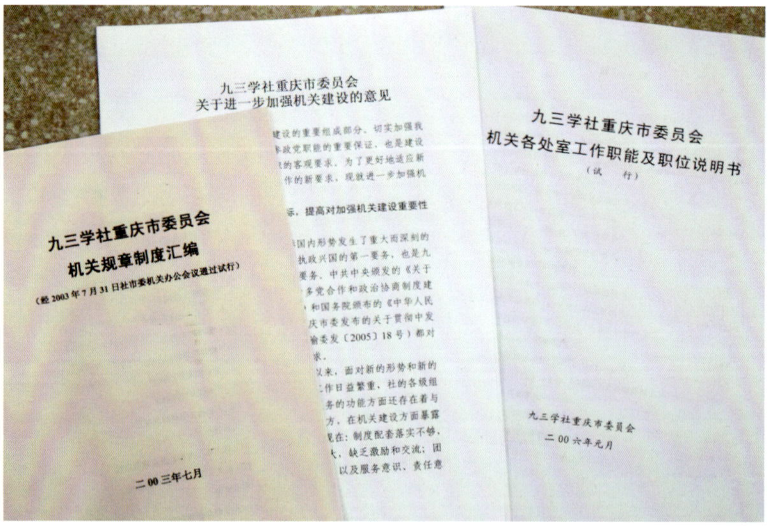

社市委制定的《机关规章制度汇编》《关于进一步加强机关建设的意见》以及《机关各处室工作职能及职位说明书》等文件

1986年1月17日，社市委与西南电业管理局签订《联办重庆电力职工大学的协议》暨联合校务委员会成立大会合影

1988年11月，社市委提交书面材料，参加社中央举办的“大西南经济振兴对策研讨会”

1997年，社市委与万州区五桥长岭镇签订对口帮扶协议。图为1999年1月，徐宗俊主委（左六）代表社市委向长岭镇捐赠书籍，在长岭镇设立“九三图书室”

1998年，出席重庆市政协一届二次会议的全体九三学社界别委员在曾家岩50号周恩来纪念馆前合影

自2000年开始，社市委积极响应社中央号召，以“国际科学与和平周”主题活动为平台，组织开展了科普、义诊、科技咨询、捐资助学系列活动。图为2001年11月，社市委与社南岸区委在重庆市科技示范镇长生镇开展“国际科学与和平周”活动

2000年11月6日，九三学社中央副主席安振东代表社中央与中共重庆市委签订《关于加快重庆科技发展的合作协议》

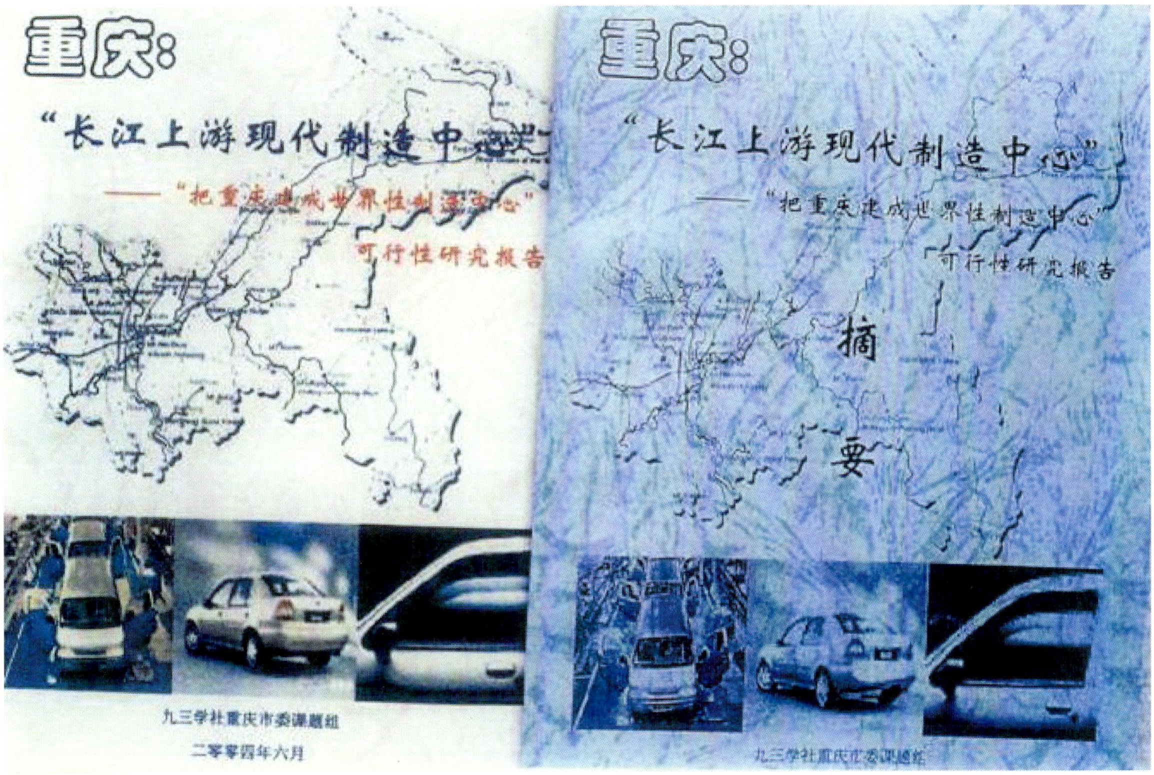

2002年，中共重庆市委正式启动“党委要求、政府出题、党派调研、部门落实”参政议政重大课题调研机制。图为2004年社市委承担完成的《重庆：长江上游现代制造中心——“把重庆建成世界性制造中心”可行性研究报告》

历年来社市委完成的部分中共重庆市委参政议政重大调研课题

2002年1月，社市委购买200套课桌捐赠黔江区册山小学

2003年4月，社市委与社九龙坡区委在杨家坪开展全国科普日活动

2004年5月，社市委组织社内医疗专家到黔江区开展对口医疗服务活动

2003年8月9日，社市委与中共重庆市万州区委签订《科技发展合作协议》，正式启动“九地合作”。社中央主席韩启德（第二排左三）、副主席洪绂曾（第二排左五）出席签字仪式，社市委副主委陈义华、万州区区长吴政隆代表双方在协议上签字

2005年4月，社市委“三峡库区产业‘空心化’”课题组赴万州调研

2006年，社市委课题组应邀参加市政府“重庆市农村卫生工作调研”。图为来渝视察工作的社中央主席韩启德对调研工作进行指导

2006年，社市委集体提案《以体制创新破解三峡库区产业空虚难题》，被列为市政协二届四次会议一号提案，由中共重庆市委书记汪洋牵头督办。图为提案督办会现场

社市委定期召开参政议政工作会。图为2007年社市委参政议政工作会会场

序 言

编纂《重庆市志·九三学社重庆地方组织志（1946—2007）》，以全面、系统地记述重庆九三学社1946年10月至2007年12月的发展历程，为推动重庆政治、经济、文化、社会发展所作出的重要贡献。这是一件宣传统一战线、宣传多党合作、宣传九三学社，功于当代、利在千秋的文化盛事。

重庆是九三学社的发祥地。为纪念抗日战争和世界反法西斯战争的伟大胜利，1945年9月3日，“民主科学座谈会”决议改名为“九三学社”，并成立了“九三学社筹备会”。1946年5月4日，在中共中央主席毛泽东的倡导下，九三学社在重庆青年大厦成立，随即成为中国政治舞台上一支重要的政治力量，汇入了中国共产党领导的新民主主义革命的洪流。

1946年10月27日，九三学社重庆分社成立，是九三学社在全国最早成立的地方组织之一。分社成立以后，与中共遥相呼应，在重庆积极开展爱国民主运动。1951年9月3日，九三学社重庆分社恢复成立，成立第一届理事会。1953年2月，根据九三学社第二次全国（扩大）工作会议决定，分社理事会改称分社委员会。重庆分社在中共重庆市委的领导下，通过参与重庆重大问题的协商，组织成员参加民主改革和社会主义改造运动，为推动科学技术、教育和医药卫生等事业的发展作出了积极贡献。

1984年2月，九三学社四川省委员会成立。1984年5月4日，重庆分社委员会召开第七次社员代表大会，选举产生九三学社重庆市第七届委员会，接受社四川省委领导。1997年4月，重庆直辖，九三学社重庆市第一届委员会成立。一直以来，在中共中央、九三学社中央、中共重庆市委的领导下，九三学社重庆市委始终坚持走中国特色社会主义政治发展道路，坚持弘扬爱国、民主、科学的优良传统，不断加强思想建设；坚持质量建社、人才强社战略，稳步推进组织建设。到2007年底，建立了9个区级组织、2个区工委和1个区委筹备组，4个基层委员会、110个支社（小组），有社员2604人；坚持突出特色、发挥优势，整合资源、完善机制，就经济社会发展中的重点、难点问题进行深入调研，提出了一系列富有真知灼见的意见建议；以九三学社中央与中共重庆市委签订“九重合作”协议为契机，以九地合作为平台，着力推进区域经济社会的发展，社会服务硕果累累；一大批九三社员立足岗位、积极奉献，取得不凡业绩，受到党和政府、人民群众的高度赞誉，为重庆九三学社增添了光彩，赢得了荣誉。

九三学社重庆地方组织不断发展、壮大，这一历程昭示着中国共产党领导的多党合作和政治协商制度历史的必然性、伟大的独创性和巨大的优越性，相关资料是资政、存史和推动重庆多党合作、统一战线事业可持续发展的重要资源。

《重庆市志·九三学社重庆地方组织志（1946—2007）》的出版发行，必将有利于帮助九三学社重庆市各级组织和广大社员，继承和发扬社组织的优良传统，科学把握历史发展的客观规律，始终坚持正确的政治方向，全面推进多党合作事业可持续发展；有利于更好地挖掘好、利用好重庆独特的统战历史文化资源，扩大九三学社的社会影响力；有利于鼓励和引导广大社员，发挥优势、凝聚力量，为推动重庆经济社会又好又快发展、构建和谐重庆作出新的更大贡献。

九三学社中央副主席、社重庆市委主委　谢小军

2010 年 1 月 8 日

凡 例

一、指导思想　《重庆市志·九三学社重庆地方组织志（1946—2007）》（以下简称“本志”）的编撰，以马克思列宁主义、毛泽东思想、邓小平理论、“三个代表”重要思想和科学发展观为指导，坚持辩证唯物主义和历史唯物主义的基本原理，坚持实事求是的原则，通过客观记述九三学社重庆市地方组织的建立与发展的历史和现状，对事件和人物一般不作褒贬性评述，力求达到思想性和资料性的统一。

二、记述时限　本志的年代断代，上限为1946年，下限为2007年，重点记述1978年4月至2007年4月这段历史。

三、记述范围　所涉及的空间范围，原则上以九三学社重庆市委、各区委的管理职能和管理权限范围为准。即直辖后的重庆市行政区域管辖范围。

四、体例　本志为篇、章、节、目体，遵循横排竖写、分类记述的原则，运用记、述、志、传、图、表、录等体裁，采用篇章节体例。以志为主。志首设图片、序言、凡例，志末设附录、编后记。

五、文体　除引文外，一律采用规范的现代语体文记述。标点符号的使用，按国家技术监督局的规定执行。

六、时间表述　采用公元纪年，使用阿拉伯数字。

七、称谓　本志所记述的各种机构、会议、文件、地点等名称，一律采用规定称谓或习惯称谓记述。专用名词首次出现用全称，以后使用简称。

八、人物　本志简介的人物，主要以下列标准录入：一是九三学社重庆市地方组织创始人或为九三学社重庆市地方组织作出重大贡献的社员，二是历届主任委员，三是重庆市九三学社社员中的知名人士。按时间先后排序。

九、资料　本志资料是在《重庆统战政协文史资料丛书·重庆九三学社》（2002年8月版）的基础上重新修编出版的。主要来源于档案、报刊、会议材料及采访记录，并经考证后入志，一般不注明出处。为保存重要资料，本志末附录收录重要工作报告，重大事件，回忆文章等重要文献27篇。

目　录

第三篇　自身建设

第四篇　履行职能

第五篇 区级组织

第六篇 人物·荣誉

附　录

综　述

九三学社是以科学技术界高、中级知识分子为主的具有政治联盟特点的政党，是接受中国共产党领导、同中国共产党通力合作的亲密友党，是进步性与广泛性相统一、致力于中国特色社会主义事业的参政党。

重庆是九三学社的发祥地。九三学社前身为抗日战争后期一批进步学者，发扬五四运动反帝反封建的爱国精神，以民主、科学为宗旨，在重庆组织“民主科学座谈会”，后为纪念1945年9月3日抗日战争和世界反法西斯战争的伟大胜利，改建为九三学社。

九三学社的建立与抗日战争时期国内的政治形势密切相关，抗战后期的形势促使九三学社的诞生。1944年下半年，日本帝国主义对中国大西南地区发动新的进攻，桂林失陷、川黔吃紧，而国民党统治集团中投降空气浓厚，国统区军事、政治、经济全面危机日益加剧。南京、武汉先后沦陷，国民政府移驻重庆，以四川为中心的西南诸省成为支撑中国抗战的大后方，大批爱国民主分子离开敌占区来到重庆，继续开展抗日救亡和爱国民主工作。重庆科技界、文化界、教育界的一些进步人士对时局极感焦虑，经常聚会座谈，认为必须要民主、要团结、要抗战到底。许德珩、劳君展、梁希、潘菽、税西恒、黄国璋、张西曼、张雪岩、何鲁、涂长望等一批爱国进步人士常常到许德珩或税西恒家，间或也在中苏文化协会等地方以座谈会的方式讨论时局。在中国共产党抗日民族统一战线政策影响和感召下，国统区的抗日民主运动风起云涌。在这国家民族的紧急关头，国民参政会中的中共代表林伯渠提出了“废除国民党一党专政，召开各党派会议，成立民主联合政府”的主张，得到社会各阶层人民的热烈响应。后来，中国共产党又向国民党当局提出建立民主联合政府的主张。1944年10月10日，周恩来在延安发表讲演，进一步阐明了成立联合政府的主张、具体步骤和方法。中共的这一主张，反映了当时全国各阶层人民的一致愿望和要求，抗日民主运动掀起新高潮，进入了以建立民主联合政府为目标的新阶段。抗战时期从各地先后来到重庆的一部分文教、科学技术界的高级知识分子许德珩、潘菽、梁希、褚辅成、张西曼、吴藻溪、黄国璋、金善宝、税西恒、涂长望、张雪岩、劳君展等，为响应中国共产党“结束一党专政，成立联合政府”的主张，发起组织了“民主科学座谈会”。因为它的主要发起人或是五四运动中的著名人物，或是运动中的积极分子，所以“民主科学座谈会”从发起伊始，就带有较为浓重的五四运动的影子和色彩。它的名称中有“民主”“科学”二词，这正是五四新文化运动所揭举的两面旗帜。“民主科学座谈会”的政治主张是：继承和发扬五四运动彻底反帝反封建的民主、科学精神，倡导“团结、民主、抗战到底”，为实现人民民主与发展人民科学而奋斗。“民主科学座谈会”反对国民党一党独裁，积极响应中共“结束国民党一党专政”的主张，主动投入中国共产党领导的抗日民族统一战线中去，在促进民主政治和团结抗战方面，起到了积极作用。在重庆各高等学校和知识界都有较大影响。“民主科学座谈会”是九三学社的前身。“民主科学座谈会”的重要成员中，还有王卓然、孟宪章、笪移今、彭饬三、卢于道、王造时、初大告等人。“民主科学座谈会”开展活动后，经周恩来、潘梓年授意，“自然科学座谈会”的同志由潘菽介绍，先后参加了“民主科学座谈会”，使“民主科学座谈会”成为一个以科学技术、文化教育界高级知识分子为主体的民主政团。

抗战即将胜利的前夕，1945年4月23日至6月11日，中国共产党第七次全国代表大会在延安举行。毛泽东在大会开幕词中指出，中国面临着两个前途和两种命运的斗争，党的任务就是要用全力去争取光明的前途和光明的命运，反对另外一种黑暗的前途和黑暗的命运。大会总结了武装斗争、统一战线和党的建设的经验并深刻论述了这是中国共产党领导的新民主主义革命的“三大法宝”。1945年8月15日，日本天皇以“终战诏书”的形式向公众宣布无条件投降。同年8月28日，中共代表毛泽东、周恩来、王若飞赴重庆与国民党当局进行和平谈判。其间，分别接见了许德珩、劳君展等故友和褚辅成、梁希、潘菽、张西曼、金善宝、涂长望、谢立惠、干铎、李士豪等知名人士。许德珩、劳君展同毛泽东有着源远流长的亲密友谊。9月10日中午，毛泽东在红岩嘴八路军办事处会见许德珩、劳君展夫妇时，劳君展提到1936年给在延安的毛泽东送怀表、布鞋和火腿的事，毛泽东表示感谢；许德珩十分感谢毛泽东委托蔡畅从延安带来的自产手工制呢，这一卷呢子衣料，做了全家人的冬衣，解决了大问题。毛泽东动情地笑着说：“一切会好的，将来会好的。”许德珩谈到了在重庆发起成立“民主科学座谈会”的情况，毛泽东听了很高兴、很支持。他勉励许德珩和劳君展，要把座谈会搞大、搞成一个永久性的政治组织。许德珩当时也有这个考虑，但担心人数太少。毛泽东说：“人数不少，即使人数少也不要紧，你们都是有影响的代表性人物，经常在报上发表意见和看法，不是也起很大作用吗？”在毛泽东的关怀鼓励下，许德珩等才下决心把“民主科学座谈会”建成一个永久性的政治组织。毛泽东在重庆谈判期间与九三学社创始人们的亲切会见，给了他们巨大的支持和鼓舞，及时指明了前进的方向，这对九三学社的建立和未来的健康发展，起了决定性的作用。

1945年9月2日，日本正式签订了投降书。根据国际惯例，签字的次日，1945年9月3日，是日本投降正式生效的日子。抗日战争的胜利，是中国人民100年来在反对外国侵略者的斗争中，第一次取得完全胜利的民族解放战争，它是世界反法西斯战争的重要组成部分，也是世界民主势力的胜利，标志着抗日战争和世界反法西斯战争的全面胜利。在这天，“民主科学座谈会”举行扩大会议，鉴于战后都要回到各自原来的地方，有必要建立永久性的组织以加强联系，遂决定扩大成员，建立组织，并以九月三日这个日子给组织命名，因为“抗战最久而受创最深之中国人民，对此伟大的民主胜利之九月三日，应谋发扬光大”，故称“九三座谈会”。在中共领导人周恩来、潘梓年帮助下，经潘菽介绍，“自然科学座谈会”的核心人物卢于道、梁希、金善宝、涂长望、谢立惠、干铎、李士豪等科技界人士先后加入了“九三座谈会”。

九三座谈会成立后，积极为促进政治协商会议的召开贡献力量。1946年1月6日，九三座谈会召开会议，声援出席政治协商会议各代表，希望他们完成所负的历史任务。会议一致认为：政治协商会议必须完全公开，只许成功，不许失败。并决定筹组九三学社，推褚辅成、许德珩、张西曼等筹组九三学社。1月9日，重庆新华日报及其他报纸报道了此次会议情况。新华日报以《学术界举行九三座谈会，决定筹组九三学社》为题做了报道。会上，有人提议把九三座谈会改为“民主科学社”。出席会议的多数人认为，当时知识分子大都不愿参与政治，而“民主”口号的政治性很明显，这样称呼影响他们参加活动，最好取一个既体现学术性，又不太明显带有政治性的名字为好。于是决定采用“九三学社”这个名字。“九三”是九月三日，即抗战胜利的日子，带有政治性，“学社”则有明显的学术性，以利于团结广大知识分子参加进来。

1946 年 5 月 4 日，九三学社在重庆青年大厦正式成立。大会通过了《九三学社缘起》《成立宣言》《基本主张》《对时局主张》及致美国国会电文；大会公推褚辅成、许德珩、税西恒为主席团成员。选举潘菽、张雪岩、褚辅成、许德珩、税西恒、吴藻溪、黄国璋、彭饬三、王卓然、孟宪章、张西曼、涂长望、李士豪、笪移今、张迦陵、严希纯 16 人为理事；卢于道、詹熊来、刘及辰、何鲁、侯外庐、黎锦熙、梁希、陈剑翛 8 人为监事。《新华日报》全文登载了成立大会通过的几个主要文件。

1946 年 5 月 12 日，九三学社召开第一次理监事会联席会议，会议由税西恒主持。公推褚辅成、许德珩、税西恒、张雪岩、潘菽、黄国璋、吴藻溪为常务理事。梁希、卢于道、詹熊来为常务监事。会议讨论了时局与任务。通过设总部于京、沪区，于重庆、武汉、成都、昆明、香港、广州、北平、天津、英国伦敦等地建立分社等决议。1947 年 6 月左右，在征得各地社员的赞同后，北平被确立为九三学社总社所在地。

1946 年 10 月 27 日，九三学社重庆分社在上清寺国民外交协会所在地召开成立大会。到会的社员有许德珩、谢立惠、左昂、税西恒、税述之、吴华梓、吴藻溪等 20 余人，推选税西恒、何鲁、谢立惠、左昂、詹熊来、税述之、吴藻溪等 15 人为理、监事。会议即电贺旧金山中国及远东和平大会，希望美国人民有效制止美国政府的错误行为；电请联合国大会讨论联合国会员国在非敌国驻兵问题，纠正美国的远东政策。

响应中共“五一”号召和参加新政协。1947 年，中国共产党通过《中国人民解放军宣言》向全国人民发出了“打倒蒋介石，解放全中国”的号召，提出联合工农兵学商各被压迫阶级、各人民团体、各民主党派、各少数民族、各地华侨和其他爱国分子，组成民族统一战线，打倒蒋介石独裁政权，建立民主联合政府的主张。1948 年 4 月 30 日，中共中央发布《纪念五一劳动节口号》（简称“五一”号召）。号召：“各民主党派、各人民团体、各社会贤达迅速召开政治协商会议，讨论并实现召集人民代表大会，成立民主联合政府。”5 月 2 日，中共中央致电上海局，准备邀请各民主党派及重要人民团体的代表到解放区商讨。5 月 7 日，中共中央又致电上海局及香港分局，指示“和真诚反美反蒋的民主党派、人民团体及社会知名人士交换意见”。“五一”号召极大地鼓舞了艰苦斗争中的各民主党派及无党派人士，纷纷发表通电、宣言、声明，热烈响应，形成了从 1948 年春到 1948 年秋，在中国共产党领导下的新政协运动。中共“五一”号召和新政协运动，为民主党派指明了向着新中国胜利前进的具体道路。九三学社公开响应“五一”号召较晚，这是因为当时九三学社总社在国统区的北平，正如周恩来所说“还不便以团体的面目出现”；党“还希望那个团体在地下工作上有所作为”。“九三学社的领导人物跟北平的地下工作同志是有联系的，曾经掩护过很多的民主运动，当时我们还是期待着这个组织在北平继续进行工作，因为当时北平还没有解放”。因此，九三学社直到北平和平解放前夕，于 1949 年 1 月 26 日才在北平《新民报》发表《拥护中共“五一”号召暨毛泽东八项主张的宣言》。

1949 年 6 月 15 至 19 日，新政协筹备会召开，许德珩参加会议并担任筹备会下设的 6 个工作小组第三组（起草《中国人民政治协商会议共同纲领》）副组长。6 月 19 日，在筹备会通过的《关于参加新政治协商会议的单位及其代表名额的规定》中，九三学社被正式确定为参加新政协的 45 个单位之一。在这次会议上，九三学社被正式确认为中国民主党派之一，正式成为了中国共产党领导的爱国统一战线的一个组成部分。

1949 年 9 月 21 日至 30 日，中国人民政治协商会议第一届全体会议在北京中南海怀仁堂召开。九三学社正式代表许德珩、潘菽（因出访苏联，没有出席会议）、黎锦熙、袁翰青、吴藻溪、薛愚、候补代表叶丁易出席了会议。以其他各界代表身份出席会议的九三学社社员还有梁希、严济慈、涂长望、孙荪荃、樊弘、张雪岩、卢于道等10人。这是中华人民共和国的开国盛会，九三学社与其他各界代表一道积极参与了制定《中国人民政治协商会议共同纲领》和建立中华人民共和国的工作。10月19日，在中央人民政府举行的第三次会议上，在各民主党派和无党派人士被任命担任国家政权机构的领导职务名单中，九三学社梁希被任命为林垦部部长，许德珩被任命为法制委员会副主任委员。同年12月17日，涂长望被任命为气象局局长。

九三学社成立后，同中国共产党密切联系，亲密合作，为坚持抗战、团结进步，反对国民党顽固派的倒退、内战、独裁而斗争，为国内和平民主做出了积极的努力。在国民党反动派不顾全国人民的反对，撕毁“政协协议”，发动全国内战的时期，九三学社坚决同中国共产党站在一起，不承认国民党反动派召开的伪国大和所制定的伪宪法，积极参加了国统区的爱国民主运动。在人民解放战争转入战略反攻并且取得节节胜利的形势下，分布在全国各地的九三学社社员不顾国统区的白色恐怖镇压和迫害，联合当地民主势力，共同为推翻国民党的反动势力而斗争。周恩来曾经说过：“九三学社是在抗战后期成立的，在民主运动中起了很大作用。”

1949年1月26日，九三学社发表宣言，响应中共中央“五一”号召，公开宣告接受中国共产党的领导。1949年9月，九三学社作为民主党派之一，参加了新政协，参与了《共同纲领》的制定和中央人民政府的组建。在争取新民主主义革命胜利和新中国的建立中，九三学社写下了自己光辉的篇章。

在60多年的不断发展中，九三学社积淀了优良传统。九三学社60年来的发展历程和优良传统集中表现在：坚持爱国主义，竭尽全力为实现民族复兴而奋斗，是九三学社不断前进的根本动力；坚持弘扬民主与科学精神，是九三学社始终不渝的价值追求；坚持中国共产党的领导，坚持和发展中国特色社会主义，是九三学社的生命线。1957年“反右”到十年“文革”期间，九三学社走过了曲折的道路，广大社员在逆境中仍然努力工作，为国奉献。

在改革开放新时期，九三学社把工作重点转移到为社会主义现代化建设服务中来，特别是随着中共中央关于多党合作一系列文件的颁发，多党合作逐步走向制度化、规范化，进一步激发了九三学社作为参政党的历史责任感、使命感和政治热情。九三学社重庆市委坚持加强自身建设，积极探索推进工作的新思路、新机制、新办法，认真履行参政议政、民主监督、政治协商的职能，努力开创各项工作新局面，随时代不断进步。

九三学社自1946年成立至2007年底，共召开了9次全国代表大会，历届中央委员会主席为许德珩、周培源、吴阶平、韩启德。现任主席为韩启德。九三学社在全国30个省、区、市建立有地方组织，全国九三学社社员总数为114711人。九三学社社员中担任全国各级人大代表的共有1530人，担任各级政协委员的共有7554人。担任县处级以上政府及司法机关领导职务的共有601人。九三学社先后拥有150余位中国科学院院士（学部委员）和中国工程院院士，许多社员为中国的科技、教育事业做出了卓越贡献，培养和造就了大量的科技人才。他们中有九三学社社员林学家梁希、农学家金善宝、气象学家涂长望、地理学家黄国璋、语言文字学家黎锦熙、土木工程学家茅以升、物理学家严济慈等。同时，社员王淦昌、邓稼先、赵九章、陈芳允、程开甲对我国“两弹一星”事业做出了卓越贡献；黄汲清、谢家荣为摘掉我国“贫油”的帽子，实现石油自给，提供了重要理论支撑，周培源顶着压力上书周恩来并发表文章，就加强基础科学研究赤诚进谏；谭其骧主持编绘的《中国历史地图集》，取得人文社科重大成就；王选、黄昆荣获2001年度国家最高科学技术奖。同年，国家天文台以我国五位著名科学家的姓名命名该台新发现的五颗小行星，其中有三位是九三学社社员，即王淦昌、陈芳允、茅以升。九三学社中央主办的刊物有面向国内外公开发行的《民主与科学》和在社内发行的《九三中央通讯》，设有学苑出版社、学苑音像出版社，建有九三学社中央网站。

一

九三学社重庆分社是九三学社总社在全国最先建立的两个地方组织之一。1946 年秋，九三学社重庆地方组织——重庆分社，于 10 月 27 日，在上清寺国民外交协会所在地正式召开成立大会，公推税西恒、何鲁、谢立惠、左昂、詹熊来、税述之、吴藻溪等 15 人为理监事。九三学社重庆分社成立以后，即电贺旧金山中国及远东和平大会，希望美国人民有效制止美国政府的错误行为；电请联合国大会讨论会员国在非敌国驻兵问题，纠正美国的远东政策。

抗战胜利后，由于抗战时期从各地来到重庆的九三学社社员陆续复员离渝，回到上海、南京、苏州、北平等城市。解放战争时期，重庆分社社员继续坚持与其他民主党派、人民团体联合行动，以发表宣言、通电、文章、参加游行等方式，对国统区的反动黑暗统治进行不懈斗争，直到全国解放。

1946 年 11 月 10 日，九三学社重庆分社和重庆市各民主党派及人民团体共 21 个组织呼吁全民制止伪国大，并联合发表声明“我们对于召开国民大会的意见”，呼吁全民起来制止国民党当局的分裂行为。

1946 年 12 月 24 日，北平“沈崇事件”发生后，1947 年 1 月 6 日，九三学社重庆分社与陪都反对美军暴行委员会、民盟重庆支部等 15 个团体联合发表宣言，强烈要求：“一、立即驱逐美军出境。二、废除绞杀中国工商业的中美商约。三、反对一切丧权辱国的政策。”

1947 年 2 月，抗议美军暴行的运动在全国展开，在重庆数万学生爱国示威游行的队伍里，九三学社重庆分社常务理事税西恒、重庆分社理事谢立惠走在前列，和学生一起高呼反对美蒋反动派的口号。2 月 6 日、9 日，九三学社重庆分社联合本市 16 个团体及各人民团体发表联合宣言和通电，慰问游行学生，并吁请各界声援学生的爱国运动。

1946 年秋，中共中央南方局出资 300 银圆，吴藻溪、王克诚、漆文定等人联络部分民主进步人士，在重庆南温泉成立了西南学院，作为中共开展统战工作的重要阵地。吴藻溪任教务长，王克诚任校董会董事、老师兼女生部主任。学校教职员和学员中民主进步力量占有绝对优势，在重庆各大中院校中，西南学院是学运中表现最为突出的院校之一。1949 年 6 月 1 日，国民党重庆当局重兵包围学院，抓捕进步师生 30 多名。面对复杂局面，吴藻溪向王克诚等传达董必武的指示，以中共处理“皖南事变”和“宣化店事件”的精神，坚守西南学院阵地和及时揭露了国民党反动派迫害西南学院的一切非法勾当。

1946 年以后，身任蜀都中学校长的税西恒，按照中共中央南方局的要求，坚持以“抗大”精神办校，发扬革命实践精神，把学校办成了爱国民主运动的一个堡垒，成为输送革命干部、掩护和转移同志的一个据点。

1947 年，税西恒还参与了创办重华学院和 1949 年恢复中国公学大学部的工作。税西恒还分别任这两所学校校长，他始终坚定地支持进步学生运动，掩护和资助地下党开展活动。

重庆解放前夕，税西恒被列入国民党重庆当局拟定的暗杀名单。为防万一，他藏到自来水公司，并烧毁了放在兰园家中与进步活动和社务活动有关的两大箱材料。

重庆解放后，1951 年 9 月 3 日，九三学社重庆分社理事会恢复成立。

西南地区全面解放后，为配合国家开展大规模经济建设新形势的需要，九三学社中央决定分别在成都、贵阳、昆明三地发展九三学社社员和建立九三学社地方组织。按照社中央的指示，1952 年至 1956 年，社中央常委、重庆分社主任委员税西恒率重庆分社机关干部何知凡，赴成都、贵阳、昆明，指导和帮助当地发展社员和筹建分社，为九三学社在成都、昆明、贵阳建立地方组织做了大量基础性的工作。1956 年 5 月、1959 年 2 月、1959 年 12 月，九三学社成都分社、昆明分社、贵阳分社相继成立。

1952 年 9 月，九三学社第二次全国工作会议决定社中央领导机构由理事会改为社会政治团体通常采用的委员会名称，各分社理事会同时改为分社委员会。1953 年 2 月，重庆分社召开社员大会，选举产生九三学社重庆市第二届分社委员会，“重庆分社理事会”改称为“重庆分社委员会”。1984 年 5 月，九三学社重庆分社召开社员代表大会，根据九三学社第四次全国社员代表大会修改的社章规定，经社中央批准，自本次代表大会起，“九三学社重庆分社委员会”改称“九三学社重庆市委员会”。1997 年重庆直辖，同年 4 月，选举产生了新一届九三学社重庆市委员会，为九三学社 30 个省级组织之一。

九三学社重庆市地方组织自 1946 年创建至 2007 年，共召开了 12 次社员大会（社员代表大会）。至 2007 年底，九三学社重庆市委设有北碚、沙坪坝、九龙坡、南岸、渝中、万州、涪陵、黔江、渝北 9 个区级组织，永川、万盛 2 个区工委和大渡口 1 个区委筹备组，重庆钢铁（集团）有限责任公司、重庆医科大学、重庆大学、西南大学 4 个基层委员会，共有支社（直属小组）110 个；设有学习、参政议政、海外联络、医药卫生、科技、经济、农林、教育文化、青年、妇女和老年等 11 个专门委员会；共有社员 2604 人。社员中担任各级人大代表 35 人，各级政协委员 215 人；担任市政府参事 8 人；特约监督员 8 人；担任副区长 6 人，副县长 2 人，担任厅局级实职领导职务 27 人；社员中担任重庆市第二届学术技术带头人 37 人、后备人选 11 人。其中，具有高中级职称的社员 2555 人，占社员总数的 98.5%，主要分布在高等教育、工程技术、科研院所、医药卫生界别。

二

中华人民共和国成立以来，九三学社重庆市地方组织经历了以下几个发展阶段：

（一）新中国成立初期和“文革”时期（1949—1976 年）

抗战胜利后，由于抗战时期从全国各地来到重庆的九三学社社员纷纷复员离渝，1950 年，留在重庆的九三学社社员只有四五人，组织活动一度中断。

重庆解放后，在中共西南局统战部的关怀下，于 1951 年成立了九三学社重庆分社筹备小组，小组成员由税西恒、谢立惠等 9 人组成。9 月 3 日，九三学社重庆分社恢复成立，会议推选税西恒、谢立惠等 9 人组成九三学社重庆分社理事会。九三学社中央理事会理事严济慈到会指导。时重庆分社共有社员 27 人。

新中国成立初期，人民民主统一战线的根本任务是要团结一切可以团结的力量，为实现《共同纲领》，恢复国民经济而奋斗。在恢复国民经济的同时，中国共产党还领导全国人民开展了“抗美援朝、土地制度改革、镇压反革命”的三大运动、“三反”“五反”运动、知识分子思想改造运动、社会主义改造运动，其间，重庆分社做了许多工作。这一时期，重庆分社制定了传达、学习、贯彻1950年和1952年九三学社召开的建社以来具有全国社员代表大会性质的第一次、第二次全国工作会议精神的计划，开展了学习社章及本社的性质、方针和任务活动。重点学习了政务院文教委员会秘书长胡乔木的文教工作报告、政务院总理周恩来的“时事报告”、统战部部长李维汉的“统战工作报告”、彭真的“土改工作报告”，传达贯彻九三学社中央理事会《现阶段本社的任务与工作》和《本社的组织巩固与发展》两个文件和修订后的《社章》，进一步明确了九三学社是新民主主义政党的性质，以政协会议《共同纲领》为纲领。接受中国共产党领导，参加统一战线，为完成新民主主义革命和建设而奋斗。这一时期，重庆分社以抗美援朝为中心任务，在组织工作中坚持巩固与发展相结合的方针，在思想建设中推动社员开展接受社会主义的思想改造学习教育活动。

新中国成立初期的三年，正值国民经济恢复时期。在这个时期，九三学社重庆分社一方面通过恢复组织、发展社员，积极推进各项社务工作，一方面在社中央和中共西南局的领导下，积极推动社员参加社会实践和在思想文化领域加强马克思列宁主义的学习与宣传，开展对资产阶级唯心主义的批判。绝大多数社员在“过三关”（即战争关、土改关、改造关）的自我革命中经受住了考验。同时，通过参加“抗美援朝、土地制度改革、镇压反革命”三大运动，以及“三反”“五反”和知识分子思想改造运动，受到了教育，进一步确立了接受中国共产党的领导、走社会主义道路的信念。重庆分社的广大社员表现了空前的爱国热情，跟共产党走，投身社会主义建设和改造实践，在本职岗位上努力为新中国恢复国民经济、恢复重建文教事业、巩固新的政权和向科学进军贡献力量。这一时期，重庆分社根据九三学社的特点和任务，分批开展了以爱国主义、国际主义和社会主义为中心的学习教育活动，以发表声明和举办座谈会、报告会的方式积极参加抗美援朝运动。一些社员还利用出席国际会议的机会，阐述中国抗美援朝的正义立场；在重庆分社的号召和组织下，广大社员一方面加强学习有关文件和指示，一方面以实际行动积极报名参加或参观土地改革工作，分社主委税西恒参加赴朝慰问归来，在大会上向全市社员报告心得体会。通过参加这些运动和学习，广大社员增进了共识，提高了思想认识。

1953年2月，重庆分社召开社员大会，选举产生九三学社重庆分社第二届委员会。主任委员为税西恒，副主任委员谢立惠、丁道衡。会议决定分社机关设秘书处、组织委员会和宣传委员会。同时，根据社中央第二次全国工作会议的决定，将重庆分社领导机构“理事会”改称为“委员会”。重庆分社第二届委员会期间，组织开展了学习、宣传国家过渡时期总路线、《中华人民共和国宪法(草案)》、第一届全国人民代表大会会议和政协第二届全国会议的各项文件。

1956年1月，中共中央召开了关于知识分子问题的会议。周恩来代表中共中央向会议做了《关于知识分子问题的报告》，明确提出了今后对知识分子工作的方针任务，充分肯定了知识分子在社会主义建设时期的重要地位和作用。强调指出，“我国的知识界的面貌在过去六年来已经发生了根本的变化”，知识分子的“绝大多数已经成为国家工作人员，已经成为工人阶级的一部分”。“在社会主义时代，比以前任何时代都更加需要提高生产技术，更加需要充分发展科学和利用科学知识。”这是新中国进入社会主义建设时期，中国共产党对知识分子政策的重要文献。以科技界知识分子为主体的广大九三学社社员深感欢欣鼓舞。1956年4月25日，毛泽东在中共中央政治局扩大会议上所作的《论十大关系》讲话中，提出了关于共产党同民主党派“长期共存，互相监督”的方针。中共中央统战部部长李维汉在同年召开的第一届全国人民代表大会第三次会议上代表中共中央正式提出共产党和各民主党派“长期共存，互相监督”的方针。1956年7月，重庆分社积极响应九三学社中央《学习、宣传和贯彻“长期共存，互相监督”方针的通知》，连续举行座谈会，学习讨论

“长期共存，互相监督”方针。

1956年1月，重庆分社召开第三次社员大会，选举产生九三学社重庆分社第三届委员会。主任委员税西恒，副主任委员谢立惠。大会还推选王际强、李川河、吕钟灵、徐国敞、刘淳玉5人为重庆分社出席社中央第一次全国代表大会代表。至1956年底，重庆分社社员已发展到220人，建立基层组织7个。其中，有6位社员加入了中国共产党。

1957年中国共产党进行整风。由于“反右派斗争”严重扩大化，重庆分社同全市其他市级民主党派一样受到了严重冲击。重庆分社有15位社员被错划为右派分子。

1958年11月，重庆分社召开第四次社员大会，选举产生九三学社重庆分社第四届委员会。同月，九三学社中央召开第二次全国代表大会，由于受“左”的影响，代表大会做出了“左”的决定，通过了《九三学社改造规划》，社的性质被定为“以资产阶级知识分子为主要成分的资产阶级政党”，社的任务是“帮助社员进行根本改造”。后又批判“白专”道路，批判“资产阶级学术权威”，开展“拔白旗”运动以及一系列“左”的做法，进一步伤害了一些社员，广大社员的积极性受到挫伤，重庆分社的工作也处于困境。

为缓和日益紧张的社会关系，周恩来代表中共中央对民主党派做了许多细致的工作。周恩来于1958年11月发表讲话，重申“在共产党领导下，在宪法范围和六条政治标准以内开展‘双百’方针，民主党派的政治自由和组织独立是充分的”。1959年9月，毛泽东在一次最高国务会议上也讲，知识分子大有进步，民主党派大有进步，工商界也大有进步。中共中央为贯彻“长期共存，互相监督”方针，及时纠正了某些“左”的错误，采取了一些措施调整关系。如推动各民主党派召开“神仙会”，发扬民主，调整关系，以和风细雨的方式创造宽松的气氛，鼓励民主党派成员“三自”（自己提出问题，自己分析问题，自己解决问题），“三不”（不抓辫子、不打棍子、不戴帽子），巩固了中国共产党领导的多党合作关系，保持了稳定团结，为战胜三年严重困难，奠定了政治思想基础。

1960年10月，重庆分社贯彻九三学社中央第五届三次全委会会议精神，以“神仙会”的方式两次召开会议，前后历时23天，学习讨论国内外形势及统一战线形势，参加的社员164人，占全市社员总数的87%。通过一系列耐心细致的工作，对社员和所联系的人士做了大量的思想工作，帮助他们认清形势，增强信心，提高为社会主义服务的积极性。在三年困难时期，重庆分社社员与中共中央同心同德，共渡难关。1962年，重庆分社响应社中央的号召，推动广大社员为科学文教战线提出的“出成果、出人才”积极贡献力量。

1962年以后，这种生动活泼的局面逐渐被“以阶级斗争为纲”的口号所取代。

1966年8月8日，中共八届十一中全会通过《中国共产党中央委员会关于无产阶级文化大革命的决定》，“文化大革命”全面展开，1966年8月24日，九三学社中央被迫宣布停止活动，重庆分社也随之被迫停止活动。

“文革”期间，中共领导的多党合作遭到严重破坏，民主党派被当作革命对象，九三学社被戴上“资产阶级政党”的帽子，不少社员被划为“反动学术权威”“走资派”等，重庆分社社员中有45人蒙受不白之冤，受到残酷迫害。重庆分社机关与全市各民主党派机关一样，成为接待外地来渝串联师生的接待站。这期间，虽然各民主党派停止了活动，但是1968年后，重庆分社按照中共重庆市委的安排，开展了帮助上层民主人士学习、改造以及组织各民主党派机关干部参加“统战学习班”学习等工作。全市社员在艰苦磨难和严峻考验面前，接受中国共产党领导的信念仍然坚定不移。一些社员在逆境中忍辱负重，坚持科研、教学和著述，在自己所攻专业领域里孜孜不倦、勤耕不辍，努力克服困难，为重庆市和国家做贡献，并且取得了显著成绩。

（二）恢复活动至重庆直辖前（1977—1997 年）

1976 年 10 月，中共中央一举粉碎了“四人帮”反革命集团，结束了持续十年之久的“文化大革命”的全面动乱。中国共产党领导的统一战线得以重新恢复和发展，民主党派得以恢复和开展工作。1977 年冬，九三学社中央成立了临时领导小组。在 1977 年全国政协举行的各界爱国人士春节联欢会上，叶剑英在讲话中，重申了中国共产党同各民主党派要实行“长期共存，互相监督”的方针，要恢复、发扬统一战线民主协商的优良传统。叶剑英号召，把人民政协、各民主党派、有关人民团体的工作活跃起来。叶剑英的讲话，为统一战线、人民政协、各民主党派、知识分子工作在政治上进行了拨乱反正。1978 年 12 月，中共中央召开了具有深远历史意义的十一届三中全会，会议决定停止使用“以阶级斗争为纲”的口号，做出把工作重点转移到社会主义现代化建设上来的战略决策，开创了中国社会主义现代化建设的新时期。1978 年春，邓小平在全国科学大会上指出：从旧社会过来的知识分子“他们中的绝大多数已经是工人阶级和劳动人民自己的知识分子，因此也可以说，已经是工人阶级自己的一部分”。1979 年，在政协五届二次会议上，邓小平又指出，国内的阶级状况已经发生根本变化，民主党派“已经成为各自所联系的一部分社会主义劳动者的政治联盟，都是在中国共产党领导下，为社会主义服务的政治力量”，摘掉了反右以来给民主党派戴上的“资产阶级政党”的帽子。中共中央还平反了大批冤假错案，实事求是地解决了各种历史遗留问题，使民主党派的工作得到恢复和发展。

九三学社中央于 1979 年 10 月 11 日至 20 日召开了具有历史性意义的第三次全国代表大会。周培源做了《解放思想、献身四化》的工作报告。报告指出，这次大会是总结历史经验，同心同德向前看的团结大会，也是解放思想、奔向四化的动员大会，并号召全体社员为把全国建设成为一个现代化的社会主义强国而奋斗。大会对《九三学社社章》进行了重大修改，对社的性质作出了明确的表述，把坚持四项基本原则写进了社章总纲。

在社中央、中共重庆市委的领导下，九三学社重庆分社得以恢复组织活动。恢复组织活动初期，重庆分社主要在协助中共和政府落实知识分子政策、反映群众意见、参与国家政治生活等方面做了许多工作。同时，在推动社员积极为四化建设贡献力量方面，拓宽了开展社务工作的新领域。

1. 恢复组织与落实政策

在九三学社中央、中共重庆市委的领导和市委统战部的帮助下，九三学社重庆分社于 1978 年 4 月成立了临时领导小组，组长税西恒，副组长王际强、乐怡然，成员李继华、王季超、曹良仁、刘淳玉、何知凡。重庆分社重新恢复活动。在此前后，重庆分社通过清理社籍和整顿社籍，对全市各基层组织状况开展了全面调查，为恢复基层组织活动作准备。

1978 年 12 月，社中央西南调查组来重庆分社调查了解组织和社员的情况，并指导开展工作。调查组来渝后，分别召集医疗卫生、工程技术界和重庆建工学院支社、西南师范学院支社、西南农学院支社的部分社员座谈，进一步了解情况。

1978 年 12 月，九三学社重庆大学支社组成临时领导小组，组长林衍先，副组长王孝祥、秦翼鸿，重庆大学支社正式恢复了组织活动。1978 年 12 月 15 日，重庆大学支社召开社员大会，中共重庆市委统战部副部长刘连波和九三学社中央西南调查组组长李毅到会指导。这是在粉碎“四人帮”、“文革”结束后，重庆市各民主党派中第一个正式恢复活动的基层组织。

中共十一届三中全会做出了关于认真落实各项政策，妥善解决历史遗留问题的重要决策。中共各级党委采取有力措施，拨乱反正。重庆分社在协助党和政府落实知识分子政策的过程中做了大量工作。1982年5月，根据中共重庆市委有关文件精神和九三学社中央《关于对知识分子政策落实情况开展调查研究的决定》，重庆分社成立了知识分子工作检查研究办公室，在分社社员中进行了全面深入的调查和登门访问，积极协助党和政府落实知识分子政策。同时，代表社员反映合法利益，提出意见和建议。通过开展这项工作，重庆分社有45位社员的冤假错案得到了平反落实。因冤假错案受到社纪处分的社员均已撤销处分，恢复了组织关系。协助中共和政府落实政策的工作，极大地调动了广大社员的积极性。

2. 自身建设

1980年2月26日至29日，分社召开第六次社员大会，会议选举产生重庆分社第六届委员会。主任委员税西恒，副主任委员王际强、乐怡然、李继华。为开拓社务工作新领域，大会期间还举办了"社员为四化作贡献展览"，推动社员在做好本职工作的同时，面向社会、为四化建设服务。1980年8月18日至20日，重庆分社举办了首次新社员学习会。自重庆分社第六次代表大会之后，在组织建设中，坚持巩固与发展相结合的方针，坚持以科技界高、中级知识分子为主要发展对象，注意吸收有代表性的中青年骨干，建立组织坚持以大中城市为主，在工作中发展、发展为了工作。社员队伍不断壮大，结构不断改善，基层组织不断完善和增加。

1982年4月22日，重庆分社召开六届十一次委员会。会议决定分社机关设秘书长，由分社常委何知凡兼任秘书长。1983年3月8日，重庆分社召开六届十五次委员（扩大）会议，讨论通过分社成立科技咨询服务部事项。科技咨询服务部成立后，广大社员在支持地方经济建设中发挥了巨大作用。

1984年5月4日至7日，重庆分社召开第七次社员代表大会，选举产生了九三学社重庆市第七届委员会。主任委员王际强，副主任委员乐怡然、许香谷、王先俊、何知凡，秘书长何知凡（兼）。根据九三学社第四次全国社员代表大会修改的社章规定，经社中央批准，自本次代表大会起，"九三学社重庆分社"改称"九三学社重庆市委员会"。同年，九三学社四川省委员会成立，根据社章的规定，自七届委员会起，九三学社重庆市委员会从组织制度上由社四川省委领导。同时，为适应新形势新任务的需要，社重庆市委在坚持界别特点的基础上，开始逐步发展一批从事社会科学的专家、学者入社，从组织结构上健全了服务经济社会全面发展的力量。1984年9月，有27名社员的300多项成果参加了"重庆市各界人士建设四化成果展"。

1988年3月，九三学社重庆市委第一个区级组织九三学社北碚区委员会成立。

1988年9月25日至29日，召开九三学社重庆市第八次社员代表大会，选举产生了九三学社重庆市第八届委员会。主任委员许香谷，副主任委员王先俊、何知凡、杨宗义、宋国昌，秘书长黄秉来，名誉主委王际强，名誉副主委乐怡然。这一时期，社重庆市委注重发扬社组织自我教育的优良传统，组织和推动社员认真学习中共中央关于经济、政治、科技、教育等一系列体制改革的文件和关于社会主义精神文明建设的决定，提高社员贯彻执行党的路线、方针、政策的自觉性，积极投身改革，为振兴中华做贡献。

1989年4月，社市委第二个区级组织九三学社沙坪坝区委员会成立。

1989年7月，九三学社九龙坡区委员会成立。

随着社组织在全市的不断发展壮大，社市委相继建立了基层委员会、区工委、社区委。区级地方组织的建立，开拓了社务工作的新领域、新局面。1989年《中共中央关于坚持和完善中国共产党领导的多党合作和政治协商制度的意见》（简称中共中央〔1989〕14号文件）正式颁布实施。九三学社重庆市委贯彻中共中央〔1989〕14号文件精神，按照参政党的要求，坚持发展与巩固相结合的方针，注重所发展对象的政治素质，发展社员步入程序化、规范化。1990 年 5 月 10 日，社市委召开社区委首次社务工作会议，社北碚、沙坪坝、九龙坡区委，就如何发挥社区级组织职能，推动社务工作全面开展，为区域经济社会发展献计出力为主题，进行了研讨。

1992 年 1 月 24 日至 28 日，社重庆市第九次社员代表大会召开，选举产生了九三学社重庆市第九届委员会。主委许香谷，副主委何知凡、徐宗俊、侯雪岩、黄秉来，秘书长邱道持。名誉主委王际强，名誉副主委乐怡然、李继华。

1996 年，由于重庆市行政区划调整，社中央决定万县、涪陵、黔江地区的社组织由社重庆市委代管。1997 年重庆直辖，九三学社万县市委、九三学社涪陵市委和九三学社黔江地区直属小组正式划为九三学社重庆市委所属区级组织和直属基层组织。

这一时期，社市委通过组织社员认真学习有关中共中央和国家的方针、政策，正确认识形势，努力掌握“解放思想、实事求是”理论的精髓，坚定政治信念。1989 年 12 月颁布的《中共中央关于坚持和完善中国共产党领导的多党合作和政治协商制度的意见》（即中共中央〔1989〕14 号文件），文件进一步总结了新中国成立以来，特别是中共十一届三中全会以来，中国多党合作的成功经验和行之有效的做法，并在此基础上加以充实和完善，使之制度化、规范化，是指导新时期民主党派工作的纲领性文件。中共中央〔1989〕14 号文件明确了民主党派的性质、地位和作用；强调“长期共存，互相监督，肝胆相照，荣辱与共”是中国共产党与各民主党派合作的基本方针；明确了民主党派参政的基本点是“一参加三参与”。1996 年 6 月，中共中央召开全国统战工作会议，发出了关于加强统一战线工作的通知，这些举措推动形成了爱国统一战线工作的新局面，使民主党派参政议政和民主监督的作用得到重视和发挥。社重庆市委通过宣传、学习和贯彻中共中央〔1989〕14 号文件精神，就如何发挥民主党派优势这一新课题开展了有益的实践和探索。

3. 投身四个现代化建设

通过调查研究、召开专题座谈会的方式对四化建设等问题提出建议，供中共和政府参考，是民主党派在新时期参加重庆市政治生活的新形式。作为参政党地方组织，社市委领导参加了中共重庆市委召开的历次民主协商座谈会，就重庆市有关大政方针和重要人事安排进行协商讨论，对市政府工作报告、建设规划和经济发展战略等提出了意见和建议。主要形式为：新中国成立初期的双周座谈会和以后的双月座谈会、民主协商会、情况通报会、暑期谈心活动等，共 92 次。同时，社重庆市各区级组织的领导也都参加了地方党委举行的各项民主协商活动。

履行政治协商和民主监督职责，为重庆市的经济社会发展和政治稳定做贡献。这一时期，在市政协全会上提交集体提案 32 件、大会发言 14 篇，受到市政协的好评。社员中的市政协委员共提出个人提案 298 件。在人代会上社员中的人大代表提出议案、建议和意见 197 件，其中，由社员中的人大代表领衔提出的议案 10 余件。

自社重庆市委科技咨询服务部成立以来，社市委与简阳海井乡签订了为期 5 年的柑橘生产技术服务协议；在涪陵地区的 4 个少数民族自治县开展了多学科的智力支边活动：对涪陵地区建设长江柑橘带规划做出了科学论证；为秀山县发展锰铁合金工业出谋献策；为武隆县经济建设提供综合咨询；扶持县办工业；开办了为少数民族地区培训管理干部和技术力量的学习班；与西南电管局联合办学；对凉山州农村有线电话网进行改造；为石柱县农具厂设计创建了年生产能力为 16 万口的铸铁搪瓷锅生产线；在綦江县赶水和石壕区建立了“40 万株苍溪雪梨综合技改”示范园。开展科技咨询服务工作获得了良好的社会效益，为地方经济发展做出了新贡献。为此，1990 年国家民委授予社市委科技咨询部“民族团结进步先进集体”称号。

（三）重庆直辖时期（1997—2007年）

1997年3月14日，八届全国人大五次会议审议通过了国务院关于提请设立重庆直辖市的议案，批准设立重庆直辖市。九三学社重庆市委员会因重庆直辖市的设立，升格为九三学社省级组织。

1997年4月19日至22日，社重庆（直辖）市第一次代表大会在渝州宾馆隆重举行，选举产生了九三学社重庆（直辖）市第一届委员会。主任委员徐宗俊，副主任委员侯雪岩、黄秉来、赖明、谢小军、蓝钧鳌、姚珍薇（女），常委18名，委员46名。顾问13名，名誉主委许香谷，名誉副主委李继华。社中央常务副主席徐采栋、组织部副部长郑之明莅会指导。

1. 自身建设

2002年4月1日至3日，社重庆市第二次代表大会在渝州宾馆举行，选举产生了九三学社重庆市第二届委员会。主任委员谢小军，副主任委员蓝钧鳌、姚珍薇（女）、柳恩梅、潘复生、邱道持、陈义华，委员48人，常委17人。顾问10名，名誉主委许香谷，名誉副主委徐宗俊。

2007年3月31日至4月2日，社重庆市第三次代表大会在渝州宾馆举行，选举产生了第三届委员会。主任委员谢小军，副主任委员潘复生、邱道持、陈义华、屈谦、黄爱龙、周伯安，委员49人，常委17人。

1997年至2007年底，重庆市各级社组织认真贯彻落实九三学社七大、八大精神，以建设适应新世纪要求的参政党为目标，以搞好政治交接为主线。坚持“三为主”方针，严格把握发展社员的质量。坚持“巩固与发展相结合”的方针，重点发展从事科学技术、高等教育、医药卫生工作等方面的高、中级知识分子，社员人数有了较大幅度的增长，组织不断发展壮大。新社员为社组织增添了活力，提高和改善了社组织的年龄结构和专业结构，领导班子年轻化开始逐步实现。全市由3个区级组织、1个区委筹备组、2个基层委员会、81个支社（小组），发展到9个区级组织、2个区工委和1个区委筹备组、4个基层委员会、110个支社（小组）。社员人数由1687人发展到2604人。

同时，社四川省涪陵市委、社四川省万县市委和黔江地区直属小组从1996年9月1日起由社重庆市委代管后，社区级组织进行了换届并新建立了2个基层委员会：1997年6月，社南岸区第一届委员会成立；1997年10月28日，社渝中区第一届委员会成立；1998年7月8日，社万州区委第一届委员会成立；1998年10月19日至20日，社涪陵区委第一届委员会成立；2002年1月14日，社黔江区第一届委员会成立；2005年，社大渡口区委筹备组成立；2006年11月2日，社永川区工委第一届委员会成立；2006年11月8日，社万盛区工委第一届委员会成立；2006年11月10日，社渝北区委成立；2007年1月7日，社渝北区委第一届委员会成立。2001年5月19日，重庆大学基层委员会成立；2006年3月18日，西南大学基层委员会成立。

2005年，《中共中央关于加强中国共产党领导的多党合作和政治协商制度建设的意见》（简称中共中央〔2005〕5号文件）发表后，社市委专门组织学习传达，邀请中共重庆市委统战部领导做专题报告。同时，还及时组织传达学习了历次全国和重庆市统战、政协工作会议精神。

充分利用重庆是九三学社发祥地的历史资源，坚持开展社史和社的传统教育。2005年，受社中央委托，社重庆市委承担完成了建立九三学社成立旧址纪念碑的工作。2006年，社市委承办了九三学社理论研究与社史工作座谈会等社的全国性工作会议。

2. 为建设新重庆做贡献

这一时期，社市委领导参加中共重庆市委、市政府、市政协召开的民主协商会、情况通报会、双月座谈会、暑期谈心会、民主生活会、征求意见会及各种专项工作会议，多次参与重庆市的大政方针和重要人事的安排协商。与中共重庆市委领导交友、谈心，对重庆市的政治经济、科技教育、医疗卫生改革中的重大问题进行协商讨论，对人民政协章程的修改、市政府工作报告、建设规划、经济发展战略，市人大、市政府、市政协重要人事事项和重庆市党风廉政建设、重要决定、规定和会议文件提出了意见和建议。通过参加民主评议和行风评议，对市委、市政府领导，市政协和市有关部门的工作提出意见和建议，认真履行参政党地方组织的职责。

市政协一届一次会议后，围绕国企改革、科教兴渝、三峡工程、治理污染、城市规划和可持续战略等在开展大量调查研究的基础上，社市委共提交有一定质量的集体提案225件，大会发言48篇；社员中的政协委员共提交个人提案670件；社员中的市人大代表共提交议案、建议、询问案551件。

1998年，经社市委推荐协商，重庆市有3名社员分别当选为九届全国政协委员和全国人大代表，其中，1名社员当选为全国政协常委，1名社员当选为九届全国人大代表。截至2007年底，全市社员中的全国政协委员和全国人大代表在全国“两会”上，共提交提案89件，大会发言3篇，议案和建议78件。

2003年至2007年底，按照“党委要求，政府出题，党派调研，部门落实”机制要求，社市委每年都承担有中共重庆市委的参政议政重点课题。为完成好重点课题，社市委主动与市政府相关职能部门加强联系，共组织完成了6项参政议政课题。就重庆建成制造业中心可行性、三峡库区空虚问题、农村卫生体制改革、农村实用人才队伍建设、主城区两江四岸景观生态保护与开发、完善重庆市城乡规划管理机制、加快发展小城镇有序推进城镇化等问题提出了具体建议并提交了专题调研报告。同时，每年社市委还申报完成有市科委、市建委的软科学课题，还积极参与社中央、中共重庆市委、市政协有关的调研，并形成调研报告，为中共重庆市委、市政府提供决策参考；这些调研成果，一些作为集体提案在市政协会议上提交；部分作为集体提案材料向社中央申报，得到采纳。社市委连续五年中标社中央参政议政课题，这些课题作为社中央集体提案，被全国政协会议立案为大会提案，为认真履行参政党地方组织参政议政职能做出了积极贡献。

社员中的各级人大代表和政协委员还运用参与调研和视察、大会发言、个人提案、社情民意等形式对相关法律法规的制定和实施、重大方针政策的贯彻执行、国家机关及其工作人员的工作，通过意见、建议和批评进行监督。应聘担任各种特约员的九三学社社员，通过参加政府部门组织的调研、检查活动，广泛联系群众，开展民主监督。

配合和参与社中央重大课题调研。2003年8月，韩启德主席率领社中央考察团来渝就农村劳动力转移等问题考察调研。社市委配合参与社中央与市政府及有关部门的调研，协助完成了“九三学社中央关于农村劳动力转移问题”的调研。韩启德主席还根据调研成果向胡锦涛总书记等党和国家领导送交了研究报告《农村富余劳动力转移是全面建设小康社会的战略举措》，受到中共中央和国务院的重视。2004年，配合社中央开展了“深化科技体制改革，提升产业创新能力”“开展经济形势和经济运行情况调研”两项调研活动，并完成了2个调研子报告，其中《深化科技体制改革，提升产业创新能力》受到社中央通报表彰。

加强对口联系工作。社市委与对口联系单位市科委、市建委定期召开会议。2002年至2007年，社市委共承担并完成市科委软科学课题21项、市建委软科学课题4项。

在开展社会服务工作方面，社市委根据社的特点和智力优势，围绕三峡库区的经济社会发展，与社万州区委共同开展了对三峡库区扶贫点的科技扶贫工作。参加社中央组织的“九广合作”等项目，积极开展了一系列科技扶贫工作。1998年2月21日，社市委成立扶贫工作领导小组以来，重点开展了对万州区长岭镇的对口科技帮扶工作和对黔江地区定点卫生扶贫工作；1998年，根据社中央的部署，社市委开展了对口支援广元市元坝区扶贫工作，于1999年初与广元市元坝区签订了对口帮扶协议，社市委重点在果树生产技术上支持广元市元坝区。在2006年9月社中央在四川省广元市召开的“九广合作”二十年座谈会上，社市委获得“九广合作”先进集体荣誉称号。

自2003年8月9日社市委与中共万州区委签订《关于加快万州区科技发展合作协议》以来，2004年，社市委设置“九三奖学金”，专门支助万州五桥和长岭镇的移民子女及贫困学生完成学业。这是继1998年至2002年对三峡库区实施教育扶贫奖学金后，社市委继续对三峡库区及边远山区的贫困学生实施的专项“九三奖学金”。2007年，为扩大“九三奖学金”奖励范围，社市委在重庆三峡职业学院设立了“九三奖学金”。同时，还在黔江、武隆等地开展了捐资助学活动。

2001年至2007年，社市委积极响应社中央号召，分别与社南岸区委、沙坪坝区委、北碚区委、万州区委、渝中区委、涪陵区委、渝北区工委、永川市直属支社和社市委科技委员会、医卫委员会，联合开展了第十三至十九届“国际科学与和平周”活动。社市委连续5年获社中央“特别贡献奖”、连续2年获“优秀组织奖”。

追溯九三学社重庆市地方组织建立以来61年的光辉历程，充分表明：九三学社重庆市委秉承“爱国、民主、科学”的优良传统，同中国共产党在争取民族独立和人民解放的宏伟事业中风雨同舟，在社会主义革命和建设的历史进程中携手前进，在改革开放和社会主义现代化建设的伟大实践中团结奋斗，发展成长成为一支建设中国特色社会主义事业，维护安定团结的重要力量。

九三学社在新时期新阶段的任务是：继续发扬九三学社的优良传统，坚定不移地走中国特色政治发展道路，坚持把发展作为参政议政的第一要务，坚持在科学发展观的指导下推进各项社务工作，最广泛地调动一切积极因素，凝聚全市社员的力量，在九三学社中央和中共重庆市委的领导下，同心同德，开拓进取，围绕全面建设小康社会、加快推进社会主义现代化建设、推动科学发展，促进社会和谐，开创中国特色社会主义新局面的奋斗目标，认真履行参政党职能。

大 事 记

1944 年

11 月　抗战后期，林伯渠代表中共中央，在重庆国民参政会上提出了“立即结束国民党一党专政，成立民主联合政府”，以利团结抗日的主张，得到社会各阶层人民的热烈响应。在中共主张的感召下，抗战时期先后来到重庆的许德珩、潘菽、梁希、褚辅成、张西曼、吴藻溪、黄国璋、金善宝、税西恒、涂长望、张雪岩、劳君展等一部分文教、科学技术界的高级知识分子，发起了“民主科学座谈会”，主张“团结民主，抗战到底”，发扬“五四”反帝反封建和民主科学的精神，为实现人民民主与发展人民科学而奋斗。

1945 年

9 月—10 月　中共中央主席毛泽东在赴重庆谈判期间，在重庆会见了许德珩、劳君展夫妇，这次会见对九三学社的正式建立有决定性的影响。在重庆期间，毛泽东还会见了褚辅成、梁希、潘菽、张西曼、金善宝、涂长望、谢立惠、干铎、李士豪等人，以及王卓然等社会知名人士，得知“民主科学座谈会”的情况，毛泽东鼓励把“民主科学座谈会”办成永久性的政治组织。

9 月 3 日　日本签字投降正式生效。国民政府定是日为抗战胜利纪念日。这不仅标志着抗日战争的胜利，而且标志着世界反法西斯战争的全面胜利。在这举国欢庆的日子里，“民主科学座谈会”召开扩大座谈会，决定正式成立“九三座谈会”，以九月三日这个日本签字投降正式生效的日子给组织命名，因为“抗战最久而受创最深之中国人民，对此伟大的民主胜利之九月三日，应谋发扬光大”，故称“九三座谈会”。九三座谈会为促进政治协商会议的召开积极贡献力量。

1946 年

1 月 6 日　为促进政治协商会议的召开，声援出席政治协商会议各代表，希望他们完成所负的历史任务，并决定筹组九三学社。褚辅成、许德珩、税西恒、张西曼等人邀请重庆学术界人士举行“九三座谈会”，何鲁、刘及辰、潘菽、吴藻溪等二十余人出席。会议一致认为：政治协商会议必须完全公开，只许成功，不许失败。会议决定成立“九三学社筹备会”，推褚辅成、许德珩、税西恒、张西曼等筹组九三学社。九三学社筹备会在筹备建立九三学社的同时，为促进政治协商会议的召开做出了积极的努力。

1月18日　九三学社筹备会召开会议，发表《对政治协商会议之意见》，表达对政协会议的声援，并提出建议，主张：开放中央和地方政权，大量裁兵，废除保甲，确保言论、集会、结社等自由，以及经济民主化等问题，并制定具体方案，贡献政治协商会议，等等。

1月23日　重庆《新华日报》刊登九三学社筹备会对政治协商会议的意见。

2月14日　九三学社筹备会负责人就“较场口流血惨案”向新闻记者发表谈话，强烈谴责国民党特务的暴行。

2月24日　中国民主宪政促进会在重庆成立，选举张西曼、许德珩等25人为理事，张西曼任理事长，许德珩、潘菽、孟宪章、吴藻溪、张雪岩、王卓然、孙荪荃、谢立惠、雷启汉等人参与该会，中国民主宪政促进会成员与九三学社有较大的重合。

4月10日　重庆《新华日报》发表九三学社筹备会对东北问题的意见。

4月13日至19日　九三学社筹备会领导人向中共致函悼念王若飞、秦邦宪、叶挺、邓发等乘机遇难烈士并前往中共驻重庆代表团吊唁。褚辅成撰挽联悼念“四八”烈士。同日，《新华日报》发表关于《中国民主宪政促进会呼吁停止东北内战》的报道。提出三项主张：（一）东北内战必须停止，政府应给予东北小组以工作上之便利，协商解决一切问题，东北之民众武装应予承认，伪军不应庇护，政府应立即停运军队去东北。（二）任何国家不应替一方面运输军队，接济军火，而使内战扩大。（三）政协决议，停战命令，整军方案必须在全国各地彻底实现。

5月4日　九三学社筹备会在重庆青年大厦召开九三学社成立大会。会议公推褚辅成、许德珩、税西恒为主席团。选举潘菽、张雪岩、褚辅成、许德珩、税西恒、吴藻溪、黄国璋、彭饬三、王卓然、孟宪章、张西曼、涂长望、李士豪、笪移今、张迦陵、严希纯16人为理事；卢于道、詹熊来、刘及辰、何鲁、侯外庐、黎锦熙、梁希、陈剑翛8人为监事。大会通过了《社章缘起》《成立宣言》《基本主张》《对时局主张》等文件及致美国国会电文。

5月12日　九三学社召开理监事第一次联席会议。讨论社务和时局，决定设总社于京、沪区，设分社于重庆、武汉、成都、昆明、香港、广州、北平、天津及伦敦等地；推举褚辅成、许德珩、税西恒、张雪岩、潘菽、黄国璋、吴藻溪为常务理事；梁希、卢于道、詹熊来为常务监事。

5月24日　褚辅成、王卓然接受重庆《新华日报》记者专访，主张立即停止内战，并严厉指责“警管区制”与人民基本自由抵触。

5月26日　重庆各界人士时事座谈会发起“呼吁和平、反对内战”签名运动，九三学社吴藻溪、王卓然等签名。

6月26日　国民党军队向中原解放区大举进攻，内战正式爆发。九三学社发表对时局意见，反对内战，反对国民党当局允许外国在华驻军权、内河航行权、公海捕鱼权、放弃关税自主权、国共谈判外国公断权等。

7月28日　九三学社领导人参加重庆人民追悼李公朴、闻一多大会，许德珩任主席团成员并参加陪祭。褚辅成撰挽联悼念。

9月3日　九三学社发表《为国际民主胜利周年纪念宣言》。

9月16日　九三学社领导人参加重庆各界追悼陶行知先生大会筹备工作，九三学社为发起单位之一。22日，“陪都各界追悼陶行知先生大会”在重庆临江路沧白堂举行，许德珩参与陪祭。

10月24日　九三学社在重庆《新华日报》上发表对时局六点意见，认为目前政治局面处于极端危险情形之下，十四年抗战，人民困苦已极，任何一隅的内战行为，皆为违反民意。

10 月 27 日　九三学社重庆分社在上清寺国民外交协会所在地召开成立大会。推举税西恒、何鲁、吴藻溪、左昂、谢立惠、詹熊来、税述之等 15 人为理事或监事。并通过重要决议案如下：①电贺旧金山及远东和平大会；②电请联合国大会讨论在非敌国驻兵问题，纠正美国对远东政策等，希望美国人民有效制止美国政府在华推行帝国主义政策的错误行为。

11 月 5 日　九三学社重庆分社领导人接受重庆《新华日报》专访，发表谈话，反对召开非法“国大”，指出“如以国家人民为重，还是遵循各党派签订的政协决议为重”。

11 月 10 日　九三学社重庆分社参加渝人民团体集会，呼吁全民制止“国大”。同日，褚辅成、孟宪章与谭平山、李济深等人联名致书国民党当局，要求“国大”开会日期暂行延缓。

1947 年

1 月 6 日　九三学社重庆分社与陪都人民反对美军暴行委员会、民盟重庆市支部等 16 个民主团体联合宣言，就“沈崇事件”抗议美军暴行及美国侵犯中国主权的行为，支援爱国学生的正义行动。

2 月 6 日　九三学社重庆分社和陪都反对美军暴行委员会等 16 个民主团体发表慰问爱国游行学生的联合宣言，慰问赞扬重庆市爱国示威游行的学生，表示坚决支持这一爱国行动。

9 日　九三学社重庆分社和渝 16 个民主团体又向全国各界发出联合通电，吁请各界援助爱国学生，抗拒暴行。

1948 年—1949 年

这一时期，税西恒、谢立惠和重庆分社在渝九三社员常常与其他民主党派、人民团体一齐，采取联合行动，以发表通电、声明和宣言，参加学生游行等行动，支援和声援爱国学生的正义行动。

1949 年，恢复中国公学大学部，税西恒任校长，始终坚定地支持进步学生运动，掩护和资助地下党开展活动。

1949 年 11 月，重庆解放前夕，税西恒被列入国民党重庆当局拟定的暗杀名单，为防万一，他藏到自来水公司，并烧毁了放在兰园家中与九三学社和开展进步活动有关的资料。

1950 年

3 月 20—26 日　九三学社中央举行会议，决定废除九三学社原有纲领，以《中国人民政治协商会议共同纲领》为纲领，发展方向为文教界。决定恢复中央理事会工作，整理内部，健全机构和发展社员并举行第一次理事会。重庆社员谢立惠增选为九三学社中央理事会理事。

12 月　九三学社召开第一次全国工作会议，主要议题为抗美援朝和加强统一战线工作。重庆社员税西恒、谢立惠任九三学社第二届中央理事会理事，王克诚（女）、漆文定当选为候补理事。

1951 年

9月3日　九三学社重庆分社恢复成立，税西桓、谢立惠任召集人。并于同日召开“庆祝九三学社成立六周年暨重庆分社恢复成立纪念”大会，会议推选税西恒、谢立惠、乐怡然、刘淳玉、漆文定、王克诚（女）、谢秉仁为理事，柯召、王元吉为候补理事。总社严济慈、初大告、孙云铸等莅会指导。

1952 年

7月1日　九三学社重庆分社召开社员大会，庆祝“七一”，欢迎参加土改归来的社员徐日新、李川河、张德亮、冯继志、朱传秀，张德亮、朱传秀代表参加土改的社员报告了参加土改的收获和经验教训。

7月5日　由九三学社重庆分社主编的《重庆九三》创刊。第二期改为《九三学社重庆分社社讯》。

9月　九三学社召开第二次全国工作会议，重庆社员税西恒、谢立惠、丁道衡当选为九三学社第三届中央委员会委员。其中，税西恒、谢立惠当选为常委，王克诚（女）、漆文定、乐怡然当选为候补委员。重庆分社柯召、徐步墀、何剑熏、刘淳玉、何知凡等同志参加了会议。

10月31日　根据总社指示，重庆分社领导机构改理事会制为委员会制。九三学社重庆分社理事会改称为九三学社重庆分社委员会；理事会正副主任理事、理事改称为正副主任委员、委员。

11月12日　九三学社重庆分社召开全体社员会议，传达社第二次全国工作会议精神，欢送各大学院系调整后即将离渝的社员。

11月15日　重庆分社举行座谈会，开展“中苏友好月”活动。中共中央西南局统战部秘书长林蒙、重庆市协商委员会秘书长杨松青、西南统战部党派处处长彭友今应邀出席会议。

12月3日　九三学社重庆分社中苏友好协会成立。

1953 年

2月　重庆分社召开第二次社员大会，选举产生九三学社重庆分社第二届委员会。税西恒任主任委员，谢立惠、丁道衡任副主任委员。大会决定重庆分社机关设置秘书处、组织委员会和宣传委员会，并决定逐步在条件成熟的单位和地区建立社的基层组织——支社。

3月6日　重庆分社致中国人民政治协商会议全国委员会转苏维埃社会主义联盟部长会议，吊唁斯大林。

3月15日　重庆分社致中国人民政治协商会议全国委员会转捷克斯洛伐克共产党中央委员会，吊唁哥特瓦尔德。

5月　重庆分社举行纪念五四暨庆祝建社七周年大会。

6月　重庆分社委员会下发关于参加普选运动的指示。

6月　徐僖、江泽佳代表分社出席重庆市青年第二届代表大会。

7月31日　重庆分社发表谈话，庆祝朝鲜停战协定签字。

10月　重庆分社主委税西恒参加中国人民第三届赴朝慰问团西南总分团，启程赴朝。

11月17日　重庆分社下发《分社关于学习国家过渡时期总路线的通知》。

12月　重庆分社召开第二届委员（扩大）会议，讨论座谈民主党派贯彻执行中国共产党的总路线等问题。

1954年

1月31日　重庆分社召开第二届委员（扩大）会议，欢迎赴朝慰问归来的税西恒主委，听取各支社负责人汇报学习总路线的情况。

2月9日　税西恒在重庆各民主党派年度第二次双周座谈会上发言，谈参加赴朝慰问的感想。

2月　重庆分社社员丁道衡、王际强、安龙章、刘淳玉、吴锡瀛、何剑熏、陈兆畦、蒋导江、熊天祉当选为中国人民政治协商会议重庆市第一届委员会委员。

3月　税西恒、谢立惠、吕钟灵3位社员参加“全国人民慰问人民解放军代表团第三总分团”，分别在重庆、四川等地慰问解放军。

5月　重庆分社要求各基层组织积极参加宪法草案的学习讨论。

6月27日　重庆分社召开二届十四次委员会议，座谈关于大区撤销建制问题，一致拥护中共中央的决定。

7月　重庆市第一届人民代表大会召开，重庆分社乐怡然等7位社员当选为市人民代表大会代表，税西恒被选为大会主席团成员，税西恒、吕钟灵当选为第一届四川省人民代表大会代表。

10月　谢立惠、丁道衡、王怀琛当选为第一届全国人民代表大会代表。

12月25日　重庆分社约请本市部分科学、卫生界工作者，座谈学习中医和发扬祖国医学遗产问题。

12月　重庆分社与重庆市各民主党派发表书面谈话，拥护外交部部长周恩来关于美蒋《共同防御条约》的声明。

税西恒被选为四川省人民委员会委员，谢立惠、丁道衡、王怀琛被选为重庆市人民委员会委员。

徐僖当选为四川省第二届民主青年联合会副主席。

1955年

2月　重庆分社与民革、民盟、农工市级组织联合举行反对美蒋《共同防御条约》座谈会。

2月5日　重庆分社与中华全国自然专门学会联合会重庆市分会、重庆科学技术普及筹备委员会联合举行“和平利用原子能问题”座谈会。

2月21日　中国地质工作者、教育工作者、九三学社中央委员、重庆大学教授、重庆分社副主委丁道衡因患脑出血于重庆病逝，享年56岁。

3月　重庆分社将“关于宣传唯物主义，批判资产阶级唯心主义思想”作为上半年分社工作要点。

4月　重庆分社与市科联、市科协联合举行“和平利用原子能问题”座谈会。

7月　重庆分社动员社员在所在单位的统一领导下，学习、宣传和贯彻执行国家第一个五年计划。

12月25日　重庆分社召开第三次社员大会，选举产生九三学社重庆分社第三届委员会。税西恒任主任委员，谢立惠任副主任委员。推选王际强、吕钟灵、李川河、徐国棨、刘淳玉5人为重庆分社出席九三学社中央第一次全国社员代表大会代表。

1956年

1月　重庆分社召开第三次社员大会，选举产生九三学社重庆分社第三届委员会。税西恒任主任委员，谢立惠任副主任委员，王际强、安龙章、江泽佳、吕钟灵、李承三、吴锡瀛、林钟祺、税西恒、漆文定、郑兰华、乐怡然、刘淳玉、谢立惠为分社第三届委员会委员。会议推选王际强、李川河、吕钟灵、徐国棨、刘淳玉5人为出席九三学社中央第一次全国社员代表大会代表。会议讨论了知识分子的团结和改造问题。

2月9日—16日　九三学社第一次全国社员代表大会在北京举行，会议总结了知识分子思想改造的经验。重庆分社主委税西恒被推选为大会主席团成员和社中央常务委员会委员。

5月4日　重庆分社分别在市中区、沙坪坝区、北碚区举行酒会，纪念五四暨庆祝建社10周年。

7月　重庆分社举行座谈会，响应社中央《关于学习、宣传、贯彻“长期共存，互相监督”方针的通知》精神，讨论民主党派为什么要长期存在和如何起监督作用的问题。

11月15日　根据社中央的安排，社中央委员、分社主任委员税西恒赴贵阳视察社务工作，视察后向社中央汇报了贵阳社组织筹备工作情况。11月23日，社中央以〔1956〕总联字第874号文致贵阳直属小组，同意税西恒委员关于视察贵阳社务工作报告。自此，根据社中央指示精神，贵阳直属小组积极进行组织发展工作和建立组织等工作。

1957年

4月　重庆分社传达中共中央主席毛泽东在最高国务会议及全国宣传工作会议上的两个重要讲话，拥护毛泽东关于正确处理人民内部矛盾问题的论述，号召各支社和直属小组学习座谈。

8月　重庆分社召开第三届委员会全体委员会议，学习社中央《关于社内整风的指示》，讨论社内整风问题。决定成立重庆分社整风领导小组，设置整风办公室，开展社内整风工作。

1958 年

1 月　重庆分社副主委谢立惠因调任成都电讯工程学院院长，不再担任重庆分社副主委。

3 月　重庆分社召开座谈会，组织各基层组织社员座谈酝酿，提出了响应《社会主义竞赛决心书》。

6 月　重庆分社机关和各基层组织分别组织学习中共八大文件。

11 月　重庆分社召开第四次社员代表大会，选举产生九三学社重庆分社第四届委员会。税西恒任主任委员，王际强、乐怡然任副主任委员。推选王元吉、何文俊、吕钟灵、戴学炽、王季超、潘立斋为全国第二次社员代表大会代表。

1959 年

3 月中旬—4 月底　重庆分社推动基层组织对社员的个人“红专”规划执行情况进行了检查。

5 月 17 日　重庆分社召开第四届十次委员会，讨论重庆分社的政治思想工作。

1960 年

10 月　重庆分社两次召开会议，传达学习社中央五届三次全委（扩大）会议精神。会议贯彻“和风细雨、自我教育”的精神，采取“神仙会”的方式，加强自身建设。会议历时 23 天，大会 11 次，小会 42 次；共有 163 名社员出席会议，占全市社员总数的 87%。

1962 年

1 月　重庆分社召开第五次社员代表大会，选举产生九三学社重庆分社第五届委员会，主委税西恒，副主委王际强、乐怡然。

6 月 7 日　重庆分社召开主委办公会议，贯彻社中央第五届五十六次常委（扩大）会议精神，讨论制定重庆分社年度工作方案。要求各支社、直属小组就以下题目开展讨论并提出意见：（一）在统一战线新形势下民主党派的工作任务；（二）如何进一步加强形势教育；（三）如何加强重庆分社的工作。

1963 年

2 月 4 日—19 日　重庆分社召开五届九次委员（扩大）会议，传达社中央五届四次全委会精神，学习中共八届十中全会公报等文件，传达中共重庆市委书记辛易之作的形势报告精神，讨论国际形势和社务工作。

1964 年

4 月—8 月　重庆分社主要开展了以下几项工作：（一）学习毛泽东著作，深入开展爱国主义、国际主义和社会主义教育，继续进行自我教育和自我改造；（二）结合社员业务，加强思想政治工作，积极投入增产节约运动；（三）大力加强组织领导，提高组织活动质量，进一步发挥社组织的作用。

10 月—12 月　重庆分社副主委王际强，分社委员何知凡参加中共重庆市委统战部组织的社会主义教育试点学习，历时 40 余天。

1965 年

1 月下旬　重庆分社召开为期两天的委员（扩大）会议，学习国务院总理周恩来在全国人大三届一次会议上所做的政府工作报告，主委税西恒传达了社中央五届八十四次常委（扩大）会议精神。会议决定将社中央中常会的决议印发各支社、直属小组学习。

1—6 月　重庆分社乐怡然、江泽佳分别参加了文教系统的农村“四清”工作；郑兰华参加了西南师范学院的社教运动；吕钟灵、李韵笙参加了重庆医学院组织的首批农村巡回医疗队，配合社教运动，为贫下中农治病，历时 90 余天；李继华、谭朝杰参加了半工半读试点和现场设计工作。

1966 年

8 月 24 日　因“文化大革命”，九三学社中央被迫宣布停止活动，重庆分社也随之停止活动。

1978 年

4 月 8 日　九三学社重庆分社临时领导小组成立。组长税西恒，副组长王际强、乐怡然，领导小组成员为李继华、王季超、曹良仁、刘淳玉、何知凡。重庆分社重新恢复工作。

12 月 10 日　重庆分社召开临时领导小组（扩大）会议，欢迎社中央西南调查组李毅（组长）、梁明、李道庸、张春英一行 4 人到重庆分社调查了解社组织和社员在“文革”中受冲击的情况，推动拨乱反正，落实政策的工作。调查组分别组织医卫界、工程技术界社员，在重庆建工学院、西南师范学院和西南农学院召开部分社员座谈会，与会社员愤怒控诉林彪、“四人帮”的罪行，倾吐了拥护中共中央的强烈心声。

12 月 15 日　副组长王际强代表重庆分社临时领导小组召集重庆大学支社全体社员大会。这是粉碎“四人帮”后，重庆市各民主党派第一个恢复组织活动的基层组织。

1979 年

6 月 23 日　重庆分社召开临时领导小组（扩大）会议。刘淳玉传达社中央工作会议精神；何知凡汇报重庆分社半年来的主要工作；推选重庆分社出席和列席社中央第三次全国社员代表大会代表；学习座谈全国人大、政协五届二次会议重要文件。

8 月 1 日至 3 日　重庆分社召开临时领导小组（扩大）会议，传达学习全国人大、政协五届二次会议精神，讨论民主党派和知识分子如何在四化建设中进一步发挥作用。

9 月 21 日至 23 日　重庆分社召开座谈会，庆祝新中国成立 30 周年，交流为四化建设服务和开展社务工作经验体会。

10 月　九三学社召开第三次全国社员代表大会，选举产生了九三学社第六届中央委员会，重庆分社主委税西恒当选为社中央副主席。

11 月 7 日至 11 日　重庆分社分别在沙坪坝区、市中区、北碚区召开片会，社中央委员、重庆分社临时领导小组副组长王际强传达社中央第三次全国社员代表大会精神。

1980 年

2 月 26 日至 29 日　重庆分社举行第六次社员大会，选举产生重庆分社第六届委员会。主委税西恒，副主委王际强、乐怡然、李继华。会议期间举办了“社员为四化作贡献展览”，共展出了 71 位社员的 350 多件成果。

2 月　重庆分社机关刊物《重庆社讯》复刊。

5 月　重庆分社邀请王际强、江泽佳、许香谷就高等教育体制问题进行专题座谈。

5 月初至 6 月底　重庆分社组织社员对中国当前教育改革问题进行专题讨论。其间，召开了重庆分社委员会和重庆分社科技工作委员会会议，召开 3 至 5 人座谈会 10 次以上，还对一些社员进行了专访，共整理出 13 份近 20 万字的材料上报社中央。

6 月 18 日　著名水电工程学家、九三学社创始人之一、历任九三学社理事、常务理事、社中央副主席、市政协副主席、重庆分社主委，第三届、第五届全国人大代表，全国政协第二、三届委员税西恒因病逝世，享年 92 岁。

6 月 27 日　税西恒追悼会在重庆市政协礼堂隆重举行。

7 月 23 日　重庆分社学习访问小组抵达昆明，进行为期 11 天的学习访问和对口经验交流活动。

8 月 18 日至 20 日　重庆分社举办首次新社员学习会，学习社章、社史、社的性质和任务，座谈入社后的感想体会。

11 月 10 日　重庆分社举行六届四次全委会，欢迎到渝出席学术会议的社中央副主席、中国心理学会理事长潘菽和社中央委员、杭州分社主委、中国心理学会副理事长陈立，北京分社李沂和长沙分社朱焜煌等。会议决定副主委王际强接任重庆分社主委职务。

王际强主委离渝赴京旁听最高人民法院特别法庭开庭公开审判林彪、江青反革命集团案。

12月13日　重庆分社召开第三次社员为四化服务经验交流会。

1981年

4月3日　重庆分社举行六届六次委员（扩大）会议，继续学习中共中央工作会议精神。

7月3日　重庆分社举行座谈会，隆重庆祝中国共产党成立60周年，拥护中共中央十一届六中全会公报和《关于建国以来党的若干历史问题的决议》的发表。

9月27日至28日　重庆分社举办第二次新社员学习会。

10月24日至25日　重庆分社召开恢复组织活动以来的第一次基层工作座谈会，汇报学习《关于建国以来党的若干历史问题的决议》的收获，交流基层工作经验。

11月7日至8日　重庆分社办公室主任何知凡代表分社委员会在重庆市各民主党派、工商联基层工作经验交流会上，做题为“围绕四化建设，开展社务活动”的发言。

12月26日　重庆分社召开六届九次委员（扩大）会议，听取主委王际强传达全国人大、政协五届四次会议精神。

1982年

3月24日　重庆分社举行六届十二次常委（扩大）会议，学习中共中央总书记胡耀邦在全国统战工作会议上的讲话。

4月3日至4日　重庆分社召开为四化服务座谈会，总结成绩，交流经验，鼓励社员为建设两个文明贡献才智。来自高校、工程技术、科研和医卫等方面的90余名社员参加了座谈会。

4月22日　重庆分社召开六届十一次委员会议，决定分社机关设秘书长，秘书长由分社常委何知凡兼任。

5月13日　重庆分社召开六届十二次委员（扩大）会，座谈讨论宪法修改草案。

5月　重庆分社根据社中央《关于对知识分子政策落实情况开展调查研究的决定》，对社员中落实知识分子政策的情况，采取登门访问的方式，进行了深入细致的调查研究。

6月　重庆分社分别邀请社内高教和科技界的中年知识分子，就中年知识分子问题进行专题座谈。与会人员就中年知识分子的现状、地位和作用以及落实知识分子政策等问题，提出了建议。

8月30日至31日　重庆分社召开六届十三次委员（扩大）会议，传达社中央六届二中全会精神。

9月4日　重庆分社召开委员座谈会，庆祝中共十二大胜利召开，学习座谈邓小平的开幕词和胡耀邦的报告。

12月25日　重庆分社召开六届十四次委员（扩大）会议，学习宣传新宪法，贯彻执行“六五”计划，传达贯彻全国人大、政协五届五次会议精神。

1983 年

2 月 9 日　重庆分社举行六届十七次常委会，学习《人民日报》社论《做改革的促进派》。会议就如何推动社员积极贡献力量、努力开创工作新局面等问题进行座谈讨论。

3 月 8 日　重庆分社举行六届十五次委员（扩大）会议，决定成立重庆分社科技咨询服务部。

6 月 10 日　重庆分社召开对台工作座谈会，传达贯彻省、市对台工作会议精神。

7 月　重庆分社派专家前往云南楚雄地区对该地蚕桑和丝绸发展进行了为期三周的咨询服务，为玉溪地区的建筑施工技术短训班讲授《建筑工程管理》课程两个月，还为甘孜、凉山州举办了工业企业管理讲座。

7 月 18 日至 24 日　重庆分社召开六届十六次委员（扩大）会议，传达学习全国人大、政协六届一次会议精神；社中央副主席孙承佩到会传达社中央第二十次常委（扩大）会议精神。中共重庆市委统战部部长孙谦就学习《邓小平文选》重大意义做了讲话。

9 月 3 日　重庆分社召开六届十七次委员（扩大）会议。推选王文伟（女）、李继华、何知凡、宋国昌、杨宗义、汪毓才、金春南为重庆分社出席九三学社第四次全国社员代表大会代表。

10 月 21 日至 24 日　重庆分社举办第四次新社员学习会。会议期间，在渝的全国政协落实统战政策，西南调查组副组长、社中央常委、组织部部长薛公绰到会看望与会新社员，并作形势报告。

1984 年

1 月 7 日　重庆分社举行六届十九次委员（扩大）会议，主委王际强传达九三学社第四次全国社员代表大会精神，副主委乐怡然传达邓小平、陈云、胡耀邦的重要讲话精神，秘书长何知凡传达社中央修改《九三学社章程》的主要内容。

3 月 5 日　重庆分社与重庆市自然博物馆联合邀请社中央委员、中科院学部委员、古脊椎动物及人类研究所研究员贾兰坡做题为《四川在人类学上的重要地位》的学术报告。

5 月 4 日至 7 日　重庆分社召开第七次社员代表大会，选举产生了九三学社重庆市第七届委员会：主委王际强，副主委乐怡然、许香谷、王先俊、何知凡，秘书长何知凡（兼）。九三学社重庆分社自此改称九三学社重庆市委员会。

5 月　社市委科技咨询服务部和简阳海井乡签订了为期五年的柑橘生产技术协议。

7 月—9 月　社市委委派 20 多位社员组成涉及农业、工业和经济管理等方面的综合考察咨询组，分 6 批前往涪陵地区的 4 个少数民族自治县，开展多学科智力支边活动。

10 月 22 日　社市委召开七届二次委员（扩大）会议，学习座谈中共中央《关于经济体制改革的决定》。

11 月 3 日　社市委顾问、中华全国中医学会理事、重庆中医学会副理事长、重庆中医研究所研究员龚志贤逝世。

11 月 7 日—11 日　社市委举办第五次新社员学习会。

1985 年

3 月 1 日—2 日　社市委召开七届三次全委会和基层干部会，传达社中央七届二次全委会精神，讨论确定社市委年度工作要点。

4 月 17 日—21 日　九三学社川、滇、黔、桂、渝四省（区）五方首次工作会议在重庆召开。社中央副主席孙承佩、徐采栋出席会议并讲话。社四省（区）五方负责人和各地代表及中共四省（区）五方统战部负责人共 49 人出席了会议。

4 月 25 日　社市委召开七届四次全委（扩大）会，欢迎社中央副主席孙承佩莅渝视察工作，传达全国人大、政协六届三次会议精神。

6 月 4 日　社四川省涪陵市委员会成立。

9 月 4 日　社市委举行建社 40 周年座谈会。

10 月 29 日—31 日　社市委举办第六次新社员学习会。

12 月 23 日　九三学社创始人之一、社中央副主席、社市委主委、全国五届人大代表、著名水电专家、市自来水公司技术顾问税西恒墓碑揭幕仪式，在市中区打枪坝水塔下隆重举行。社中央主席许德珩，副主席潘菽、孙承佩等敬献了花圈。

1986 年

1 月 10 日　社市委举行七届六次委员（扩大）会，就进一步做好精神文明建设工作进行了讨论和部署。

1 月 17 日　社市委与西南电管局举行合办重庆电力职工大学协议书签字仪式。社市委主委王际强担任重庆电力职工大学名誉校长。

2 月 7 日　社市委顾问、中国原子能农学会常务理事、四川省原子能农学会副理事长、重庆土壤学会副理事长、西南农业大学二级教授陈兆畦逝世。

2 月 22 日　社市委顾问、中国鱼类学会理事、四川省科技顾问团成员、四川省水产学会名誉理事长、西南师范大学三级教授施白南逝世。

4 月 2 日—4 日　社中央办公厅副主任青莱藻一行到渝视察工作，就当前我国高等院校、科技、医卫等部门实行技术职务聘任制有关规定和开展科技咨询的政策等问题做介绍和了解情况。

4 月 22 日　重庆市社会主义精神文明建设讲师团成立。社员李继华、叶语、董名山、余衍漪（女）受聘为讲师团成员。

4 月 25 日　社市委召开七届七次委员（扩大）会议，学习关于第七个五年计划的报告，传达全国人大、政协六届四次会议精神。

9 月 3 日—4 日　社市委召开七届八次委员（扩大）会议，传达学习中共中央《关于新时期党对民主党派工作方针任务的报告》（〔1986〕19 号文件），纪念建社 41 周年。

10 月 25 日—26 日　“四川省各民主党派、工商联先进集体、先进个人表彰大会”在成都举行，社市委科技咨询服务部被评为先进集体。

10月29日—11月2日　社市委举办第七次新社员学习会，107名新社员参加了学习。

12月1日　社四川省委顾问蒋祝华逝世。

1987年

2月20日　社市委举行七届九次全委（扩大）会，传达学习中共中央有关文件精神，讨论1987年社市委工作安排，增选杨宗义、罗诗裕、林思敏（女）、张鼎馨（女）、黄秉来为社市委委员。

社市委举行七届十次全委会，增选杨宗义为社市委常委。

3月4日　重庆市各民主党派、工商联联合举行“为四化服务先进集体与先进个人表彰大会”。社市委科技咨询服务部柑橘技术咨询组、中医研究所支社获先进集体，29名社员获先进个人受到表彰。

6月30日　社市委召开七届十次常委（扩大）会，深入学习中共中央〔1986〕19号文件，传达学习中央统战部〔1987〕37号文件、社全国地方组织主委工作会议精神和中共中央统战部副部长李定的讲话。

8月10日—13日　社市委举办第八次新社员学习会，89名新社员参加了学习。

8月　西南师范大学支社社员、教授陈重穆获国家教委“国家级有突出贡献的专家”称号。

11月13日　社市委举行座谈会，学习贯彻中共十三大精神。

1988年

1月18日　社市委举行七届十二次委员（扩大）会议，传达社中央七届三中全会精神、社四川省委一届四次会议精神和社中央“政治体制改革和我社的任务”专题研讨会精神。

2月12日　社市委召开七届十五次常委会，部署社市委换届工作。

3月29日　社重庆市第一个区级组织九三学社重庆市北碚区委员会成立。

4月27日　社市委科技、文教工作委员会召开会议，讨论《重庆市经济科技社会发展战略纲要》。

9月13日　社市委召开教育改革问题座谈会。

9月22日　九三学社四川省万县市委员会成立。

9月25日至29日　九三学社重庆市第八次社员代表大会召开，选举产生了社重庆市第八届委员会。主委许香谷，副主委王先俊、何知凡、杨宗义、宋国昌。名誉主委王际强，名誉副主委乐怡然。

12月9日至13日　社市委举办第九次新社员学习会。

1989年

1月16日　重庆市社员中的11名四川省政协委员赴成都出席四川省政协六届二次全会。

2月27日　社市委召开八届二次委员（扩大）会，传达社中央第五次代表大会精神，讨论本年度工作要点。

3月3日　社市委妇女委员会集会庆祝“三八”国际妇女节。

4月28日　九三学社重庆市沙坪坝区委员会成立。

6月19日　社市委召开八届五次常委（扩大）会议，传达学习邓小平6月9日接见首都戒严部队军以上干部时的讲话，与会人员一致拥护邓小平的重要讲话。

7月29日　九三学社重庆市九龙坡区委员会成立。

9月16日　社市委举行茶话会，隆重庆祝新中国成立40周年、建社44周年、重庆“三庆”纪念年暨教师节并共度中秋佳节。

10月17日　社市委致电祝贺许德珩名誉主席百岁寿辰。

12月26日　中共重庆市委副书记周春山、市长孙同川、市政协主席黄冶到社市委机关拜会社市委负责人。

1990年

2月9日　社市委致电社中央沉痛悼念许德珩名誉主席逝世。

2月15日　社市委转发《九三学社中央关于学习贯彻〈中共中央关于坚持和完善中国共产党领导的多党合作和政治协商制度的意见〉的意见》（中共中央〔1989〕14号文件）。

2月26日　社市委召集正在参加市政协九届三次会议的九三学社社员举行悼念社中央名誉主席许德珩座谈会。

3月5日　社市委召开八届十次常委会，学习座谈中共中央〔1989〕14号文件。

4月20日—21日　社市委召开八届五次全委（扩大）会议，学习座谈中共中央〔1989〕14号文件。

5月31日—6月2日　社市委举办第十次新社员学习会。

7月7日　社市委召开座谈会讨论《重庆市八五计划和十年规划（草案）》。

8月21日　社市委召开庆祝建社45周年暨首次先进基层组织、优秀社员表彰大会，表彰了15个基层组织和81名优秀社员。

10月15日　社市委文教工作委员会座谈讨论《教育法（草案）》《教师法（草案）》。

10月25日　社市委召开八届十一次常委会和七次全委（扩大）会议。会议增选丁小中、王远诚、刘珍菁、邱道持、黄同陵（女）、梁家骧为社市委委员，增选侯雪岩、王远诚为社市委副主委。

12月　国家民委授予社市委科技咨询服务部“民族团结进步先进集体”称号，并颁发了奖状和荣誉证书。

1991年

1月16日　社市委举行八届八次全委（扩大）会，学习中共中央十三届七中全会公报和《人民日报》元旦献词，传达社中央八届三次全委会、社四川省委二届三次全委会及社中央组织工作座谈会精神，讨论近期工作。

4月27日　社市委举行报告会，传达全国七届人大和政协四次会议精神。

5月25日　社市委举行八届十三次常委会传达社西南、中南地区九省（区）十方社务工作会议精神。

6月26日　社市委举行庆祝中国共产党70周年诞辰座谈会。

7月9日　社市委举行八届九次全委（扩大）会，部署1992年社市委换届工作。

7月　重庆市统战系统举办首届书画展，重庆市10位社员的作品参展。

9月14日、17日、26日　社市委分别在沙坪坝区、北碚区、市中区召开首次老社员座谈会。

11月30日　社市委举行八届十五次常委会，学习座谈《中国人权状况》白皮书。

1992年

1月24日—28日　九三学社重庆市第九次代表大会召开，选举产生了九三学社重庆市第九届委员会。主任委员许香谷，副主任委员何知凡、徐宗俊、侯雪岩、黄秉来，名誉主委王际强，名誉副主委乐怡然、李继华。

5月　在重庆市各民主党派、工商联联合召开的为四化服务先进集体和先进个人表彰大会上，社市委科技咨询服务部、社北碚区委、社沙坪坝区委、重庆公路所支社获先进集体荣誉称号，18名社员获先进个人称号，受到表彰。

6月6日　到渝视察工作的社中央副主席、最高人民检察院副检察长王文元到社市委机关看望全体机关干部。

6月27日　社市委召开九届二次全委（扩大）会，传达社中央全国宣传工作会议精神，讨论《九三学社章程（修改草案）》，研究筹建社市委九方应用技术研究所有关事宜。

9月22日　社市委召开九届三次常委会，传达社省委第三次代表大会精神，学习《中共中央统战部关于90年代统战工作纲要（草案）》以及中央统战部、财政部、人事部和中共重庆市委关于民主党派开展咨询工作的相关文件。

9月24日—26日　社市委举办第十一次新社员学习会。

12月　九三学社重庆市委员会重庆九方应用技术研究所成立。

12月25日　社市委顾问王先俊逝世。

1993年

1月16日　社市委召开九届三次全委（扩大）会，传达社中央第六次全国代表大会精神。

1月16日　社市委召开九届五次常委会，任命黄秉来副主委兼任社市委秘书长。

4月6日　社市委召开九届六次常委会，审议通过了《九三学社重庆市委员会专门委员会组织通则》；听取基层组织换届工作情况汇报。

9月3日　社市委召开九届七次常委会议。传达社省委三届二次全委会和科技工作经验交流会精神，学习社中央全国工作会议有关当前组织工作、宣传思想工作和机关建设的三个文件，并通过了社市委贯彻三个文件的意见，学习中共中央关于当前经济上加强宏观调控和开展反腐败斗争的意见和部署。

11月9日　社中央主席吴阶平随中共中央统战部部长王兆国带领的全国政协三峡考察团来渝考察。社市委主委许香谷参加了考察团举行的四川省重庆市三峡工程有关情况介绍座谈会。

11月25日　社中央名誉主席周培源于11月24日逝世，社市委向社中央致电吊唁。

1994年

1月8日　社市委召开九届五次全委会暨社务工作积极分子表彰会，对66名社务工作积极分子进行了表彰。受社中央委托，会议还向荣获"社中央社务工作先进集体"称号的西南师范大学支社授奖，并向何知凡、漆文定、王敏常（女）、潘立斋同志颁发"从事社务工作30年以上"荣誉证书。

1月28日　社市委举行九届九次常委会。审议年度工作要点；重点讨论1994年社市委参政议政工作和加强开展与市科委等对口联系单位的工作。

3月12日　中共重庆市委政法委召开会议听取对市政法工作意见，副主委黄秉来代表社市委出席会议并发言。

5月21日　社市委举行九届十次常委会。传达市政协十届十二次主席（扩大）会议精神；听取召开"社务工作会议"的筹备情况。

6月7日　中共重庆市委召开双月座谈会通报市委近期主要工作。社市委主委许香谷，副主委黄秉来参加。

6月15日　社市委召开"社务工作研讨会"，就基层组织怎样加强思想建设、组织建设和开展科技服务工作进行了研讨。

6月30日　社市委召开《重庆社讯》评议会。

12月12日　中共重庆市委举行双月座谈会通报中央经济工作会议精神，社市委副主委黄秉来、社省委顾问李继华出席会议。

12月20—23日　社市委举办第十三次新社员学习会。

12月28日　中共四川省委副书记秦玉琴一行走访社市委机关。

1995年

1月7日　中共重庆市委召开情况通报会，社市委副主委徐宗俊、何知凡、黄秉来出席会议。

1月9日　社市委召开九届六次全委（扩大）会议。传达社中央九届三中全会精神，总结1994年工作部署1995年工作。

4月26日　中共重庆市委召开双月座谈会，社市委主委许香谷，副主委何知凡、徐宗俊出席，社市委就重庆在三峡开发中的地位和作用提出了对策建议。

7月27日　社市委名誉主委王际强逝世。

9月3日　社中央主席吴阶平、秘书长刘荣汉到渝参加九三学社重庆市委员会建社50周年纪念活动。

9月4日　社市委在中共重庆市委礼堂隆重举行建社50周年纪念大会。社中央主席吴阶平，社省委副主委杨宗义，社市委主委许香谷、副主委何知凡、徐宗俊、侯雪岩、黄秉来出席会议，中共重庆市委、市人大、市政府、市政协、市委统战部的领导应邀到会祝贺。

社市委在市政协会议室举行纪念建社50周年座谈会。

12月6日至8日　社市委举办第十四次新社员学习会。

1996年

1月16日　社市委召开九届七次全委（扩大）会，总结1995年工作、部署1996年工作。

3月19日　中共重庆市委举行双月座谈会通报今年工作。社市委主委许香谷、副主委何知凡出席会议。

3月29日　社市委举行全国人大八届四次会议精神传达会和目前海峡两岸关系及台湾形势报告会。

4月30日　社市委召开参政社员座谈会。

5月9日　社市委和重庆大学联合举办报告会。社中央副主席、中国科学院院士、中国工程院院士、北大方正有限公司主席、重庆大学名誉教授王选作“高新技术产业及人才培养”专题学术报告。

王选副主席到社市委机关看望社市委主委、副主委，并合影留念。

7月4日　中共重庆市委书记张德邻传达中共中央、国务院拟将重庆升为直辖市的有关精神，社市委主委许香谷、副主委徐宗俊参加。

7月9日　市政协召开各党派负责人座谈会，听取各党派对政协工作的意见和对重庆升为直辖市后有关经济建设方面的意见和建议。

7月13日　社市委顾问林衍先逝世。

9月1日　社四川省万县市委、涪陵市委和黔江地区直属小组，由社市委代管。

9月6日　社市委召开九届三十次主委会。传达社省委三届五次全委会精神；研究社市委换届工作。

11月18日—21日　社市委举办第十五次新社员学习会。

12月1日　九三学社重庆医科大学基层委员会成立。

12月5日　社市委召开社区委工作座谈会。

1997年

2月24日　社市委举行悼念邓小平逝世座谈会。

1月13日　社市委召开九届九次全委（扩大）会议。传达社中央九届五次全委（扩大）会议精神，听取社市委常委会1996年工作总结和审议1997年工作安排意见，学习《中共重庆市委关于重庆市国民经济和社会发展“九五”计划和2010年远景目标的建议》，决定换届大会于今年4月举行。

4月19日—22日　九三学社重庆（直辖）市第一次代表大会召开，选举产生了社重庆市第一届委员会。主委：徐宗俊，副主委：侯雪岩、黄秉来、赖明、谢小军、蓝钧鳌、姚珍薇（女），名誉主委：许香谷，名誉副主委：李继华、何知凡。

4月23日　社市委名誉主委许香谷，名誉副主委何知凡，主委徐宗俊，副主委黄秉来、姚珍薇（女）出席中共中央统战部副部长刘延东主持召开的重庆市各民主党派负责人座谈会。

5月6日　中共重庆市委举行新当选的市级民主党派工商联负责人和名誉主委、副主委座谈会。社市委主委徐宗俊、副主委侯雪岩、黄秉来、赖明、谢小军、蓝钧鳌、姚珍薇（女），名誉主委许香谷、名誉副主委何知凡应邀出席。

5月13日　社市委召开一届一次常委会。通报主委、副主委分工情况；任命朱晓容为社市委秘书长；学习《九三学社中央关于加强组织建设的若干规定》。

5月27日　社市委名誉主委许香谷、主委徐宗俊应邀列席中国共产党重庆市第一次代表大会开幕式，并代表社市委向中共重庆市委赠送“肝胆相照、荣辱与共，团结拼搏，振兴重庆”的书法作品以表祝贺。

6月20日　重庆市各民主党派、工商联及知联会、海联会联合举行“迎回归 庆直辖”联欢会。

6月27日　社市委举行喜迎香港回归座谈会。

6月28日　九三学社重庆市南岸区委员会成立。

9月3日　社市委召开一届二次常委会，庆祝建社52周年。

9月13日　社市委召开一届二次全委（扩大）会议。增选朱晓容为社市委常委，选举产生了我市出席社全国代表大会代表，通过了《九三学社重庆市一届二次全委（扩大）会议决定》。

10月　社市委对基层工作进行专题调研。分别于10月14日、16日、21日和22日在渝中区、南岸区、北碚区和沙坪坝区召开基层工作片会，对23个基层组织开展工作的情况进行调研。

10月8日　社市委离退休委员会成立。

10月29日　九三学社重庆市渝中区委员会成立。

11月8日—13日　社市委16位代表出席九三学社第七次全国代表大会。马鸣图、姚珍薇（女）、柳恩梅、徐宗俊、黄秉来、谢小军、赖明当选为社中央十届委员会委员，徐宗俊当选为社中央十届委员会常委。

11月30日　社市委举行一届三次全委会暨基层工作经验交流会。

12月31日　社市委召开一届八次主委会，学习江泽民在中共中央党外人士座谈会上的讲话。

1998年

2月21日　社市委召开一届九次常委会，决定成立社市委科技扶贫领导小组。

3月28日　社市委召开一届四次全委会，总结1997年工作，部署1998年工作。

4月26日　社市委主委徐宗俊专程赴万县五桥区长岭镇考察社市委定点扶贫工作，并参加社市委与万县市五桥区长岭镇签订《对口科技扶贫协议》签字仪式。

5月8日—9日　社市委举办重庆直辖后第一次新社员学习会。

6月13日　社市委召开一届十一次主委办公会，研究成立社万州区委、涪陵区委和黔江直属支社事宜。

6月18日　中共重庆市委副书记、副市长王鸿举率市委、市政府、市政协各有关方面负责人一行十余人，走访社市委机关。

7月8日—9日　九三学社重庆（直辖）市万州区委员会成立。

社市委副主委黄秉来、秘书长朱晓容参加了中共重庆市委统战部举行的抗洪救灾捐款仪式，代表社市委捐款3000元，并转交了机关职工的捐款1640元。

8月28日　社市委召开一届六次常委会议，任命侯雪岩为九三建筑设计事务所重庆分所所长，决定由副主委黄秉来、秘书长朱晓容负责社市委经济实体的监管工作。

9月3日　社市委机关召开座谈会纪念建社53周年。

9月12日　社市委名誉副主委乐怡然逝世。

10月20日　九三学社重庆（直辖）市涪陵区委员会成立。

11月7日　社市委顾问张敷荣逝世。

12月4日　社市委举行纪念中国共产党十一届三中全会召开20周年座谈会。

12月25日　社市委举行一届五次全委（扩大）会。增选杨晓碧（女）、柳恩梅、屈谦、黄为4人为社市委委员，增选柳恩梅为社市委常委。

1999年

1月19日　社市委举行向万州区长岭镇科技扶贫捐赠图书仪式，徐宗俊主委代表社中央和社市委向长岭镇捐赠书籍6634册。

2月1日　社市委与市建委建立对口联系制度。

4月15日—17日　社市委召开全市社务工作会议。

4月27日　社市委召开纪念五四运动80周年座谈会。

6月7日—12日　社市委在社中央组织、宣传、信息工作会议上被评为信息工作先进集体，受到表彰。

7月5日　社市委举行王智彪社员事迹报告会，社市委委员、重庆首届杰出贡献奖章获得者王智彪做了报告，近300名社员参加了报告会。

7月9日　社市委举行一届第十六次主委会，学习贯彻《各民主党派中央关于加强自身建设若干问题座谈会纪要》；审议通过《社市委关于开展“学习王智彪同志先进事迹，深入学习王选精神”活动的意见》；决定成立支援广元元坝区的科技扶贫果树专家组，由陶轶凡任组长。

7月26日　社市委副主委蓝钧鳌、姚珍薇（女），秘书长朱晓容参加中共重庆市委统战部举行的各民主党派、工商联批判“法轮功”座谈会，蓝钧鳌副主委代表社市委发言。

8月12日　社市委举行批判李登辉“两国论”座谈会。

9月26日　社市委举行庆祝新中国成立50周年大会。

10月28—30日　社市委举办直辖后第二次新社员学习会。

11月17日、25日　社市委两次举行纪念《中共中央关于坚持和完善中国共产党领导的多党合作和政治协商制度的意见》颁布10周年座谈会。

12月20日　社市委举行庆祝澳门回归祖国座谈会。

1999年　社市委副主委赖明因调国家建设部任科学技术司司长，不再担任社市委副主委。

2000 年

1月7日　社市委召开一届七次全委（扩大）会议。传达贯彻社中央十届三中全会精神，审议通过《社市委1999年工作报告和2000年的主要工作任务》。

1月16日　社市委顾问王季超逝世。

1月19日　社市委与市建委召开对口联系工作会。

2月2日　社市委与市科委召开对口联系工作会。

2月25日　社市委学习座谈《一个中国的原则与台湾问题》白皮书。

3月14日　社市委举行"西部大开发 重庆大发展"报告会。

4月19日　社市委副主委谢小军、社市委委员王智彪被重庆市人民政府授予"重庆市先进工作者"称号。

6月30日　社市委举行一届八次全委（扩大）会。传达全国民主党派工作会议精神，传达社中央组织工作会议精神，增选陈义华为社市委委员，增选王绍朴、周伯安、屈谦、潘复生为社市委常委，增选柳恩梅为社市委副主委。

6月　社中央对先进基层组织进行了表彰。重庆医科大学附属第二医院支社、重庆三峡农科所支社获先进集体，受到表彰。

7月1日　社市委召开科教扶贫工作会。

11月9日　九三学社中央十届十一次常委会在渝州宾馆举行。重庆市领导贺国强、包叙定、王云龙、张文彬等到会祝贺。会议期间，签订了《九三学社中央与中共重庆市委关于加快重庆科技发展的合作协议》。

12月28日　社市委举行一届九次全委会议，传达社中央十届四次全委会精神，传达学习全国统战工作会议精神。

2001 年

1月8日　市政协一届五次全委会召开，社市委主委徐宗俊，副主委谢小军、蓝钧鳌、姚珍薇（女）、柳恩梅，秘书长朱晓容和社内40多名市政协委员出席了会议。

1月10日　市一届人大五次会议召开，社市委副主委侯雪岩、名誉主委许香谷和社内12名市人大代表出席了会议。

2月19日　在中共中央、国务院举行的国家科学技术奖励大会上，社市委委员、重庆医科大学教授、博导王智彪为首的项目组研制的"JC型聚焦超声肿瘤治疗系统"获2000年度国家技术发明二等奖。

3月5日　九届全国人大四次会议在北京举行，全国人大代表、社市委副主委姚珍薇出席了会议。

3月20日　社市委举行传达学习全国"两会"精神报告会。

4月16日　全国政协副主席、中共中央统战部长王兆国在中共重庆市委礼堂作"学习全国统战工作会议精神"报告，社市委主委徐宗俊、副主委蓝钧鳌、秘书长朱晓容及社市委机关全体干部听了报告。

王兆国部长在渝州宾馆会见市级各民主党派负责人。社市委主委徐宗俊、副主委谢小军参加了会见和座谈。

4月27日　社市委召开一届十五次常委会。深入学习全国和重庆市统战工作会议精神。

5月6日　社市委顾问毕婵琴逝世。

5月10日　社市委召开区级组织社务工作经验交流会。

5月20日　重庆大学基层委员会成立。

6月20日　社市委召开与对口联系单位重庆市科委、市建委在市政协举行“庆祝中国共产党成立80周年联欢会”。

7月5日　社市委召开一届十次全委会，学习座谈江泽民同志“七一”重要讲话；增选潘复生为社市委副主委。

9月25日　社市委主委徐宗俊、名誉主委许香谷参加民盟重庆市委名誉主委金锡如遗体告别仪式。

10月23日　社市委一届十一次全委（扩大）会议。表彰2000年度积极支持社市委集体提案工作的先进集体和优秀个人，表彰“纪念建党80周年征文”活动中积极组稿、撰稿的集体和个人。

11月17日—20日　社中央专职副主席陈抗甫、组织部副部长王贵忠来渝检查和考察社务工作期间，听取了社市委工作汇报，看望了社市委领导和机关全体干部，并与部分中青年社员进行了座谈。

12月5日　中共重庆市委副书记滕久明一行走访社市委机关。

2002年

1月14日　九三学社重庆市黔江区委员会成立。

1月22日—27日　市政协一届六次全委会召开，主委徐宗俊等社内政协委员出席了会议。

2月2日　社市委召开祝贺王选副主席、黄昆院士荣获2001年度“国家最高科学技术奖”座谈会，并向王选和黄昆致电祝贺。

2月5日　社市委召开一届三十五次主委会议。审议通过了《九三学社重庆市委员会关于开展“向国家最高科学技术奖获得者王选、黄昆同志学习”活动的通知》，决定开展向九三学社社员、中科院院士、2001年度国家最高科学技术奖获得者王选、黄昆学习活动。

4月1日—3日　九三学社重庆市第二次代表大会举行，选举产生了九三学社重庆市第二届委员会。主任委员谢小军，副主任委员蓝钧鳌、姚珍薇（女）、柳恩梅、潘复生、邱道持、陈义华。名誉主委许香谷、徐宗俊，名誉副主委李继华、何知凡、黄秉来。任命朱晓容为社市委秘书长。

6月14日　社市委举行二届二次全委（扩大）会议，选举社重庆市出席九三学社第八次全国代表大会代表，表彰2001年度积极支持社市委集体提案工作的先进集体和个人，宣布社市委第二届委员会各工作委员会人员名单。

7月3日　中共重庆市委副书记邢元敏在中共重庆市委统战部副部长向亮，党派处处长陈文华、副处长廖渝川陪同下，到社市委机关调研。与社市委主委、副主委、机关各处室负责人座谈。

7月16日　市政协党组副书记、副主席刘志忠，副主席李兵、张忠惠，副秘书长舒永清等来社市委机关调研。

7月17日—19日　社市委在江津召开区级组织社务工作经验交流会。

10月18日—19日　社市委举办第四次新社员学习会。

12月3日—8日　九三学社第八次全国代表大会在京召开，重庆市谢小军等16名社员代表出席大会，马鸣图、王智彪、屈谦、陈义华、姚珍薇（女）、柳恩梅、谢小军、潘复生当选为第十一届社中央委员，谢小军当选为第十一届社中央常委。

12月29日　社市委召开二届三次全委（扩大）会议，学习中共十六大精神，传达贯彻九三学社第八次代表大会精神。

2003年

1月7日—12日　市政协二届一次全委会议召开，我市社员蓝钧鳌、柳恩梅等44位市政协委员出席了会议。社市委主委谢小军应邀出席开幕式。

1月8日—15日　市人大召开二届一次会议。重庆市社员谢小军、姚珍薇（女）、陈义华等14人当选人大代表并出席会议。谢小军当选为重庆市人民政府副市长，姚珍薇（女）、陈义华当选为重庆市人大常委会委员。

3月3日　全国政协十届一次会议在北京召开，重庆市社员中的全国政协委员谢小军、姚珍薇（女）、王智彪出席会议。

3月5日　十届全国人大一次会议在北京召开，重庆市社员中的全国人大代表潘复生、杨晓碧（女）出席会议。

3月7日　社市委顾问唐世鑑逝世。

3月29日　社市委举行二届四次全委会。

5月14日　社市委发出《关于积极做好防治非典型肺炎工作的通知》。

5月　社市委发出《关于开展“三增强”“四热爱”教育活动的通知》。

7月13日—15日　九三学社第十一届中央委员会第三次会议在大连举行，社中央常委、社市委主委谢小军出席会议并做题为“深入学习‘三个代表’重要思想，加强政治思想修养，努力当好公务员”的发言。

7月23日—27日　社市委领导到社各区委开展社务工作调研。

8月5日—8日　中共重庆市委举行2003年暑期学习谈心活动。主委谢小军，副主委蓝钧鳌、姚珍薇（女）、柳恩梅、潘复生、邱道持、陈义华，秘书长朱晓容参加了学习谈心活动。

8月8日—14日　全国人大常委会副委员长、九三学社中央主席韩启德率社中央调研组来重庆，就“农村劳动力转移问题”和社务工作考察调研。韩启德一行听取了重庆农村劳动力流动总体情况和贯彻国办发《关于做好农民工进城就业管理和服务工作的通知》（〔2003〕1号文件）的有关情况汇报，并在有关市领导陪同下，赴万州、开县、合川、万盛等区县调研。

8月9日　社市委与中共万州区委在万州举行《关于加快万州区科技发展合作协议》签字仪式，正在万州调研、指导工作的社中央主席韩启德、副主席洪绂曾出席签约仪式，社市委副主委陈义华、万州区区长吴政隆代表双方在协议上签字。

8月11日　社中央领导与社重庆市委基层组织座谈会在渝州宾馆举行，韩启德一行与社市委主副委、常委、委员、名誉主委、顾问和基层组织负责人共60余人进行了座谈。

8月12日　在中共重庆市委副书记邢元敏、统战部部长辜文兴，社市委主委谢小军、副主委陈义华陪同下，韩启德主席、洪绂曾副主席到社市委机关指导工作并看望机关全体同志。

10月16日　社市委顾问漆文定逝世。

10月21日、28日　社市委分两批举办干部培训会。社各区级组织、基层委员会、支社及直属小组负责人参加了培训。

11月7日　召开重庆市各民主党派、工商联参政议政成果汇报会，社市委“关于把重庆建设成为具有国际重要影响的制造业基地研究”课题成果在会上做了汇报。

11月21日—22日　社市委举办第五次新社员学习会。

12月8日　重庆市各民主党派在渝州宾馆联合举行“为‘三个文明’建设服务经验交流暨表彰大会”，社市委5个先进集体和20名先进个人受到表彰。

12月21日—25日　社中央召开十一届二次全会。重庆市社员中的社中央委员谢小军、姚珍薇（女）、柳恩梅、潘复生、陈义华、屈谦、王智彪、邱道持、马鸣图出席了会议。

2004年

1月4日—10日　市政协召开二届二次全委会议。重庆市社员蓝钧鳌、柳恩梅、邱道持等44位市政协委员出席会议。谢小军主委应邀出席了开幕式。

1月5日—11日　市二届人大二次会议召开。重庆市社员中的谢小军、姚珍薇（女）、陈义华等14位市人大代表出席会议。

3月27日　社市委召开二届五次全委会。听取并审议《社市委二届常委会2003年度工作报告》；审议通过《社市委二届委员会第五次会议决议》。

4月27日　中共重庆市委书记黄镇东率市委、市政协领导走访社市委机关。

5月28日—29日　召开中共重庆市委第二次政协工作会议。社市委副主委蓝钧鳌参加会议。

7月29日　“九万合作”工作研讨会在万州举行。

8月1日—5日　2004年重庆市级各民主党派、工商联暑期谈心活动在武隆举行。社市委主委谢小军，副主委蓝钧鳌、姚珍薇（女）、邱道持、陈义华，名誉主委徐宗俊，秘书长朱晓容参加。

8月13日　社市委举行纪念邓小平同志100周年诞辰大会。

10月20日　社市委二届二十二次主委会审议并通过了《九三学社重庆市委关于转发社中央〈关于学习贯彻中共十六届四中全会精神的决议〉的通知》，要求各基层组织和社员深入学习中共十六届四中全会精神。

11月11日　社市委召开社务工作会议。在渝考察的社中央副主席贺铿莅会指导并讲话。

11月2日　社市委召开专职干部培训会。社市、区委专职干部参加了学习培训。

12月24日　社市委召开纪念《中共中央关于坚持和完善中国共产党领导的多党合作和政治协商制度的意见》颁布15周年座谈会。

2005 年

1 月 7 日　召开社重庆市渝北区工作委员会成立大会。

1 月 11 日—16 日　市政协二届三次会议召开，重庆市社员中的蓝钧鳌、柳恩梅、邱道持等 49 位市政协委员出席会议。主委谢小军应邀出席了开幕式。

1 月 12 日—17 日　市二届人大三次会议召开，重庆市社员中的谢小军、姚珍薇（女）、陈义华等 14 位市人大代表出席会议。

1 月 20 日　全国统一战线传统教育基地挂牌仪式在红岩革命纪念馆举行。社中央副主席洪绂曾专程来渝出席挂牌仪式，社市委主委谢小军、副主委陈义华及机关全体同志参加了挂牌仪式。

来渝参加全国统一战线传统教育基地挂牌仪式的社中央副主席洪绂曾到社市委机关，与社市委领导和机关工作人员座谈。

2 月 1 日　社市委顾问唐璞逝世。

2 月 27 日　受社中央委托，社市委召开筹建九三学社成立旧址纪念碑工作会议。

3 月 3 日　全国政协十届三次会议召开，重庆市社员中的全国政协委员谢小军、姚珍薇（女）、王智彪出席了会议。

3 月 5 日　十届全国人大三次会议召开，重庆市社员中的全国人大代表潘复生、杨晓碧（女）出席了会议。

3 月 18 日　西南大学基层委员会成立。

3 月 26 日　社市委召开二届六次全委会，会议学习了中共十六届四中全会和《中共中央关于进一步加强中国共产党领导的多党合作和政治协商制度建设的意见》（中共中央〔2005〕5 号文件）精神。

4 月 5 日　社市委任命陈义华为专职副主委。

4 月 10 日　社中央主席韩启德向重庆市社员潘复生、孙冬野发来贺信，祝贺他们荣获国家科学技术进步奖二等奖。社市委主委谢小军也同时发贺信向潘复生、孙冬野表示祝贺。

4 月 18 日　社中央副主席洪绂曾一行与社市委领导座谈。

4 月 25 日　中共重庆市委副书记邢元敏，市政府副市长、社市委主委谢小军，市政协副主席、市委统战部部长辜文兴，中共渝中区委书记刘隆铸，副书记潘毅琴在拟建九三学社成立旧址纪念碑所在地人民公园，召开现场办公会议。

5 月 10 日　社市委召开社区委专职干部培训会。

5 月 13 日—30 日　社市委深入社各区委，开展组织建设工作专题调研。

5 月 26 日　重庆市机构编制委员会正式批复社市委关于变更内设机构名称的请示。至此，社市委研究室更名为参政议政处，科技处更名为社会服务处。

7 月 20 日　社市委召开组织工作会议，部署基层组织换届工作。

8 月 1 日，社市委举行“九三学社与构建社会主义和谐社会”专题研讨会，拉开了社市委纪念建社 60 周年系列活动的序幕。

8 月 8 日—12 日　2005 年重庆市级各民主党派、工商联负责人暑期谈心会在永川举行，社市委主委谢小军，副主委蓝钧鳌、柳恩梅、潘复生、邱道持、陈义华，名誉主委徐宗俊参加了学习活动。

8月15日　中共重庆市委副书记邢元敏、社市委主委谢小军、中共重庆市委统战部部长辜文兴、中共重庆市委统战部常务副部长彭永辉及中共渝中区委有关领导，在解放碑中央商务区（CBD）建设指挥部负责人和社市委副主委邱道持、陈义华陪同下对九三学社旧址纪念碑工程进行了验收。

8月22日　九三学社成立旧址纪念碑揭碑仪式在渝中区人民公园隆重举行，全国人大常委会副委员长、九三学社中央主席韩启德，中共重庆市委副书记、市长王鸿举为纪念碑揭碑并讲话，社市委主委谢小军主持揭碑仪式。

8月22日　社市委纪念建社60周年大会在中共重庆市委礼堂隆重举行，全国人大常委会副委员长、社中央主席韩启德，中共重庆市委副书记邢元敏，社市委主委谢小军分别做重要讲话。大会结束后，举行了社市委纪念九三学社建社60周年文艺演出。

同日，社中央主席韩启德与社市委主委、副主委和社员代表在渝州宾馆会见座谈。

8月28日　由中共中央统战部、中共重庆市委、中共党史学会联合举办的“抗日民族统一战线与抗日战争胜利学术研讨会”在重庆中国三峡博物馆举行，社中央常务副主席陈抗甫莅会并做讲话，社市委副主委陈义华参加会议。

8月30日　社中央常务副主席陈抗甫参观九三学社成立旧址纪念碑，并到社市委机关看望社市委主、副委和全体工作人员并与大家座谈。

9月4日　中共重庆市委举行“重庆市纪念抗日战争胜利60周年座谈会”，社市委主委谢小军、副主委陈义华参加会议。

9月6日　九三学社建社60周年纪念大会在北京举行，社市委主委谢小军、副主委陈义华，名誉副主委何知凡，社员代表谢昭鹏参加了大会。

9月19日　社市委名誉副主委李继华逝世。

10月16日　社中央副主席洪绂曾在重庆出席第十届“中法国企改革和农业问题研讨会”期间，专程参观了九三学社成立旧址纪念碑。

10月31日　中共重庆市委召开《中共重庆市委关于制定国民经济和社会发展第十一个五年规划的建议（征求意见稿）》征求意见座谈会，谢小军主委出席会议并代表社市委发言。

11月11日—12日　社市委举办第七次新社员学习会。

11月14日　在渝出席国家自然科学基金委员会数学天元基金学术领导小组扩大会议的社中央副主席刘应明参观了九三学社成立旧址纪念碑。

11月上旬至中旬　社市委及社各区委组织开展了第十七届“国际科学与和平周”活动。

11月19日　社市委召开专家咨询会，对《黔江区卫生事业“十一五规划”（送审稿)》进行论证。

12月6日　九三学社召开第十一届中央委员会第四次全体会议，重庆社员中的社中央委员姚珍薇（女）、柳恩梅、陈义华、屈谦、马鸣图、王智彪出席会议，社市委副主委蓝钧鳌、邱道持列席了会议。

12月31日　召开社市委机关工会第一届委员会成立大会。

2006年

1月10日—15日　市政协二届四次会议召开，社员中的市政协委员蓝钧鳌、柳恩梅、邱道持等48人出席会议，主委谢小军应邀出席了开幕式。

1月11日—16日　市二届人大四次会议召开，社员中的市人大代表谢小军、姚珍薇（女）、陈义华等14人出席会议。

1月14日　社市委召开二届十三次常委会，传达贯彻社中央十一届四中全会精神，审议通过《九三学社重庆市委常委会关于学习贯彻重庆市“两会”精神的决议》。

1月25日　中共重庆市委书记汪洋，在市委副书记邢元敏、市委统战部部长辜文兴及有关部门负责人陪同下走访社市委机关，汪洋一行还在社市委主委、副主委陪同下看望了全体机关工作人员，并与大家亲切交谈。

中共重庆市委书记汪洋与市级各民主党派、工商联负责人座谈，谢小军主委代表社市委在会上发言，副主委蓝钧鳌、姚珍薇（女）、柳恩梅、潘复生、邱道持、陈义华参加了座谈会。

2月9日　社市委“树立科学发展观，加快重庆市农村实用人才队伍建设”课题，参加中共重庆市委召开的2005年重庆市各民主党派、工商联参政议政成果汇报会。

2月26日　社市委在重庆大学召开纪念学习九三学社中央副主席王选座谈会。

3月18日　社西南大学基层委员会召开成立大会。

3月25日　社市委召开二届七次全委（扩大）会议，增选尹书菊（女）、刘云艳（女）、余国东为社市委委员，增选郭劲松、黄爱龙为社市委常委。

4月2日—6日　社市委副主委陈义华、委员王筱欣（女）随中共重庆市委书记汪洋赴三峡库区调研库区产业发展工作。

5月7—8日　社市委在重庆社会主义学院举办基层组织主委培训班。

5月30日　社市委召开全市参政议政工作会议。

6月5日　由中共中央宣传部、中共中央统战部、教育部和九三学社中央联合组织的“王选同志先进事迹报告会”在中共重庆市委礼堂举行。会前，中共重庆市委书记汪洋会见了报告团一行，中共重庆市委副书记邢元敏，市委统战部部长辜文兴，社市委主委谢小军参加了会见。

市政府召开全市各界人士学习王选同志先进事迹座谈会，会议由副市长、社市委主委谢小军主持，社市委常委郭劲松、委员余国东代表九三学社社员在会上发言。

6月6日　率王选同志先进事迹报告团来渝的社中央副主席邵鸿在社市委主委谢小军，副主委柳恩梅、邱道持、陈义华陪同下，参观了九三学社成立旧址纪念碑，并走访了社市委机关，与全体机关干部进行了座谈。

6月30日　社市委召开二届十六次常委会，传达贯彻社中央十一届十五次常委会和九三学社省级组织换届工作会议精神。

7月10日　社市委召开区级组织专职副主委工作会议。

社市委召开社区级组织换届工作会议。

8月2日　中共重庆市委召开社市委重点提案《以体制创新破解三峡库区产业空虚难题》督办会，中共重庆市委书记汪洋主持会议。社市委课题组组长王筱欣、副主委陈义华。分别代表社市委做了汇报和发言。

8月7日—10日　2006年重庆市级各民主党派、工商联暑期谈心活动在武隆举行。社市委主委谢小军，副主委蓝钧鳌、姚珍薇（女）、柳恩梅、潘复生、邱道持、陈义华，名誉主委徐宗俊参加了学习谈心活动。

9月1日—2日　社中央在四川省广元市召开“九广合作”20年座谈会。会上，社市委获“九广合作”先进集体、市农科院果树研究所支社社员陶轶凡获“九广合作”先进个人荣誉称号。

10 月 14 日　社市委召开二届八次全委（扩大）会议，学习贯彻《九三学社中央关于省级组织换届工作的意见》和市级民主党派换届工作会议精神，部署 2007 年社市委换届工作。

10 月 21 日—23 日　九三学社理论研究与社史工作座谈会在重庆雾都宾馆举行。全国人大常委会副委员长、社中央主席韩启德，社中央副主席邵鸿，社市委主委谢小军，中共重庆市委统战部部长辜文兴出席会议并讲话。社中央秘书长徐国权、社中央研究室部分工作人员、徐宗俊名誉主委、陈义华副主委及社各省级组织有关部门负责人 30 余人出席会议。

10 月 23 日—25 日　九三学社直辖市片区工作会议在重庆雾都宾馆举行，社北京市委副主委王琳（女）、社天津市委秘书长宋永昌、社上海市委秘书长沈洁（女）、社重庆市委副主委姚珍薇（女）、陈义华及四个社直辖市委的组织处长出席了会议。社中央组织部副部长文文，中共重庆市委统战部党派处处长廖渝川应邀莅会并讲话。

11 月 2 日　社永川区工委第一届委员会成立。

11 月 8 日　社万盛区工委第一届委员会成立。

11 月 10 日　九三学社重庆市渝北区委员会成立。

12 月 3 日—4 日　社市委举办第八次新社员学习会。

12 月 19 日　社市委召开社务工作会议。蓝钧鳌副主委代表社市委做题为“解放思想，开拓思路，切实加强思想建设”主题报告。

12 月 20 日　社市委召开《重庆社讯》编委通讯员会议。

12 月 27 日　社市委“关于加强农村卫生基本建设对策研究”课题，参加中共重庆市委召开的 2006 年市级各民主党派、工商联参政议政成果汇报会。

2007 年

1 月 28 日　社市委召开二届九次全委（扩大）会议，民主测评社市委领导班子和领导班子成员。

2 月 7 日　社市委举行纪念社中央副主席王选逝世一周年座谈会。

3 月 4 日　中共中央总书记、国家主席、中央军委主席胡锦涛看望出席全国政协十届五次会议的九三学社界别委员，并参加九三学社组分组讨论、听取意见和建议，全国政协委员、重庆市副市长、社市委主委谢小军做了题为“医卫改革要立足公平兼顾效率”的发言。

3 月 19 日　社市委顾问李宗明逝世。

3 月 31 日—4 月 2 日　召开九三学社重庆市第三次代表大会，选举产生了社重庆市第三届委员会。主委谢小军，副主委潘复生、邱道持、陈义华、屈谦、黄爱龙、周伯安，任命杨开奎为社市委秘书长。全国人大常委会副委员长、社中央主席韩启德，社中央常委、秘书长徐国权专程莅渝祝贺指导。

4 月 27 日　中共中央统战部副部长楼志豪与市级各民主党派领导座谈，社市委主委谢小军出席座谈会。

5 月 14 日　社市委召开《九三学社章程》修改征求意见座谈会。

6 月 6 日　新任中共重庆市委副书记张轩在市委副秘书长罗庆宏、市委统战部常务副部长彭永辉及有关负责人陪同下走访社市委机关，在社市委主委谢小军、副主委陈义华及秘书长杨开奎的陪同下看望了机关全体干部职工，并与大家座谈。

6月8日　社市委“九三奖学金”颁奖仪式在重庆三峡职业学院举行。

6月15日　社市委举行庆祝重庆直辖10周年座谈会。

6月18日　重庆市“庆祝重庆直辖10周年大会”在重庆大礼堂隆重举行，社市委主委谢小军，副主委陈义华、黄爱龙出席大会。

6月21日　中共重庆市委常委、市委统战部部长翁杰明在中共重庆市委统战部常务副部长彭永辉等陪同下，走访社市委机关。

7月6日　社市委召开三届二次常委会议，动员部署开展政治交接学习教育活动工作。

7月20日　市政协副主席邢元敏一行到社市委机关走访、调研，并召开座谈会。

8月7日—8日　社市委举办换届后首次基层干部业务培训班。

8月26日—27日　重庆市各民主党派、工商联暑期谈心活动在武隆仙女山举行，社市委主委谢小军，副主委潘复生、邱道持、陈义华、屈谦、黄爱龙、周伯安参加了暑期谈心活动。

9月6日　市政协召开第三届委员会委员协商提名工作部署会议，社市委副主委陈义华参加会议。

9月11日　社市委召开庆祝教师节座谈会。

9月13日　市科委、市科协在市政协召开科技工作情况通报会，社市委副主委陈义华应邀参加会议。

9月21日　社市委召开《九三学社章程》修改征求意见座谈会。

9月30日　社市委主委谢小军专程到涪陵看望并慰问老社员冉茂吉，并转交社中央主席韩启德的慰问信和“九三学社王选关怀基金”资助款15000元。

10月11日　由社中央捐资兴建的“九三林”揭碑仪式在四川省广安市举行。社中央主席韩启德、秘书长徐国权一行，在四川省人大、重庆市人大，社四川省委，中共广安市委、市政府有关领导陪同下，出席揭碑仪式，韩启德为“九三林”揭碑，社市委主委谢小军出席了揭碑仪式。

10月28日　社中央顾问、中国农学会名誉会长、中国可持续发展研究会副理事长洪绂曾到渝调研“九万合作”工作并出席“九万合作”工作汇报座谈会。

11月9日　全市各民主党派政治交接学习教育活动专题报告会在渝州宾馆举行。

11月24日　社市委三届三次常委会议审议通过了《九三学社重庆市委员会关于深入学习中国共产党第十七次全国代表大会精神的决议》。

同日，社市委在广场宾馆召开政治交接学习教育活动重点对象集中学习会，社市委主委会、常委会、委员会成员，区级组织领导班子成员，直属基层组织负责人，市级以上人大代表、政协委员等政治交接学习教育活动重点对象共80人参加了学习。

11月28日—29日，社市委举办第九次新社员学习会。

12月4日—13日，九三学社第九次全国代表大会在北京召开。社重庆市代表团16名社员代表在团长谢小军、副团长邱道持带领下出席了会议。会上，谢小军、潘复生、陈义华、屈谦、王智彪、邱道持、黄爱龙、刘云艳（女）当选为社中央委员，谢小军当选为社中央常委、副主席。

12月23日，社市委顾问金春南逝世。

第一篇　九三学社在重庆成立及主要活动

九三学社的建立同抗日战争时期国内的政治形势密切相关，中国共产党的抗日民族统一战线政策是九三学社产生的政治基础。1937年7月7日，中国全国性抗日战争开始。9月22日，国民党中央通讯社发表了中共中央7月15日提交的《中国共产党为公布国共合作宣言》，第二天蒋介石发表谈话，国共两党实现了第二次合作，全国抗日民族统一战线正式形成。在举国一致、共赴国难的气氛下，爱国民主人士纷纷到南京、武汉参加抗日救亡工作。随着南京、武汉的先后沦陷，国民政府移驻重庆，四川已成为抗战的最后根据地，大批爱国民主分子离开敌占区来到重庆，继续开展抗日救亡和爱国民主工作。1939年1月，中共中央根据形势变化，在重庆设立了南方局，在国统区开展统一战线工作。

重庆在中国革命历史和统一战线及多党合作史中具有十分重要的地位。1944年下半年，抗日民族运动掀起新高潮，为响应中国共产党成立民主联合政府的主张，抗战时期先后来到重庆的一部分文教、科学技术界的高级知识分子许德珩、潘菽、梁希、黎锦熙、劳君展、涂长望、黄国璋、张雪岩、叶丁易、税西恒等发起组织了“民主科学座谈会”，这个组织就是九三学社的前身。主要成员是五四运动中的领袖人物和积极分子，所以这个团体从发起伊始，就带有较为浓重的五四运动的影子和色彩。它名称中的“民主”“科学”，正是五四新文化运动所揭举的两面旗帜。“民主科学座谈会”的政治主张是：继承和发扬五四运动反帝反封建的民主科学精神，倡导“团结、民主，抗战到底”，反对国民党一党独裁，积极响应中国共产党“结束国民党一党专政”的主张，在促进民主政治和团结抗战方面，起到了积极的作用。1945年9月3日，为庆祝中国人民抗日战争和世界反法西斯战争胜利纪念日，“民主科学座谈会”改称“九三座谈会”，发展成为一个民主政团。1946年5月4日，九三学社在重庆青年大厦正式成立。从此，九三学社作为一支重要政治力量，汇入了中国共产党领导的新民主主义革命洪流之中。

1946年10月27日，九三学社重庆分社成立。

第一章　成立及确立北平为九三学社总社所在地

第一节　成立背景

九三学社的建立同抗日战争时期国内的政治形势密切相关。

从1931年“九一八”事变和1937年7月7日卢沟桥事变，充分暴露了日本帝国主义侵略和吞并整个中国的狂妄野心，中国的全国性抗日战争由此开始。随着南京、武汉的先后沦陷，大批爱国民主分子纷纷来到重庆，开展抗日救亡和爱国民主工作。

1939年1月，中共中央在重庆设立了南方局，由周恩来、董必武等统一领导西南和华南各省中共党组织的工作。鉴于国民党不允许中共党组织公开活动，中共中央南方局秘密设在八路军驻重庆办事处内。随着抗日战争的发展，蒋介石改变了比较积极的抗日方针，实行“消极抗日、积极内战”的反动政策。从1939年到1943年，先后发动了三次反共高潮，一度朝气蓬勃的团结抗战局面遭到破坏，广大人民包括民族资产阶级、知识分子和国民党爱国民主分子对蒋介石的倒行逆施深为不满，一致要求团结抗日、政治民主、经济自由和思想自由。在同国民党顽固派进行斗争中，一些爱国民主分子赞成、支持中国共产党的抗日主张，并和中共建立了联系。

1939年12月21日，中共中央在《关于组织进步力量争取时局好转的指示》中指出：“一切站在国共之间主张坚持抗战团结进步的所谓中间力量，最近期间表现出政治积极性日益增长，成为推动时局好转的极其重要因素，因此，我们应用极大努力帮助他们，用各种方式组织起来。”1940年，毛泽东在《目前抗日统一战线中的策略问题》报告中指出：“在中国，这种中间势力有很大的力量，往往可以成为我们同顽固派斗争时决定胜负的因素”，因此，“争取中间势力是我们在抗日统一战线时期的重要任务”。在国统区工作的中共领导人周恩来等，根据中共中央的精神，在重庆经常同爱国民主党派和人士接触，参加他们的活动，分析国内外形势，阐明中国共产党的方针政策，对他们给予鼓励、支持和帮助。

中国共产党的抗日民族统一战线政策是九三学社产生的政治基础。

1941年1月4日，国民党顽固派制造了“皖南事变”，在大后方，也加快了摧残民主力量的步伐。广大人民对国民党的倒行逆施、专制独裁极为不满。同年春的一天，周恩来约请各党各派的领袖，在重庆俄国餐厅吃饭，周恩来对大家说，当前人民群众和各党各派对国民党的一党专政强烈不满，有必要声张民主、反对独裁。我们经过讨论研究，认为有必要组织起来，成立中国民主政团同盟，要求团结抗战，要求民主。大家一致感到，政治不民主，抗战胜利必无可能。为促进抗战胜利，在中国共产党的号召下，遂成立了中国民主政团同盟。许德珩被推选为该组织的联络部副部长。

抗战后期的形势促使九三学社产生。

1944下半年，日本侵略军大举对中国大西南地区发动新的进攻，国统区的军事、政治、经济全面危机日益加剧。严峻的形势使重庆科技界、文化界、教育界的一些进步人士对时局极感焦虑，他们认识到不内争民主，就不能外御强寇，就无法解救中华民族于危难之中，必须要民主、要团结、要抗战到底。在中国共产党抗日民族统一战线政策的影响和感召下，国统区的抗日民主运动风起云涌。在这国家民族的危急关头，国民参政会中的中共代表林伯渠在三届三次国民参政会上提出“废除国民党一党专政，召开各党派会议，成立民主联合政府”的主张，立即得到社会各阶层人民的热烈响应。10月，周恩来进一步阐明成立民主联合政府的具体部署和方法。中国共产党关于成立民主联合政府的主张，反映了全国各阶层人民的愿望和要求，抗日民主运动掀起新高潮，进入以建立抗日民主政府为目标的新阶段。为响应中共的号召，抗战时期先后来到重庆的一部分文教、科学技术界的高级知识分子许德珩、潘菽、梁希、黎锦熙、劳君展、涂长望、张雪岩、黄国璋、叶丁易、税西恒等，发起组织了“民主科学座谈会”，讨论民主与抗战问题，主张“团结民主，抗战到底”，发扬“五四”反帝反封建精神，为实现人民民主与发展人民科学而奋斗。这个组织就是九三学社的前身。“民主科学座谈会”的活动地点在许德珩、税西恒家，有时也在中苏文化协会等地方。

因为这个座谈会的主要成员或是五四运动中的著名人物，或是运动中的积极分子，由此，大家一致同意把座谈会命名为“民主科学座谈会”。“民主科学座谈会”的政治主张是继承和发扬五四运动反帝反封建的民主、科学精神，倡导“团结、民主，抗战到底”，反对国民党一党独裁统治。“民主科学座谈会”在重庆各高等学校和知识界中都有较大影响。

几乎是在“民主科学座谈会”活动的同时，由重庆中央大学教授梁希、金善宝、潘菽、涂长望、干铎、李士豪以及重庆大学的谢立惠为主要成员的“自然科学座谈”也在活动。“自然科学座谈会”的成员大都是大学教授、科学家。1937年，梁希、金善宝等教授随中央大学迁到重庆沙坪坝，来到抗日战争时期的陪都，看到的是在国民党统治下，政治腐败，经济萧条，法西斯反动势力猖獗，阴霾笼罩，令人窒息的情景。科技文教界的朋友普遍感到茫然和苦闷。一次偶然的机会，梁希看到了《新华日报》，从此，梁希便成了《新华日报》的忠实读者，每期报纸，他都是一字不漏地仔细阅读，到了“饭可不吃，《新华日报》一日不可不读”的程度。梁希同潘菽虽然同是中央大学的教授，但平时没有交往。中央大学迁到重庆后，梁希听说潘菽与新华日报社有往来，就主动与潘菽接近，交谈有关抗战形势问题，特别是中共方面的情况，梁希更为关心。谈过几次之后，觉得很好，约定各自找一些朋友来一起谈。时间是每周找一个晚上，地点是在同事李士豪的房间里。李士豪单身住一个房间，来往的人也很少，地点也僻静。中央大学的涂长望、干铎，重庆大学的谢立惠等先后参加进来。活动的内容主要是交换听到的关于时局的消息，议论抗战问题，特别是延安方面的消息和延安方面的政治主张、政策及言论。后来，又增加了学习马列主义代表作的内容。这就是“自然科学座谈会”。“自然科学座谈会”的重要成员有梁希、金善宝、涂长望、潘菽等人。

1939年春，在周恩来的支持和新华日报社社长潘梓年的具体领导下，成立了“自然科学座谈会”，负责人是梁希和潘菽，这个组织不保密，但参加的成员却是不公开的。主要成员为重庆中央大学的梁希、潘菽、金善宝、干铎、涂长望、李士豪以及重庆大学的谢立惠等大学教授和科学家。这个组织曾以“重庆自然科学座谈会”的名义在《新华日报》上发表文章。从1939年到1946年春，自然科学座谈会坚持每周或每两周召开一次座谈会，主要学习马克思列宁主义和《新华日报》社的重要社论或文章。同时，还应邀协助《新华日报》编辑《自然科学》副刊。中共常在《新华日报》社举办纪念会、联欢会、座谈会、时事报告会等活动，经常邀请“自然科学座谈会”的成员、科技文教工作者及其他爱国民主人士参加。“自然科学座谈会”的成员，成为《新华日报》社和中共领导人最信赖的朋友。

“自然科学座谈会”团结广大科学技术界的人士，参加了在国民党统治区的爱国民主运动。潘梓年经常直接或间接地指导这个座谈会的活动。因此，“自然科学座谈会”与《新华日报》社建立了密切的关系。

1941年，“皖南事变”后，梁希、金善宝分别向周恩来、林伯渠谈了想去延安直接参加革命工作的愿望。周恩来、林伯渠十分赞赏他们追求进步的表现，同时鼓励说服他们留下来在重庆更好地发挥作用。为扩大党的抗日民族统一战线，积极团结更多的科技和文教工作者，经周恩来、潘梓年授意，成立了“中国科学工作者协会”，参加协会的有竺可桢、李四光、任鸿隽、丁燮年、严济慈等100多位著名科学家。“中国科学工作者协会”团结广大科学技术界人士，参加了在国民党统治区的爱国民主运动。

同时，在许德珩、潘菽、黄国璋等发起“民主科学座谈会”时，经周恩来、潘梓年授意，“自然科学座谈会”的人员，由潘菽介绍，先后以个人身份参加了“民主科学座谈会”，使“民主科学座谈会”成为一个以科学技术界、文化教育界高级知识分子为主体的民主政团，并逐渐演进成为一个学术性的政治团体。加入“民主科学座谈会”的文教、科学技术界知识分子，大部分是潘菽介绍进来的，构成了“民主科学座谈会”的主体。“民主科学座谈会”在重庆各高等学校和知识界都有较大影响。

中国全面抗日战争持续了14年。1945年8月14日，日本政府照会美英苏中四国政府，表示接受中、美、英三国关于促令日本无条件投降的波茨坦公告。8月15日，日本宣布无条件投降。9月2日，日本正式签订了投降书。日本的投降，标志着中国抗日战争和世界反法西斯战争的胜利结束。

第二节 筹建九三学社

1945年8月14日至23日，蒋介石在依靠美国积极准备内战的同时，一连三次发“万急”电报，邀请毛泽东赴重庆谈判。8月28日，毛泽东、周恩来、王若飞一行飞抵重庆，与国民党当局进行和平谈判。毛泽东在重庆期间，分别会见了许德珩、劳君展等故友和梁希、潘菽、金善宝、涂长望等中央大学知名教授，对“民主科学座谈会”给予了热情的鼓励。

许德珩、劳君展同毛泽东有着源远流长的亲密友谊。劳君展早年在湖南周南女校读书时，就参加了毛泽东、蔡和森于1918年4月在长沙组织的“新民学会”，积极参加驱逐湖南军阀张敬尧运动和五四运动。五四运动后，劳君展赴法国勤工俭学，行前，毛泽东曾在上海半淞园为他们送行。1921年中国共产党成立后，毛泽东还写信给在法国的劳君展等“新民学会”会员通报情况。1915年许德珩考入北京大学，先后与李大钊、毛泽东相识。毛泽东、许德珩都参加了“新闻研究会”和“北京大学平民教育讲演团”，接触日频。1918年至1919年五四运动前夕，毛泽东、许德珩经李大钊介绍，先后参加了由李大钊发起的“少年中国学会”，在“创造少年中国”的政治理想下，李大钊、毛泽东和许德珩结下了深厚的友谊。

1945年9月的一天，毛泽东与许德珩、劳君展夫妇在红岩嘴八路军办事处重逢，他们畅叙阔别之情，回忆当年在北大的情景和在湖南的往事。毛泽东关切地询问他们在法国和归国后的工作生活情况，他们一一向毛泽东做了介绍。谈话间，劳君展提到给毛泽东送怀表、布鞋和火腿的事，毛泽东表示感谢。许德珩谈到了抗日战争期间，根据周恩来的建议，他回到原籍江西任江西抗敌后援会主任委员，动员民众抗战，保卫家乡，以及担任国民参政会参政员，于1938年来到重庆，利用国民参政会这一合法讲坛，公开反对国民党的倒行逆施和独裁统治等情况。其中，还谈到他在国民参政会活动中，与中共代表董必武、吴玉章、林伯渠、邓颖超过往密切，配合默契，毛泽东听得很高兴。后来又谈到在重庆发起“民主科学座谈会”的情况，毛泽东勉励许德珩和劳君展，要把座谈会搞大、搞成一个永久性的政治组织。针对座谈会成员担心人数少的顾虑，毛泽东说：“人数不少。即使人数少也不要紧，你们都是有影响的代表性人物，经常在报上发表意见和看法，不是也起很大作用吗?”在毛泽东的关怀鼓励下，许德珩、劳君展才下定决心把“民主科学座谈会”建成一个永久性的组织。随后，毛泽东邀请许德珩夫妇共进午餐。席间还有周恩来、华岗、熊子容等，气氛十分亲切融洽。由于重庆政治环境险恶，许德珩夫妇深为毛泽东的安全担心，临别前，劳君展频频相劝：此地不可久留，宜早做归计。10月11日，毛泽东平安返回延安，许德珩夫妇才放了心。

1945年9月的一天，梁希、潘菽、金善宝、涂长望、干铎、谢立惠、李士豪等著名教授和科学家接到毛泽东会见他们的通知。他们按通知所定的时间来到嘉陵江边张治中将军的公馆，王炳南在门口迎接。在一个长条形的房间里，毛泽东与他们一一握手，寒暄落座后，毛泽东在交谈中谈到飞抵重庆的经过和一路见闻。他说，重庆的科学家朋友提供的气象资料这次也派上了用场。还特地提到了在延安革命根据地急需西北地区气象资料的时候，涂长望曾向延安提供了气象资料和一大批气象书籍；延安急需农业技术和良种时，金善宝曾提供了良种和技术资料这两件事，他感谢国统区各界人士对延安精神上和物质上的支援和帮助。并和大家就抗日战争胜利后的中国时局、国共和谈、中国的前途和命运等问题亲切交谈，解释中国共产党在抗战胜利后的路线、方针和政策。会见结束时，毛泽东满怀深情地说："我十分感谢诸位教授先生们，在爱国、民主、和平方面，我们的心是相通的。"

毛泽东对九三学社创始人的亲切接见和谈话，给了他们巨大的支持和鼓舞，及时指明了前进的方向，这对九三学社的建立和发展，起到了决定性的作用。

1945 年 9 月 2 日，日本代表在投降书上签字。根据国际惯例，签字的次日，即 9 月 3 日，是日本签字投降正式生效的日子。9 月 3 日，标志着中国抗日战争的胜利，也标志着世界反法西斯战争的胜利。在这举世庆祝的一天，"民主科学座谈会"，召开了扩大座谈会议。鉴于战后中国面临着"两个中国之命运"的决战，"座谈会"的成员感到斗争的道路方长，而战后各自都要回到自己原来的地方去，有必要建立永久性的组织以加强联系，团结奋斗。会议决定扩大成员，建立组织，以九月三日这个日子命名，因为"抗战最久而受创最深之中国人民，对此伟大的民主胜利之九月三日，应谋发扬光大"，故称"九三座谈会"。"九三座谈会"为促进政治协商会议的召开积极贡献力量。

1946 年 1 月 10 日至 31 日，政治协商会议在重庆举行。会前，"九三座谈会"于 1 月 6 日举行了大型座谈会，声援出席政治协商会议各代表，希望他们完成所负历史任务，并决定筹组九三学社。1 月 9 日，重庆《新华日报》以《学术界举行九三座谈会，决定筹组九三学社，声援政治协商会议各代表，完成历史任务》为题报道了此次会议，《民主报》等其他报纸也报道了此次会议的情况。会议决定推举褚辅成、许德珩、张西曼等人筹组九三学社。会上，对组织的名称也有过讨论。据潘菽回忆，当时，有人提议把"九三座谈会"改为"民主科学社"。出席会议的多数人认为，当时知识分子大都不愿参与政治，最好取一个既体现学术性，又带有不太明显的政治性的名字为最好。会议决定采用"九三学社"这个名字。"九三"是九月三日，抗战胜利的日子，带有政治性；"学社"则有明显的学术性，以利于团结广大知识分子参加进来。1 月 18 日，九三学社筹备会发表《九三学社筹备会对政治协商会议之意见》，再次声援出席政治协商会议各代表，为争取国内和平民主和促进政治协商会议的召开提出积极的建议。政协协议墨迹未干，蒋介石在 1946 年 3 月 1 日至 17 日召开的国民党六届二中全会上公开号召破坏政协协议，并通过了推翻政协宪章中各项民主原则的决议以及其他多项反共决议。在当时，对政协会议及政治协议的态度，是衡量一个团体进步性的重要标志。当时九三学社正在筹备之中，九三学社筹备会为促成政协会议的召开、拥护和支持政协协议，做出了积极的努力。

第三节　九三学社成立大会及其政治主张

"九三学社筹备会"经过 4 个多月的积极筹备，九三学社成立大会于 1946 年 5 月 4 日五四运动纪念日，在重庆青年大厦正式召开。大会公推褚辅成、许德珩、税西恒为主席团。褚辅成致开幕词，许德珩报告筹备经过，税西恒报告社费收支账目。大会选举潘菽、张雪岩、褚辅成、许德珩、税西恒、吴藻溪、黄国璋、彭饬三、王卓然、孟宪章、张西曼、涂长望、李士豪、笪移今、张迦陵、严希纯等16人为理事，卢于道、詹熊来、刘及辰、何鲁、侯外庐、黎锦熙、梁希、陈剑翛等8人为监事。会上卢于道、王卓然、黄国璋、张雪岩、张迦陵、吴藻溪发表自由演说，一致指出：武力不能求得统一，东北及中原的内战必须立即无条件停止，在政府根据政协决议改组以前，美国不应有援助中国的任何党派之行为，希望马歇尔元帅继续以公正态度，调处国共纠纷，实行全中国的和平民主。大会发表了《九三学社缘起》《成立宣言》《基本主张》（见附文），阐明了当时九三学社对建立新中国的理想和途径，及政治、经济、学术、文化的主张，以及对战后中国时局提出了同中国共产党“和平、民主、团结、建国”八字方针精神完全一致的八条主张。通过了《对时局主张》和致美国国会电文等文件。《新华日报》全文刊登了成立大会通过的几个主要文件。其中，最具代表性的是《成立宣言》和《基本主张》。

附文一：

九三学社缘起

中国自七七事变后，奋全国人民之力，以与日本军阀搏斗，太平洋战起，集全世界民主力量以与东西两大法西斯暴力搏斗，至一九四五年九月三日，而此为害于全人类之巨寇（日本军阀）始继德意法西斯之后而签降，世界重现和平，人类得免更深之荼毒，抗战最久而受创最深之中国人民，对此伟大的民主胜利之九月三日，应谋发扬光大，促进联合国之成功，维护世界永久和平，进中国于民主幸福的建设之途。而民主的新中国之建设，经纬万端，科学与近代工业之发展，人民生活之改善，基本自由之保障，与夫社会之改造，以期侪列于世界强国之林，要为急不可缓之举。本此要求，发起“九三学社”，冀从世界之观点，科学之立场，对以上任务有所尽力，世有同志愿进而教之者乎？是所望也。

附文二：

成立宣言

本学社发起于日寇败降，国际的民主胜利，与世界的和平奠基之日。百年以来，中国人民外受帝国主义者之压迫，内遭军阀、官僚、买办之罪恶的统治，于其自身政治之改革，科学与工业之建树，亦皆濒遭阻碍，成效未彰。今抗战已获胜利，自应迈进于和平建设之途，然环顾国内，其纷乱舛错之状况，实有令人不胜其忧惧者。同人等服务文化、教育、经济各界，在本学社筹备期间，对于国事，虽贡其一得之愚，谅为世所共见，兹当成立伊始，愿赘数言，为国人告。

一、中国今日，舍和平团结，实无救济之策，而和平团结之能实现与否，端赖民主宪政之实施，故政治的民主与宪政之实施，实为救国要着，本学社同人，愿在自己岗位上，作此种问题之努力，促其实现。

二、中国虽号称民主国家，而人民长期慑伏于封建暴力，基本自由，从无保障，科学之进步与人权之发展，更无可期！如何生存于此科学昌明之人权世界？故联合国内外民主力量，争取人民基本自由之保障，实属刻不容缓。

三、国父孙中山先生临终遗言，谆谆以“联合世界上以平等待我之民族，共同奋斗”为嘱。今日的民主盟邦，均为吾人之友好，故于外交政策，自应本独立自主的精神，谋平衡的发展，于美英苏联诸国，自不应畸重畸轻，有所偏倚，俾国家新的建设，能在和平友好的盟邦助力之下，迅速完成。今日适为五四运动二十八周年纪念日，“五四”所号召于国人者，为科学与民主，今时间过去虽已二十余年，而民主与科学之要求，实较前迫切，本社同人，愿本“五四”的精神，为民主与科学之实现而努力，始终不懈，谨此宣言。

附文三：

基本主张

一、促进民主政治之实现，争取人民之基本自由。二、从政治的民主化，谋军队的国家化，反对属于党派或私人的武力，根绝内战。三、肃清贪污，反对官僚政治。四、从速完成国家工业化，农业现代化，改善农民生活及农村佃租关系。五、建立以民生为主的经济制度，反对官僚买办资本及一切为私人或派系谋利益的经济关系。六、学术思想之绝对自由，奖励科学研究，根绝党化教育及思想统治。七、积极的普及国民教育，扫除文盲，提高人民文化水准，反对迷信与复古运动。八、加强同盟国家之团结与合作，促进世界和平。

附文四：

对时局主张

东北的内战未停，中原的内战又起，时局艰危，已达极点。本社为挽救国家及保卫人民起见，不得不郑重提出对时局主张，全国同胞及世界人士，辛垂鉴焉。

一、要求国共两党军队，立即在东北、中原及全国任何一隅，无条件停止内战。一切问题，概以和平民主方式解决之。

二、无条件实行停战协定、政协协议、整军方案，为促进中国和平民主的唯一有效途径。任何党派不得有任何违反停战协定、政协协议与整军方案的行为。

三、请马歇尔元帅彻底实行调人责任，对两党争执，予以仲裁，立即实行全面停战。在中国政府未根据政协协议改组以前，美国政府勿予中国任何一党派以任何援助（包括借款及运输军队）。

（录自1946年5月4日重庆《新华日报》）

第四节　第一届理监事联席会

1946年5月12日，九三学社召开第一次理监事联席会议，会议由税西恒主持，讨论了时局与任务。这次会议，对九三学社在各地的发展具有重要意义。据重庆《新华日报》1946年5月14日第二版以《九三学社通过决议，要求停止各地内战，并要求取消党化教育，改善教职工生活》为题进行了报道，“本市消息，九三学社于十二日下午三时至九时，假兰园开理监事第一次联席会议，讨论社务及时局，到褚辅成、许德珩、税西恒、吴藻溪、侯外庐、张雪岩等十余人。税西恒主持。通过重要决议案如次：①设总部于京沪区，设分社于重庆、武汉、成都、昆明、香港、广州、北平、天津及伦敦等地。②推褚辅成、许德珩、税西恒、张雪岩、潘菽、黄国璋、吴藻溪为常务理事，卢于道、詹熊来、梁希为常务监事。③要求立即停止东北及其他各地内战，取消党化教育，停止党团部及党团学校经费开支，切实采取彻底改善全国一切公私立小中大学教员物质生活及精神生活之有效办法。”

会议还决定：（一）根据本社宗旨，进行具体工作。（二）反对美帝国主义干涉中国内政，反对美蒋挑起国共战争。（三）要求蒋介石国民党政府履行《双十协定》《停战协定》和《政协协议》，早日成立民主联合政府。（四）反对美蒋片面召开国民大会，要求国共及第三方面按照政协协议召开真正能够代表人民意志的国民大会，颁布民主宪法，建立民主共和国。（五）协同各民主党派、各人民团体，一致拥护中共毛泽东主席和共产党继续与国民党政府谈判。（六）九三学社总部在中共代表团留驻重庆期间设在重庆，将来设在南京、上海或北平，视中共代表团所在地而定。（七）九三学社总社设常务理事会和常务监事会，由理监事联席会议集体领导。

第五节　确立北平为九三学社总社所在地

抗日战争胜利后，随着众多公教单位的迁走，抗战时期从各地来到重庆的九三学社社员也陆续复员回到上海、南京、苏州、北平等城市。从 1946 年秋起，九三学社社员大部分分散在北平、重庆、南京、上海等城市。在重庆的九三学社总社的理监事只剩下了少数人。1947 年 6 月左右，在征得各地社员的赞同后，北平被确立为九三学社总社所在地。

第二章　重要活动

九三学社在历史上的积极作用，有自己的特点，正如毛泽东所说：“你们都是有影响的代表性人物，经常在报上发表文章也起很大的作用。”李维汉也形象生动地说过这样的意思：“九三学社大半就是这样的朋友——学术界居多的高级知识分子的结合，不是拿斧头的，拿镰刀的，拿枪杆的，而是拿笔杆的，或者是钢笔杆或粉笔杆的，过去反美反蒋，也是用笔杆作武器，笔杆与嘴巴是分不开的。”

周恩来曾经说过：“九三学社是在抗日战争后期成立的，在民主运动中起了很大作用。”抗战末期，九三学社的前身——民主科学座谈会在中共抗日民族统一战线的影响和感召下，为坚持抗战、团结进步，反对国民党顽固派的投降、分裂、倒退而斗争。在旧政协期间，九三学社的前身九三座谈会和九三学社筹备会，与中共密切联系，亲密合作，反对国民党反动派的内战、独裁政策，积极为国内和平民主而斗争。在国民党反动派撕毁《政协协议》，发动内战时期，九三学社坚决同中国共产党站在一起，不承认国民党反动派召开的伪国大和所制定的伪宪法，积极参加了国统区的爱国民主运动，共同为推翻国民党的反动统治而英勇斗争，在历史上起到了积极的作用。

第一节　反对内战，为和平民主而斗争

九三学社《成立宣言》指出："中国今日，舍和平团结，实无救济之策，而和平团结之能实现与否，端赖民主宪政之实施"；"中国虽号称民主国家，而人民长期慑伏于封建暴力，基本自由，无从保障，科学之进步与人权之发展，更无可期！如何生存于此科学昌明之人权世界？故联合国内外民主力量，争取人民基本自由之保障，实属刻不容缓。"

抗日战争末期，九三学社的前身——民主科学座谈会，在中国共产党的抗日民族统一战线政策的影响和感召下，为坚持抗战、团结进步，反对国民党顽固派的投降、分裂、倒退而斗争。

在日本投降后的国共谈判和旧政协期间，对政协会议及政协协议的态度，是衡量一个团体进步性的重要标志。1946 年 1 月，旧政协会议召开。3 月，蒋介石就公开号召破坏政协协议，并在国民党六届二中全会上通过了推翻政协宪章中各项民主原则的决议和其他多项反共决议。当时，九三学社正在筹备中，九三学社筹备组与中共和其他民主党派一道，同中国共产党密切联系，亲密合作，为促成政协会议的召开、拥护和支持政协协议，做出了积极努力。在政协会议召开期间，九三学社筹备会于 1946 年 1 月 18 日发表对政治协商会议之意见，表达了对政协会议的声援并提出了积极的建议。全文如下：

政治协商会议开会已历多日。在举世切待和平，全国痛心内战之际，会议之初，即将内部冲突停止，举国欢腾，咸翘首以待其连续圆满之后果，日来正进入于商讨各项重大问题之时，争论未决之事件居多，有时还嫌偏于枝节。与会诸君子为各党派及社会贤达之士，对当前国事自能以国利民福为依归，不斤斤于一党一派之私，凡有关于和平团结民主统一诸大问题，当能以和谐互让之精神，公正互尊之态度，求得合理之解决，迅速而诚实的置于实施，以副全国人民之望。盖今日之会只能成功，不能失败，因成则国家即可入于和平统一富强康乐之途，败则混乱分离，不堪设想。读黄台瓜词，不忍听四摘抱蔓之声，置国家于万劫不复之境。因此不敢缄默，贡献左列之意见：

一、开放政权问题：各党派一再声言，在蒋主席领导下及三民主义为最高原则下而努力，则政府自不必固执以往法统之成见，应从速开放中央及地方政权，使全国人才，参加各级政治机关，刷新政治，以新中外人民耳目。

二、关于民主与自由权利问题：本月十日第一次大会政府宣言决定实施事项中有"①人民享有身体、信仰、言论、出版、集会、结社之自由。②司法与警察以外的机关，不得拘捕、审讯及处罚人民。③各政党在法律之前，一律平等，并得在法律范围以内公开活动"。现为时已久，应请从速实践。今后关于民主与自由权利问题，在宪法未公布前，自当本此宣言遵守勿渝，实施勿渝。若有与此宣言抵触或不遵守之行为，不论何人皆当依法惩处。

三、切实执行停止军事冲突之命令：停战令下，至今多日，各方仍有军事冲突，现军事调处执行部既已组成，且已开始工作，即应将此种违反命令之行为，报告有关当局，严加制止，并予处罚，同时公诸社会，以求舆论之制裁。

四、关于整军问题：根绝内战为全国人民一致之要求，然欲达此目的，端在大量裁兵。查现有军队二百五十三师，三百八十多万人，加上伪军，数在四百五十万人以上，伪军应从速遣散，自不必论，其余二百五十三师，军政部有在半年内缩编为九十师之计划，希望其从速实

施，依计划克日完成，并望于一年以内继续编遣至最小限度。因兵多易肇战争，且就现在国家经济力量，实无力供养，同时在国际和平现阶段中，亦无多兵之必要。今日之计：应将占国家预算百分之四十七之军费节出，办理教育实业，以改善民生。盖今日除弊实重于兴利，故裁兵实为要着。我们更主张以政管军，不要以军干政，以达到军队国家化之目的。

五、保甲制度与地方自治问题：政府在本月十日宣布之实施事项中，有“各地积极推动地方自治，依法实行由下而上之普选”。现在县的基层政治机构为保甲，但是保甲并非由普选产生，更谈不到由下而上，他是封建的不民主的根苗，也是贪污的渊薮。故要推行地方自治，使其民主化，就要废除保甲制度。

六、关于国民大会问题：以普选为原则召开国民大会，自是人民公意，亦同人等之主张。惟数日来各方意见甚多，有因此一问题而影响会议进行之危险。仍望顾全事实，求得公正合理之解决，以副民望。

此外尚有急待解决不必多所讨论即可施行者：

七、立即释放除汉奸以外之一切政治犯。

八、从速公审并严惩文武汉奸。

九、严惩贪污，以儆官邪。

十、优待荣军及抗属，改善公教人员待遇，抚辑流亡，安定民生。

以上诸端为亟待解决之荦荦大者，望能据实商讨，付诸实施，国家幸甚。

1945年8月至1946年6月，美蒋勾结，破坏《双十协定》《政协协议》和《停战协定》，“关内小打、关外大打”，全面内战一触即发。九三学社曾多次发表宣言或声明，反对蒋介石出卖主权，反对美帝国主义侵略中国。1946年初，东北内战紧张时期，九三学社筹备会指出：“东北是中国领土的一部分，中国的领土不应屯驻外国的军队。现驻东北的驻军，即将完全撤退，嗣后，不得再有任何外国军队开进东北。全国其他部分所屯驻的一切盟军，亦应和苏军一样及早撤退。”1946年2月10日，国民党反动派指使特务暴徒捣毁重庆各界庆祝政协成功大会，殴伤大会主席郭沫若、李公朴及新闻记者等60人，制造了“较场口事件”。九三学社筹备会负责人许德珩立即赶赴医院慰问，并于1946年2月14日就“较场口惨案”向新闻记者发表谈话：政治协商会议之成功，中外舆论无不赞扬，不幸少数无知之徒，不明乎此，想用野蛮方法加以破坏，竟不惜与政府和各党派及全国人士为敌，殊堪痛惜！国民党与国民政府应自动负起责任来，查明事实真相，追究凶手与主使者，予以惩处，以维法纪。全国民主人士应加紧团结起来，加强自己的力量，并督促与协助政府镇压此种反动阴谋，以免星火燎原，蔓延全国。我们对于本案的处理意见：①追究凶徒与主使者，予以处分；②负陪都治安之责者，应负法律之责任；③对被暴徒殴伤者应予以相当赔偿；④由国民政府通令全国，保障各地方集会自由，切实执行蒋主席四项诺言。[注：在政协会议开幕时，蒋介石曾作所谓保障人民权利的四项诺言，即：（一）保障人民自由；（二）保障各党派合法地位；（三）实行普选；（四）释放政治犯。]

1946年5月4日，九三学社在成立时发表的《对时局主张》中指出：“东北内战未停，中原的内战又起，时局艰危，已达极点。”并提出了符合人民根本利益的具体建议。九三学社成立后召开的第一次理监事联席会议上，也旗帜鲜明地提出“反对美帝国主义干涉中国内政，反对美蒋挑起国共战争”，要求“蒋介石国民党政府履行《双十协定》《停战协定》和《政协协议》，早日成立民主联合政府”。第一次理监事会后，正值全面内战一触即发的时刻，九三学社许德珩即奔走于北平、南京、上海之间，联络各地民主力量，共谋反内战大计。1946年5月6日，九三学社发表《对时局主张》中指出："美国政府勿予中国任何一党派以任何援助（包括借款及运输军队）。"1946 年 5 月 12 日，九三学社发表的反对美蒋《抗议书》中第一条就指出："反对美帝国主义干涉中国内政，反对美蒋挑起国共战争"。1946 年 5 月 14 日，许德珩飞抵北平，晤见军调处三人小组中共代表徐冰，商讨国内形势及反内战问题。1946 年 5 月 20 日，许德珩在国民参政会大会发言中指出"今天我们希望和平""国民党应放弃武力统一的政策"，并联合钱端升、周炳琳、褚辅成等 20 名参议员提出《停止内战恢复和平案》，在国民参政会上形成了强大的反内战要和平的声势。5 月 31 日许德珩飞抵南京，停留五六天即赴上海，在上海的笪移今、孟宪章等九三学社社员为许德珩举行欢迎会。

1946 年上半年，国民党政府同美国签订协定，允许美国在华驻兵和美国在中国内河有航行权等一系列特权。1946 年 6 月 26 日，国民党当局不顾全国人民的反对，撕毁国共两党共同签订的停战协定和"政协协议"，以进攻中原解放区为起点，发动了全面内战。在 10 月 11 日占领张家口之后的当天下午，国民党当局下令如期召开国民代表大会，并单方指定出席国民大会的增补代表名额。根据政协决议，国民大会应由各党派的联合政府召集，增加代表名额，也应由联合政府协商。因此，这次由国民党一手操纵召开的国民大会，受到中共和各民主党派的强烈反对，并都拒绝出席。九三学社坚决同中国共产党和各民主党派、人民团体站在一起，严正声明不承认国民党背叛政协会议而召开的"国大"和所制定通过的《中华民国宪法》，使蒋介石在政治上陷于极端的孤立。1946 年 11 月 10 日，九三学社重庆分社和在重庆的各民主党派、人民团体，联合发出呼吁书，呼吁全民制止一党包办的"国大"。重庆《新华日报》报道：

本市消息：国民党当局不惜造成全面分裂，硬要召开其所谓"国大"，对此，此间重庆人民和平促进会、三民主义同志联合会重庆分会、中国民主建国会重庆分会、中国民主宪政促进会重庆分会、九三学社重庆分社、中国民主实践社重庆分社、中华全国文艺协会重庆分会、中国农村经济研究会四川分会、中国经济事业协进会重庆分会、华北政治经济建设协会重庆分会、重庆妇女联谊会、陪都青年联谊会、民主青年社、中国学术工作者协会、重庆杂志联谊会、中国民主文化教育事业协进会、中国职业青年社重庆分社、社大同学会、中国诗歌音乐工作者协会、现代戏剧学会等二十一人民团体，特联合发表声明《我们对于召开国民大会的意见》，呼吁全民起来制止国民党当局这种分裂行动，兹录原文如下：

召开国民代表大会，制定民主宪法，结束一党专政，是全国人民都欢迎的事。惟必须有全国和平团结的环境，并包括全国各方代表参加，才能保证宪法之民主内容，及宪法之有效的为全国人民所遵行。反之，在漫天战火，人民涂炭之际，而由一党政府片面召开国大，实等于玩弄国大以作独裁政治之装饰，其所订宪法亦不过意图增加独裁政治之合法基础而已。其结果必陷国家于长期分裂内战之境，而为全国人民所反对。十年以前，由一党政府圈定之国大代表，本为人民所唾弃，为了全国和平团结，经过政治协商会议而承认其有效；同时，政协决议：首届国大任务，仅为制宪及保证通过宪草审议委员会拟定之宪草，并决定召开时期必须在联合政府成立以后，借以保证宪法之民主内容，今竟采取政协承认十年以前一党政府圈定代表之有效一点，而拒绝政协关于召集国大的决议及其程序，片面召集国大，是不仅公开破坏政协决议，而且进而以卑劣手段，企图玩弄神圣之国大与制宪矣。抛弃了政协决议程序，而片面召集国大，其十年前一党圈定之代表及由此代表组成之国大会议与其制定之宪法，均已失掉存在之根据，必为全国人民所反对。蒋主席八日发表声明：全部关内外国军除为防守现地必需者外，停止军事行动。若真正停止一切军事行动，自为全国人民所需要，但命令既系片面行动，且有防守现地除外之限制，更无隔开两军之办法，是否仍蹈一月六日停战之覆辙，诚难逆料。声明中复坚持片面召开国大，直政协决议及其程序于不顾，则片面停战令之公布，不能不令人怀疑又在施用欺蒙手段。

因此，我们一致主张：（一）在召开国大以前，国共两党共同协商，订定两军接触处隔离办法，实行无保留的全面停战，建立召开国大所需要的全国和平团结的基础。（二）恢复政治协商会议或政协综合小组会议，进行改组国府委员会及行政院，以便召开国大会议。（三）恢复政协宪草审议委员会工作，拟定宪草提送国大会议。

如何召开国大制定宪法，事关国家百年之大计，尤关国家之团结和平与其内战分裂，尚望全国同胞，共起图之。

1946年上半年，国民党政府同美国签订协定，允许美国在华驻兵和美国在中国内河有航行权等一系列特权。九三学社在这一时期，发表了《为国际民主胜利周年宣言》（即《反内战宣言》）、《对时局的六点意见》等一系列反独裁、反内战的宣言和意见。1946年5月12日，九三学社发表的反对美蒋《抗议书》中第一条指出：

"反对美帝国主义干涉中国内政，反对美蒋挑起国共战争"。九三学社在成立周年发表的《纪念"五四"宣言》宣言中指出："缘本社成立于'五四'，是经过一番考虑的。'五四'的精神是科学与民主。那精神与我们的主张适合。因为主张民主，所以我们反对独裁、反奴性、反帝国主义侵略。因为主张科学，所以我们反盲从、反复古，反一切的封建作风。"

1946年6月23日，上海10万人民群众举行反内战、要和平、反对美帝国主义干涉中国内政的示威大会，会上推选马叙伦等11人为和平代表赴南京请愿。请愿代表在南京下关车站遭到国民党指派的特务殴打，即"下关惨案"。九三学社于6月26日发电慰问，电文曰："诸先生为呼吁和平，或采访新闻，竟遭凶殴，实堪愤慨。尚望早复健康，继续为和平民主运动努力奋斗。本社同人誓为后盾。"受许德珩委托，九三学社上海分社负责人笪移今代表九三学社前往慰问被殴伤的马叙伦、阎宝航、雷洁琼等和平请愿代表。

1946年6月26日，九三学社在《对时局宣言》中严正指出："中国抗战目的，为求民族独立与平等，政府近来措施，如允许外国在华驻军权、内河航行权、公海捕鱼权、放弃关税自主权、坚持国共谈判外国公断权等等都与民族独立背道而驰，绝非人民所容忍，本社同人誓死反对。"面对国民党反动当局破坏和镇压人民民主运动而制造的一系列惨案，九三学社进行了坚决的斗争。

1946年7月11日、15日，中国民主同盟中央委员李公朴、闻一多先生先后在昆明被国民党特务暗杀，九三学社对国民党反动派这种卑劣行径极为痛恨，集会抗议并向李、闻家属致唁电。7月28日，重庆各界举行追悼李、闻大会，九三学社为发起单位之一，许德珩代表九三学社参加主席团并陪祭。

1946年秋，由中共中央南方局出资300银圆，吴藻溪、王克诚、漆文定等联络部分民主进步人士，在重庆南温泉成立了西南学院，作为中共开展统战工作的重要阵地。吴藻溪任教务长，王克诚任校董会董事、老师兼女生部主任。学校教职员和学员中民主进步力量占绝对优势，在重庆各大中院校中，西南学院是学运中表现最突出的院校之一。1949年6月1日，国民党重庆当局派重兵包围学院，抓捕进步师生30多名，面对复杂局面，吴藻溪向王克诚等转达董必武的指示，以中共处理"皖南事变"和"宜华店事件"的精神，坚守西南学院阵地，及时揭露国民党反动派迫害西南学院的非法勾当。

1946年10月27日，国民党发表《国民政府宣布民盟为非法团体》的通知，并宣布"今后各地治安机关，对于该盟及其分子一切活动，自应依据妨碍国家总动员惩罚暂行条例及'后方共产党处置办法'严加取缔"。九三学社社员于11月4日联合北平各校47名教授，在北平《新民报》发表看法，指出："政府此举，旨在消灭民盟，且不论直接效果如何，实对民主宪政的前途留下极其恶劣的影响"，"今政府压迫民盟之举，实在难免于'顺我者生，逆我者亡'之诟病。"最后要求政府"对于宣布民主同盟为非法一事，应重做决定。"同时，九三学社还在北平、上海两地积极救助和掩护民盟成员。

1946年11月10日，九三学社和在重庆的各民主党派和人民团体，联合发表声明《我们对于召开国民大会的意见》，呼吁全民起来制止国民党当局这种分裂行动。

1946年12月24日，北平发生了美军强奸北大女学生沈崇的事件，美军的暴行，激起了全国人民的愤怒，在北平及全国几十个大城市、50万学生相继罢课和举行示威游行，要求美军撤出中国，全国性的反美抗暴斗争掀起新高潮。九三学社积极参加反美抗暴斗争，九三学社上海、重庆、南京分社参加了国统区学生开展的罢课游行示威活动和斗争。面对国民党政府出动的大批军警镇压学生的爱国运动，1946年12月30日，许德珩、袁翰青同北京大学48名教授发表《为沈崇事件致司徒雷登大使抗议书》，抗议美军暴行。

1947年2月，国民党政府先后通知中共驻南京、上海、重庆等地担任谈判联络工作的代表全部撤退，宣告国共谈判的完全破裂。这一时期，由于国共谈判完全破裂，人民对和平失去了希望，加之国民党统治区物价飞涨，民不聊生，各地罢课、罢教、罢工风起云涌。在中共"建立反卖国、内战、独裁与反特务恐怖的广大阵线"口号影响下，国统区的爱国民主运动走向新高潮，全国各地陆续掀起了"反饥饿、反内战、反迫害"的斗争，并扩大到全国60多个大中城市，形成了人民大革命的第二条战线。面对国民党反动当局破坏和镇压人民民主运动而制造的一系列惨案，九三学社进行了坚决斗争，发表了《为国际民主胜利周年宣言》等一系列反独裁、反内战的宣言和意见，反对蒋介石出卖主权，参加全国人民的反美抗暴斗争。

第二节　响应中国共产党"五一"号召和参加新政协

1947年下半年，中国人民解放军由战略防御转入战略进攻，人民解放战争转入战略反攻并且取得节节胜利。从这时起，国内形势发生了重大变化。1947年10月10日，中国共产党通过《中国人民解放军宣言》向全国人民发出了"打倒蒋介石，解放全中国"的号召，提出了联合工农兵学商各被压迫阶级、各人民团体、各民主党派、各少数民族、各地华侨和其他爱国分子，组成民族统一战线，打倒蒋介石独裁政府，成立民主联合政府的主张。分布在全国各地的九三学社社员不顾白色恐怖的镇压和迫害，联合当地民主势力，积极配合中共地下党开展斗争，共同为推翻国民党的反动统治而斗争。

1948年4月30日，中共中央发布了《纪念五一劳动节口号》（简称"五一"号召）。"五一"号召，是中国共产党在中国革命的关键时刻向全国人民提出的彻底摧毁国民党政权、夺取新民主主义革命胜利，建立真正民主的联合政府新政权的行动纲领。其中第五项号召："各民主党派、各人民团体、各社会贤达迅速召开政治协商会议，讨论并实现召集人民代表大会，成立民主联合政府。"1948年5月2日，中共中央致电上海局，准备邀请各民主党派及重要人民团体的代表到解放区商讨。5月7日，中共中央又致电上海局及香港分局，指示"和各真诚反美反蒋的民主党派、人民团体及社会知名人士交换意见"。"五一"号召极大地鼓舞了艰苦斗争中的各民主党派，纷纷发表通电、宣言、声明，积极响应，形成了从 1948 年春到 1948 年秋在中国共产党领导下的新政协运动。中共的“五一”号召和新政协运动，为民主党派指明了向着新民主主义的新中国胜利前进的具体道路。

九三学社公开响应“五一”号召较晚，这是因为当时九三学社身处国统区，正如周恩来所说，“还不便以团体的面目出现”；“党还希望九三学社在地下工作上有所作为”。“九三学社的领导人物跟北平的地下工作同志是有联系的，曾经掩护过很多的民主运动，当时我们还是期待着这个组织在北平继续工作，因为当时北平还没有解放。……还不便以团体的面目出现。”因此，九三学社直到北平和平解放前夕，于1949 年1 月26 日才公开在北平《新民报》发表《拥护中共“五一”号召暨毛泽东八项主张的宣言》，以全社名义公开响应“五一”号召，宣言指出：“本社自对日战争结束以后，即主张以政治协商方法，解决中国内政问题之唯一途径，数载以来，本此目的，奋斗不懈，早为世人所见。不幸政治协商会议为国民党反动派一手撕碎，内战迁延至今，殊堪痛异。去年五月一日，中共中央建议召开无反动派参加之新政治协商会议，解决国是。本年一月十四日，中共毛泽东先生复宣布和平八项主张，同人等认为惟有循此途径，始可导中国于民主、自由、富强、康乐之境，愿共同努力，以求实现”。

1949 年 6 月 15 日至 19 日，新政协筹备会第一次全体会议在中南海勤政殿开幕，许德珩参加了会议，并担任筹备会常委会下设的 6 个工作小组第三组（起草《中国人民政治协商会议共同纲领》）副组长。6 月 19 日新政协筹备会第一次全体会议最后一次会议通过了《关于参加新政治协商会议的单位及其代表名额的规定》，九三学社被正式确认为中国民主党派，为参加新政协的 45 个单位之一。

第二篇　九三学社重庆地方组织沿革

重庆是中国的战时首都和国民政府的陪都，是中共中央南方局所在地，也是九三学社的发祥地和早期活动地之一。九三学社的发起人和负责人褚辅成、许德珩、税西恒、潘菽、张雪岩、吴藻溪、黄国璋、张西曼、涂长望、梁希、谢立惠等在抗日战争时期，曾先后在重庆工作和生活过。1946 年 10 月 27 日，九三学社重庆分社在九三学社总社的指导下在上清寺国民外交协会召开成立大会。重庆分社成立后，同在渝各民主党派、人民团体一起，与中国共产党风雨同舟、共同奋斗，通过开展对科学技术和高等教育界高、中级知识分子及社会各界的统一战线工作，参加爱国民主运动，为发展人民民主统一战线，为在国统区形成第二条战线，为推翻国民党的反动统治，做出了积极贡献。

1951 年 9 月 3 日，重庆分社恢复成立，并组建了恢复成立后的九三学社重庆分社第一届理事会。1953 年，召开社员大会，选举产生重庆分社第二届委员会，会议根据社中央的要求，“重庆分社理事会”改称“重庆分社委员会”。1984 年 4 月，九三学社四川省委员会成立。1984 年 5 月，重庆分社第七次社员代表大会召开，选举产生九三学社四川省重庆市第七届委员会，并根据修改后社章的要求，“九三学社重庆分社委员会”改称“九三学社四川省重庆市委员会”。

1997 年重庆直辖，同年 4 月，九三学社重庆（直辖）市第一次社员代表大会召开，选举产生了新一届九三学社重庆市委员会。至此，九三学社重庆市委员会为九三学社在全国的 30 个省级组织之一。同时，九三学社中央将原九三学社四川省委员会所属的万州、涪陵、黔江三个地区的社组织划归九三学社重庆市委领导。至 2007 年底，九三学社重庆市地方组织的社员人数为 2604 人。其中，具有高、中级职称的占社员总数的 98.5%。设有九三学社重庆市北碚、沙坪坝、九龙坡、南岸、渝中、万州、涪陵、黔江、渝北 9 个区级组织，永川、万盛个 2 个区（市）工委和大渡口区委 1 个筹备组以及重庆医科大学、重庆钢铁（集团）公司、重庆大学、西南大学 4 个基层委员会，有支社（直属小组）110 个。设有参政议政、海外联络、科技等 11 个专门委员会。

第一章　九三学社重庆分社

重庆是九三学社的发祥地。1946 年 10 月 27 日，九三学社重庆分社成立。重庆分社建立以前，由于当时重庆是九三学社总社所在地，重庆的九三学社社员由九三学社总社直接领导。

九三学社重庆分社成立后，在九三学社中央的领导下，在中国共产党的影响和指引下，与重庆市各民主党派、人民团体一道，投身爱国民主运动，同中国共产党并肩战斗，患难与共，积极参与要民主、要和平，反迫害、反内战、反独裁运动，为创建新中国做出了积极贡献。

第一节　重庆分社成立（新中国成立前）

抗战胜利后，由于抗战时期从各地来到重庆的九三学社社员陆续复员回到上海、南京、苏州、北平等城市。从1946年秋起，九三学社社员大部分分散在北平、重庆、南京、上海等城市，在重庆的九三学社总社的理监事只剩下了少数人。

1946年10月27日，为适应形势发展的需要，在总社指导下，九三学社重庆分社在上清寺国民外交协会召开成立大会。到会的社员有许德珩、谢立惠、左昂、税西恒、税述之、吴华梓、吴藻溪等20余人，公推税西恒、何鲁、谢立惠、左昂、詹熊来、税述之、吴藻溪等15人为理监事。大会通过了重要决议案。重庆分社成立以后，电贺旧金山中国及远东和平大会，希望美国人民有效制止美国政府的错误行为；电请联合国大会讨论联合国会员国在非敌国驻军问题，纠正美国对远东的政策等。

努力实践社的政治纲领，在中国共产党的影响和指引下，在九三学社发起人之一重庆分社负责人税西恒、谢立惠等人的积极组织和推动下，与重庆市各民主党派、人民团体一道，通过采取联合行动、召开座谈会、发表联合宣言等方式，积极参与重庆地区的爱国民主运动。

1946年11月4日，谢立惠代表重庆分社，接受重庆《新华日报》专访，发表谈话反对分裂的“国大”，指出：“谈起国大来，十年前所选的代表，谁都知道是官定的，根本不合法。在开政协会议的时候，各党派都让了步，但现在连政协决议都不遵守了，如果要单独召开的话，即宣布更大的分裂。”“如以国家人民为重，还是遵循各党派签订的政协决议为重。”谈话在11月5日重庆《新华日报》刊出，引起了各方面的注意。谢立惠被列入国民党当局的黑名单，受到国民党特务的监视 。这一时期，国共和谈彻底破裂，第二次国共合作结束。

1946年11月10日，重庆分社与中国民主宪政促进会重庆分会、中国学术工作者协会等重庆市21个人民团体，在重庆《新华日报》上发表《渝人民团体呼吁全民制止伪国大》的联合声明，提出“我们对于召开国民大会的意见”，强调坚持依政协决议办事，呼吁全民起来制止国民党当局的分裂行为。声明指出：

> 因此，我们一致主张：（一）在召开国大以前国共两党共同协商，订定两军接触处隔离办法，实行无保留的全面停战，建立召开国大所需要的全国和平团结的基础。（二）恢复政治协商会议或政协综合小组会议，进行改组国府委员会及行政院，以便召开国大会议。（三）恢复政协宪草审议委员会工作，拟定宪草提送国大会议。如何召开国大制定宪法，事关国家百年之大计，尤关国家之团结和平与其内战分裂，尚望全国同胞，共起图之。
>
> （录自1946年11月10日重庆《新华日报》）

1946年12月，北平“沈崇事件”发生后，1947年1月6日，九三学社重庆分社与陪都反对美军暴行委员会、民盟重庆支部等15个团体联合发表宣言，宣言指出“美军暴行激起全国人民一致怒吼起来”，“而国民党当局对美军此种暴行毫无抗议”，此事件“我们认为绝不是单纯的法律问题，而是美帝国主义者的殖民政策对待我中华民族之表现”。不止如此，“美帝国主义者军事上之派军驻华攫取海空基地，实已扰乱中国安宁，威胁世界和平，经济上中美商约与排山倒海之美货倾销，已使中国工商业濒于破产。加之国内之反动分子，执行其‘宁赠友邦，不予家奴之卖国政策’”。“主权早已破坏无遗”，如此下去，“非亡国灭种不可”。强烈要求：“一、立即驱逐美军出境。二、废除绞杀中国工商业的中美商约。三、反对一切丧权辱国的政策。”

1947 年 2 月，抗议美军暴行运动在全国展开。继平津京沪各地学生爱国示威游行之后，重庆学界组织成立了抗议美军暴行联合会，2 月 5 日，重庆抗议美军暴行联合会 63 所学校 1.5 万学生，举行了大规模的示威游行，去江北宣传，遭国民党军警殴击，次日前往国民政府主席行辕及市政府请愿，又在夫子祠遭到更为激烈的围殴，一些学生身受重伤，有的被捕失踪，全市人民愤怒鼎沸，要求释放被捕学生。2 月 6 日、8 日，谢立惠代表九三学社重庆分社，参加陪都人民反对美军暴行委员会、中国民主同盟重庆支部等渝 16 个团体发表联合宣言和通电《渝十六团体慰问爱国游行学生的联合宣言》，慰问游行学生，吁请全市各界声援学生的爱国运动。

据 1949 年 2 月 9 日重庆《新华日报》载，在数万学生示威游行的队伍里，九三学社常务理事、重庆分社理事税西恒，重庆分社理事谢立惠走在前列，和学生一起高呼反对美蒋反动派的口号。事后，国民党特务多次闯入税西恒家威胁恫吓，逼迫他到电台发表反共讲话，均遭严词拒绝。重庆警备司令孙元良利用与谢立惠是同学关系，请谢立惠出面平息学潮，谢立惠坚决拒绝，指出，“这次学潮是全国性的，没有那个人能挑动起来，亦没有那个人能劝说下去”。并要求释放被捕的学生。

1946 年以后，担任蜀都中学校长的税西恒根据中共中央南方局的要求，坚持以抗大精神办校，把蜀都中学办成了爱国民主运动的一个堡垒，和成为输送革命干部、掩护及转移革命同志的一个据点。

1947 年，税西恒参与创办重华学院。1949 年，恢复中国公学大学部，税西恒分别担任这两所学校的校长，他始终坚定地支持进步学生运动，掩护和支助中共地下党开展活动。重庆解放前夕，税西恒被国民党重庆当局列入拟定的暗杀名单中，为防万一，他藏到自来水公司，并烧毁了放在兰园家中与进步活动有关的两大挑箱材料。

1948 年 5 月，全国爆发了反对美国扶持日本侵略势力复活的爱国运动。这一时期，重庆分社理事谢立惠经常参加以民盟盟员为主的民主人士在重庆上清寺特园的秘密聚会、发表意见，共同开展与国民党当局的斗争。

抗战胜利后，留在重庆的九三学社社员只有税西恒、谢立惠、漆文定、王克诚、朱鸿贤等极少数人，社的组织活动一度中断。他们不顾国统区的白色恐怖和镇压、迫害，继续坚持联合民盟等民主党派、人民团体采取联合行动，以召开座谈会、发表宣言、通电、联合声明、参加游行等方式，对国统区的反动统治和倒行逆施进行不懈斗争，直到重庆解放。

第二节　重庆分社恢复成立（新中国成立后）

新中国成立后，九三学社成员中有些人认为，九三学社已经完成了它在民主革命中的历史使命，提议可以解散。酝酿解散的时候，毛泽东主席正在苏联访问。先是沈钧儒领导的救国会宣布解散了，因为救国会的成员都在北京，大家同意解散，签名后就解散了。而九三学社的成员散布在重庆、成都、广东、杭州各地，当时这些地方还未解放，电讯不通畅，要取消，必须得到各地方负责人的同意。及至毛泽东主席访苏归来，得知救国会解散，深表惋惜，并立即派中共中央领导人转达他不同意九三学社解散的意见。中共中央统战部部长李维汉到九三学社发表讲话说：“政协召开以后，也就是今年初的时候，九三学社的朋友曾考虑了一个问题，就是九三学社是否继续存在的问题。这个问题，在我们看来，是不存在的。”他说：“九三学社的朋友在解放以前，是与各民主党派的朋友一样，在反美反蒋及为民主的各项运动上尽了力的。在整个革命当中，是有贡献的。中国人民政治协商会议召开的时候，九三学社是与中国共产党及其他民主党派一样，一同参加了这个会议。”“参加政协的，则是革命的政党，政协就要他们继续发展。至于救国会的解散，并不是我们的希望。解散这件事，是与中国革命的历史发展不相符合的，我们也希望九三学社继续存在。”周恩来在统战部招待会上发言说：“希望各民主党派采取巩固与发展的方针。”从1949年底到1950年初，九三学社与各民主党派中央相续召开了各自的全国代表大会，总结历史经验，修改章程，公开宣布一致拥护新民主主义和《共同纲领》，决定接受中国共产党的领导。这一时期，各民主党派完成了向新民主主义政党的转变，同中国共产党建立起了新型的政党关系。中国进入了社会主义建设和改造时期，人民民主统一战线也开始进入了新的历史发展时期。

1949年11月30日重庆解放。1950年1月，重庆市第一届各界人民代表会议举行，会上重庆分社何鲁当选为副主席。

1950年3月，在中共中央的关怀和帮助下，九三学社中央恢复了中央理事会。1950年11月底至12月初，九三学社召开了第一次全国工作会议，重庆分社代表谢立惠、税西恒、王克诚、漆文定，特邀代表乐怡然、柯召、王际强、刘淳玉、徐僖出席了会议。会上王克诚代表重庆分社报告了工作情况。

1950年秋，根据九三学社中央的批示，在中共中央西南局统战部的关怀下，九三学社重庆分社筹备工作小组成立。筹备小组成员由税西恒、谢立惠等9人组成。这一时期，重庆分社筹备小组主要开展有，整顿重庆社组织；进行解放前入社社员的社籍审查、登记；发展新社员；动员和组织社员参加土地改革和反霸、减租退押工作；组织开展宣传支援抗美援朝运动；开展社内的思想改造运动；派出机关干部到西南革大参加“民主党派训练班”学习，培养社务干部；按照中共党委部署，在社内开展了反对贪污、反对浪费、反对官僚主义运动等工作。

第三节　重庆分社第一届理事会（委员会）

1951年9月3日，“庆祝九三学社成立六周年暨重庆分社（恢复）成立大会”召开，九三学社中央理事会理事严济慈等到会指导。会议推选税西恒、谢立惠等9人组成九三学社重庆分社第一届理事会。即：

主任理事：税西恒

副主任理事：谢立惠

理事：税西恒、谢立惠、乐怡然、刘淳玉、王克诚（女）、谢秉仁、漆文定

候补理事：王元吉、柯召

新中国成立初期，正值国民经济恢复时期。这一时期，九三学社重庆分社在恢复组织，整理内部，健全机构和发展社员方面做了大量工作。一方面通过恢复组织和发展新社员来开展社务工作，一方面在社中央和中共中央西南局的领导下，号召和推动社员积极参加社会实践和学习马列主义，在思想改造运动中起模范带头作用。主要开展有：推动社员积极参加建国初期开展的抗美援朝、土

地改革、镇压反革命三大运动及“三反”“五反”、知识分子思想改造运动。特别是在抗美援朝运动中，主任理事税西恒等参加赴朝慰问团到前线慰问中国人民志愿军，重庆分社以发表宣言、声明，举办座谈会、报告会的方式参加抗美援朝运动。广大社员以现金、实物的方式捐献武器，动员学生和社员子女参军的实际行动支援抗美援朝运动，一些社员利用出席国际会议和出国访问、讲学的机会，阐述我国抗美援朝的正义立场，为争取世界和平而努力。重庆分社组织开展了有关土地改革文件的学习，徐日新、李川河、张德亮、冯继志、朱传秀等社员参加了重庆市统战系统组织的“重庆市第三期赴贵州土改工作团”工作并总结汇报了思想收获。同时，重庆分社还根据社的特点和任务，宣传爱国主义和国际主义，肃清亲美、崇美、恐美思想。重庆分社在建国初期开展的抗美援朝、土地改革、镇压反革命三大运动中及“三反”“五反”和知识分子思想改造运动方面做了许多工作，广大社员经受住了考验，进一步确立了接受中国共产党的领导、走社会主义道路、为巩固人民民主统一战线、共同建设新中国而奋斗的信念，努力为新中国恢复国民经济、恢复重建科教、文化事业、巩固新的政权积极贡献力量。

1952 年 7 月 5 日，重庆分社内部刊物《重庆九三》创刊。这一时期，重庆分社发挥广泛联系知识界的优势，贯彻九三学社中央理事会在“三反”运动后提出的大力发展组织的指示，社组织有了进一步的发展。重庆分社重点在高等教育、科学技术、医药卫生界的高、中级知识分子中发展了一批专业技术强、学术威望高，有一定代表性的高、中级知识分子入社。建立了西南师范学院小组、重庆大学工学院小组、重庆大学理学院小组、西南工业专科学校小组、重庆土木工程学院小组、四川化学工业学院小组、川东教育学院小组、城区直属小组等基层组织。

1952 年 7 月，九三学社中央理事会发出《关于发动社员积极参加院系调整运动的通知》，重庆分社社员积极响应总社号召，先后有一批专家、教授和学者，在院系调整中，为建设社会主义祖国的需要，主动报名到最需要的地区和岗位上去。随着西南地区高等院校的院系调整，重庆分社的许多社员随之调往成都高校和科研院所工作。至 1952 年底，重庆分社共有社员 27 人。

1952 年 9 月 11 日至 20 日，九三学社第二届全国工作（扩大）会议召开，大会选举产生了社的第三届中央委员会。会议进一步明确了九三学社的性质、方针与任务，对《社章》进行了修改。修改后的社章将原社章中的九三学社“学术性的民主政团”性质改为“新民主主义政党”。根据九三学社第三届委员会的决定，重庆分社的领导机构也由原来的理事会改为社会政治团体通常采用的委员会名称。遵照社中央的指示，重庆分社于 1952 年 10 月 31 日起，改理事会制为委员会制，自此，重庆分社“理事会”改制为重庆分社“委员会”，原理事会正副主任理事及理事改称为主任委员、副主任委员及委员。

在 1952 年至 1956 年的社会主义改造高潮和向科学进军时期，全国人民在中国共产党的领导下，开展了第一个五年计划的大规模经济建设，逐步进行了对农业、手工业、私营工商业的社会主义改造。全国不仅出现政治、经济、文化方面发展的好形势，而且在多党合作方面也有较大的推进和发展。这一时期，中国共产党不仅就国家的政治生活、经济文化建设中的重大问题与民主党派协商讨论，而且引导民主党派积极投身国家建设和社会主义改造实践。这一时期，重庆分社主要开展的活动有：通过在重庆市、区人民代表大会和政协组织中担任代表或委员的社员，积极参加人大和政协组织的各项活动发挥参加人民民主政权的建立，参加重庆和国家大事的民主协商的作用；开展知识分子思想改造运动。

第四节　重庆分社第二届委员会

1953年2月8日，重庆分社召开第二届社员大会，选举产生九三学社重庆分社第二届委员会。第二届委员会由13名委员组成，即：

主任委员：税西恒

副主任委员：谢立惠、丁道衡

委员：丁道衡、王怀琛、王际强、王克诚（女）、乐怡然、刘淳玉、安龙章、郝西赓、柯召、秦元勋、税西恒、谢立惠、漆文定

会议决定重庆分社机关设秘书处，处长刘淳玉、副处长漆文定。组织委员会主任委员谢立惠，副主任委员张兴富。宣教委员会主任委员丁道衡、副主任委员乐怡然、秦元勳。

在重庆分社第二届委员会时期，中国共产党不仅就国家的政治生活、经济文化建设中的重大问题与民主党派协商讨论，而且引导民主党派积极投身国家建设和社会主义改造实践。

这一时期，重庆分社十分重视学习中国共产党的路线、方针和政策，引导社员在进行思想改造运动中加强学习和起模范带头作用。组织座谈民主党派贯彻党在社会主义改造时期的总路线问题、关于大区撤销及合并若干省市建制等问题，拥护中共中央的正确决定。通过参加宪法草案的讨论，参加重庆市的政治生活、经济文化建设重大问题的协商讨论，帮助社员搞好本职工作，引导广大社员积极投身国家建设和社会主义改造实践。重庆分社的主要工作是“集中主要力量帮助社员学习马克思列宁主义，批判资产阶级思想。加强思想工作，帮助社员在岗位工作上积极贯彻国家五年建设规划。增强团结，积极参加反对国内外敌人的斗争。加强支社组织领导，充实组织生活，进一步巩固和发展社组织”。

这一时期，重庆分社根据社中央“为更有效地发挥社组织的作用”的组织发展精神，制定了《重庆分社委员会关于建立支社的决定》，按照“逐步在条件成熟的单位及其附近地区分别建立社的基层组织——支社。”并决定“根据实际情况，按重庆大学、西南师范学院、重庆土木工程学院的次序建立支社。”1953年4月至5月，西南师范学院支社、重庆大学支社、重庆土木工程学院支社相继成立。

同时，重庆分社还与民革重庆市分部、民盟重庆市分部、农工重庆市工委联合举行了反对美蒋《共同防御条约》座谈会。与重庆市科联、市科协联合举行和平利用原子能问题座谈会。

这一时期，九三学社中央为配合国家开展大规模经济建设新形势的需要，决定在成都、贵阳、昆明建立分社组织。根据社中央的指示，自1952年初至1956年底，社中央常委、重庆分社主任委员税西恒率重庆分社机关干部何知凡，先后赴成都、贵阳、昆明以召开茶话会、座谈会等方式，邀请中共四川省委、贵州省委、昆明市委的分管书记和统战部负责人，各民主党派负责人，有关专家、教授及社员座谈，与当地有关方面建立联系，帮助三地开展发展社员和筹建分社的工作，为九三学社成都、昆明、贵阳社地方组织的建立和发展做了大量基础性的工作。成都分社、昆明分社、贵阳分社相继于1956年5月、1959年2月、1959年12月成立。

第五节　重庆分社第三届委员会

1955年12月25日，重庆分社召开第三次社员大会，选举产生重庆分社第三届委员会。选举委员13名，即：

主任委员：税西恒

副主任委员：谢立惠

委员：王际强、乐怡然、吕钟灵、刘淳玉、江泽佳、安龙章、李承三、吴锡瀛、林钟祺、郑兰华、税西恒、谢立惠、漆文定

大会还推选出王际强、李川河、吕钟灵、徐国棨、刘淳玉5人为重庆分社出席九三学社第一次全国社员代表大会代表。

这一时期，九三学社重庆分社委员会积极响应中国共产党和社中央的号召，十分重视学习贯彻中国共产党的路线方针政策，引导社员在进行思想改造运动中加强学习、起模范带头作用。组织座谈民主党派贯彻党在社会主义改造时期的总路线问题、关于大区撤销及合并若干省市建制等问题，拥护中共中央的正确决定。

1956年1月，中共中央召开了关于知识分子问题的会议，周恩来代表中共中央向会议做了《关于知识分子问题的报告》，报告充分肯定了知识分子在社会主义建设时期的重要作用。将加强中共对知识分子工作的领导，切实解决知识分子中的问题，调动和吸收更多知识分子为社会主义建设服务提到中共中央议事日程。2月27日至3月1日，中共重庆市委召开知识分子代表会议，传达中共中央知识分子问题会议精神，任白戈代表中共重庆市委作《关于知识分子工作》的报告。知识分子问题会议和向“科学进军”的号召，极大地鼓励和激发了广大社员的爱国热情、建设社会主义的积极性和创造力。1956年4月，毛泽东在中共中央政治局扩大会议上做了《论十大关系》的讲话，提出了共产党同民主党派实行“长期共存，互相监督”的方针，中共中央统战部部长李维汉在1956年第一届全国人民代表大会第三次会议上代表中共中央正式提出了这一方针。刘少奇在中共八大作《中国共产党中央委员会向第八次全国代表大会的政治报告》中指出：“在社会主义改造完成以后，民族资产阶级和上层小资产阶级的成员将变成社会主义劳动者的一部分。各民主党派就变成这部分劳动者的政党。”这一时期，根据社中央《关于学习、宣传和贯彻“长期共存，互相监督”方针的通知》要求，重庆分社重点组织开展了中共中央“关于知识分子问题”和贯彻“长期共存，互相监督”方针的学习座谈，讨论民主党派为什么要长期共存和如何起监督作用等问题。通过学习，广大社员从理论和实践上了解“长期共存，互相监督”方针的重大意义，为九三学社摘掉“小资产阶级”的帽子、成为“中国人民民主统一战线中的一个以知识分子为成员的民主党派”而深感振奋，表示要努力做好自己的本职工作，带动所联系的知识分子，开展科学研究、搞好本职工作，参加社会实践活动，积极投身于社会主义建设和改造的实践。

这一时期，根据中共中央统战部支持民主党派发展组织的精神，重庆分社认真贯彻执行九三学社中央第一次全国代表大会精神，重视发展组织工作，社组织得到了巩固和发展。截至1956年底，重庆分社共有社员220人，建立基层组织7个，有6位社员加入了中国共产党。

由于1957年反右派斗争的严重扩大化，九三学社和其他民主党派一样，也被带上了“资产阶

级政党”的帽子，重庆分社同其他市级民主党派一样受到了严重冲击，分社有15位社员被错划为右派分子，广大社员感到惶恐和苦闷，对“左”的危害感到焦虑和担忧。

第六节　重庆分社第四届委员会

1958年11月，重庆分社召开第四次社员代表大会，选举产生了九三学社重庆分社第四届委员会，即：

主任委员：税西恒

副主任委员：王际强、乐怡然

委员：王元吉、王际强、乐怡然、吕钟灵、刘淳玉、江泽佳、安龙章、李梅青（女）、何文俊、张汉章、郑兰华、曹良仁、税西恒

会议还推选王元吉、何文俊、吕钟灵、戴学炽、王季超、潘立斋6人为出席第二届全国社员代表大会代表。

这一时期，经过批判“白专”道路，批判“资产阶级学术权威”，开展“拔白旗”运动等一系列“左”的做法，以及受“左”的错误影响，在1958年11月召开的九三学社第二届全国社员代表大会上通过了《九三学社改造规划》，并做出了“左”的决定，社的性质被定为“以资产阶级知识分子为主要成员的资产阶级政党”，社的任务是“帮助社员进行根本改造”，使广大社员的积极性受到挫伤，重庆分社的工作处于困境。

为缓和日益紧张的社会关系，周恩来总理对民主党派做了许多细致的工作，于1958年11月发表讲话重申：“在共产党领导下，在宪法范围和六条政治标准以内，民主党派的政治自由和组织独立是充分的。”“各民主党派有事找统战部商量，也是需要的。各党派朋友也要互相商量。总之，彼此要推心置腹，要有基本的信任。”1959年9月，毛泽东主席在一次最高国务会议上讲，知识分子大有进步，民主党派大有进步，工商界也大有进步。同时，中共中央为更好地贯彻“长期共存，互相监督”方针，及时纠正了某些“左”的错误，采取了一些措施调整关系：给部分右派分子摘掉帽子，推动各民主党派本着和风细雨、自我教育的精神召开“神仙会”，鼓励民主党派成员自己提出问题，自己分析问题，自己解决问题，以发扬民主，协调关系。

1960年10月，重庆分社为贯彻九三学社中央第五届三次全委（扩大）会议精神，以“神仙会”的方式两次召开会议。前后历时23天，召开大会11次，小会42次，出席会议的社员共163人，占重庆分社社员总数的87%。此外，重庆分社还通过普遍走访社员等开展了耐心细致的思想工作，坚定了广大社员对中国共产党的信赖和走社会主义道路的信心，调动了广大社员的积极性。

第七节　重庆分社第五届委员会

1962年1月，重庆分社召开第五次社员大会，选举产生了九三学社第五届委员会，即：

主任委员：税西恒

副主任委员：王际强、乐怡然

委员：王元吉、王际强、乐怡然、吕钟灵、刘淳玉、江泽佳、安龙章、李继华、李梅青（女）、李韵笙（女）、何文俊、何知凡、郑兰华、赵幼祥、曹良仁、税西恒、谭朝杰

1962 年 7 月，中共重庆市委批转市委宣传部《关于进一步贯彻党的知识分子政策和周恩来总理关于知识分子问题报告精神的意见》。11 月 13 日至 16 日，重庆市委统战部召开知识分子工作座谈会，重庆分社从社员的思想实际出发，采取“神仙会”方式，宣传中共中央和中共重庆市委关于知识分子政策，开展坚持社会主义道路和爱国主义教育，提高认识和觉悟，推动广大社员在各级中共党委领导下，积极投入教育革命、技术革命和开展科学研究，努力提高工作质量，为建设社会主义贡献力量。

在 1959 年至 1962 年的三年困难时期，重庆分社注重结合社员业务，开展思想政治工作，提高组织活动质量，发挥社组织的积极作用，支持社员投入增产节约运动和参加各项社会实践活动。广大社员与中国共产党同心同德，共渡难关。

1966 年至 1977 年“文革”期间，重庆分社停止活动。

1966 年 8 月 1 日，中共中央八届十一中全会通过《关于无产阶级文化大革命的决定》，“文化大革命”全面开展。1966 年 8 月 24 日，九三学社中央被迫宣布停止活动，重庆分社也随之被迫停止活动。十年“文革”期间，中国共产党领导的多党合作遭到严重破坏，民主党派被当作革命对象，九三学社被戴上“资产阶级政党”的帽子，社组织在政治上和组织上遭到一场浩劫。有的基层组织被宣布为“反动党团组织”，勒令社员宣布退社，大批社员被带上“反动学术权威”“走资派”等帽子。重庆分社社员中有 45 人蒙受不白之冤，“遭到诬陷”，受到迫害。经过“反右扩大化”的冲击和“文革”浩劫，重庆分社社员人数下降，但重庆分社的广大社员在“文革”的艰苦磨难和严峻考验面前，接受中国共产党的领导和走社会主义道路的信念没有动摇，一些社员在逆境中“忍辱负重”，坚持科研、教学和著述，在自己所攻专业领域里孜孜不倦，勤耕不辍，努力为国家做贡献，并取得了显著成绩。

1976 年 10 月，中共中央一举粉碎了“四人帮”反革命集团，结束了持续十年之久的“文化大革命”的全面动乱。1977 年 12 月，叶剑英在全国四届政协常委会第七次扩大会议上，重申了中国共产党同各民主党派要实行“长期共存，互相监督”的方针，要恢复、发扬统一战线民主协商的优良传统，并指示各民主党派把工作活跃起来。九三学社中央于 1977 年冬成立了临时领导小组，恢复和建立了社中央领导班子，开始调查和了解各地方组织和社员的情况，社的组织活动开始逐步恢复。

1978 年 2 月 24 日至 3 月 8 日，全国政协五届一次会议的召开，标志着人民政协组织和统一战线的恢复和发展。邓小平在闭幕式讲话中指出，“现在，中国进入了一个新的历史发展时期，实现社会主义四个现代化是前所未有的伟大事业，是一场极其深刻的革命。中国革命统一战线必将在实现新时期的总任务的斗争中，在向四个现代化的伟大进军中，发挥它的重要作用。”1978 年 3 月，全国科学大会在北京召开，四川省科学大会、重庆市科学大会也相继召开。1978 年 12 月，中共中央召开了十一届三中全会，会议决定停止使用“以阶级斗争为纲”的口号，做出把工作重点转移到社会主义现代化建设上来的战略决策，全会坚持“实践是检验真理的唯一标准”的马克思主义的基本原理，坚持拨乱反正，逐步消除“文革”和“文革”以前“左”的错误，开创了中国社会主义现代化建设的新时期，也很快恢复了中国共产党同民主党派密切合作关系。1979 年，邓小平在全国政协五届二次会议上指出，国内的阶级状况已经发生根本变化，民主党派“已经成为各自所联系的

一部分社会主义劳动者和拥护社会主义的爱国者的政治联盟，都是在中国共产党领导下，为社会主义服务的政治力量”，从而摘掉了反右斗争以来给民主党派戴上的“资产阶级政党”的帽子。中共中央还平反了大批冤假错案，实事求是地解决了各种历史遗留问题，中国共产党领导的统一战线和多党合作得以重新恢复和发展，极大地调动了广大社员的积极性。九三学社与中国共产党和其他民主党派一道，经受了“文化大革命”中的严峻考验，1978 年重庆分社得以恢复和顺利开展工作。

1979 年 10 月 11 日至 20 日，九三学社第三次全国代表大会召开，大会对《九三学社章程》进行了重大修改。修改后的社章明确指出，九三学社“是一个以社会主义知识分子为主要成分的民主党派，是社会主义劳动者和拥护社会主义的爱国者的政治联盟，是中国共产党领导下的为社会主义服务的政治力量”，并且把坚持四项基本原则写进了社章总纲。

第八节　重庆分社第六届委员会

1977 年 11 月 4 日，中共中央统战部转发经中共中央批准的《中央统战部关于重庆市爱国民主党派和工商联开展活动的请示》，1978 年 4 月 8 日，重庆市各民主党派、工商联召开联席会议，宣布重庆市各民主党派、工商联临时领导小组成立。

在九三学社中央、中共重庆市委的领导和市委统战部的帮助下，重庆分社于 1978 年 4 月 8 日成立临时领导小组，组长税西恒，副组长王际强、乐怡然，成员李继华、王季超、曹良仁、刘淳玉、何知凡。重庆分社重新恢复组织活动和开展工作。

1978 年 12 月，九三学社中央副秘书长、西南调查组组长李毅率组员梁明、李道庸、张春英一行 4 人，来重庆分社调查了解基层组织和社员在“文革”中受冲击的情况，推动拨乱反正、落实政策的工作，指导重庆分社恢复工作。

1978 年 12 月 10 日，重庆分社召开临时领导小组（扩大）会议，欢迎社中央调查组一行来渝。中共重庆市委统战部副部长尹楠如、林松与社中央调查组人员会面并就有关问题交换意见。社中央调查组分别召集重庆建工学院、西南师范学院、西南农学院以及医药卫生、工程技术界的部分社员座谈，了解社员在“文革”中的情况和基层组织的状况，并指导恢复组织活动。

1978 年 12 月，重庆分社重庆大学支社临时领导小组成立，组长林衍先，副组长王孝祥、秦翼鸿。这是粉碎“四人帮”后，重庆市各民主党派中第一个正式恢复活动的民主党派基层组织。

1978 年 12 月 15 日，重庆分社临时领导小组副组长王际强代表重庆分社召集重庆大学支社召开全体社员大会，中共重庆市委统战部副部长刘连波和社中央西南调查组组长李毅到会指导。1978 年 12 月至 1979 年 6 月，重庆分社“文革”前的 6 个支社全部恢复了基层组织活动。至 1980 年 12 月，重庆分社共有社员 149 人。其中，新发展社员 45 人。

1980 年 2 月 26 日至 29 日，重庆分社召开第六次社员大会，会议对重庆分社第五届社员大会召开 18 年以来的工作进行了全面总结，并确定了新形势下的工作任务，选举产生了九三学社重庆分社第六届委员会。即：

主任委员：税西恒、王际强（1980 年 6 月 18 日，税西恒去世，经分社六届四次会议决定接任主委）

第一副主委：王际强

副主任委员：乐怡然、李继华

常委：王际强、王季超、乐怡然、毕婵琴（女）、刘淳玉、李继华、何知凡、陈兆畦、林衍先、曹良仁、税西恒

委员：王际强、王季超、王孝谦（女）、王敏常（女，1982 年 12 月 25 日增选）、乐怡然、毕婵琴（女）、吕钟灵、刘约翰、刘淳玉、江泽佳、安龙章、许香谷、李宗岳、李继华、何知凡、陈兆畦、林衍先、施白南、赵幼祥、徐国启、龚志贤、黄坤、曹良仁、税西恒、漆文定、陈启高、金春南、宋国昌、柴野石

第六次社员代表大会是自 1962 年重庆分社第五次社员大会以来 18 年后召开的社员代表大会。会议期间，重庆分社举办了“社员为四化服务作贡献展览”，集中展出了重庆分社社员中出席全国科学大会 2 名代表、出席四川省科学大会 7 名代表、出席重庆市科学大会 22 名代表在内的共 71 位分社社员在极端艰难困苦的逆境中，仍默默无闻地刻苦攻关，完成的科研论文、学术报告、专业著述和译著、全国统编教材等 300 多件成果。会议极大地激励了全市社员“团结一致向前看，为促进社会主义现代化建设的发展而贡献我们最大力量”的热情和干劲。

这一时期，中共重庆市委统战部通过召开“落实知识分子政策座谈会”，认真贯彻落实党的各项知识分子政策。重庆分社在协助中共各级党委和政府落实知识分子政策、实事求是地解决历史遗留问题的过程中，做了大量的工作。1982 年 5 月，为贯彻全国统战工作会议精神，配合中共中央关于全面检查落实知识分子政策问题的决定，根据社中央《关于对知识分子政策落实情况开展调查研究的决定》，社中央指示九三学社各级组织都要把协助党和政府落实知识分子政策作为年度的重点工作精神，重庆分社成立了知识分子工作检查研究办公室，就落实知识分子政策问题，在分社内部进行了一次全面调查访问。同时，代表社员的合法利益，反映意见和提出建议。直接访问了社员 130 余人（约占当时社员总数的二分之一），收到反映有关落实政策的函件 30 余封，接待社员家属 20 余人。召开了两次中年社员座谈会，重点了解中年知识分子的现状和问题。重庆分社 45 位社员的冤假错案得到了平反落实。其中，被错划为右派的 14 人，已全部改正；原内挂右派 1 人也恢复职务并做了安排。“文革”期间，我市社员中的 8 件冤假错案和“文革”前的 3 件历史老案均已平反纠正。被迫害致死的社员，由其生前所在单位予以平反。“文革”中被查抄的 26 位社员的物资，经查证均已清退。因冤假错案受到社纪处分的社员均已撤销处分并恢复了社籍关系，全面检查落实知识分子政策工作取得了成效。

1983 年 3 月 8 日，重庆分社召开六届委员会第十五次全委（扩大）会议，决定成立分社科技咨询服务部。科技咨询服务部成立后，根据中共中央统战部和国家民委召开的社中央“智力支边挂钩会议”、四川省各民主党派、工商联联合召开的“为三州（甘孜、阿坝、凉山）民族地区四化建设服务挂钩会议”要求，逐项落实咨询服务项目。1983 年 7 月，咨询服务部组织社内专家、学者赴云南楚雄地区对该地区发展蚕桑和丝绸业开展了为期 3 周的咨询服务；为玉溪地区开办了为期 2 个月、96 学时的“建筑工程管理”培训班；为甘孜、凉山州举办了“工业管理”讲座。1984 年 6 月，重庆市政府发出《关于调动知识分子积极性，搞好智力开发的暂行规定》，重庆市各民主党派、工商联智力支边工作正式启动。重庆分社通过开展这项活动，推动社员面向社会，发挥智力优势，开展科技咨询服务起到了积极的作用，拓展了社务工作的新领域。

重庆分社第六届委员会期间，根据六届一次全委会的决定，在分社机关设置了办公室和科技工作委员会。

1980 年 2 月，重庆分社委员会刊物《重庆社讯》复刊。这一时期，《重庆社讯》主要反映重庆

分社和各支社的社务工作动态，报道广大社员为四化服务所取得的新成绩、新贡献，交流社员在文教、科技、医卫等本职工作中的成果和经验。

这一时期，重庆分社的组织活动内容主要集中在推动社员积极参加国家政治生活，学习宣传党和政府的有关方针政策，立足岗位为四化建设服务。通过开展调查研究，协助中共和政府落实知识分子政策及解决历史遗留问题工作，分社工作得到全面恢复和顺利开展，社务工作领域逐步拓宽。仅1980年，重庆分社就组织了3次社员为四化服务经验交流会。社员踊跃参加社组织的活动，韩惠卿、张月辉、施白南、李宗明、刘约翰、毕婵琴、李川河、林文松、蔡时桐等社员分别受聘为四川省、重庆市科学技术顾问委员会委员和顾问团成员。重庆分社通过组织时事政策的学习和形势教育，适时组织专题座谈会、专题报告会、学术交流会、参观活动，以及参加市政协的活动，及时交流社员在开展科研、教学和医疗本职工作方面的经验和贡献，介绍重庆社员出国参加学术交流活动的情况，开阔眼界，加强学习，增强信心，推动和鼓励广大社员立足岗位工作为四化建设献计献策、多做贡献。重庆分社一方面向社中央反映科技、教育、医卫界的情况和意见，一方面积极参与重庆市的政治协商并提出建议、提案、调查报告、论证材料，受到有关领导部门的重视，得到社会的普遍好评。

根据发展与巩固相结合的方针，做好组织建设工作。1980年8月，重庆分社举办了首次新社员学习会。学习社章、社史，学习多党合作和统一战线的理论、方针、政策，畅谈入社的感想体会。至此，重庆分社坚持每年举办一次新社员学习会形成了制度。重庆分社第六届委员会期间共举办了4次新社员学习会。

至1984年底，重庆分社共有社员440人。其中，新发展社员297人，有支社和直属小组30个。

其间，1984年2月，九三学社四川省首届社员代表大会在成都召开，会议选举产生了九三学社四川省第一届委员会。5月，重庆分社由社中央直接领导划归九三学社四川省委员会领导。重庆分社社员王文伟（女）、王际强、乐怡然、刘淳玉、许香谷、杨宗义、李继华、何知凡、林文松、柴野石、曹良仁、裘明华当选为社四川省第一届委员会委员。王际强、李继华当选为社四川省第一届委员会副主任委员，乐怡然、许香谷、何知凡当选为社四川省第一届委员会常委。吕钟灵、刘宜伦、唐璞、韩慧卿（女）、漆文定任社四川省第一届委员会顾问。

第二章　九三学社重庆市委员会（直辖前）

第一节　重庆市第七届委员会

1984年5月4日至7日，重庆分社召开第七次社员代表大会。大会根据九三学社第四次全国社员代表大会修改的社章规定，自本次代表大会起，“九三学社重庆分社”改称“九三学社重庆市委员会”。第七次社员代表大会选举产生了九三学社重庆市第七届委员会，委员31名，常委13名，即：

主任委员：王际强

副主任委员：乐怡然、许香谷、王先俊、何知凡

常委：王际强、王先俊、王季超、乐怡然、甘斗南、刘淳玉、许香谷、毕婵琴（女）、何知凡、宋国昌、林衍先、金春南、曹良仁

委员：王际强、王先俊、王孝谦（女）、王季超、王康、王敏常（女）、乐怡然、甘斗南、叶语、刘约翰、刘珍茂、刘淳玉、江泽佳、许香谷、毕婵琴（女）、李宗岳、何知凡、宋国昌、张孙元、陈启高、林衍先、金春南、孟怀江、柴野石、徐国启、徐磊、郭铭信、唐令教、曹良仁、温志坚、董味甘、杨宗义、黄秉来、林思敏（女）、张鼎馨（女，1985 年增选）

秘书长：何知凡（兼）

顾问：陈兆畦、施白南、龚志贤

会议通过了社重庆市第七届委员会文教、科技、妇女、联络四个工作委员会和科技咨询服务部组成人员名单。会议提出今后的 6 项工作任务是：加强政治思想工作、在建设社会主义物质文明和精神文明中发挥积极作用；发挥社的优势、面向社会继续开展科技咨询服务；继续协助中共和政府进一步落实知识分子政策。推动社员加强与“三胞”的联系、为台湾回归做贡献；加强组织建设、做好巩固组织的工作；健全工作制度、加强社市委机关建设。

1984 年 5 月 8 日，社重庆市第七届委员会第一次常务委员会决定，撤销原分社委员会机关办公室，成立组织处、宣传处、秘书处，并确定了各处室负责人名单。第七届委员会期间，为适应新形势的需要，社市委开始发展一批从事社会科学的专家、学者入社。

1985 年 4 月 17 日至 21 日，九三学社川、滇、黔、桂、渝四省区五方首次工作会议在重庆召开。九三学社中央副主席孙承佩、徐采栋，社四省区五方负责人王际强、李继华、卢濬、冯楠、李美南和各地代表及中共四省区五方中共统战部负责人共 49 人出席会议。

这一时期，为帮助社员深入学习和理解《中共中央关于经济体制改革的决定》精神，了解重庆市城乡经济体制改革的情况，社市委采取分批组织全市社员学习和参观乡镇企业、专业户、企事业单位、重钢和重庆嘉陵机器厂等大型活动，帮助社员扩大眼界，增强信心，积极投身改革。同时，社市委科技、文教工作委员会召开专题会议，组织有关社员结合岗位工作，结合重庆市 1984 年以来开展城市经济体制改革的经验教训，重点就贯彻执行《重庆市经济科技社会发展战略纲要》和“治理”“整顿”全面深化改革的指导方针和各项政策，围绕改革中的重要问题、特别是对高等院校、科技、卫生部门实行技术职务聘任制的有关规定和改革精神，以及开展有关科技咨询服务的政策问题，进行座谈讨论、反映情况和提出建议，将材料报送社中央、重庆市有关领导和部门供决策参考。

全市社员在教学、科研、医疗、文艺创作，以及面向社会开展咨询、支农、支边、办学等工作中，成绩显著。其中，71 位社员的 111 项科研成果分别获全国、省、市级科研成果奖，95 位社员获得各级先进工作者、劳动模范、三八红旗手、先进教师等荣誉称号。全市社员共发表论著、译著 650 篇，出版专著、译作 174 部。

1984 年，中共重庆市委决定并成立了“重庆市社会主义精神文明建设讲师团”。讲师团配合重庆市社会主义精神文明建设，面向全市干部、群众，特别是年青一代进行形势政策教育、“四有”教育、法制教育、革命传统教育和普及现代化科学知识。在全市共聘请 81 位重庆市党政军领导、各条战线的专家、学者和知名人士为讲师团成员。其中，重庆建工学院教授李继华，中国音乐家协会重庆分会副主席叶语，地质矿产部南方煤炭测试中心高级工程师董名山，重庆师范学院讲师余衍漪 4 名社员受聘为讲师团成员。

这一时期，社市委发挥智力优势，根据国家民委、中共四川省委和省民委召开的支边挂钩会议协议，应涪陵地区部分民族自治县登门求援的要求，先后组织农业、工业和经济管理方面的专家50多人，组成支边、支农考察讲学小组，一进甘孜、二访阿坝、四上凉山、十下涪陵、二十余次去简阳海井乡以及云南玉溪和北碚歇马镇等地，开展多学科的科技咨询服务活动。至1986年3月，共承担43个支援项目，为受援地区在查清资源，提供市场信息，革新技术和开发新产品方面取得了成效。其中，经社市委专家组开展可行性论证后制定的“涪陵地区长江柑橘带”规划，得到农牧渔业部和三峡省筹办的一致好评，增强了该地区建立柑橘带的信心；对武隆县经济建设发展提出的多方面建议，受到中共县委、县政府的采纳和实施。如对涪陵地区大理石矿采样分析后，帮助武隆县兴建了四个大理石厂和一个电器厂；对凉山州的农村有线电话改造论证和采用特高频无线电话通信技改方案，帮助凉山建成了我国第一条超短波的无人中继农话通信线路，为国家节约了大量资金；为秀山县陶瓷厂、武隆县水泥厂、石柱县造纸厂的扩建和提高产品质量所做的技术指导，取得了显著经济效益。1986年4月，为总结经验、表彰先进，社市委召开科技咨询工作会议，对在科技咨询和支边支农工作中成绩显著的重庆大学、重庆建筑工程学院、重庆邮电学院、重庆中医研究所、重庆口腔病医院、重庆市第一人民医院、中国农科院重庆柑橘研究所等7个支社、直属小组和15位社员进行了表彰。

1986年1月17日，经国家水电部和九三学社中央洽商和牵线，应重庆电力职工大学之邀，经过两个多月的筹备，社市委与西南电管局举行联合办学协议签字仪式暨重庆电力职工大学联合校务委员会成立大会。会上，社市委主委王际强、西南电管局副局长潘先质分别在协议书上签字。西南电管局副局长、联合办学领导小组组长潘先质宣布联合办学领导小组名单，社市委副主委兼秘书长、联合办学领导小组副组长何知凡宣布联合校务委员会组成人员名单。社重庆大学支社、重庆建筑工程学院支社、重庆师范学院支社社员参与了这项工作。社市委参与联合办学工作的有：重庆电力职工大学名誉校长、社市委主委、市政协副主席、重庆大学教授王际强，名誉兼职副校长、社市委文教工作委员会委员、重庆大学副教授王孝祥；社市委副主委、原重庆大学机械一系主任、教授许香谷，社市委常委、文教工作委员会主任、原重庆大学冶金系主任、教授林衍先，社市委文教工作委员会副主任、重庆大学电气工程系电力教研室主任、副教授秦翼鸿，重庆建筑工程学院支社副主委、副教授陈树晋，社市委科技工作委员会委员、重庆师范学院教务处处长、副教授王汉俊5人任名誉校务委员会委员；社市委科技咨询服务部副主任潘立斋任联络员。社市委在师资、教材、实验室建设，教学改革和科研方面充分发挥九三学社的智力优势，通过与重庆电力职工大学联合办学，为支持企业办学和发展职业教育事业做出了积极贡献。

1986年8月17日至22日，九三学社四省区五方第二次工作会议在贵阳举行。王际强、李继华、王先俊、何知凡、张鼎馨、李长河、王敏常、潘立斋代表社重庆市委出席了会议。

1986年9月3日，社市委召开委员（扩大）会议，纪念九三学社成立四十一周年，学习中共中央《新时期党对民主党派工作的方针任务》（中共中央〔1986〕19号文件），传达学习九三学社中央工作会议精神。会议着重就引进新人，加强组织建设问题进行了讨论。

1986年9月19日，社市委召开基层干部会议，学习贯彻中共中央《新时期党对民主党派工作的方针任务》，部署年内基层组织换届工作。

1986年9月26日至29日，九三学社四川省委召开社员代表会议。经社市委推荐，会议增选杨宗义为社四川省委常委、林思敏为社四川省委候补委员，蒋祝华为社四川省委顾问。

1986年10月25日至26日，“四川省各民主党派、工商联先进集体、先进个人表彰大会”在成都举行。会上，社重庆市委科技咨询服务部获先进集体，叶语、王孝祥、冯翼然、张克随、刘开熹、陈全友、罗诗裕、刘懋维、张尚元获先进个人，受到大会表彰。1986 年 12 月，在“四川省支援地方中小企业、乡镇企业经验交流和表彰大会”上，社市委科技咨询服务部被评为先进集体，受到大会表彰。

1987 年 2 月，社市委召开七届九次委员（扩大）会议，会议增补杨宗义、罗诗裕、林思敏（女）、张鼎馨（女）、黄秉来为第七届委员会委员，增补杨宗义为第七届委员会常委。

1987 年 3 月 4 日，重庆市各民主党派、工商联首次联合召开“为四化服务先进集体和先进个人表彰大会”，中共重庆市委、市顾问委员会、市政府、市政协、中共四川省委和重庆市委统战部领导应邀出席会议。中共重庆市委书记廖伯康出席会议并讲话，他对改革开放以来，各民主党派、工商联根据各自的特点和优势，在改革、开放、搞活以及各种协商论证、咨询服务、智力支边、科技下乡、社会办学、法制宣传中做出的成绩予以了充分肯定。社市委科技咨询服务部柑橘技术咨询组、中医研究所支社获先进集体，何知凡等 29 名社员获先进个人，受到大会表彰。

1987 年 6 月 30 日，社市委召开七届十次常委（扩大）会议，学习中共中央统战部〔1987〕37 号文件精神，传达学习九三学社全国地方组织主委工作会议精神。会议着重讨论了加强思想建设和组织建设问题，以及在重庆市建立区级组织等问题。

至 1987 年 12 月底，社市委共有基层组织 44 个，社员 730 余人。

第二节　重庆市第八届委员会

1988 年 9 月 25 日至 29 日，社市委召开第八次社员代表大会，选举产生了九三学社重庆市第八届委员会。委员 43 名、常委 14 名，即：

名誉主委：王际强

名誉副主委：乐怡然

主任委员：许香谷

副主任委员：王先俊、何知凡、杨宗义、宋国昌、侯雪岩（1990 年 10 月增选）、王远诚（1990 年 10 月增选）

常委：王先俊、刘珍茂、许香谷、杨宗义、何知凡、宋国昌、金春南、张克随、宗百岑、侯雪岩、徐宗俊、黄秉来、董味甘、王远诚

委员：王康、王先俊、王敏常（女）、刘约翰、刘珍茂、刘懋维、许香谷、乔光锦、陈全友、陈国兴、杨光许、杨宗义、何知凡、李质怡（女）、宋国昌、金春南、张薇（女）、张克随、张鼎馨（女）、孟怀江、宗百岑、胡龙真、侯雪岩、赵裕卿、徐磊、徐宗俊、唐令教、唐荣地、柴野石、郭铭信、黄才治、黄秉来、温志坚、温厚鸿、游志文、董名山、董味甘、丁小中（增选）、王远诚（增选）、刘珍菁（增选）、邱道持（增选）、黄同陵（女，增选）、梁家骧（增选）

秘书长：黄秉来（1989 年 5 月因工作调离社市委机关，免去秘书长职务）

顾问：王季超、甘斗南、江泽佳、刘宜伦、刘淳玉、毕婵琴（女）、李宗明、张敷荣、林衍先、曹良仁

1988 年 9 月，社市委八届一次常委会召开，会议讨论通过了社市委八届委员会文教、科技、医

卫、妇女、联络、离退休工作委员会组成人员名单、科技咨询服务部组成人员名单、社市委机关职能部门负责人名单。文教工作委员会主任陈重穆、副主任叶语、汪毓才、陈启高、秦翼鸿；科技工作委员会主任朱可善、副主任于不凡、徐发仁；医卫工作委员会主任刘约翰、副主任刘方柏、李鼎环、陈仁溥；妇女工作委员会主任叶之美、副主任朱传秀、余衍漪；联络工作委员会主任周谟仁、副主任尹培桐、张尚元、董名山；离退休工作委员主任林衍先，副主任王敏常（女）、郑思柏、高振业、徐万邦；科技咨询服务部主任靳洁心（女）、副主任刘承杰、李孝镐、潘立斋；社市委机关办公室主任梁家骧、副主任徐子琢，组织处处长黄秉来，宣传处处长刘珍菁，科技处副处长李辉松。

1989年12月，《中共中央关于坚持和完善中国共产党领导的多党合作和政治协商制度的意见》（中共中央〔1989〕14号文件）的颁布和实施，开创了民主党派工作的新局面。这一时期，九三学社重庆市委在社中央和中共重庆市委领导下，以认真学习、贯彻中共中央〔1989〕14号文件精神为主要内容，加强自身建设和开展参政议政工作，推动社员为四化建设贡献力量。

1989年3月，重庆市各民主党派、工商联组成赴黔江地区智力支边学习考察团，到彭水、黔江、酉阳、秀山、石柱土家族苗族自治县开展科技咨询服务活动。4月1日，为贯彻中共中央〔1989〕14号文件精神，市政府正式任命3名非党干部到政府机关部门任职，其中，社市委秘书长黄秉来任重庆市监察局副局长。1990年5月，中共重庆市委出台《贯彻〈中共中央关于坚持和完善中国共产党领导的多党合作和政治协商制度的意见〉的实施意见》。10月25日，社市委八届十一次常委会和第七次全委（扩大）会议召开，重点讨论如何进一步加强自身建设的问题，会议增选丁小中、王远诚、刘珍茂、邱道持、黄同陵（女）、梁家骧6人为社市委委员，增选侯雪岩、王远诚为社市委副主委。

1991年4月11日，市政府召开各民主党派、工商联与市政府有关局建立“对口联系制度”座谈会。会上，社市委与市科委、市教委、市卫生局建立了对口联系制度，并决定将分别组建专门小组，开展对口联系工作。

第三节　重庆市第九届委员会

1992年1月24日至28日，九三学社重庆市第九次社员代表大会召开，选举产生了九三学社重庆市第九届委员会。九届委员会选举产生了51名委员、14名常务委员。

名誉主委：王际强

名誉副主委：乐怡然、李继华

主任委员：许香谷

副主任委员：何知凡、徐宗俊、侯雪岩、黄秉来

常务委员：丁小中、于不凡、马鸣图、刘珍茂、许香谷、何知凡、汪毓才、张克随、邱道持、宗百岑、侯雪岩、徐宗俊、黄秉来、温厚鸿、李登信（增选）、周宗兴（增选）、姚珍薇（女，增选）、章娴君（女，增选）（1996年6月18日增选）

委员：丁小中、于不凡、马鸣图、王远诚、王忠勇、刘珍茂、刘懋维、许香谷、乔光锦、陈全友、陈国兴、杨光许、何知凡、汪毓才、李质怡（女）、李登信、张薇（女）、张克随、张鼎馨（女）、邱道持、周宗兴、宗百岑、胡龙真、侯雪岩、赵裕卿、姚珍薇（女）、徐宗俊、唐令教、唐

荣地、郭铭信、章娴君（女）、黄才治、黄同陵（女）、黄秉来、梁家骧、阎鸿鑫、温志坚、温厚鸿、董名山、廖杰兴、戴三军、潘复生（增选）、赖明（增选）、刘建军（增选）、谢小军（增选）、王智彪（增选）、蓝钧鳌（增选）、骆重远（增选）、贺大镛（增选）、罗玲（女，增选）、贺泽荣（增选）

秘书长：邱道持（选出后未到职，1993 年 1 月 16 日九届五次常委会免职）、黄秉来（副主委兼秘书长，1993 年 1 月 16 日九届五次常委会任命）

顾问：王季超、甘斗南、江泽佳、刘宜伦、毕婵琴（女）、李宗明、张敷荣、林衍先、曹良仁、王先俊、刘约翰、金春南、董味甘

1994 年 1 月 28 日，经社市委九届九次常委会研究决定，任命张培先为社市委副秘书长（专职）。1995 年 1 月 9 日，社市委九届六次全委（扩大）会议增选副秘书长张培先为社市委委员。1997 年 3 月，因工作调动，免去张培先副秘书长职务。

1996 年 6 月 18 日，社市委九届八次全委（扩大）会议，增选王智彪、刘建军、罗玲（女）、贺大镛、贺泽荣、骆重远、谢小军、赖明、蓝钧鳌、潘复生 10 人为社市委委员，增选李登信、周宗兴、姚珍薇（女）、章娴君（女）4 人为社市委常委。

第九届委员会期间，1992 年 6 月，社市委机关设立了专门委员会办公室。1993 年 4 月 6 日，社市委九届六次常委会召开，审议并通过了《九三学社重庆市委专门委员会组织通则》。

这一时期，社市委以建设有中国特色社会主义理论为指导，坚持社会主义初级阶段的基本路线，围绕经济建设中心，认真履行参政党职能。社市委领导参与中共重庆市委、市政府、市政协和中共重庆市委统战部举行的协商会、双月座谈会、情况通报会、谈心活动、学习考察和调研活动共 69 次。内容涉及重庆市经济和社会发展战略、科技兴渝战略的实施、稳定物价的措施、社会治安综合治理、城市建设、三峡库区移民、反腐败斗争；在市政协认真履行参政党职能，共提交市政协大会发言材料 12 份、集体提案 50 件。其中，《关于坚持反腐败斗争和加强廉政建设》提案，被作为中共重庆市委市政府领导牵头督办的重点提案。《在反腐败斗争中要进一步加强治本力度》提案，受到中共重庆市委和四川省委的采纳，被作为 1995 年四川省反腐败工作会议的参阅文件。《关于确保汽车工业成为我市支柱产业》提案，被《重庆市工业“九五”发展规划和 2010 年设想》采纳。注重发挥社员中的人大代表和政协委员的作用，社员中的市政协委员共提交个人提案 245 件，社员中的市人大代表共提交议案、建议、质询案 150 件，在市人大十二届三次会议上提出的《关于成立人民意见征集办公室的意见》得到市政府采纳。

第九届委员会期间，根据《中共中央统战部关于 90 年代统战工作纲要》和中央统战部、财政部、人事部和中共重庆市委关于民主党派开展咨询工作有关文件精神，根据九三学社第六次代表大会提出的适应社会主义市场经济发展需要，积极探索科技服务新形式的要求，为适应社会主义市场经济发展需要，社市委积极探索既能为发挥社的智力优势，能为社员提供直接为经济建设服务的实体，又有一定市场前景的科技服务形式。自 1993 年 12 月起，相继兴办有：九三学社重庆市委重庆九方应用技术研究所、重庆志诚审计事务所、九三建筑设计事务所重庆分所三个经济实体。

这一时期，社市委与市科委等对口联系单位的工作开始进入了有实质性内容的协作时期，在对口联系单位市科委、市建委的大力协助和支持下，支边扶贫和科技服务工作取得了新进展。主要开展以共同承接科研课题、联合开展项目形式的智力支边和科技扶贫工作。社市委组织专家 100 多人次先后到綦江县赶水、石壕山区，共举办了 90 余次果树栽培技术培训班。对 50 万株苍溪雪梨进行

了技术改造，并指导建立了50多亩梨树幼树密植速生丰产示范园，培育出的1.3万余株幼树长势良好，已结果；社市委还根据市政府的安排，与市监察局联合扶贫渝北区白岩乡。其中，社市委专家参与制定的《白岩乡发展规划》和提出的《渝北区白岩乡水果生产现状及发展建议考察报告》受到渝北区政府高度重视，并批准白岩乡为渝北区的枣子生产基地，第一期工程获得区政府的8万元基地建设费，定植的8000余株枣树，长势良好，圆满完成了扶贫任务；组织社内专家赴黔江考察，在对黔江地、县、乡、村各级医疗卫生事业现状调研基础上，提出了发展黔江地区医疗卫生事业，实施医卫扶贫的方案。

与西南电管局合办西南电力职工大学成效显著。1986年—1992年，社市委积极响应中共中央“民主党派办学具有许多有利条件”“广开学路、多方办学”的号召，在两届领导班子的高度重视下，在重庆大学支社、建工学院支社、重庆师范学院支社社员的支持和参与下，合作办学期间，社市委在为西南电力职工大学的发展，改进教学管理、提高教学质量，加强师资、教材和实验室建设等方面取得了显著成绩，得到西南电管局、四川省电力工业公司和四川省教育厅和重庆市教委的充分肯定。

积极参加九三学社中央和九三学社四川省委与广元市开展的“九广合作”，定点对口支援重点项目。社市委选派专家赴旺苍县嘉川镇考察论证后，向广元嘉川镇推荐的落实项目共4项；同时，经社内专家的技术指导，广元大石水泥厂的产品质量显著提高，实现了扭亏转盈；支援嘉川镇建立了新型汽车弹簧钢板厂；并为广元市人民医院培训了7名技术骨干医生；与旺苍县农业局合作开发出了“苍山翠竹”“苍山毛峰”等新品牌，被广元市评为优质名茶和优质茶。其中，杜仲茶获“保健茶类金奖”，已形成规模化生产并实现出口创汇。

1993年3月26日，社市委召开首次社区委专职干部工作会，会议着重就加强社区委机关建设，发挥社组织科技优势、办好社区委经济实体进行了研讨。

这一时期，社市委以健全参政党机制建设为目标，在自身建设方面：按照《社章》和社中央的要求，以学习建设有中国特色社会主义理论为指导，注重讲学习、讲政治、讲正气；贯彻民主集中制，加强领导班子建设。完善了主委会、常委会、全委会会议制度和规范了议事规则；建立了后备干部动态名单，把培养和选拔后备干部作为领导班子建设的重要任务，推荐后备干部参加市级民主党派中青年骨干培训班学习和参加社市委专委会的活动，为后备干部熟悉社务工作和提高参政议政能力创造条件、搭建平台；注重加强基层组织建设，召开了2次组织工作会议，就发挥基层组织的作用问题进行了专题讨论。根据社章要求，于1993年、1996年顺利进行了2次基层组织换届改选工作；遵循“三为主”的原则，坚持发展与巩固相结合的方针，认真贯彻1996年《各民主党派中央关于民主党派组织发展若干问题座谈会纪要》，保证了发展社员的质量；以健全和完善工作制度为重点，加强机关建设。按《国家公务员暂行条例》要求，明确责任，改进作风，增强服务意识。社市委机关全体干部参加了重庆市统一组织的公务员考试和分批参加了社省委举办的机关专职干部培训班学习。

1996年9月，根据中共中央、国务院关于由原重庆市对万县市、涪陵市和黔江地区实行代管的决定，社重庆市委与社四川省委、社万县市委、社涪陵市委、社黔江地区直属小组“两市一地”的社组织进行了代管衔接。代管期间，“两市一地”社组织的负责人参与了社重庆市委常委会、全委会及其他社务活动。

至1997年4月，九三学社重庆市委有万县市委、涪陵市委、北碚区委、沙坪坝区委、九龙坡区委、南岸区委筹备小组，重庆医科大学基层委员会、重庆钢铁集团公司基层委员会，63个支社，

18个直属小组。全市共有社员1687人，其中，全国人大代表2人、政协委员1人，四川省人大代表2人、四川省政协委员11人，重庆市人大代表12人、政协委员34人，区县人大代表14人、政协委员49人。社员中担任市级政府部门领导职务的2人、区级政府部门领导职务的4人、市政府参事室参事5人、任市、区特约监督员的19人。

第三章　九三学社四川省涪陵、万县、黔江地区组织

根据《九三学社章程》，"九三学社是以科学技术界高、中级知识分子为主的具有政治联盟特点的政党"的性质，九三学社组织发展遵循"科技界为主、大中城市为主、高、中级知识分子为主"的相关规定，20世纪80年代初期以前，九三学社在万州、涪陵和黔江地区均没有建立地方组织。

中共中央十一届三中全会之后，随着中国共产党领导的统一战线和多党合作事业的不断发展，九三学社各方面的情况发生了很大变化。根据新形势新任务，为履行参政议政、民主监督职能，九三学社秉承爱国、民主、科学的传统，不断解放思想，进一步明确了社的性质、地位和作用。1984年2月，九三学社四川省委员会成立以后，相继在万县、涪陵发展社员并建立了九三学社的地方组织，在黔江地区建立了九三学社的基层组织。（1986年6月，九三学社四川省委直属涪陵市小组成立。1986年6月，九三学社四川省委直属万县市小组成立。1996年2月，九三学社四川省委直属黔江地区小组成立。）

由于1996年9月1日重庆市行政区划的调整，将万县、涪陵、黔江地区调整为重庆市管辖。根据九三学社中央的决定和川社〔1996〕字第43号文《九三学社四川省委员会关于社重庆市委代管社涪陵、万县和黔江直属小组的通知》："中央已决定重庆市为直辖市，并从1996年9月1日起代管涪陵市、万县市和黔江地区，为适应这一新形势，社省委决定：从1996年9月1日起，社涪陵市委、社万县市委和黔江地区直属小组由社重庆市委代管。鉴于社重庆市委对社涪陵、万县市委和黔江直属小组要有一个逐渐熟悉的过程，而两市委换届日期又日趋临近，由此，两市委的换届工作，由社四川省委领导为主，与社重庆市委共同协商解决。待省级社重庆市委建立后，两市一地的社组织全部由社重庆市委领导。"

1996年9月1日，社重庆市委正式对社万县市委、社涪陵市委和社黔江地区小组进行了衔接和代管。1997年6月，重庆直辖，九三学社四川省万县市委、涪陵市委和黔江地区直属小组正式划归九三学社重庆市委领导。

1997年以来，随着设立重庆直辖市战略决策的实施，九三学社重庆市委会按照重庆市五个民主党派《关于筹建万县区、涪陵区、黔江开发区民主党派地区组织座谈会纪要》精神和《九三学社章程》的规定，在万州区、涪陵区、黔江区分别建立了九三学社区级地方组织。

第一节　九三学社四川省涪陵市委员会

1983年9月，涪陵撤县设市，加上涪陵长期系四川省涪陵地区所在地，高、中级知识分子比较

多，为建立九三学社县级地方组织创造了有利条件。

1986 年 4 月，九三学社四川省委副秘书长兼组织部部长李昌达、组织部副部长钱大慧到涪陵，在中共地、市委统战部的支持下，邀请涪陵科技、教育、医卫界的有关人士座谈、介绍九三学社的章程和历史。同年 5 月，周芳雄、陆清善、肖华轩、谭天荣 4 人加入九三学社。在中共涪陵市委的支持和中共涪陵市委统战部的帮助下，7 月 30 日，九三学社四川省委员会直属涪陵小组成立，组长周芳雄、副组长陆清善。直属小组成立后，制定了《社员学习思考提纲》并对社务工作进行了分工，周芳雄负责全面工作，陆清善分管科技工作，肖华轩分管组织工作，谭天荣分管宣传工作。社涪陵直属小组办公地点暂设在涪陵地区农业局技术顾问办公室。

1987 年 6 月，经上报社四川省委同意，九三学社涪陵市委员会筹备组成立。筹备组由周芳雄、陆清善、肖华轩 3 人组成，周芳雄任组长。筹备组成立后，筹备组的主要工作是发展社员和巩固组织，筹组建立九三学社涪陵市地方组织，落实专职干部编制等事宜。

1988 年 4 月，经川社组〔1988〕8 号文批复“同意成立九三学社涪陵市委，同意周芳雄、邹建华、方文博、肖华轩、黄彦儒 5 人为委员候选人”。6 月 5 日，九三学社涪陵市第一次社员大会召开，会议选举产生九三学社涪陵市第一届委员会，委员 5 人，主任委员周芳雄、副主任委员邹建华，秘书长方文博。社涪陵市第一届委员会按工作单位和地域将社员划分为三个小组：第一组（上城组）由地科委、财贸校、市种子公司、市畜牧局、市丝绸公司、海陵厂、地经济开发总公司、乌江画院、地（市）建委、地交通局及电大等单位的社员组成，确定罗定歧、陆清善为召集人；第二组（下城组）由市政协、地轮船公司、地农业局、地林业 局、地畜牧局、市水电局、化油器厂、市文管所等单位的社员组成，确定冉茂吉、方文博为召集人；第三组（江东组）由涪陵师专的社员组成，确定杨仲文为召集人。1988 年 11 月，涪陵师专直属小组成立。

1989 年 5 月 30 日，九三学社涪陵师专支社成立。6 月，九三学社涪陵市委科技服务部成立。12 月 14 日，社涪陵市委一届一次全体社员会议召开，会议增选帅万荣、彭春磷为委员，增补帅万荣为副主任委员，任命黄彦儒为副秘书长。

1990 年 8 月 28 日，社涪陵市委教育支社成立。

1991 年 12 月，九三学社涪陵市第二次社员大会召开，会议选举产生了九三学社涪陵市第二届委员会。邹建华、帅万荣、肖华轩、黄为、罗定歧、徐良成、樊德全 7 人当选为委员，邹建华当选主任委员，帅万荣、肖华轩当选副主任委员，任命肖华轩（兼）为秘书长、黄为为副秘书长，任命樊德全为组织部部长，徐良成为宣传部部长，罗定歧为科技部部长。

1992 年 1 月 17 日，社涪陵市委召开二届三次全委会，任命刘明强为组织部副部长，侯光锦为宣传部副部长，冉茂吉为科技部副部长，黄彦儒为科技服务部主任，夏蔚金为科技服务部副主任。会议对各专委会成员进行了调整。3 月 21 日，社涪陵市委二届四次全委会召开，会议决定第二届委员会设科技服务部管理委员会，管委会由黄彦儒、夏蔚金、金广儒、刘江海、何世礼、陆清善、冉茂吉、周清万、刘孝直组成，黄彦儒任主任，夏蔚金任副主任。同年 7 月 9 日，社涪陵市委海陵支社成立。

1993 年 2 月 13 日，九三学社涪陵市委召开二届十次全委会，任命黄彦儒为办公室主任。5 月，社涪陵市委二届十二次全委会召开，会议决定组建“建环”“丝绸”“城西 ”3 个支社筹备组。12 月 16 日，社涪陵市委建环支社成立。

1994 年 1 月，经社涪陵市委主委会议决定，肖华轩不再兼任秘书长，任命黄为为秘书长。8 月，经社涪陵市委全体委员会议决定，成立社涪陵市委社史资料编写小组。社史编写小组主要成员为周芳雄、肖华轩、黄彦儒。

1995 年 6 月 30 日，社涪陵市委召开全委（扩大）会议，增补余兆荣、于华为社市委委员。1995 年 11 月，国务院国发〔1995〕106 号文件批准涪陵地区，撤销涪陵地区，建立地级涪陵市。在撤区建市的同时，枳城市、李渡市撤销，设枳城区、李渡区，仍隶属新建涪陵市。

1996 年 1 月 4 日，主任委员邹建华、秘书长黄为应邀参加中共涪陵地委统战部召开的“涪陵地改市情况通报会”。2 月，社涪陵市委决定成立九三学社涪陵市地方史志领导小组和编写小组。1996 年 8 月，九三学社四川省委批复同意将原社涪陵市（县级）委员会作为新建涪陵市（地级）委员会。5 月 16 日，主任委员邹建华、秘书长黄为参加涪陵市民主党派负责人会议，听取传达中共涪陵市委常委会关于原涪陵市（县级）民主党派、工商联作为新建涪陵市级民主党派、工商联（组织）会议纪要精神，并同意原涪陵市（县级）民主党派、工商联作为新建地级涪陵市民主党派、工商联组织，原民主党派、工商联领导成员待遇级别不变。新市级民主党派、工商联的机构级别和领导成员的级别待遇待换届选举完成时一并确定。1996 年 7 月，国务院决定成立重庆直辖市，涪陵市由重庆市代管。9 月 17 日，中共涪陵市委统战部召开民主党派、工商联负责人会议，传达中共中央、国务院关于涪陵市、万县市、黔江地区划入重庆市的批复。会议还决定将涪陵市各民主党派的换届延迟到重庆直辖后进行。此间，社涪陵市委的名称及组织系统未变，至 1996 年到期的换届，亦因行政区划的调整，相应延迟到 1998 年 6 月进行。

1997 年 3 月，社重庆市委同意社涪陵市委关于九三学社涪陵区第一届委员会换届工作方案，主委邹建华参加社重庆市委与中共涪陵市委统战部协商社涪陵市委的换届人事安排的协商。

1997 年 6 月，重庆直辖，涪陵撤市设区，社涪陵市委正式划归社重庆市委领导。1998 年 6 月，社重庆市委批复同意社涪陵市委《关于成立九三学社重庆市涪陵区第一届委员会筹备组的决定》，筹备组组长邹建华，副组长柳恩梅。10 月，社重庆市涪陵区第一次社员大会在涪陵中山宾馆举行，会议选举产生了九三学社重庆市涪陵区第一届委员会，主任委员柳恩梅，副主任委员黄为、帅万荣、徐良成、于华，秘书长黄为（兼），名誉主委周芳雄、邹建华，名誉副主委肖华轩。时有社员 147 人，支社 8 个、直属小组 4 个。

第二节　九三学社四川省万县市委员会

1982 年 3 月，九三学社四川省工委成立。1984 年 2 月，九三学社四川省委员会成立。1986 年初，九三学社四川省委副秘书长兼组织部部长李昌达等 2 人，受社四川省委指派到万县发展社员和筹建九三学社万县直属小组。在中共万县地、市委的关怀支持下，在统战部的帮助下，在万县科技界、文教界中首批发展了陈复兴、吴昌玖、周联升等 9 人加入九三学社。同年，7 月 17 日，九三学社四川省万县市直属小组成立，推选陈复兴为组长，吴昌玖、周联升为副组长。

1988 年 5 月，九三学社万县市筹备委员会成立。1988 年 9 月 22 日，九三学社万县市召开第一次社员大会，选举产生了九三学社四川省万县市第一届委员会：委员陈复兴、周联升、杨君昌、谭正宁、高显林，主任委员陈复兴，副主任委员周联升、杨君昌，秘书长周联升（兼）。第一届委员会时期，共有社员 45 人，建有农业、师专、城建 3 个基层小组。社万县市委机关办公地址设在万县市政协，配有专职干部 1 人。

1992 年 4 月，九三学社四川省万县市第二次社员大会召开，选举产生了万县市第二届委员会：

主任委员陈复兴，副主任委员周联升、杨君昌、张德华，秘书长冉隆成（兼）。社万县市第二届委员会期间，设有科技经济、文教卫生、妇女老龄、法制建设、联络联谊5个专委会。市委会机关设办公室、组织处、宣传处、科技工作处，有专职干部2人，办公地址设在万县市政协。

1993年6月，万县市行政体制调整，撤销县级市，建立地级市。根据中共万县地委〔1993〕1号文件和中共万县市委〔1993〕1号文件精神，原万县市（县级）市民主党派、工商联作为新建万县市（地级）民主党派、工商联组织，届别连续计算。九三学社万县市委仍为第二届委员会。

1997年3月，九三学社万县市召开第三次社员大会，选举产生了九三学社四川省万县市第三届委员会：主任委员陈复兴，副主任委员周伯安、谯术仁、张德华，秘书长梁复荣（兼）。其间，由于万县市撤市建区，社万县市第三届委员会仅历时一年多。至1997年底，共有社员108人，建有支社6个。

1997年6月，重庆直辖，万县市撤市建区，九三学社四川省万县市委正式划归九三学社重庆市委领导。九三学社万县市第三届委员会按照重庆市五个民主党派《关于筹建万县区、涪陵区、黔江开发区民主党派地区组织座谈会纪要》精神和《九三学社章程》的规定，于1998年7月，召开九三学社万州区第一次社员大会，选举产生了九三学社重庆市万州区第一届委员会：主任委员陈复兴，副主任委员周伯安、谯术仁、张德华，秘书长周伯安（兼），委员7人。

第三节　九三学社四川省黔江地区直属小组

1989年以前，黔江地区没有九三学社组织和九三学社社员。1989年，黔江地区成立时，九三学社社员许力心、黄成用因工作调动，从涪陵调入黔江地区。根据当时中共中央统战部原则上有不在民族地区发展民主党派组织的相关规定，黔江地区一直未发展九三学社社员。许力心、黄成用调入黔江地区后，因社员人数不足3人，不能建立直属小组。许力心、黄成用2人参加九三学社四川省直属小组的组织生活。至1996年，九三学社在黔江地区发展社员的工作，得到了中共四川省委统战部、黔江地委统战部的大力支持和帮助，新发展社员5人，共有社员7人，具备了在黔江地区建立九三学社基层组织的条件。

经与中共四川省委统战部和黔江地委统战部协商，九三学社四川省委决定，在黔江地区建立九三学社四川省委直属黔江地区小组，由许力心任直属小组组长。1996年2月，九三学社黔江地区直属小组成立。社黔江地区直属小组是当时第一个在黔江地区建立的民主党派基层组织。

1996年9月，根据国务院成立重庆直辖市和重庆市代管黔江地区的决定，1996年9月1日，社重庆市委对社四川省委直属黔江地区小组的工作进行了代管。

1997年6月，重庆直辖，黔江地区正式划归重庆。社四川省委直属黔江地区小组正式划归九三学社重庆市委领导。时黔江地区共有九三学社社员9人。

1997年12月，经社重庆市委批准，黔江地区直属小组新发展社员15人。1998年8月，九三学社重庆市委黔江开发区支社成立，主任委员杨晓碧，副主任委员李延思。至1998年，黔江开发区支社共有九三学社社员24人。

第四章　九三学社重庆市委员会（直辖后）

第一节　第一届委员会

1997年3月14日，八届全国人大五次会议审议通过了国务院关于提请设立重庆直辖市的议案，决定：批准设立重庆直辖市，撤销原重庆市。重庆直辖市管辖原重庆市、万县市、涪陵市和黔江地区所辖行政区域。1997年6月18日，重庆直辖市正式挂牌，九三学社重庆市委员会因重庆直辖市的设立，升格为九三学社省级组织。根据社中央〔1997〕中组字第44号文件批示："渝社〔1997〕字第15号文'为召开九三学社重庆直辖市第一次代表大会有关授权事宜的指示'悉。经研究同意授权原社重庆市委常委会提出的主席团主持召开第一次代表大会；授权原社重庆市委向社重庆直辖市第一次代表大会作工作报告。"

4月19日至22日，九三学社重庆（直辖）市第一次代表大会在重庆渝州宾馆隆重召开，219名社员代表出席大会。中共重庆市委、市人大、市政府、市政协、市纪委、市委统战部、市级各民主党派、工商联及重庆社会主义学院、市监察局、市科委、市卫生局等领导到会祝贺。九三学社中央常务副主席徐采栋和组织部副部长郑之明专程来渝指导。社天津市委、云南省委、湖南省委、陕西省委、广西区委等到会祝贺及发来了贺信、贺电。民建重庆市委主任委员程贻举代表市级各民主党派、工商联致词祝贺。选举产生了九三学社重庆（直辖）市第一届委员会：

主任委员：徐宗俊

副主任委员：侯雪岩、黄秉来、赖明、谢小军、蓝钧鳌、姚珍薇（女）、柳恩梅（增选）、潘复生（增选）

常务委员：丁小中、于不凡、马鸣图、刘珍茂、李登信、陈复兴、邱道持、周宗兴、姚珍薇（女）、侯雪岩、徐宗俊、黄同陵（女）、黄秉来、章娴君（女）、谢小军、赖明、蓝钧鳌、朱晓容（增选）、柳恩梅（增选）、王绍朴（增选）、周伯安（增选）、屈谦（增选）、潘复生（增选）

委员：丁小中、于不凡、马鸣图、王之光、王忠勇、王绍朴、王智彪、邓祖玲（女）、刘珍茂、刘懋维、乔光锦、朱晓容、李容（女）、李登信、李辉松、陈复兴、张泽、张光泉、杨甦、吴庆璞、邱道持、罗玲（女）、周伯安、周宗兴、周忠群、贺大镛、贺泽荣、姚珍薇（女）、骆重远、侯雪岩、徐子琢、徐宗俊、涂国志、倪清泉、黄同陵（女）、黄秉来、章娴君（女）、阎鸿鑫、谢小军、温厚鸿、赖明、赖森林、蓝钧鳌、雷慧德（女）、潘复生、戴三军、杨晓碧（女，增选）、柳恩梅（增选）、屈谦（增选）、黄为（增选）、陈义华（增选）

名誉主任委员：许香谷

名誉副主任委员：李继华、何知凡

顾问：王季超、甘斗南、江泽佳、刘宜伦、毕婵琴（女）、李宗明、张敷荣、漆文定、唐璞、曹良仁、刘约翰、金春南、董味甘

1997年5月13日，在社重庆市一届五次常委会议上，经主任委员徐宗俊提名，会议决定任命

朱晓容为社市委第一届委员会秘书长。渝社〔1997〕字第28号文《关于朱晓容同志和张培先同志职务任免的通知》："经社市委九届二十一次常委会议决定：任命朱晓容为九三学社重庆市委秘书长。由于张培先已调离社市委机关，故张培先不再担任九三学社重庆市委副秘书长职务。"

1997年9月13日，九三学社重庆市一届二次全委（扩大）会议召开，会议增选朱晓容为社重庆市一届委员会常务委员。

1998年12月25日，九三学社重庆市一届五次全委（扩大）会议召开，决定增选杨晓碧（女）、柳恩梅、屈谦、黄为为社重庆市第一届委员会委员，增选柳恩梅为社重庆市第一届委员会常务委员。

2000年6月30日，经九三学社重庆市一届八次全委（扩大）会议增选柳恩梅为社重庆市第一届委员会副主任委员，增选王绍朴、周伯安、屈谦、潘复生为社重庆市第一届委员会常务委员，增选陈义华为社重庆市第一届委员会委员。

2001年7月5日，召开九三学社重庆市一届十次全体委员会，会议增选潘复生为社重庆市第一届委员会副主任委员。

1997年9月至10月，社重庆市委第一届海外联络、离退休社员、医药卫生、科技经济、青年社员、教育文化、妇女7个专门委员相继成立。

九三学社重庆市第一届委员会随着重庆直辖市的诞生而成立。社重庆市委根据直辖以来，新重庆的发展和社员人数的增多、基层组织分布面广的特点，为适应新形势、新任务下开展社务工作的需要，在社中央和中共重庆市委的领导下，以政治交接为主线，以搞好自身建设和提高参政议政水平为重点，围绕中共中央、国务院交给重庆三峡移民、国企改革、扶贫攻坚、生态保护四件大事履行职能、建言献策，努力为建设重庆做贡献。

认真履行参政党职能。社市委领导在参加双月座谈会、情况通报会、专题协商会议中，对重庆市"十五规划"、实施西部大开发、重大人事安排及反腐败斗争等工作，提出意见和建议；在市政协积极履行参政党职能。共提交市政协一届一次至六次大会集体提案83件、大会发言6篇，这些提案和发言的质量有较大提高。其中，《关于做好当前移民工作的建议》等5件受到市政协表彰。其中，《关于保护三峡工程重庆库区古代文物和人文景观的建议》《关于在重庆建立三峡开发银行的建议》等提案，由主委徐宗俊等全国政协委员提交全国政协大会，受到高度重视和采纳；一届委员会期间，主要完成有《西部大开发与政府公共政策研究》《关于信息化带动工业化实现途径的研究》《建立新型银企关系，发挥金融对工业的支撑作用》等10项参政议政课题。其中，《关于信息化带动工业化实现途径的研究》等4项被收入重庆市政协调研报告汇编，《发挥重庆优势，优先发展重点科技领域，提升重庆在西部大开发中的科技地位》在《重庆调研》刊物上发表，并被西部大开发国际研讨会采用。《光明日报》对此做了专题采访报道，《重庆在西部大开发中的科技需求研究》经市科委专家评审委员会评审，认为该报告"在突破科技发展的关联、机制性障碍等难点有创造性，具有科学性、系统性、针对性和可行性，为重庆市制定新的科技立项指南和发展规划提供了科学依据。"建立了社市委反映社情民意信息工作网络、制定了信息制度并完成了建档工作。2000年，社市委获社中央信息工作先进集体。新一届社市委根据中共重庆市委、市政府的要求，分别与市科委、市建委、市农办建立了对口联系，对口联系工作进一步加强，通过采取与对口联系部门合作、共同承担专题调研课题的方式，深化了社市委参政议政成果的转化。

组织建设制度化、规范化。认真贯彻《九三学社中央关于加强组织建设的若干规定（试行）》，完善组织发展程序，注重发展对象的政治素质，有目的、有重点地物色和发展了一批优秀中青年知识分子入社；以提高政治把握能力、参政议政能力、组织协调能力、合作共事能力为目标，发扬民主集中制，进一步完善了主委会成员分工制度，领导班子建设取得成效。主委会成员参加了中共中央统战部和中央社会主义学院举办的省级民主党派主委学习班、九三学社中央举办的九三学社省级组织专职副主委学习班、重庆市民主党派领导干部培训班的学习；后备干部参加了民主党派中青年干部培训班的学习；社市委多次举办基层组织主委培训班、基层干部培训会、专职干部培训会等多种方式，对后备干部和社市、区委专职干部开展了政治理论和业务知识的学习培训，基层干部队伍建设和后备干部队伍建设得到加强；针对全市社区级组织逐步增加的特点，制定、完善了区级组织工作条例，指导和帮助区级组织加强自身建设和开展社务工作，社区委的工作逐步规范和完善，全市各区级组织领导班子成员参加了重庆市各民主党派区（县、市）新任主委培训班学习；加强制度建设，制定和完善了《九三学社重庆市委领导成员分工原则与职责细则》《九三学社重庆市委领导班子议事细则》《九三学社重庆市委关于社市委机关调入人员工作程序（试行）》《九三学社重庆市委主委办公会议制度》《关于加强九三学社重庆市委机关建设的意见》《九三学社重庆市委关于新社员发展的试行办法》等各项工作制度；社市委全体机关干部参加了市级民主党派机关干部培训班的学习培训，机关建设稳步推进。

思想建设常抓不懈。建立和完善各项学习制度，领导班子坚持先学习、后议事的制度，把学习作为全委会、常委会和主委会的主要议程之一，带动和指导各级社组织开展形势政策的教育学习。注重引导广大社员把学习理论与社务工作和加强自身建设相结合。五年来，社市委以开展重大纪念活动为契机，在建国50周年、人民政协成立50周年、中国共产党成立80周年、改革开放20周年、五四运动80周年、中共中央〔1989〕14号文件发布10周年等各种形式多样的纪念活动。重点组织举办了有关香港问题、“东南亚金融危机的发生机制及其影响”“西部大开发和重庆的科技发展思路”“台海形势分析”“WTO”知识等专题座谈会、报告会，通过了解相关信息，交流学习体会，激励社员立足本职，甘于奉献。坚持对广大社员进行爱国主义、社会主义教育和社的优良传统教育，主要开展了“学习王选精神”“学社史、学社章、继传统、迎接新世纪”读书活动和“改革开放与统一战线”等征文活动，帮助广大社员树立全局意识，提高对中国共产党的宗旨、纲领和先进性的认识，增强接受中国共产党领导的自觉性，广大社员的思想政治素质不断提高。

积极开展社会服务和智力扶贫工作。经社市委一届九次常委会议决定，1998年2月，社市委科技扶贫领导小组成立。科技扶贫领导小组组织开展了一系列社会服务和扶贫工作：全市社的各级组织和广大社员，积极响应党和政府的号召，参与了对长江沿线遭受特大水灾的灾区和云南、贵州等贫困地区的救灾捐款捐物活动；1998年，社市委与万县五桥区长岭镇签订了《对口科技扶贫协议》，开展了对万州五桥区的对口扶贫工作。1999年1月，开展了为万州区长岭镇科技扶贫捐赠图书活动，在捐赠仪式上，主委徐宗俊代表社中央和社市委向长岭镇捐赠书籍6634册；在万州区设立了“九三奖学金”，扶持长岭镇100名经济困难的移民子女免费到重庆树人学院学习。

第一届委员会期间，共发展新社员466人。在原社万县市委和涪陵市委的基础上，建立了社万县区委和涪陵区委。至2001年12月底，共有区级组织8个，基层组织110个。全市社员人数为2080人，其中，全国人大代表1人、全国政协委员4人。市政协委员48人、市人大代表12人，区县（市）人大代表16人、政协委员124人，任市政府部门领导职务的5人，受聘为市政府参事室参事5人，担任区政府副区长2人，任区政府部门领导职务13人，56名社员受聘为市、区级特约人员。

第二节　第二届委员会

2002年3月31日至4月3日，九三学社重庆市第二次代表大会在重庆渝州宾馆举行。大会选举产生了九三学社重庆（直辖）市第二届委员会：

主任委员：谢小军

副主任委员：蓝钧鳌、姚珍薇（女）、柳恩梅、潘复生、邱道持、陈义华

常务委员：马鸣图、王佳、王绍朴、朱晓容、李伟、李登信、陈义华、杨晓碧（女）、邱道持、周伯安、屈谦、姚珍薇（女）、柳恩梅、章娴君（女）、谢小军、蓝钧鳌、潘复生、黄爱龙（增选）、郭劲松（增选）

委员：丁敏（女）、马鸣图、王佳、王芳（女）、王忠勇、王绍朴、王筱欣（女）、毛敬华、冯小琴（女）、朱晓容、李伟、李容（女）、李航、李登信、陈力（女）、陈义华、陈谦应、张川、张永安、林居红（女）、杨甦、杨晓碧（女）、杨乾刚、邱道持、罗玲（女）、周翔、周令国、周伯安、周琮凯、屈谦、姚珍薇（女）、柳恩梅、徐子琢、徐嘉红（女）、涂国志、倪清泉、郭劲松、黄为、黄文章、黄爱龙、章娴君（女）、曾朝夕、谢小军、傅开鑫、蓝钧鳌、雷慧德（女）、蒲勇健、潘复生、尹书菊（女，增选）、刘云艳（女，增选）、余国东（增选）

名誉主委：许香谷、徐宗俊

名誉副主委：李继华、何知凡、黄秉来

顾问：漆文定、甘斗南、江泽佳、刘宜伦、李宗明、唐璞、曹良仁、刘约翰、金春南、董味甘

2006年3月25日，社市委第二届七次全委（扩大）会议增选黄爱龙、郭劲松为九三学社重庆市二届委员会常委，增选尹书菊（女）、刘云艳（女）、余国东为九三学社重庆市二届委员会委员。第二届委员会期间成立了学习、参政议政、经济、科技、医卫、教育文化、联络、青年、妇女、老年（原离退休社员）共10个专门工作委员会。

九三学社重庆市第二届委员会坚持以邓小平理论和“三个代表”重要思想为指导，坚持科学发展观，以政治交接为主线，以建设适应新世纪要求的参政党地方组织为目标，切实加强自身建设，积极履行参政党职能，圆满完成了第二次代表大会提出的各项任务，为促进重庆经济社会发展、构建和谐重庆做出了新贡献。

以重大活动为载体，思想建设取得新成效。坚持中心组和主题常委会学习制度，主要组织开展的活动有：学习“三个代表”重要思想、中共十六大精神、中共中央两个5号文件及中共重庆市委实施贯彻意见、社八大及历次全会精神和新社章的学习。通过学习，增强了在新形势下坚持接受中国共产党领导、与中国共产党团结合作的自觉性和走中国特色政治发展道路的坚定性；开展了“九三学社与构建和谐社会”等专题理论研讨活动；组织参加了“邓小平与统一战线理论”“重庆直辖与统一战线”等征文；参加了“抗日民族统一战线与抗日战争的胜利”“与时俱进与民主党派工作”“纪念人民政协成立55周年”，纪念中共中央〔1989〕14号文件颁布15周年等理论研讨会、征文、书画展；同时，充分利用重庆是九三学社发祥地的资源优势，2006年，承办了“九三学社参政党理论研究和社史工作会”，推动全市各级社组织开展社史和参政党理论研究工作；为中央统战部在渝建立全国统战传统教育基地和红岩革命纪念馆提供有关社史资料；《重庆社讯》被社中央

宣传部评为优秀期刊；为深入开展学习王选活动，激励社员为促进科技发展和自主创新作贡献，社市委争取到中央“三部委”和社中央联合组织的“王选同志先进事迹报告会”在重庆举行；响应社中央建立“九三学社王选关怀基金会”的号召，社员王智彪创办的海扶公司捐款 20 万元，社市委领导和社渝北区委捐款 12470 元。

2005 年 8 月 22 日，九三学社成立旧址纪念碑揭碑仪式在纪念碑所在地——渝中区人民公园隆重举行。全国人大常委会副委员长、九三学社中央主席韩启德，中共重庆市委副书记、市长王鸿举为纪念碑揭碑。社市委主委谢小军主持揭碑仪式。这项工作得到了社中央和兄弟省市社组织的充分肯定。纪念碑成为全社开展社史教育的重要载体，并被纳入中国统一战线传统教育基地统筹规划。

2005 年，社市委以召开纪念大会、举办文艺演出、征文、编辑出版纪念画册、表彰先进集体和社员等方式开展了纪念建社 60 周年系列活动。韩启德主席和中共重庆市委副书记邢元敏应邀出席纪念大会，并在讲话中充分肯定了九三学社重庆市委在为促进重庆的改革发展稳定和民主政治建设方面所做出的卓有成效的工作。

完善工作机制，参政议政取得新成绩。制定了《九三学社重庆市委贯彻落实〈九三学社中央关于加强参政议政工作的若干意见〉的意见》，建立参政议政研究中心，加强组织领导，制定了工作通则，聘任了 19 名研究员。改研究室为参政议政处，增设参政议政等 3 个专委会。召开参政议政主题常委会，形成了研讨资源整合、上下互动、共同提高的工作机制，制定了参政议政课题招标与自由申报相结合的工作制度、专委会主任与参政议政研究中心成员联席会议制度，完善集体提案表彰奖励制度；围绕全市工作大局开展调研，完成了一批以促进三峡库区经济社会发展为内容的重点调研成果。社市委连续 3 年中标社中央参政议政课题。其中，《三峡库区水资源环境安全的对策建议》等 5 项成果，分别作为社中央和九三组集体提案在全国政协会议上提交。《解决三峡库区产业空虚问题的对策研究》等 4 项中共重庆市委重大课题成果，受到市政府及相关部门的高度重视和采纳。《加快农村卫生基本建设研究》调研成果，对在全市推广农村卫生工作的“黔江经验”起到了积极的促进作用；二届社市委共向市政协全委会提交大会发言 15 篇、集体提案 117 件，立案 115 件。其中，《以体制创新破解三峡库区产业空虚难题》被市政协二届四次会议列为重点提案，受到中共重庆市委书记汪洋的高度重视，并亲自牵头督办。社市委领导及课题组负责人多次应邀随同中共重庆市委、市政府调研组深入库区调研，就提案建议交换意见。市发改委对提案给予了高度评价，指出“提案所提出的若干政策建议，为市委、市政府作好库区产业工作特别是筹备开好市委二届九次全会提供了极有价值的决策参考意见”；《关于缓解我市建设用地困境的建议》等 3 篇大会发言，得到重视和采纳。其中，《关于由市政府协调路桥收费、打通重庆交通动脉，促进经济快速发展的建议》，为市政府出台路桥通行费征收办法和在主城区实行“八桥一隧”年票制提供了决策依据；《建立临港工业区，布局沿江产业带》中的部分建议，被吸纳到全市工业生产力布局规划中。

根据《九三学社中央与中共重庆市委关于加快重庆科技发展的合作协议》精神，2003 年，韩启德主席率社中央考察团来渝就农村劳动力转移问题进行考察调研期间，社市委积极配合并协助社中央完成了调研工作。韩启德主席根据调研成果向胡锦涛总书记等党和国家领导送交的《农村富余劳动力转移是全面建设小康社会的战略举措》研究报告，受到党中央、国务院的重视。

支持社内各级人大代表、政协委员履行职能。五年来，全市社员中的全国人大代表共提交议案、建议和意见 77 件，全国政协委员共提交提案 45 件、大会书面发言 2 篇。在 2007 年全国政协十届五次会议期间，胡锦涛、贾庆林等党和国家领导人出席的联组讨论会上，谢小军代表社中央作《医卫改革要立足公平、兼顾效率》发言，受到党和国家领导人的重视。社员中的市人大代表共提交议案、建议和意见112件，市政协委员共提交提案并立案464件。其中，《加强煤矿安全生产执法力度，坚决关闭非法煤矿》等4件提案获市政协“优秀集体提案奖”。温厚鸿被评为“优秀市人大代表”。毛敬华、张牛、黄文章、张永安被评为“优秀市政协委员”。

在2006年召开的九三学社中央参政议政工作会上，社市委获“社中央2003—2007年全国政协大会发言、提案工作突出贡献奖”而受到表彰，社南岸区委获“九三学社参政议政先进集体奖”，王筱欣获“九三学社参政议政先进个人奖”。

社会服务工作取得新实效。2003年，社市委与中共万州区委签订《关于加快万州区科技发展合作协议》，“九万合作”正式启动。根据“九万合作”《协议》精神，社市委围绕加快把万州建成第二大城市建言献策，主要开展了协助万州区申报国家级农业科技园区项目、推动万州柑橘高产示范基地建设、协助万州区成功申报“三峡库区库岸稳定性监测”3个项目。同时，还推动实施“三峡库区柑橘皮渣综合利用工程”、协助万州梨树乡土地开发整理项目的成功立项，并通过社中央向有关部门反映后，对国家有关部委决定增加渝万城际铁路建设项目起到了积极的推动作用；加强对口联系工作，促进社会服务与参政议政的结合。以课题为载体，加强与市科委、市建委的对口联系和合作。配合市科委开展“重庆市科技特派员下农村行动”，参加市科委组织的重点工程视察调研，邀请对口联系单位领导和专家做科技形势专题报告，促进信息交流和知情参政。几年来，共承担市科委项目14项，其中，已完成《把重庆建成世界性制造业中心可行性研究》等11项；承担市建委项目3项，已完成《三峡工程重庆库区危岩处治对策研究》等2项，并在此基础上还形成了提交市政协《关于提高重庆市国有大中型企业创新能力的对策建议》等9件集体提案，丰富了参政议政成果；根据社中央“为西部贫困地区老百姓办实事”的要求，继续实施“九三奖学金”，迄今为止，共资助贫困学生97名、捐款资助武隆县贫困学生13名；坚持开展“国际科学与和平周”活动，连续5年获社中央国际科学与和平周“特别贡献奖”和连续2年获“优秀组织奖”；积极组织开展“全国科普行动日”活动；在涪陵开展科技活动周活动；组织医疗专家组赴黔江开展大型义诊咨询服务活动；对黔江区卫生事业和“十一五”规划提出的建议意见，得到中共黔江区委的重视和采纳；为社中央“九三论坛”组织稿件，其中，8篇论文被收录；指导社北碚等区委开展新农村建设对口帮扶活动。

2006年，社市委获社中央“九广合作”先进集体奖。社万州区委获“社中央科教扶贫支边先进集体”和“社会服务工作先进集体奖”；袁鹰获“科教扶贫支边先进个人”称号，艾国获“社会服务先进个人”称号，陶轶凡获“‘九广合作’先进个人”称号，张国建获“九三学社社会服务先进个人”称号。

实施人才强社战略，组织建设迈上新台阶。领导班子建设中，坚持“集体领导、民主集中、个别酝酿、会议决定”的工作原则，注重发挥兼职领导的作用，建立了领导班子分工负责制，通过加强班子建设，营造团结、和谐的良好氛围，增强了凝聚力。完善了“主委会、常委会、全委会议事制度”、建立了领导班子和班子成员“述职制度”，推进了领导班子建设的制度化、规范化。社市委领导班子中，9人次参加了中央统战部举办的省级民主党派主、副委的学习培训；贯彻《九三学社中央关于实施人才强社战略的意见》精神，积极实施人才强社战略，加强干部队伍建设。制定了实施意见。建立和规范了民主推荐、择优选拔后备干部的培养机制。举办了3期培训班，近200名基层干部参加了学习培训。20名社区委主、副委参加了重庆市社会主义学院的学习培训，经过学习培训，社各级干部队伍整体素质得到提高，为社内优秀人才的成长和发展提供了支持和帮助。届中增补社中央委员1人，社市委常委2人、委员3人，市政协常委2人、委员3人；制定了《九三学社重庆市委员会关于发展新社员实施办法（试行）》，注重适当扩大发展界别和发展优秀人才入社，进一步健全和规范了组织发展工作机制。2005 年基层组织换届工作顺利完成，2006 年区级组织换届工作圆满完成。

本届共发展新社员 483 人。新建立社渝北区委、永川区工委和万盛区工委、大渡口区委筹备组。

截至 2006 年 12 月底，社重庆市第二届委员会所属组织共有万州区委、涪陵区委、北碚区委、沙坪坝区委、九龙坡区委、南岸区委、渝中区委、黔江区委、渝北区委 9 个区级委员会、2 个区工委、1 个区委筹备组和 118 个基层组织。全市社员总数 2506 人，高级职称占 66.5%，平均年龄 53.6 岁。其中，担任市政府、市级部门和高校校级领导职务的 7 人，全国人大代表 2 人、全国政协委员 3 人，市人大代表 16 人（常委 2 人），市政协委员 48 人（常委 9 人），受聘为市级部门特约监督员 8 人，市政府参事 5 人，市文史馆馆员 5 人。

第三节　第三届委员会

2007 年 3 月 30 日至 4 月 2 日，九三学社重庆市第三次代表大会在重庆渝州宾馆举行。240 名社员代表出席会议。九三学社中央主席韩启德、社中央常委、秘书长徐国权；中共重庆市委副书记、市政协副主席邢元敏，重庆市人大常委会副主任、中国农工民主党重庆市委主委陈雅棠，重庆市政协副主席、中共重庆市委统战部部长辜文兴，统战部副部长彭永辉，市级各民主党派、工商联及社会主义学院负责人，对口联系单位重庆市科委副主任皮晓青，重庆市建委主任助理张其悦应邀到会祝贺。韩启德代表社中央讲话，邢元敏代表中共重庆市委致贺词。重庆市政协副主席、民盟重庆市委主委陈万志代表市级各民主党派、工商联致辞祝贺。

大会审议通过了谢小军主委代表九三学社重庆市第二届委员会向大会所做的《九三学社重庆市第二届委员会工作报告》，总结了二届委员会在思想建设、组织建设、制度建设和参政议政、社会服务等方面取得的成绩和经验，确定了九三学社重庆市委今后 5 年的工作任务；大会通过了《九三学社重庆市第三次代表大会决议》。大会要求，新一届九三学社重庆市委员会要提高认识，坚定信念，带领全市社组织和广大社员，在九三学社中央和中共重庆市委的领导下，为坚持和完善中国共产党领导的多党合作和政治协商制度，认真履行参政党职能，为把重庆建设成为西部地区的重要增长极、长江上游地区的经济中心和城乡统筹发展的直辖市，在西部地区率先实现全面小康社会的目标而努力奋斗；大会选举产生了九三学社重庆直辖市第三届委员会：

主任委员：谢小军

副主任委员：潘复生、邱道持、陈义华、屈谦、黄爱龙、周伯安、刘云艳（女，增补）、杨开奎（增补）

常务委员：王佳、尹书菊（女）、刘云艳（女）、李伟、陈义华、陈耀华、张大为、杨开奎、邱道持、周伯安、屈谦、郭劲松、黄华、黄共田（女）、黄爱龙、谢小军、潘复生、余国东（增补）、雷瑞宏（增补）

委员：丁敏（女）、王芳（女）、王佳、王筱欣（女）、毛敬华、尹书菊（女）、冯小琴（女）、刘云艳（女）孙晓川、李伟、李昱（女）、李航、李晓艳（女）、杨丹、杨开奎、杨乾刚、邱道持、余国东、张力（女）、张川、张利（女）、张大为、张群力、陈力（女）、陈悦（女）、陈义华、陈耀华、罗玲（女）、周令国、周伯安、周茂林、周琮凯、屈谦、胡先明、徐嘉红（女）、郭钢、郭劲松、郭科社、黄为、黄华、黄文章、黄共田（女）、黄爱龙、曾康、谢小军、蒲勇健、雷瑞宏、蔡应繁、潘复生、毛伟（增补）、杨竹（增补）、张国建（增补）、郭晓燕（女，增补）、涂奇微（增补）、周作平（增补）

2007 年 4 月 1 日，经九三学社重庆市三届一次常委会议任命杨开奎为社重庆市第三届委员会秘书长。

社重庆市第三届委员会建立了领导班子成员发展代表性人士入社责任制，优秀人才入社“直通车”机制和“民主推荐、集体决策”的社内后备干部队伍建设机制。领导班子认真研究，精心筹划，采取措施，支持社内各级各类优秀人才在政治上进步和事业上发展。全市社员中，研究生以上学历的占 26.4%，高级职称比例为 63.3%。有重庆市第二届学术技术带头人 37 人、后备人选 11 人。经社市委推荐，138 位社员分别参加了中共中央组织部、中共中央统战部、中央社会主义学院、中共重庆市委统战部和重庆社会主义学院组织的各类学习培训。

届中，2010 年 12 月 17 日三届六次全委会增补刘云艳（女）、杨开奎 2 人为社市委副主委，增补余国东、雷瑞宏 2 人为社市委常委，2011 年 12 月 9 日三届八次全委会增补毛伟、杨竹（女）、张国建、郭晓燕（女）、涂奇微、周作平 6 人为社市委委员。

社重庆市第三届委员会成立了学习、参政议政、科技、经济、教育文化、医药卫生、妇女、青年、海外联络、农林、老年 11 个专门委员会。

五年来，共发展社员 679 名，至 2007 年 3 月，全市社员总数 3147 人，比五年前净增 641 人，年净增长率为 4.5%。其中，社中央委员 8 人、社中央副主席 1 人，全国人大代表 1 人、全国政协委员 3 人，市人大代表 14 人（常委 2 人）、市政协委员 49 人（常委 9 人、副主席 1 人），市妇联委员 2 人（执委 1 人），市政府参事 8 人，市级特约监督员 8 人，担任副区长 6 人，担任副县长 2 人，担任厅局级实职领导职务的共 27 人；共有万州区委、涪陵区委、北碚区委、沙坪坝区委、九龙坡区委、南岸区委、渝中区委、黔江区委、渝北区委 9 个区级委员会和永川区工委，万盛区工委及大渡口区委筹备组。有重庆大学、重庆医科大学、西南大学和重钢集团公司 4 个基层委员会，100 个支社及 10 个直属小组。

第三篇　自身建设

九三学社重庆市委建立61年来，重视加强自身建设。继承和发扬九三学社与中国共产党亲密合作的优良传统，为坚持和发展中国特色社会主义而不断加强自身建设，带领全市九三学社社员为实现把九三学社建成“思想上坚定、履职上坚实、组织上坚强”的参政党目标而努力奋斗。

九三学社重庆市委在建国初恢复重建时期，在自身建设方面，学习《共同纲领》和参加知识分子思想改造运动，开展了过渡时期总路线和宪法的学习，提高社员的政治觉悟。中国人民政治协商会议通过的《共同纲领》确定了中华人民共和国的国体和政体，在建国初期具有历史宪法的作用。《共同纲领》是中国共产党与各民主党派团结合作的政治基础。1950年11月，九三学社召开的建国后第一次全国工作会议，会议的主要议题是支持抗美援朝与九三学社的巩固和发展。会议通过的《九三学社章程》，宣布以《共同纲领》为本社的纲领，宣布接受中国共产党的领导，以共同纲领为准则。九三学社的任务就是要争取和团结学术界的小资产阶级（的思想）不走向资产阶级的道路，而走向无产阶级的道路。1951年9月至1952年秋，在全国开展了知识分子思想改造的集中学习运动。1951年9月，中共中央和中央人民政府为帮助广大知识分子适应新中国各方面建设的需要，决定在知识分子中进行一次思想改造的学习运动。9月29日，周恩来总理在北京、天津高等院校教师的学习会上做了《关于知识分子的改造问题》报告，随后，中共中央又发出了有关知识分子进行思想改造的学习运动的指示、做出了具体部署，推动思想改造运动在全国知识界广泛开展。重庆分社响应社中央的号召，推动社员在思想改造运动中起模范带头作用。1952年9月召开的九三学社第二次全国工作（扩大）会议，将原社章中规定的九三学社是“学术性的民主社团”的性质改为“九三学社是以小资产阶级文教科学工作者为主要成分的阶级联盟的新民主主义政党，是中国人民民主统一战线的组成部分，以中国人民政治协商会议共同纲领为政纲，在中国共产党的领导下，团结并教育广大的文教科学工作者为彻底实现共同纲领而奋斗”。1953年10月，中共中央公布了过渡时期的总路线，根据社中央的要求，重庆分社开展了学习。

1956年1月，中共中央召开了关于知识分子问题的会议，周恩来代表中共中央向会议做了《关于知识分子问题的报告》，阐述了知识分子在社会主义建设中的重要地位和作用，向全国人民发出了“向科学进军”的号召。这是新中国进入社会主义建设时期，中国共产党对知识分子政策的重要文献，明确提出了今后对知识分子工作的方针任务。指出，“我国的知识界的面貌在过去六年来已经发生了根本的变化”，知识分子“绝大部分已经成为国家工作人员，已经为社会主义服务，已经是工人阶级的一部分”。报告充分肯定了知识分子在社会主义建设时期的重要地位和作用，使得以科技界知识分子为主的九三学社社员感到欢欣鼓舞。重庆分社根据社中央的要求，自身建设以“不断提高觉悟，充分贡献力量，加强领导，密切联系群众，加强组织工作”为重点，动员广大社员努力做好本职工作，积极参加社会主义建设。

1956年4月，毛泽东在中共中央政治局扩大会议上做了《论十大关系》的讲话，提出了中国共产党与民主党派实行“长期共存、互相监督”的方针。1956年7月，九三学社中央向全社发出了《关于学习、宣传和贯彻“长期共存、互相监督”方针的通知》，重庆分社响应社中央号召，积极帮助党整风，对党的工作提出了建议意见，开展了学习和讨论。1957年中国共产党进行整风，由于反右斗争的严重扩大化，九三学社与其他民主党派一样受到了冲击，被戴上了“资产阶级政党”的帽子。1958年由于受“左”的影响，九三学社的性质被定为“以资产阶级知识分子为主要成分的资产阶级的政党”，九三学社的任务是“帮助社员进行改造”，后来又批判“白专”道路，开展“拔白旗”运动等一系列“左”的做法，至十年“文革”时期结束。

1976年10月，结束了“文革”的十年内乱。中国共产党领导的统一战线重新恢复和发展。1977年冬，九三学社中央临时领导小组成立，开始恢复工作。1978年4月8日，九三学社重庆分社临时领导小组成立，重庆分社重新恢复工作。1989年《中共中央关于坚持和完善中国共产党领导的多党合作和政治协商制度的意见》的发表，标志着中国共产党领导的多党合作进入了一个新的发展时期。《意见》明确了民主党派的性质、地位、任务和职能，是我国社会主义政党制度的纲领性文件。随着全国工作重点转移到现代化建设上来，面临新形势新任务，九三学社重庆市委发扬自我教育的优良传统，加大力度，切实加强自身建设。

第一章　思想建设

九三学社重庆市委以邓小平理论为指导，加强政治理论学习。在思想建设中，始终坚持和完善中国共产党领导的多党合作和政治协商制度，贯彻执行“长期共存、互相监督，肝胆相照、荣辱与共”的方针，增强同中国共产党长期合作、走中国特色社会主义政治发展道路的自觉性。把认真履行社的职责，完成社的基本任务，作为思想建设的根本目的。按照九三学社历次代表大会精神和社章对思想建设的要求，坚持四项基本原则，鼓励和调动社员立足本职、建功立业，为社会主义建设服务的积极性；重点结合新形势新任务，通过开展社会主义和爱国主义的学习教育活动，增强为实现新时期总任务贡献力量的自觉性；坚持对社员进行党的基本路线教育、形势教育、爱国主义和社会主义教育、爱国统一战线教育、国情教育和革命传统教育；开展新时期统一战线理论政策和16字方针政策的宣传教育；组织开展形式多样和各具特色的纪念活动、社史研究和参政党理论研究；通过开展思想建设，帮助广大社员全面、准确地理解党的基本路线，明确坚持中国共产党领导的历史必然性、正确认识新时期民主党派的地位和作用，明确接受中国共产党的领导和民主党派独立自主开展活动的关系，明确民主党派在国家政治生活中的地位和作用，明确民主党派只有坚持正确的政治方向，从思想上树立正确的参政党意识、不断提高自身政治思想素质，才能具备一定的政治理论水平、做合格的参政党成员。通过不断加强思想建设，增强社组织的凝聚力，为社市委履行参政党地方组织职能奠定坚实的思想基础。

第一节　思想建设的主要形式

思想建设是民主党派自身建设的核心。自1951年重庆分社恢复重建以来，历届社市委认真贯彻《九三学社中央关于加强思想建设的若干意见》，把加强思想建设作为重要工作来抓。特别是1979年恢复活动以来，根据中共十一届三中全会以来的新形势新任务，开展了各具特色、形式多样的学习教育活动：以坚持四项基本原则，充分调动广大社员为建设有中国特色社会主义服务的积极性为核心，进行社会主义和爱国主义教育学习宣传活动。在思想建设中，坚持和发扬自我教育的优良传统，注重对广大社员进行思想教育。进入21世纪后，根据统一战线和民主党派工作的新情况、新特点、新任务、新要求，重点开展了新时期统一战线理论政策以及“长期共存、互相监督，肝胆相照、荣辱与共”16字方针的学习教育，全国和重庆市统战工作会议精神的传达与学习，通过这些学习活动，帮助广大社员正确认识新时期民主党派的地位和作用，正确认识接受中国共产党的领导和民主党派独立自主开展活动的关系；通过举办新社员学习会、后备干部学习培训会、报告会、座谈会，参观民主党派历史陈列馆、九三学社成立旧址纪念碑等方式，开展社章、社史和统一战线政策理论的系统学习，帮助广大社员了解和学习民主党派的基本知识，正确认识九三学社的章程，正确认识社组织在新时期的性质、地位和作用，深刻认识中国共产党领导的多党合作和政治协商制度的优越性和历史必然性，进一步调动广大九三学社社员与党同心同德，立足本职，为经济发展、社会进步和人民生活水平进一步提高，做贡献的积极性；通过社市委领导班子成员带头学习，带动广大社员，积极参加社组织开展的各种学习活动，形成理论联系实际的好学风，进一步提高了社各级领导班子的政治理论水平和思想作风素质。

注重以跨世纪的新老交替和政治交接为主线，深入学习邓小平新时期统一战线理论和江泽民总书记在中央思想政治工作会议上的重要讲话，充分认识“三个代表”重要论述的重要性，在九三学社“民主与科学”思想的指导下，从着眼于接受中国共产党的领导，走社会主义道路的政治纲领、政治路线的延续和发展，着眼于我社与中国共产党亲密合作优良传统的延续和发展，着眼于我社老一辈领导人政治立场、优秀品质和优良作风的延续和发展，提高广大社员整体政治素质。以健全各项学习制度为基础，形成了行之有效地开展思想建设的学习制度和以自我学习、自我教育为主要手段的思想建设形式。为社市委坚持好、完善好、落实好中国共产党领导的多党合作和政治协商制度奠定了坚实的思想基础。

一、举办报告会

九三学社重庆分社成立以来，围绕中国共产党和国家的方针政策，党和国家的中心工作，认真贯彻社中央历次代表大会精神及各项指示，适时组织形势报告会、统战知识报告会、“九三学社章程、历史和传统”报告会，全国、重庆市人大和政协会议，以及各种重要会议精神的传达报告会、学习先进事迹报告会、科学报告会和其他相关内容的报告会，帮助广大社员了解国内外形势，增强参政党意识、提高思想觉悟和认识水平，指导开展社务工作、加强社的自身建设和提高参政议政水平，积极推动全市各级社组织加强思想建设，提高广大社员的思想素质，增强作为民主党派成员的光荣感、责任感和使命感。

二、座谈会、研讨会、交流会

自1951年重庆分社恢复重建至今，为了让广大社员深入了解国内外形势、时事政策、统一战线工作、多党合作的历史，以及推动各基层组织在工作中总结经验、发表意见、交流思想，社市委采取适时组织召开时事政策、形势任务座谈、统战理论、社的传统学习研讨、基层工作交流会议，以及开展重大纪念系列活动，对引导广大社员提高思想认识水平，激励广大社员立足岗位、奋发进取，认真履行参政党职责，促进广大社员为建设中国特色社会主义而奋斗，起到了积极的推动作用。

三、开展思想调研

社市委就党和国家及地方的重大方针、政策的颁布及实施，有关国内外形势和群众普遍关心的热点、难点问题和加强社组织自身建设，开展思想调研，了解社员思想状况，达到沟通思想，形成共识的目的，进一步增强了社组织的凝聚力和向心力。

近年来，随着改革开放的深入发展，特别是《中共中央关于坚持和完善中国共产党领导的多党合作和政治协商制度的意见》实施后，社员思想空前活跃。1990年以来，社市委发出通知，要求广大社员深入学习和领会《意见》精神。并多次召开会议学习讨论，加深对民主党派性质、地位和作用的认识，激发和调动了社员发挥优势的积极性，广大社员继承和发扬社的光荣传统，在实施科教兴国战略中勇攀高峰、建功立业，在促进改革、发展和稳定方面做出了显著成绩。同时，改革开放是一场广泛而深刻的社会变革，必然涉及各方面的利益调整，在经济建设和社会发展中也不可避免地会出现各种矛盾，引发一些思想认识问题，这些矛盾和问题在社员中难免有不同的思想反映。年轻一代的社员接受新事物快、思想活跃，政党意识、参与意识、自主意识较强。但是，由于缺乏与中国共产党合作共事的经历和体验，对中国共产党领导的多党合作和政治协商制度认识不够深入或有偏差之处。对此，社市委通过不断改进工作方法，把开展思想调研，增强责任感作为思想建设的重要形式。通过调研，进一步了解了他们对中国共产党领导的多党合作和政治协商制度、对社的历史和优良传统、对国情和当前形势的认识，开展有针对性的学习教育，取得了显著成效。

四、开展社会主义精神文明建设活动

根据社组织的特点，社市委围绕精神文明建设开展了若干活动。1982年7月，重庆分社召集部分科技界社员学习座谈《首都科技工作者道德规范》。1986年1月，召开社市委（扩大）会议，座谈讨论如何开展加强社会主义精神文明建设宣传教育活动，以提高思想认识。会后，分别在市中区、沙坪坝区、南岸区组织了3场报告会，邀请社市委委员、中国音乐家协会重庆分会副主席叶语做《精神文明建设与音乐艺术》专题报告。1986年4月，社员李继华、叶语、董名山、余衍潲4位专家教授受聘为“重庆市社会主义精神文明建设讲师团”成员。他们与讲师团的成员一道，向全市干部、群众，特别是青年一代进行形势政策教育、“四有”教育、法制教育、革命传统教育，以及宣传普及现代科学知识。1986年10月，社市委召开座谈会，学习座谈《中共中央关于社会主义精神文明建设指导方针的决议》，学习中共重庆市委领导关于贯彻落实《中共中央关于社会主义精神文明建设指导方针的决议》讲话，明确民主党派在社会主义精神文明建设中的积极作用。1987年，组织全市各级社组织和广大社员学习中共中央统战部〔1987〕37号文件精神，开展了坚持四项基本原则，反对资产阶级自由化思想教育。1996年9月，社市委举行报告会，邀请中共沙坪坝区党史研究室主任魏仲云做《弘扬红岩精神》报告。2006年，社市委组织各级社组织和社员参观重庆统战教育基地，深刻领会中国共产党领导的多党合作和政治协商制度。2007年7月，召开社市委常委会议，部署开展“政治交接学习教育活动”。

五、举行庆祝会和纪念会

注重以重要纪念日为契机，举办了一系列形式多样的庆祝会、纪念会及征文活动。对广大社员开展以爱国主义和社会主义、中国共产党领导的多党合作和政治协商制度为主要内容的学习教育，开展社章、社史和社的传统教育，广大社员增强了光荣感、责任感，提高了接受中国共产党领导的自觉性，坚定了走中国特色社会主义道路的信念。其中，包括举行庆祝建社暨五四运动纪念会，中国共产党建党纪念日，庆祝国庆座谈会，庆祝九三学社建社40周年、50周年、60周年纪念大会，中共十一届三中全会召开20周年纪念会，纪念中共中央〔1989〕14号文件颁布10周年、庆祝香港、澳门回归，毛泽东100周年诞辰纪念会，悼念邓小平同志纪念活动，纪念邓小平100周年诞辰以及庆祝“三八”国际妇女节、重阳节、教师节和举办为老社员祝寿等活动。在开展这些纪念活动的同时，还开展了各种纪念征文活动，并在《重庆社讯》开辟专栏和编辑出版了纪念专辑。

六、出版内部刊物和建立网站

社市委机关出版的内部刊物和建立的网站，是社市委开展思想建设的重要舆论宣传阵地，是社内思想建设的一个重要方面，是社市委与广大社员直接联系的重要纽带，是反映社员意见、建议和沟通信息的重要渠道。同时，它记录了社市委开展的主要社务工作的轨迹，在交流社务工作经验，推动各级社组织开展各项社务工作中，发挥了十分重要的作用。

（一）《重庆九三》

创办于1952年7月5日，为不定期刊物。从创刊到1956年3月30日，主要编发有九三学社重庆分社第三次社员大会专辑等，共编发25期。《重庆九三》作为重庆分社的机关刊物，“主要报道与总结同志们的战斗经验，批判并纠正同志们思想上的错误与缺点，推进工作”。

《重庆九三》1952年出版4期，1953年出版9期，1954年出版7期，1955年出版4期，1956年出版1期后停刊。

（二）《重庆社讯》

自1978年重庆分社恢复活动以来，《重庆九三》改为《重庆社讯》，于1980年编辑出版，截至2007年底，共编发123期。其中，1980年2月至1986年1月共编发46期，不定期编发。自1987年起，《重庆社讯》每年按季度编发。作为社市委的机关刊物，它起到了联系社员、推动开展社务工作、沟通情况、总结和交流经验、宣传党和国家大政方针、宣传社内先进人物和事迹的重要舆论阵地作用。主要内容有通报社市委主要社务工作、开展参政党理论研究、履行参政议政职能、宣传多党合作和政治协商制度、宣传社员先进事迹及成果、学习体会、新社员名单、社内动态、基层组织活动等。

（三）《九三渝讯》

创办于1997年4月，截至2007年12月，共编发了63期。双月出刊。旨在让全市各级社组织和社内老同志及时了解社市委在参加中共重庆市委、市人大、市政府、市政协等重大活动中履行参政党职责的信息，以及及时通报社各区级组织及基层组织开展社务工作的主要情况。

（四）九三学社重庆市委员会网站

为了充分利用信息化手段，方便、快捷地将重庆市各级社组织的工作动态和信息及时向社内外发布，社市委于2005年8月正式开通了“九三学社重庆市委员会”网站（网址：http：//www.cq93.gov.cn）。至2007年底，上传新闻稿件、理论文章、社内动态等有关数据资料及图片等共1500余件。

七、表彰先进，树立榜样

重庆市的九三学社社员在社会主义物质文明和精神文明建设中努力学习、不断提高。广大社员发挥特色和优势，做出了优异成绩，涌现出了王智彪、潘复生等一大批先进人物，受到国家、社中央、社市委和有关部门的表彰。广大社员立足本职，爱岗敬业，积极奉献。许多九三学社社员作为行业或专业的佼佼者，在本职工作中贡献突出，为推动科技和经济社会发展作出了突出贡献，受到各级各类表彰奖励，为重庆和社组织争得了荣誉，为广大社员树立了学习榜样。截至 2007 年底，全市社员中，被命名为重庆市学术技术带头人 13 人；被命名为重庆市学术技术带头人后备人选 26 人，占全市民主党派人选总人数的 34%。

社员王智彪研制成功的中国首创的具有自主知识产权的大型医疗设备“高强度聚焦超声肿瘤治疗系统”荣获首届“振兴重庆杰出贡献奖章”等荣誉称号。1999 年，社市委发出通知，在全市社员中开展“学习王智彪同志先进事迹，深入学习王选精神”活动。2000 年，王智彪荣获“国家技术发明二等奖”，九三学社中央主席吴阶平特向他发来贺电，说：“您在科学研究领域取得杰出成就，是您甘于奉献、勤于钻研、勇于创新的结果。这次获奖，既是您本人的荣誉，也是全社的光荣。我相信，您的获奖必将激励全社同志更加发奋地工作，勇攀科技高峰，为中华民族的伟大复兴作出更大的贡献。”社中央宣传部专门发出通知，要求做好获奖社员事迹的宣传工作。社市委举办了王智彪先进事迹报告会，在全市社员中开展了向王智彪同志学习活动。

第二节　思想建设的主要内容

思想建设的重点是巩固和发展民主党派与中国共产党长期合作的思想政治基础。主要内容有：开展基本理论教育和开展学习教育活动。一方面认真学习中国特色社会主义理论，应用马克思主义的基本立场、观点和方法去分析问题、解决问题。另一方面学习并掌握邓小平、江泽民、胡锦涛等领导人关于新时期统一战线和多党合作的理论；开展基本国情、基本路线教育。推动广大社员在正确认识和全面了解国情的基础上，搞好自身建设和全面提高自身素质，认真履行民主党派的职责；开展多党合作的优良传统教育，主要通过学习中国民主党派，重点通过学习九三学社的历史、章程和相关知识，深入了解中国共产党领导的多党合作和政治协商制度的历史以及相关的文件规定等，继承和发扬老一代领导人与中国共产党风雨同舟、团结合作的优良传统，自觉接受中国共产党的领导，坚持走中国特色社会主义政治发展道路，巩固多党合作和政治协商的政治基础，推动和实现我国统一战线和多党合作事业的可持续发展。正确认识我国政党制度同西方政党制度的本质区别，坚决抵制西方多党制等政治模式的影响；开展形势政策教育和爱国主义教育。认真学习、深刻领会中共中央、国务院的重要方针政策，增强政治意识、政党意识和创新意识。正确认清国内外形势，正确对待改革中出现的矛盾和困难，增强走有中国特色社会主义道路的信心。同时，围绕经济建设中心，不断拓展学习内容。

一、积极参加人民民主统一战线时期（1946—1949 年）

重庆是中共和各民主党派团结合作最早的地区之一。九三学社重庆市委的前身——九三学社重庆分社自成立以来，积极参加了中共地下党领导国统区人民开展的“反内战、反饥饿、反迫害”和“争温饱、争生存”的爱国学生运动和民主爱国运动，发表了一系列反独裁、反内战的宣言和意见。1946 年 11 月 10 日，重庆分社和重庆市各民主党派及人民团体 21 个组织联合发表《我们对于召开国民大会的意见》，呼吁人们全民起来制止国民党当局的分裂行为。1946 年 12 月，全国性的反美抗暴斗争掀起新高潮。1947 年 1 月 6 日，重庆分社与陪都人民反对美军暴行委员会、民盟重庆支部等 16 个民主团体联合发表《渝民主团体联合宣言》，指出美军暴行激起“全国人民一致怒吼起来”，

“而国民党当局对美军此种暴行毫无抗议”。此事件“我们认为绝不是单纯的法律问题，而是美帝国主义者的殖民地政策对待我中华民族之表现”。不止如此，“美帝国主义者军事上之派驻华攫取海空基地，实已扰乱中国安宁，威胁世界和平，经济上之中美商约与排山倒海之美货倾销，以使中国工商业濒于破产。加之国内之反动分子，执行其‘宁赠友邦，不予家奴’之卖国政策”，“主权早已破坏无遗”。如此下去，“势非亡国灭种不可”。因此强烈要求：“一、立即驱逐美军出境。二、废除绞杀中国工商业的中美商约。三、反对一切丧权辱国的政策。……”1947 年 2 月，抗议美军暴行的运动在全国展开，继平京津沪各地学生爱国示威游行之后，渝市抗议美军暴行联合会的学生，于 2 月 5 日去江北宣传，遭军警殴击，次日前往行辕及市政府请愿，又在夫子庙遭更恶毒的殴击，全市愤怒鼎沸。在重庆数万学生游行示威队伍里，九三学社常务理事税西恒、重庆分社理事谢立惠走在前列。重庆分社于 2 月 6 日、9 日联合重庆 16 个团体及各人民团体发表联合宣言和通电，慰问支持爱国游行学生并呼吁社会各界声援学生的爱国行动。抗战胜利后，在重庆的九三学社社员纷纷复员离渝。1946 年 10 月，九三学社重庆分社成立。

二、积极投身社会主义革命和建设事业时期（1949—1966 年）

新中国成立初期，人民民主统一战线的根本任务是要团结一切可以团结的力量，为实现《共同纲领》，恢复国民经济而奋斗。在恢复国民经济的同时，中国共产党还领导全国人民开展了抗美援朝、土地制度改革、镇压反革命的三大运动。

1950 年，正当全国人民在中国共产党领导下，满怀信心地为争取国家财政经济状况根本好转而努力奋斗的时候，新中国面临着外部侵略的严重威胁。6 月 25 日，朝鲜战争爆发。美国政府先后于 6 月 26 日、27 日宣布对南朝鲜“予以海空支援”，9 月 15 日，美国打着“联合国”的旗号，纠集一些国家组成“联合国军”悍然在南朝鲜的仁川登陆，很快越过“三八线”，大举进犯北朝鲜，并在 10 月初迅速向中国边境推进。在这种严重形势下，朝鲜劳动党和政府向中国共产党和政府提出出兵援助要求。10 月上半月，中共中央政治局多次开会研究分析，并在决策过程中指派周恩来、李维汉与各民主党派和无党派民主人士的代表人物进行座谈并征求意见。10 月 20 日，毛主席在中南海召集各民主党派、各人民团体负责人开会，经过反复认真讨论，一致拥护毛主席抗美援朝的意见，许德珩代表九三学社在决议上庄严签字。10 月 24 日，全国政协第一届常委会举行第十八次会议，讨论抗美援朝问题，周恩来做《抗美援朝，保卫和平》的报告，与会政协常委一致同意组建中国人民志愿军援朝。11 月 4 日，中共同各民主党派及人民政协、无党派人士、中国新民主主义青年团联名发表了《各民主党派联合宣言》，指出：“朝鲜的存在与中国的安危是密切关联的。唇亡则齿寒，户破则堂危。中国人民支援朝鲜人民的抗美战争不只是道义上的责任，而且和我国全体人民的切身利害密切关联着，是为自己的必要性所决定的。”表达了抗美援朝的决心，全国上下掀起了轰轰烈烈的抗美援朝运动。在 1950 年 12 月召开的九三学社第一次全国工作会议上，确定了抗美援朝、保家卫国为“本社现阶段的中心任务与工作”。1951 年 9 月至 1966 年上半年，在抗美援朝运动中，重庆分社发表有关抗美援朝的宣言，举办报告会、座谈会多次；开展以现金、实物、稿费等多种方式的捐献活动；动员学生和社员子女参军等方式，全市九三学社社员在不同的工作岗位上积极参加抗美援朝运动。即从恢复重建九三学社重庆分社理事会至“文化大革命”开始，重庆分社在社中央和中共重庆市委领导下，在马列主义、毛泽东思想指导下，组织推动社员努力学习，进行自我教育和自我改造；积极参加抗美援朝、土地改革、镇压反革命三大运动；参加“三反”“五反”和知识分子思想改造运动；为迎接社会主义改造高潮，响应党中央和社中央的号召，积极向科学进军。同时，通过参加实际斗争改造思想，划清敌我界限，划清封建思想、资产阶级思想与无产阶级思想的界限，批判单纯学术观点，树立全心全意为人民服务的新思想、新作风。

这一时期，九三学社重庆分社以召开学习会的方式，组织社员认真学习党和国家的方针政策，学习九三学社社员代表大会的精神及社中央下发的指示，着重在思想文化领域加强马克思列宁主义的学习与宣传，进行思想改造的学习，通过总结思想收获，提高思想觉悟。主要开展的活动有：1954年至1956年，组织社员学习新宪法，学习党在过渡时期的总路线，学习毛泽东《论十大关系》的报告和《关于正确处理人民内部矛盾的问题》《在全国宣传工作会议上的讲话》。60年代初，组织推动社员学习《毛泽东选集》第四卷。

这一时期，九三学社重庆分社组织社员开展了学习、传达社中央第一次和第二次全国社员代表大会及历届全会的重要讲话和文件精神；开展了九三学社章程、社史和社的优良传统的学习和座谈。为此，重庆分社第二届委员会于1953年成立了宣教委员会，并制订了阶段性学习计划。

（一）参加三大运动、“三反”“五反”和思想改造运动

新中国成立之初，在恢复国民经济的同时，中国共产党领导全国人民开展了抗美援朝、土地改革和镇压反革命三大运动。三大运动的矛头是针对帝国主义、封建主义及国民党政府的残余势力，是为彻底完成新民主主义革命、准备转入社会主义革命和社会主义建设而进行的伟大斗争。

1950年6月朝鲜战争爆发，九三学社重庆分社响应社中央第一次全国工作会议确定的“抗美援朝、保家卫国为本社现阶段的中心任务与工作”的号召，组织社员参加抗美援朝座谈会、报告会，发表宣言。重庆分社在1953年工作纲要中指出：“帮助社员及所联系的群众进行抗美援朝，开展国家大建设的宣传学习。”1953年，重庆分社发表谈话庆祝朝鲜停战协定签字，并发出《关于拥护朝鲜停战协定的通知》，要求“各支社须尽快地在定期小组会讨论以外，举行支社临时大会，对朝鲜停战协定签订的伟大意义及我们今后努力的方向进行座谈，并将座谈情况向分社报告”。重庆分社通过以上学习和活动，宣传爱国主义和国际主义，肃清亲美、崇美、恐美思想，提高了广大社员的政治思想觉悟。

实行土地制度改革是中国新民主主义革命的一项基本任务。重庆分社根据社中央发表的关于拥护、支持土改运动的批示和决议，号召和动员社员认真学习和遵守政府的政策法令，积极支持和参加土改运动。一方面组织社员学习有关土地改革的指示文件，一方面动员、支持社员报名参加或参观土改工作。1951年10月至1952年6月，重庆分社社员徐日新、李川河、张德亮、冯继志、朱传秀5位社员，参加了西南地区第三期土改工作团，赴贵州兴义开展土改工作。重庆分社于1952年6月28日，召开社员大会欢迎参加土改归来的同志，5位同志介绍了参加土改工作的情况，汇报了收获和体会。他们认为，土地改革是中国新民主主义革命的必要措施，参加土改是直接为劳动人民服务的机会之一，从中得到了锻炼和提高。

国民党政府败逃台湾后，在大陆境内遗留下一大批反革命分子进行破坏，杀害干部和群众。为巩固新生的人民政权，肃清反革命分子，1950年10月10日，中共中央发出《关于镇压反革命活动的指示》，在全国开展了一场大规模的镇反运动。1951年2月，中央人民政府公布了《中华人民共和国惩治反革命条例》。同月，九三学社中央发表声明，坚决拥护中央人民政府镇压反革命的英明果断和正确决策。重庆分社响应社中央号召，组织社员学习《中华人民共和国惩治反革命条例》，在各自岗位上尽力协助政府消灭一切反革命活动，并向群众进行宣传，在运动中发挥了积极作用。

1951年12月1日，中共中央做出《关于实行精兵简政、增产节约，反对贪污、反对浪费和反对官僚主义的决定》。1952年1月26日，中共中央又发出《关于城市中限期展开大规模的坚决彻底的“五反”斗争的指示》，开展了反行贿、反偷税漏税、反偷工减料、反盗窃国家财产、反盗窃国

家经济情报的“五反”运动。1951年12月31日，九三学社中央向全社发出《本社关于开展反贪污、反浪费和反官僚主义运动的指示》，并于1952年2月9日、14日，向全社具体布置“三反”“五反”的措施和步骤。重庆分社认真贯彻执行社中央关于开展宣传活动的指示，组织了各种学习会、座谈会，积极参加了“三反”“五反”运动。

九三学社是由高、中级知识分子组成的民主党派，知识分子的学习和思想改造运动在新中国成立后就已经开始。作为知识分子集中改造的学习运动是在1951年9月至1952年秋进行的。党对知识分子工作的中心任务是团结、教育和改造广大知识分子，为实现《共同纲领》、恢复国民经济而努力。1951年9月，中共中央和人民政府为了帮助广大知识分子进一步适应新中国建设的需要，决定在知识分子中间进行一次思想改造的学习运动。1951年9月29日，周恩来总理在北京、天津高校教师学习会上做《关于知识分子的改造问题》的报告。随后，中共中央又发出了有关知识分子思想改造运动的指示，作出了具体部署，推动思想改造运动在全国知识界广泛展开。1952年6月4日，九三学社中央发出关于开展社员思想改造学习的指示，号召社员在思想改造运动中起模范带头作用。重庆分社响应号召，组织社员学习有关文件精神，召开学习会、座谈会，认真开展思想改造的学习，通过学习，进行自我教育和提高认识，树立为人民服务的思想。在1952年的院系调整工作中，重庆分社社员中有一批专家、教授和学者，为了祖国建设的需要，服从组织分配，踊跃报名到祖国最需要的地区和岗位上去，为国家科学文化教育事业的整体布局和发展，做了许多开拓性的工作。

（二）在社会主义改造运动中

1953年6月，随着三年恢复时期的结束，中共中央提出了党在过渡时期的总路线，开展了第一个五年计划的大规模经济建设，逐步进行了对农业、手工业、私营工商业的社会主义改造。1954年，新中国第一部宪法诞生，成为中国各阶级、各阶层和各民主党派、各族人民大团结的政治基础。各民主党派积极投身于社会主义改造运动中，参加了国家政治生活、经济文化建设中重大问题的协商。重庆分社主要通过学习座谈交流的方式，组织和推动社员，开展马列主义的学习和宣传，进一步进行思想改造的学习，积极投身于国家和重庆市的经济建设。

（三）向科学进军

1956年1月14日至20日，中共中央召开关于知识分子问题的会议，周恩来代表中共中央做《关于知识分子问题的报告》。报告充分肯定了知识分子在社会主义建设时期的重要地位和作用，指出：“在社会主义时代，比以前任何时代都更加需要充分地提高生产技术，更加需要充分地发展科学和利用科学知识。”明确提出了今后对知识分子工作的方针任务。报告指出，绝大部分知识分子已经是工人阶级的一部分，还指出为了最充分地动员和发挥知识分子的力量，应该改善对知识分子的安排和使用，使他们能够发挥对国家有益的专长。同时应该对知识分子有充分的了解，应该给知识分子必要的工作条件和适当的待遇等。报告还对知识分子的自我改造、向现代科学进军等问题做了专门论述。中共中央关于知识分子问题的会议，极大地鼓舞和激发了九三学社社员的爱国热情，“向科学进军”口号的提出，使以科技界知识分子为主体的九三学社社员倍感欢欣鼓舞。

为响应中共中央的号召，九三学社中央提出了“不断提高觉悟，充分贡献力量，协调各方关系，培养进步分子，加强领导，密切联系群众，加强组织工作”等一系列工作部署。重庆分社响应社中央的号召，推动社员在努力做好本职工作的同时，积极参加社会主义建设。这一时期，广大社员在做好本职工作之外，在参加社会工作和开展科学研究方面异常活跃，做出了卓有成效的贡献，取得了显著的成绩。

（四）贯彻“长期共存，互相监督”方针

1956年4月25日，毛泽东在中共中央政治局扩大会议上做《论十大关系》的讲话中，提出中国共产党与民主党派实行“长期共存、互相监督”的方针。中共中央统战部部长李维汉在1956年第一届全国人民代表大会第三次会议上代表中共中央正式提出了中国共产党和各民主党派“长期共存、互相监督”的方针。1956年7月20日，九三学社中央向全社发出了《关于学习、宣传和贯彻“长期共存、互相监督”方针的通知》（以下简称《通知》），重庆分社积极响应社中央《通知》，及时召开座谈会，认真组织学习《论十大关系》和中共中央统战部部长李维汉在第一届全国人民代表大会第三次会议上的发言，学习讨论民主党派为什么要长期存在和如何起监督作用等问题。

（五）经历严峻的考验

1957年中国共产党进行整风。由于反右派斗争的严重扩大化，九三学社与其他民主党派一样受到了冲击，被戴上了“资产阶级政党”的帽子。重庆分社有15名社员被错划为右派。1958年11月，社中央召开第二届全国社员代表大会，由于受“左”的错误影响，社的性质被定为“以资产阶级知识分子为主要成分的资产阶级政党”，社的任务是“帮助社员进行根本改造”。后来又经过批判“白专”道路，批判“资产阶级学术权威”，开展“拔白旗”运动等一系列“左”的做法，进一步伤害了一些社员，重庆分社的工作处于困境，广大社员感到惶惑和苦闷，对“左”的危害感到焦虑和担心。为缓和日益紧张的社会关系，周恩来总理对民主党派做了许多细致的工作。1959年，中共中央纠正了某些“左”的错误，采取了一系列措施，发扬民主，调整关系。如给部分右派分子摘帽子，推动各民主党派召开“神仙会”，鼓励民主党派成员“三自”，即自己提出问题，自己分析问题，自己解决问题和“三不”，即不抓辫子、不扣帽子、不打棍子。对民主党派成员及所联系的人士做了大量的思想工作，帮助他们认清形势，增强信心，提高为社会主义服务的积极性。通过这一系列措施，巩固了中国共产党领导的多党合作的关系，保持了国内的安定团结，为战胜自然灾害带来的困难，奠定了可靠的政治思想基础。在三年困难时期，重庆分社社员与中国共产党同心同德，共渡难关。

1966年5月，中共中央政治局召开扩大会议，通过了《中国共产党中央委员会通知》（即《五一六通知》），为全面开展“文化大革命”做了准备。1966年8月1日，中共八届十一中全会通过《关于无产阶级文化大革命的决定》，“文化大革命”在中国全面展开。1966年8月24日，九三学社中央被迫宣布停止活动，重庆分社也被迫停止活动。在“文革”十年的艰苦磨难和严峻考验面前，尽管一些社员被抄家，批斗或被关押，但重庆分社广大社员从来没有动摇过对中国共产党的信赖和走社会主义道路的信念。许多动人事迹表明，广大社员在逆境中仍然坚持科研、教学和著述，并且取得了显著成绩。

三、共同致力于中国特色社会主义建设事业（1978—2007年）

1976年10月，中共中央一举粉碎了江青反革命集团，结束了持续十年之久的“文化大革命”的全面动乱，中国共产党领导的统一战线和多党合作事业得以重新恢复和发展。这一时期，重庆分社的组织稳步发展，社内思想活跃。

1977年2月18日，在历经十年劫难之后，全国政协第一次举行了各界爱国人士春节联欢会，叶剑英在会上的讲话中，重申了中国共产党同各民主党派要实行“长期共存，互相监督”的方针，要恢复、发扬统一战线民主协商的优良传统。叶剑英号召，把人民政协、各民主党派、有关人民团体的工作活跃起来。叶剑英的讲话，为统一战线、人民政协、各民主党派、知识分子工作在政治上进行了拨乱反正，为恢复和发展统一战线掀开了新的篇章。

1978 年 5 月，邓小平在全国科学大会上指出：知识分子已经是工人阶级的一部分。1979 年在政协五届二次会议上邓小平又指出：民主党派已经成为拥护社会主义的爱国者的政治联盟，都是在中国共产党的领导下，为社会主义服务的政治力量。从此，摘掉了民主党派“资产阶级政党”的帽子。中共十二大提出在“长期共存、互相监督”8 字方针之后，增加“肝胆相照、荣辱与共”，成为 16 字方针，更加密切了中国共产党与民主党派亲密合作、风雨同舟的关系。中共中央还通过平反大批冤假错案，实事求是地解决了各种历史遗留问题，使民主党派的工作得到恢复和顺利开展。

1978 年 12 月，中共十一届三中全会拨乱反正，把工作重点转移到社会主义现代化建设上来，开创了我国社会主义现代化和民主政治建设的新时期，我国的统一战线进入了一个新的历史发展阶段。

1979 年 10 月，九三学社召开了具有历史意义的第三次全国社员代表大会。从 1958 年 11 月社的第二次全国社员代表大会到社的第三次代表大会，历时 21 年。第三次全国社员代表大会对社章进行了重大修改，周培源副主席在会上做了《解放思想、献身四化》工作报告，会议号召广大社员为推进我国社会主义民主政治建设和促进我国科学技术现代化，努力拓宽九三学社为社会服务的领域，积极为新时期统一战线做出新贡献。

（一）学习中共中央重要会议和领导重要讲话精神

1989 年《中共中央关于坚持和完善中国共产党领导的多党合作和政治协商制度的意见》（简称中共中央〔1989〕14 号文件）的发表，标志着中国共产党领导的多党合作进入了一个新的发展阶段，是我国社会主义政党制度的纲领性文件。中共中央〔1989〕14 号文件明确了民主党派参政党的性质、地位、任务、民主党派参政的基本点和职能。中共中央〔1989〕14 号文件指出，在新形势下，随着全国工作重点转移到现代化建设上来，民主党派肩负参政议政和民主监督的重任，必须加强自身建设，才能切实履行参政党职能。为此，九三学社重庆市委发扬自我教育的优良传统，积极组织和推动各级社组织在加强自身建设中重点加强思想建设。

积极组织和推动社员学习马列主义、毛泽东思想，学习邓小平建设有中国特色社会主义理论和时事政策，开展社会主义和爱国主义教育，正确理解党的路线、方针、政策。中共中央十一届三中全会以来，重点组织社员开展了《关于建国以来党的若干历史问题的决议》，中共十二大重要文件，江泽民“七一”讲话和“三个代表”重要思想的学习。1997 年中共十五大召开后，组织社员开展了学习十五大精神和邓小平理论。学习贯彻九三学社八届六次中常会通过的《九三学社中央关于加强思想建设的意见》和九三学社十届六次中常会通过的《九三学社中央关于加强思想建设的若干意见》。通过学习，广大社员对中共十二大提出的全面开创社会主义现代化建设新局面的方针任务，有了进一步的理解，增强了信心，社务工作出现了生机勃勃的新局面。

这一时期，九三学社召开了第三、四、五、六、七次全国代表大会，社重庆市委组织社员认真贯彻落实代表大会的文件、重要决议和新社章，开展社史和社的优良传统的学习。

1999 年 6 月，根据社中央《关于加强思想建设的若干意见》精神，社市委结合形势任务，在学习中发扬自我学习、自我教育的优良传统，根据社员的思想实际，紧紧把握提高广大社员自觉接受中国共产党领导这个关键，认真学习贯彻《中共中央关于坚持和完善中国共产党领导的多党合作和政治协商制度的意见》。结合形势，多次组织社员深入学习《中共中央关于坚持和完善中国共产党领导的多党合作和政治协商制度的意见》，提高认识；通过组织和推动社员研读邓小平原著，深入学习邓小平建设有中国特色社会主义理论，要求在全面系统把握这一科学理论体系的基础上，重点学习邓小平关于改革、发展、稳定的关系和新时期统一战线与民主党派工作的有关论述，广大社员增强了维护四项基本原则的自觉性和建设有中国特色社会主义的自觉性、坚定性。在学习理论的同时，社市委积极引导社员参与社会热点、难点问题的调研，在实践中深化对理论的认识。

2001 年，社市委开展了江泽民总书记“七一”讲话精神和中共十五届六中全会精神的深入学习，对江泽民代表中国共产党和中国政府对“9·11”恐怖袭击事件表明的态度表示拥护。2002 年，社市委召开二届一次常委会议，传达学习江泽民 5 月 23 日至 24 日在渝视察工作时的重要讲话精神；学习座谈 5 月 26 日《重庆日报》社论《负重自强、开拓奋进》。

2002 年 11 月 8 日，中共重庆市委统战部组织各民主党派负责人收看中共十六大开幕式和江泽民总书记的报告。社市委组织机关全体工作人员收看了中共十六大开幕式和江泽民总书记做的报告，并召开座谈会交流学习体会。

2003 年，社市委举行二届十一次主委会议和二届五次常委会议，学习中共中央总书记胡锦涛在“三个代表”重要思想理论研讨会上的重要讲话、《中共中央关于在全党兴起学习贯彻“三个代表”重要思想新高潮的通知》以及《人民日报》“七一”社论和中共重庆市二届三次全委会精神。同年，在九三学社第十一届中央委员会第三次会议上，社中央常委、社市委主委谢小军做了题为《深入学习“三个代表”重要思想，加强政治思想修养，努力当好公务员》的发言。

2004 年 6 月 30 日，社市委学习委员会召开会议，学习黄镇东书记、王鸿举市长为纪念中国共产党成立 83 周年的署名文章。2006 年，社市委机关召开全体干部职工会议，传达和学习重庆市科学技术大会有关文件精神。

2007 年 10 月 15 日，中国共产党第十七次全国代表大会在北京开幕。社市委组织机关全体工作人员收看了十七大开幕式的现场直播，并座谈学习体会。10 月 25 日，中共重庆市委召开传达十七大精神电视电话会议，主委谢小军，副主委陈义华参加会议。10 月 26 日，社市委学习委员会召开会议，学习中共十七大会议精神。11 月 16 日，社市委机关全体干部参加中共重庆市委统战部举办的学习报告会，听取中共重庆市委宣传部副部长周勇做中共十七大精神辅导报告。11 月 24 日，社市委召开三届三次常委会，传达学习中共十七大会议精神，审议通过了《九三学社重庆市委员会关于深入学习贯彻中国共产党第十七次全国代表大会精神的决议》。

（二）开展时事政治学习，了解国际国内形势

社市委通过开展时事政治的学习，帮助广大社员把握政治方向，增强政治鉴别力和政治敏感性，提高政治素质，认真履行参政党职能。1983 年 2 月 9 日，重庆分社举行六届十七次常委会，学习《人民日报》社论《做改革的促进派》，会议就如何推动社员积极贡献力量，努力开创社务工作新局面问题进行了座谈讨论；1996 年 3 月 29 日，社市委举行“全国人大八届四次会议精神和目前海峡两岸关系及台湾形势”报告会；1996 年 5 月 9 日，社中央副主席、中国科学院院士、中国工程院院士王选在重庆大学做《高新技术产业及人才培养》学术报告；1997 年 6 月 27 日，社市委举行喜迎香港回归座谈会；1999 年，九三学社重庆市委与全国人民一道，参与了抗议美国轰炸中国驻南联盟使馆、批判李登辉“两国论”和取缔邪教“法轮功”的政治斗争；1999 年 12 月 20 日，社市委举行庆祝澳门回归祖国座谈会；2000 年，社市委联络委员会召开扩大会议，学习座谈《一个中国的原则与台湾问题》白皮书；5 月 25 日，社市委召开一届十二次常委会，学习座谈《人民日报》社论《全面加强党的建设的伟大纲领》和《中共中央台办、国务院台办授权“就两岸关系问题发表声明”》；3 月 14 日，社市委举行“西部大开发、重庆大发展”报告会，邀请我市社员、市科委副主任、教授潘复生，重庆大学工商管理学院金融系主任、教授蒲勇健分别做《西部大开发和重庆科技发展思路》《从制度创新看西部大开发》专题报告；2004 年 3 月 20 日，社市委召开二届七次

常委会，会议学习了新修订的《中华人民共和国宪法》和《中国人民政治协商会议章程》。4 月 7 日，社市委领导参加中共重庆市委举办的学习贯彻《中华人民共和国宪法》报告会；2006 年 10 月 30 日，社市委机关干部参加市政协举行的经济形势报告会，听取全国政协委员、国家统计局原局长李德水做《国际国内宏观经济形势和发展趋势》的报告；2007 年 5 月 18 日，社市委机关全体干部参加市政协举办的经济形势报告会，听取全国政协常委、民盟中央副主席厉以宁做《经济形势报告》。

（三）学习参政党理论，开展社史研究

认真学习参政党理论，积极开展社史研究工作。社市委主委会成员带头参加有关多党合作、参政党理论的学习研讨，并带头撰写理论研讨文章。根据社中央"提高认识，加强组织领导，抓住重点，整合力量，抢救资料"的要求，社市委组织开展了有关社史资料的搜集和整理工作。如积极配合"中共统一战线传统教育基地"的建设、参与中共重庆市委统战部编辑出版《重庆见证的岁月——历史图文集》及专题片的拍摄等方面做了大量工作。筹办和参加社中央理论研究和社史工作座谈会，组织社员撰文参加市政协、市委统战部举办的有关理论研讨会，开展社史研究工作，推动参政党理论的学习和研讨。

1986 年 9 月 3 日至 4 日，社市委召开七届八次委员（扩大）会议，传达学习中共中央〔1986〕19 号文件《关于新时期党对民主党派工作方针任务的报告》，纪念建社 41 周年。

1989 年 12 月，《中共中央关于坚持和完善中国共产党领导的多党合作和政治协商制度的意见》（即中共中央〔1989〕14 号文件，以下简称中共中央〔1989〕14 号文件）颁布，社市委及时发出通知，组织召开主委会、常委会、全委会和骨干学习会学习，并要求各级社组织认真开展学习。

1999 年，以弘扬爱国主义为主题，社市委参加和举办了中华人民共和国 50 周年、人民政协成立 50 周年等形式多样的纪念会、庆祝会、座谈会和"统战、政协知识竞赛"等活动。11 月，召开座谈会，隆重纪念中共中央〔1989〕14 号文件颁布实施十周年。并组织开展了中共中央〔1989〕14 号文件贯彻落实情况的问卷调查，推动深入学习贯彻中共中央〔1989〕14 号文件精神。

2000 年至 2002 年，社市委编写的《重庆统战政协文史资料丛书·重庆九三学社》，由重庆出版社出版发行。全书记述了 1946 年重庆分社建立至 2000 年底九三学社重庆地方组织 50 多年的光荣历程。该书为九三学社重庆市地方组织建立以来的第一部社史专著。

2004 年，社市委召开纪念《中共中央关于坚持和完善中国共产党领导的多党合作和政治协商制度的意见》颁布 15 周年座谈会，深入学习，领会文件精神。

2005 年 1 月，中共中央在广泛深入调查研究和总结经验的基础上，再一次集党内外集体智慧，颁发了《中共中央关于进一步加强中国共产党领导的多党合作和政治协商制度建设的意见》（中共中央〔2005〕5 号文件，以下简称 5 号文件）。3 月 26 日，社市委召开二届六次全委会学习 5 号文件精神，重点学习文件中关于政治协商、民主党派参政议政、民主监督与自身建设的原则、内容、机制、渠道、形式等内容。

2006 年，社市委撰文《与时俱进　讲求实效　开展理论研究和推进社史工作》参加社中央理论研究和社史工作座谈会，交流文章被社中央研究室收录入《社中央理论研究和社史工作座谈会文集》；以建社 60 周年为契机，召开专题研讨会。组织社员撰写理论研讨文章。其中，《学习"意见"推进工作》参加了 2006 年度市政协理论研讨会，其中，《关于加强民主党派领导班子建设的几点思考》《加强领导班子能力建设，不断提高参政党素质》等文章，参加了中共重庆市委统战部召开的理论研讨会。

2006年以来，根据社中央和中共重庆市委的要求，社市委在全市各级组织中，开展了树立“社会主义荣辱观教育”系列学习教育活动。全体机关干部重点学习了胡锦涛总书记提出的以践行“八荣八耻”为主要内容的社会主义荣辱观的重要论述。5月7日至8日，社市委举办基层组织主委培训班，学习中共中央〔2005〕5号文件精神，要求结合实际，把践行“八荣八耻”、树立社会主义荣辱观与履行参政议政职能结合起来。7月10日，社市委召开区级组织专职副主委会议，集中学习胡锦涛总书记在庆祝中国共产党成立85周年暨总结保持共产党先进性教育活动大会上的重要讲话精神。

2007年以来，社市委成立了理论研究中心，制定了《九三学社重庆市委员会理论研究中心理事会章程》，聘请了23名社员为第一届理事会理事。理论研究中心理事积极参与了重庆市政协、中共重庆市委统战部、九三学社中央组织开展的社史研究和参政党理论研讨活动。

（四）传达学习全国和重庆市“两会”精神

把传达学习全国和重庆市“两会”精神作为履行社市委参政党职能，为国家和重庆市经济建设和社会发展建言献策的重要内容。自恢复活动以来，社市委在每年全国“两会”和重庆市“两会”召开后，都及时组织传达学习全国和重庆市“两会”精神。1998年，社市委召开一届四次全委会，传达学习九届全国人大一次会议和全国政协九届一次会议精神；2000年，社市委召开一届八次全委（扩大）会，传达学习社中央十届十次常委会、全国民主党派工作会议精神、社中央组织工作会议精神、西部大开发问题研讨会议精神和重庆市“两会”精神；2003年，社市委召开二届四次全委会，副主委潘复生、姚珍薇分别传达了十届全国人大一次会议和全国政协十届一次会议精神；2005年3月25日，社市委举行二届六次全委会，传达学习了十届全国人大三次会议、全国政协十届三次会议精神；2006年1月14日，社市委召开二届十三次常委会，学习贯彻重庆市人大、市政协二届四次会议精神，审议并通过了《九三学社重庆市委常委会关于学习贯彻重庆市“两会”精神的决议》。3月，社市委举行二届七次全委（扩大）会议，传达学习十届全国人大四次会议、全国政协十届四次会议精神；2007年3月9日，社市委组织全体机关干部传达学习十届全国人大五次会议精神，重点学习胡锦涛总书记3月8日参加十届全国人大五次会议重庆代表团审议时所做的重要讲话精神。

（五）学习社章、社内重要会议和文件精神

自社第七次全国代表大会以来，社市委按照社中央的总体要求和部署，围绕跨世纪政治交接的总目标，坚持先学习、后议事的传统，认真加强思想建设，努力建设适应新世纪要求的参政党地方组织。建立和完善了社市委主委会议、常委会议、全委会议学习制度。以社务工作会、干部培训会、传达学习会等形式，组织开展了社章、历次社全国代表大会和历次中常会议、社中央重要工作会议、重要文件和社中央领导人重要讲话精神的贯彻学习。

1993年，转发九三学社中央《关于认真学习〈邓小平文选〉第三卷的通知》，在全市各级社组织中，组织开展了《邓小平文选》第三卷的学习。

1995年6月，转发社中央《关于学习贯彻全国科学技术大会精神的决议》，组织开展了全国科技大会精神的学习。

1997年，响应社中央号召，在全市各级社组织中组织开展了“学社史，继传统，迎接新世纪”读书活动；组织开展了贯彻《九三学社中央关于加强思想建设的若干意见》的学习。

2000年，召开主委会议、全委会议，传达学习常务副主席王文元在九三学社第十届中央委员会第四次全体会议上传达江泽民总书记在第十君臣次全国统战工作会议上所做的题为《把中国共产党领导的多党合作和政治协商制度坚持好、完善好、落实好》重要讲话精神；5月，转发社中央《关于学习江泽民同志“三个代表”重要论述的通知》，在全市各级社组织中组织开展了学习江泽民同志“三个代表”重要论述的学习；7月，转发社中央《关于认真学习贯彻江泽民同志在中共中央思想政治工作会议上的重要讲话精神的通知》，组织开展了学习。社市委从多党合作的政治高度，以学习“三个代表”重要思想，建设学习型参政党的要求，学习领会重大意义，在准确把握“三个代表”重要思想精神实质上下功夫。激励广大社员继承优良传统，搞好政治交接，明确历史使命，凝聚力量，为全面建设小康社会贡献智慧和力量。

2001年，社市委召开宣传思想工作会议，总结全市各级社组织开展思想建设工作经验，交流和研讨新形势新阶段开展社的思想宣传工作方法和改进措施。2月，转发社中央《关于积极配合党和政府把对“法轮功”邪教组织的斗争进行到底的通知》。

2002年，主要开展了贯彻九三学社第八次全国代表大会精神的学习；6月，下发了社中央《关于认真学习江泽民同志“5·31”讲话精神的通知》，并组织开展了学习。

2004年，社市委召开社务工作会议，贯彻学习九三学社全国社务工作会议精神。

2005年，召开社务工作会议，贯彻九三学社中央关于加强社会服务工作的意见和关于加强机关建设的意见；4月，转发社中央《关于学习贯彻〈中共中央关于进一步加强中国共产党领导的多党合作和政治协商制度建设的意见〉的通知》和《关于在全社开展多党合作和政治协商及社史知识竞赛活动的通知》，并组织开展了相关学习宣传的系列活动。

2006年8月9日，社市委召开二届三十五次主委会议，传达学习九三学社中央思想建设工作座谈会和全国社会服务工作会议精神。

（六）开展各种形式的学习教育活动

九三学社重庆市委以“五一”口号发表60周年，改革开放30周年，新中国成立60周年，多党合作制度确立60周年，中国共产党成立60周年、70周年、90周年和辛亥革命100周年等重大时机为契机，采取多种形式，精心组织专题学习会、各种报告会和座谈会，组织社员参观中国民主党派历史陈列馆、九三学社成立旧址纪念碑等，引导广大社员继承优良传统，践行“同心”理念，开展向先进社员学习的活动，扎实有效地开展了各种学习教育活动。主要开展的活动有：

1. 组织开展了“三增强、四热爱”教育活动；树立社会主义荣辱观活动；“学习王选同志先进事迹”活动。纪念中共中央〔1989〕14号文件颁布10周年、15周年，中国共产党成立70周年活动，庆祝人民政协成立55周年，纪念建社40周年、50周年、60周年，庆祝重庆直辖10周年等活动。

2. 组织开展了“树立和践行社会主义核心价值观”学习教育活动。广大九三学社社员通过参加学习活动深刻理解和把握社会主义荣辱观重要论述的深刻内涵；继承和发扬社的优良传统，巩固多党合作的思想基础，推进参政议政和自身建设等各项工作的顺利开展；弘扬民主与科学精神、爱国精神、奉献精神、创新精神，树立正确的世界观、人生观、价值观，立足本职、建功立业。

3. 组织开展了向先进社员学习的系列活动。社市委委员、重庆医科大学教授王智彪，1998年，被授予首届“重庆青年五四奖章”；1999年，荣获重庆市首届“振兴重庆杰出贡献奖章”、“首届重庆市十大杰出青年”称号、“重庆市先进工作者”和重庆市“九三学社先进社员”；2000年，在国家科学技术奖励大会上，获“国家技术发明二等奖”以及获“九五”国家重点科技攻关突出贡献者、中国优秀青年科技创新奖等奖项和荣誉称号。为此，社市委发出《关于开展“学习王智彪同志事迹，深入学习王选精神”活动的意见》，组织全市各级社组织和广大社员继续按照社中央的要求，要求在学习中以身边的社员王智彪为榜样，深入开展学习王选精神的活动，学习他们爱岗敬业的先进事迹，弘扬他们甘于奉献，锐意进取、勇于创新的精神，以优异的成绩，为实现重庆新的振兴做贡献。

2002年，社市委召开祝贺王选副主席、黄昆院士荣获2001年度“国家最高科学技术奖”座谈会，会议通过了给王选副主席和黄昆院士的贺电。2月1日，社市委召开一届三十五次主委会议，审议并通过了《九三学社重庆市委员会关于开展“向国家最高科学技术奖获得者王选、黄昆同志学习”活动的通知》，要求做好王选、黄昆获奖同志事迹的宣传工作，激励广大社员爱岗敬业，更加勤奋工作，勇攀科技高峰，为中华民族的伟大复兴做出更大贡献。

4. 开展“政治交接学习教育活动”

1997年召开的九三学社第七次全国代表大会是在世纪交替的重要历史时刻召开的新老交替和政治交接的大会，社市委在组织开展认真学习大会精神、贯彻大会决议、学习新社章系列学习活动的同时，社市委按照九三学社中央《关于加强思想建设工作的意见》精神进行部署，加大了开展思想政治工作的力度。重点组织开展的有：结合中共开展的“三讲”教育，以中共为师，组织学习座谈和开展自我教育；按照社中央的要求，重点组织开展了“学社史、继传统，迎接新世纪”读书学习活动。

2007年，按照社中央的要求，社市委用一年左右的时间，深入开展了以“坚持走中国特色社会主义政治发展道路”为主题的“政治交接学习教育活动”和“学习践行社会主义核心价值体系活动”，坚定了广大社员坚持中国共产党领导、走中国特色社会主义道路的信心和决心。以“五一”口号发表60周年、改革开放30周年、新中国成立60周年、多党合作制度确立60周年、中国共产党成立90周年和辛亥革命100周年等重大时机为契机，在学习教育活动中重点组织学习了11份重要文件、9个重要讲话、10个学习书目、15篇相关报刊文章和署名文章、2份影像资料。其中主要有：中共中央十七大精神及相关学习资料；九三学社第九次代表大会精神；胡锦涛总书记为重庆导航定向的“314”总体部署；《中国的政党制度》白皮书；社章、社史、社中央重要文件；中共重庆市委书记在市级各民主党派、工商联负责人暑期谈心会上的讲话和与市级各民主党派新老负责人座谈会上的讲话精神；以及与统一战线、多党合作、民主党派工作相关的学习辅导资料和重点材料。明确开展这次学教活动的目的，是通过自我教育和思想引导，推动社市委各级组织社务工作的全面开展。

在开展“政治交接学习教育活动”中遵循以下几点：一是为有针对性地开展学习教育活动打基础。开展活动之前，社市委通过发放调研提纲、调查问卷和开展专题调研的方式，了解社员的思想现状及自身建设中存在的突出问题，在社内广泛征求对开展学习教育活动的意见建议，2007年7月，根据重庆市各民主党派召开的“政治交接学习教育活动”动员大会精神，成立了以社中央副主席、社市委主委谢小军任组长的社市委政治交接学习教育活动领导小组。制定了《九三学社重庆市委政治交接学习教育活动实施方案》，对开展活动进行全面部署。建立了主委全面负责、专职副主委和分管副主委具体负责、兼职副主委分工负责的领导机制。领导小组下设办公室，由秘书长任办公室主任，组织处、宣传处为具体联系处室，负责组织协调工作。二是根据社员和基层组织的实际，制定了落实“五个一”的学习工作内容。即，开好一个动员会，增强对开展学教活动重要性、必要性的认识，调动广大社员，特别是重点对象参与的积极性。制定一个计划，分阶段抓好活动内容、时间、人员、效果的四落实。组织一次理论研讨，深化对学习教育活动主题的认识。出一本理论研讨成果汇编，探讨建立政治交接的长效机制。社市委和各区级组织围绕“五个一”自查自纠，认真落实各阶段的学习目标和任务。三是做好学习动员工作。领导班子成员发挥示范、组织和指导作用，在参加所联系区级组织召开的学习教育活动动员大会上做动员报告，宣传开展学习教育活动的重要意义，明确学习内容和要求。动员大会召开以后，社市委召开常委（扩大）会议，深入学习社中央文件和中共重庆市委领导在动员大会上的讲话精神，加强思想建设。四是对查找出的问题进行梳理，提出整改措施。同时，社市委提出了巩固学习教育活动的成果，要做到“五个结合”：与加强社市委自身建设、特别是加强领导班子建设结合；与提高四种能力和履行参政党职能结合；与搞好暑期学习、骨干培训、新社员培训结合；与学习王选等社内先进人物结合；与落实“314”总体部署，服务重庆经济社会发展大局结合。

通过开展各种形式的学习教育活动，对全市广大社员，特别是领导班子成员和后备干部队伍进行了系统的理论培训和政治思想教育，引导广大社员继承和发扬社的优良传统，坚定走中国特色社会主义的政治发展道路，增强接受中国共产党领导的自觉性和坚定性，巩固多党合作和政治协商的政治基础，为推动统一战线和多党合作事业的可持续发展做贡献。通过开展这些学习教育活动，加强了全市各级社组织的思想建设，达到了统一思想，提高认识，激发广大社员更好地为实现全面建设小康社会的宏伟目标、助推科学发展、构建和谐重庆做贡献。

第二章　组织建设

组织建设是自身建设的基础。九三学社重庆市地方组织自建立以来，经过九三学社重庆分社理监事会、九三学社重庆分社、九三学社四川省重庆市委员会、九三学社重庆市委员会四个发展阶段。截至2007年底，社员总数由1951年恢复活动时的27人发展到2007年的2604人；地方组织由1个分社发展到1个省级组织、9个区级委员会、1个区级委员会筹备组、2个区级工作委员会、114个基层组织（其中，基层委员会4个、支社和直属小组110个）。

重庆直辖以来，社重庆市委按照社中央《九三学社中央关于进一步做好组织发展工作若干问题的意见》，组织建设全面推进。通过制定实施《九三学社重庆市监督委员会工作条例》、社市委领导班子民主生活会实施细则，建立了社市委领导班子成员述职和民主测评制度、社市委领导班子成员访谈制度和“主委接待日”等制度；内部机制不断建立健全，相关工作进一步规范，基层组织活动的内容和形式不断丰富创新；通过建立和启动社员和组织管理系统，初步形成覆盖全市的社员信息网络；加强与中共重庆市委统战部的沟通协商，积极举荐后备干部，努力为社员施展才华和锻炼提高提供机会。贯彻实施“人才强社”战略，有计划、分层次地安排后备干部到各级社会主义学院等进行培训；通过推进实职、安排挂职等，组织建设稳步推进。

第一节　领导班子建设

九三学社重庆市委自成立以来，始终把加强领导班子建设和努力建设高素质的领导班子作为组织建设的首要任务。特别是1989年《中共中央关于坚持和完善中国共产党领导的多党合作和政治协商制度的意见》、2005 年《中共中央关于进一步加强中国共产党领导的多党合作和政治协商制度建设的意见》、2006 年《中共中央关于加强人民政协工作的意见》和《中国的政党制度（白皮书）》发布以来，在九三学社中央和中共重庆市委领导下，领导班子建设的主要目的是着重提高领导班子成员的政治把握能力、参政议政能力、组织能力和合作共事能力。建立内部监督机制和民主评议机制、干部选拔机制，努力把领导班子建设成为坚持以邓小平理论为指导，贯彻基本路线和基本纲领，自觉接受中国共产党的领导，坚持走中国特色社会主义政治发展道路，经得起考验，团结、带领广大社员为建设有中国特色社会主义贡献力量的民主、高效的领导集体。

一、加强民主集中制

弘扬民主与科学精神，坚持民主集中制。根据领导班子专兼职的特点，制定和实施了领导班子议事规则、决策程序及集体领导和个人分工负责相结合的制度。班子成员自觉维护领导班子的团结和集体领导，严格按照“集体领导、民主集中、个别酝酿、会议决定”的方针和程序办事。认真贯彻民主集中制，逐步建立和健全了《九三学社重庆市委员会、九三学社重庆市常务委员会、九三学社重庆市主任委员会工作规则》《九三学社重庆市委员会议事规则》《主任委员办公会议制度》等规章制度，不断完善各项会议制度，保证了会议职责的履行，增强了社组织的活力和凝聚力。特别是自 1997 年九三学社重庆市（直辖）第一届委员会成立以来，坚持以政治交接为主线，按照《各民主党派中央关于加强自身建设若干问题座谈会议纪要》精神，切实加强领导班子民主集中制建设。

（一）全体委员会会议

全体委员会议是九三学社重庆市委的领导机构。全体委员会每届任期 5 年。在同级代表大会闭会期间，领导本市各级社组织的社务工作，其职权是：

贯彻执行社的全国代表大会、中央委员会和同级代表大会（或全体社员大会）的决议和决定；听取和审议社市委常委会工作报告和年度工作要点；讨论、决定社市委的重大社务工作；选举同级委员会的工作。（委员，常务委员，主任委员和副主任委员）任免秘书长；根据常委会提议，决定召开同级代表大会；全委会由常委会召集，一般每年举行 1—2 次，经常委会决定，可召开全委扩大会议；主委会提出的全委会议程，交常委会讨论后经全委会通过后执行。

自重庆分社成立起到重庆直辖市第三届委员会，通过定期召开重庆分社委员会（1984 年后为社重庆市委员会）全体会议，讨论和决定各项社务工作。

（二）常务委员会会议

常务委员会议由主任委员、副主任委员、秘书长和常务委员组成。在全委会闭会期间领导本市的社务工作。其职权是：

组织实施上级组织和全委会的决议和决定；决定并召集全委会或全委扩大会；审议会议的重要事项；讨论本地区经济、政治、文化等方面的重要问题，审定以社组织名义向中共重庆市委、市政府提出的意见和建议；审议通过重要规章制度、年度工作报告和工作要点；决定社市委专门委员会的设置和变动，任免各专门委员会主任；决定社市委机关工作机构的设置和变动，秘书长、机关中层干部和其他重要人事的任免；听取和审议各工作部门、各区（县）级组织、各专门委员会的工作报告；审议社市委换届或调整充实的方案及委员会组成名单。常委会由主委会召集，一般每季度举行一次，根据需要经主委会决定可以临时召开。

（三）主任委员会会议

主任委员会会议由主任委员、副主任委员和秘书长组成。在常委会闭会期间，领导本市的社务工作。其职权是：

学习、讨论、贯彻中共中央和中共重庆市委的重要会议与有关文件精神；组织实施上级社组织和社市委全委会、常委会的决议和决定。结合我市具体情况，制定贯彻执行党和国家有关方针政策和社中央各项指示、决议的具体方案；召集常委会，决定常委会、全委会召开的日期，审议提出议程和有关会议文件并提交常委会审定，决定召开常委（扩大）会议及有关事宜；审议年度工作报告、工作要点并提交常委会审定；讨论通过社市委的重要调研课题、重要提案、在市政协会议上的大会发言及参政议政的有关事项；审议决定社市委推荐的参政人员名单；讨论社市委专门委员会的设置、变动和专门委员会主任人选并提交常委会审议决定；讨论社市委机关工作机构的设置和变动，中层干部的任免，并提交常委会审议决定。决定机关专职人员的调配、考核、升降、奖惩、聘任等有关事项；审批机关的各项工作制度，决定机关的重要事项；听取秘书长、各区县组织、各专门委员会、机关各处室的工作汇报，并做出相应的决定；决定对各级社组织和社员进行表彰；审议社市委机关的财务预算和决算；审批新社员；讨论、决定其他重要事项。主委会议由主委或主委委托的副主委召集和主持，每月召开一次。根据需要可临时召开。

（四）主任委员办公会议

主任委员办公会议由主任委员、副主任委员组成。社市委秘书长、副秘书长、机关有关处室负责人列席会议。工作职责是为社重庆市委员会决策提供基础，贯彻落实社重庆市委员会的决议决定，处理社重庆市委员会的重要工作；研究社重庆市委员会全体委员会会议、常务委员会会议、主任委员会会议的议程、日程草案及会议相关文件，提交主任委员会会议审议；研究贯彻落实上级组织及有关部门重要会议精神的意见，提交主任委员会会议审议；研究社重庆市委员会年度工作计划，提交主任委员会会议审议；贯彻落实社重庆市委员会全体委员会会议、常务委员会会议、主任委员会会议的决议决策；检查年度工作计划实施情况；落实常务委员会会议、主任委员会会议交办的工作；提出机关干部职务任免人选的建议，研究社市委机关工作人员的调入调出，提请主任委员会会议审议；听取和审议机关各处室工作汇报，研究处理工作中的问题；指导和协调各专门委员会的日常工作；讨论拟发展社员；研究区级委员会、社市委直属组织的主任委员、副主任委员、委员建议人选，提交主任委员会会议审议；组织实施社市委重要活动。办公会议原则上每两周召开一次，由主委或主委委托的副主委召集和主持。机关处室应在会前提交相关会议议题及建议意见或方案，由办公室汇总报秘书长；会议议程由秘书长和专职副主委商议后，提请主委决定。会议纪要由会议主持人签发后，送主委会成员；由专职副主委和秘书长督办会议决定的事项。

二、加强班子能力建设

（一）加强政治理论学习

自1951年重庆分社恢复成立以来，领导班子始终坚持和发扬九三学社自我学习、自我教育、不断进步的优良传统，做到了思想建设常抓不懈。1962年至1965年，通过推选分社各级干部参加中共重庆市委统战部组织的社会主义教育学习，在团结和改造知识分子，动员他们为祖国的社会主义建设服务方面发挥了十分重要的作用。

20世纪80年代，社市委领导带头参加各种学习教育培训活动。着重进行了坚持一个中心、两个基本点的学习，增强对改革开放的信心。参加了中共重庆市委统战部组织的十三大文件学习班的学习。历届社市委都组织社内的人大代表和政协委员及时传达全国人大和政协会议精神，并认真进行座谈讨论，对于正确认识国情、增强信心，调动建设有中国特色社会主义的积极性，起到了很好的形势政策的教育作用。中共中央〔1986〕19号文件，中共中央统战部〔1987〕39号文件，中共中央〔1989〕14号、中共中央〔2005〕5号、中共中央〔2006〕5号文件和《中国的政党制度（白皮书）》发布后，社市委及时召开常委会、全委会集体学习，认真领会文件精神。同时，组织社市委常委和委员分期分批参加了社会主义学院举办的“民主党派市委委员研讨班”“民主党派和工商联市委常委及区县主委研讨班”等学习培训。社市委领导班子成员发扬我社自我教育的传统，开展了学习建设有中国特色社会主义理论、中共十三大、十四大、十五大、十六大、十七大精神的学习。建立了中心学习组，将学习与议事、议政结合起来，保证了主委会、常委会议指导思想的正确。

1. 参加中共中央统战部、中央社会主义学院举办的研讨班、干部培训班的学习培训

1997—2007年，2人次参加了为期10天的中央统战部民主党派省级组织负责人培训班；2人次参加了中央统战部举办的为期半个月的民主党派干部研讨班；3人次参加了为期25天的中央社会主义学院民主党派干部进修班；2人次参加了“民主党派、无党派人士赴欧美市场经济高级研讨班”的学习考察。

2. 参加四川省社会主义学院、中共重庆市委统战部、重庆市社会主义学院举办的学习研讨班的学习培训

1986—2007年，23人次参加了四川省社会主义学院举办的“社会主义市场经济与民主党派工作”研讨会和四川省、市、地、县民主党派主副委研讨班。共104人次参加了重庆社会主义学院举办的市政协委员培训会，“一国两制”研讨班、市级民主党派，工商联委员研讨班，十三大文件学习班，各民主党派、工商联市级常委十四大文件学习班，学习中共中央六中全会精神研讨班，市级民主党派工商联常委以上学习十五大精神研讨班和市级民主党派学习十七大精神辅导报告会座谈会等学习培训。62人次参加了重庆社会主义学院举办的市级民主党派机关干部十三届四中全会文件学习班、民主党派机关专职干部学习《邓小平文选》第三卷、《江泽民文选》学习班、民主党派机关专职干部公文写作培训班等的学习培训。

3. 参加中共重庆市委统战部、重庆社会主义学院举办的干部培训班学习

1987—2007年，2人次参加重庆社会主义学院主办的为期两个月的民主党派专职干部培训班学习培训。102人次参加了重庆社会主义学院举办的市级各民主党派、工商联骨干培训班，市级民主党派骨干培训班，党外人士培训班，民主党派干部培训班，民主党派骨干培训班，民主党派基层骨干培训班，民主党派中青年骨干培训班的学习培训。40人次参加了重庆社会主义学院举办的民主党派工商联市级机关干部学习班、民主党派机关干部培训班、民主党派市级机关干部培训班的学习培训。

全市社的各级干部通过参加各种学习班、研讨会、培训班的学习培训，比较系统地学习了邓小平理论，党的统一战线理论、方针、政策，了解了多党合作和九三学社的历史。在学习中联系实际，自己提出问题，自己分析问题，自己解决问题，努力学习，自我教育，不断进步；通过学习党的历次代表大会精神，以邓小平新时期统一战线理论、“三个代表”重要思想为指导，结合实际，学习有关领导人的重要讲话，学习江泽民、胡锦涛在全国统战工作会议上的讲话等，学习贯彻中共中央〔1989〕14号、中共中央〔2005〕5号、中共中央〔2006〕5号文件精神，结合重庆改革开放和社务工作的实际，研讨在以经济建设为中心的形势下，以政治交接为主线，进一步巩固和发展新时期爱国统一战线，培养和建设高素质的社各级干部队伍，以适应自身建设的需要和开创新世纪社市委工作新局面的需要。注重在学习中就坚持和完善共产党领导的多党合作和政治协商制度开展讨论，就九三学社如何加强自身建设，履行参政党职能和开展社务工作等问题进行研讨。积极开展了

向王选、黄昆等社内先进人物学习活动，鼓励广大社员立足本职，爱岗敬业，为实施“科教兴渝”战略和实现重庆新的振兴做贡献。广泛开展了政治交接学习教育活动，动员和组织社的各级干部和广大社员深入学习中共中央两个5号文件和新时期统一战线理论。通过学习培训，提高了理论水平，增强了加强自身建设的自觉性，增强了参政党意识，进一步坚定了坚持走中国特色社会主义政治发展道路的信心和决心，有效推动了全市社组织思想建设的积极开展。

（二）提高参政议政能力

领导班子积极参加中共重庆市委举行的双月座谈会、暑期谈心会、情况通报会等重要会议，参与市级领导、人大代表、政协委员建议人选的协商，市政府工作报告，市政协常委会工作报告等征求意见稿的协商讨论，提出意见和建议。社内的人大代表、政协委员和特邀人员通过积极参加视察、调研等活动，认真履行参政党民主监督职责。

突出科技特色，做好政治安排。注重把各级社组织中岗位工作优秀、德才兼顾和具有一定参政议政能力的社员和干部推荐为政协委员或人大代表。重庆直辖以来，全市社员中有全国政协委员7人（其中，常委1人），全国人大代表3人；市政协委员64人（副主席1人，常委13人），市人大代表20人（常委3人）；区政协委员173人（副主席13人，常委47人），区人大代表30人（副主任3人，常委11人）；市级特约员29人，任区级特约员317人次；社市委十分重视在参加“两会”中，发挥社内政协委员和人大代表履行参政议政职责的积极作用，支持和帮助他们围绕经济社会发展重点履行代表委员职责。近年来，我市社员中的全国人大代表、政协委员以高度的政治责任感认真履行职责，共提交建议78件和提案89件、大会发言3篇被大会采用。在重庆市“两会”上，我社的市人大代表累计提交议案、建议和意见551件，市政协委员共提交个人提案1520件。

中国共产党领导的多党合作和政治协商制度是建设有中国特色社会主义理论的重要组成部分。随着中国共产党领导的多党合作和政治协商制度的不断发展和完善，社市委高度重视领导班子参政议政能力建设。2003年以来，采取一系列措施，为着力提高领导班子参政议政能力建设：成立了社市委参政议政研究中心，加强对参政议政工作的领导和加大工作力度，由主委兼任参政议政研究中心主任，3名副主委兼任参政议政研究中心副主任、分管和指导参政议政研究中心开展工作；各专门委员会主任分别由社市委委员担任，加强了对专门委员会的领导；1992年，在主委会的高度重视和领导下，在社市委机关增设研究室作为开展参政议政工作的职能处室，2005年，经报市机构编制委员会批复将研究室正式更名为参政议政处后，进一步明确了参政议政处的工作职责。2003年，通过制定社市委《参政议政中心工作通则》《参政议政重大调研课题招标与自由申报相结合的制度》《参政议政工作表彰奖励办法》，修订完善《专委会工作通则》，建立健全了社市委参政议政工作机制，参政议政工作步入制度化、规范化。形成了以基层组织为基础，以专委会为依托，以社内专家为重点，以机关职能部门（参政议政处）组织协调，社市委领导把关的参政议政工作运行机制，取得了好成绩：

2003年以来，社市委连续四年申报中标社中央和中共重庆市委重大研究课题，取得的成果得到了社中央、中共重庆市委、市政府及其相关部门的高度重视，部分建议得到采纳。重庆直辖以来，累计提交集体提案225件。其中，48件提案被选为大会发言，3件被列为市政协“一号”提案，2件被列为市政协全委会现场督办提案并由市政协大会现场重点办理，11件被列为市政协重点督办提案。

（三）提高组织领导能力

坚持讲学习、讲政治、讲正气。严格按照社中央和中共统战部门的要求，认真做好社历次全国代表大会的代表产生工作和市人大代表、政协委员等人选的协商工作。新中国成立以来，全市社员中共推荐选举出社的各次全国代表大会代表18人次，全国政协委员20人次，省、市政协委员611名、各级人大代表282名。如期顺利完成了历届社市委、社区委及基层组织的换届工作。先后选举出了363名社员担任社市委委员，319人次担任社区委委员，589名社员曾任或现任基层委员会委员、支社委员、直属支社委员或小组负责人。

改进领导作风，加强对区级组织开展工作的指导。建立了社区级组织社务工作经验交流会和社区委专职副主委联席会议制度。采取定期召开工作会议方式，听取各区级组织工作经验汇报和对社市委工作的意见建议；制定了社市委主委、副主委分工联系区级组织制度。通过主委会成员率社市委机关干部深入所联系的基层组织开展调研，探索和总结开展社务工作的新思路、新途径。积极为社区委和基层组织开展工作排忧解难，推动了社区委和基层组织开展“三增强、四热爱”、纪念邓小平同志100周年诞辰系列、“纪念人民政协成立55周年统战政协知识竞赛”、纪念《中共中央关于坚持和完善中国共产党领导的多党合作和政治协商制度的意见》颁布15周年、纪念建社50周年、60周年、政治交接学习教育等主题活动。

成功举办社市委纪念建社40、50、60周年大会，在渝召开的九三学社中央十届十一次常委会、九三学社直辖市片区工作会议、九三学社理论研究与社史工作会议，圆满完成社中央交办的在渝建立“九三学社成立旧址纪念碑”等任务，推动了全市广大社员在“三个文明”建设和抗“非典”斗争中恪尽职守，建功立业，多做贡献。通过开展这些活动提高了各级干部的组织领导能力，推动了全市社务工作的全面开展，进一步增强了社组织的凝聚力和向心力。

（四）提高合作共事能力

建立健全了社市、区两级组织班子成员的社务分工制度，联系基层制度，专委会工作制度和工作职责，议事规则等制度。建立了社市委主委负责全面工作，专职副主委负责日常工作，兼职副主委分管一项具体工作的社务工作机制。建立和完善了领导班子岗位责任与分工负责的协作机制。形成了班子成员既分工负责、又相互协作，既讲原则、又讲团结的和谐氛围，班子成员合作共事能力不断提高。

三、加强后备干部队伍建设

后备干部队伍建设是领导班子建设和发挥参政党作用的基础。历届社市委都十分重视后备干部的选拔和培养工作。按照德才兼备的原则，从源头抓起，从工作中物色、发现和考察社务工作骨干，并及时引进新人到各级社组织领导班子中，不断充实和调整后备干部队伍，积极推进后备干部制度化、规范化建设。

建立全市各级社组织主要领导后备人选队伍。从社市委到社各区级组织，主要负责人一般都配备了2名候选人，同时还通过选举配备好领导班子和工作班子。采取派送到中央社会主义学院、重庆社会主义学院学习培训等方式，积极为后备干部的成长创造条件和提供机会，提高知名度和参与社会活动搭建平台。通过培养和考察，提升后备干部的素质和能力，使后备干部队伍的整体素质得到了较大提高。

“文革”前，由于历史的原因，一般侧重于在学习和政治运动中考察、了解、推选社的干部和社务工作的骨干，基本未开展专门的培训工作。

1978年，重新恢复活动以后，面对各级社组织领导班子成员年龄偏大、后备干部缺乏的现状，社市委高度重视加强后备干部建设工作。主要通过开展社务工作，通过社市、区委及基层组织的换届，利用市、区县（市）人大和政协的换届推荐工作中，挑选专业工作出色、具有代表性的优秀中青年社员进入各级班子和给予政治安排。

自1992年起，社市委培养和推荐后备干部的工作逐步规范化。根据社中央和社省委关于选拔后备干部的条件和要求，建立了后备干部队伍动态名单。同时，采取将一批优秀中青年社员推向参政议政第一线、推荐后备干部参加市级民主党派青年骨干培训班、研讨班以及以会代训等各种方式对后备干部进行学习、锻炼和培养。

1997年，社市委直辖第一届委员会推荐了一批中青年骨干社员为社市委的后备干部。选送了一批骨干社员参加重庆市民主党派骨干培训班学习，使中青年骨干社员从事社务工作的水平和能力得到了很大提高。

2000年以来，社市委认真执行《九三学社中央关于加强组织建设的若干规定（试行）》和《九三学社中央关于加强后备干部队伍建设工作的意见》，制定了《九三学社重庆市委关于加强后备干部队伍建设工作的意见》，并制定了《社市委关于贯彻〈社中央关于实施人才强社战略的意见〉的实施意见》。通过开展这项工作，扩大了选人用人的范围，发现了不少新的优秀人才，有效避免了用人问题上的主观性和随意性。历次换届后，社市委都坚持组织新任各级社组织班子成员分批参加重庆市社会主义学院举办的“重庆市各民主党派区（县、市）新任主委培训班”，对他们加强学习培训。社内对推荐历届市人大、市政协、任政府实职的后备干部队伍人选做到了认真考察。

2005年，为贯彻社中央《关于加强后备干部队伍建设的意见》制定了长远规划和近期目标以及全面了解、认真考察后备干部教育培训规划，提出了选拔后备干部的基本条件，并规范了选拔程序，拟定了对后备干部的培养教育办法。坚持把发展社员与加强后备干部队伍建设相结合，后备干部的推荐、培养工作步入了制度化、规范化、程序化。并根据社中央的要求，开展了后备干部情况信息调查，开始汇编全市社员信息工作，逐步建立了“社员信息管理系统”。后备干部队伍建设得到进一步加强。

截至2007年底，开展了对社各区委培养对象的多党合作意识、专业知识水平、参政议政能力的摸底调查和考察，并形成了调研报告。在此基础上建立起全市各级社组织后备干部候选人名单、参政议政骨干队伍名单，初步建立起了九三学社重庆市委各级干部后备人才资料库，为社的组织建设和健康发展打下了基础，提供了组织保障。

第二节　社员发展

一、完善组织发展制度

九三学社重庆市委组织结构为市委、区委、基层委员会、支社、直属小组。先后设有参政议政委员会、联络委员会、教育文化委员会、学习委员会、科技委员会、经济委员会、医疗卫生委员会、妇女委员会、青年委员会、老年委员会等专门委员会。社市委机关设有组织处、宣传处、办公室、参政议政处、社会服务处5个职能机构。

九三学社发展的对象是从事科学技术工作以及高等教育、医药卫生界等方面的高、中级知识分子。社重庆市委坚持组织发展工作“三为主”（即大中城市为主、高中级知识分子为主、科技界为主）的原则，注重做好发展工作与后备干部队伍、参政议政骨干队伍建设相结合。注重发展对象的政治素质和专业水平，以及发展具有一定参政议政能力和代表性的高、中级识分子加入九三学社。

1946年，九三学社重庆分社成立时期，是九三学社地方组织在西南地区发展历史中的一个重要时期。重庆分社的成立，是继上海分社成立后，九三学社在全国建立的第二个地方组织。重庆分社成立伊始，由于九三学社发展对象是以高、中级知识分子为主的特点，社员人数较少。到1951年恢复活动时社员人数仅为27人。恢复活动后，重庆分社首先开展了组织发展工作。1952年底全市社员人数为68人。这一时期，社组织得到了巩固和发展，至1956年，重庆分社第三届委员会期间全市社员人数发展至220人，建立了7个基层组织。其中，5个支社、2个直属小组。1957年，重庆分社社员人数增至264人，主要分布在高等院校、医药卫生和科研单位。其中，高等院校占50%以上。1957年下半年以后，中国共产党领导的多党合作经历了一个曲折的发展过程。1958年，重庆分社第四届委员会时期，由于受“左”的影响，九三学社第二次全国社员代表大会亦做出了“左”的决定、通过了《九三学社改造规划》，广大社员的积极性受到挫伤，重庆分社工作处于困境，分社组织发展工作也受到影响，社员人数为258，基层组织7个。1962年，重庆分社第五届委员会时期，分社社员人数为269人。自此一直到“文革”期间，重庆分社发展社员的工作基本停止。

1976年，“文化大革命”结束，中国摆脱了极“左”的束缚，进入了新的历史发展时期。1977年冬，中共中央拨乱反正，肯定了民主党派的历史功绩和积极作用，号召各民主党派把工作活跃起来。特别是中共十一届三中全会之后，开创了我国社会主义现代化建设的新时期，恢复了中国共产党同民主党派的密切合作关系，中国共产党领导的统一战线从此得以恢复和发展，民主党派也得以恢复和开展工作。在社中央和中共重庆市委的领导下，在中共重庆市委统战部的帮助下，1978年4月，重庆分社临时领导小组成立，开始筹备重新恢复组织工作活动。这时，全市社员人数已减少至149人，平均年龄为65岁。基层组织有6个支社、6个小组。

重新恢复活动之初，由于“四人帮”破坏统一战线和知识分子政策造成的影响，部分社员心有余悸，成为当时恢复组织活动的突出问题。近两年中，重庆分社临时领导小组首先在高等院校基层中开展调查研究，以揭批“四人帮”为中心，对社员采取个别走访、召开座谈会等方式，进行统战再教育工作，提高了对统一战线的认识，广大社员逐步消除了余悸和顾虑。

1980年重庆分社第六届委员会至1984年社重庆市第七届委员会时期，重庆分社组织有了较大发展。共发展新社员297人，重庆分社社员总数为440人。全市社员平均年龄为57.6岁，比恢复发展时的65岁下降了7.4岁。基层组织增加到14个支社、16个直属小组。到1989年重庆市第八届委员会时期，社员人数由440人发展至866人，基层组织从14个支社、16个直属小组增加到23个支社、24个直属小组和1个区级委员会。全市社员平均年龄为55.6岁，比1979年恢复组织时的65岁下降了9.4岁。至1992年社重庆市第九届委员会时期，九三学社重庆市委会设有科学技术、教育文化、医药卫生、联络、妇女5个专门委员会。全市社员人数1087人，社员平均年龄56岁。共建立了3个区级委员会，有34个支社、19个直属小组。新社员绝大多数都是从事科技、高等教育、医疗卫生工作的业务骨干，年龄大多在45～50岁左右。大批新社员的加入，为社组织发展增添了活力，领导班子的年轻化开始逐步实现。

九三学社重庆市（直辖）第一届委员会成立以来，坚持把搞好政治交接作为自身建设的首要任务，组织发展稳步推进，社组织的影响力不断扩大。通过认真贯彻《各民主党派中央关于加强自身建设的若干问题座谈会纪要》《九三学社中央关于加强组织建设的若干规定（试行）》等文件精神，严格遵循《九三学社章程》和社中央关于组织发展的有关规定，坚持以大中城市为主、以科技界为主、以具有一定代表性的高中级知识分子为主的组织发展原则。突出重点、确保发展质量，严格入社条件，规范入社程序。社市委主委会领导班子成员亲自做重点发展对象的工作，注重发展对象的政治素质，逐年发展了一批有代表性的优秀人士入社。2004 年，社市委二届七次常委会议通过了《九三学社重庆市委员会关于发展新社员的实施办法（试行）》，进一步规范了发展新社员的工作重点和原则，调动了各级社组织在组织发展中更加注重发展质量的原则，以及发现、培养和推荐新社员的积极性和主动性。截至 2007 年底，社重庆市（直辖）第三届委员会时期，全市社组织由 1978 年重新恢复活动时的一个重庆分社及 12 个基层支社（小组），发展到建立有九三学社重庆市北碚区、沙坪坝区、九龙坡区、南岸区、渝中区、万州区、涪陵区、渝北区和黔江区 9 个区级委员会，以及建立了万盛区、永川区 2 个区工委筹备组和大渡口区区委筹备组。目前，全市有省级组织 1 个（九三学社重庆市委员会），区级组织 12 个和 114 个基层组织。其中，有重庆医科大学、重庆钢铁集团有限责任公司、重庆大学、西南大学 4 个基层委员会，110 个支社、10 个直属小组。

设立有学习、参政议政、科技、经济、教育文化、医药卫生、妇女、青年、海外联络、农林、老年共 11 个专门委员会。至 2007 年底，社员总数较 2000 年净增 648 人，为 2506 人。平均年龄 53. 8 岁，大学及以上学历占 92. 4%，高级职称比例为 65. 1%。其中，高教界 906 人，占 35. 3%；科研院所 348 人，占 13. 4%；医卫界 404 人，占 15. 6%；其他界别 946 人，占 36. 3%。社员总数为 1978 年社市委重新恢复活动时的 17. 5 倍，重庆分社成立时的 104 倍。

二、坚持开展新社员教育

自 1980 年重庆分社第六届委员会以来，为适应形势发展需要，认真贯彻九三学社中央“发展与巩固相结合，有计划稳步发展”的方针，坚持“三为主”和“在工作中发展，发展为了工作”的组织发展原则，注意吸收中青年知识分子入社。同时，在组织发展工作中还根据各民主党派组织发展工作会议纪要精神，按照各民主党派组织发展的历史分工，发展社员坚持以科技界和高教界为主。新入社的社员，一般政治素质较好、业务能力较强，他们为社组织增添了新的血液。从 1980 年起，社市委坚持举办一年一度的新社员学习会，并形成了制度。把对新社员的培训学习，纳入加强自身建设的重要工作内容来抓落实。主要学习内容为：通过邀请社市委老领导、主委会成员、中共重庆市委统战部领导、经验丰富的老社员和部分专家做时事政治、统战理论和统一战线的历史、社的历史传统和社章的学习辅导报告，参观学习统一战线历史传统教育陈列馆，九三学社成立旧址纪念碑等多种方式，使新社员通过学习培训，能比较系统地学习和了解我国的多党合作历史、中国共产党领导的政治协商制度、统一战线理论、社会主义和爱国主义、民主与科学的优良传统。新社员学习会成为了帮助新社员树立正确的政治信念，自觉坚持中国共产党的领导，立足岗位工作，努力为建设中国特色社会主义事业和祖国统一作贡献的有效方法，收到了好的效果。

1980—2007 年，社市委共举办了 27 次新社员学习会。其中，重庆直辖前共 18 次，直辖后 9 次。参加学习的新社员人数累计达 2164 人。通过学习，新社员的政治理论水平明显提高，政党意识和自觉接受中国共产党领导、走中国特色社会主义政治发展道路信念得到增强，参政议政、建言献策的主动性和责任感得到提高。

第三节　区级组织与基层组织

一、区级组织建设

区级地方组织是社组织系统中，承接省（直辖市）级地方组织和联系基层组织的重要纽带和桥梁，承担着领导和指导下属基层组织开展社务工作的重要任务，具有十分重要的地位。特别是 1989

年中共中央〔1989〕14号文件颁发以来，进一步明确了参政党地方组织履行参政议政职能的具体要求。随着社区级组织的不断发展和参政党职能的加强，中共区级组织与社员所在单位的联系的加强，出现全市社员人数的不断增多，基层组织分布面广的新情况。为适应新形势新任务的需要，为便于接受基层中共党组织的领导和加强社市委对基层组织的领导，社市委根据《九三学社章程》的规定，依据《中华人民共和国公务员法》和党政机关的有关规定，经与市、区两级中共党委和统战部的充分协商，经报社中央批准，在原有组织规模的基础上，于1988年建立了九三学社重庆北碚区委员会第一个区级地方组织。1989年，相继建立了九三学社重庆市沙坪坝区委员会和九龙坡区委员会。1997年，重庆直辖后，社四川省万县市委员会、社四川省涪陵市委员会划入社重庆市员会。社重庆（直辖）市第一届委员会成立以来，相继建立了九三学社南岸区、渝中区、黔江区委员会，1998年7月，社重庆市万州区委员会成立，1998年10月，九三学社涪陵区委员会成立。至2007年底，全市所有区级委员会都相继设置了社区委机关工作机构，配备了专职副主委及工作人员。同时，社市委与中共党委协商，为在大渡口区、渝北区、永川区、万盛区建立社区级委员会作准备。

社各区级组织建立以来，在中共区委和社市委领导下，组织建设全面推进。社区委根据九三学社的特点和组织优势，围绕中共区委、区政府工作大局，积极开展各项社务工作：突出重点，开展调研，积极参与政治协商和民主监督，提出意见和建议；全面关心社员，自身建设内容丰富、形式多样；在发展组织、活跃基层，推动基层组织面向社会积极开展社会服务工作等方面取得了显著成效。

（一）九三学社重庆市北碚区委员会

1988年3月29日，九三学社重庆市委建立的第一个区级组织—北碚区委成立。时社北碚区委共有5个基层组织、127名社员。迄今已历五届。

第一届主任委员：杨宗义
委　　员：9人

第二届主任委员：周忠群
委　　员：9人

第三届主任委员：周忠群
副主任委员：周宗兴、张泽
委　　员：9人

第四届主任委员：王佳
副主任委员：李航、冯小琴（女）、张力（女）
委　　员：11人

第五届主任委员：王佳
副主任委员：冯小琴（女）、李航、张力（女）
委　　员：14人

至2007年底，社北碚区委共有西南大学基层委员会及所属西南大学一支社、二支社、三支社，重庆市第九人民医院支社，重庆仪表材料研究所支社、区直属支社7个支社。设有参政议政、妇女和老年3个工作委员会。共有社员231人。其中，高级职称占89%。社员中，现任九三学社中央副主席1人、常委1人、委员3人；全国人大代表1人；重庆市人大代表3人，市政协委员7人、常委1人；北碚区人大常委会副主任1人，北碚区政协委员12人、常委4人、副秘书长（兼职）1人。

（二）九三学社重庆市沙坪坝区委员会

1989年4月，九三学社重庆市沙坪坝区委员会成立。成立时，共有基层组织13个。其中，支社8个、小组5个。迄今已历五届。

第一届主任委员：丁小中

副主任委员：秦翼鸿、陈树晋、余衍漪（女）

委　　员：7人

第二届主任委员：丁小中

副主任委员：秦翼鸿、唐荣地、李峻翼

委　　员：9人

第三届主任委员：丁小中

副主任委员：陈迅、王力军、陈义华

委　　员：11人

第四届主任委员：陈义华（2001年12月—2005年6月），郭劲松（2005年6月—2006年10月）

副主任委员：田耕、夏惠（女）（2004年1月—2006年10月）、郭钢（2005年6月—2006年10月）

委　　员：11人

第四届委员会期间，开始设有妇女、老年、参政议政3个工作委员会。

第五届主任委员：郭劲松

副主任委员：田耕、夏惠（女）、郭钢、郭科社

委　　员：10人

至2007年12月，社沙坪坝区委共有基层组织12个。其中，基层委员会1个，支社11个；社员人数为424人。具有高级职称的319人，占75%，具有中级职称的104人，占24%；社员中有社中央委员1人，社市委委员9人（其中，常委1人），全国政协委员1人，市人大代表2人（其中，常委1人），市政协委员9人（其中，常委1人），区人大代表5人，区政协委员17人（其中，副主席1人、常委3人）；社员中先后担任市、区各类特约员和行风评议代表30余人；推荐到区政府部门、区法院任实职3人。

（三）九三学社重庆市九龙坡区委员会

1989年7月29日，九三学社九龙坡区委员会成立。成立时，共有社员69人，有基层组织5个。其中，支社2个、小组3个。迄今已历五届。

第一届主任委员：温厚鸿

副主任委员：杨诚

委　　员：5 人

第二届主任委员：温厚鸿

副主任委员：贺泽荣、王绍朴

委　　员：4 人

社区委于 1996 年 3 月进行届中调整，增选贺泽荣为主任委员，胡孝义为副主任委员，肖红娅（女）、杨棣华为委员。

第三届主任委员：王绍朴

副主任委员：胡孝义、张大为

委　　员：5 人

第四届主任委员：王绍朴

副主任委员：张大为、李霞（女）、刘静涛（女）

委　　员：7 人

第五届主任委员：张大为

副主任委员：李霞（女）、刘静涛（女）、罗晋川

委　　员：7 人

截至 2007 年 12 月，社九龙坡区委共有基层组织 11 个。其中，支社 9 个、小组 2 个；社员人数为 193 人。社员中担任九三学社中央委员 3 人次，九三学社重庆市委委员 23 人次，（其中，常委 10 人次）；受聘任重庆市人民政府参事 3 人次，受聘任重庆市文史研究馆馆员 2 人；在区政协和政府各职能部门中，任领导职务的共 8 人次；市人大代表 7 人次（其中，常委 3 人次），市政协委员 11 人次（其中，常委 2 人次），区人大代表 4 人次（其中，常委 1 人），区政协委员 58 人次（其中常委 11 人次、主席 5 人次）；受聘为市、区级特约检察员、审计员、廉政监察员、行风评议代表等 80 人次；受聘为九龙坡区政府第一至三届专家咨询顾问团成员 6 人次；重庆市首届学术技术带头人后备人选 1 人；国家开发银行重庆分行顾问 1 人；获国务院政府特殊津贴 2 人。

（四）九三学社重庆市万州区委员会

1998 年 7 月，九三学社万州区委员会成立。前身为九三学社四川省万县市委员会。成立时共有 9 个支社，有社员 170 人。迄今已历六届（重庆直辖前三届，重庆直辖后三届）。

直辖前第一届主任委员：陈复兴

副主任委员：周联升、杨君昌

委　　员：5 人

秘 书 长：周联升（兼）

直辖前第二届主任委员：陈复兴

副主任委员：周联升、杨君昌、张德华

委　　员：5 人

秘 书 长：冉隆成（兼）

直辖前第三届主任委员：陈复兴

副主任委员：周伯安、谯术仁、张德华

委　　员：8 人

秘 书 长：梁复荣（兼）

直辖后第一届主任委员：陈复兴

副主任委员：周伯安、谯术仁、张德华

委　　员：8 人

秘 书 长：周伯安（兼）

直辖后第二届主任委员：周伯安

副主任委员：李代斌、黄文章、凌之泽、张国建（届中增选）

委　　员：10 人

秘 书 长：涂慧琼（女）、涂海波（2005 年，涂慧琼工作调离增补）

直辖后第三届主任委员：周伯安

副主任委员：李代斌、黄文章、凌之泽、张国建

委　　员：9 人

秘 书 长：涂海波

社万州区委设有办公室、组织处、宣传处、社会服务处，参政议政、联络、老龄和妇女、科技工作委员会。

截至 2007 年 12 月，有基层组织 11 个，社员 217 人。社员中，担任地区政协副主席 4 人次；县级人大常委会副主任 2 人次、县级政协副主席 2 人次；区政协工委副主任 3 人次；区政府部门副处级以上职务 12 人次。

（五）九三学社重庆市涪陵区委员会

1998 年 10 月 20 日，九三学社重庆市涪陵区委员会成立。前身为 1988 年 6 月成立的九三学社四川省涪陵市委员会。迄今已历五届（重庆直辖前二届，重庆直辖后三届）。

直辖前第一届主任委员：周芳雄

副主任委员：邹建华

委　　员：5 人

直辖前第二届主任委员：邹建华

名誉主任委员：周芳雄

副主任委员：帅万荣、肖华轩

委　　员：7 人

直辖后第一届主任委员：柳恩梅

副主任委员：黄为、帅万荣、徐良成、于华

委　　员：9 人

秘 书 长：黄为

名誉主任委员：周芳雄、邹建华

名誉副主任委员：肖华轩

直辖后第二届主任委员：柳恩梅

副主任委员：黄为、徐良成、于华、黄华

委　　员：10 人

秘 书 长：李云庆

直辖后第三届主任委员：黄华

副主任委员：黄为、徐良成、于华

委　　员：12 人

秘 书 长：李云庆

截至 2007 年 12 月，共有基层组织 13 个，社员 222 人。设办公机构：办公室、组织处、宣传处、参政议政处、社会服务处、科技处 5 个工作部门，设科技经济、教育文卫、社会法制妇女儿童老龄、联络 4 个专门工作委员会和咨询委员会。

社员中有全国人大代表 1 人，四川省及重庆市人大代表 16 人次，涪陵市（地级）人大代表 6 人，涪陵区人大代表 8 人次（其中，副主任 1 人、常委 2 人次），涪陵市（县级）人大代表 12 人次（其中，副主任 1 人、常委 3 人），涪陵市辖枳城区及李渡区人大代表 2 人（其中，常委 2 人）；重庆市政协委员 6 人，涪陵地区政协工委委员 2 人（其中，副主任 1 人），涪陵市（地级）政协委员 17 人（其中，副主席 1 人，常委 3 人），涪陵区政协委员 54 人次（其中，副主席 2 人次，常委 11 人次），涪陵市辖枳城区及李渡区政协委员 10 人（其中，副主席 1 人，常委 3 人），涪陵市（县级）政协第八届至第十届委员 58 人次（其中，副主席 3 人次，常委 15 人次）；区政府副区长 1 人；受聘为重庆市政府参事 1 人、重庆市文史馆馆员 1 人，涪陵市政府特约监察员、行风评议代表、人民陪审员、教育督导员等特约员 25 人次。

（六）九三学社重庆市南岸区委员会

1997 年 6 月 28 日，九三学社重庆市南岸区委员会成立。成立时，共有 6 个基层组织。其中，支社 5 个、小组 1 个，社员 110 余人。迄今已历三届。

第一届主任委员：温厚鸿

副主任委员：陈辉基、刘懋维、李伟、陈谦应

委　　员：12 人

第二届主任委员：李伟

副主任委员：陈谦应、陈晓麟（女）、陈思成

委　　员：11 人

第三届主任委员：李伟

副主任委员：陈思成、陈晓麟（女）、陈洪凯、谢雪梅（女）

委　　员：13 人

截至2007年12月，共有9个基层组织，社员236人。其中，高级技术职称占61%；社员中获国家级奖项5项、国家级荣誉称号5项，获省部级奖项97项、获省部级荣誉称号44项；1人入选“新世纪百千万人才工程国家级人选”，1人获“国家级中青年有突出贡献专家”称号；7人获国务院政府特殊津贴；13人受聘为重庆市科技咨询专家；1人连续两届担任全国政协委员；有重庆市人大代表5人，重庆市政协委员7人次（其中，常委1人）；区人大代表2人次（其中，常委2人次），区政协委员18人次，（其中，副主席2人次、常委2人次）；1人任区政府部门实职负责人。

（七）九三学社重庆市渝中区委员会

1997年10月29日，九三学社重庆市渝中区委员会成立。成立时，有基层组织18个，社员367人。迄今已历三届。

第一届主任委员：刘珍茂

副主任委员：阎鸿鑫、冉隆华（女）、杨甦、屈谦

委　　员：12人

第二届主任委员：屈谦

副主任委员：杨甦、王芳（女）、黄爱龙、刘庆（女，2004年2月14日增选）、罗玲（女，2005年7月7日增选）

委　　员：15人

第三届主任委员：黄爱龙

副主任委员：罗玲（女）、刘庆（女）、孙晓川、李昱（女）

委　　员：17人

截至2007年12月，有基层组织20个，社员512人。其中，高级职称368人，占社员总数的72%；有市人大代表2人（其中，常委1人），市政协委员8人；渝中区人大代表2人（其中，常委1人），区政协委员15人（其中，常委2人）；各级政府特邀监察员、监督员、检察员4人；任市、区政府部门实职负责人10人。

（八）九三学社重庆市黔江区委员会

2002年1月14日，九三学社黔江区委员会成立。成立时，有基层组织3个，社员43人。迄今已历二届。

第一届主任委员：杨晓碧（女）

副主任委员：曾致远、张泽江、王念五（2004年6月增选）

委　　员：7人

第二届主任委员：黄共田（女）

副主任委员：曾致远、周春林、曾家元

委　　员：8人

截至2007年12月，共有基层组织5个，社员66人。社员中：历任全国人大代表1人次，全国政协委员1人；重庆市人大代表2人，四川省政协委员1人，重庆市政协委员10人（其中，常委2人次）；黔江区人大代表6人次（其中，常委1人次），区政协委员36人次（其中，常委14人次、副主席1人）；市政府参事1人（2届次），市政府督学1人，黔江区人民陪审员1人，特约监察员

2人次，行评代表6人次；副厅级2人，任政府副处级以上职务的13人。

（九）九三学社重庆市渝北区委员会

2006年11月10日，九三学社渝北区委员会成立。成立时，共有支社3个，社员43人。现为第一届委员会。

第一届主任委员：尹书菊（女）

副主任委员：赵华生、邱学安、李攀富（女）

委　　员：7人

截至2007年12月，共有基层组织4个，社员60人。社员中，有重庆市政协委员1人，区政协委员10人（其中，副主席1人、常委1人、委员8人）、区人大代表1人，区人民政府特邀监察员1人、区人民法院陪审员1人，重庆市人民检察院特约检察员1人。

（十）九三学社重庆市永川区工作委员会

2006年10月13日，九三学社重庆市永川区工作委员会成立。时有支社4个，社员50人。现为第一届委员会。

第一届主任委员：余国东

副主任委员：李志伟、漆卫东（2007年10月因工作调离辞职）、张前勇

委　　员：7人

截至2007年12月，共有基层组织4个，社员56人。社员中，正高级职称8人，副高级职称22人；重庆市人大代表1人，重庆市政协委员3人；区人大常委会委员1人，区政协委员12人（其中，副主席1人、常委1人）。

（十一）九三学社重庆市万盛区工作委员会

2006年11月，九三学社重庆市万盛区工委成立。成立时，有支社3个，社员50人。现为第一届委员会。

第一届主任委员：雷瑞宏

副主任委员：马泽勋、何兴玲（女）

委　　员：5人

截至2007年12月，共有基层组织3个，社员57人。社员中：副高以上专业职称27人，占社员总数的47%；市人大代表1人；区人大代表1人（常委），区政协委员10人（其中，常委4人、副主席1人）；区政府特邀监察员3名；任区政府副处级以上实职负责人4人（其中，副厅级1人，正处级1人、副处级2人）；任（南桐矿业公司）处级以上职务的6人（其中，总经理1人，处级5人）。

（十二）九三学社重庆市大渡口区委员会筹备组

2005年8月，九三学社重庆市大渡口区委员会筹备组成立。成立时，有基层组织4个，其中，基层委员会1个、支社3个。社员113人。

第一任筹备组组长：曾朝夕（2005年8月—2006年6月）

副组长：张群力

成　员：5人

第二任筹备组组长：张群力（2006年6月—2008年12月）

副组长：柳卫东（2006年12月增选）

成　员：6人

第三任筹备组组长：暂缺

副组长：柳卫东、张群力

成　员：6人

截至2007年12月底，区委筹备组共有基层组织5个，其中，基层委员会1个，支社4个。社员114人。社员中，全国人大代表1人次；九三学社中央委员1人次、社全国代表大会代表3人次，社市委副主委4人次；省政协常委1人次、市人大代表1人次，市政协常委2人次；区人大常委会副主任1人次，区政协副主席2人次。

二、基层组织建设

《九三学社章程》规定，基层组织包括：直属小组、支社委员会和基层委员会。基层组织领导成员每届任期五年。在同一单位、系统或行政区域有社员三人以上的，可设立直属小组；有社员七人以上的，可设立支社委员会；三个设支社委员会以上的，可以设立基层委员会。

基层组织是社组织的细胞，是全社工作的基础。基层组织建设是各级社组织活动正常开展和有效履行社组织参政党职能的重要保障。社市委的思想建设、组织建设及各项社务工作最终都要在基层贯彻落实。社市委参政议政的课题和材料产生于基层。只有基层组织建设搞好了，社市委的各项工作才有坚实的基础，才能切实履行好参政党地方组织的各项职能。中共十一届三中全会后、特别是重庆直辖以来，社市委着力加强基层组织建设，基层组织体系进一步完善，有效保证了各项社务工作的顺利开展。

（一）基层组织建设情况

1951年，重庆分社恢复活动。1953年至1956年底，全市基层组织得到了巩固和发展，组织规模也不断扩大。先后建立有：西南师范学院支社、重庆大学支社、重庆土木建筑学院支社、西南农学院支社、城区直属小组和四川化工学院小组等7个基层组织。

1976年，“文革”结束。1977年冬，中共中央拨乱反正，号召各民主党派活跃起来。1978年4月，重庆分社临时领导小组成立，重新恢复活动。临时领导小组对各基层组织的状况进行了全面调查，积极为恢复组织活动做准备。从1980年开始，科技界要求入社的知识分子不断增多，重庆分社遵照“通过工作发展，发展为了工作”的原则，在组织发展中做了大量工作。至1984年，重庆分社先后在重庆煤炭科研所、重庆钢铁公司、重庆钢铁设计研究院建立了社的基层组织，逐步打开了在科技界发展组织的新局面，社的基层组织有了较大发展，共建立了14个支社、16个直属小组。至1988年，增加到23个支社，24个直属小组和1个区级委员会。1989年12月，中共中央〔1989〕14号文件的发表，标志着中国共产党领导的多党合作进入了一个新的发展阶段。自此，全市社的基层组织步入了稳步发展的新阶段，基层组织领导班子进一步年轻化，基层组织工作日趋活跃。1997年社市委（直辖）第一届委员会成立时，社市委所属基层组织共83个。其中，基层委员会2个，支社63个、直属小组18个。截至2007年底，共有基层组织114个，其中，基层委员会4个、支社101个、直属小组9个。

（二）加强基层组织领导班子建设

自1980年恢复活动以来，在历次基层组织换届工作中，社重庆市委坚持把加强基层组织领导班子建设放在首位，注重选拔和培养一批年轻、有一定组织能力、热心社务工作的中青年骨干充实基层领导班子，以增强基层组织的活力和充分发挥基层组织的作用，不断开创基层工作新局面；采取以会代训的方式，安排和推选基层干部参加社省委召开的基层工作经验交流会、组织建设与思想建设工作经验交流会，为四化服务经济交流会暨表彰大会，参加社市委扩大会议、基层工作经验交流会、学习座谈会等重要会议和活动，帮助基层干部提高思想政治素质和从事社务工作的能力；通过参加基层组织主委培训会、骨干培训班、政治交接学习教育等多种形式的学习和培训，他们已经成为各级社组织中的干部主体和社务工作骨干，基层干部的作用得到进一步发挥。1988 年至 1992 年，推荐 80 余名基层干部参加重庆社会主义学院民主党派骨干培训班学习，系统学习时事、政治和马克思主义哲学以及统一战线基本理论。1992 年至 2007 年，经过三次基层组织的换届，基层组织领导班子结构更加合理，一大批年青社员走上了基层领导岗位，截至 2007 年 12 月，全市共有 363 名基层领导干部，平均年龄 43.6 岁，其中，高级职称占 83.2%。

（三）加强对基层组织的工作指导

坚持社市委机关干部分工联系基层制度。自恢复活动以来，全市社员都在所在基层组织，按时参加组织生活。通过健全和完善社市委领导及分派机关干部联系基层组织制度，指导、推动基层组织开展各项社务工作。同时，通过深入基层，就组织发展、组织活动、领导班子状况、合作共事关系，社员的基本思想状况以及有关知识分子工作、生活条件等问题，开展专题调查，为中共重庆市委及有关部门制定和落实知识分子政策提供决策参考。社市委机关干部通过定点联系各基层组织，进一步了解社员的思想动态，关心他们的工作和生活，密切联系社员，为构建社内和谐起到了积极作用。1997 年以来，社市委还在健全和完善机关干部定点联系基层组织制度的基础上，建立了社市委领导班子成员分片指导基层工作制度，加强对基层工作的领导。

（四）坚持总结成绩，交流经验，表彰先进，推动工作。

社市委通过定期召开基层工作会议、基层骨干培训会、基层工作经验交流会、基层工作研讨会、组织工作座谈会等方式，就如何建立健全基层组织工作制度、坚持和完善组织生活制度以及丰富基层组织生活内容，基层组织在社市委履行参政党职能中的作用等问题进行交流和研讨，基层组织的地位和作用得到发挥，有效调动了广大社员参与的积极性，加强了基层组织建设；同时，为褒奖社员在改革和建设、为九三学社事业的发展中做出的优异成绩，以他们的先进事迹和先进思想带动和教育广大社员，社市委坚持对先进基层组织和先进社员进行表彰。1990 年，纪念建社 45 周年之际，社市委隆重召开表彰大会，对 15 个先进基层组织和 82 名优秀社员进行了表彰。2005 年，在纪念建社 60 周年之际，社市委隆重召开表彰大会，对 18 个先进基层组织和 100 位优秀社员进行了表彰。2008 年，在开展以坚持走中国特色社会主义政治发展道路为主题的政治交接学习教育活动总结表彰大会上，社市委对 27 个先进基层组织和 68 名优秀社员进行了表彰。

至 2007 年底，九三学社重庆市委所属的 9 个区级委员会、2 个区工委筹备组和 1 个区委筹备组中，共有基层组织 114 个。其中，基层委员会 4 个、支社 101 个、直属小组 9 个。

表 3－1　九三学社重庆市委员会基层组织一览表（1953—2007 年）

区级组织	基层组织	成立时间
万州区委（1998 年 7 月成立）	万州区工业支社	1990 年 4 月
	万州区直机关支社	1990 年 9 月
	万州区卫校支社	1991 年 5 月

续表

区级组织	基层组织	成立时间
万州区委（1998年7月成立）	万州区农科所支社	1994年5月
	万州区教育支社	1994年5月
	重庆三峡学院支社	1996年4月
	万州区五桥支社	1996年7月
	重庆三峡职业学院支社	1999年5月
	重庆三峡中心医院支社	1999年8月
	万州区龙宝支社	2001年12月
	万州区天城支社	2001年12月
涪陵区委（1998年10月成立）	涪陵区直属支社	1988年7月
	涪陵区畜牧支社	1989年12月
	涪陵区水电支社	1989年12月
	长江师范学院支社	1990年4月
	涪陵区教育支社	1990年8月
	涪陵三爱海陵支社	1992年5月
	涪陵区农林支社	1992年7月
	涪陵区丝绸支社	1993年10月
涪陵区委（1998年10月成立）	涪陵区城建支社	1993年11月
	涪陵区医卫支社	2000年12月
	涪陵化工支社	2005年10月
	涪陵区李渡支社	2005年10月
	重庆工贸学院支社	2007年3月
渝中区委（1997年10月成立）	重庆医科大学委员会附属口腔医院支社（原重庆医学院基层委员会附属口腔病医院支社）	1983年1月29日
	重庆市中医院第一支社（原重庆市中医研究院支社）	1983年1月29日
	重庆市中医院第二支社（原重庆市中西医结合医院支社）	1983年1月29日
	文艺支社	1983年3月18日
	中冶赛迪集团重庆设计研究院支社（原重庆钢铁设计研究院支社）	1984年4月13日
	西南信息中心支社（原中国科技情报所重庆分所支社）	1986年3月15日
	重庆地质矿产研究院支社（原重庆煤田地质研究所直属小组）	1986年8月11日
	长江航道局支社（原长江航道局重庆第一航道工程处支社）	1986年12月5日
	中煤国际工程集团重庆设计院支社（原重庆煤炭设计院小组）	1987年5月20日
	重庆市急救中心医院支社	1993年9月11日
	重庆医科大学委员会附属第二人民医院支社（原重庆医学院基层委员会附属第二人民医院支社）	1994年10月28日

续表

区级组织	基层组织	成立时间
渝中区委 （1997年10月成立）	重庆医科大学委员会附属儿童医院支社（原重庆医学院基层委员会附属儿童医院支社）	1995年4月21日
	重庆医科大学委员会（原重庆医科大学基层委员会）	1995年12月1日
	重医大委员会校本部支社（原重庆医学院本部直属小组）	1996年10月17日
	重庆医科大学委员会附属第一人民医院支社（原重庆医学院基层委员会附属第一人民医院支社）	1996年10月17日 （1960年）
	渝中区科技支社	1998年5月27日
	重庆市设计院支社（原重庆市设计院、市建科所联合支社分出）	2001年6月1日
	渝中区机关直属支社	2004年10月15日
	重庆市第三人民医院支社	2005年4月4日
	重庆市中山医院支社	2005年7月11日
	重庆市建筑科学研究院直属小组（原重庆市设计院、市建科所联合支社分出）	2011年1月
沙坪坝区委 （1989年4月成立）	重庆大学支社	1953年4月25日
	重庆建筑工程学院支社	1953年5月2日
	中煤科工集团重庆研究院支社（原中国煤炭科学研究总院重庆分院支社）	1982年4月10日
	重庆师范大学支社（原重庆师范学院支社）	1982年4月29日
	重庆工商大学支社（原渝州大学支社）	1984年3月30日
	重庆工程职业技术学院支社（原重庆煤炭工业学校）	1989年1月13日
	沙坪坝区直属支社（原科技联合二支社）	1990年12月15日
	重庆大学委员会	2001年6月5日
	重庆大学一支社（由原重庆大学支社分出）	2001年6月5日
	重庆大学二支社（由原重庆大学支社分出）	2001年6月5日
	重庆大学三支社（由原重庆建筑工程学院支社分出）	2001年6月5日
	重庆大学四支社（由原重庆建筑工程学院支社分出）	2001年6月5日
	重庆科能中等技工学校支社	2001年12月30日
	西南政法大学支社	2003年10月16日
九龙坡区委 （1989年7月成立）	四川美术学院支社	1987年1月10日
	十八冶支社	1989年5月5日
	重庆科技学院支社（重庆钢铁专科学校支社）	1989年10月14日
	机械工业部第三设计研究院支社（原机械电子工业部第三设计院支社）	1993年10月30日
	九龙坡区直属支社	1993年11月10日

续表

区级组织	基层组织	成立时间
九龙坡区委（1989年7月成立）	重庆理工大学支社（原重庆工学院支社）	1996年6月26日
	汽车研究所支社	1996年6月26日
	重庆工业职业技术学院小组	2005年12月18日
	九龙坡区一支社	2007年（由原区直属支社分出）
	九龙坡区二支社	2007年（由原区直属支社分出）
南岸区委（1997年6月成立）	重庆邮电学院支社	1984年9月3日
	重庆交通学院支社	1986年2月7日
	重庆交通科研设计院支社	1990年1月31日
	重庆市第五人民医院支社	1995年6月21日
	重庆中药研究院支社（原四川省中药研究所支社）	1996年8月23日
	南岸区直属支社	1998年6月12日
	重庆教院学院支社	1999年10月22日
	重庆工商大学A区支社	2001年3月25日
	重庆市交通规划勘察设计院支社	2005年6月10日
	南岸区卫生监督所小组	2005年11月15日
北碚区委（1988年3月成立）	西南大学委员会一支社（原西南师范学院支社）	1953年4月
	西南大学委员会二支社（原西南农学院支社）	1955年5月
	重庆市第九人民医院支社	1987年3月
	重庆仪表材料研究所支社	1988年6月
	西南大学委员会三支社（原中国农科院柑橘研究所支社）	1990年11月
	北碚区委直属支社	1993年9月
	西南大学委员会	2006年3月18日
万盛区工委（2006年11月成立）	万盛区直属支社	1989年9月14日
	南桐矿务局支社	2000年6月12日
	南桐煤矿支社	2002年4月15日
渝北区委（2006年11月成立）	重庆市机电院支社	1993年6月18日
	西南师范大学高职学院支社	2001年3月29日
	渝北区综合支社	2004年9月
	渝北区医卫支社	2007年4月
黔江区委（2002年1月成立）	黔江农业支社	2001年7月26日
	黔江医卫支社	2001年7月26日
	黔江教科文支社	2001年7月26日
	黔江综合支社	2005年11月
	黔江中心医院支社	2005年11月

续表

区级组织	基层组织	成立时间
永川区工委（2006年10月成立）	重庆文理学院支社	2007年1月29日
	永川区医卫支社	2007年1月29日
	永川区科技支社	2007年1月29日
	永川区综合支社	2007年1月29日
大渡口区委筹备组（2005年8月成立）	重钢东源支社	1995年9月14日
	重庆钢铁（集团）公司委员会	1996年7月5日
	重钢基层委员会一支社	1996年7月5日
	重钢基层委员会二支社	1996年7月5日
	重钢基层委员会三支社	1996年7月5日
	重钢中兴直属小组	1996年7月5日
	大渡口筹备组四支社	2007年1月
社市委直属基层组织	重庆市硅酸盐研究所小组	1982年6月
	社市委机关支社	1983年3月
	重庆市果树研究所支社	1984年12月19日
	直属医卫支社	1986年11月
	四川维尼纶厂支社	1987年6月20日
	松藻煤电支社（原松藻煤矿支社）	1988年10月29日
	重庆市社科院支社	1990年1月
	直属科技支社（原科技一支社）	1990年1月
	重庆市第七人民医院小组	1992年7月6日
	长寿化工总厂支社	1993年7月23日
	重钢四厂支社	1995年10月
	直属巴南区支社	1996年5月
	重庆市肺科医院支社	2000年7月

第四节　专门工作委员会

一、科技工作委员会（1980年成立）

第一届

主　任：李继华

副主任：许香谷、刘淳玉

委　员：13人

第二届（1984年5月）

主　任：朱可善

副主任：郑思柏、陈永彝

委　员：20 人

第三届（1988 年 9 月）

主　任：朱可善

副主任：于不凡、徐发仁

委　员：27 人

第四届（1992 年 1 月）

主　任：于不凡

副主任：丁小中、钱翰城、孙启祥、杨光大

委　员：26 人

第一届（直辖）（改称科技经济委员会）（1997 年 4 月）

主　任：钱翰城

副主任：贺泽荣、于不凡、丁小中、阎鸿鑫、黄 为、周伯安、蒲勇健

委　员：27 人

第二届（直辖）（2002 年 4 月）

主　任：杨　丹

副主任：童明伟、张群力、杨　甦、黄文章、傅开鑫、刘绍璞

委　员：24 人

第三届（直辖）（2007 年 4 月）

主　任：郭　钢

副主任：郭科社、毛敬华

委　员：12 人

二、妇女工作委员会（1984 年成立）

第一届（1984 年 5 月）

主　任：王孝谦

副主任：王敏常、杨素波、余衍漪

委　员：14 人

第二届（1988 年 9 月）

主　任：叶之美

副主任：朱传秀、余衍漪

委　员：19 人

第三届（1992 年 1 月）

主　任：叶之美

副主任：余衍漪、陈丽琼、冉隆华

委　员：17 人

第一届（直辖）（1997 年 4 月）

主　任：冉隆华

副主任：赵万蓉、龙莉萍、余兆荣、贺万桃

委　员：22 人

第二届（直辖）（2002 年 4 月）
主　任：赵万蓉
副主任：温永玲、张嗣兰、蒋玲玲、涂慧琼、涂万莉
委　员：26 人
第三届（直辖）（2007 年 4 月）
主　任：冯小琴
副主任：张利、王浩
委　员：12 人

三、教育文化工作委员会（原文教工作委员会，1984 年成立）

第一届（1984 年 5 月）
主　任：林衍先
副主任：高振业、毛鸿恩、陈仁溥
委　员：17 人
第二届（1988 年 9 月）
主　任：陈重穆
副主任：叶语、汪毓才、陈启高、秦翼鸿
委　员：20 人
第三届（1992 年 1 月）
主　任：陈重穆
副主任：温厚鸿、汪毓才、叶语
委　员：20 人
第一届（直辖）（1997 年 4 月）
主　任：温厚鸿
副主任：温永玲（女）、童明伟、陈复兴、徐良成、张永安、王佳、袁鹰
委　员：22 人
第二届（直辖）（2002 年 4 月）
主　任：王远亮
副主任：李光炬、袁鹰、涂国志、倪清泉、戴克、徐良成、陈力（女）、刘云艳（女）
委　员：18 人
第三届（直辖）（2007 年 4 月）
主　任：刘云艳（女）
副主任：周宗凯、陈伯礼
委　员：10 人

四、联络工作委员会（1984 年成立）

第一届（1984 年 5 月）
主　任：周谟仁
副主任：程敦荣、尹培桐
委　员：11 人
第二届（1988 年 9 月）

主　任：周谟仁

副主任：尹培桐、张尚元、董名山

委　员：15 人

第三届（1992 年 1 月）

主　任：柴野石

副主任：周远宁、尹培桐、董名山、阎庆甲

委　员：19 人

第一届（直辖）（1997 年 4 月）

主　任：柴野石

副主任：陈庆庆、周远宁、阎庆甲、许力心

委　员：25 人

第二届（直辖）（2002 年 4 月）

主　任：张永安

副主任：周远宁、骆万康、陈庆庆、许力心、李代斌、骆文龙

委　员：14 人

第三届（直辖）（2007 年 4 月）

主　任：蔡应繁

副主任：丁敏（女）、韩艳（女）

委　员：11 人

五、老年工作委员会（原离退休工作委员会、1988 年成立）

第一届（1988 年 9 月）

主　任：林衍先

副主任：王敏常（女）、郑思柏、高振业、徐万邦

委　员：23 人

第二届（1992 年 1 月）

主　任：汪毓才

副主任：赵裕卿、张鼎新（女）、王孝祥、陈全友、肖华轩

委　员：25 人

第一届（直辖）（1997 年 4 月）

主　任：汪毓才

副主任：赵裕卿、张鼎馨（女）、王孝祥、陈全友、肖华轩

委　员：20 人

第二届（直辖）（2002 年 4 月）

主　任：周宗兴

副主任：赵裕卿、张鼎馨（女）、邹建华、冉隆华（女）

委　员：23 人

第三届（直辖）（2007 年 4 月）

主　任：周宗兴

副主任：赵万蓉（女）、靳洁心（女）

委　员：11人

六、医疗卫生工作委员会（1988年成立）

第一届（1988年9月）

主　任：刘约翰

副主任：刘方柏、李鼎寰、陈仁溥

委　员：16人

第二届（1992年1月）

主　任：刘珍茂

副主任：郭铭信、何建村、薛亚梅（女）

委　员：15人

第一届（直辖）（1997年4月）

主　任：刘珍茂

副主任：薛亚梅（女）、骆重远、梁复荣、荣跃远

委　员：22人

第二届（直辖）（2002年4月）

主　任：黄爱龙

副主任：罗玲（女）、王芳（女）、冯小琴（女）、史亚萍（女）、邹友敏（女）

委　员：20人

第三届（直辖）（2007年4月）

主　任：罗玲（女）

副主任：孙晓川、李志伟

委　员：11人

七、青年工作委员会（1997年成立）

第一届（1997年4月）

主　任：潘复生

副主任：邓清、李航、屈谦、于华、薛明

委　员：22人

第二届（2002年4月）

主　任：郭钢

副主任：张川、李霞（女）、于华、霍仕平、林居红（女）、李昱（女）

委　员：27人

第三届（2007年4月）

主　任：李昱（女）

副主任：曾康、杨樱（女）

委　员：12人

八、经济工作委员会（2002年成立）

第一届（2002年4月）

主　任：王筱欣（女）

副主任：陈迅、贺泽荣、孙启祥、黄华、田代贵、凌之泽、曾朝夕

委　员：15 人
第二届（2007 年 4 月）
主　任：陈耀华
副主任：罗晋川、田代贵
委　员：12 人
九、学习委员会（2002 年成立）
第一届（2002 年 4 月）
主　任：王绍朴
副主任：张牛、黄为、谭强、王忠勇
委　员：13 人
第二届（2007 年 4 月）
主　任：张川
副主任：田耕、张牛
委　员：10 人
十、参政议政工作委员会（2002 年成立）
第一届（2002 年 4 月）
主　任：蒲勇健
副主任：屈谦、阎鸿鑫、蔡汝哲、李航、周伯安、万伯仲、王力军、张大为、郭劲松
委　员：16 人
第二届（2007 年 4 月）
主　任：王筱欣（女）
副主任：徐嘉红（女）、谭强
委　员：13 人
十一、农林工作委员会（2007 年成立）
第一届（2007 年 4 月）
主　任：李航
副主任：周令国、陈悦（女）
委　员：12 人
十二、科技咨询服务部（1983 年成立）
第一届（1993 年）
主　任：李晏普（兼职）
副主任：徐万邦（兼职）、阎庆甲（兼职）、潘立斋（专职）
委　员：15 人
第二届（1998 年）
主　任：靳洁心（女，兼职）
副主任：刘承杰（兼职）、李孝镐（兼职）、潘立斋（兼职）
委　员：15 人

第三章　机关建设

九三学社重庆市委员会机关是九三学社重庆市委员会的工作机构。担负着贯彻执行九三学社重庆市委的工作方针、决议、决定的重要职责，履行服务、参谋、执行、协调的职能。根据《九三学社章程》和重庆市编制委员会的规定，九三学社重庆市委内设办公室、组织处、宣传处、参政议政处、社会服务处5个职能部门。社市委机关专职干部的管理，根据中办发〔1983〕4号文件中关于“民主党派的机关干部由各民主党派根据国家的干部政策、人事制度和有关规定自行管理”的精神，按照《中华人民共和国公务员法》对机关干部进行管理。

2004年，社市委机关顺利进行了“三定”工作（定职能配置、定内设机构、定人员编制），通过“三定”工作，提高了机关工作效率，机关建设上了一个新台阶。近年来，为适应新时期开展社务工作的需要，社市委通过制定《关于加强九三学社重庆市委机关建设的意见》等一系列规章制度，进一步健全和完善了各项制度，着力推进了机关各项工作的制度化、规范化、程序化。通过开展《公务员法》《重庆市市级各民主党派参照执行〈中共党政干部选拔任用工作条例〉座谈纪要》等学习培训活动，努力推进学习型机关建设。机关工作人员的整体素质得到提升，提高了机关工作的效率和质量，增强了机关的团结和谐，机关建设进一步加强。

第一节　机构设置

一、机关办公地点

1946年，九三学社重庆分社建立初期，未设置机关工作机构和专职工作人员，没有具体的办公地点。理事会活动主要在理事寓所（主要聚会在税西恒、谢立惠家中）。新中国成立后，1951年，重庆分社恢复成立。自重庆分社恢复成立第一届理事会起，重庆分社机关有了固定的办公地点。并根据《九三学社章程》中“社的中央和地方组织，可根据需要设立相应的工作部门”的相关规定，设置了工作机构和配备了机关专职工作人员，并通过不断完善机关各部门工作职能，逐步建立和健全了机关的各项工作制度。重庆分社机关的办公地点最初设在重庆市市中区（现渝中区）两路口春森路十七号，之后迁重庆市市中区（现渝中区）中山三路140号。1958年迁至重庆市渝中区金汤街80号。随着组织发展和社员人数的逐渐增多，机关工作任务也随之加重，机关工作机构不断扩充完善。2010年4月，九三学社重庆市委迁至渝中区沧白路71号“民主党派大楼”，与民盟、民建、民进、台盟重庆市委在一幢大楼办公。

机关工作实行主委会领导下的秘书长负责制。秘书长负责贯彻落实全委会、常委会、主委会的决议和决定，组织协调各处室的工作，完成社市委的各项工作任务。

二、机构设置及人员

1951年，九三学社重庆分社（恢复成立）第一届理事会设：秘书处。

秘书处处长：刘淳玉

副处长：漆文定

工作人员：7 人（另聘请工勤人员 2 人）

1953 年，九三学社重庆分社第二届委员会设：秘书处、组织部、宣传部。

秘书处处长：刘淳玉

副处长：漆文定

组织部副部长：何知凡

宣传部副部长：李道庸

工作人员：7 人（另聘请工勤人员 2 人）

1956 年，重庆分社第三届委员会设：秘书处、组织部、宣传部。

秘书处处长：刘淳玉

副处长：漆文定

组织部副部长：何知凡

宣传部副部长：李道庸

工作人员：7 人（另聘请工勤人员 2 人）

1958 年，重庆分社第四届委员会设：秘书处、组织部、宣传部。

秘书处长处长：刘淳玉

组织部副部长：何知凡

宣传部副部长：李道庸

工作人员：7 人（另聘请工勤人员 2 人）

1962 年，重庆分社第五届委员会设：秘书处、组宣处。

秘书处处长：刘淳玉

组宣处副处长：何知凡

工作人员：8 人（另聘请工勤人员 2 人）

1980 年，重庆分社第六届委员会期间设秘书长 1 人，设办公室（原秘书处）、组织宣传处两个职能处室。

秘 书 长：何知凡

办公室主任：何知凡（兼）

办公室副主任：黄坤

组宣处处长：何知凡（兼）

工作人员：12 人（另聘请工勤人员 2 人）

1984 年，九三学社重庆市第七届委员会期间设专职副主委 1 人，秘书长 1 人，设秘书处、组织处、宣传处三个职能处室。

专职副主委：何知凡

秘 书 长：何知凡（兼）

秘书处副处长；梁家骧

宣传处副处长：刘珍菁

工作人员：12 人（另加 2 名事业编制）

1988 年，九三学社重庆市第八届委员会设专职副主委 1 人、秘书长 1 人，设办公室、组织处、宣传处、科技处 4 个职能处室。

专职副主委：何知凡

秘 书 长：黄秉来（1989 年 5 月后因工作调离为兼职秘书长）

副秘书长：刘珍菁

组织处处长：黄秉来（兼）（1989 年 5 月因工作调离，辞去组织处处长职务）

副 处 长：王菊敏（女）（1989 年 12 月任职）

宣传处处长：刘珍菁（兼）

副 处 长：李　花（女）（1989 年 12 月任职）

办公室主任：梁家骧

副主任：徐子琢

科技处副处长：李辉松

工作人员：12 人（另加 2 名事业编制）

1992 年，社市委第九届委员会设专职副主委 1 人、秘书长 1 人，设办公室、组织处、宣传处、科技处、研究室（增设）5 个职能处室。

专职副主委：何知凡

秘 书 长：邱道持（兼 1992 年 1 月—1992 年 12 月）

黄秉来（兼 1993 年 1 月—1997 年 4 月）

办公室主任：徐子琢

组织处副处长：王菊敏（女）

宣传处副处长：李　花（女）

科技处处长：李辉松

研究室副主任：程德贵

工作人员：12 人（另加 2 名事业编制）

1997 年，重庆直辖，九三学社重庆市第一届委员会成立。社市委机关设专职副主委 1 人，秘书长 1 人，设办公室、组织处、宣传处、科技处、研究室 5 个职能处室。

专职副主委：黄秉来（2006 年 12 月起兼职）

秘 书 长：朱晓容

办公室主任：徐子琢

组织处处长：王菊敏（女）（经 1998 年 7 月一届十二次主委会议任命为处长）

宣传处处长：李　花（女）（经 1998 年 7 月一届十二次主委会议任命为处长）

科技处处长：李辉松

研究室副主任：程德贵

工作人员：12 人（另加 2 名事业编制）

2002—2007 年，九三学社重庆（直辖）市第二届委员会期间，社市委机关设专职副主委 1 人，设办公室、组织处、宣传处、研究室、科技处 5 个职能处室。2005 年，研究室更名为参政议政处，科技处更名为社会服务处。

专职副主委：陈义华（2005 年 4 月—2008 年 7 月）

秘 书 长：朱晓容（2001—2006 年）

杨开奎（2007 年—）

办公室主任：徐子琢（2001 年—2003 年 5 月）

涂慧琼（女）（2003 年 5 月—2006 年 4 月任副主任、2006 年 5 月任主任）

组织处处长：王菊敏（女）（2001 年—2003 年 5 月）

徐子琢（2003 年 5 月—2007 年 9 月）

漆卫东 2011 年 5 月—2014 年 4 月（因工作调离免去处长职务）

副处长：漆卫东（2007 年 9 月—2011 年 4 月）

宣传处处长：李　花（女）（2001—2003 年 5 月）

吴念鲁（2003 年 5 月—2006 年 4 月任副处长、2006 年 5 月任处长）

参政议政处处长：

（原研究室）程德贵（2001 年—2003 年 5 月）

李　花（女）（2003 年 5 月任处长）

社会服务处处长：

（原科技处）王菊敏（女）（2003 年 5 月任处长）

工作人员：17 人（另加 2 名事业编制）

三、机关内设机构及职能

（一）办公室

于 1951 年设立。原秘书处，1980 年更名为办公室。

办公室是主管九三学社重庆市委员会机关秘书事务、文书档案、人事劳资、行政后勤工作的职能部门。主要职责为：

1. 负责管理社市委机关办公事务，承办综合性会议，协助各处室筹备有关会议。

2. 草拟社市委年度工作计划、总结及一般行政文件，起草机关内部事务管理制度文件，并督促落实。

3. 负责公文收发及传递、档案管理、机要保密等工作。

4. 负责后勤服务、行政财务、物资管理、安全保卫、车辆管理及对外接洽和接待工作。

5. 负责社市委机关人事考核、人事管理和考勤工作。

6. 负责“九三社员之家”的建设管理服务工作。

7. 负责牵头办理社市委机关年度表彰奖励工作。

8. 负责有关社区级组织、社市委专委会和社直属基层组织的联系工作。

9. 完成社市委领导交办的其他工作。

（二）组织处

于1953年设立。原组织部，1962年与组织部合并为“组宣处”，1984重新划分为“组织处”。

组织处是主管九三学社重庆市委员会组织工作的职能部门，主要职责为：

1. 根据社章和社中央组织工作规定，做好组织管理工作，执行社的组织纪律。
2. 负责新建立社区级组织和直属基层组织的具体工作。
3. 负责指导和推进社区级组织和直属基层组织开展组织建设工作。
4. 负责发展和培训新社员。
5. 负责社的后备干部队伍推荐和干部队伍管理的具体工作。
6. 负责社员来信来访接待工作。
7. 负责组织对社内同志的慰问工作。
8. 负责有关社区级组织、社市委专委会和社直属基层组织的联系工作。
9. 完成社市委领导交办的其他工作。

（三）宣传处

于1953年设立。原宣传部，1962年与组织部合并为“组宣处”，1984年重新划分为“宣传处”。

宣传处是主管九三学社重庆市委员会宣传工作的职能部门，主要职责是：

1. 负责中共中央、社中央、中共重庆市委有关会议和文件精神的宣传工作。
2. 负责组织并指导社区级组织和直属基层组织开展思想建设工作，了解、掌握社员思想动态。
3. 负责组织和开展参政党理论和社史研究的具体工作。
4. 负责对内对外宣传报道的具体工作。
5. 负责编印《重庆社讯》，维护“重庆九三学社”网站。
6. 负责组织社市委机关学习工作。
7. 负责有关社区级组织、社市委专委会和社直属基层组织的联系工作。
8. 完成社市委领导交办的其他工作。

（四）社会服务处

于1988年设立。原科技处，2005年更名为社会服务处。

社会服务处是主管九三学社重庆市委员会面向社会开展科技服务工作的职能部门，主要职责是：

1. 负责组织协调社区级组织和直属基层组织面向社会开展科教服务工作。
2. 负责组织、实施社市委重大科技活动。
3. 负责开展“九地合作”的具体工作。
4. 负责组织、开展有关经济发展理论研究工作。
5. 负责收集整理社员的科技成果、科技著作获奖情况。
6. 负责与对口联系单位的联络工作，组织完成有关课题调研任务。
7. 负责有关社区级组织、社市委专委会和社直属基层组织的联系工作。
8. 完成社市委领导交办的其他工作。

（五）参政议政处

于1992年设立。原研究室，2005年更名为参政议政处。

参政议政处是主管九三学社重庆市委员会参政议政工作的职能部门，主要职责是：

1. 负责对社市委参政议政课题提出调研建议方案，并组织实施，形成调研报告。

2. 负责征集整理社市委提交社中央、市政协的提案和大会发言材料。

3. 负责办理社市委集体提案回复工作。

4. 负责收集、整理和开展社情民意信息工作。

5. 负责与社内有关专家、人大代表和政协委员的联系工作。

6. 负责社市委参政议政研究中心的日常事务工作。

7. 负责起草社市委领导参政议政发言材料。

8. 负责有关社区级组织、社市委专委会和社直属基层组织的联系工作。

9. 完成社市委领导交办的其他工作。

第二节　建设学习型、服务型、节约型机关

一、制度建设

坚持把加强机关建设作为社市委组织建设的重要环节。严格执行党和国家的干部政策和人事制度。重点在建立和健全机关各项工作制度，完善机关专职干部的管理办法方面作出了积极努力。建立和完善了以岗位责任制为核心的管理机制，制定和实施了社市委机关的文书档案、财务资产、干部人事、办文程序等管理制度和各项工作规则，通过制度建设，有效推进了社市委机关工作的制度化、规范化和程序化。2001—2007 年，共制定和实施了《九三学社重庆市委员会、常委会、主委会工作规则》《九三学社重庆市委员会关于发展新社员的实施办法（试行）》《九三学社重庆市委员会专门委员会通则》《九三学社重庆市委员会公文办理办法》《九三学社重庆市委员会财务管理制度》等规章制度 33 项。

二、机关干部队伍建设

加强学习培训，机关干部队伍的整体素质和业务水平得到了提高。近年来，社市委机关共组织 11 批 105 人次参加了中央社会主义学院、九三学社中央、中共重庆市委党校、重庆市行政学院、重庆市社会主义学院等组织的学习培训。要求机关干部在工作中学习提高。同时，积极为机关年轻干部的学习成长创造条件。机关干部中，有 1 人完成了在职研究生的进修。

2001—2007 年以来，社市委机关共引进和公开招录了 8 名工作人员（其中，专职副主委 1 名，秘书长 1 名，处级干部 2 名，年轻干部 4 名，4 名年轻干部都参加了重庆市初任公务员的学习培训）。2003 年，全体中层干部进行了轮岗，3 名机关干部晋升为副调研员。2004 年，1 名处级干部晋升为副巡视员，1 名副厅级干部交流到渝中区政协任驻会副主席。2006 年，2 名副处级干部晋升为正处级干部。2007 年，3 名副调研员晋升为调研员。

三、作风建设

为适应新时期、新形势对民主党派机关工作的要求，社市委以建设一支政治思想好、业务能力强、组织纪律严明、服务热情高的机关干部队伍为目标。采取一系列措施，制定了《九三学社重庆市委机关作风整顿实施方案》，积极转变机关作风，增强服务意识。要求机关干部必须深入实际，面向基层，为基层服务，为广大社员服务；开展调查研究，深入了解社员的思想、工作与生活等方面的情况，做好思想政治工作。建立和完善了联系专委会制度、机关工作人员联系基层等制度。重庆直辖以来，社市委按照直辖市的标准和工作要求，摆脱原有的思维定式和工作格局，在转变管理

机制和工作作风上下功夫，机关工作人员素质得到提升，机关学风、文风和工作作风均得到较大改善，形成了新的工作局面。

努力营造良好的学习氛围，提高政治素养，构建学习型机关。每年都以各种方式开展学习教育活动，强化机关干部责任意识、大局意识。提倡爱岗敬业，强化服务意识。提倡积极主动，强化创新意识。提倡开拓进取，为社市委更好履行参政党职能提供良好服务。增强节俭意识，建设节约型机关。组织机关干部学习《公务员精神解读》，发扬民主、开展批评与自我批评，及时解决机关工作人员在思想、工作、作风、团结等方面存在的问题。树立正确的思想作风、道德情操、良好的精神风貌，机关干部职工的精神面貌焕然一新。

在改进会风上，社市委做了大量细致的工作，控制会议规格、数量、规模、会期，改进会议形式，简化会议程序，提高会议效率，降低会议成本；在改进文风上，倡导清新简练的文风，做到意尽文止、条理清楚、文字精练，起草文件和讲话稿注重针对性、指导性和可操作性，突出主题。

特别是自重庆直辖以来，通过承办九三学社中央十届十一次常委会、九三学社中央社史研讨会和参政党理论研讨会，以及受社中央委托承办修建九三学社成立旧址纪念碑和举办九三学社重庆市第三次代表大会等大型会议和活动，检验和提高了社市委机关办文办事办会的能力和水平，极大地推动了机关作风的转变，促进了务实高效文风、会风的形成，进一步增强了机关干部职工的服务意识。

四、硬件建设

车辆编制。1982 年，车辆编制 1 辆。1986 年，经机关事务管理局同意，车辆编制增加到 2 辆。2002 年，经机关事务管理局同意，车辆编制增加到 3 辆。

社市委领导重视机关硬件建设。在中共重庆市委统战部的帮助和市政府的支持下，装修了会议室和办公室，2002 年起，社市委机关的每个工作人员都配备有电脑，各处室配备了传真机和打印机，购置了复印机、一体化印刷机、数码摄像机、数码照相机、投影仪、笔记本电脑等现代化办公设施。2003 年，建立了机关内部局域网。2005 年，建立了社市委网站，为各级社组织和广大社员及时了解社市委工作动态，加强宣传工作建立了信息平台。随着社市委机关办公条件的逐步改善，极大地提高了机关工作的效率和质量。

第四章　建功立业

九三学社重庆分社成立以来，历届领导和各级社组织高度重视和大力倡导并支持社员立足本职、建功立业。广大社员以极大的政治热情投身社会主义现代化建设事业，在各自岗位工作中为建设有中国特色社会主义事业发挥力量，积极投身科学研究、教学和医疗卫生工作，业务水平不断提高，一大批优秀社员为国家建设和地方经济发展作出了突出贡献，取得了丰硕成果。据不完全统计：

1983 年，社员陈仁溥被评为“1983 年度四川省劳动模范”；社员高家锐、蒋万书被评为“1983 年度重庆市先进工作者”；社员宋本仁获“1983 年四川省科协系统先进工作者”称号。

1985 年，社员苏葆桢、杜少岚（女）在首届教师节获“四川省劳动模范”和“四川省优秀教师”称号；聂世茂获“重庆市劳动模范”和“重庆市优秀教师”称号。

1990年，社员陈重穆获“国家级有突出贡献的中青年专家”称号。

1998年，社员王智彪获“重庆市青年五四奖章”，1999年又获“首届重庆市十大杰出青年”称号、首届“振兴重庆杰出贡献奖章”；黄为被授予“全国优秀科技辅导员”荣誉称号；周伯安获重庆市首届“十佳律师”称号。

1999年12月29日，重庆市第一届科学技术顾问团成立，社员潘复生、蒲勇健、邓祖玲（女）、谢小军、王智彪、刘信安、田代贵、黎昌礼8位同志被聘为科技顾问团顾问。潘复生兼任顾问团秘书长。

2000年，社员谢小军、王智彪获“重庆市先进工作者”称号；郭树华（女）获“重庆市‘三八’红旗手”称号。

2001年，社市委委员、重庆医科大学教授王智彪出席国家科学技术奖励大会，他所研制的“JC型聚焦超声肿瘤治疗系统”（简称海扶刀），获“国家技术发明奖二等奖”。社市委常委、煤炭科学研究院重庆分院高级工程师于不凡，社市委委员、重庆医科大学教授王智彪被评为“2001年中国工程院院士候选人”。

2002年，社员孙冬野获“重庆市自然科学奖”；陈兵奎获“重庆市技术发明奖”；詹捷、蔡成雄、董刚峰、黄爱龙、郭树华（女）、潘复生、刘信安、孙晓川、欧阳仲春、胡自力、雷慧德（女）、周智、雷霆获“重庆市科技进步奖”。唐光武、陈洪凯、冯晓（女）、毛敬华、孙晓川、谢昭鹏、李中金、廖建云、余国东、胡翔、徐泽（女）、霍仕平、黄文章、曾致远、谭强获省部级奖励。

2003年，社员陈阳美、陈洪凯、刘渝新、徐泽（女）、侯渝嘉、胡翔、陈义华、詹捷、陈仕江、杨刚毅、蒋迎九、黄惊鸿、毛思中（女）获重庆市科技进步奖。社员陈仕江、毛敬华、陈阳美、胡翔、徐泽（女）、张烈、董钢峰、李进军（女）、雷慧德（女）获省部级奖励。社员余国东获“振兴重庆争光贡献奖”提名奖。

2004年，社员祁志云、邱道持、潘复生、马鸣图、李志刚、蔡汝哲、余国东、徐泽（女）、侯渝嘉、胡翔、陈洪凯获“重庆市科技进步奖”。社员王梅（女）、陈仕江、蔡汝哲、杨锡武、蔡应繁、江怀仲、宿大亮、陈洪凯、冯晓（女）、权正学、赵万蓉（女）、毕芙蓉（女）、陈新瑜、林强、廖敦秀（女）、张烈、郭劲松、张小安（女）、刘渝新获省部级奖励。社员余国东获“重庆青年五四奖章”。

2005年，社员陈洪凯、霍仕平、董钢锋、黄爱龙、蔡汝哲、冷志、黄华、谢岷、杨锡武、陈仕江获“重庆市科技进步奖”。社员唐光武、王禾（女）、潘海容（女）、漆洪波、阎鸿鑫、侯渝嘉、余国东、胡翔、徐泽（女）、张烈、周守昌、彭扬烈（女）、桑汉英（女）、董钢峰、王念五、杨玲（女）、李进军（女）、朱利泉、马鸣图获省部级奖励。社员刘渝新获“重庆市劳动模范”称号；霍仕平获“重庆市先进工作者”称号。社员潘复生获中共重庆市委、市政府海外留学突出贡献先进个人表彰。

2005年5月，重庆市第二届科技顾问团成立，我市社员潘复生、黄爱龙、王智彪3位同志受聘为科技顾问团顾问。

2006年，社员蔡成雄、王小飞、张守全、潘复生、郭劲松、陈小强、唐鸣放（女）、董钢峰、蒲勇健、孙冬野、张群力、孙长领、蒲小芳（女）、祁志云、杨玲（女）、黄泓（女）、陈悦（女）、田代贵、曹建、马鸣图获省部级奖励。社员张小清（女）获“重庆市五一巾帼”荣誉称号。社员魏子栋、陈洪凯、李登信、王建华、潘武、童明伟、祁志云、蔡成雄、欧毅、侯渝嘉、徐泽（女）、胡翔、邵文齐、徐中明、郭劲松、朱光俊（女）、詹捷、米林、苏新良等19人获中共重庆市委、重庆市政府科学技术奖励。

2007年7月，社员陈仕江被重庆市委市政府授予“首届重庆市有突出贡献的中青年专家”称号。李登信被市政府授予“重庆市名师”称号。张力（女）获“重庆市道德模范”提名奖。

第四篇　履行职能

参政议政和民主监督是中国共产党领导的多党合作基本政治制度和时代赋予民主党派的两项基本职能。半个多世纪以来，九三学社重庆市委秉承爱国、民主、科学的优良传统，同中国共产党在争取民族独立和人民解放的宏伟事业中风雨同舟，在社会主义革命和建设的历史进程中携手前进，在改革开放和社会主义建设的伟大实践中团结奋斗。特别是自改革开放以来，民主党派的参政议政职能不断完善和体现，九三学社重庆市委深入学习贯彻科学发展观，围绕经济社会发展中的重大问题及人民群众普遍关心的热点问题，深入调查研究，积极建言献策。1989 年，颁布的《中共中央关于坚持和完善中国共产党领导的多党合作和政治协商制度的意见》（中共中央〔1989〕14 号文件）明确了民主党派的地位、性质和作用；强调了“长期共存、互相监督，肝胆相照、荣辱与共”是中国共产党同各民主党派合作的基本方针；规定了民主党派参政的基本点是参加国家政权，参与国家方针和国家领导人选的协商，参与国家事务的管理，参与国家方针、政策、法规的制定执行。1996 年 6 月，中共中央召开全国统战会议，江泽民总书记做了《努力发展最广泛的爱国统一战线》重要讲话，中共中央发出了关于加强统一战线工作的通知，形成了爱国统一战线的新局面。2005 年，颁布的《关于进一步加强和完善中国共产党领导的多党合作和政治协商制度》（中共中央〔2005〕5 号文件），进一步确立了民主党派的参政党地位，民主党派参政议政和民主监督的作用得到进一步的重视和发挥。九三学社重庆市委努力提高履行参政党职能的科学化水平，参政党意识进一步增强，参政议政的职能得到进一步发挥，参政议政工作步入了规范化、制度化。

九三学社重庆市地方组织履行参政党职能大致分为四个阶段：

1946—1966 年。其间，经历了 1946 年 10 月重庆分社成立、1951 年 9 月恢复成立重庆分社第一届理事会和“文革”时期。这一时期，在总社指导下，重庆分社努力实践社的政治纲领，积极响应中共中央“五一”号召和毛泽东的八项和平主张，拥护召开新政协会议的主张。同共产党共同战斗，与其他民主党派、人民团体联合行动，积极投身于重庆地区的爱国民主运动，与国统区的反动统治进行不懈斗争，直到重庆解放，为建立新中国做出了积极贡献。新中国成立后，九三学社以中国人民政治协商会议《共同纲领》和政协总纲作为自己的政治纲领。在总社和中共重庆市委的领导下，重庆分社按照社章的要求，积极参与国家和重庆市政治生活中重大问题的协商，组织社员参加民主改革和各项社会主义改造运动，为发展科学技术、教育和医药卫生等事业做出了积极贡献，走上了为社会主义服务的道路。

1978—1997 年。1978 年中共中央十一届三中全会之后，统一战线进入了一个新的历史发展阶段。1978 年 8 月重庆分社也随之恢复活动。1979 年 6 月和 10 月，邓小平就新时期统一战线问题发表了两次重要讲话，对新时期统一战线的形势任务做了全面科学分析，对新时期民主党派的性质、地位和作用做了深刻的阐述。邓小平在 10 月的讲话中指出，在我国新的历史时期，我们的革命的爱国统一战线也进入了一个新的历史发展阶段。统一战线仍然是一个重要法宝，不是可以削弱，而是应该加强，不是缩小，而是应该扩大。特别强调了我国实行共产党领导的多党合作的问题，他说："在中国共产党的领导下，实行多党派的合作，这是我国具体历史条件和现实条件所决定的，也是我国政治制度中的一个特点和优点"，"1956 年我国社会主义制度基本确立以后，党中央、毛泽东同志又进一步提出了同各民主党派实行'长期共存，互相监督'的方针，这是一项长期不变的方针。"邓小平指出：在当前新的长征中，中国共产党同各民主党派，在四项基本原则的指引下实行互相监督，这对于增强和维护安定团结，共同搞好国家大事是非常重要的。这一时期，社市委履行参政党地方组织职能体现在建言献策、当好共产党的助手和诤友方面，做了大量工作。这是当时拨乱反正形势下，九三学社在新的历史时期参加国家政治生活的一种主要方式。1981 年至 1982 年，中共中央发出检查落实知识分子政策情况的通知后，重庆分社成立了知识分子工作调查研究办公室，开展了大量工作，提出了意见和建议。这项工作对促进知识分子在落实政策、安排使用、工作条件、生活条件等方面的问题能够得到合理解决，调动广大知识分子在"四化"建设中的积极性，起到了极大的作用。同时，社市委通过组织社员参加历届人民代表大会和政治协商会议，参与重庆市大政方针和统一战线等重大问题的政治协商，积极发挥民主党派地方组织的作用，工作领域逐步拓宽。

1989 年，《中共中央关于坚持和完善中国共产党领导的多党合作和政治协商制度的意见》的颁布，标志着中国共产党领导的多党合作进入了一个新的发展阶段，再次表明了中国共产党发展和完善这一具有中国特色基本政治制度的决心。多党合作的实践也不断地丰富着民主党派履行职能的形式和内容，社市委的参政议政工作步入了一个新阶段，在国家和地方政治生活中的积极作用进一步体现：社市委一些负责人担任了政府及有关部门的领导职务。一批社员在各级政府中任实职和担任各级政府特约监督员；一批社员担任了各级人大代表和政协委员，他们代表社组织在历次两会上就科技、教育、科研成果的转化、物价、不正之风、知识分子、工程建设、反腐倡廉等问题恳切直言，提出建议和提案认真履行代表委员的职能；社市委在政协会议上的发言、提案数量不断增加，质量不断提高。如围绕西部大开发、发展农业生产、搞活大中型企业、促进科技进步等提出的重要建议，受到重视，有的已被采纳；在参与重庆市的大政方针和重要人事的协商中，认真履行参政议政、民主监督职责；社市委与市科委、市卫生局、市建委建立了对口联系制度。参政议政和民主监督职能不断增强，出现了生机勃勃的新局面。

1997—2007 年。1997 年重庆直辖以来，作为参政党省级地方组织，社市委在深化履行参政党职能认识的基础上，认真贯彻落实中共中央〔1989〕14 号文件的有关规定，就开展参政议政工作的组织方式、工作机构、工作机制进行了积极的探索和实践。2005 年，中共中央《关于进一步加强和完善中国共产党领导的多党合作和政治协商制度建设的意见》（中共中央〔2005〕5 号文件）颁发后，社市委坚持围绕中心，服务大局，努力探索适应新世纪要求的履行参政党地方组织的形式和方法。根据社的特点和优势，将履行职能的重点放在为新重庆的建设和发展、三峡库区经济社会发展上。在开展调查研究的选题重点、工作程序、工作方法、上下结合、信息沟通、内外联系等方面，进行了探索，取得了成功的经验，建立了一套行之有效的工作制度，履行职能成效显著。在全国和重庆市政协会议上，社市委的发言、提案数量稳步增加，质量不断提高，参政议政能力显著提升，提出的许多意见和建议，具有较高的针对性和可行性，受到有关党政部门的重视和采纳。发挥了参政党地方组织的作用，取得了积极成效，产生了良好的社会影响。

第一章　参政议政

参政议政是参政党的第一要务。在新的历史时期，九三学社重庆市委以贯彻《中共中央关于坚持和完善中国共产党领导的多党合作和政治协商制度的意见》为主线，在中国共产党“一个中心，两个基本点”的基本路线指引下，始终将参政议政的选题重点放在具有前瞻性、战略性、全局性的课题上。在努力为改革开放，经济建设和祖国统一事业服务方面，积极建言献策，认真履行参政议政职能。

第一节　参与高层协商议政

中国共产党同民主党派进行政治协商，是中国共产党领导的多党合作和政治协商制度的一项重要内容，其主要形式有建国初期的双周座谈会和以后的双月座谈会、民主协商会、情况通报会、暑期谈心会。社市委主要领导应邀参与了重庆市有关大政方针、重大决策和重要人事的安排协商、重庆市历届政协委员人选的民主协商，参加了中共重庆市委历次党代会《工作报告》、重庆市政府《工作报告》、重庆市政协常委会《工作报告》征求意见会，参加了中共重庆市委、市政府及有关部门召开的机关会议精神传达会、专题协商会以及市委统战部召开的各种座谈会共数十次，对国家大政方针、统一战线中的重要问题，对重庆市大政方针及重大事务、重要人事安排、政策法规的制定执行，对《重庆市经济科技社会发展战略纲要》、《重庆市国民经济和社会发展十年规划和“八五”计划纲要（草案)》、重庆市《九五计划和2010年远景目标规划》等重要文件的制定，以及对实现重庆经济体制改革转型、科教兴渝战略的实施、非公有制经济、稳定物价、社会治安综合治理、三峡库区移民、“一小时经济圈”、“贯彻落实重庆新阶段发展‘314’总体部署”、“重庆统筹城乡综合配套试验区”、治理经济环境和整顿经济秩序、反腐败和党风廉政建设等重大问题，进行的情况通报和协商讨论。

1998年，为进一步加强与重庆市各民主党派、工商联负责人和各党派代表人士的联系，中共重庆市委发出《关于进一步健全和落实市委常委与党外代表人士交朋友制度的通知》，将这项制度纳入统一战线工作的主要内容。要求中共重庆市委常委按照“尊重、信任、关心、帮助、融洽、耐心”的要求，主动坦诚与党外代表人士交朋友，将与党外代表人士交朋友的情况纳入市委常委民主生活会检查内容，并注意不断总结、检查和落实交朋友制度的经验。这项交友制度一直坚持至今。首次落实交友为：中共重庆市委书记张德邻与社市委主委徐宗俊；中共重庆市委副书记、市长蒲海清与社市委副主委侯雪岩；中共重庆市委常委、市纪委书记赵海渔与社市委副主委黄秉来；中共重庆市委常委、市农工委书记税正宽与社市委副主委谢小军。

1989年《中共中央关于坚持和完善中国共产党领导的多党合作和政治协商制度的意见》（中发〔1989〕14号文件）颁发后，社市委十分重视参加高层协商议政，为保证高层政治协商建言议政的质量，每次高层协商前，都要进行认真准备，在调查研究的基础上，进行深入讨论，组织社内专家进行论证。做到会前精心准备、会上积极发言、会后及时传达，高层政治协商建言议政质量显著提高。

1991 年至 2006 年期间，社市委主要领导通过参加中共重庆市委召开的民主协商、专题座谈会、情况通报会、会议精神传达会、暑期谈心活动等高层协商活动，直接参与国家和地方政治生活中的重大方针政策、重庆市的重大事项、地方行政管理和经济社会发展中重大问题的决策前协商，分别就《政府工作报告》、经济形势分析和经济工作、扩大开放、“九五”、“十五”计划及 2010 年远景目标纲要、“十一五”规划、“十二五”规划、重庆市的“三大任务、四大难题”、三峡库区移民搬迁、实施西部大开发战略、推进政治体制改革和行政体制改革、深化科技管理体制改革、提高自主创新能力、推动战略性新兴产业发展、促进医疗体制改革、推动城镇化发展、加强党风廉政建设、构建和谐重庆、改善中小企业发展环境、促进文化产业发展及有关人事安排等重大决策，积极反映情况，坦诚建言，提出具有操作性的意见和建议，受到中共重庆市委、市政府及有关部门的重视，一些建议被采纳。

2007 年，九三学社重庆市委主要领导参加中共重庆市委、市政府、市政协组织的“双月座谈会”、征求意见会、主要就中共重庆市委第三次党代会，《工作报告（征求意见稿）》、市政府《工作报告（征求意见稿）》、市政协常委会五年《工作报告（征求意见稿）》和“一小时经济圈”、“贯彻落实重庆新阶段‘314’总体部署”、“重庆统筹城乡综合实验区”建设等专题议政，提出了有价值的意见建议。

第二节　建言献策

参政议政是民主党派的政治使命，建言献策的质量和水平事关参政党形象，直接反映出九三学社重庆地方组织开展社务工作的水平，为历届社市委所高度重视。

1951 年恢复成立到 1966 年停止活动期间，重庆分社对国家和重庆市的有关大政方针，在双月座谈会、党外人士座谈会上，反映所联系的知识分子和群众的意见，提出意见建议。

1978 年重庆分社恢复活动以后，主要通过座谈讨论和开展专题调研，对国家和重庆市的大政方针、四化建设、改革开放以及重大社会问题，向中共重庆市委及有关部门提出意见建议。

1978 年，重庆分社临时领导小组在社中央西南调查组和中共重庆市委统战部的领导下，召集医疗卫生、工程技术、高等院校相关社员座谈，了解和反映社组织、社员，以及所联系的知识分子在“文革”中受冲击的情况，为积极推动拨乱反正，落实知识分子政策建言献策。

1980 年 7 月，重庆分社召集部分高校社员座谈，专题讨论教育体制改革问题，并整理成《关于教育计划和教育体制问题的讨论意见》《对我国高等教育体制改革的建议》等文字材料 2 件和专题简报 3 期，提出了关于教育体制改革的具体措施和建议，报社中央和中共重庆市委，供相关部门决策参考。

1982 年 4 月，重庆分社积极响应社中央为贯彻全国统战工作会议精神和配合中共中央提出的检查知识分子工作任务的决定，把协助党和政府开展落实知识分子政策作为年度工作重点。召开了委员（扩大）会议座谈，深入高校开展调查研究，形成了《九三学社重庆分社关于中年知识分子问题的调查报告》报社中央。社中央执行局将各地分社的报告整理汇总后，向中共中央和国务院提出了关于中年知识分子问题的专题性建议。中共中央办公厅于 1982 年 11 月 3 日复函表示重视和感谢，并已责成有关部门提出研究解决方案。

1988年3月18日，在中共重庆市委召开的“制定重庆市地方优惠政策，改善投资环境”具体措施商议会上，社市委主委王际强代表社市委提出了建议，就重庆市大政方针的制定发言，提出意见建议。1988年11月，根据社中央的要求，社市委组织部分社员座谈讨论，撰写研讨文章，积极参与社中央和开发大西南战略研究中心召开的“大西南经济振兴研讨会”，就寻求振兴大西南经济的根本途径提出了建议。

1989年《中共中央关于坚持和完善中国共产党领导的多党合作和政治协商制度的意见》（中发〔1989〕14号文件）颁布实施，社市委注重发挥全市社员智力密集、广泛联系科技界的优势，通过开展各专委会工作，发挥社组织的整体作用。鼓励担任各级人大代表和政协委员的社员，加强与基层中共党组织和广大社员及所联系的知识分子的联系，深入调查，通过“两会”反映意见建议，直接参与重庆市的政治生活和政治协商，积极为国家和重庆市的经济社会发展认真履行参政党职责。参与了《重庆市“八五”计划、“十年规划纲要”》《改造振兴重庆老工业基地规划》等重要文件的制定，并通过深入调研座谈、提出有价值的建议，供中共重庆市委及有关部门决策参考，为推进经济体制从传统的计划经济向社会主义市场经济转变建言献策。以及就重庆市的重大事务、重大人事安排提出意见和建议。

1990年3月，社市委召开委员（扩大）会议，对中共重庆市委制定出台贯彻《中共中央关于坚持和完善中国共产党领导的多党合作和政治协商制度的意见》的实施意见，提出意见和建议。

1996年4月25日，市长刘志忠邀请各民主党派、工商联负责人和市政府参事，征求对《关于重庆市国民经济和社会发展“九五”计划及2010年远景目标纲要报告（修改意见稿）》意见，会上，主委许香谷代表社市委提出修改建议。

2001年6月15日，中共重庆市委召开座谈会，听取对《关于加快实施科教兴渝战略的决定（征求意见稿）》的意见建议，主委徐宗俊代表社市委发言，为实施科教兴渝战略坦诚建言。9月30日，中共重庆市委召开双月座谈会，征求对《中共重庆市委关于切实加强和改进党的作风建设的意见》，主委徐宗俊代表社市委提出了建议。

2001年4月28日，中共重庆市委制定出台了《关于重大问题邀请民主党派、工商联调查研究的实施办法》，正式启动“党委要求，政府出题，党派调研，部门落实”参政议政重大课题调研机制。自2002年起，根据中共重庆市委的要求，社重庆市委每年完成一项重大参政议政课题，为中共重庆市委、市政府及相关部门提供决策参考。在年度“重庆市各民主党派、工商联参政议政调研成果汇报会”上，由市政府市长主持会议，市政府相关部门负责人参加会议。会上，市长对各民主党派、工商联参政议政调研课题中提出的建议，及时安排市政府相关部门具体落实。

历年完成的中共重庆市委参政议政重大课题：

2002年，完成了课题“关于重庆市信息化带动工业化实现途径的研究”。调研报告指出，在“十五”期间，必须认清形势，抓住机遇，认真规划，坚定不移地实施信息化带动工业化的战略，实现重庆市信息化与工业化进程共同推进和国民经济快速发展的宏伟目标。并根据重庆社会与区域经济发展的实际情况，建议信息化带动工业化的实现途径为：整合资源、发挥优势、整体推进、率先突破；发挥光电材料与元器件的技术优势，将重庆建成国内重要的光电产业研发与生产基地；发挥机械制造业总量和配套能力的相对优势，将重庆建成国内一流、西部最大的现代制造业基地；发挥应用软件与系统集成的基础优势，将重庆建成具有鲜明区域经济特色的国家级软件产业基地。

2003年，完成了课题“把重庆建成世界性制造中心可行性研究”。社市委在研究报告中指出，重庆作为一个典型的重工业城市，2002 年全市工业总产值占 GDP 总额的 33.0%，R&D 经费投入占 R&D 经费总投入的 55.8%。根据最近出台的《中共重庆市委关于加快推进新型工业化的决定》精神，建议将重庆制造业的发展目标定位为“在 15 年内建成长江上游世界级现代制造中心”：一是加大对 R&D 活动经费的投入，优化 R&D 活动经费投入结构，加强 R&D 活动与经济的结合，提高科技投资的效益。二是加快 R&D 活动成果转化，促进良性循环。三是充分利用高校 R&D 资源优势，发挥高校 R&D 资源的区域创新作用。四是稳定、引进、培养 R&D 人才，对高层次人才给予重点专项支持，吸引更多的专业化人力资本投入 R&D 活动。五是提高广大从业者的文化和科技素质，为重庆制造业发展积累人力资本存量。

2004 年，承担完成了课题“三峡库区产业空虚对策研究”。课题组深入万州区、奉节和巫山县调研后认为，由于三峡库区产业受现行行政区划的制约，库区产业的主要问题是投融资体制不顺，金融运行机制失效，财税体制不健全，一产不强、二产不优、三产不大。其中，体制不完善是库区产业空虚的主要原因。建议：一是加快体制创新对称与制度互补。二是打破行政区划的体制约束，建立“库区经济一体化管理体制”。三是加快投融资体制改革。四是完善库区财政、税收扶持机制等 16 条政策性建议。这些建议得到中共重庆市委、市政府的高度评价，被市政府及相关部门全部采纳。课题成果同时作为社市委集体提案提交 2004 年召开的市政协二届四次会议，被列为大会“一号提案”，由中共重庆市委书记汪洋亲自督办。其间，社市委副主委陈义华、课题组组长王筱欣应邀参加了中共重庆市委、市政府组织的赴库区开展的“三峡库区产业空虚问题”专题调研，就对策建议与汪洋书记及市政府相关部门进一步交换意见。

2005 年，承担完成了课题“加快重庆市农村实用人才队伍建设研究”。在深入调查研究，准确把握重庆市农村实用人才队伍建设现状的基础上，社市委建议：一是树立科学人才观，提高对农村实用人才作用的认识。二是加强领导，健全机构，加快农村实用人才建设的步伐。三是重视基础教育和培训，奠定农村实用人才建设的基础。四是创新工作机制，营造农村实用人才成长的环境。五是加大政府投入力度，促进农业产业化发展。市委市政府相关部门认为，“该课题为加快我市农村实用人才建设，提供了决策参考意见”。

2006 年，承担完成了课题“关于推进我市农村卫生工作的建议”。针对重庆农村人口占绝大多数，大城市与大农村并存、二元结构特征十分突出的特点，“看病难、看病贵”是困扰广大农民群众的一大难题和反映强烈的社会热点问题。社市委课题组在赴黔江、武隆、彭水等地开展调研、问卷调查和广泛征集社情民意的基础上，探索积极推进重庆农村卫生改革发展的突破口，提出了缓解农民“看病难、看病贵”的政策性建议。建议以推广黔江“综合配套改革经验”为重点，以农村初级卫生保健为龙头，以农村卫生三级网络建设为基础，以新型农村合作医疗为主线，加快农村卫生基本建设：一是落实政府责任，建立与经济社会发展相适应的农村卫生投入保障体系，完善《重庆市卫生事业财政补助办法》，制定实施《重庆市农村医务人员社会保障办法》，整合资源、建立新型农村合作医疗和农村医疗救助联动协调机制，推广“公共卫生服务券”制度。二是以乡镇卫生院为枢纽，加强农村三级卫生服务体系建设，加强乡镇卫生院和村卫生室的基础设施建设，保障乡村医疗机构的公益性，整合乡镇卫生院和计生站，实行“一个机构两块牌子，一个机构两套管理”的模式。三是以队伍建设为重点，提高农村卫生队伍的素质和农村卫生服务水平，建立“乡村医生培训机制”和“农村卫生人才吸纳机制”，对现有乡村医生加强学历教育和在职培训，建立农村卫生人才定向培养制度。社市委在完成这项课题的同时，还促成了全国人大常委会副委员长、社中央主席韩启德专程来渝调研重庆农村卫生工作，并将重庆市政府相关意见建议以社中央“直通车”的渠道向中共中央反映，受到高度关注，发挥了积极作用。同年，社市委课题组应邀参加了市政府组织开展的“医疗卫生体制改革”专题调研工作。8月25日，社市委参加了市政府召开的“医疗卫生体制改革”会议，并根据任务安排，完成了相关调查问卷的发放、回收和统计工作。同时，还根据市政府的要求，与农工民主党重庆市委共同完成了《重庆市聘请医药卫生行业特约监督员的实施办法（试行草案）》的起草工作。

2007年，承担完成了课题“关于重庆市农村土地流转和规模经营的调研报告”。社市委课题组针对我市农村土地流转、规模经营的基本情况和影响农村土地流转和规模经营中的突出问题建议：一是完善现行土地管理制度，发挥农民主体作用，让广大农民拥有更多的财产性收入。二是完善农村土地市场，发挥其在市场资源配置中的基础性作用。三是适当放宽农村土地的农业用途管制，提高农地利用的比较效益；四是完善防范土地流转风险制度，完善土地流转服务体系。

第二章　在人大发挥作用及实职、特约、参事、文史馆员、对口联系

第一节　在人大发挥作用

人民代表大会是民主党派成员发挥作用的重要机构。担任各级人大代表的重庆市九三学社社员，通过认真履行代表职责，在参与宪法、法律和地方性法规的制定和修改，参与选举，决定和罢免国家和地方政府领导人，参与审查和批准国民经济和社会发展计划和计划执行情况的报告、国家和地方预算执行情况的报告，反映人民意愿，提出议案、建议和质询案，参与执法和执法检查工作中，发挥了重要作用。

在每年召开市人大、政协会议前，九三学社重庆市委组织社员中的人大代表和政协委员召开座谈会，就如何发挥九三学社组织及成员在人大、政协会议上的积极作用和开好会议进行认真研究，要求社员中的人大代表和政协委员，要以高度的政治责任感和历史使命感，切实履行代表、委员职责，在各级人大、政协会议上提出高质量的议案和建议。

1988年，九三学社重庆市第八次代表大会以来，九三学社重庆市委支持和鼓励社员中的各级人大代表，以邓小平建设有中国特色社会主义理论为指导，坚持中国共产党的领导和发扬社会主义民主。在调查研究的基础上，积极运用议案、批评和建议等形式，围绕国家经济体制改革的大政方针，国民经济与社会发展的第七个五年计划、各级财政预算等国计民生的重大问题、法律法规、有关重要事项及人事安排、人民代表大会制度建设和民主法制建设，就加快改革、扩大开放、促进经济发展和保持稳定等重大问题，认真履行人大代表职责。据不完全统计，九三学社社员中的重庆市人大代表在历次市人大会议上，共提交议案、意见建议及质询案689件，由九三学社社员中的市人大代表领衔并被列为历次市人代会议案的共有28件。

1992年，在重庆市十一届人大五次会议上，九三学社社员中的市人大代表丁小中、徐磊、温厚鸿、罗英、赵自治、侯厚垣、仇永兰分别领衔提出议案建议共26件。内容涉及对实施重庆市国民经济和社会发展十年规划和“八五”计划纲要，以及发展经济、教育、科学文化、卫生等事业。其

中，《关于尽快立项，修建重庆科技馆的议案》《关于制定〈重庆市残疾人劳动就业实施办法〉的议案》《关于市人大应组织重庆渝丰国际公司问题调查委员会的议案及对本议案的修正案》3件被立案为大会议案，23件被列为建议、批评和意见。

1993年，在重庆市十二届人大一次会议上，社员中的市人大代表丁小中、马鸣图、于不凡共领衔提出的《关于组建城市基础设施建设领导小组》《关于尽快组建重庆市轻型汽车集团有限股份公司》《重视煤炭生产发展的建议》3件议案被立案为大会议案，提出的5件意见、建议，被列为大会意见、建议。在本次大会上，社市委主委许香谷当选为市十二届人大常委会副主任，社市委常委马鸣图当选为市人大常委会委员。

1994年，在重庆市十二届人大二次会议上，社员中的人大代表丁小中、朱桢禄共领衔提出《维护正常经济秩序，制定反暴利法规》《健全管理职能，振兴我市中医药事业》等议案3件，均被立案为大会议案。其中，《关于成立"人民建议征集办公室"》议案，得到市政府采纳。蒋文铮、赵自治等共提出《关于建设解放碑地区地下污水处理厂的建议》等建议、批评和意见32件。许香谷、丁小中、温厚鸿、马鸣图、王之光、赵自治在参加本次人大会议召开的"科技兴渝百亿工程"专题审议会上，分别就加快完善科技立法、保护知识产权，维护科技人员的合法权益，促进经济社会全面发展做专题发言、提出了具体建议。

1995年，在重庆市人大十二届三次会议上，社员中的人大代表共提出《政令不一的混乱现象必须清理》《维护社会稳定，不要忘记68万残疾人》《科学论证"抗战历史博物馆"馆址问题》等议案、建议、批评和质询案数十件。丁小中、赵自治等在发言中指出：物价问题是当前社会普遍关注的热点问题，《政府工作报告》提出今年商品零售价格上涨幅度应控制在18%左右，切合我市实际，但目前重庆的物价仍高于全国平均水平，建议市政府采取有效措施，确保物价控制在目标范围内。温厚鸿指出：我市汽车工业发展机遇与挑战并存，建议市政府遵循市场规律，对重型、轻型、微型等各类专用车、摩托车及零部件工业，加强宏观调控，打破条块、部门所有制的界限，分别组建若干集团（股份）有限公司，以加速国有资产的优化组合和产业结构调整。

1996年，在重庆市人大十二届四次会议上，经市人大十二届四次会议审议确定为本次大会的39件议案中，由九三学社社员中的人大代表领衔的议案就有7件。在会议期间被誉为"履行职责一忙人"的人大代表丁小中，共提出议案3件、建议24件。其中，由丁小中等50名代表联名提出的《关于东风化工厂的扩建必须对人民、对历史负责的质询案》，受到高度重视，市领导当场表示采纳代表们提出的建议，并及时将结果向代表们通报。

在本次会议上，社员中的人大代表共提出建议（议案转建议）、意见52件。马鸣图《关于建立汽车、摩托车工艺装备研究开发中心的建议》，温厚鸿《关于打击各种刑事犯罪要经常化的建议》，丁小中《关于严格控制城市车辆，大力发展公共交通的建议》等备受与会代表和新闻媒体的关注。

1997年召开的重庆市人大一届一次会议，是全国人大批准设立重庆直辖市以来召开的第一次会议，意义重大。会上，重庆市社员中的12名人大代表共提出建议53件。其中，社市委常委丁小中提出建议28件，在本次大会立案的24件议案中，由丁小中领衔的就有《关于制定商品交易、管理条例的议案》《关于建立人大选举任命干部向人大述职制议案》2件被立案为大会议案。会上，丁小中、贺大镛等代表就做好移民工作，加快发展、富民兴市，改进人大常委会的任免和人大代表参加常委会的工作等问题积极反映民意、建言献策。

1998年，在重庆市人大一届二次会议上，社员中的人大代表，通过认真审议《政府工作报告》中提出的目标任务，共商新重庆发展大计，就继续推进我市经济体制改革、实现经济增长方式的根本转变，加强农业基础地位，做好三峡库区二期开发性移民等工作，共提出建议33件。其中，侯雪岩代表《关于搞好超市商场的建议》、马鸣图《关于制定重庆市CNG汽车发展规划的建议》、何世礼《出台重庆市农业产业化若干政策的建议》等建议反映了社情民意，具有可操作性。丁小中提出的《关于保护长江水质的建议》被列为本次大会议案。

1999年，在重庆市人大一届三次会议上，九三学社社员中的12位代表围绕我市“加快发展，富民为本”的工作方针和深入贯彻中共十五大精神，就加强立法、改善投资环境、进行经济结构调整、促进农业稳定、大力发展高新技术产业和区县经济、扩大内需、加快社会保障制度改革、加大再就业工作力度、加强社会主义精神文明建设和民主法制建设，共提出建议71件。其中，温厚鸿《关于制定〈重庆市道路运输管理条例〉的议案》被列为本次大会30件议案中的一件。丁小中《关于高校预算外资金管理有关问题的询问》受到会议的高度重视。

2000年，在重庆市人大一届四次会议上，社员中的人大代表认真行使人民代表职责，共商如何完成政府工作报告提出的目标任务。他们认为，去年全市在复杂环境中战胜困难，各项工作有新的进步，成绩来之不易。今年《政府报告》中提出的目标任务既积极又稳妥。他们就紧紧抓住西部大开发和加入世贸组织的历史机遇、发挥好重庆“三大优势”等建言献策，共提出议案、建议、询问案75件。其中，社市委常委丁小中代表领衔提出的《制定〈重庆市老年人权益保护条例〉》被列为大会议案。

2001年，在重庆市一届五次人代会上，社员中的人大代表为新世纪开好局和实现重庆新振兴认真履行职责，共提出议案、建议、询问案105件。他们就继续实施科技兴渝战略、西部大开发、重庆在新世纪怎样发展、环保、民主与法制建设、社会保障以及重视发挥各级人代会的作用等问题积极反映社情民意，提建议。其中，丁小中《关于制定〈重庆市城市社区建设与管理条例〉》被列为大会议案。何世礼提出的《关于搞好“现代农业小区”和“特色产业、生态农业”的建议》，马鸣图提出的《关于加强燃气汽车建站和改车计划的建议》受到与会代表的高度关注。2001年1月，市人大常委会对重庆直辖四年多来的2个先进人大代表联络组、8个市人大代表小组和49位优秀人大代表进行了通报表彰。社员丁小中、温厚鸿获重庆市“优秀人大代表”，受到通报表彰。

2002年，社员中的人大代表在市人大一届六次会议上共提交议案、建议、询问案79件。其中，温厚鸿《关于实施菜园坝长江复线桥的议案》，吴思兰《关于切实增加企业退休人员基本养老金的议案》，丁小中《关于科教兴渝要落到实处的议案》等6件被列为大会议案。2001年为推动重庆市科研院所改制，市政府出台了渝府发〔2001〕48号文件，由于文件只针对重庆市属科研院所的改制，文件实施后，在中央在渝科研院所中的广大科研人员中反映强烈。2002年7月，重庆钢铁设计研究院牵头，联络8家在渝中央科研院所向中共重庆市委、市政府递交报告，并通过市政协委员的渠道，要求享受与市属院所改制同等的优惠政策。由于种种原因，报告未得到及时答复。9月11日，根据九三学社广泛联系科技界的特点，于不凡、马鸣图、贺大镛、万吉昆、阎鸿鑫、刘茂光等12位社员中的市人大代表，依法运用市人大代表约见权，反映这部分科技人员的合理诉求，向市人大提交了《关于紧急约见包叙定市长等市领导，反映在渝科研设计院所转制中有关问题的议案》。此举得到了来渝全国政协委员考察团的理解和支持。10月18日，包叙定市长接受约见，在仔细听取了重庆九三学社社员、市人大代表的发言和征求了参会政协委员的意见后，包叙定市长代表市政府表示，市政府基本满足中央在渝8家科研院所提出的关于“市民待遇”的意见和要求，并及时研究和答复。

2003年，在重庆市人大二届一次会议上，社员中的市人大代表围绕全面建设小康社会的奋斗目标，为推进重庆市的社会主义物质文明、政治文明和精神文明建设，认真履职，提出了建设性的意见建议。共提交议案8件，建议15条。在本次会议上，社市委主委谢小军当选为重庆市人民政府副市长。

2004年，社员中的人大代表在市人大二届二次会议上，就加快三峡库区农业支持力度和环保治理、城市建设、农村劳动力培训力度、实施“人才兴市”和“科教兴市”战略、促进“三个文明”协调发展等问题，反映社情民意，共提出议案、建议共38件。其中，王远亮提出的《关于落实科教兴渝战略决策的建议》，徐嘉红提出的《关于发展中医药产业的建议》，黄华提出的《关于加大三峡库区农业扶持力度的建议》，李正华提出的《关于完善现行医疗保险制度的建议》引起广泛关注。其中一些建议被市政府相关部门采纳。

2005年，在重庆市人大二届三次会议上，社员中的人大代表在发言中认为：2004年重庆人均GDP跨上了1000美元新台阶，是在建设长江上游经济中心、全面建设小康社会的征程上迈出了极其重要的一步。2005年是全面完成“十五”计划，衔接“十一五”计划的重要一年。在回顾成绩的同时，前进道路上还存在许多困难，如长期积累的机构性、体制性矛盾没有根本缓解。他们针对经济运行中出现的一些新情况、新问题，如能源运输紧张，电力、煤炭、天然气供应不足，社会事业和人民生活中一些亟待解决的突出问题，提交建议、意见20件。其中，九三学社社员中的人大代表李代斌提出的《关于加快实施万利高速公路建设的建议》，姚珍薇提出的《关于加快人大系统信息化建设的建议》，徐嘉红提出的《关于加快科技投入的议案》等建议，受到市政府有关部门的重视和采纳。

2006年，在重庆市人大二届四次会议上，社员中的14名人大代表共提交建议案30件。代表们重点围绕制定和实施我市“十一五”规划、政府工作报告中有关社会主义新农村建设、进一步开创人大工作新局面以及事关人民群众切身利益等问题，提出了意见和建议。其中，马鸣图提出的《关于将重庆汽车、摩托车产业做大做强的建议》，李顺舟提出的《关于支持黔江农村中小学标准化建设的建议》，黄华提出的《关于加大移民后期扶持力度的建议》，王远亮提出的《关于制定重庆市循环经济促进法的建议》等建议，受到代表和新闻媒体的关注。

2007年，在重庆市人大二届五次会议上，社员中的人大代表围绕“富民兴渝、构建和谐重庆”主题，就加强重庆市社会主义民主法制建设、大力推进依法治市，充分发挥人大立法、监督、讨论决定重大事项和任免等重要职能，以及广大人民群众切身利益和社会普遍关注的热点难点问题，共提出建议、意见30件。其中，黄华提出的《关于进一步增加水利设施投入的建议》，王远亮提出的《关于库区长江流域水质安全管理的建议》，王芳提出的《关于加大公共卫生体系投入的建议》，徐嘉红提出的《关于重视艾滋病控制和防治问题的建议》受到多家新闻媒体和社会各界的广泛关注，部分建议被有关部门采纳。

至2007年，九三学社社员在各级人大代表，人大常委会委员及专门委员会委员中，均占有一定数量。共有各级人大代表52人。其中，全国人大代表1人，市级人大代表14人（常委2人），人大常委会委员2人；区县级人大常委会副主任2人，区县级人大常委会委员11人。

第二节　实职、特约、参事、文史馆员

推荐部分民主党派成员担任政府和司法机关领导职务（实职安排）、担任特约员、任市政府参

事，是实现中国共产党领导的多党合作的一项重要内容，是代表民主党派成员参政的具体体现。社市委高度重视并通过开展这些工作，进一步密切了与中共重庆市委的亲密合作关系，调动了广大社员关心国家大事和参与重庆市经济社会发展的政治热情。历届社市委坚持召开实职安排、担任市级有关部门特约员、行风评议代表、任市政府参事的社员座谈会，加强与他们的联系，关心、支持和鼓励他们尽职尽责、努力工作，并在社讯、社刊上及时进行宣传报道，还通过召开“从政社员座谈会”，帮助他们知情履职，通过这些社员反映人民群众的意见建议，反映九三学社及所联系的高、中级知识分子对国家、重庆市大政方针、深化改革、经济建设和民主法制建设的意见和建议，以及他们的利益和诉求。在1996年4月30日召开的从政社员座谈会上，社市委领导从责任、能力、履职和民主党派的性质对他们提出了牢记责任意识，强化政治意识、学习意识和党派意识，提高履职能力，发挥组织优势，依法行政，敬业奉献，参政为民的具体要求。市政府参政室副主任孙启祥、市监察局副局长黄秉来、市检察院特约检察员温厚鸿、市政府特约监察员王远诚、九龙坡区房管局副局长王绍朴、沙坪坝区乡镇企业局副局长郑伦金、市科委软科学处处长杨光许等20名社员，在会上交流和探讨了从政工作的体会，增强了做好工作的信心。在1998年9月25日社市委召开的特约员社员座谈会上，社市委领导要求任特约员的社员，要更新知识结构，通过加强学习和依托党派资源，提升个人综合素质，认真做好本职工作。同时，还要把握好角色定位，把为民作为做好工作的根本出发点，通过自己的履职实践，把中国特色社会主义政治制度的优势更好地发挥出来。担任市级特约员的社员，围绕如何进一步发挥特约员的作用，做好参政议政工作进行了座谈。2003年3月10日，在社市委召开的从政社员座谈会上，任市政府实职和担任市级有关部门特约员的社员，就做好本职工作进行了学习交流。

一、实职安排

推荐安排民主党派成员到各级政府担任实职工作，是民主党派作为参政党参加国家政权、参与国家事务管理的具体体现。长期以来，中共重庆市委从坚持和发挥中国特色社会主义政治制度的特点和优势，为推动爱国统一战线事业不断向前发展的大局出发，高度重视党外代表人士的实职安排工作。通过轮岗交流、挂职锻炼和实职安排等方式，全面了解党外人士的政治素质、专业成就、群众基础，对待重大原则问题的政治立场和态度，不断推进党外人士的实职安排工作。从1950年开始，九三学社重庆分社担任重庆市政府领导职务的有何鲁（1894—1973年，四川广安人），新中国成立后，历任重庆市第一届各界人民代表会议协商委员会副主任、西南军政委员会委员、西南文化教育委员会副主任、西南行政公署文委主任等职。

中共十一届三中全会以来，先后经中共重庆市委积极物色推荐九三学社社员中担任重庆市级政府部门领导职务（实职安排）的有：黄秉来、孙启祥、潘复生、屈谦、谢小军、王力军、杨晓碧（女）、邱道持、雷瑞宏、黄华等。他们在领导职务岗位上，为发展多党合作事业做出了重要贡献。

社市委从国家政治制度安排的高度，把做好这项工作作为履行参政议政职能和加强代表性人士队伍建设的一项重要工作来落实。至2007年底，全市九三学社社员在重庆市人民政府、区县人民政府的各部门中，担任县处级以上领导职务的共有62人次。其中，省部级副职1人，厅局级正职2人、厅局级副职7人，县处级正职10人、县处级副职35人。工作中，他们对分管的工作享有行政管理的指挥权，处理问题的决定权和人事任免的建议权，他们廉洁奉公、忠于职守，与中共领导干部亲密合作、协商共事，工作中取得了成绩，得到充分肯定。他们认真履行工作职责，发挥了民主党派成员参政的积极作用。

表4－1 **任市级、区级实职社员名单**

姓名	出生年月	担任职务	任职时间	备注
市级				
谢小军	1950年12月	重庆市农办副主任	2000年11月—2003年1月	
		重庆市人民政府副市长	2003年1月—2007年12月	
黄秉来	1938年2月	重庆市监察局副局长	1989年5月—2000年6月	
邱道持	1947年10月	重庆市国土资源房屋管理局副局长	2001年9月—2013年9月	
王　岗	1940年2月	重庆市环境保护局综合计划处处长	1989—2000年	
孙启祥	1929年1月	重庆市政府参事室副主任	1990—1998年	
李　平	1956年6月	重庆市电子工业管理局外经处副处长	1994—2016年	
王力军	1959年12月	重庆市环保局副局长	2000—2011年	中共
潘复生	1962年7月	重庆市科委副主任（正厅级）、 重庆市科学技术研究院院长 其间历任重庆市科协副主席、主席	2004年12月—2015年1月 2008年9月—2019年1月	
洪丽虹（女）	1947年	重庆市审计局 工业交通处副处长	1993—2002年	
屈　谦	1960年4月	奉节县科技副县长	1993—1995年	
		渝中区政府副区长	1998—2004年	
		重庆市卫生局局长	2004—2016年12月	
区级				
张大为	1955年9月	九龙坡区经济体制改革办公室副主任	1998年3月—2007年3月	
王绍朴	1947年2月	九龙坡区房管分局副局长	1991年5月—2003年3月	
李　霞（女）	1963年10月	九龙坡区监察局副局长	2001年2月—2013年5月	
冯小琴（女）	1962年3月	北碚区卫生局副局长（正处级）	1999年9月—2012年4月	
谭　强	1963年4月	北碚区环保局副局长	2005年3月—2007年4月	
		北碚区科协主席	2007年4月—2012年1月	
郑伦金	1944年12月	沙坪坝区乡镇企业局副局长	1994—1997年	
		沙坪坝区质量技术监督局副局长	1997—2004年	
田　耕	1961年1月	沙坪坝区监察局副局长	2003—2012年	
肖国珍（女）	1963年2月	沙坪坝区公共工程局副局长	2004—2007年	
曾　康	1968年12月	沙坪坝区法院副院长	2006—2009年	
黄成用	1945年4月	黔江地区行署外办主任	1990—1991年	
		黔江地区文化局副局长	1991—1997年	
		黔江地区文化局局长	1997—2000年	
杨晓碧（女）	1949年12月	黔江区政府副区长	2000—2007年	
黄共田（女）	1954年5月	黔江区民政局副局长	1997—2000年	
		黔江区政协副主席	2000—2001年	
彭期伦	1936年2月	黔江地区计生委副主任	1983—1994年	

续表

姓名	出生年月	担任职务	任职时间	备注
曾致远	1963 年 7 月	黔江区农综办副主任	2004—2007 年	
		黔江区农办副主任	2007—	
周伯安	1952 年 7 月	万州区司法局副局长	1998—2002 年	
		万州区法院副院长	2003 年 2 月—2012 年 2 月	
谯术仁	1946 年	万州区龙宝管委会副主任	1993—1997 年	
段克兴	1939 年	万州区农业局副局长	1992—1999 年	
凌之泽	1960 年 3 月	万州区移民开发区贸易委主任	2002—2005 年	
李代斌	1960 年 1 月	万州区天城管委会副主任	1998—2000 年	
		万州天城移民开发区管委会副主任（正处级）	2000—2005 年	
		万州区民宗侨台办副主任	2005—2007 年	
		万州区林业局副局长	2007 年 3 月—2012 年 2 月	
王代龙	1965 年 12 月	万州区扶贫办副主任	2005—2007 年	
		万州区监察局副局长	2007—2014 年 12 月	
张国建	1963 年 9 月	万州区农办副主任	2007—2009 年	
柳恩梅	1941 年	四川省涪陵地区航务处副处长	1989—2002 年	
		四川省涪陵地区交通局副局长（兼）	1990—1991 年	
黄彦儒	1931 年 6 月	四川省涪陵地区林业局副局长	1981—1986 年	
肖华轩	1936 年 11 月	四川省涪陵地区果品办副主任	1988—1996 年	
万伯仲	1937 年 5 月	四川省涪陵地区畜牧局副局长	1989—1996 年	
刘友胜	1963 年 3 月	涪陵区大木乡副乡长	1997—2001 年	
于　华	1961 年 10 月	涪陵区移民局副局长	2001—2010 年	
黄　华	1965 年 6 月	涪陵区农业局副局长	2006 年 10 月—2008 年 7 月	
		涪陵区人民政府副区长	2008 年 7 月—2017 年 1 月	
雷瑞宏	1963 年 9 月	万盛区人民政府副区长	2007 年 2 月—2011 年 12 月	
胡生全	1965 年 1 月	万盛区发改委副主任兼物价局局长	2007—2012 年 6 月	
祝向东	1965 年 8 月	万盛区石林镇副镇长	2004—2011 年 12 月	
张明鸿	1967 年 12 月	万盛区统计局副局长	2004—2019 年	
陈思成	1956 年 9 月	南岸区民宗局副局长	2003 年 5 月—2013 年 3 月	
刘忠俊	1957 年 8 月	重庆市劳动和社会保障局社会保险基金监督处处长	2007—2014 年	
魏奉亚（女）	1957 年 9 月	重庆市扶贫办指导中心副主任	2004—不详	
赵　琪（女）	1973 年 12 月	重庆市蔡家组团管委会副主任	2006—2008 年	
李克健	1955 年 7 月	重庆市食品药品监督管理局安监处处长	2002 年 11 月—2013 年 3 月	
尹书菊（女）	1963 年 7 月	渝北区建委副主任	2001—2007 年	

续表

姓名	出生年月	担任职务	任职时间	备注
徐泽礼	1937年3月	重庆市沙坪坝区科委主任 兼重庆市科技产业试验区办公室主任	1985—1990年	中共
		重庆市高新技术产业开发区 政策法制局局长、党工委成员	1990—1998年	

二、特邀监察员

自1990年以来，中共重庆市委、市政府开始在民主党派成员中聘请特邀审计、税务、监察等监察员的工作。社市委除积极向有关部门推荐各级特约人员外，还通过加强与社员中担任各级特邀监察员的联系，推动他们按照工作程序，认真履行特邀监察员职责。特别是重庆直辖以来，中共重庆市委、市政府高度重视特邀监察员工作。2003年，社市委秘书长朱晓容受聘为重庆市高级人民法院特邀监督员，社市委委员、市急救中心主任医师王芳被市政府聘为特邀监察员，社市委副主委潘复生被聘为重庆市人民检察院特约检察员。2004年社市委委员、重庆仪表材料研究所高级工程师丁敏被市人事局聘为人事工作监督员，社九龙坡区委副主委、重庆工学院副教授罗晋川被市地税局聘为特约监督员。至2007年底，经社组织推荐，全市社员中担任市级有关部门的特约检察员、监察员、审计员、廉政监察员和重庆市人民政府行风评议代表等共有29人。担任区级特约人员的317人次。

担任各级特邀监察员、监督员、监察员、审计员和教育督导员的社员，以高度的政治责任感，分别参加了重庆市高、中级人民法院，检察院，审计局，工商，地税局组织的视察和专项检查活动，重点在党风廉政、行风评议、司法、卫生、税收等检查会上反映社情民意、提出批评建议，推动了相关部门的勤政廉政建设。同时，还提出了改进司法、工商、税收、城管等部门工作的具体建议，得到重视和采纳。通过参加检察、监察、审计、党风廉政建设、行政监察、执法监督检查和行风政风评议等工作，在了解情况、反映意见、宣传政策、维护稳定方面做了大量工作，在加强廉政建设，推进依法行政中发挥了积极作用。通过认真履行特邀监察员的参政咨询、民主监督作用，产生了积极影响，发挥了联系人民群众的桥梁和纽带作用。发挥了参政党成员在参与政府事务管理中的作用，为民主党派履行民主监督职能做出了积极贡献。

担任市级特约员的社员名单

王远诚　　重庆市监察局特邀监察员
温厚鸿　　重庆市检察院特邀检察员
徐　磊　　重庆市国税局特约监察员
张玉竹（女）　重庆市审计局特约审计员
余仁龙　　重庆市国税局特约监察员
张万钟（女）　重庆市行风评议代表
毕家琨　　重庆市行风评议代表
薛亚梅（女）　重庆市行风评议代表
王之光　　重庆市监察局特邀监察员
李晓红（女）　重庆市监察局特邀监察员

阎鸿鑫　　重庆市检察院特邀检察员
陈　迅　　重庆市审计局特约审计员
李　伟　　重庆市行风评议代表
胡孝义　　重庆市行风评议代表
刘珍茂　　重庆市行风评议代表、重庆市看守所特邀监督员
丁小中　　重庆市第一中级人民法院廉政监督员
温厚鸿　　重庆市第一中级人民法院廉政监督员
黄秉来　　重庆市第一中级人民法院廉政监督员
王　芳（女）　重庆市国税局特邀监督员、重庆市政府二届特邀监察员
朱晓容　　重庆市高级人民法院特邀监督员
潘复生　　重庆市人民检察院第二届特约检察员
黄爱龙　　重庆市人民检察院第三届特约检察员
张　川　　重庆市土房局特约监督员
丁　敏（女）　重庆市人事局特约监察员
罗晋川　　重庆市地方税务局特约监督员
李顺舟　　重庆市第二届特约教育督导员
陈义华　　重庆市人民政府三届特邀监察员
王远亮　　重庆市第三届特约教育督导员
于不凡　　重庆市行风评议员

三、市政府参事

参事工作是国家民主政治建设的具体体现，是中共统战工作的重要方面，是政府工作的组成部分。九三学社重庆市委高度重视向市政府推荐具有一定代表性、有较大社会影响和较高知名度、具有较强参政咨询能力的优秀社员参与遴选市政府参事这项工作。1990 年至 2007 年，经社市委推荐，全市共有 15 名社员受聘为重庆市人民政府聘任制参事。其中，任参事室副主任 1 人。这些社员，学习并严格遵照重庆市政府《政府参事工作条例》，认真履行参事职责。通过积极参加市政府参事室组织的各项学习、培训、视察等活动，围绕政府中心工作开展调查研究。近年来，主要参与完成了参事室组织开展的“促进乡镇企业健康发展”“重庆市房地产开发的现状和对策”“重庆轻型汽车发展现状及对策建议”“开发成渝‘一条线’经济带的意见和建议”“关于加快我市高等教育发展的建议”“关于加快我市农业产业化经营”等系列专题调研以及“三峡库区移民开发区农业发展规划”的考察论证工作，撰写的专题调研报告，得到了市政府的重视和采纳；同时，还通过了解社情民意，以参事建议的方式，对政府工作提出建议，有效发挥了政府参事参政议政、建言献策、咨询国是、统战联谊、民主监督的积极作用。

任重庆市政府聘任制参事社员名单：

孙启祥（副主任）、秦翼鸿、贺泽荣、温厚鸿、康继鼎、邱道持、柳恩梅、邓祖玲（女）、李进军（女）、黎昌礼

四、文史馆员

重庆市文史研究馆是中共重庆市委、市政府为了安排部分有文史专长、有名望的知识分子而设置的具有统战性、荣誉性的机构，是广泛地团结文史书画界人士的文史研究单位。文史馆员系荣誉称号，不实行任期制。文史馆员经推荐会商，提请市政府批准后，由市长聘任并颁发聘书。文史馆

的宗旨为：敬老崇文、存史资政、统战联谊。其职能是：团结和安排全市有文史专长且有声望、有影响和有突出贡献的专家、学者、教授、艺术家等有代表性的高级知识分子，发挥各自特长，开展适当的文史、社科、人文等方面的研究活动，弘扬民族文化；参加中国共产党领导的爱国统一战线的工作，并对我市精神文明建设献计献策、提供咨询，体现了党和政府对人才、知识的尊重和高度重视。文史馆通过组织馆员开展文史研究、撰写史料、编辑书刊、艺术创作和书画展览，传承、弘扬和创新中华民族优秀传统文化；围绕党和政府的中心工作积极建言，服务和助推重庆经济社会发展；广泛开展统战联谊和对外文化交流活动，宣传展示重庆形象。

1989年《中共中央关于坚持和完善中国共产党领导的多党合作和政治协商制度的意见》颁布实施以来，1990年至2007年底，全市共有7名社员受聘为重庆市文史研究馆馆员。其中，任重庆市文史研究馆副馆长1人。

任重庆市文史研究馆馆员社员名单：

刘淳玉（1984年—1991年4月　副馆长）
苏葆祯（1988年—1990年）
杜显清（1989年— 2012年12月）
野　谷（1992年—2017年）
白　澄（1994年—2019年1月）
董味甘（1998年—至今）
孙家群（1998年—至今）

第三节　对口联系

一、建立对口联系

1989年，《中共中央关于坚持和完善中国共产党领导的多党合作和政治协商制度的意见》（中共中央〔1989〕14号文件）颁布以来，中共重庆市委、市人民政府根据文件精神，经与各民主党派协商，市政府相关职能部门分别与各民主党派建立了对口联系工作制度。自1991年起，社市委相继与市科委、市建委、市卫生局、市教委、市农办建立了对口联系工作制度。

建立对口联系制度以来，社重庆市委与市科委、市卫生局、市建委建立了对口联系并开展工作：一是通过定期与对口联系单位召开工作会议，由对口联系单位市科委、市卫生局、市建委通报年度工作主要情况和计划安排，听取社市委的意见和建议。二是双方通过互邀参加有关大型工作会议和活动，加强相互间的沟通、联系和信息交流，增进共识。三是积极拓展合作领域。对口联系部门为促进社市委知情参政，开展参政议政和拓展社会服务工作新领域、搭建新平台。特别是在市科委、市建委的大力支持下，社市委以申报课题的方式，将社员中的学术成果转化为政策性建议，有效发挥了民主党派地方组织参政议政的积极作用。2003年以来，社市委与对口联系单位及相关部门的联系更加密切，对口联系工作取得了新进展。在市科委、市建委的大力支持下，社市委每年通过与市政府有关部门以承担完成相关科研课题的方式，开展合作，深入调研，直接为重庆的经济社会发展建言献策。这些科研成果不仅深化了社市委的参政议政工作，而且使所提出的建议具有较高的针对性、科学性和可操作性，受到重庆市有关党政部门的高度重视和采纳。

历年来，社市委共承担市科委软科学课题“把重庆建成世界性制造业中心可行性研究”等21

项。其中，已完成有“重庆在西部大开发中的科技需求”“把重庆建成世界性制造业中心可行性研究”“重庆市医药产业发展战略研究”“中华绒鳌蟹养殖示范及推广”“关于解决三峡库区产业空虚问题的对策研究”“重庆市房屋建筑安全体系及应急机制对策研究”“发展农产品深加工装备制造业的对策研究”“国有大中型企业技术创新能力评价”“构建临港工业，发展港口经济”“重庆市农村实用人才队伍建设研究”“三峡库区移民就业与保障问题研究”“农村医疗卫生体制改革研究”“科技进步与三峡库区经济社会发展的相关分析”“轨道交通对重庆市经济社会发展的影响”等15项。其中，“关于解决三峡库区产业空虚问题的对策研究”获2007年度重庆市科技进步三等奖。完成市建委软科学课题“三峡工程重庆库区危岩处治对策研究”等4项，并在此基础上，还形成了《三峡工程重庆库区危岩处治对策研究》《重庆市住宅建筑能耗标识体系的研究》《抗滑桩使用寿命及耐久性增强技术开发研究》等集体提案9件，已提交市政协会议办理。

社市委与市科委、市建委建立对口联系单位关系以来，社市委领导通过每年定期召开对口联系工作会议，听取市科委、市建委通报相关科技、建设工作情况和科技工作思路；听取市建委通报城镇建设的情况及主要工作计划和安排。并提出促进市科委、市建委工作开展的建议。同时就双方合作承担开展的调研课题中有关具体事项进行商讨。

1992年2月27日，社市委与市科委召开首次对口联系工作座谈会，会议就如何开展和完善对口联系工作进行座谈，达成了5条协议，成立了联络组。联络组组长为市科委领导吴心田、社市委副主委邱道持。并确定双方相关处室处长谢兴觉、李辉松为联络组成员。

1993年2月5日，社市委在与市科委、市建委召开的对口联系工作会议上，市科委通报了1992年工作情况和1993年工作思路，社市委就科技成果的推广提出了意见和建议。会议还商定，对口工作联系会每年召开1～2次。

1996年，市科委对社市委在綦江羊角乡开展的为期三年的科技扶贫工程——“黄花梨矮化密植速生丰产栽培示范”课题，给予了立项和经费上的大力支持。1999年，通过市科委鉴定，课题达到了预期目标，梨树丰产示范成功，获得了良好的经济社会效益，圆满完成了科技扶贫任务。

1998年，在与市科委、市建委召开的对口联系工作座谈会上，重点就重庆市的科技和城市建设工作中的一些重大问题进行了研讨，并对政府部门相关工作提出了意见和建议。会议期间，社市委领导和相关专家应邀参观视察了重庆市轻轨建设工程、鹅公岩长江大桥等重点工程，进一步增进了相互间的沟通和信息交流，拓展了合作空间。

1999年1月12日，社市委与市科委召开“第九次对口联系会”。市科委主任张琴、副主任田伯堂、周旭、潘复生、副局级巡视员叶光政及有关处室负责人，社市委主委徐宗俊、副主委蓝钧鳌、秘书长朱晓容、科技委员会主任钱翰城、科技处处长李辉松出席。会议通报了市科委1998年工作和1999年工作思路，重点就中共重庆市委、市政府加强对科技工作的领导以及对我市科技发展中有重大影响的问题进行了讨论。1999年2月1日，市建委与社市委、农工重庆市委举行年度对口联系工作会，社市委副主委黄秉来、蓝钧鳌，科技处处长李辉松参加。社市委在对1998年重庆市城镇建设取得的成绩给予了充分肯定的同时，建议市建委及政府相关职能部门以“虹桥事件”为戒，加强对全市建筑市场进行规范和监管，尤其是要对正在实施的三峡库区移民工程进行严格的规范和管理，使建筑设计、施工、监理严格按照规范运作，杜绝安全隐患。

2000年1月，市建委、市科委分别与社市委召开年度对口联系工作会。会上，分别通报了市科委、市建委年度工作情况和重点工作计划，并就进一步开展对口联系工作交换了意见。2000年社市委共参与完成了市科委“重庆在西部大开发中的科技需求”等3项子课题调研报告。市科委课题评审委员会认为，《重庆在西部大开发中的科技需求》研究报告“报告内容丰富、观点正确、重点突出，具有科学性、系统性、针对性和可行性，为重庆制定新的科技立项指南和发展规划提供了科学依据。选题紧扣西部大开发中的重庆经济、科技和社会发展的新形势、新任务，开展对重庆在西部大开发中的科技需求研究，具有十分重大的现实意义和理论意义”。

2002 年 10 月，社市委承担的市科委软科学课题“把重庆建设成为世界制造业中心的可行性研究”正式启动。2004 年 7 月，该课题通过了市科委专家组评审结题。评审组一致认为：“研究报告数据翔实、论点明确、可行性强，具有很好的参考价值，可供中共重庆市委、市政府有关领导及部门决策时参考。”

2004 年 1 月 18 日，市建委与社市委召开年度对口联系工作会，会议主要通报了市建委 2003 年主要工作和 2004 年工作安排；1 月 19 日，市科委与社市委举行年度对口联系工作会。会议通报了市科委 2003 年工作总结和 2004 年工作思路，市科委主任周旭，社市委主委谢小军出席会议。

2004 年 10 月，社市委承担的市建委课题“三峡库区危岩处治对策研究”通过市建委组织的课题验收组专家评审验收，顺利结题。

2004 年，为积极配合市科委开展“重庆市科技特派员下农村行动”，经社市委选派，重庆大学支社社员郭钢、郭劲松教授，受聘为市科委科技特派员下乡首席专家，并被市科委、组织部等部门评为“重庆市科技特派员下农村行动”先进个人。

2005 年 1 月 31 日，市建委与社市委、农工党市委举行年度对口联系工作座谈会，市建委主任刘景元主持会议。2 月 2 日，市科委与社市委召开年度对口联系工作座谈会，通报市科委 2004 年工作总结和 2005 年工作思路，社市委对市科委提出了工作建议。

2006 年 1 月 23 日，市科委与社市委召开年度对口联系工作会，市科委副主任潘复生、梁震，助理巡视员杨民宪，社市委副主委蓝钧鳌、姚珍薇、陈义华及有关处室负责人出席会议。会上，为加强协作，双方商定在继续做好软课题协作基础上，再开展一些高层次的合作。2 月 8 日，市建委与社市委召开对口联系工作会，会议通报了市建委 2005 年工作总结和 2006 年工作思路，会议结束后，与会同志参观了市建委政务办理中心。

2006 年，社市委完成了市科委软科学课题“三峡库区移民就业与保障问题研究”，得到市科委的高度重视，市科委将课题研究成果中的《三峡库区移民扩大就业的对策建议》和《建立和完善三峡库区移民保障体系的对策建议》，分别刊载在《软科学成果摘要》上，供市领导、市级有关部门决策参考。

2007 年 2 月 6 日，市建委与社重庆市委、农工党重庆市委举行对口联系会。市建委主任于学信、主任助理张其悦，社市委主委谢小军，副主委蓝钧鳌、邱道持、陈义华及有关处室负责人出席会议，会议通报了市建委 2006 年工作情况和 2007 年工作思路。2 月 12 日，市科委与社市委召开对口联系会，会议通报了市科委 2006 年工作总结和 2007 年工作思路，市科委主任周旭、副主任皮晓青、梁震，主任助理贾渝跃，副巡视员李浴光、杨民宪、谢觉兴，社市委主委谢小军，副主委蓝钧鳌、姚珍薇、潘复生、陈义华，秘书长杨开奎及有关处室负责人出席会议。

2007 年，社市委共承担并完成市科委“城乡统筹进程中土地流转模式与制度创新研究”等 7 个软科学课题。其中，《关于城乡统筹进程中土地流转制度创新的建议》和《关于我国耕地保护模式制度创新的建议》得到社中央的高度重视和采纳，作为九三学社集体提案提交全国政协后，被全国政协十一届一次全会立案办理。

随着对口联系制度的推进，社市委与市建委、市科委的对口联系工作不断深入和完善，社市委通过邀请对口联系单位的领导和专家为社员作科技形势专题报告，以及特邀对口联系部门领导出席九三学社重庆市代表大会等方式，进一步加强联系，促进了对口联系工作的进一步开展。在2008年召开的重庆市对口联系交流会上，《九三学社重庆市委关于对口联系工作的情况汇报及建议》得到中共重庆市委、市政府的充分肯定。

二、历年来社市委完成的重庆市科委科技项目、重庆市建委建设科技计划项目主要内容摘编

重庆市医药产业发展战略研究（摘要）

（2003年重庆市科委课题）

一、重庆医药产业发展战略背景

1. 医药产业发展有着广阔的市场前景

医药产业是一个有着巨大预期利润空间的朝阳产业，具有广阔的市场前景和良好发展势头。近十年来，世界医药市场销售额以年均8%～10%的速度增长。在国际医药市场总体持续保持巨大需求和发展的大环境下，国内的医药市场也将出现旺盛的消费需求环境。随着我国全面建设小康社会进程的加快，人们对健康的重视和保健意识日益增强，药品、保健品和食品需求市场空间呈日益扩大的趋势。资料显示，中国医药市场今后5年内将以15%～20%的速度发展，到2010年将达到240亿美元，成为继美国、日本、德国和法国之后的世界第5大医药市场；2020年将达到1200亿美元，成为全球第一大市场。

2. 医药产业发展的国际化进程日益加快

医药产业是全球公认的国际化产业。在国际最新标准划分的28种产业中，医药产品是国际交换量最大的15类产品之一，也是世界各国出口量增加最快的五类产品之一。目前，国际药品市场正以每年8%的速度递增。一方面，国际上跨国制药集团凭借产品、资本、技术、人才、管理的输出，实施兼并联合的低成本、规模化战略，实施联盟垄断；另一方面，国际著名医药企业正在通过加速其产品、技术、资金和市场向欠发达国家渗透，合资、独资企业不断涌现。

3. 医药行业并购重组热潮继续推进

面对经济全球化的形势，中国医药企业多、小、散、乱的组织结构已经不适合竞争。重组、做强已成为中国医药产业的必然选择。随着医药行业的进一步开放，预计2005—2010年，全行业的重组将进一步升级，外资和民营资本对国有医药企业的并购重组比重将明显上升。其中，外资重组医药行业的重点是医药流通业和原料药，医药流通领域也将成为医药行业的重组重点。随着企业改革的深化和行业结构的调整，今后几年，一大批以上市公司为主体的大公司、大集团将脱颖而出，并通过联合、兼并和重组实现超常规的资源汇聚、资产增值和资本扩张，形成强大实力，可望在全球化市场竞争中立于不败之地。

4. 世界医药市场的未来发展新趋势

（1）生物药物异军突起。

（2）天然药物发展潜力巨大。

（3）国际营养保健品市场发展持续升温。

（4）非处方药增速不断加快。

（5）老年用药潜力巨大。

（6）妇女、儿童保健越来越受重视。

（7）药品研发速度加快，研发投入持续增长。

（8）新疾病谱的出现带来医药需求的结构性变化。

（9）医疗器械的新技术应用速度加快。

5. 医药产业发展的政策环境

从国家产业政策层面看，对重庆医药行业影响最大的政策措施主要来自WTO协议条款和医药行业“十五”规划以及一些旨在加强药品监管，规范医药行业发展方面的政策。

加入WTO后，国家出台了一系列鼓励创新、强化监管，淘汰落后小规模企业，遏制低水平重复建设导致的恶性竞争，提高行业整体水平的政策措施。中国医药行业得到了一个稳定、平等、公开进入国际市场的权利。

二、重庆医药产业发展的现实基础

1. 医药工业产业已经具有较为雄厚的基础

2. 医药商业初具规模、销售收入逐年增加，连锁经营和农村市场成为新亮点

3. 中药材资源优势明显

4. 已经形成一批具有竞争力的优势品牌产品和骨干企业

5. 有较好的医药科研基础

三、重庆医药产业发展存在的问题及制约因素

1. 重庆医药产业发展存在的主要问题

（1）医药工业企业数量较少，规模偏小，实力较弱，缺乏参与国际竞争的能力。

（2）医药企业融资渠道单一，产业发展资金不足。

（3）行业开放度低，医药市场引进外资少，且领域较窄、经营情况差。

（4）医药市场竞争无序，药品经营环境差。

（5）重庆中药材生产产业化水平低，药材种植分散、规模小、不规范、市场占有率低，药材加工技术水平低，市场开拓能力弱。

（6）缺乏医药产业科技研发与创新平台。

2. 重庆医药产业发展的主要制约因素

（1）面临着国外大型医药企业强有力的竞争，大部分中国医药企业无力抗衡。

（2）国家医药行业管理政策和社会保障体制的变化，给企业经济效益的增长带来一定的政策面影响。

（3）全行业的GMP认证（药品生产质量管理规范认证）工作持续开展，使多数医药企业面临生存压力。

（4）医药产业管理体制不顺，影响了医药产业的健康发展。

四、重庆医药产业发展战略的指导思想、战略目标及重点

（一）指导思想

坚持以邓小平理论和“三个代表”重要思想为指导，从以人为本，全面、协调、可持续的科学发展观出发，以维护和增进人民健康为目标，以满足人民群众对医药服务的需求为导向，以全面建设小康社会总揽全局，贯彻落实中共重庆市委加快推进新兴工业化的决定，解放思想，更新观念，实施高层次定位非均衡发展战略。围绕“长江上游经济中心城市”的建设目标，根据重庆特点，依托城市整体功能优势，统筹规划，突出特色和重点，进行超常规跨越式发展；大力推进科技创新，坚持政府引导、企业主体、产学研结合，充分整合市内外资源，健全技术创新体系；在大力扶持自

主创新的同时，鼓励引进技术的消化吸收和二次创新；充分运用两个市场、两种资源，培育“大企业、大市场、大品牌”与扶持中小企业相结合，促进产业集聚；培育和依托骨干企业，加快实施重点产业化项目，扶优扶强；加快产业、产品、企业的组织结构调整，促进重庆现代医药产业高起点和快速发展。

（二）战略目标

立足重庆医药产业的优势，把握世界医药产业发展的趋势，以药业研制为中心，带动现代生物制药业、优势化学原料药、现代中药制造业及医疗设备制造业等产业的共同发展，优化环境生态、发展循环经济；建设集研究、生产、展示、销售、电子商务、物流仓储和旅游观光为一体的现代化、国际化的医药研发中心、生产中心、物流中心、展示中心和贸易平台，把重庆建设成为中国西部的“药谷”。

（三）战略重点

1. 稳步发展化学药。

2. 优化提高现代中药产业链，运用现代技术开发中药新产品新品种，提高生产工艺、更新和升级技术设备，提高中药产品的技术含量。

3. 加快发展生物医药产业。

4. 做大做强医学超声工程产业。

5. 促进数字化医用电子诊疗仪器设备产业化。

五、战略实施途径

（一）建设大型医药企业集群基地，整合药业资源，以医药产业园区为依托，以医药流通为主要载体，形成医药研究、生产、销售功能协调的产业链。

（二）大力发展医药研发产业，以研发优势和技术力量占据产业链高端，从发挥行业优势出发，调整产业结构，形成整个产业的总体优势。

（三）加快建设创新平台，完善产业技术创新体系。

（四）整合医药营销网络，构建现代物流体系。

（五）加强对产业布局的引导，整合优势资源，优化产业布局，形成现代医药产业区域布局特色。

六、重庆医药产业发展的战略措施及政策建议

（一）完善医药产业管理体制，加强领导与规划

（二）加强政策支持和引导

（三）加快人才培养和引进，营造良好的人才创业环境

（四）加强招商引资，积极推进国际国内的交流和合作

（五）大力培育优势企业和优势品牌，增强重庆医药产业的核心竞争力

（六）培育具有全球化经营实力的企业群体，壮大重庆医药产业

（七）优化所有制结构，鼓励和扶持民间资本加快进入医药行业，使民营企业逐步成为重庆医药产业的骨干力量。

（八）大力推进医药流通体制改革，增强重庆医药商业的竞争实力和抵御外企冲击的能力。

（九）尽快建立满足医药企业中间服务需求增长的产业服务支撑体系，发展面向医药产业服务的现代服务业。

（十）走开放式发展道路，促进重庆医药产业结构调整和产业升级。

（十一）加强区域合作，打造“川渝黔医药经济圈”。

（十二）加快中药现代化建设，重点完善现代中药产业链、提升行业整体技术水平、增强产业的核心竞争力。

（课题组成员单位：九三学社重庆市委、重庆社会科学院、重庆市卫生局、重庆市药监局、重庆市中医研究院、重庆市中药研究院；课题组顾问：谢小军、陈澍；课题组组长：姚珍薇，副组长：邱道持、黄泓；主要执笔人：黄泓、周英杰、徐嘉红等）

重庆市国有大中型企业技术创新能力评价（摘要）

（2004年重庆市科委课题）

技术创新能力是企业从市场技术需求分析、技术创新构思、规划和决策开始，经过研究开发、工程化、商业化生产，到市场应用等多个环节的能力综合。同时，这些环节的能力之间是一种“串连”关系；技术创新能力是企业从事技术创新活动的基础，对技术创新的成效起着决定作用，是企业发展技术能力的核心。

提高企业技术创新能力是企业实现持续发展的内在要求，也是企业系统总结创新经验的主要手段。2004年国家在科技统计研究中提出了要加强技术创新领域的研究，包括国有大中型企业技术创新能力的评价研究，本课题对加强企业技术改进、推进技术创新和优化国有大中型企业结构有重要意义。

本课题的研究内容：通过对国有大中型企业技术创新能力评价体系的研究，分析企业技术创新能力评价的研究现状；在对国有大中型企业技术创新能力评价体系研究基础上，建立国有大中型企业技术创新能力评价模型；运用建立的模型对重庆国有大中型企业技术创新能力进行综合评价，分析重庆国有大中型企业技术创新能力发展趋势，研究其在区域比较中的情况；分析重庆国有大中型企业技术创新能力的优、劣势及发展潜能，最后形成对提高重庆国有大中型企业技术创新能力提出若干对策建议。

本课题遵循建立评价指标体系的综合性原则、系统性与层次性原则和可操作性原则；在对区域技术创新能力评价理论及体系研究的基础上，建立了基于ANP的国有大中型企业技术创新能力评价体系，并利用超矩阵求解，确定了各指标的权重，即技术创新转化能力的权重$\underline{v}_4=0.2023$，技术创新主动性的权重$\underline{v}_2=0.1963$，技术创新支撑能力的权重$\underline{v}_1=0.1788$，技术创新绩效的权重$\underline{v}_5=0.1681$，技术创新研究能力的权重$\underline{v}_3=0.1624$，产学研合作能力的权重$\underline{v}_6=0.0921$。

根据区域技术创新能力评价的实际情况，建立了重庆市国有大中型企业技术创新能力的评价体系，并对其技术创新能力进行评价。得到如下结论：

（1）重庆的研究机构和科技活动人员下降幅度与全国很相近。全国科技活动经费2001年与2000年近乎持平，2002年有所上升，2003年有所下降；重庆科技活动经费2000年—2003年逐渐下降，反映出重庆在科技活动中经费投入不足。重庆设备更新的变化情况与全国的变化情况刚好相反，全国在2000年—2002年有微小下降，2003年大幅度下降，而重庆是2000年—2002年大幅度下降，2003年有所上升。在科技活动人员中科学家与工程师比例的指标上，重庆与全国均呈现上升趋势，只是变化过程有所不同，全国以较小的斜率呈直线上升，重庆呈抛物线变化。

（2）重庆企业资金比例指标与全国的变化均呈现上升趋势，重庆呈波动上升，而全国呈直线上升。2000年—2003年全国人均开发新产品经费和每项新产品开发经费均呈上升趋势，重庆呈下降趋势；一方面反映重庆资金投入不足，另一方面是由于决策者对技术创新的认识不够，对开发新产品的积极性不高，承担开发新产品的风险能力不够，导致单项开发新产品的经费投入不足。重庆专利申请的变化情况与全国的变化趋势基本一致，只在2002年重庆的增长幅度更大。

(3) 重庆的企业拥有专利情况和工人技术水平同全国的变化趋势基本相同。重庆对引进技术的消化吸收情况与全国刚好相反，对引进技术的消化吸收强度指标是消化吸收经费与技术引进经费的比值，从分式的角度分析，消化吸收强度与技术引进经费是互反的。如果消化吸收经费保持不变则消化吸收强度与技术引进经费变化相反，全国的消化吸收强度与技术引进的变化趋势基本上符合消化吸收经费不变时的变化情况，而重庆的趋势曲线显示只有2002年与全国的变化方式一致，其他年限的下降趋势反映了技术消化吸收经费投入的减少幅度比技术引进减少的幅度更大。

(4) 重庆与全国开发新产品的强度变化趋势相同，略有不同的是全国开发新产品强度总体是上升的，重庆是下降的，说明重庆国有大中型企业在新产品研究中的投入不足。2003年，重庆R&D经费占企业销售收入的0.89%，全国排名第5。R&D人员占从业人员的1.22%（低于全国平均水平），全国排名15。R&D人员中科学家与工程师占72.93%（低于全国平均水平），全国排名26。因此，尽管重庆R&D经费占企业销售收入比例在全国排名较好，但是R&D人员强度和科学家与工程师的比例排名较落后，反映出重庆企业人力不足，缺乏研究开发人才、特别是缺乏高水平的研究人才。

(5) 重庆开发新产品效益、工业产值中新产品的比例及新产品的市场占有率指标的变化与全国基本一致。只是2002年前两项指标变化幅度更大一些，说明2002年重庆的新产品开发效果较好；工业利润的增加幅度全国呈直线上升，而重庆波动较大，说明重庆国有大中型工业企业的发展状况欠佳和工业利润增长的不稳定。

对2000年—2003年，全国30个省市的国有大中型企业技术创新能力进行综合评价，分析重庆在全国排名的情况，得出以下结论：

(1) 从区域比较的角度分析，2000年重庆国有大中型企业技术创新能力的综合值在全国位居12名，2001年位居11名，2002年位居12名，2003年位居15名，排名比较稳定，处于全国的中等偏上水平。

(2) 从西部地区的比较分析，可以看出2000年—2003年重庆国有大中型企业技术创新综合能力均排在第3，重庆在西部地区中技术创新能力相对较强。技术创新支撑能力2000年与2001年分别排名第4与第3，2002年与2003年均排在第5。

(3) 以选取的部分省市做比较分析，在北京、天津、上海、广东、陕西、四川、重庆7个省市中，重庆国有大中型企业技术创新能力在2000年—2003年间均低于其他地区，排到最后一名。

通过运用本课题建立的评价体系对重庆国有大中型企业进行综合评价，并对重庆市的优劣势进行分析得出：

(1) 重庆国有大中型企业技术创新已有的成效优势。重庆的国有大中型企业技术创新的绩效较好，特别是新产品的开发成果较明显，比较有优势。而且重庆市委、市政府对技术创新意识的引导，对促进企业增强技术创新的自主性，增加对创新的基础设施改建和技术创新的研究与改造，起到了重要的作用。

(2) 重庆国有大中型企业基础研究条件差、后备研究投入不足。通过对重庆市国有大中型企业技术创新的支撑能力趋势分析和区域比较分析可知，重庆市国有大中型企业的科技研究机构、科技活动经费、设备更新的投入经费少，科技活动人员不足，总体技术创新的支撑能力在全国位于中等水平。而且对技术创新的后备研究投入力度不够，主要是R&D资金与新产品开发的人员投入不强。

（3）重庆国有大中型企业不善于利用已有的新技术提高自身的技术创新能力。从重庆国有大中型企业的技术创新转化能力的趋势分析和区域比较看出，企业不仅对技术引进投入小，而且对引进的技术消化吸收率低。

（4）重庆国有大中型企业缺乏从事技术创新人才，特别是高水平的创新人才。重庆国有大中型企业科技活动人员总数在2000年—2003年间呈下降趋势。重庆市国有大中型企业从事科技活动的人员从总量或者是高水平人才的比例角度看比较落后，因此，重庆的国有大中型企业更缺乏科技人才。

（5）重庆国有大中型企业新产品、新技术的外溢性差。在技术创新能力评价中重庆国有大中型企业的技术创新绩效较好，特别是工业产值中新产品的产值比例和新产品市场的占有率都很高，但是仅仅限于新产品自身的发展情况，新产品对整个工业的利润增加没有起到外溢的作用。说明新产品、新工艺的外溢效果不好，没有给重庆的工业带来生机与活力。

（6）重庆国有大中型企业现代企业制度的经营机制发展不完善。现代企业制度的经营机制并没有真正植入企业内部，从而使其功能的发挥大打折扣。

本课题对提高重庆市国有大中型企业技术创新能力提出对策建议：

（1）建立人才激励机制，吸引大量高科技人才投入技术创新活动。技术人才、特别是高新技术研发人才供给不足的问题，在目前和将来都将是影响技术创新体系建设的最大障碍之一。要采取措施把解决人才的引进与培养，作为技术创新体系建设中的一个重要任务来落实：

第一，设立技术创新兼职人才基金，吸引高等院校及研究机构对口专家学者。

第二，实行技术人才自由户籍制度，为专业人才解决后顾之忧。

第三，实行关键技术开发项目招标制度，吸引国内外优秀人才，进行中短期或独立项目的科研开发。

（2）打击侵权盗版，增强企业自主创新意识。政府要在企业自身的创新环境建设方面给予充分支持。加强知识产权的保护，建立和完善符合市场经济发展规律的知识产权和收益保护机制，严惩侵权盗版行为。增强国有大中型企业技术创新的自主性，主要是深化以产权、劳动、人事和分配制度为重点的企业改革。建立健全现代企业制度，激活企业技术创新的内生动力，推动企业成为技术创新决策、投入、收益和风险承担的主体。

（3）加强技术创新转化能力，搭建技术创新战略联盟平台。在引进技术的同时更要注重对引进技术的消化吸收。将依靠技术引进的被动转为自我开发的主动。建立以企业为核心的产学研战略联盟。

（4）在科技投入上给企业以充分的扶持并改变投入方式。改变目前的科研经费投入和管理方式，将科研经费和计划的科研投入直接投入到科研机构和企业共同选定的科研项目上，不盲目投资。

（5）政府资助的投资与服务应相结合。改变目前政府在实施各种投资计划时，在进行融资服务的同时忽视了为企业提供信息、咨询、培训服务。

（6）加强基础研究环境建设，增强后备研究的投入。首先要改善投资环境，吸引外企与外地区企业的投资。其次要为技术创新活动积极搭建强有力的基础设施与平台支撑。

（7）企业的技术创新要依靠于产业升级和利用高新技术改造提升传统产业来实现。过去，许多国有大中型企业搞了不少技术创新，也取得了很大成绩，但竞争力却普遍较低，关键就是未将技术创新的立足点放到产业升级上。要适应发展知识经济对企业经营的新需求，促进产业向知识化层次升级。同时，要充分发挥高新技术的引导作用，运用高新技术改造传统产业，从根本上改善传统产业的运行方式。

（8）政府给予企业财政、金融多方位支持，鼓励企业开展技术创新。目前，政府的资助手段比较单一，除了无偿资助、贷款贴息外，要通过充分发挥财政资金的杠杆作用，采用股权投资、捆绑贷款、贷款担保、税收等激励方式，引导社会资本参与国有大中型企业的创新资助。

（课题组单位：九三学社重庆市委；课题负责人：陈义华；课题组成员：高庆萱、魏末梅、吴红兵、张桂清）

三峡工程重庆库区危岩处治对策研究（摘要）

（2004年重庆市建委课题）

地质灾害防治和生态环境保护是重庆三峡库区需要长期解决的重大工程和社会问题，如何确保危岩体的稳定，具有重要的经济、技术、社会和环境效益。因此，本研究以三峡重庆库区危岩变形体为对象，通过对库区危岩变形体分类；库区典型危岩变形体的破坏机制；库区危岩变形体处治措施等研究，提出不同类型的危岩处治对策和处治计划建议，为库区地质灾害防治提供决策意见和建议。

课题组以三峡重庆库区危岩为研究对象，宏微结合、点面结合，以危岩发育机理为基础、防治对策研究为目的，完成了课题有关国内外资料的调研查询；完成了研究大纲和实施方案。进行了现场考察、初步了解和掌握了库区危岩性状。通过现场调查、测试建立危岩变形体模型，确定分类方法和指标。进行了危岩变形体破坏机制室内物理试验和建立了数值模型。根据危岩体变形破坏机制，分类提出不同条件下危岩处治对策措施，提出了库区危岩变形体处治计划安排。在这些工作的基础上，课题组完成了《三峡工程重庆库区危岩处治对策研究》研究报告。

1. 取得的主要成果

超额完成了合同规定的研究内容，撰写了项目研究报告《三峡工程重庆库区危岩处置对策研究报告》，其主要结论为：

（1）总结出了三峡工程重庆库区危岩发育的主要特点。

（2）构建了三峡工程重庆库区危岩发育的宏观规律。

（3）构建了三峡工程重庆库区危岩发育的损伤—断裂联合机里。

（4）建立了危岩失稳运动过程及运动方程。

（5）建立了危岩稳定性分析方法及评价方法。

（6）进行了危岩破坏过程的数值模拟，量化了危岩体在不同荷载组合下位移及应力的敏感部位。

（7）探讨了陡崖长期稳定性的预测方法。

（8）较全面地构建了危岩防治的技术体系，包括主动防治技术、被动防护技术和主动—被动联合防治技术。

（9）构建了危岩防治管理方案，包括行政管理和科技管理。

2. 成果的创新点

（1）创建了危岩研究新方向。

（2）首次建立了三峡库区危岩发育的链式机理。

（3）运用断裂力学及损伤力学理论首次构建了危岩发育的损伤－断裂联合机里。

（4）首次构建了危岩稳定性计算方法及评价体系。

（5）首次较全面地构建了危岩防治技术体系。

3. 达到的技术经济指标

（1）总结出了三峡工程重庆库区危岩发育的主要特点。

（2）构建了三峡工程重庆库区危岩发育的宏观规律。

（3）构建了三峡工程重庆库区危岩发育的损伤—断裂联合机里。

（4）建立了危岩失稳运动过程及运动方程。

（5）建立了危岩稳定性分析方法及评价方法。

（6）进行了危岩破坏过程的数值模拟，量化了危岩体在不同荷载组合下位移及应力的敏感部位。

（7）探讨了陡崖长期稳定性的预测方法。

（8）较全面地构建了危岩防治的技术体系，包括主动防治技术、被动防护技术和主动—被动联合防治技术。

（9）构建了危岩防治管理方案，包括行政管理和科技管理。

2004年10月19日，重庆市建委、国土房管局、移民局、科委等有关部门邀请相关专家组成课题验收组，通过了对社重庆市委承担的课题“三峡工程重庆库区危岩处治对策研究”的评审验收。评审组认为：“该课题对三峡库区危岩体的变形破坏规律、破坏及过程模拟、稳定性状况评价、治理方案及数值模拟验证等内容进行了系统研究，提出了不同条件下危岩处治对策措施，创建了危岩系统研究的新方向，所提出的危岩发育链式机理，危岩稳定性计算方法和评价体系等具有创新性。该成果已在三峡库区危岩治理中应用，被《地质灾害防治工程设计规划》《重庆三峡库区滑坡危岩勘察规定》等地方标准所吸纳，产生了较大的经济效益和社会效益。”研究成果已被重庆市国土资源和房屋管理局《重庆市三峡库区滑坡危岩勘查规定（试行）》、重庆市国土资源和房屋管理局《重庆市三峡库区滑坡及危岩防治工程设计技术规定（试行）》以及重庆市地方标准《地质灾害防治工程设计规范》（DB 50/5029—2004）采纳，用于指导并实施了库区首批地质灾害防治工程中数千个危岩体的防治，经济及社会效益极其显著；即将启动的库区三期地质灾害项目中重庆万余个危岩体的防治将继续据此成果进行。

（课题组单位：九三学社重庆市委；课题组成员：陈思成、柳恩梅、陈赞、吴志强、邹云、叶四桥；课题组组长及主要执笔人：陈洪凯）

关于解决三峡库区产业空虚问题的对策研究（摘要）

（2005年重庆市科委课题）

开展本课题研究，其目的是在深入调查研究，准确把握三峡库区产业空虚问题发展现状的基础上，深入分析三峡库区产业空虚问题的成因，积极寻求解决三峡库区产业空虚问题的有效途径，为政府推进库区产业结构重建的进程，最终实现库区“移得出、安得稳、逐步能致富”的战略目标提供决策参考建议。

三峡库区主要指地跨湖北省及重庆市的18个县、市、区，总面积5.6万平方千米，总人口约

1600万人。其中，在重庆市境内主要包括巫山县、巫溪县、奉节县、云阳县、万州区、开县、忠县、石柱县、丰都县、涪陵区、武隆县、长寿区、渝北区、巴南区等14个区、县。为了三峡工程，截至2004年底，重庆市三峡库区已迁出了移民817929人，淹没土地70多万亩、1379家企业、13座城市和县城、数百个乡镇。

三峡库区（重庆段）作为长江上游经济发展中心和西部大开发的主要地区，近年来社会经济有了较大发展，产业结构进一步优化，城镇面貌发生了根本性的改变，人民生活水平显著提高。据资料显示：库区内2004年实现地区生产总值801.5亿，按当年价格计算，比1993年三峡工程开工时的183亿元增长3.4倍，年均增长17.9%。2004年的财政收入36.56亿元，比1993年的13.6亿元增长1.67倍，年均增长10%；三次产业结构由1993年的39:35:26调整为2004年的24:40:36；2004年城镇居民人均可支配收入比1993年提高了3.2倍，年均增长13%左右，农民人均纯收入提高了3.2倍，年均增长14%左右。

但受库区自然地理、社会经济、历史文化等因素影响，大部分地区的生产力水平仍处于落后状况，农村人口贫困现象严重。重庆市共有12个国家级贫困县全部分布在库区的大巴山、武陵山区和长江沿岸，贫困人口300万左右，其脱贫任务十分艰巨。更值得重视的是随着三峡工程二期移民工作的完成，库区建设投资规模开始减缓，加之近几年来经济发展中的问题的积累，库区经济的持续发展已面临极大挑战与诸多矛盾。其典型的问题包括有：二元经济结构明显、产业空虚严重、移民就业和生计问题突出、基础设施和社会事业落后、生态环境形势严峻等。

2005年5月，《关于解决三峡库区产业空虚问题的对策研究》课题组对重庆市内三峡库区进行了实地调研，重点选择了具有代表性的库区腹心区域经济较发达的万州区、经济较落后的奉节县、巫山县等地，通过调研进一步了解到库区产业空虚现象的严重程度，已经明显影响了库区的经济结构优化、移民就业及生活水平的提高以及社会经济的长期稳定和可持续发展。

建议：

1. 打破现行行政区划的体制约束，建立“库区经济一体化管理体制”

一是根据库区资源相似性的特征，按照产业合理布局和经济资源优化配置的内在要求，打破现行行政管理体制对产业布局和资源配置的制约，整合各区县的经济资源，确立库区大市场的共同发展模式。以资本为纽带，组建跨区县的大集团，共同开发、共同经营、优势互补，共谋大业，共图发展，消除各自为政、相互冲突的产业布局格局，建立真正意义上的库区经济“一体化”管理体制——三峡生态经济特区。

二是按照区域经济“一体化”要求，集中财力，联动投资机制，以股份制方式，建立“库区产业共同发展基金”，用以资助库区支柱产业、主导产业的发展和传统企业的技术改造，资助库区移民创业，增强中小型企业抗风险的能力和竞争力。

三是按照“一体化行政管理体制”要求，最大限度消除库区内各区县（市）不合理、不规范的收费制度，降低库区产业发展的交易成本，消除各种人为因素对库区资源流动的限制。

2. 加快投资融资体制改革

(1) 构建多元化、多渠道的融资平台，增强自我造血功能。一是全面开放库区投资领域，大力引导各种非公有制投资，培育多元化投资主体。二是积极参与组建“重庆发展银行”，培育成为全国性的股份制银行，通过金融参与和金融业务的扩展，扩大投资范围，增加金融资金流量。三是通过增发库区“产业发展基金”或“产业发展债券”，促进库区投资总量的增加，再造库区输血机制。

（2）进一步落实“三建委”关于淹没给银行带来的损失应纳入改革成本的政策规定。建议对三峡淹没贷款部分全部剥离，由政策性银行或者资产管理公司实行专门处置。并将因淹没带给银行的本息损失纳入三峡工程总体预算中，增大银行呆、坏账核销指标，全面修复库区金融机构的运行机制，修正银行的功能，再建库区的造血机制。

3. 完善库区财政、税收扶持机制

一是按照库区产业发展规划的总体要求，改分散财税扶持机制为专项产业项目扶持。以此促进库区长远发展的支柱产业和潜在优势产业的发展，奠定库区经济可持续发展、人民自主创业的生存发展基础。

二是积极向国家争取延长三峡库区企业自用物资进口税收返还政策执行年限。以此支持库区建设和生态环境的保护，奠定库区技术进步和产业升级换代的基础。

三是加大税收优惠力度。积极向中央争取实行流转税或其他税收优惠政策，如减免固定资产投资方向税、实施所得税减免和加速折旧抵扣、对特色产业免征营业税等措施，形成库区微观经济发展的政策基础。

四是进一步改革现行的转移支付制度。将民族和贫困地区作为计算转移支付的一项特殊因素予以单独考虑。同时，可借鉴德国横向支付的办法，将对口支援和合作纳入转移支付的范畴。

（课题组单位：九三学社重庆市委；课题组组长：王筱欣；课题组成员：陈义华、臧苏渝、罗晋川、黄文章、柳恩梅、郭刚）

沿江工业园区与港口建设布局的对策研究（摘要）

（2005年重庆市科委课题）

1. 课题研究的目的意义

“以北部新区、两个国家级开发区和33个特色工业园区为依托，引导企业向园区集中，形成产业集群，提升主导产业的核心竞争力。”是我市推进新型工业化，加快经济结构调整，转变经济增长方式的重要战略举措，也是我市生产力布局和经济发展的一个主要特点。

在西部地区，重庆具有长江黄金水道的独特优势。随着三峡库区的建成蓄水，水运优势将更加显现。全面提升黄金水道功能，布局沿江产业带，大力发展临港工业和园区经济，建设长江上游经济带，是实施西部大开发战略的目标之一，也是构建三峡库区新型工业体系，解决产业空虚和实现移民“安稳致富”的重要途径。

通过本课题研究，对如何发挥重庆的资源优势、特别是水运优势，规划布局开发区和特色工业园区，特别是在沿江布局运量大、能耗大、用水量大的临港工业项目，如何做到与水运、港口建设布局的紧密结合和协调发展，提出对策建议，供政府部门决策参考。

2. 课题研究的主要内容

（1）开发区和特色工业园区的现状与发展趋势。

（2）内河航运现状及发展规划。

（3）沿江工业园区与港口合理布局协调发展的对策建议。

3. 调研的主要结论及建议

（1）开发区与特色工业园区建设是我市新的经济增长极和增长方式，也是生产力布局的主要特点。

(2) 重庆在西部地区独具长江黄金水道的优势，三峡工程建成后这种优势将更加显现。

(3) 按照我市制定的“点一圈一线”生产力布局，沿长江、乌江方向布局沿江产业带和特色工业园区是我市新型工业化建设的重要举措。

(4) 建设港口物流基地是沿江工业园区和港口合理布局、协调发展的结合点和主要途径。

(5) 统筹协调港口与工业园区建设布局的重点在于：工业园区和运量大、能耗大的工业企业，要依托港口专业化码头发展临港工业。

(6) 搞好特色工业园区与港口、城市、综合交通、土地及岸线资源、生态环境的统筹规划建设的协调配合工作，是发展临港工业的关键所在。

(课题组单位：九三学社重庆市委；课题负责人：柳恩梅 ；课题组成员：邱道持、李进军、唐梅芬、郑风清、马军)

突出九三学社科技特色　发挥智力优势　服务重庆发展的研究（摘要）

(2005年重庆市科委课题)

摘要：本课题在统计分析的基础上，对九三学社重庆市各级组织的基本情况和成员结构进行分析。并根据近年来，九三学社发挥科技特色和智力优势所产生的作用及影响，研究和探讨在新形势下进一步突出科技特色和发挥智力优势，围绕中心，认真履行参政党职能，为促进重庆的经济社会发展服务。

一、九三学社重庆市各级组织的基本情况和成员结构的分析

重庆市九三学社社员大多数集中在智力密集型的行业或专业，主要从事科技含量较高、文化知识水平高和智力要求高的工作。这充分体现了九三学社重庆市各级组织的特色在科技，优势在智力的特点。

二、科技特色与智力优势产生的作用及影响

(一) 在重庆市科技、教育、医卫界中的作用及产生的影响

从专业分布、贡献及影响，分析九三学社重庆市委作为参政党地方组织特有的人才智力优势，集中在重庆市的科技、教育和医卫界，广大九三学社社员在制定和实施重庆市“十一五”规划和“科教兴渝”战略中和本职工作中，发挥着不可替代的积极作用。

(二) 充分发挥科技特色和智力优势，为扶贫事业和经济社会发展服务

社重庆市委积极组织广大社员立足科技特色、发挥智力优势，将面向社会开展科技服务工作的重点放在科技咨询和智力扶贫工作上，在服务经济社会发展方面开展了大量工作，取得了较大成果。

(三) 科技特色和智力优势在参政议政中的体现

重庆直辖以来，特别是自2002年社重庆市委换届以来，紧紧围绕中共重庆市委、市政府的中心工作，认真履行参政党职能，提出了一大批有价值的政策性建议，受到九三学社中央、中共重庆市委、市政府和有关部门的重视，其中，部分建议被采纳。

三、进一步突出九三学社科技特色，发挥智力优势，服务重庆发展的探讨

(一) 针对重庆经济社会发展的科技需求，积极开展参政议政和社会服务工作

重庆直辖以来，为适应新形势新阶段对参政党地方组织参政议政的要求，九三学社重庆市委进一步增强责任意识、大局意识，围绕十六大提出的全面建设小康社会和实现“富民兴渝、全面建设

小康社会”的奋斗目标，“努力建成长江上游经济中心”和办好“四件大事”的要求，在开拓参政议政新途径中有所作为，在落实科学发展观中展现风采。体现了新时期参政党履行职能的新追求新作为，进一步调动和凝聚全市各级社组织和广大社员参与的积极性，为促进重庆经济社会全面发展贡献智慧和力量。

（二）大力实施“人才强社”战略，更好地为地方经济建设服务

近年来，九三学社重庆市委和所属各区委本着“量力而行，尽力而为”的原则，积极围绕重庆市经济社会发展，主要开展了如下工作：

一是多年来坚持不懈为库区移民做实事。

二是以“九三奖学金”为载体，积极开展教育扶贫。

三是开展“九广合作”和“九地合作”，积极为区域经济建设服务。

四是开展“国际科学与和平周”和“全国科普日”宣传服务活动。

（三）加强与对口单位的联系，积极开展软科学研究

积极加强与对口联系单位市科委和市建委的联系。在市科委、市建委的大力支持下，立足重庆发展大局，努力为中共重庆市委市政府建言献策、提供决策参考。2004 年以来，正式立项完成的有“发展农产品深加工装备制造业的对策研究”等 11 个课题。已结题的有“把重庆建成世界性制造业中心可行性研究”“重庆市医药产业发展战略研究”。完成市建委的课题有“三峡工程重庆库区危岩处治对策研究”等。

（四）九三学社重庆市委目前围绕重庆社会经济发展正在开展的调研课题

大力促进重庆企业创新能力建设；移民后期扶持的对策建议和措施；关于加大我市农村水环境污染防治力度的建议；嘉陵江流域城市生活污水生活垃圾对江水造成的污染；关于创建重庆市外向型柑橘业的建议；探索改进中小企业金融服务的有效途径；关于建立基本医疗保险“药品目录”修改及自费比例调整听证会的可行性研究；关于推进我市中小型企业信息化的建议；城市化进程中农转非问题研究；促进重庆市中小企业社会化服务体系建设的建议；加强川渝合作打造川渝中药产业经济带；加快农村水利建设，改善农民生产生活条件；关于农村富余劳动力转移就业培训的建议；深化农村政治经济体制改革，建设新型社会主义和谐社会；三峡库区贫困农民的扶贫现状及对策建议；注重发展职业教育开辟就业渠道；重庆市房屋建筑安全体系及应急机制对策研究；发展农产品深加工装备制造业的对策研究；国有大中型企业技术创新能力评价；加快农村实用人才队伍建设；住宅建筑能耗标识体系的研究；三峡工程建设移民的就业与社会保障问题；关于优质柠檬产业基地建设；优质高产杂交水稻新品种栽培技术研究与应用推广；三峡库区环境保护对策；柑橘基地建设；无公害蔬菜基地建设；山羊养殖基地建设；三峡库区疾病监测中心建设；利用高新技术改造传统产业；农村科技支撑体系建设；加强基层农业科技推广技术工作；关于贫困山区易地扶贫安置问题；库区经济发展与管理模式的研究；城镇化建设中的环境保护等可持续发展研究；关于制定农业科技措施提高农业科技含量；关于区域经济可持续发展对策；扩大就业、社会保障问题的调研；对城市规划、市政建设及城市管理问题的研究；高校在区域经济建设中发挥作用的调查；重视道路交通安全的建议；关于城市环境的调研及对策建议等。

四、发挥智力优势，创新工作机制，加强参政议政和社会服务工作的组织工作

（一）贯彻中共中央〔2005〕5 号文件精神，把发展作为参政议政的第一要务

深入学习贯彻中发〔2005〕5 号文件精神，是当前和今后一个时期，统一战线和多党合作的一项重要政治任务。为此，九三学社重庆市委按照 5 号文件精神和社中央关于加强参政议政和社会服

务工作意见的要求，把发展作为参政议政的基本任务，通过开展参政议政工作的基础研究，进一步突出科技特色，发挥智力优势，努力提高履行参政议政能力，为重庆的经济社会发展和构建和谐社会献计出力。

（二）以“两个环节”着手、突出“三个重点”，形成强项

1. 创新参政议政工作机制，探索社会服务工作的新途径

一是建立机构完善制度。2004年成立了“九三学社重庆市委参政议政研究中心”，聘任了首批研究员，制定了《九三学社重庆市委参政议政研究中心工作通则》等制度，有效推动了工作的全面开展。

二是采取参政议政课题招标方式。落实九三学社中央提出的“提高质量、多出精品”精神，不断提高参政议政的质量和水平。

三是制定了《九三学社重庆市委关于贯彻〈九三学社中央关于加强参政议政工作的若干意见〉的意见》。

四是加强领导、精心组织。

2. 整合社内资源，发挥整体优势，为广大社员参政议政搭建平台

根据九三学社社员中拥有不少科技界和自然科学界专家学者的特点，在组织发展中有意识地发展具有一定参政议政能力的人员入社，优化社员结构。在各级社组织中有计划地培养一批政治、经济、社会、法律界的人才，整合社内参政议政资源，调动广大社员参与的积极性，发挥社组织的作用，建立起一支参政议政的基本队伍。通过不断加强自身建设，增强大局意识、政治意识和责任意识，努力提高履职的能力和水平。要求九三学社的各级组织要创造条件为社内参政议政人才的成长搭台阶、提供平台，使社员个人的智慧在参政议政中向社会实践拓展，向决策层面延伸。有计划地开展参政议政的基础研究，发挥政治和智力优势服务重庆发展。

3. 围绕中心参政议政求实效，努力促进参政议政成果的转化

在围绕中心参政议政上求实效和履行参政议政职能中有所作为。把握经济建设这个中心，突出发展这条主线，以推动科技进步为切入点，重点围绕加快经济结构调整、高新技术产业化、区域经济特色化等选题，组织开展专题调研，为各级党政科学化民主化决策，提供具体的参考对策和建议。充分发挥九三学社具有高层次和多学科人才的优势，团结九三学社所联系的高、中级知识分子，努力将学术成果转化为社市委参政议政的政策性建议，从重庆市改革发展的实际出发，着力研究分析制约我市经济社会发展的难点、焦点、热点问题和深层次矛盾及问题，力求使意见建议具有针对性、具有新思路、新见解、新招数。始终把握住提高参政议政质量这个关键，多出精品。在所提意见建议中坚持虚实结合，既注意深层次的理性分析，又重视提出意见建议在解决实际问题上的可操作性。

在现有的制度基础上建立和完善高效的工作机制。以提高政治把握能力为依托，联系实际，加强学习；逐步建立健全参政议政和社会服务工作机制；努力促进参政议政成果的深化和转化；注重对策建议的针对性、前瞻性、战略性、综合性；根据社的科技特色，重点在贯彻落实科学发展观方面，就一些重大政治、经济和社会问题提出意见建议；加强制度建设，进一步健全和完善高效的工作机制。把参政议政和社会服务工作有机结合起来，发挥好开展社会服务工作是社组织参政议政工作拓展和延伸的不可或缺的重要作用。

课题组单位：九三学社重庆市委

课题负责人：

杨　丹　重庆大学校长助理、教授、博导

主要研究人员：

李　花　九三学社重庆市委参政议政处处长

王菊敏　九三学社重庆市委社会服务处处长

周令国　重庆市食品工业研究所研究室主任、高级工程师

徐嘉红　重庆市中药研究院研究室主任、研究员

参研人员：

涂海波　九三学社重庆市万州区委专职秘书长

张　力　九三学社重庆市北碚区委专职副主委

夏　惠　九三学社重庆市沙坪坝区委专职副主委

李云庆　九三学社重庆市涪陵区委专职秘书长

陈思成　南岸区民宗局副局长、九三学社重庆市南岸区委副主委

刘静涛　九三学社重庆市九龙坡区委专职副主委

王　波　九三学社重庆市委参政议政处科员

余　文　九三学社重庆市委办公室主任科员

刘小玲　九三学社重庆市委组织处助理调研员

任　煜　九三学社重庆市委宣传处主任科员

重庆市房屋建筑安全体系及应急机制对策研究（概述）

（2005年重庆市科委课题）

一、项目研究的目的

房屋安全是国家公共安全的重要组成部分，事关人民群众的生命和财产安全。本项目开展房屋住用安全现状研究的目的，是为了在掌握第一手数据和资料的基础上，为政府部门的决策和规范管理提供参考依据，从而实现加强城市房屋安全管理，保障房屋住用安全的目标。

二、项目的意义

20世纪80年代，重庆市的危房鉴定管理工作走在了全国的前列。当时，受建设部委托，重庆市房地产管理局负责主持编制了部颁《危险性房屋鉴定标准》，90年代又对标准进行了修订。《危险性房屋鉴定标准》作为强制性标准在全国推行近二十年来，对房屋的安全管理和危险性房屋的鉴定起到了积极的作用。但是，随着近年来基础设施和房地产业规模的迅速扩大，在大开发大建设中建成的一些房屋，由于在建设初期就存在着一些不规范因素，以至于房屋在交付使用后存在着不同程度的安全隐患。造成房屋安全事故屡屡发生，责任纠纷不断，这已经成为各级政府和广大人民群众关注的热点问题。

至今，重庆市没有一部应对处理房屋安全事故和隐患问题的地方性法规或规范性指导文件。有关这方面的工作，目前执行的仍然是《城市危险房屋管理办法》（建设部4号令），不少区包括县（市）对房屋（围墙）的安全管理不甚了解。而且在一些地区存在多头管理和责任不明的情况。房屋（围墙）的安全管理至今还存在着不少误区和空白，这与直辖市的管理要求很不相符，急需尽快解决。

掌握主城区房屋（含围墙）安全的现状，摸清家底，理顺、规范和完善房屋安全管理机制，确

保房屋的住用安全，具有十分重要的作用。

三、主要内容

本项目的主要内容有：

1. 房屋（含各种产权性质的房屋、围墙）房屋安全管理现状调查与归类；

2. 房屋安全存在的隐患问题的调查与分析研究；

3. 危险房屋和围墙的数据库建设；

4. 主城区危险房屋的现行管理体制及运作情况调查；

5. 主城区建成后房屋的装饰装修住用安全性调查研究；

6. 主城区危险房屋安全管理工作的对策及办法研究；

7. 房屋安全管理应急机制建设方案和内容研究；

8. 房屋安全监管机制的建设方案及内容研究。

四、对策建议

（一）房屋安全体系建设的基本框架

本项目根据调研结果，在完善现有基本架构，充分继承已有成功经验的基础上，结合国内外的成果，提出重庆市房屋安全体系建设的基本框架。

在管理层面上，根据发生频度和后果的严重性，建议分成三个水准的管理，即：水准一为日常管理，水准二为重要建筑的定期健康诊断；水准三为灾害的预警应急反应。

由于房屋安全管理要根据不同水准的管理要求，除必要的硬件要求应该得到满足之外，在技术层面上，由于技术含量高，要通过完善房屋事故鉴定案例数据库的建设和制定专家诊断系统，将鉴定工作从经验性推断逐步过渡到定量分析的阶段，提升房屋安全管理水平。在案例数据库建设和专家诊断系统的建设过程中，还要针对管理工作中的其他不足，如技术档案管理、案例收集及分析整理、归类以及综合评判方法方面，同时开展重点研究。

（二）对房屋管理工作的建议

根据基本建设框架的要求和课题组调查显示，需要在以下几个方面加强房屋管理的力度：

1. 权籍管理；

2. 交易市场管理；

3. 修缮（大、中、小）、改建、加层管理；

4. 房屋安全管理，含检测、鉴定、加固等；

5. 建成后的房屋质量管理；

6. 拆迁、拆除管理；

7. 正常使用管理；

8. 物业管理；

9. 廉租房管理；

10. 白蚁防治管理；

11. 室内装饰装修管理；

12. 建筑物室外附属物管理；

13. 房屋安全监测动态管理系统的建设；

14. 大型公共建筑、高层、超高层建筑物的监控和管理。

（三）对房屋安全体系建设的建议

1. 加强基础工作，依靠科技进步提升房屋安全管理水平。

加强房屋基础性研究工作。一是组织开展以政府为主体的房屋安全监督体系研究和以业主为主体的房屋安全保障体系研究，完善房屋安全监管的理论体系与方法；二是加强对重庆市房屋安全管理应急机制的研究，指导并严格执行《重庆市房屋安全管理应急预案》；三是开展各类安全隐患的调查摸底工作，抓住薄弱环节，提高预见能力，增强安全措施的针对性。四是督促各基层房管部门建立起辖区内房屋安全档案制度，全面掌握房屋用途、结构类型、使用年限、安全现状等情况。

2. 加强房屋安全管理的信息化建设，建立全市安全事故统计分析体系和房屋安全应急指挥体系。

3. 加强国内、国际合作，交流管理经验，学习和借鉴国内外的房屋安全管理知识。

4. 采取安全预警，做好预案落实，提高应急能力。坚持“安全第一、预防为主”的方针，根据主城区房屋的现状、问题，进行多角度、全方位分析，梳理出必须特别注意的问题并提出应对措施，并及时向各基层发函提示重点防范。

待《重庆市房屋安全管理应急预案》颁布施行后，要进一步完善房管系统应急框架体系，指导各基层管理部门切实落实预案要求的各项保障措施，提高各级领导和从业人员的安全管理技术素质，提高管理系统的应急能力和控制事故的能力。

5. 建立高层、超高层建筑物的安全监测系统。将高层、超高层的建筑设计安全监测系统纳入设计规范或立法，并加强对已有建筑物的安全检测。区、县各级房屋安全管理部门，要坚持定期开好安全例会，坚持搞好重大节假日前和汛期前后等地质环境的评价工作。

6. 加强房屋安全教育，普及房屋安全宣传。

将《重庆市房屋（含围墙）安全管理办法》的主要内容、基本精神，宣传贯彻到每一个房屋安全管理单位（包括政府管理部门、物业管理部门及单位房管部门）。按照安全培训教育的要求，坚持持证上岗制度，强化对一线房屋安全管理人员的教育和培训，建立管理人员年度安全管理教育培训制度。每年定期对全市从事房屋安全的技术员和管理人员进行一次教育培训，提高管理水平。将有知识、有能力、懂管理的人员充实到管理队伍中。普及房屋安全知识，加大宣传力度，使房屋安全宣传进社区、进家庭、进学校，全面提高社会公众的房屋安全意识。

7. 建立房屋安全动态检测、管理、监控系统。

充分利用现代计算机技术、网络技术和远程控制技术，将危险房屋、危险边坡等进行数据监控，建立重庆市、区（县）房屋、地灾安全动态监控系统，坚持对大型公共建筑（影剧院、大型商场、体育馆等）、高层、超高层建筑物和滑坡、边坡等危险体实施安全监控，形成全方位闭合监控的管理系统，严防群死群伤等恶性事故的发生。

8. 开展专项整治。

针对重点问题开展专项整治。一是加大对违法建筑的管理和拆除力度。二是杜绝无证设计，无证施工。对大型公共建筑物实行挂牌管理，并采取年审制度。三是对达到设计年限的房屋采取强制性鉴定制度。

9. 加强政府对行业协会的指导和管理。

10. 理顺管理体制。

建议政府明确建筑物室内装饰装修的管理职能；明确由一个部门负责房屋装饰装修项目的审批、施工和验收等管理工作。

11. 简化危、旧房的定向解困、解危工作审批程序。缩短审批时间，提高工作效率。

课题组单位：九三学社重庆市委；

课题负责人：张川；

课题组成员：江世永、李光炬、杨丹

发展农产品深加工装备制造业　解决三农问题对策研究报告（摘要）

（2005年重庆市科委课题）

我国不仅是农业生产大国，同时也是农产品消费大国。近年来，随着国家对农业的高度重视，农业生产连年丰收，实现了农产品供给由长期短缺到总量基本平衡、丰年有余的历史性转变。但在农业丰收的同时，出现了农产品价格低、销售困难、农民收入增长缓慢等问题。本课题从大力发展农产品深加工装备促进农产品加工业升级，提高农产品附加价值进行研究，对缓解农业、农村、农民问题，提高我国农产品的国际竞争力具有重大意义。

一、农产品、农产品加工及农产品加工装备的定义及分类（略）

二、本课题研究的目的及报告体系结构

本项目研究的目的是通过调查和分析研究，找出目前重庆市农产品加工业、农产品深加工装备制造业的现状和对解决三农问题的内在联系。同时，为农产品装备制造业的发展提供市场前景与潜在需求分析报告，为中共重庆市委、市政府制定重庆产业发展政策和解决“三农”问题提出对策性建议。

本报告的体系结构：第一章绪论，界定了农产品、农产品加工业和农产品加工装备制造业的含义及范围。对本课题进行的目的、意义及必要性进行了阐述。第二章，分析国内外农产品加工业及其装备制造业发展现状及趋势。第三章，分析重庆市农产品加工业及其装备制造业现状及与国内外先进地区进行对比分析和差距分析。对典型调研企业进行案例分析。第四章，提出对策性建议。

三、课题开展的必要性分析

“三农”问题是当前我市经济发展中的突出问题。其核心问题是解决农村人口就业、农产品销售困难、农民增收问题。发展我市农产品加工业是实现农业产业化发展的必然要求。是提高效益农业发展水平的客观需要。是我市农业结构战略性调整的重要带动力量和实现载体。是实现助农增收、加快农村全面建设小康的有效途径。是实现我市大城市带动大农村战略的必然要求。

四、农产品、农产品加工业、农产品加工装备制造业的关系

农产品加工业在带动农产品和农产品加工装备制造业发展的同时，需要农产品及其加工装备制造业为其提供原料支持和装备支撑。

资料显示，发达国家现有各种农副产品粗加工、精深加工设备6000多种，目前，我国仅有4000种左右。据测算，因缺乏先进适用的农产品精深加工高新技术装备，我国农副产品每年因加工程度不够深而造成的损失达270亿元。我市农产品资源丰富，农产品加工业的发展，急需高新技术加工装备作支撑。

五、农产品加工装备制造业发展对策建议

据资料显示，我市农产品加工业与农业的工业总产值比值每增加0.1（发达国家为：3:1，我国：1.2:1，重庆：0.85:1），可解决就业5.5万人，实现农民人均增收193元。但这些都必须要有农产品精深加工装备制造业的支撑才能实现。通过自主创新发展农产品精深加工装备制造业，为农产品加工提供“先进、适用、经济、可靠”的技术装备。

（一）加大政府导向和政策扶持力度

根据我市具体情况，制定有利于农产品加工及其装备制造业发展的资金、税收等扶持政策。

1. 加大对农产品深加工技术装备制造企业重点技术改造的投入。如对粮食加工技术及装备、果蔬茶加工技术及装备、肉制品加工技术及装备、饮料加工技术及装备、重点技术装备改造项目的投入。2. 加大对特色农产品深加工技术装备科技开发项目的投入。通过对具有我市特色的柑橘、天然香料、生猪、中药材等主要农产品深加工技术、工艺、加工装备、标准体系等方面的研发，实现在关键技术上的重大突破，推动特色农产品深加工技术装备的发展。3. 建立重庆市农产品深加工技术及深加工装备技术研究中心。并由政府出资组建工程研究中心，为各行业的中小企业提供技术服务、技术转让和技术储备。带动和支撑农产品深加工技术装备业的发展。

（二）鼓励主攻特种、小型农产品精深加工装备

对一部分有基础和实力的企业，主攻特种、小型精深加工设备。如山樟油、生姜、大蒜、桐油等特种用油提炼加工设备，花粉破碎机械，纤维原料处理及加工，青蒿素提取等加工设备。促进大、中型企业与各大专院校、科研机构的合作、提升农产品的加工装备能力。如温室灌溉营养液自动配置与施肥设备、果蔬无损伤品质测试仪、果蔬自动清洗分级设备、节能高效果汁浓缩设备、果蔬预冷保鲜装置、果蔬预冷保鲜运输车、节能高效干燥设备、微波和高频波解冻设备、粉体食品物料杀菌设备等市场前景广阔的高新技术设备。

（三）实施市场驱动战略发展形成我市农产品加工装备制造业

各农产品加工装备制造企业，要以全国农产品加工龙头企业为市场，发挥全市装备制造业的资源优势，挖掘农产品加工装备企业自身潜力，合理运用各种渠道，选择合适的企业发展规模和独特的产品，形成重庆自己的、以农产品加工业龙头企业驱动的市场驱动战略发展模式。

（四）以联合创新实现我市农产品加工装备制造业的发展

以农产品加工装备制造业为主，联合其上游产业（零部件产业）和下游产业（农产品加工业）实现产业链内联合创新。由政府导向，以农产品加工龙头企业为主体，组建专业协会，促进上下游产业的协调发展。通过专业协会提供的技术渠道，促进信息的交流和沟通、相关产业的技术创新和各产业间的联合创新。

（五）建立人才培训体系和服务体系

农产品的种植、采收、预处理需要技术人员指导育苗、选地和防虫。农产品加工业需要技术人员进行工艺设计、新产品开发研究、装备维护等。农产品加工装备制造业需要技术人员的研制和开发、操作、维护生产设备等。加工后的产品需要专业销售人员开发市场。建议由政府牵头、给各行业企业出台各项优惠政策及措施，吸引和留住各种技术人才，形成整个产业链服务的人才体系，为我市农产品加工业、农产品加工装备制造业的发展提供人才支撑体系和储备人才。

课题组单位：九三学社重庆市委

课题组负责人：郭刚

课题组成员：徐宗俊、孙灵祎、黄泓、李航

重庆市农村实用人才队伍建设研究（摘要）

（2006年重庆市科委课题）

“重庆市农村实用人才队伍建设研究”是社市委承担的重庆市软科学研究课题。本课题选题为

中共重庆市委提出的需要研究的重要课题之一。本课题旨在深入调研和准确把握全市农村实用人才队伍现状的基础上，分析我市农村实用人才队伍建设所面临的问题、困难，为研究制定农村实用人才培养、引进、使用和管理方面制定有效措施和扶持政策，进一步推动农村经济社会发展，缩小城乡差距，实现建设社会主义新农村的战略目标提供决策参考建议。

一、目的意义

随着农村经济的发展和农业市场化程度的提高，特别是在经济欠发达地区，迫切需要一支数量充足、结构合理、素质较高，有知识、懂技术、会管理的各类农村实用人才队伍，为发展农村经济发挥主力军作用。但是，目前我国农村经济的发展，在很大程度上是依靠农村中的部分能人推动，具有“能人经济”特点。因此，加快培养和有效激励一大批懂技术、善经营、会管理的农村实用人才，是当务之急，具有十分重要的意义。

农村实用人才是全国人才资源的重要组成部分，党中央和国务院高度重视这项工作。根据中央人才工作协调小组的统一部署，全国农村实用人才资源统计调查试点工作现已基本完成。并初步测算出全国农村实用人才的总体规模、层次、结构、分布等情况，编制完成了《2006—2010 年全国农业人才队伍建设规划》和《关于加强农村实用人才队伍建设的意见》，为农村实用人才队伍建设提供了决策依据。目前，北京等省市已出台《“十一五”期间农村实用人才队伍建设规划》。重庆市也第一次在万州、渝北、垫江、秀山等 18 个区县，开展了统计调查农村实用人才资源工作。

二、对策建议

（一）提高认识、加强领导、健全机构，制定规划

各级党政部门和人才资源开发主管部门首先要转变观念，充分认识农村实用人才队伍建设的重大意义。建立农村实用人才开发领导小组，实行领导工作负责制，并纳入乡镇党委、政府年度目标考核内容，确保这项工作落到实处。由农委（农办）牵头负责，由人事局负责日常工作，在乡镇设立工作站。进一步明晰农办、人事局、农业局等相关部门的工作职责，制定《重庆市“十一五”农村实用人才发展规划》。

（二）重视基础教育，加强职业培训，为农村实用人才队伍奠定基础

以西部农村义务教育免学杂费为契机，增加财政对农村基础教育经费的投入，解决农村中小学师资队伍问题。整合全市 5 所农业中等专业学校、37 所农广校、79 所农村职业高中的办学力量，扩大办学规模，提高办学效益。建立人才培训机制。依托大专院校，推广远程教育，以农职校、农广校、成人学校为主，开展专业培训。以示范基地为课堂，开展针对性培训。

（三）创新工作机制，为农村实用人才成长营造良好环境

健全和完善市、县、乡、村四级管理服务网络，形成农委（农办）牵头，人事、科协、教育等部门各司其职，镇党委、村党支部具体抓落实的管理模式。对农业产业化项目实施政策倾斜和重点扶持。设立实用人才发展基金、成立农业项目发展风险投资公司和农业产业化信用担保中心。从大中专毕业生中考录村干部，选拔符合条件的优秀乡土人才作为乡镇、村、组后备干部，为乡土人才评定专业技术职称，并进行考核和表彰奖励。发挥农业专家和农业科技人才的优势，帮助他们解决生产、经营中的技术难题。利用互联网建立信息化网络，及时提供相关信息。建立农村人才市场服务体系，为农村实用人才搭建交流、创业平台。

课题组单位：九三学社重庆市委

课题组组长：陈义华

课题组成员：李航、王波、卢顺霞、张国建、黎昌礼、邓祖玲、黄华、黄文章

三峡库区移民就业与保障问题研究（摘要）

（2006年重庆市科委课题）

2006年7月，课题组以巫山县、巫溪县、奉节县、云阳县、万州区、开县、忠县、石柱县、丰都县、涪陵区、武隆县、长寿区为主要研究对象，对重庆段三峡库区进行调研。重点选择了具有代表性的、库区腹心区域的经济较发达的万州区、经济比较落后的奉节县、巫山县、开县、忠县进行实地考察，进一步实证了库区就业问题已明显影响到库区经济结构的优化、影响了移民就业和生活水平的提高以及社会经济长期稳定和可持续发展。本课题对三峡库区移民就业与保障问题提出了两大方面的对策和建议。

一、三峡库区移民扩大就业的对策建议

遵循"就业优先"的基本原则，实现治理失业和促进就业的目的。促进就业的突破口是增强产业发展对就业的吸纳能力。三峡库区产业结构调整应当遵循农业调优、工业调强、三产调出特色的指导思想，重新选择和确立库区的支柱产业与主导产业。

（一）从库区特有的自然条件出发、发展具有竞争力的特色农业产业，从现有资源条件和环保要求出发、打造特色工业

1. 建议优先发展的产业

利用库区较为丰富的水力、天然气等能源资源，发展能源产业；利用丰富的农副产品资源，发展绿色食品加工业；利用中药材资源及医药技术，发展现代中药及生物医药产业；利用较为丰富的苎麻、桑蚕资源，发展麻纺、丝绸及服装加工业；利用丰富的天然气和岩盐资源，发展污染小的盐气化工业；利用丰富的石灰岩资源，发展新型、高档的环保型陶瓷制品和建材工业；结合国家天然林保护工程和退耕还林工程的实施，在符合生态环保要求的前提下，发展林浆纸产业。

由于库区工业产业结构调整和重建涉及面广、投资巨大，政府的宏观调控是关键。建议：根据库区脱贫致富实现小康的近期目标，三峡库区产业发展要以新型工业化为统领，以发展绿色食品基地及深加工、旅游基础设施及景区开发、中药材规范化种植基地及现代制药、劳动密集型制造业、清洁能源、天然气盐化工等为支柱产业。同时，要争取将三峡库区的经济社会发展规划纳入国家"十一五"的专项发展规划之中，建立国家级三峡库区生态经济特区，按照特区经济发展模式给予三峡库区最大限度的政策支持和制度保证。

2. 以彰显产业、经济、特色优势，提高区域核心竞争力为目标，用好用活国家对三峡库区的后期扶持资金

根据2004年国家发改委制定的《三峡库区经济社会发展规划》和重庆市政府制定的《规划》实施意见，以开发水电业、旅游业作为产业结构调整的突破口，按照稳步发展农业（绿色食品、药材、柑橘等），重点发展工业（天然气、盐化工、水电等），积极发展第三产业（旅游业、劳务输出、服务业）的方针，通过重点建设一批投资小、见效快、移民受益面广的优势产业发展项目，缓解产业空虚的不利影响。

3. 以市场为导向，充分利用国家优惠政策，全面调整库区的所有制结构

大力发展非国有经济，以股份联营的资本运作方式，吸引多方投资、多方参与，实行"无差别"的国家优惠政策扶持，形成放水养鱼，共同开发的新格局。

4. 集中财力，拓宽投融资渠道，为产业发展创造良好的资金环境

建立库区内各市区县产业共同发展基金，增强区域内积累能力。扶持短平快项目，实现资金与

项目的良性循环。同时，进一步寻求国家财政、金融、技术的支持，通过税收减免、转移支付、发行三峡库区产业发展债券，增大国家对库区工业经济发展的投入。以资源和市场换项目、换技术，进一步寻求国内各省市的对口支援。进一步加大产业开放，寻求世界银行等国际金融组织以及跨国公司的支持。

5. 加快人力资源的开发

优先发展劳动密集型产业和投资少、见效快、风险小、受益面广、技术水平要求不高的中小型企业，增加就业岗位，改变部分移民靠安置费生活，长远生计无着落的现状。

6. 统筹规划、调整产业布局，适当扩大库区在产业和项目上的自主权

在国家宏观调控和重庆市的统筹领导下，根据库区的资源优势，调整产业布局，减少库区内各市区县的项目、产品冲突，统筹规划、整合资源，形成产业优势和特色优势。

（二）充分利用库区的区位优势条件，加快发展第三产业

一是打造世界级旅游精品——平湖牌。二是加快内河航运业发展、构建长江上游物流带。三是积极推进乡镇企业和农村第三产业的发展，拓宽农村剩余劳动力就业渠道

（三）以体制创新，推动三峡库区就业与保障问题的解决

一是体制创新对称与制度互补。二是打破行政区划的体制约束，形成库区统一大市场。三是加快投融资体制改革。四是完善库区财政、税收扶持机制。五是通过调整财政支持结构，建立适应库区实际的财税体制。

（四）推进人才战略，消除能力贫困，增强就业和保障的适应性

1. 创新教育模式，提升劳动力培训实效

一是以解决谋生手段为目的，探索库区教育体制的创新。二是以解决库区新增劳动力就业为宗旨，推进农村职教与经济的紧密结合。三是以职教集约化、区域化发展为特色，推进三峡库区职业教育与移民技能培训基地建设。四是以推进职教创新为动力，提高库区职业学校人才培养质量。

2. 实施库区人才工程，提高劳动力素质

强化人才观念，优化人才环境，加大人才开发力度，注重企业家人才的开发和引进，重视和解决市县乡三级政府部分公务员知识老化、观念陈旧的问题。

（五）以发展劳务经济引导就业

一是将大力发展劳务解决作为三峡库区支柱产业，建立劳务输出机制。二是解放思想，创新促劳务经济发展。三是探索在异地办企业，建立吸纳库区劳动力就业的新机制。四是加强劳动力输入地与输出地的劳务协作。

（六）正确对待非正规就业对就业的促进作用

（七）推行积极的就业政策应注意的配套问题

一是加强农村劳动力的职业培训，使人力资源能力水平与经济发展的要求相适应。二是完善劳动力市场公共服务体系。三是完善社会保障、加强政府对失业的宏观监控，建立失业预警制度。

二、建立和完善三峡库区移民社会保障体系对策建议

（一）加深认识，统一思想，增强信心

（二）制定全市农村社会保障体系的规划和方案

（三）以移民低保、养保和医保为重点，构建移民社会保障基本体系

1. 建立移民社会救济救助体系

2. 大力推进农村最低生活保障制度

首先解决资金来源问题。其次，建立农村低保管理机制。第三，农村最低生活保障金的发放形式与城镇一样，由财政按指定账号划拨、银行统一发放。

3. 建立和完善移民养老保险制度

采取多种方式，解决移民养老保障资金的来源。探索建立与移民养老保险筹资模式相适应的管理体制和运行机制。推行多种社会养老保险模式，实现稳步向社会统筹过渡。

4. 大力推进新型农村合作医疗制度

一是贯彻落实农村卫生事业费补助政策，加大财政投入，规范农村卫生经费投入，加快农村卫生基础设施建设。二是合理确定合作医疗筹资比例。三是合理确定基金的使用比例和医药费的补偿比例。四是建立健全新农合医疗机构，提高农村卫生院、乡卫生室医生的整体素质。五是加强对建立新型农村合作医疗制度的宣传力度。六是建立农村贫困人员参加新型农村合作医疗制度的救助办法。七是新型农村合作医疗工作的开展要与卫生体制改革紧密结合。

5. 切实做好农村五保供养工作，不断提高五保供养水平

（四）采取多种形式筹措移民社保资金，建立国家、地方和个人三位一体的筹措机制

（五）建立健全财务制度，高度重视移民保障金的管理与保值增值

（六）加强对移民社会保障体系建设的领导

课题组单位：九三学社重庆市委

课题组成员：王筱欣、邱道持、臧苏渝、罗晋川、洪英、黄文章、柳恩梅

重庆市住宅建筑能耗标识体系的研究（摘要）

（2006年重庆市建委课题）

节约能源是我国的基本国策，建筑节能是国家节能工作的重要组成部分。随着社会经济的发展和生活水平的提高，特别是采暖空调的日益普及，采暖空调费用的支出逐渐成为居民可支配收入的一部分，由此带动建筑能耗占总能耗比例呈逐年上升的趋势。而重庆又具有冬天不暖、夏天不凉的气候特点，近年来有的居民户达到了“一屋一台空调，一家多台空调”，使得用电量大幅度增长，而导致“电荒”。为此，建议以市场力量促进建筑节能发展，建立我市住宅建筑能耗标识体系。

（一）引入市场竞争机制，实行建筑节能认证制

通过引入市场竞争机制，建立住宅能耗标识体系的实施，逐步推行节能建筑标识。为此，重庆可学习借鉴国内外的成功经验，增强和推动我市住宅建筑节能的可持续发展。实施住宅建筑节能是政府实施建筑节能标准的重要策略。如美国的“能源之星”、莫斯科的“能源护照”就是采取跟踪和强制执行建筑节能标准的手段，也是购房者认可的一种政府“节能建筑”标志。上海已于2002年10月起实施《上海市节能住宅建筑认证管理暂行办法》。

（二）建立我市住宅建筑能耗标识体系运行机制

1. 确定建筑能耗指标，建立建筑能耗评价体系。针对我市目前商品住宅市场上现房与期房交易两种销售方式，制定两种不同的能耗标识运行机制。即对期房制定以施工图为基础的能耗标识指标，对现房制定以竣工图为基础的能耗标识指标。

2. 实行由施工方监督的方法，将市场手段作为促进建筑节能发展的辅助措施。在与房地产开发商合作时提出建筑耗能的标准要求。同时，要求房地产开发商配合事务所对施工过程进行监督，保证围护结构传热系数、外窗性能和建筑气密性等输入参数与实际建筑的一致。

3. 发挥政府宏观调控作用，积极探索建立建筑节能发展的有效机制，大力推动规范性建筑节能市场的形成。由政府部门直接或委托有关专业机构对标识人员进行统一管理、统一培训和统一考核以及实行定期审核。同时，由政府负责制定标准的计算程序、计算方法，颁发能耗事务所从业执照等工作。事务所要将其所标识的每一栋建筑的计算资料（包括竣工图纸、建筑模型，输入参数，各项围护结构的检验报告等）提交该机构备案。该机构定期对资料进行抽查，发现有违规操作或技术水平欠缺的现象，有权进行处罚或取消其从业资格。

4. 建立解决建筑能耗标识体系纠纷的机制。当标识事务所技术水平较高、信誉较好时，保险公司可以收取较低的保险费用。反之，则应该收取较高的保险费用。这种机制一方面可以保证购房者的利益在受到侵害时能够得到补偿，另一方面也促进事务所提高技术水平，提高信誉和降低保险成本。通过建立这种专门机制明确责任，达到解决纠纷的目的。

5. 引入保险机制、实施建筑节能标准。引入保险机制，使标识体系能够顺利实施。可根据需要在标识事务所进行标识前向保险公司缴纳一定的投保费用，当标识事务所需要承担赔偿责任时，由保险公司负责赔偿。这种机制一方面可以保证购房者的利益在受到侵害时能够得到补偿，另一方面也促进事务所提高技术水平和提高信誉，降低保险费用。建立建筑能耗评价体系，实施节能建筑认证也应当是政府实施建筑节能标准的重要策略之一。

6. 建立建筑能耗试点工程，引导、培育和规范建筑节能市场。我市的住宅用采暖空调设备一般是家用空调器，费用都由住户个人承担。因此，为检验本体系在实际应用中的效果及消费者的反应，开展试点工程是一个重要环节。在售楼的同时可将各户的数据做成小册子或标识证书摆放在现场，供购房人参考，并通过现场宣传让购房人进一步了解并认可节能住宅的优越性。

课题组单位：九三学社重庆市委

课题组主要执笔人：朱光俊

轨道交通对重庆市经济社会发展的影响（摘要）

（2007年重庆市科委课题）

“轨道交通对重庆市经济社会发展的影响”是社重庆市委与重庆轨道交通总公司、重庆大学共同承担的重庆市软科学研究课题。其研究目的是在调查研究基础上，通过数学模型评价分析，正确认识发展轨道交通对重庆市经济社会发展的影响，准确把握轨道交通建设为重庆经济社会发展带来的新机遇、新亮点。同时，运用产业经济学、计量经济学、城市经济学的基本原理，探讨轨道交通给重庆市经济社会发展带来的新思路，为政府决策提供有价值的参考建议。

轨道交通全称为城市快速轨道交通，是指城市中有轨的大运量的公共交通运输系统。目前，国际城市轨道交通包括地铁、轻轨、市郊铁路、有轨电车以及悬浮列车等多种类型。主要分为城市地铁、市郊铁路、城市轻轨三大部分。城市轨道交通发展至今，已成为国内外各大城市解决城市交通拥堵的有效措施之一。轨道交通在国内进入了蓬勃发展期，我国城市轨道交通网络规划总里程已达5000km，已建成地铁和轻轨达600km以上，并准备投资5000亿，汇聚15城市“备战”轨道交通建设。城市轨道交通系统的发展，将明显促进城市经济的快速发展和生态环境的改善，实现城市经济效益、社会效益、生态环境效益三者的统一。

轨道交通不仅为区域提供运输服务，更重要的是对区域产生强烈的辐射作用。轨道交通建设在一个国家和地区的城市发展进程中占据重要地位，它可以满足经济、社会及城市发展的需要，突出城市的特点与功能，加速现代化的实现，会对城市布局、城市面貌、环境保护、住宅建设、市民居住模式和生活方式等方面产生积极影响。重庆作为长江上游地区经济中心，必须尽快建立有效衔接内外交通，安全、高效、便捷的现代化城市综合交通体系，将轨道交通系统作为我市公共客运交通系统的骨干体系。加快发展大容量的快速轨道交通系统，对改善核心城区交通状况和环境质量，加快城镇化进程，促进周边组团的同步发展，确保城市社会经济可持续协调发展具有十分重要的作用。

本课题研究报告包括五个部分：

第一部分：重庆市经济社会发展与轨道交通的现状分析

第二部分：轨道交通对重庆市经济社会发展影响的评价模型

第三部分：重庆市轨道交通建设新增经济点分析

第四部分：对轨道交通二号线的实证分析

第五部分：结论及建议

课题组单位：九三学社重庆市委

课题组组长：陈义华

课题组成员：官波、刘昌萍、王玮、车天义、卢顺霞、吴志彬、周利锋、朱玉琴、黎伟

科技进步与三峡库区经济社会发展的相关分析（摘要）

（2007年重庆市科委课题）

重庆地处我国中西接合部，是承东启西、左右传递的枢纽。肩负着“带动长江上游和西南地区经济发展”等重大历史使命。在我国经济发展总格局和实施西部大开发战略中具有重要的战略地位。直辖以来，重庆紧紧围绕建设长江上游经济中心的目标，充分发挥直辖效应，区域聚集和辐射功能不断增强，长江上游经济中心的地位已显雏形。

2007年，全国“两会”期间，胡锦涛总书记参加重庆代表团审议并发表重要讲话指出，希望重庆在西部地区率先实现全面建设小康社会的目标。胡锦涛总书记还希望重庆各界进一步完善思路，真抓实干，把重庆加快建成西部地区的重要增长极、长江上游地区的经济中心、城乡统筹发展的直辖市。根据木桶效应，整个重庆地区最贫穷的三峡库区经济社会的发展状况将会制约重庆能否实现总书记提出的“三个定位、一大目标、三条要求”。

科技作为生产力发展的第一推动力，三峡库区的大发展离不开科技的推动。新经济增长理论强调技术进步在经济增长中起决定作用，即现代经济增长越来越多地依靠技术进步。据经济学家的研究，劳动和资本的投入对经济增长的贡献率为34%，其余66%则来自于技术进步。可见，科学技术在经济增长中的作用大大超过了资本和劳动力，占2/3以上，成为经济增长的核心。因此，具体分析重庆直辖10年以来，三峡库区科技进步对经济增长的贡献，并在此基础上提出对应措施，是推动库区经济长期可持续发展的重要课题。

三峡库区是由于长江三峡工程建设而产生的一个特殊区域。位于北纬29°16′－30°25′、东经106°50′－110°50′，地跨湖北、重庆两省市，面积5.6万平方千米，人口1589.64万人，包括湖北省4个县（区）和重庆市15个县（区）。在有关三峡库区经济发展的研究中，人们一般将之视为一个经济贫困落后的“均质区”，所关注的是库区在整体上如何实现发展的问题。但是，由于自然环境、区位和交通条件以及三峡工程等因素的影响，库区内科学技术发展相当落后。因此，分析三

峡库区科技进步对经济增长的贡献，既能深化对库区区情的认识，也对研究实现库区经济持续、协调发展具有十分重要的现实意义。

本研究报告以重庆段长寿区以下的库区12个主要区县（三峡库区的主体地带）为主要研究对象，通过实证分析重庆直辖10年以来的技术进步对库区经济增长的贡献率，揭示技术进步与库区经济社会发展的关系。这12个区县包括：巫山县、巫溪县、奉节县、云阳县、万州区、开县、忠县、石柱县、丰都县、涪陵区、武隆县、长寿区。

针对库区经济社会发展对科技的需求，提出如下对策建议。

一、建设区域创新体系

二、深化科技体制改革

（一）完善科技体制

（二）探索从计划与税收优惠扩展为多种政策的组合

三、加快科技基础条件平台的建设

四、拓宽渠道，加大投入，增强科技发展后劲

五、加快星火产业带建设，促进库区产业上档升级

六、实行财税激励与科技奖励政策

（一）创新财税机制，助推科技发展

（二）加大科技教育的投入，设立库区职业技能培训财政专项资金

（三）完善科技奖励政策

七、加强科技对口支援，促进科技成果向库区转移

八、建立科技人才开发的新机制和新模式

九、大力开展科学技术普及工作

课题组单位：九三学社重庆市委

课题组成员：王筱欣、邱道持、臧苏渝、罗晋川、洪英、黄文章、柳恩梅

抗滑桩使用寿命及耐久性增强技术开发研究（摘要）

（2007年重庆市建委课题）

滑坡是山区建设中经常遇到的一种危害极大的自然灾害。尤其是在我国西南地区，每年由于滑坡灾害不仅造成的损失巨大，而且还耗费了国家和地方大量的人力财力进行治理。重庆是西南地区地质灾害多发区，据不完全统计，仅三峡库区内就有各种类型的大小致灾体2万余处。其中，滑坡变形体占50%以上。抗滑桩是适用于治理滑坡、库岸支挡适用最广泛的结构式。其耐久性和适用年限直接关系到支挡工程的安全和预定功能的实现。如何确保抗滑桩的安全耐久，进而保证地质灾害体的稳定，具有十分重要的经济、技术和社会效益。本项目在广泛搜集资料的基础上，进行现场调研和室内模型试验，确定了影响抗滑桩耐久性的因素及抗滑桩混凝土的腐蚀机理，并在此基础上建立了抗滑桩安全使用寿命的预测模型，提出了抗滑桩耐久性设计基本原理。获得的主要创新成果有：

第一，进行了钢筋在酸性土壤环境中的腐蚀性试验，获取了重庆地区侏罗系酸性土壤对钢筋的腐蚀、锈蚀速度为$4.48g/dm^2 \cdot a$。

第二，进行了悬臂抗滑桩在$pH=4.5$的稀盐酸土壤环境条件下的耐久性模型试验，发现混凝土

中性化深度与时间的平方根成线性关系，桩身位移随时间延长不断增长，在受拉部位，抗滑桩在酸—应力耦合作用下，加速了抗滑桩的腐蚀进程，混凝土中性化加快。

第三，进行了预应力锚拉桩在含有3%稀硫酸溶液的砂土中的耐久性模型试验，试验结果表明，桩顶位移及锚杆应变随腐蚀时间延长而逐渐增大，混凝土中性化深度变化规律与悬臂抗滑桩相似，但劣化幅度显著低于悬臂桩。

第四，提出了抗滑桩混凝土中性化预测模型，详细讨论了该模型相关参数的取值问题。

第五，分析提出了钢筋锈蚀时间计算方法，据此提出了抗滑桩安全使用寿命预测数学模型。

第六，从抗滑桩材料选用、混凝土外加剂和掺合料、配合比等方面提出了抗滑桩耐久性材料增强技术，并从修建辅助结构、构造措施和施工质量等方面分析了增强抗滑桩耐久性寿命结构措施，据此系统分析了抗滑桩耐久性设计的基本原理。

课题组单位：九三学社重庆市委

课题组负责人：陈洪凯

课题组成员：邱道持、易丽云、陈思成、李伟、谢雪梅、唐红梅

第三章　在政协履行职责

政协是中国共产党领导的多党合作和政治协商的重要机构，是民主党派发挥作用的重要场所。九三学社重庆市委通过人民政协提供的制度渠道，突出九三学社界别特色，注重实效，认真履行参政党职能。为充分发挥九三学社组织及社员中的政协委员在政协会议上的作用，在历次政协会议召开前都要召开会议，集体研究和商讨如何履行职责。结合国家和重庆的实际，重点就改革发展和建设中的重大问题，在政协召开的各种会议上以本党派的名义发表意见，开展视察，就教育体制改革、医疗卫生体制改革、科技体制改革等问题，在政协会议上提出集体提案、大会发言、反映社情民意。历年来，社市委通过参加四川省、重庆市政协组织的会议、视察和专题调研等活动，参与四川省、重庆市大政方针的制定、重大决策及重要人事安排等重要问题的民主协商，为党和政府科学决策建言献策。重庆直辖以来，紧紧围绕国家和重庆经济社会发展中的重点、热点、难点问题，深入开展专题调研，提出意见建议。其中，不少建议得到采纳，提案建议得到各方赞许，取得了成效。同时，采取各种学习培训，不断提高社员中政协委员的政治意识、大局意识、责任意识和履职能力。为发展和完善中国共产党领导的多党合作和政治协商制度做出了积极贡献。

至2007年，九三学社重庆市委共有全国政协委员13人、常委1人。四川省政协委员31人，常委6人。重庆市政协委员289人，常委27人，副主席3人。

第一节　提案建议

九三学社重庆市委创新工作机制，采取多种形式，组织专门力量，组建骨干队伍，在深入调研和完成调研报告的基础上，提出高质量的提案和建议。自1991年以来，共开展了69项专题调研，

在此基础上形成的提案建议，在数量和质量上都得到认可和好评。其中，有的得到中共重庆市委、市政府主要领导的批示，有的得到有关部门的采纳落实，为促进社会和谐、经济发展起到了积极作用。

高度重视，集思广益，精心准备。每年政协会议之前，向各级社组织发出通知，在社内广泛征集集体提案的材料和意见建议，要求在调查研究的基础上，充分发挥各级社组织的整体作用，为社市委参加市政协会议提供参政议政选题和开展深入调研作准备。各级社组织和广大社员积极参与这项工作，形成了一大批具有较高质量的集体提案和大会发言，受到有关部门的重视和采纳。社市委在开展调查研究的选题决策、工作程序、工作方法、内外联系、上下结合、信息沟通、时间安排以及经费使用等方面进行了积极探索，取得了一些行之有效的办法和成功经验，建立起了集体提案工作的征集、遴选、加工、审定、采用、提交、转复、报道等工作机制。

一、提案及大会发言

1991 年，在市政协九届四次全会期间，第一次以社市委名义提交集体提案 1 件，题为《对重庆市区交通发展的初步建议》。《重庆政协报》对提案做了专题报道。提案承办单位重庆市城乡建委表示，"决定在城市交通规划建设管理中予以采纳并逐步实施。"副主委侯雪岩、黄秉来分别代表社市委在政协大会上作《人尽其才，才尽其用，让我们中年知识分子在九十年代做出更大贡献》和《合作共事的情况和感受》大会发言。出席会议的九三委员还提出市区向空中和地下拓展、市郊采用大循环解决市区交通拥堵的建议，以及对进一步落实知识分子政策等问题提出了意见建议。

1992 年，社市委提交市政协九届五次会议《充分利用本市两江（长江、嘉陵江）水道的建议》集体提案 1 件，该提案获市政协优秀提案奖，课题组被评为市政协优秀提案工作先进集体。副主委黄秉来代表社市委就《进一步发挥群众在廉政建设中的监督作用》做大会发言，得到重庆市监察局的重视和采纳。1992 年 11 月，根据市政协的统一部署，社市委组成以副主委侯雪岩和社市委常委、市政协委员刘珍茂为正副团长，以社内市政协委员为主的 11 人视察分团，对市中区的 8 家医学美容诊所开展深入调研后，提交市政协《对促进本市医学美容市场健康发展的意见和建议》集体提案，所提建议受到市政府办公厅的高度重视和采纳，并批转市卫生局办理。

1993 年，在市政协十届一次会议上，社市委共提交《支持科教发展，促进重庆经济建设》等 5 件集体提案。其中，《对促进本市医学美容市场健康发展的意见和建议》《开发防撞护栏板，填补西南空白》2 件提案被列为市政协大会重点督办提案。会上，徐宗俊副主委代表社市委做《解放第一生产力，振兴重庆经济》大会发言，黄秉来副主委做《关于当前反腐败斗争的几点建议》大会发言，刘珍茂做《我市医学美容市场必须整顿》大会书面发言。会议期间，社内委员共提交个人提案 38 件。会上，社市委副主委徐宗俊当选为市政协十届委员会副主席，副主委何知凡、黄秉来，社市委常委宗百岑、刘珍茂当选为市政协常委。在市政协十届委员会各专委会中，徐宗俊还被推选为科技委员会主任，何知凡被推选为提案委员会副主任，黄秉来被推选为法制委员会副主任。同年 7 月，社市委还就"深化教育改革，发展教育事业"开展专题调研，完成了《采取有效措施，全面振兴教育》调研报告，同时提交市政协和报社中央、社四川省委，部分建议得到采纳。1993 年，九三学社重庆市委被评为市政协优秀提案工作先进集体。

集体提案名目：

1.《支持科教发展，促进重庆经济建设》

2.《关于坚持反腐败斗争和加强廉政建设的建议》

3.《关于以汽车工业为支柱产业，带动重庆国民经济实现腾飞的对策建议》

4.《对重点抓好本市汽车材料工业发展的建议》

5.《对促进本市医学美容市场健康发展的意见和建议》

大会发言名目：

《支持科教发展，促进重庆经济建设》

1994年，在市政协十届二次会议上，社市委提交集体提案5件。副主委徐宗俊代表社市委就《建议各级学校为乡镇企业培养用得上、留得住的科技人才，从根本上提高乡镇企业的素质》做大会发言，黄秉来副主委以《关于加强反腐败斗争舆论宣传工作的建议》做大会发言。社员中的政协委员积极参与大会组织的专题讨论会，对有关重庆市的科技、教育、文化、社会稳定、平抑物价等问题提出意见建议。在本次会议上，社员中的政协委员共提交个人提案43件。1994年，社市委还针对高等教育和研究生教育中存在的问题，持续开展调研，并将调研报告提交市政协，为相关部门提供决策依据。

集体提案名目：

1.《关于加强反腐败斗争舆论工作的建议》

2.《关于确保轻型汽车成为我市支柱产业的建议》

3.《关于促进政府有关部门同民主党派加强对口联系的建议》

4.《关于在我市实施建筑物绿色工程的建议》

5.《关于开发薄带铸机新技术的建议》

大会发言名目：

《关于加强反腐败斗争舆论工作的建议》

1995年，在市政协十届三次会议上，社市委提交集体提案6件。其中，《加强环境治理，维护市民健康》受到市政府的重视和采纳，获市政协优秀提案奖。副主委侯雪岩代表社市委就《加强环境治理，维护市民健康》做大会发言，副主委黄秉来做《在反腐败斗争中要逐步加大治本力度》大会发言。会议期间，社员中的政协委员还积极参加了会议组织的赴嘉陵江滨江路、重庆矿山机械厂、观音桥农贸市场等地的视察参观活动；参加了保障有效供给抑制通货膨胀、深化企业改革及扭亏增盈、社会治安、农业基础设施和菜篮子工程建设等专题座谈会。在本次会议上，社员中的政协委员共提交个人提案62件。

集体提案名目：

1.《在反腐败斗争中要逐步加强治本的力度》

2.《加强环境治理，维护市民健康》

3.《关于加强整顿医药卫生秩序的建议》

4.《关于支持民主党派智力支边扶贫工作的建议》

5.《关于尽早编纂、入档、出版发行三峡库区和周边地形、航、卫片的建议》

6.《加强城市供水及菜篮子工程建设的建议》

大会发言名目：

1.《在反腐败斗争中要逐步加强治本的力度》

2.《加强环境治理，维护市民健康》

1996 年，在市政协十届四次会议上，社市委提交集体提案 12 件，大会书面发言 4 篇。副主委徐宗俊代表社市委就《建议把消费品生产提高到战略高度》做大会发言，得到有关部门的高度评价，受到与会委员的欢迎，引起较大反响。社内委员通过协商讨论《重庆市国民经济和社会发展“九五”计划和二〇一〇年远景目标纲要》，就如何贯彻落实十四届五中全会精神认真建言献策，共提出个人提案63 件。在1996 年12 月召开的市政协十届七次常委会上，社市委副主委、市政协常委黄秉来，社市委常委、市政协常委宗百岑、刘珍茂出席会议，刘珍茂代表社市委在会上作题为《关于纠正我市损害群众利益的部门和行业不正之风的意见和建议》的发言。

集体提案名目：

1. 《扶持培育我市轻工业的发展是当务之急》
2. 《重庆茧丝绸产业发展的问题及对策》
3. 《努力推行我市农业产业化》
4. 《关于提高农民生产积极性促进农业和农村经济发展的意见和建议》
5. 《关于我市开发新产品的意见和建议》
6. 《关于重庆市重点扶持汽车摩托车关键材料及其零部件制造业发展的建议》
7. 《关于充分调动高校力量为本市经济建设服务的意见和建议》
8. 《在当前反腐败斗争中要进一步贯彻党的群众路线》
9. 《关于实施科教兴渝的意见和建议》
10. 《关于加强科技信息资源共享的建议》
11. 《关于进一步加强学校收费管理，促进教育健康发展的建议》
12. 《关于减少浪费、合理使用公费医疗费用的意见和建议》

大会发言名目：

1. 《建议把消费品生产提高到战略高度》
2. 《扶持培育我市轻工业的发展是当务之急》
3. 《重庆茧丝绸产业发展的问题及对策》
4. 《努力推进我市农业产业化》
5. 《关于提高农民生产积极性，促进农业和农村经济发展的建议》

1997 年，在重庆（直辖）市政协一届一次会议上，社市委围绕新重庆经济发展和社会进步发展战略的编制和实施，发展区域经济所面临的“三大任务”和“四大难题”，以及精神文明建设所面临的四项任务，认真履行参政党职能。共提交《关于做好当前移民工作的建议》等集体提案 6 件，大会发言 2 篇。社市委常委、市政协委员黄同陵代表社重庆市委就《重庆市农业可持续发展必须解决的几个问题》为题做大会发言，社市委还就《统一认识，落实措施，做好当前的移民工作》作大会书面发言。会议期间，社员中的政协委员共提交个人提案 92 件，占本次政协会议委员个人提案的9.4%。其中，社市委常委刘珍茂的个人提案 30 件，被誉为“提案冠军”。这些提案建议，受到中共重庆市委、市政府及有关部门的重视和好评。

在市政协一届一次会议上，徐宗俊当选为市政协副主席。黄秉来、姚珍薇（女）、赖明、蓝钧鳌、张牛、万吉昆当选为市政协常委。在政协重庆市一届委员会各专门委员会中，徐宗俊兼任城建环保委员会主任，赖明任城建环保委员会副主任，黄秉来任社会法制委员会副主任，万吉昆任科教文卫体委员会副主任。

集体提案名目：

1. 《关于纠正我市部门和行业不正之风的意见和建议》
2. 《关于重庆市农业可持续发展的建议》
3. 《关于做好当前移民工作的建议》
4. 《关于积极推进我市黔江少数民族地区医药卫生事业发展的建议》
5. 《搞好农村计生工作，必须保障广大农村妇女的身心健康的建议》
6. 《加强三峡库区水土保持的建议》

大会发言名目：

1. 《关于纠正我市部门和行业不正之风的意见和建议》
2. 《关于重庆市农业可持续发展的建议》
3. 《关于做好当前移民工作的建议》

1998 年，在市政协一届二次会议上，社市委围绕全市解放思想、抓住机遇、扩大开放、加快发展、富民为本的工作方针和完成政府工作报告提出的目标任务，以及做好三峡库区二期开发性移民工作，保持社会稳定，加强社会主义民主和法制建设等反映社情民意，认真履职。共提交集体提案 14 件，占本次会议集体提案的 28.5%。提交大会书面发言 5 篇，其中，主委徐宗俊代表社市委做《构建和完善重庆统一、开放竞争有序的市场体系》大会发言；会议期间，我社委员还就三峡库区移民工作、加快国有企业改革、农业和农村经济发展、改善投资环境、健全法制与社会稳定、发展个体私营经济六大问题参加了专题讨论会。徐宗俊主持了被列为大会第一大专题的三峡库区移民专题会，副主委黄秉来参加了法制与社会稳定专题会并就依法治理农村问题发表意见，张泽、胡长青委员参加了农业和农村经济专题会并提出了建议；会议期间，社员中的政协委员共提出个人提案 110 件，占此次会议个人提案的 12%。这些提案和大会发言有分析、有具体建议，质量较高，受到市政府有关部门的重视、部分得到采纳。

集体提案名目：

1. 《关于构建与完善重庆市场体系的建议》
2. 《关于保护三峡工程重庆库区古代文物和人文景观的建议》
3. 《关于三峡库区经济持续发展有关问题的意见和建议》
4. 《关于进一步稳定我市科技人才队伍和吸引外地优秀人才的几点建议》
5. 《关于加大产业结构调整，优化资本组合，推进重庆新兴产业和高技术产业发展的建议》
6. 《关于解决 CNG 汽车有关重要技术问题的建议》
7. 《建议政府责成有关部门对开发北碚三圣石膏矿进行深入研究论证》
8. 《关于进一步推进我市企业产权重组和产权交易的建议》
9. 《关于进一步提高和规范电信服务质量的建议》
10. 《关于以现有重点农业科研单位为基础，组建重庆市农业科学研究院的建议》
11. 《关于认真执行环境保护法规、控制水资源污染的建议》
12. 《关于奉节县开发性移民与经济发展的建议》
13. 《关于新建重庆大剧院的建议》
14. 《关于加强我市中小学生素质教育的建议》

大会发言名目：

1. 《关于构建与完善重庆市场体系的建议》

2.《关于保护三峡工程重庆库区古代文物和人文景观的建议》

3.《关于三峡库区经济持续发展有关问题的意见和建议》

4.《关于进一步稳定我市科技人才队伍和吸引外地优秀人才的几点建议》

5.《关于加大产业结构调整，优化资本组合，快速推进重庆新兴产业和高技术产业的发展建议》

1999 年，在市政协一届三次会议上，社市委共提交集体提案 15 件，占本次会议集体提案总数的 15.4%。提交大会书面发言 4 篇。其中，主委徐宗俊代表社市委做题为《把产品创新作为我市产业结构调整的突破口》大会发言，副主委黄秉来就《推广厂务公开民主监督，依法治厂》做大会发言。会议期间，社员中的政协委员共提出个人提案 128 件，占本次会议委员个人提案的 12.94%。其中，内容针对加速科技成果转化、解决三峡库区移民开发区执法与行政体制矛盾、成立专门机构加强移民资金监管、加强和规范民主党派成员任政府实职工作、关于文化设施建设、建立重大行政失误追究制度、加大文化投入等提出意见建议。社市委的集体提案、大会发言和委员个人提案不仅数量有所增加，质量也有所提高，受到中共重庆市委、市政府及有关部门的重视，一些建议被采纳。社市委集体提案《三峡库区库岸治理的对策建议》和 8 件个人提案被评为市政协一届二次会议优秀提案，占一届二次会议表彰优秀提案总数的 16.7%。

集体提案名目：

1.《关于提高三峡移民区土地承载力和水土保持的建议》

2.《结合市场经济特点，改进医院药品采购工作》

3.《关于在国有企业推行厂务公开、民主监督、依法治厂的意见和建议》

4.《继续发挥重庆市红十字会医院的特殊作用，为建设和发展新重庆作贡献》

5.《关于发展重庆信息产业的建议》

6.《关于在我市利用高新技术生产钾肥的建议》

7.《管好用好三峡库区消落区土地扩大移民安置容量，保护库区环境》

8.《关于开展重庆市农地定级估价工作的建议》

9.《重庆市农业发展中的主要矛盾与解决途径》

10.《关于重庆市柑橘生产发展的建议》

11.《提高结核病防治水平，维护市民健康》

12.《三峡库区库岸治理的对策建议》

13.《加强文艺创作队伍建设，繁荣我市文艺事业》

14.《关于规范科技立项和科技成果鉴定，加速科技成果转化为生产力的建议》

大会发言名目：

1.《提高结核病防治水平，维护市民健康》

2.《三峡库区库岸治理的对策建议》

3.《加强文艺创作队伍建设，繁荣我市文艺事业》

4.《关于规范科技立项和科技成果鉴定，加速科技成果转化为生产力的建议》

5.《关于在我市实施“产品创新工程”的建议》

2000 年，社市委共提交市政协一届四次会议集体提案 15 件，占本次大会集体提案总数的

15.4%。提交大会书面发言6篇，柳恩梅代表社市委就《抓住西部开发机遇，加快库区水运建设》为题做大会发言；会议期间，社员中的政协委员分别参加了实施西部大开发战略、加快技术创新、农民增收、进一步维护社会稳定等7个重点专题协商讨论会。副主委黄秉来在专题协商会上就“维护社会稳定”发言，建议把加强创建文明小区提高到体现政府为人民服务宗旨的高度来认识，李登信、黄同陵、童明伟、陈迅等分别在农民增收、教育工作、西部大开发等专题协商会上发言并提出了意见建议；在本次会议上，社员中的政协委员共提交个人提案141件，占本次大会委员个人提案的13%；在会议期间，我社委员还积极响应市政协“迎接新世纪，我为重庆振兴献一策”活动，共献计献策23条，占本次政协会议委员“献一策”总数的11.67%。2000年，社市委还参加了市政协组织的“三峡库区文物保护及库岸治理”“振兴重庆工业经济”“西部大开发与重庆大发展”3项专题调研活动。

2000年4至6月，社市委配合市政协，在全市各基层组织中开展了实施西部大开发战略调研和献计献策活动。5月，九三学社重庆市委向市政协提交了《关于重庆市在西部大开发中关键技术需求的建议》调研报告，并在市政协一届二十一次常委会上做大会发言，受到重视和好评，《人民政协报》做了专题报道。

集体提案名目：

1. 《优势扩张型企业存在的问题及对策》
2. 《振兴重庆食品工业，发挥支柱产业作用》
3. 《关于加快重庆高新技术产业发展的建议》
4. 《关于加强我市企业技术中心建设的意见和建议》
5. 《医疗纠纷处理存在的问题及对策》
6. 《关于加快我市民营科技企业发展的建议》
7. 《抓住西部开发机遇，加快库区水运建设》
8. 《关于加强领导干部廉洁自律的建议》
9. 《在党风廉政宣传教育中，要进一步发挥反面教材作用的建议》
10. 《关于我市人口老龄化的现状及对策》
11. 《关于在我市设“千万元科技成果推广效益奖”的建议》
12. 《关于在我市限制生产销售含磷洗涤用品的建议》
13. 《关于加强医疗广告的监督管理、净化医疗市场，保障人民群众身体健康的建议》
14. 《运用现代科学技术管理手段，推动我市商业现代化的发展》
15. 《关于我市开展危岩、滑坡等地质灾害防治对策的研究，形成地质灾害防治产业的建议》

大会发言名目：

1. 《优势扩张型企业存在的问题及对策》
2. 《振兴重庆食品工业，使之发挥支柱产业作用》
3. 《关于加快重庆高新技术产业发展的建议》
4. 《关于加强我市企业技术中心建设的意见和建议》
5. 《医疗纠纷处理存在的问题及对策》
6. 《关于加快我市民营科技企业发展的建议》
7. 《抓住西部开发机遇，加快库区水运建设》

2001年，在市政协一届五次会议上，社市委共提交集体提案14件，占本次政协会议集体提案总数的8.5%。提交大会发言大会书面发言3篇，副主委谢小军代表社市委做题为《关于培育和发展我市现代物流业的建议》的大会发言。社员中的政协委员共提交个人提案156件，占本次政协会议委员个人提案总数的12.2%。社市委集体提案和我社委员提交的个人提案，注重质量，内容涉及环保、市政建设、医药卫生、社会治安、对外开放等国计民生各个方面；在参加本次会议举办的专题协商会议中，我社委员阎鸿鑫、章娴君、戴克、万吉昆、张牛分别以民主监督任重道远、促进科技创新、生态环保迫在眉睫等为题，代表小组发言，得到与会委员的肯定和重视。

2001年，社市委还积极响应市政协开展的"大城市带动大农村"大调研活动，组织开展了《大城市带动大农村的科技研发、推广体系问题》等4项子课题调研。8月，社市委召开《重庆市加快农业科技成果转化对策研究》研讨会，社市委副主委、课题组负责人谢小军，课题报告执笔人西南农业大学支社教授李航，市农办博士邱明生，社内从事农业科研、教学的10多位专家学者参加了会议。副主委谢小军对开展调研提出了建议，作了工作安排。会议就加快我市农业科技成果转化对策研究提出了意见和建议。社万州区三峡农科所支社专门向社市委提交了"关于加快农业科技成果商品化转化的初步探讨"材料。会后，社市委向市政协提交了《加快我市农业科技成果转化对策研究》报告。

集体提案名目：

1.《关于大力发展重庆中药现代科技产业的建议》
2.《关于筹建重庆市医药生物技术研究中心的建议》
3.《重庆大发展，证券市场可助力》
4.《关于发展库区生态农业的建议》
5.《关于培育和发展我市现代物流业的建议》
6.《以无公害生产为基础，以深加工为后盾，大力推进重庆市柑橘产业进一步发展》
7.《关于信息化带动工业化，加快重庆老工业基地改组改造的建议》
8.《抓住西部开发机遇，建设库区黄金水道》
9.《关于加快发展民营企业的若干建议》
10.《重庆亟待发展会展经济》
11.《关于加快我市生态环境保护和建设的建议》
12.《抓住关键科技领域发展，促进重庆经济和社会全面进步的建议》
13.《移民迁建必须与生态环境建设同步》
14.《三峡重庆库区二期移民工作存在的问题及建议》

大会发言名目：

1.《关于大力发展重庆中药现代科技产业的建议》
2.《关于筹建重庆市医药生物技术研究中心的建议》
3.《关于争取在重庆建立三峡开发银行的建议》
4.《以无公害生产为基础，以深加工为后盾，大力推进重庆市柑橘产业进一步发展》

2002年，市政协一届六次会议上，社市委提交大会书面发言6篇。提交集体提案19件，占本次大会集体提案总数266件的7.14%。其中，集体提案《关于由市政府协调路桥收费、打通重庆交通动脉，促进经济快速发展的建议》和《规范化标准化使用语言文字，优化教育环境》，分别被遴选为市政协主席会议和市政协文史委员会督办的重点提案。社员中的市政协委员共提交个人提案144件，占本次大会委员个人提案总数的13.2%。2002年12月，市政协对一届六次会议提出的优秀提案和提案承办单位予以表彰。其中，社市委集体提案《关于由市政府协调路桥收费、打通重庆交通动脉，促进经济快速发展的建议》获优秀提案奖，我社委员傅开鑫提交的《规范矿山开采，加强环境保护》、温永玲提交的《高度重视国家及大学科技园的建设和发展》、史亚萍提交的《关于三峡库区水库水面垃圾处理的建议》分别获优秀提案奖，受到表彰。

集体提案名目：

1.《关于由市政府出面协调重庆路桥收费，打通重庆交通运脉，促进重庆经济快速发展的建议》

2.《发挥地区比较优势，支持区域特色经济发展》

3.《关于大力推广燃用洁净煤，从源头上治理大气污染的建议》

4.《关于加快农业科技成果商品化的建议》

5.《关于加入世贸组织后我市经济如何与国际市场接轨的建议》

6.《关于加强对我市风景旅游区“农家乐”的建设和管理的建议》

7.《关于加快九锅箐旅游业发展的建议》

8.《关于改进行评工作的建议》

9.《我市农技服务体系存在的主要问题及建议》

10.《我市农村医疗卫生存在的问题与建议》

11.《关于弘扬巴渝文化，发挥“龙文化”纽带作用的建议》

12.《依靠科技创新，搞好重庆生态农业，实现可持续发展》

13.《规范化标准化使用语言文字，优化育人环境》

14.《关心弱势群体退休职工，逐步提高其工资待遇》

15.《关于加强重庆市宏观战略研究，提高管理水平和决策能力的建议》

16.《关于发展重庆市地质矿产勘察业的建议》

17.《关于三峡水库初期蓄水运行期延长后，泥块淤积对涪陵河段的影响及航道码头治理研究的建议》

18.《进一步提高干部素质和服务水平，营造良好的投资发展环境》

19.《关于建立重庆城市综合物流中心的建议》

大会发言名目：

1.《三峡库区156米方案运行对涪陵区的影响及对策建议》

2.《要重视发展重庆市地质矿产勘察业》

3.《关于改进行评工作的建议》

4.《我市农村医疗卫生工作存在的问题与建议》

5.《关于加强我市农业技术推广服务体系建设的建议》

6.《关于由市政府协调路桥收费畅通重庆交通的建议》

2003年，市政协二届一次会议召开前，为进一步提高集体提案和大会发言的质量，社市委向全市各级社组织发出征集集体提案和大会发言材料的通知，得到各专委会、社区委和基层组织以及广大社员的积极响应。同时，还就一些涉及国计民生、事关重庆长远发展的重大问题，组织力量开展重点调研，为社市委在政协履职做准备。在市政协二届一次大会上，社市委共提交集体提案16件。提交大会书面交流发言4篇。其中，副主委柳恩梅代表社市委做“把重庆建成长江上游现代制造中心”大会发言。社员中的政协委员在会议期间共提交个人提案74件。

集体提案名目：

1.《加大对无公害蔬菜生产扶持力度》
2.《瞄准东盟、扩大出口》
3.《改革工会管理体制，加强工会组织在外资企业中的作用》
4.《完善金融服务，支持重庆中小企业发展》
5.《保障重庆食品安全的建议》
6.《关于对我市路标门牌进行一次彻底清理整顿的建议》
7.《研发液体燃料气化燃烧技术，加速城市汽车排烟清洁化进程》
8.《关于恢复晏阳初先生创办的中国乡村建设学院的建议》
9.《关于对我市电信行业实行完全透明消费的建议》
10.《关于信贷资金向上市公司集中的弊端及对策》
11.《科学规划，加强管理，合理开发利用缙云山》
12.《关于加快推进农村公路建设“村村通”工程的建议》
13.《关于重庆高职教育发展存在的问题及对策建议》
14.《关于加强重庆市技术创新能力的对策建议》
15.《国家级重庆大学科技园存在的问题及对策》
16.《关于开放经济条件下重庆市实施西部大开发战略的建议》
17.《渝中区大坪“七牌坊”古代碑刻群亟待抢救保护》
18.《关于巩固我市路桥收费改革成果，进一步梳理和优化交通环境的建议》
19.《以“三个代表”重要思想为指导，加强对国有企业干部的管理与民主监督》
20.《关于加强和完善社区建设的建议》
21.《关于重庆市水产业尽快走出困境的建议》
22.《切实保障老年人的合法权益》
23.《关于加强重庆市食用农产品安全监管的建议》
24.《关于进一步加强重庆市防震减灾工作的建议》
25.《重庆在实施西部大开发中，应充分发挥民间资本的投资作用》
26.《关于改革现行大规模会议招商的建议》
27.《关于在重庆医科大学建立重庆中药临床试验基地的建议》

大会发言名目：

1.《加大对无公害蔬菜生产扶持力度》
2.《完善金融服务，支持重庆中小企业发展》
3.《保障重庆食品安全的建议》
4.《关于加强重庆市技术创新能力的对策建议》
5.《把重庆建成长江上游现代制造中心》

2004年，在市政协二届二次会议上，社市委共提交集体提案16件，大会书面交流发言3篇。

副主委柳恩梅代表社市委就《以重庆制造，提升重庆实力》为题做大会发言。社市委集体提案《职业教育应重在强化技能培训》《关于让心理教育走进社区的建议》一经提出，备受大会和广大委员的关注并接收了新闻媒体的采访。在市政协二届二次会议上，我社委员邱道持还代表市政协城环委就《加强防洪工程建设》为题做大会发言，潘复生委员就《改革科技管理体制，提高科技创新能力》为题做大会发言。在会议期间，我社委员共提交委员个人提案73件；会上，社市委集体提案《建立临港工业区，布局沿江产业带》和我社委员张牛的个人提案《加强管理，规范渝中区中兴路地产交易“马路市场”》分别获市政协“2004年度优秀提案奖”，我社委员毛敬华、张牛、黄文章被评为“2004年度优秀政协委员”，受到表彰。

集体提案名目：

1.《关于让心理教育走进社区的建议》

2.《关于规范性病门诊、防止性病蔓延的建议》

3.《关于认真解决改制后股份制医院退休职工的社会养老保险问题的建议》

4.《关于建设“重庆市三级生物安全防护实验室”（P3实验室）的建议》

5.《职业教育应重在强化技能培训》

6.《建议市政府尽快建立“柑橘生产、加工安全质量控制体系”》

7.《采取有效措施，强化医疗垃圾处理的建议》

8.《关于加快三峡工程重庆库区“半淹”城市功能恢复的建议》

9.《关于在万州五桥地区建设柑橘高产示范基地的建议》

10.《关于建立行政职务消费法规的建议》

11.《建议尽快组织对最近发表的〈中国西部开发重点区域规划前期研究〉进行对应及对策研究》

12.《加强社区建设，为社区群众办实事》

13.《关于进一步落实〈老年法〉做好老年人维权工作的建议》

14.《规范行政职务消费，减少腐败源头，树立廉政形象》

15.《关于整合我市中医药研究资源 做大做强我市中医药产业的建议》

16.《建设临港工业区，布局沿江产业带》

17.《关于加快重庆市能源产业发展的建议》

大会发言名目：

1.《以重庆制造，提升重庆实力》

2.《打造文化重庆》

3.《关于整合我市中医药研究资源 做大做强我市中医药产业的建议》

4.《建设临港工业区，布局沿江产业带》

2005年，在市政协二届三次会议期间，社市委提交大会交流发言2篇，王筱欣代表社市委做《关于切实关注三峡库区移民失业、贫困现象的建议》大会发言，郭劲松代表社市委做《三峡库区水质安全不容忽视》大会书面交流发言。社市委提交的20件集体提案全部立案。其中，《加强煤矿安全生产执法力度，坚决关闭非法煤矿》获市政协二届三次会议优秀集体提案奖。会议期间，九三学社委员就推进“三个文明”的协调发展、清洁能源、绿色GDP、循环经济和治理环境污染、构建和谐社会、加强执政能力建设、实施“科教兴渝”和“人才强市”战略、解决“三农”问题以及如何发挥政协作用等内容，共提出个人提案110件。在市政协二届三次会议上，我社委员郭劲松、黄爱龙被增选为市政协二届委员会常委。陈耀华、朱晓容、霍仕平获“市政协2005年度优秀个人提案奖”，受到表彰。

集体提案名目：

1.《关于解决我市化粪池隐患的建议》

2.《关于建立农村社会保障体系的建议》

3.《关于加快农村卫生适宜技术推广的建议》

4.《关于加强食品卫生安全监管力度，建立健全食品安全保障体系的建议》

5.《关于以法律手段规范农村经济经营管理的建议》

6.《强化农技推广工作，促进农技推广体系健康发展》

7.《关于加强三峡工程移民后期扶持的对策建议》

8.《土地征用中失地农民安置补偿问题的对策建议》

9.《规范和开拓金融服务，支持二手房市场健康发展的建议》

10.《关于三峡库区水质安全的建议》

11.《关于因地制宜、推进三峡库区移民安置土地开发整理的建议》

12.《加强煤矿安全执法力度，坚决关闭非法煤矿》

13.《关于大力推进我市社区建设的建议》

14.《关于整合我市高教资源，提升我市高教综合水平的建议》

15.《关于加强我市名中医人才培养的建议》

16.《建立以文联为基础的重庆文化艺术奖励机制的建议》

17.《关于全市社会保险业务实行“五保合一”管理机制的建议》

18.《关于切实关注三峡库区移民失业及产业发展的建议》

19.《关于完善我市城镇职工基本医疗保险制度的建议》

20.《关于切实加强我市艾滋病防治的建议》

大会发言名目：

1.《执政为民，切实关注三峡库区移民失业、贫困加剧现象》

2.《三峡库区水质安全不容忽视》

2006年，在重庆市政协二届四次会议上，社市委提交大会书面交流发言2篇，集体提案25件。其中，《以体制创新破解三峡库区产业空虚难题》受到中共重庆市委市政府的高度重视，被列为市政协2006年由中共重庆市委书记汪洋牵头督办的重点提案。其中，《关于建立我市住宅建筑能耗标识体系的建议》等2件提案，获市政协二届四次会议优秀集体提案奖；会上，社员中的政协委员就建设社会主义新农村、推进民主政治建设、进一步开创政协工作新局面、推进我市物质文明、政治文明、精神文明与和谐社会建设全面发展等内容建言献策、提出建议，共提交个人提案80件。

2006年，在全国政协来渝召开的食品安全监管调研会上，社市委就《加强食品安全技术标准和安全卫生监管体系建设》提出了意见和建议。

集体提案名目：

1.《关于提高重庆市国有大中型企业创新能力的对策建议》

2.《加快我市农村实用人才队伍建设的建议》

3.《关于加快建立三峡库区移民保障体系的建议》

4.《关于加快重庆市医药产业发展的几点建议》

5.《加快农产品深加工装备制造业发展，促进三农问题解决的对策建议》

6.《关于提升长江黄金水道功能、建设我市沿江经济带的建议》

7.《关于优化我市特色工业园区空间组织的建议》

8.《提高企业创新力，发展新型、节能小排量及混合动力汽车》

9.《关于将修建民主党派大楼用地列入规划的建议》

10.《关于加大我市农村水环境污染防治力度的建议》

11.《关于建立我市住宅建筑能耗标识体系的建议》

12.《进一步促进重庆市中小企业社会化服务体系建设的建议》

13.《加强川渝合作，打造川渝中药产业经济带》

14.《加快农村坡耕地微型水利建设的建议》

15.《关于加快高新区农转非人员社会保障制度建设的建议》

16.《营造良好环境，促进重庆自主知识产权产品和品牌的提升》

17.《关于规范重庆市主城区建筑高度规划的建议》

18.《关于高度重视嘉陵江流域城市生活污水及生活垃圾治理的建议》

19.《关于建立基本医疗保险"药品目录"修改及自费比例调整听证会的建议》

20.《关于通过法律手段解决建设工程拖欠农民工工资问题的建议》

21.《关于加快高校大学生医疗保障体制改革的建议》

22.《关于大力发展职业教育，培养实用人才的建议》

23.《关于加强我市学校、医院、科研院所实验室污水排放监管的建议》

24.《以体制创新破解三峡库区产业空虚难题》

25.《加快银行业发展将重庆建设成为长江上游金融中心》

大会发言名目：

1.《树立科学发展观，加快重庆市农村实用人才队伍建设》

2.《以体制创新破解三峡库区产业空虚难题》

2007年，在市政协二届五次会议上，社市委共提交大会交流发言2篇，副主委邱道持代表社市委做题为《关于缓解我市建设用地困境的建议》的大会发言；社市委共提交集体提案27件；会议期间，我社委员共提交委员个人提案125件。社市委及社员中的政协委员提交的提案，紧紧围绕全市工作大局，就解决三农问题，实施"十一五"规划、推进富民兴渝、构建和谐重庆等重大问题，《政府工作报告》中人民群众最关心的问题，打好"直辖牌""库区牌"等重点难点问题，建言献策。其中，《关于发展我市社会养老服务业的建议》《关于推进我市农村卫生工作的建议》获市政协二届五次会议优秀提案奖，我社委员张永安被评为市政协"优秀政协委员"，受到表彰。

2007年，全国政协委员、社市委主委谢小军，在广泛深入调研的基础上，在全国政协十届五次会议上审议政府工作报告时发言提出，我国医疗卫生体制改革的关键是做好建立基本卫生保健的制度设计，并建议尽快出台建立基本保健制度的指导意见；强化政府主导，提高基本卫生服务的公平性；坚持政府主导与市场机制相结合，改革投入方式，提高效率；改革现行卫生行政管理体制，建立综合性的卫生行政管理机构。谢小军的发言得到与会委员的高度关注，为推进我国农村医疗卫生体制改革提供了决策参考依据。

集体提案名目：

1.《关于缓解我市建设用地困境的建议》
2.《关于推进我市农村卫生工作的建议》
3.《开发支流航道 发展库区经济》
4.《关于借鉴“移土培肥工程”经验，在全市推广建设占用耕地耕作层利用的建议》
5.《关于建立促进农民增收长效机制的建议》
6.《关于整合我市乡镇卫生院和计生站的建议》
7.《关于加快推进我市社会工作专业化建设的建议》
8.《突破体制障碍，推动我市库区农村移民向市民有序转变的建议》
9.《关于加强农民工维权体系建设的对策建议》
10.《关于推进新型农村合作医疗制度试点，进一步加强农村卫生工作的建议》
11.《关于强化我市医务人员继续教育的建议》
12.《关于加快我市城市社区卫生服务体系建设的建议》
13.《关于加强航道整治工作，充分发挥长江航运作用的建议》
14.《关于加强我市城市民族事务工作的建议》
15.《关于改革我市高校质量管理模式的建议》
16.《关于依托西部新城，建设重庆创意产业园的建议》
17.《关于转变政府职能，改善民营企业发展软环境的建议》
18.《关于实施“引摩入汽”战略，打造我市支柱产业的建议》
19.《关于面向我市经济建设主战场，改革高校科技创新体制的建议》
20.《关于防范信贷风险，提升我市工业发展水平的建议》
21.《关于加大财政对城市公交营运系统扶持力度的建议》
22.《重视蔬菜基地规划建设 防范城市蔬菜供给危机》
23.《关于高度重视我市蔬菜污染严重问题，确保无公害蔬菜安全生产的建议》
24.《关于加快重庆高职教育发展的建议》
25.《关于发展我市社会养老服务业的建议》
26.《关于整合重庆物流资源，促进物流产业发展的建议》
27.《加速柑橘皮渣综合利用 促进三峡库区产业发展》

大会发言名目：

1.《关于缓解我市建设用地困境的建议》
2.《关于推进我市农村卫生工作的建议》

二、一号提案

提案工作是民主党派履行参政党职能的有效形式。重庆市政协重视民主党派提案，以设置一号提案、追踪督办提案等方式，推动提案的高层次办理，以召开提案办理协商会、组织提案调研等形式，推动提案的办理落实。随着社市委集体提案质量的不断提高，提出的提案常常能够得到肯定和采纳，成效显著。2002 年以来，共有 2 个提案被列为市政协一号提案：

《关于由市政府出面协调重庆路桥收费，打通重庆交通动脉，促进重庆经济快速发展的建议》

（2002年1月，市政协一届六次会议一号提案、优秀集体提案）

重庆直辖和国家实施西部大开发战略以来，我市经济和市政交通都有了很大发展。特别是最近市政府提出半小时主城区交通目标后，高等级公路和环城公路已逐渐在全市形成了快速交通网，为助推我市经济起飞打下了基础。

但是，目前路桥收费却成了重庆市交通的瓶颈，削弱了我市为发展交通进行的努力成效。

一、过高过滥的路桥收费制约了全市经济发展

目前路桥的收费问题劣化了我市的投资环境，严重制约了我市经济的发展，已到了非解决不可的时候了。

1. 某晚报的一位记者，开车从湖南、湖北到重庆，在湖南、湖北境内行驶了1000多千米，只遇到两个收费站，共交费40元。而在重庆市境内行驶了600多千米，就交费22次，共计1000多元。该记者感叹道，自己一次外出就被重庆市的路桥高收费所困扰，那些经常往返于重庆的外地厂商和投资者如何承受得了。

2. 近几年，我市朝天门市场因为路桥收费而呈现萎缩的趋势。因为从万州到朝天门就有17个收费站，共收费700多元，很多客商知难而退，不到朝天门做生意了。

3. 汽车工业是我市的支柱产业，但是我市汽车工业的发展却同样受到了路桥收费等因素的制约。我市生产的奥拓小汽车，在成都，一般家庭购买奥拓小汽车的数量远远超过重庆。这是因为在成都，养一辆奥拓车，一个月只要800多元，一个中等收入的家庭就可以承受。而在重庆，由于路桥和停车收费过高等原因，一辆奥拓车一个月要花费2000多元。即使较富裕的家庭也可能陷入买得起车而养不起车的窘境。

4. 过高的路桥收费把重庆市主城区割裂成几块，严重影响到了主城区的经济发展。比如，南坪长江大桥的收费问题，对原材料和产品运输频繁的企业就是一个不小的负担，它直接增加了企业成本。大桥收费把南岸和主城中心区分割开了，部分企业把在南岸投资视为畏途。又如，前不久，由于嘉陵江复线桥建设等原因，到江北的汽车均改道由黄花园大桥过江，较高的过桥收费立即使一家纯水厂陷入严重亏损的困境。

5. 一些县、区甚至乡镇，巧立名目设置关卡，要过往车辆留下买路钱，严重破坏了本市的投资大环境。

6. 过高的路桥收费使一些新建的大桥和高等级公路形同虚设，造成巨大浪费。目前，新修的黄花园、鹅公岩大桥过桥的车辆寥寥，新建的渝黔高速公路更是门可罗雀，没有发挥应有的作用。

二、解决重庆市路桥收费问题的建议

解决路桥收费问题，上海的经验值得借鉴。上海就是在权衡利弊后下决心取消了包括集资贷款修建的桥梁、过江隧道和上海全境内所有路段的收费，使上海成了一个发展的整体。表面上是减少了一笔收入，但以此带来的投资环境的改善却吸引了大量的投资，换来了上海经济的腾飞。当然，重庆市的具体情况不同，要马上做到这一步还是有困难的。为此，提出以下建议。

1. 重庆市各级地方政府要权衡利弊，充分认识路桥过高过滥的收费给重庆带来的绝不是财富，而是闭塞、落后和贫困。要做到合理收费、依法管理。

2. 立即对重庆市内的所有路桥收费站进行一次彻底清查，坚决取缔那些非法收费站点。

3. 立即对全市境内（包括所有区县）的所有路桥收费，实行统一设置和管理，合理布局收费站和制定收费标准，尽量减轻过往车辆的负担。全重庆市境内（包括各区县）设置路桥收费站均需经市政府审批，各区县不得擅自设置收费站。

4. 对重庆市的所有桥梁实行统一收费管理，所有的车辆视车型的不同，统一购买800～1500元的年票，即可通过所有桥梁。所收费用，由市政府统筹安排归还建桥资金。

三、解决路桥收费的根本出路在于税费改革

本来，建桥修路等市政建设是政府收了纳税人的钱后应尽的职责，通过收费来解决建桥修路以及其他各方面的问题，是因为通过税收近期难以获得必要的资金的一种不得已而为之的变通办法。但是，过高的路桥收费及过滥的各种行政事业收费不仅劣化了重庆市的投资环境，也是滋生腐败的一个因素之一。

但是，我市乃至全国，税收都是一个薄弱环节。比如，在世界各国，所得税都是一种“良税”。通过对高收入者征收较高的所得税，来抑制过大的贫富差别，并使政府由此获得必要的资金，发展公益事业和对低收入者提供帮助。但在我国却与此相反，所征收的个人所得税大部分来自低收入的工薪阶层（因为其收入容易监管）。而占有社会财富80%以上的少数富人，交纳个人所得税的贡献却很少，这是极不正常的。

建议对税收政策进行统筹调整，加强税收监管力度，加强公民的纳税意识。通过公开的、统一的税收，使政府获得市政建设所需要的资金，取代各种收费，使我市的经济步入良性发展的轨道，才能促进经济的腾飞。

当然，有些税费改革在一个城市或地区进行的效果不好。比如海南省单独一个地区的燃油税改革，因受外地的冲击，效果就不理想。希望重庆市政府积极向中央有关部门反映情况，努力推进我市的税费改革，解决好我市的道路交通畅通，为我市的经济社会发展创造一个良好的环境。

（提案执笔人：蔡汝哲）

2002年，社市委集体提案和大会发言《关于由市政府出面协调重庆路桥收费，打通重庆交通运脉，促进重庆经济快速发展的建议》被列为市政协一届六次会议一号提案，由市政协主席张文彬主持办理，受到市政府的高度重视和采纳。两会结束后不久，在市政府制定出台的《重庆市改革主城八区路桥通行费征收办法实施方案》中，采纳了社市委提案中提出的实行“八桥一隧”年票制的相关建议。社市委的提案建议，为推动市政府制定出台新的路桥通行费征收办法和在主城区实行“八桥一隧”年票制提供了决策参考建议。2002年4月，市政府召开改革主城八区路桥通行费征收办法实施方案听证会，广泛听取社会各界的意见建议。副市长黄奇帆、市政协主席张文彬出席会议。社市委副主委蓝钧鳌、提案执笔人蔡汝哲应邀参会，并代表社市委就提案中协调路桥合理收费、依法管理建议部分做了进一步的阐述，指出解决重庆路桥收费的根本出路在税费改革，并建议将统一收费后的收益由市政府统筹安排归还作为建桥资金。

《以体制创新破解三峡库区产业空虚难题》

（2006年1月，市政协二届五次会议一号重点督办提案、优秀提案）

三峡库区作为长江上游经济发展中心和西部大开发的主要地区，近年来社会经济有了较大发展，但受库区自然地理、社会经济、历史文化等因素影响，库区产业空虚问题日益凸显，综合表现为：一产不强、二产不优、三产不大，导致库区经济缺乏可持续发展后劲，严重影响了库区经济社会的发展，库区的长治久安以及全面建设和谐社会的进程。2004年，库区人均地区生产总值为6110元，不足全国人均水平的一半，只相当于全市人均收入的六成。库区各区县人均财政收入约为200～300元，仅为全市人均财政收入的33%～50%。15个区县中12个为国家级贫困县，实际失业率已高达10%以上。

三峡库区产业空虚既有历史原因，也受库区自然、社会、经济基础发展水平的制约。但调查中我们深切地感受到体制不完善对库区产业空虚的严重掣肘，是库区产业空虚的主要原因：

1. 现行行政区划的制约

计划经济的模式在库区仍有较大市场。市场经济意识、法制意识、开拓创新意识仍然淡薄，使经济发展缺乏开拓精神和活力。市场分割，难以优势互补，实现资源的最佳配置和科学整合，难以构建“内外”合作的库区大市场。以旅游业为例，由于缺乏资源整合和联合经营的大旅游概念，形成库区内旅游资源严重分割，各自为政的盲目竞争局面，这种竭泽而渔的营销方式，使得旅游业产值大幅度下降。调查显示，到目前为止，库区内如万州、巫山、奉节等旅游业在GDP的综合贡献率不到10%，优势产业不再突出，并出现萎缩现象，因而无法加强对三产结构的优化及形成对城镇经济的支撑。

2. 投资融资体制不顺

在现行的考核体制下，造成了政府追求政绩，政府官员忙于招商引资上项目的现象。并且由于官员任期较短，投资往往集中在短期见效的项目上，主要集中在市政建设和基础投资上，甚至不惜引入对当地环境造成严重污染的项目。而真正需要关注的教育、医疗、农业、第三产业等领域却投入严重不足。这使得投资结构扭曲，导致资源配置的低效率，出现了“只见交通线，不见生产线”的现状。

3. 金融运行机制失效

金融运行机制失效和作用功能扭曲是影响库区产业重建的又一个重要因素。由于地处贫困山区和受政策原因的影响，库区三大金融机构的专项贷款质量呈继续恶化势头，不仅事实上承担了“移民成本”，而且致使银行金融机构的运行机制失效、作用功能扭曲，银行难以对库区经济发展进行强有力的产业扶持，使库区经济陷入只有财政支持而没有金融扶持的单边发展困境中。截至2004年末，库区三大金融机构已形成不良贷款30多亿元，仅万州地区因三峡淹没而产生的不良贷款就超过4亿元。

4. 财税体制不健全

在无差异的现行财税体制下，库区难以形成有利于产业发展的积累机制。主要表现在：(1) 由于现行的税收政策是以产业优惠政策为主，这使库区许多基础性产业和原料性产业难以真正享受到税收优惠。(2) 由于库区经济基础薄弱，实际税负相对较高，不能有效地进行加速折扣和投资返还，导致自身积累不足。(3) 对库区特色产业的财税扶持，仅仅限于贷款贴息支持，尽管有利于降低生产经营成本，但税后利润所得并不明显，难以促进产业做大做强。(4) 在现行的分税制下，由于实行全市统一的转移支付，对库区的实际困难未予以充分考虑，由此测算的财政供养人数与实际人数有较大差异，导致各区县可支配财力与实际需求有较大差异。

合理的制度结构与有效的制度创新是保证地区经济可持续发展的基本保证，对三峡库区产业空虚难题的破解，体制因素起着至关重要的决定性作用，为此建议：

1. 加快体制创新对称与制度互补

推进库区产业化，在总的指导思想上应着力解决库区制度创新中的不对称与制度之间不协调的矛盾，努力形成库区地区之间、城乡之间制度创新的对称和制度互补新机制。此方面的重点：

（1）推进市场体制向山区、农村拓展和深化，把山区的经济发展同经济全球化、中国加入世贸组织和长江沿岸快速发展的大环境紧密联系起来，不断增强库区经济的外向化和竞争力。

（2）鉴于蓄水后库区生态环境变化的要求，各级政府要把发展循环经济作为贯彻落实科学发展观、构建和谐社会的具体行动，研究制定适应库区实际的循环经济发展评价指标体系和考核机制，逐步将绿色国民经济核算体系纳入库区国民经济核算体系。综合运用财税、金融、投资、价格等经济手段，确立环保产业在库区社会经济中的优先发展地位，形成有利于库区低投入、高产出、少排污、可循环的政策环境和体制机制。

2. 打破行政区划的体制约束，建立“库区经济一体化管理体制”

最大限度发挥行政体制创新的作用，是加快库区产业发展必不可少的重要条件，通过全方位的体制创新，对于重建库区的支柱产业和主导产业具有重要意义。

一是根据库区资源、经济相似性的特征，按照产业合理布局和库区经济资源优化配置的内在要求，打破现行行政管理体制对产业布局和资源配置的制约，按照统筹兼顾，利益共享的原则，整合各区县的商贸、流通、旅游资源，确立库区大市场的共同发展模式，以资本为纽带，采用股份公司经营的方式，集中财力，组建跨市区县的大集团，共同开发，共同经营，优势互补，建立真正意义上的库区经济“一体化”管理体制——三峡生态经济特区；设立库区产业、经济发展研究中心和决策机构，共谋大业，共图发展，消除各自为政、相互冲突的产业布局格局。

二是按照区域经济“一体化”要求，集中财力，形成联动投资机制，以股份制方式，建立“库区产业共同发展基金”，用以资助库区支柱产业、主导产业的发展，资助库区移民创业，增强中小型企业抗风险能力和竞争力，资助高新技术产业的发展和传统企业的技术改造。

三是按照“一体化行政管理体制”的要求，统一库区内各市区县的优惠政策和优惠条件，最大限度消除库区各市区县不合理、不规范的收费制度，降低库区产业发展的交易成本，消除各种人为因素对库区资源流动的限制。

3. 加快投资融资体制改革

加大金融、投资体制改革力度，以深化金融方式来加快库区产业发展，解决建设资金不足的问题，是库区加快自身经济发展的一条捷径。

（1）构建多元化、多渠道的融资平台，增强自我造血功能。一是全面开放库区投资领域，大力引导各种非公有制的投资，培育多元化的投资主体，鼓励各类市场主体参与库区各项产业建设和公用事业营运。二是重点增加库区产业建设发展基金或债券，全面加快库区金融建设。通过增发库区“产业发展基金”或“产业发展债券”，实行低息贷款或贴息贷款，降低贷款限制条款，促进库区投资总量的增加，再造库区输血机制。三是积极参与组建重庆发展银行，培育全国性的股份制银行，通过金融参与、金融业务扩展，扩大投资范围，增加金融资金流量。

（2）争取国家的金融政策支持。进一步落实“三建委”关于淹没给银行带来的损失应纳入改革成本的相关政策规定。建议对三峡淹没贷款部分全部剥离，由政策性银行或者资产管理公司实行专门处置；并将因淹没带给银行的本息损失纳入三峡工程总体预算中，增大银行呆、坏账核销指标，缓解库区当前所面临的资金短缺困境，全面修复库区金融机构的运行机制，修正银行的作用功能，再造库区的造血机制。

（3）开创引资工作新局面。努力拓展吸收外商投资的方式，依据不同行业不同项目的特点，采取积极灵活的融资渠道。对生产性行业的项目，采取参股、兼并、购买、租赁等方式进行引资，并争取有条件的大型工业企业发行H股、B股融资。对基础设施项目，做好项目融资方案，采用BOT、TOT、证券融资等多种方式引资。

4. 完善库区财政、税收扶持机制。用活国家对三峡库区贫困区县的财政专项补助，适当集中财税，改面面俱到扶持为重点扶持，改“济贫救困”财税扶持为“谋生创业”扶持。

一是按照库区产业发展规划的总体要求，改分散市区县财税扶持机制为专项产业项目分类扶持。优先扶持那些能发挥库区资源优势的项目和产业；如投资少、就业多、技术水平要求低的项目；能全面提升库区竞争力，促进关系库区经济长远发展的支柱产业和主导产业，潜在优势产业和高新技术产业的发展，奠定库区经济可持续发展、库区人民自主就业和自主创业的生存发展基础。二是积极向国家争取延长三峡库区企业自用物资进口税收返还政策执行年限，以此支持库区建设和生态环境保护，奠定库区技术进步和产业升级换代的基础。三是加大税收优惠力度。中央可考虑实行流转税或其他税收优惠，如减免固定资产投资方向税、实施所得税减免和加速折旧抵扣。对特色产业免征营业税。完善增值税扣除方法、改生产型增值税为消费型增值税等措施，减轻库区企业负担。四是进一步改革现行的转移支付制度，将民族、贫困地区作为计算转移支付的一项特殊因素予以单独考虑。同时可借鉴德国横向支付的办法，将对口支援和合作纳入转移支付的范畴。五是加强资源税征收，提高税率并扩大征税范围，增加的税负通过提高资源性产品的价格转嫁到加工环节，增加的税收作为地方财政收入。

（提案执笔人：王筱欣）

2006年1月，社市委集体提案《以体制创新破解三峡库区产业空虚难题》在市政协二届四次会议上被列为一号提案，一经提出就受到中共重庆市委书记汪洋的高度重视，并亲自牵头办理，成为第一个由中共重庆市委书记主持办理的市政协会议提案，产生了极大的社会影响。在汪洋书记领导下，提案主要承办单位市发改委，协办单位市经委、市财政局、市国税局、市地税局、市移民局、市外经贸委高度重视，落实办理责任，认真办理提案。在提案办理的4个月中，应汪洋书记之邀，受主委谢小军委托，社市委副主委陈义华，社市委委员、课题组组长王筱欣随同汪洋书记及中共重庆市委调研组，三次深入库区的7个区县调研，就提案建议进一步交换意见，充分体现了中共重庆市委主要领导对民主党派地方组织履行参政议政职能的高度重视和充分尊重。

8月2日下午，中共重庆市委办公厅召开《以体制创新破解三峡库区产业空虚难题》提案办理座谈会，市发改委在提案办理复函中对提案给予了高度评价，指出“提案所提出的若干政策建议，为市委、市政府做好库区产业工作特别是筹备开好市委二届九次全委会提供了极有价值的决策参考意见”。会上，中共重庆市委、市政府相关部门对提案提出的建议逐条给予了详细答复。会上，汪洋书记在总结讲话中强调“市委书记牵头督办重点提案是分内之事，通过办理政协提案，能够更好地完善和体现具有中国特色的党领导的多党合作和政治协商这一基本政治制度内的民主监督力量”，并指出，“九三学社重庆市委的提案，抓住了重庆落实科学发展观、统筹城乡发展最关键的问题，提出了一系列有较高价值的建议，对市委市政府研究制定加快库区产业发展、促进库区经济社会进步的政策有重要启发。”市政协主席刘志忠、中共重庆市委常委、秘书长范照兵、市政协副主席李兵，中共重庆市委市政府督查室等有关领导及专家出席了督办会，《重庆日报》、《人民政协报》、《重庆政协报》、重庆电视台、新华网等新闻媒体对此进行了多次报道。

三、重点提案

历届社市委领导班子高度重视提案工作，认识到只有围绕中共党委和政府的中心工作，才能更好地发挥社地方组织的作用。只有深入调研，才能更好地建言献策。只有协调配合，才能更好地实现民主协商。为精心准备提案，九三学社重庆市委争取将有助于解决重庆经济社会发展的重要问题列为重点提案。坚持在每年两会召开前，在各级社组织中广泛征集集体提案材料，围绕改革开放和重庆经济社会发展中的突出问题和关键问题选题，召开专题研讨会，组织开展重点调查研究，深入了解社会变革中的新情况、新问题，为社市委在市政协会议上的发言和提案，提供依据，为提升社市委提交政协会议的集体提案、品质提供了保障。社市委集体提案质量逐年提高，提出的提案建议成效显著。

1997 年—2007 年，九三学社重庆市委有 13 件提案被列为重点督办提案，有 30 余件提案被评为优秀提案受到表彰。

1997 年，政协重庆（直辖）市一届一次会议重点督办提案、优秀提案（1 件）：

《关于做好当前移民工作的建议》

长江三峡移民工程被称为“世界级难题”。目前，移民工作刚刚开始，从资金投入看，还不到切块总额的 20%，需要逐个解决的问题还很多，为顺利推动移民工作，建议：

一、提高认识，形成共同抓移民工作的合力

移民工作是库区经济工作的首要任务和重庆市三大任务之首。但遇到实际问题时，有些部门强调部门利益、小团体利益，使开展移民工作困难重重，步履艰难；有的没有认识到移民工作是库区发展的机遇，没有认识到新城镇的建设将会使基础设施大为改善，企业通过搬迁，实现技改，将会有大发展机遇等有利条件，而抱等待观望和畏难情绪；有的对中央切块包干的政策不理解，盲目铺摊子；还有的挤占移民迁建用地搞开发，借机炒地皮。提高认识，尤其是提高各级领导干部的认识，是做好移民工作的当务之急，只有认识到位才能形成合力，完成移民任务才有保障。

二、安置农村移民，尽量减少外迁，走发展高效农业的路子

移民工作重点在城镇，难点在农村。据长委规划，仅万州区就有 7.2 万人外迁，据调查，文盲、半文盲和小学文化程度的占 70% 以上，移民文化素质普遍偏低，要离开土地，以二、三产业安置为主，是难以适应和不够现实的。因此，建议对大量移民的外迁要慎重。今年，万州试点外迁 1000 人，首批安置地选择新疆和黑龙江，虽然两地有富裕的耕地、生产条件较好，但生活习惯差距较大，特别是故土难离的情感，都将成为外迁移民稳定的极大障碍。

因此，建议农村移民要以土为本，立足农业安置。通过引进适合库区的优良品种，将库区建设成为高效农业带，引进先进的种养殖技术，农作物及畜禽病虫害防治技术，努力提高单位面积的产出，以减少安置移民的土地需要量来扩大安置容量。这样，可以在 1 亩以内，甚至 0.5 亩耕地就可以安置一个农民，以高效农业带动以农产品为原料的二、三产业发展。同时，利用便捷的长江水道，面向西南、华中，乃至全国大市场，促进库区经济的较大发展。在农业安置的基础上，辅以二、三产业的安置、养老和自谋职业等多渠道安置，有效避免外迁。即使非外迁不可的，可采取宜近不宜远的原则，首选与库区生活习惯和自然条件相近的四川、湖北、湖南、江西等地。

三、及时研究解决工作中出现的问题

目前到 2003 年的二期蓄水位只有 6 年时间，万州区要完成 60% 的移民任务十分紧迫，对工作中出现的问题必须及时研究解决，否则将会影响移民工作的进程。当前的主要问题有：

1. 淹没实物指标漏查问题，这是库区反映最多的问题。对此，有关部门称漏查的淹没实物不到

总数的5%，符合规定误差要求。但这漏查的5%，对具体单位来说可能是50%，甚至100%，没有淹没实物指标就没有补偿资金，也不可能下达搬迁计划。到蓄水的时候怎么迁得出去？建议正视问题，并对漏查错登的淹没实物进行一次复核，由各区县上报，长江委派员复查，实事求是地补充更正。

在1992年开展淹没实物指标调查时，未将房屋的装潢纳入调查范围，这个问题一直未得到解决。1991年底，仅万州三区就有装潢门面20万平方米（不包括居民住房的装潢），约值3200万元，若装潢部分不补偿，不符合“恢复原规模、原标准、原功能”的原则，将直接影响这些单位搬迁后的生存和发展。

2. 关于结构补差的问题。按规定，对城镇居民房搬迁实行“结构补差”，即旧城区的土木、砖木结构房屋在新城还建为砖混结构，新旧房屋的结构差价由居民个人承担。按照长江委测算，仅万州三区就有私房63万平方米，其中需要居民个人“补差”的资金约1亿元。而居住在这些土木、砖木结构房屋的居民大都是困难企业职工和低收入居民，这样大数额的“补差”大大超过了他们的承受能力，是移民工作潜在的不安定因素。建议调整“结构补差”政策，实行按人均标准面积还房（如规定每人10平方米或15平方米），超过标准的部分实行结构补差，超过淹没面积的部分按新房综合价收费，可以考虑规定人均还房的上限。这种方法容易被居民接受，将减少搬迁难度。

3. 库岸稳定问题。这是库区群众非常关心的问题，库区城镇大多位于河流阶地上，三峡工程蓄水后，随着水位的升降，地下水位也将大幅度变化，加上风浪影响，究竟哪些地段不稳，一直没有科学的论证和具体的说法。长江水利委员会在淹没实物调查时曾许诺在规划时对滑坡、孤岛、淤积、沙石料场、榨菜晾晒场等问题予以解决，但在分县报告中并没有涉及这些问题。对于上述问题，特别是库岸失稳引起的滑坡问题，应当着手研究，对凡是由于水位上升将引起的滑坡内建筑，应当及早安排搬迁或对滑坡进行治理，尽可能地减少滑坡造成的损失。

4. 希望落实移民优惠政策。1993年颁布的《移民条例》就明确库区享受沿海开放政策，库区广大群众，尤其是困难企业的职工对此期望值很高，希望通过落实优惠政策改变落后面貌。但至今，优惠政策有哪些不明确。群众普遍感受到对口支援富有成效，企业技改专项贷款争取很难。因为在争取贷款的时候，一个也通不过，企业感到“门槛太高”。建议有关部门尽快制定库区优惠政策，适度放宽企业技改专项贷款的条件。同时，为适应技改的需要和保护库区生态环境，建议国家设环保专项贷款。

（社市委集体提案执笔人：谯述仁）

1998年，政协重庆市一届二次会议重点督办提案、优秀提案（1件）：

《关于保护三峡工程重庆库区古代文物和人文景观的意见建议》

现已探明山峡库区淹没区迁建区内的文物总量为1282处。其中，重庆库区内为883处（地下文物590处，地面文物293处），占整个库区内文物总量的67%。这些文物上起旧石器时代，下至近代，有国家级重点文物保护单位一处，即被誉为“古代水文站”的涪陵长江水下石刻群——白鹤梁；省级重点文物保护单位26处，如巫山县大昌古镇等；县级文物保护单位450多处。

由于工程紧迫，资金短缺，受文物管理体制和政府有关职能部门协调通气不够等因素影响，目前库区文物保护工作亟待解决，建议：

一、加强对文物保护的认识，提高文物保护的自觉性古代文物是一种特殊物品，是中华民族的骄傲，是宝贵的旅游资源，是祖先留给我们的珍贵财富，有关部门要统一认识，提高保护古代文物的自觉性，齐抓共管，做好古代文物保护工作。

二、理顺文物管理体制，严格执法

目前，由于工程部门和文物主管部门存在严重分歧，工程部门认为："文物"和"受国家保护的文物"的内涵和外延具有很大的伸缩性、边界模糊无法具体操作。因此，工程部门对库区文物保护小组《长江三峡工程水库淹没区及迁建区文物古迹保护规划报告》中提出的，经勘测研究后所确认的1282处文物和概算的文物保护经费19亿元，表示怀疑和不接受。认为只需3亿元（1995年的市价），但这3亿元也迟迟不到位。其分歧的核心是三峡文物的管理体制。文物部门认为，文物保护是文物部门的专利，工程部门只管给钱。而工程部门则把文物保护工作视为工程建设的组成部分，认为理应纳入现代工程管理中。因此两年来，文物保护工作未完全落到实处，盗墓猖獗、文物保护抢救工作未能顺利进行，造成了文物的巨大损失。如位于迁建区内的奉节宝塔坪—汉—宋代墓葬，1994年以来已被盗一空。建议责成工程部门严格执行《中华人民共和国文物保护法》，贯彻执行江泽民主席和李鹏总理在宜昌及大江截流仪式上的讲话精神。工程部门与文物主管部门密切合作，尽快将保护规划确定下来，使文物损失减少到最低限度。

三、关于落实文物保护经费的建议

建议将该项经费单列，交由文物行政主管部门统筹安排使用，确保文物抢救保护工作的有效进行。同时，在严格依据《中华人民共和国考古涉外工作管理法》的前提下，积极争取外资。

四、加强政府有关职能部门间的通气协调，把文物保护纳入城市总体规划

目前，在涉及库区文物保护问题上，移民规划、建设等各职能部门之间，通气协调不够，造成了文物保护工作的被动。如位于涪陵的点易村的地下汉墓群尚未发掘，在移民工作中被定为迁建区，文物部门却一无所知，加上经费困扰，使汉墓群的保护陷入尴尬状况。

（社市委集体提案执笔人：胡昌健）

1999年，政协重庆市一届三次会议重点督办提案、优秀提案（1件）：

《提高结核病防治水平，维护市民健康》

近年来，结核病回潮已成为最迫切的公共卫生问题之一，引起了全球的广泛关注。世界卫生组织指出，全球每年约有800万结核病新病例，并于1993年宣布"全球结核病处于紧急状态"。据统计，每年约有300万人死于结核病，超过艾滋病、疟疾、热带病死亡人数的总和。其中，95%分布于发展中国家。

新中国成立以来，党和政府对结核病防治做了大量工作，取得了十分显著的成效。但我国仍然是结核病发病率最高的几个国家之一，结核病由丙类传染病上升为乙类，现有患者600万例，约占世界结核病患者总数的四分之一。其中，有150多万传染源，每个传染源可传染10至15人，每年死于结核病的患者高达75万多人。为此，"九五"规划又将结核病列为全国重点控制的疾病之一。至80年代末期以来，结核病已成为导致成年人死亡的重要传染源。据1990年全国流行病调查资料显示，四川（含重庆）结核病发病率仅次于西藏居全国第二，死亡率为30%。重庆直辖后全市结核病患者约为1200/10万。建议：

1. 提高认识，加强领导，把结防工作列入重要议事日程。充分认识结核病的潜在威胁，纠正普遍认为"结核病早已防有对策，治有良方"的错误观点。加强对各级政府和有关部门的领导，改变

结防工作长期处于十分混乱的现状。坚持“以农村为重点，预防为主，中西医并重，动员全市参与”的方针，把结防工作纳入全市卫生工作总体规划，健全机构，加强财政投入，保证专款专用。

2. 完善结防体系，加强对结防专业人员的培训。根据我市边远贫困地区和农村人口多的现状，通过对基层结防所开展一次调查，稳定结防专业医务人员队伍，定期开展培训，提高结防水平，使基层结防人员能够规范实施结防病防治技术，提高为广大群众服务的能力和水平。

3. 加大执法力度，严格执行防治管理办法，促进结核病的归口治疗。严格执行国家卫生部1991年颁布的《结核病防治管理办法》，切实开展和加强防治工作。如加强疫情的发布、登记，做好病例管理工作。各级卫生部门要将肺结核可疑者和非住院肺结核病人及时转至当地的肺结核病防治机构进行统一检查、督导患者完成规定的疗程，减少赖药性的产生。有效预防和控制传播。

4. 确保贫困患者得到及时治疗。近三年来的调查资料显示：贫困结核病患者分别占未能及时诊断、未能及时治疗、间断或中断治疗的25%、45%和44%。建议政府在投入结防经费时，重点保证贫困结核病患者的治疗费用。对农村和城镇（包括下岗职工）的特困结核病患者，分别实行免费或减少自费比例的办法，确保这些患者能够得到及时治疗。

5. 掌握疫情变化，做好重点人群的防治工作。近年来，临床发现结核病人群有所变化。农民和进城打工的农民、青年工人、大中学生、个体经商户、宾馆及商场工作人员等为易感人群，结核病发病率高。要重点做好这些易感染结核病人群的防治工作。

6. 加大宣传力度，提高全社会的防范意识，维护市民健康。爱护公共卫生，保护自身和他人健康，是精神文明建设的重要组成部分。通过群防群治，大力宣传卫生健康知识和结核病的潜在威胁及防护措施。尤其要教育广大市民养成不随地吐痰的良好习惯，减少结核病菌的传染源。

（社市委集体提案执笔人：余珑、薛亚梅、程德贵）

2000年，政协重庆市一届四次会议重点督办提案、优秀提案（1件）：

《关于振兴重庆食品工业的建议》

食品工业总产值在世界工业中排名第一。1997年以来，我国食品工业总产值已达到5842.08亿元，成为我国国民经济的一个重要支柱产业。

在“六五”时期，我市食品工业曾经有过辉煌的历史，为全市经济发展做出了积极贡献。1990年，在全国14个计划单列城市中，重庆食品工业的产值仅次于广东、青岛，居第三位。200多种产品曾获国优、部优、省市优质产品奖牌354枚。其中，有天府可乐、江津米花糖、合川桃片、金钩豆瓣等一批产品获得了国际金、银奖。

我国食品工业分为5个大类、22个中类、83个小类行业。目前，我市食品工业已有5个大类、21个中类、77个小类行业。截至1997年底，我市拥有乡及乡以上食品工业企业1865个，共完成工业总产值105.27亿元。其中，独立核算的食品工业企业1299个，完成工业总产值88.23亿元。国有经济独立核算的食品工业企业265个，完成工业总产值55.24亿元。食品工业企业实现利税总额为13.32亿元，比1996年增涨50.85%。但由于我市食品工业在工业及农业中的比重过低（见表一），对全市经济的推动作用不明显，没有起到支柱产业和带动行业的作用。加上近年来，由于我市食品工业的技术含量低，出口产品以农副产品的原料为主、附加值低，缺乏市场竞争力，导致食品工业发展速度较全国其他城市缓慢，市场占有率逐年萎缩，企业亏损，与发达省市间的距离日益加大。据有关部门的调查表明：在来势迅猛的外地食品大举进攻重庆市场时，在重百、新世纪等主要商场中，“重庆造”食品的平均市场占有率仅为26%左右，绝大部分市场份额已被外地食品瓜分，面临失去本地市场的危险。同时，由于重庆食品工业的主要经济技术指标与京、津、沪、蓉相比，明显处于劣势（见表二），导致我市的一些名优食品逐步被挤出了外地市场。1997年，全市食品工业产值占全市工业产值的11.42%，占农业总产值的39.3%，均低于全国平均水平，严重影响了农业的发展，使得卖粮难、卖果难、卖肉难的现象不断重复。

表4-2　　重庆市乡以上食品工业企业产值与全市工农业产值

项目	单位	北京	上海	天津	重庆	成都
企业数	个	1895	1367	847	1299	598
亏损企业数	个	271	—	326	387	207
亏损额	亿元	4.43	3.23	4.75	4.15	—
利润总额	亿元	0.23	16.87	5.43	-0.59	3.90
利税总额	亿元	16.26	53.62	15.34	13.32	16.24
流动资产年均余额	亿元	86.89	—	—	42.84	67.59
固定资产年均余额	亿元	102.62	—	—	39.3	38.79
工业总产值	亿元	172.63	297.06	189.45	88.23	84.97
职工人数	人	6532	103565	86532	94700	—

表4-3　　1997年五城市全部独立核算食品工业企业主要经济指标

时间	食品工业		全市工业			全市农业	
	总产值/亿元	销售产值/亿元	总产值/亿元	销售产值/亿元	食品工业所占比例/%	总产值/亿元	销售产值/亿元
1996	92.77	90.72	858.83	825.51	10.80	271.38	34.18
1997	105.27	104.63	921.60	862.4	11.42	267.89	39.2
环比/%	13.47	15.33	7.31	4.47	5.47	-1.29	14.69

建议：

1. 打破条块分割，理顺管理体制。发挥政府的宏观调控能力和指导作用，打破现有涉及分管食品工业的行业，如商业、农委、轻工、乡镇企业局、粮食等多部门条块分割的管理格局。以市场为导向，以经济利益为纽带，以经济效益为目标，建立全市新的食品工业格局，形成新的产业链和建立统一的食品管理机构。

2. 更新观念，创新领先。积极营造不论公有私有、不论事业企业，不论城乡，在市场面前一律平等，有利于创新的氛围，在技术和产品上积极创新，重奖发明创造者。有效利用资源，发挥我市高等院校和相关科研院所、特别是食品研究所的作用。对重点项目开展大协作、大攻关。大力推广应用现代生物技术和高新技术，提高经济效益。

3. 组建大型食品产业集团。作为我国西部开发的战略要地，重庆具有大农村，资源丰富，工业基础雄厚和内需较大的特点，要将产、学、研、农、工、商、舆论、营销策划等各行各业发动起来，以创名牌、占市场、创效益为共同目标，大力推广食品加工新技术，实现食品工业的专业化、规模化、品牌化，不断推出符合消费潮流的新产品，在我市的经济发展中起到积极的推动作用。

（社市委集体提案执笔人：周令国）

2001年，市政协一届五次会议重点督办提案、优秀提案（2件）：

《关于培育和发展我市现代物流业的建议》

尽管我市地处内陆，但它是西南的重要交通枢纽，随着我市交通基本设施建设的发展，为物流业的发展提供了良好的基础和条件。目前在铁路运输方面，兰渝铁路和渝怀铁路建设已提到议事日程，重庆到北海的公路一旦建成，我市通往海岸线的里程将大大减少，并将建成的大大小小的公路和铁道桥，届时，重庆将成为全国桥梁最多的城市。加上航空港的扩建、三峡工程的建成，将初步形成水陆空立体交通网络，为我市成为西南的物流中心创造了极为有利的条件。我市物流业的发展趋势将是体制的转变和物流模式的转换，都需要政府的支持。为此，建议政府及有关部门增强现代化物流意识，把“交通对经济发展的约束”思路调整到“物流对经济发展约束”的思路上来，把发展现代化物流业纳入重庆市国民经济计划中并作为流通产业结构调整的中心环节来抓，重视、扶持和发展现代物流业。建议：

一、制定物流产业发展规划。在我市北部高速公路和机场结合处、成渝高速公路和铁路结合处、南岸渝黔高速公路和几个长江大桥结合处、市渝长高速公路、长江沿岸结合处分别建立物流基地，形成几个辐射西北、西南、长江、北方、中南、东南的大物流体系。同时，政府在资金和土地方面给以相应的鼓励政策和措施。资金由开发银行提供低息长期贷款，土地由政府以市场价格的1/3提供，保障物流基础的资金投入。

二、借“西部大开发”和我国加入WTO的有利时机，与国际大型物流企业合作，学习其先进的管理思想和先进的物流供应链技术，来提高我市物流企业的科技含量。同时，由于现代化物流企业的建立的起点较高，需要大量的资金、管理技术和人才，为解决“资金挑战”和“效益挑战”的问题，也可以直接引进国际大型物流企业。其中，也包括引进港澳台的大型物流企业。

三、由于跨行业联合及开辟各种运输、购销渠道有较大困难，建议通过改选原有的邮政等物流企业和在充分利用原有设备、场地和运输、购销渠道优势的基础上，进行完善功能和提高流通效率的技术改造和管理创新。使之成为全社会的现代化物流企业。

四、尽管面临的困难较大，但仍然要提倡打破行业和企业界限的物流联合，大力推进以综合物流代理人的第三方物流运行模式。特别是广大中小企业，要积极借助于专业化物流企业或大型物流企业，本着中心配送、共享物流规模效益，走联合发展之路。

五、对物流企业和连锁企业，在速效、税收、进出口等方面给以优惠和扶持。不提倡中小企业自已单独建立物流配送中心。

六、加强合作，大力推进物流科学化、合理化。改变只考虑供应商、生产厂、销售商、物流部门局部利益，片面追求各自效益的所谓“局部最佳状态”的狭隘目标，使各相关利益企业一起追求整个供应链上系统的“整体最佳状态”的共同目标。实现共同目标要求各企业必须加强合作，提高物流科学化合理化意识，研究制定物流战略，提高物流效率，制定物流评价方案和评价机制。

七、现代化物流企业不仅必须建立与物流配送和物流服务密切配合的信息系统，而且供应链上的各企业也必须实现信息化。目前，企业信息化是实现物流社会化的重大瓶颈问题。要通过大力提倡管理人才和信息人才的密切配合，在信息化过程中实现企业业务重组，通过信息化加快实现企业的工业化和自动化，提高供应链的效率。

八、一个现代化的物流企业需要有关对物流体系的设计、管理和服务的人才，需要自动化、信息化等专业技术方面的人才。一方面加强组织现有物流从业人员的学习培训，另一方面在全市大专院校中设立物流专业，为发展现代化物流业培养复合型人才。

（社市委集体提案执笔人：康世瀛）

《大力发展重庆中药现代化科技产业的建议》

（略）

2002 年，市政协一届六次全会重点督办提案、优秀提案（2 件）：

《关于由市政府协调路桥收费、打通重庆交通动脉，促进经济快速发展的建议》

（略）

《规范化标准化使用语言文字，优化育人环境》

我国语言文字规范化、标准化建设的主要内容是：推广普通话，简化汉字，纠正社会用语和用字混乱现象。

实践证明，规范化、标准化使用语言文字意义重大。语言文字的规范化标准化，有利于为社会主义现代化建设服务，有利于社会主义物质文明和精神文明的建设和优化育人环境，有利于发展科技文化教育事业。

目前，语言文字规范化、标准化的现状令人担忧。突出表现在：社会用字混乱，繁体字、错别字、生造字屡见不鲜。原因主要大致有二：一是由于方言分歧大，二是由于对语言文字规范化、标准化的认识存在着种种误区。

建议：

1. 提高认识，走出误区。重视语言文字规范化、标准化建设。语言文字的规范化可以追溯到甲骨文时代。古人尚且如此，今人则更应该克服“语言文字规范化、标准化是小儿科，推广普通话是软任务”的错误观点，提高认识，走出误区，增强规范化、标准化使用语言文字的自觉性。

2. 在高校增设语文课，提高大学生的语文修养。爱因斯坦说：“一个人的智力发展和他形成概念的方法在很大程度上是取决于语言的。”目前，中小学、中师和高等师范院校比较重视语文教学工作。但是，仍然存在重理轻文、重写轻说的现象。非师范高等院校，尤其是在理工农医专业的高校，对语文学科的学习普遍重视不够。建议在高校中增设语文课，通过加强基础学科语文的学习，使学生的知识水平得到整体提高。

3. 充分利用课外活动，大力提倡和推广语言文字的规范化、标准化，优化育人环境。校团委、校学生会等组织要通过经常举办的丰富多彩的课外活动。如演讲赛、辩论赛、学科讲座等。并注重在这些活动中大力提倡和推行语言文字规范化、标准化。

4. 在语言文字规范化、标准化建设中，大力提倡学校与社会相互帮助、相互影响的氛围，形成良性循环。党和政府为推进语言文字规范化、标准化建设，制定了一系列语言文字工作的方针政策，对学校的语言文字工作提出了明确要求。作为学校更要认真贯彻执行，在语言文字的运用方面要起好规范化、标准化的带头作用，同时，还要与社会用语、用字的规范、标准、文明互为结合，形成良性循环，实现优化育人环境的目的。

（社市委集体提案执笔人：徐平）

2003年，市政协二届一次全会重点督办提案、优秀提案（1件）：

《建设临港工业区 布局沿江产业带》

构建三峡库区新型工业体系，是解决产业“空心化”、就业难等问题和加快库区社会经济发展的重要战略举措。只有实现库区新型工业化，才能带动农业产业化和城镇化，增加城乡人民的收入，使移民“安稳致富”，实现全面建设小康社会的目标。构建库区新型工业体系要抓住机遇，发挥优势，走出一条合乎库区实际，具有鲜明特色的区域经济发展的路子。

库区面临着西部大开发等重大机遇和独特的区位及资源优势，特别是水资源优势。国家投资上千亿元，移民搬迁100多万人，经过十多年的艰苦努力，即将建成世界最大的水利枢纽工程和水库，形成393亿立方米库容，2950平方千米水面，4500千米库岸线和1840千米干支流深水航道。届时，三峡工程将获得防洪、发电、航运、养殖、旅游及工农业供水等巨大的综合效益，为库区经济发展创造良好的条件。重庆制定的《三峡库区全面建设小康社会总体发展规划纲要》提出了调整经济结构，重点培植九大特色工业基地和八大特色农业产业带的总体发展规划，为加快库区工业体系建设，现从规划布局的角度提出以下几点建议：

1. 实施沿江开发战略，建设特色产业带

三峡库区有着黄金水道的独特优势，明确提出加快库区沿江开发，建设特色产业带发展战略，要从认识和实践上处理好三个关系：一是沿江开发与环境保护的关系。三峡库区环境保护任务重、要求高，在发展工业及其他产业时，要把生态环境保护、特别是水质和大气污染的防治摆在十分重要的位置。要大力发展高效生态农业、无污染加工业，项目要与环境保护同步建设。要加强沿江防护林建设，搞好退耕还林和水土保持工作。建好沿江污水处理厂和垃圾处理场，全面实施青山绿水工程；二是处理好沿江开发与库周山区开发的关系。沿江开发是库区实施“以线串点，以点带面，重点推进”的战略举措。与此同时，也要加大对边远山区的扶持力度，鼓励支持边远山区的区县到沿江投资办企业，大力发展特色资源加工产业；三是处理好沿江开发与沿路开发的关系。库区地形地质条件差，除铁路、高速公路外，其余公路等级低、运效差，与渝西地区比较，三峡库区应当以建设沿江产业带为主。

2. 建设临港工业，发展港口经济

依托港口建设临港工业，发展港口经济。目前，在沿海和长江、珠江下游沿岸发展临港工业已成为一大特色经济。

三峡库区要利用库区的黄金水道优势，在沿江港区附近规划建设特色工业园区或在集运输条件和水陆域条件好的库区岸线引进运输量大、用水量大和耗电量大的工业项目，配套建设专用码头，发展临港工业。建设中的寸滩港区及紧邻的出口加工区、经济开发区将成为西部最大的临港工业区。涪陵区以食品、医药、轻纺、建材、化工为主的十多家重点企业基本上都是沿江布局。其中，2003年引进的新加坡独资4500万美元建设的亚洲最大的豆油加工项目，年加工大豆220万吨，原料大豆由美洲沿江海联运到涪陵龙桥镇，其产品运销西部各地。专用码头的两个3000吨级、一个1000吨级泊位与加工车间工艺流程配套形成流水线，该项目是已建成的临港工业的典型范例。项目全部建成后年销售收入达50亿元，税利3.5亿元。该项目产品原料运输需1000吨级船舶约100艘，此外还将带动水陆装卸、船舶修建、仓储、服务业和物流产业的发展，提供约4000个就业岗位。目前，该项目即将建成投产。

三峡水库的建成，库区岸线将成为建设临港工业的宝贵资源，库区干流岸线长达2000千米，但真正适于建港和工业园区的岸线、港址并不是很多。建议库区各区县要抓紧各地港口总体布局和岸线规划工作，把它和特色园区的规划结合起来，做到合理利用，有偿使用。

3. 建设外贸口岸，发展物流产业

目前，长江水运承担了全市货运周转量的40%，市内和邻近省市外贸进出口货运量的90%及40%。随着库区综合交通体系的建成，万州、涪陵港作为区域性枢纽港，要抓好铁路公路水路联运港区的建设，规划建设集装箱、滚装和散货中转专用码头和临港出口加工区，仓储区和现代物流园区，开展海关、商检、检疫和电子商务、物流配送服务，力争在五年内把万州、涪陵建成三峡库区重要的外贸口岸和区域性物流中心。

4. 构建沿江城镇体系，发展旅游商贸产业

三峡库区蓄水后将呈现高峡出平湖、多岛、多湖的自然景观，加上沿江众多的人文古迹、移民新城，库区沿江黄金旅游带的开发建设，将成为库区支柱产业和沿江产业带的重要组成部分。要加快以万州、涪陵两大城市为中心的沿江城镇体系建设，促进商贸流通和三产业发展，加快农村劳动力转移，带动库区城乡经济和“三个文明”建设的全面协调发展。

（社市委集体提案执笔人：柳恩梅）

2004年，市政协二届二次全会重点督办提案、优秀提案（1件）：

《加强煤矿安全执法力度，坚决关闭非法煤矿》

随着国民经济的发展，煤炭市场的好转、煤价上扬，部分煤矿不顾安全条件突击生产、盲目高产。如何在开采煤炭、持续供应稀缺能源的同时，保证宝贵的生命不受矿难的吞噬，是我们面临的新问题。据统计，今年以来全国煤矿发生多起重大事故，已死亡500多人。其中，无证和非法开采煤矿死亡事故9起。特别是最近两个月，在不到40天的时间内，就连续发生多起特别重大事故，给人民生命财产带来巨大损失，造成了严重的社会影响，引起了全社会的广泛关注。我市煤矿安全生产形势也十分严峻，存在诸多突出问题，事故总量居高不下。今年1至11月，累计发生315起死亡事故，其中乡镇煤矿有278起。2003年，全市煤矿百万吨死亡率为17.82，大大高出全国平均水平。目前，影响煤矿安全生产的因素很多，也引起了行业管理部门的高度重视，一直在抓，但收效甚微。分析我市煤矿安全管理存在的问题，主要有：

一是安全管理不到位。主要是矿井自身安全管理松懈，安全生产责任制得不到有效实施。

二是煤矿自然灾害状况复杂。重庆煤矿煤层赋存条件差，地质构造复杂，瓦斯、自燃发火、煤尘、水害、顶板等灾害严重。

三是煤矿安全生产基础薄弱，抵御事故灾害的能力不足。

四是生产力发展不均衡，技术和安全保障水平比较低。特别为数众多的小煤矿，开采方式落后，设施设备简陋。

五是煤矿职工人员素质低。安全管理难度大。据统计，全市煤矿职工中初中及以下文化程度的占职工总数79.16%。大量农民工和临时工逐步成为井下一线工作的主力。煤矿违反劳动纪律、违

章作业、违规操作现象相当普遍，直接威胁着安全生产。

建议：

一、加强安全生产监管力度，落实企业安全生产责任制。企业的主要负责人必须对本单位的安全生产全面负责。要对企业的主要负责人进行安全生产的强制性培训和考核，要认真落实安全生产责任制和贯彻执行《中华人民共和国安全生产法》的各项规定。尤其是在当前煤炭经济形势好转的情况下，更要加大安全投入，及时补还安全欠账。

二、全市煤矿进行一次安全检查和整改。按照《安全生产许可证条例》和《煤矿企业安全生产许可证实施办法》标准进行自查和整改，严格煤矿安全生产许可证管理工作，到期未获得安全生产许可证的煤矿必须停止生产。

三、定期对矿井安全管理人员和职工进行安全培训。提高职工的安全生产素质和建立职工安全生产培训、教育的个人档案，实现煤矿的安全生产。

四、加大执法力度，坚决取缔和关闭非法生产的小煤矿。

五、进一步加大煤矿安全的监察执法力度。严格要求煤矿按照矿井核定能力组织生产，坚决杜绝超通风能力生产的现象。做好新版《煤矿安全规程》的宣传贯彻工作。

（社市委集体提案执笔人：郭科社）

2005年，市政协二届三次全会重点督办提案、优秀提案（1件）：

《关于建立我市住宅建筑能耗标识体系的建议》

节约能源是我国的基本国策，建筑节能是国家节能工作的重要组成部分。据估计我国建筑能耗约占总能耗的28%左右。随着社会经济的发展和生活水平的提高，特别是采暖空调的日益普及，采暖空调费用的支出逐渐成为居民可支配收入的一部分，由此带动建筑能耗占总能耗比例呈逐年上升。而重庆又具有冬天不暖、夏天不凉的气候特点，近年来有的居民甚至是“一屋一台空调，一家多台空调”，使得用电量大幅度增长，导致“电荒”。2005年5至10月，我市需用电量约为163.3亿千瓦·时，8月最大电力缺口34亿千瓦·时，今冬电力最大缺口也达40亿千瓦·时。据调查，我市城镇居民的家庭平均可支配收入为40000元左右，其中采暖空调费用约占2%～5%。建筑节能不仅影响到国家可持续发展的长期利益，而且与老百姓的经济利益也息息相关，经济的驱动力不仅是开发商占领房地产市场的有力手段，也会促使购房者选择采暖空调费用较低的住房，即节能效果较好的住宅。为此，建议以市场力量促进建筑节能发展，建立我市住宅建筑能耗标识体系。

一、我市住宅建筑节能状况

我市在这方面做了大量工作。如建设了第一个建筑节能示范工程，扶持发展了一批建筑节能材料的生产经营企业，出台了《重庆市居住建筑节能设计标准》。特别是近年来，市建委围绕政策法规体系建设、技术法规体系建设，在从业人员能力建设、宣传和培养节能意识、建筑节能试点与示范、培育建筑节能产业、加强行政监管力度等方面取得了一定成效。但是，目前我市建筑节能的总体形势仍然严峻。据2004年统计，一方面，建筑节能的总体水平较低。我市采用节能技术的建筑面积仅近410万平方米，不足开发面积的10%，其中，采用节能技术的建筑不到2%。另一方面，与国内其他城市相比，建筑节能水平差距较大，如重庆执行的是国家制定的50%节能标准，而目前北京、天津等城市已开始执行65%的节能标准。我市已被列为全国4个建筑节能试点城市之一。我国2004年10月开始实施新的《夏热冬冷地区建筑节能设计标准》后，北京、上海、深圳由政府牵头积极贯彻实施，《重庆市居住建筑节能设计标准》也于2005年7月发布。目前，我市正在制定《建筑节能管理条例》，届时，我市新建建筑必须按达到节能50%的标准设计和施工。据估计，仅住宅用房每月约节省电费一半，到2010年实现全市节能50%，城市高峰用电负荷增长将削减80万~200万千瓦。

发展节能住宅是必然趋势。目前，国外及我国沿海房地产业已在考虑“第三代住宅”问题。在这种大趋势下，今年重庆房地产业也有了一批开发节能型住宅的高素质楼盘。如建工·未来城、北温泉9号、米兰天空等楼盘，尽管为数不多，在规划设计、建筑材料运用、高科技使用上还存在不少差距，但这些节能住宅为我市房地产开发的升级换代提供了好的榜样。

二、建立我市住宅建筑能耗评价体系的现实意义

一是有利于建筑节能工作的全面推进。由于房地产市场竞争日益激烈，总结发达国家和我国北方地区多年的节能经验，人们对居住环境的要求越来越高和住宅建筑能耗越来越受到消费者高度重视的情况下，实施住宅建筑能耗评价体系可改变建筑能耗缺乏可度量指标和节能建筑仅仅停留在概念炒作层面上的混乱与无序局面。

二是实现建筑节能由“政府推”到“市场拉”的转变。一方面，通过市场机制推动房地产商关注建筑节能，开发节能效果好的住宅，带动节能材料、节能设备等相关领域的发展，形成建筑节能良性循环。另一方面，政府部门、标识机构、开发商及购房者之间形成相互制约的良好机制，保证标识工作的科学性和公正性，真正开发“绿色、健康、生态、节能”住宅。

三、制定我市住宅建筑能耗标识体系的建议

（一）引入市场竞争机制，实行建筑节能认证制

通过引入市场竞争机制，建立住宅能耗标识体系的实施，逐步推行节能建筑标识。以此增强和推动我市住宅建筑节能的可持续发展。实施住宅建筑节能是政府实施建筑节能标准的重要策略。如美国的“能源之星”、莫斯科的“能源护照”就是采取跟踪和强制执行建筑节能标准的手段，也是购房者认可的一种政府“节能建筑”标志。上海已于2002年10月起实施《上海市节能住宅建筑认证管理暂行办法》。重庆可学习借鉴国内外的成功经验。

（二）建立我市住宅建筑能耗标识体系运行机制

1. 确定建筑能耗指标，建立建筑能耗评价体系。针对我市目前商品住宅市场上现房与期房交易两种销售方式，制定两种不同的能耗标识运行机制。即对期房制定以施工图为基础的能耗标识指标，对现房制定以竣工图为基础的能耗标识指标。

2. 实行由施工方监督的方法，将市场手段作为促进建筑节能发展的辅助措施。在与房地产开发商合作时提出建筑耗能的标准要求。同时要求房地产开发商配合事务所对施工过程进行监督，保证围护结构传热系数、外窗性能和建筑气密性等输入参数与实际建筑的一致。

3. 发挥政府宏观调控作用，积极探索建立建筑节能发展的有效机制，推动规范性建筑节能市场的形成。由政府部门直接或委托有关专业机构对标识人员进行统一管理、统一培训和统一考核以及实行定期审核。同时政府负责制定标准的计算程序、计算方法，颁发能耗事务所从业执照等工作。事务所要将其所标识的每一栋建筑的计算资料（包括竣工图纸、建筑模型，输入参数，各项围护结构的检验报告等）提交该机构备案。该机构定期对资料进行抽查，发现有违规操作或技术水平欠缺的现象，有权进行处罚或取消其从业资格。

4. 建立解决建筑能耗标识体系纠纷的机制。当标识事务所技术水平较高、信誉较好时，保险公司可以收取较低的保险费用。反之，则应该收取较高的保险费用。这种机制一方面可以保证购房者

的利益在受到侵害时能够得到补偿，另一方面也促进事务所提高技术水平，提高信誉和降低保险成本。通过建立这种专门机制明确责任，达到解决纠纷的目的。

5. 引入保险机制、实施建筑节能标准。引入保险机制，使标识体系能够顺利实施。可根据需要在标识事务所进行标识前向保险公司缴纳一定的投保费用，当标识事务所需要承担赔偿责任时，由保险公司负责赔偿。这种机制一方面可以保证购房者的利益在受到侵害时能够得到补偿，另一方面也促进事务所提高技术水平，以提高信誉，降低保险费用。建立建筑能耗评价体系，实施节能建筑认证也应当是政府实施建筑节能标准的重要策略之一。

6. 建立建筑能耗试点工程，引导培育并规范建筑节能市场。我市的住宅用采暖空调设备一般是家用空调器，费用都由住户个人承担。因此，为检验本体系在实际应用中的效果及消费者的反应，开展试点工程是一个重要环节。在售楼的同时可将各户的数据做成小册子或标识证书摆放在现场，供购房人参考，并通过现场宣传让购房人进一步了解并认可节能住宅的优越性。

（社市委集体提案执笔人：朱光俊）

2006年，市政协二届四次全会重点督办提案、优秀提案（1件）：

《以体制创新破解三峡库区产业空虚难题》

（略，详见一号提案）

2007年，市政协二届五次全会重点督办提案、优秀提案（1件）：

《关于发展我市社会养老服务业的建议》

一、现状

我市人口老龄化快速增长，是全国进入老龄社会早、数量大的城市之一，已经提前5年进入了老龄社会，人口老龄化程度位居全国第六，形势严峻。目前，全市的老年人有400多万，占总人口的13.84%，可以说每4个人中就有一位老人。其中，有180万左右的独居老人。步入老龄社会后将给社会和家庭带来诸多社会问题：一是老人生活起居及生病后的照料问题。二是空巢老人家庭问题。在一些城镇，空巢家庭已占老人家庭的1/3左右，随着独生子女的父母步入老龄阶段，未来十年空巢家庭将成为老人家庭的主要形式，所占比例有可能达到90%。三是老人居住地若是新建小区或医疗设施不健全的社区，邻里之间互不来往，不便于帮助老人。四是独生子女家庭已是当今社会问题，既有老又有小，又要工作，基本上难以照顾老人的生活。五是独生子女在当今竞争日益激烈的社会里，即要面对自身的社会压力，又要面对双方父母老人需照料的双重压力，如这种压力长时间持续而无法应对，很有可能转换对社会不满的情绪，形成新的不和谐隐患。

2006年召开的全市第二次老龄工作会议指出，到2009年，全市的老年人口将超过500万。面对来势汹涌的“银发浪潮”，社会各界应做好充分准备。作为一个“未富先老”的城市，走健康老龄化道路，既能解决发展经济实现富起来和现代化的要求，还能缓解老龄化社会面临的许多新问题。

二、建议

1. 各级政府及相关部门要进一步健全和完善养老、医疗、维权三个保障体系。向中央呼吁建立与我国国情相适应的养老保险与医疗保险制度。通过大力扶持和发展与老年人特殊需求相适应的“社会养老服务业”，实现老有所养。大力发展老年公寓、养老院，并配备适当的医生、营养师及护工（合理收费），积极应对人口老龄化带来的一系列社会问题，缓解目前我市100个老人中仅有10人可住进老年公寓的供需矛盾。

2. 在各街道、社区就近修建一些托老所，方便老人的子女接送和看望。这种不同形式的社会托老机构方式更灵活多样，可以白天托管、也可以24小时托管，可以短期托管、也可以长期托管。要将托管服务项目与敬老院有所区别，除开展医疗保健、康复、安乐葬仪服务外，还要针对老年人的心理特点，开展临终关怀等各种心理咨询和治疗服务，同时通过适宜的社会活动促进老年人身心健康水平的提高。

3. 政府及相关部门如妇联、劳动和社会保障局等可采取组织培训一些下岗人员，专门学习照料老人的常用知识，不仅为社会提供比较专业的照料老人的家庭服务员，同时也为解决就业和再就业提供机会。

4. 除各级政府要采取积极完善各项养老保障措施外，同时也要通过社会宣传，使老年人不断提高自我保障意识。可学习推广上海等省市的好经验好做法。如调动低龄和健康老人的积极性，在关怀老年人健康的前提下，量才发挥，量力而行，开发老年人才资源，使老年人重新融入创造价值的生活主流。

5. 老龄事业是常青的事业，要未雨绸缪，今天的中青年人就是明天的老人。要针对目前由于社会竞争激烈而透支健康最多的中青年人的现状，积极推行“全民健身计划”。不仅要使大多数老年人能健康长寿，也要使中青年人懂得热爱和关注生命，赢得健康并能以健康的身体为进入老年期做准备，打基础。

（社市委集体提案执笔人：罗玲）

第二节 民主监督

根据《政协重庆市委员会关于政治协商、民主监督、参政议政的规定》，九三学社重庆市委高度重视履行民主监督职能，把民主监督寓于履行职能的各项工作中，通过高层政治协商、政协发言，提案和反映社情民意以及信息工作等方式，积极发挥民主监督作用。通过参加政协重庆市委员会的全体会议、常务委员会会议、主席会议、专题协商会议、各专门委员会会议及各项活动，在推动重庆市的改革开放和经济、社会发展的现代化建设事业中，围绕全市工作大局，认真履行民主监督职能。九三学社重庆市委的各级政协委员运用政协视察、大会发言和委员个人提案等形式对国家宪法、法律和法规的实施，重大方针政策的贯彻执行，国家机关工作人员的工作，通过建议和批评进行监督，以及通过参加各级党委和政府有关部门组织的调查和检查活动履行民主监督职能。应邀担任司法机关和政府部门特邀监督员的九三学社社员通过参加各项专项视察等活动，反映社情民意、提出批评建议，认真行使民主监督职责。

1991年，在重庆市政协九届四次会议上，九三学社重庆市委就《人尽其用、才尽其用，让中年知识分子在九十年代做出更大贡献》为题做大会发言。指出，贯彻落实党的知识分子政策是广大知识分子关心的问题。最近，中共十三届七中全会再次强调要进一步发挥广大知识分子的积极性。这些年来，社会上师不被尊敬，教不被重视的现象依然普遍存在。由于历史的原因，广大中年知识分子的职称、职务、工作条件、生活待遇，数十年不变，评价中年教师的业务水平不是着重看其教学的效果、水平和质量，而是看他的文章发表了几篇，这对广大中年知识分子、特别是高校中年教师的教学质量带来了严重后果。建议广泛开展一次中年知识分子问题的专题调研，研究制定解决中年知识分子问题的相关政策和措施，调动中年知识分子在现代化建设中的骨干作用，做到人尽其用、才尽其用。

1992年，九三学社重庆市委在重庆市政协九届五次会议上，就《进一步发挥群众在廉政建设中的监督作用》做大会发言。指出，反腐倡廉是社会主义现代化建设的内在要求和重要保证。自中共十三届四中全会以来，中共重庆市委、市政府采取了一系列措施，在纠正不正之风和开展廉政建设方面成效明显。但是，纠正不正之风等消极腐败现象将是一个长期复杂的斗争过程，群众监督是社会主义监督体系中不可缺少的重要组成部分，是党和政府一贯倡导的群众路线在监督机制中的具体运用。如新中国建立以来，重庆市最大的杨池清贪污受贿挪用公款案就是源于群众举报。为更好发挥群众的监督作用，建议重点加强以下几个方面的宣传：一、群众是反腐败斗争的基本队伍和依靠力量。二、反腐败斗争的出发点与人民的愿望和利益是一致的。三、消除群众不必要的疑虑，把惩治腐败的任务和要求变为群众的自觉行动。

1993年，根据市政协教科文卫体委员会的统一安排，九三学社重庆市委医卫委员会于1992年11月组成社内的市政协委员视察团，在副主委侯雪岩和市政协常委、社市委委员刘珍茂的带领下，对市中区的3家国营、1家港商独资、2家集体和4家个体医学美容诊所进行视察后，发现随着改革开放和广大人民生活水平的提高，推动了医学美容市场的快速发展。目前，我市医学美容市场，尤其是个体医学美容业主要存在的问题有：卫生行政部门管理不严；设点多，乱挂牌子，乱收费，严重影响美容市场的健康发展；毫无医学知识的无照行医人员，严重威胁着美容者的生命安全；市属医疗单位市场经济观点不强、没有充分发挥现有美容机构的作用等问题。在1993年召开的重庆市政协十届一次会议上，社重庆市委就《我市医学美容市场必须整顿》为题做大会发言，建议：一、政府有关职能部门协同，对全市医学美容市场进行一次清查整顿。二、严格准入条件。各成教、社会大学等培训的美容师、美发师均不得从事医学美容工作。培训班必须在具有一定资质的医院开办，学员应具有两年以上临床经验的高等医学院校的毕业生，经半年以上的专业培训合格后，发放营业执照。三、制定相应的监管办法，使有关部门对医学美容市场的管理有法可依，有章可循。

1994年，九三学社重庆市委在重庆市政协十届二次会议上，就《建议各级学校为乡镇企业培养用得上留得住的科技人才，从根本上提高乡镇企业的素质》做大会发言。指出：中西部地区与沿海地区经济差距在扩大。其中，乡镇企业发展的差距是造成整体差距的一个主要原因。改革开放十多年来，重庆市乡镇企业有很大的发展，在国民经济中的作用日益增强。发展乡镇企业，必须从根本上为乡镇企业培养人才，从根本上解决科技实力问题。建议：一、定向培养。由乡镇企业或其主管部门在就近中学物色素质好、家住附近农村，有志于乡镇企业的毕业生，与校方签订合同，在统考上线的情况下优先录取，由企业提供学费及助学金。按企业需要选择专业及选修课，假期到企业实习，毕业设计可按厂方的要求完成，毕业后分配到企业工作。二、采取多层次（本科、大专、中专），多学科，多形式（不脱产、半脱产）的在职培养。以非学历教育为主。三、加强技术工人的岗前培训和经常性开办一些相关科技知识的学习讲座，提高专业素质。四、建立咨询联络机构（可挂靠某单位），负责人才需求规划的推荐、咨询、联络和协调。

1995年，在市政协十届二次会议上，九三学社重庆市委就《加强环境治理，维护市民健康》做大会发言，向市政府及有关部门提出3点建议：一、加强宣传和教育，把环境治理列入各级政府的议事日程。纠正“先污染后治理”“经济贡献抵消污染”的错误思想。二、由市政府牵头，有关部门协同，对排污开展全面检查和登记。对治理和保护环境有功的人员和单位，要大力表彰奖励。坚持标本兼治，立足治本，对造成污染的单位、企业和个人，责令限期整改，支持环保部门排除干预，严格执法。三、增加环保污染防治经费的投入和征收。增加市级环保科研机构的投入，确保专项环保科研项目的开展。

1996 年，在市政协十届二次会议上，九三学社重庆市委分别就以下问题做大会交流发言，提出意见和建议：

徐宗俊副主委代表社重庆市委就《建议把消费品生产提高到战略高度》作大会发言，指出，党政领导要进一步转变观念，在抓五大支柱产业和高新技术产业的同时狠抓轻工业和农村经济，把消费品生产提高到战略高度来认识。建议：第一，重点抓住几个消费品资料生产的典型产业，以点带面，带动农业产业化，促进农业经济和区县经济的全面发展。第二，消费资料生产与五大支柱产业和高新技术发展是相辅相成的，把“支柱型”变成“框架型”经济结构。第三，以“两个转变”精神为指导，促进消费资料产业的发展。

社市委并就《扶持和培育我市轻工业的发展是当务之急》提出建议：我市“喝珠江水、吃广东点心、穿上海衣服”的局面，应该和必须改变。目前，我市轻工业由于种种原因，处于全面疲软的状态，在短时期尚无力成为国民经济的支柱产业。但从中、长期和未来的国民经济发展考虑，要把发展轻工业作为我市国民经济新的支撑和增长点，纳入国民经济的支柱产业之一，予以扶持和培育。如荣昌和巴南是全国有名的养猪大县，肉质上乘，同时，我市又有规模较大，设备较好的肉联加工厂，建议建立农、工、贸一体化的股份制企业，增加猪肉的附加值，带动和推进农业产业化发展。再如在我市三峡库区建成的三峡柑橘带，为果酒发展带来新的机遇、条件和市场前景，建议以库区现有的酒厂为基础，打造和推出我市的优质名牌果酒占领市场，以此带动食品工业发展。

社市委还对“发展重庆茧丝绸产业”提出对策建议。指出，长期以来，茧丝绸产业在重庆经济特别是农村经济发展格局中的地位举足轻重，是重庆远郊区县财政收入中仅次于生猪的第二支柱产业，也是农民脱贫致富的重要出路。但自 1991 年以来，由于国际茧丝绸市场疲软，加上政策指导乏力和体制改革滞后等因素，我市的茧丝绸产业显得格外脆弱、每况愈下。主要表现为价格直线下落，生丝等级下降，蚕茧产量滑坡，质量下降，加工成本高、质量差，加剧了茧丝绸产业结构失衡。建议：一、深化改革，加强管理，增强实力。按照“人财物、产供销、农工贸”统一的原则，将市茧丝绸集团公司的职能划分为经营管理和行业管理及部分行政管理职能为两大部分，对集团公司内部实行统一管理，强化市茧丝绸集团公司的职能，壮大实力。协调全市产供销关系。二、政府出台地方性法规和配套措施，制定发展规划，搞好产业布局。一是建立储备制度，二是建立风险调节基金，三是对生产经营困难的企业税费减免，对有发展前景的企业给予扶持，四是对于转向的企业给予大力支持。

1997 年，在市政协一届一次会议上，九三学社重庆市委就《重庆市农业可持续发展的建议》等做大会发言。建议：一、大力发展生态农业，促进经济与环境的协调发展。市政府制定和完善有关法规，在政策导向上绝不能以牺牲环境作为农业经济发展的代价。以农业生产的规模化、集约化，提高农业的经济效益。二、加强水利基本设施建设，保证山地农业的可持续发展。针对我市农业受水资源制约的现状，建议：一是在每年的秋冬季节大兴农田水利基本建设，并制定相应的经济奖惩措施。二是加大政府投资力度，广辟投资渠道，严禁水利建设资金挪作他用。鼓励企业和群众参与农田基本建设的投资。三是开展滴灌、微灌等节水农业新技术的研究与推广。探索公司加农户的新模式。三、由家庭联产承包转为专业性承包，通过土地、劳动力入股的方式试行专业性承包。

在政府指导下，允许农民转移土地使用权或转包，鼓励一部分农民从事其他行业。

1998年，在市政协一届二次会议上九三学社重庆市委，分别就以下问题做大会交流发言，提出意见和建议：

就《构建和完善重庆统一开放竞争有序的市场体系》建议：一、重点发展金融、技术、劳动力、人才、信息和房地产等要素市场。做大做强具有重庆特色的商品市场。如肉食品、皮革、汽车摩托车及其零配件、建材、电子信息产品、化工医药产品等市场。把重庆建设成为西部地区最大的市场信息中心。二、加强政府的规划和管理职能。

《进一步稳定我市科技人才队伍和吸引外地优秀人才》社市委在发言中指出：科技人才队伍不稳定，是制约重庆经济发展的主要原因。建议：一、进一步营造“尊重知识、尊重人才”的良好氛围，制定相关制度和完善相关政策措施，落实科技投入政策。二、以能力为标准使用人才，在工作和生活待遇上，做到本土人才与外来人才一视同仁。调整产业结构，强化竞争机制，实行技术入股，鼓励人才到企业挂职，吸引和促进人才的有序流动。开展继续教育，加强考核和管理。三、建立科技进步激励机制，制定科技人员、技术开发人员享有技术成果分配、技术收益提成、技术开发入股等具体政策措施。促进企业重视关键技术、重视知识产权，发挥人才资源优势，面向市场搞成果转化和产品开发，向技术进步要效益的良性循环，推进重庆新兴产业和高技术产业的发展。

1999年，在市政协一届三次会议上，九三学社重庆市委分别就以下问题做大会交流发言，提出意见和建议：

就《把产品创新作为我市产业结构调整的突破口》提出意见建议。指出，要从重庆的实际出发，采取高新技术产业化和用高新技术改造传统产业两种模式并举的方针。建议：一、领导重视是关键。实施科技兴渝战略，希望科技由市政府一把手挂帅，二把手分管。二、产学研结合，改善创新环境，合理配置和利用科技资源。鼓励中心企业和民营企业产品创新的积极性，鼓励国外公司来渝合办研究中心，支持厂校共建博士后流动站、博士点和硕士点。三、建立创业投资（或风险投资）体系。采用个人和企业投资，政府资助，探索建立“非挂牌证券市场”和第二股票市场、商业银行贷款及风险投资公司等为产品创新筹集资金。

同时，还就《在我市国有企业中推行厂务公开民主监督依法治厂》的建议。指出，实行厂务公开主要目的是加强民主管理和民主监督，防止权力滥用。厂务公开的主要内容包括企业改革的重大问题，企业领导干部廉洁自律的情况以及由职代会民主评议企业领导干部，涉及职工切身利益的事项，权力部门重要岗位的情况及收费的罚款支出情况；实行厂务公开、民主监督要在党委统一领导下进行。主要形式应为职工代表大会、职工大会，并要做到制度化、规范化。对大多数职工不赞同的事项要暂缓执行，对职工不明白的问题，要耐心做好解释工作，对存在的问题和偏差，要采取措施纠正和解决。对公开事项的实施运作情况和最终结果，要及时向职工反馈报告。把党内监督、纪律监督和群众监督结合起来，让群众知情，能够监督、敢于监督，真正做到依法治厂。

2000年，在市政协一届四次会议上九三学社重庆市委就《抓住西部开发机遇，加快库区水运建设》做大会发言。指出，近年来，重庆水运下滑，面临运量减少，企业经营困难，亏损严重，水运基础设施落后，复建工程尚未启动，库岸崩塌，泥沙淤积，以及航道阻塞等问题。为此，提出开发建设库区黄金水道的对策建议：一、抓住西部开发机遇，制定以渝、涪、万铁路、公路、水路联运枢纽港区为重点的港口规划，开展重庆市水运发展战略研究。明确长江黄金水道在西部开发中的战略地位、目标和思路。二、启动航道复建及水利枢纽建设工程。充分发挥库区黄金水道承东启西，通江达海的优势。以渝、涪、万枢纽港为中心。长江干流为主轴，加快水运基础建设，扩大通过能力，发展干支直达、江海直达运输。三、以发展集装箱、散装及滚装运输为重点，建成与重庆流域经济相适宜、与综合交通网相衔接，与长江航运标准化相统一的现代化水运体系。

2001年，在市政协一届五次会议上，九三学社重庆市委就《大力发展重庆市中药现代化科技产业》做大会发言。指出，2001年，国家为支持中医药产业化的发展，将重点做好4个方面的工作：一是从中药到市场研究的各个关键阶段给予扶持；二是支持一些大型的中药企业采用新装备，提升其产品结构；三是加快中医药企业创新能力和中药二次开发能力的提升；四是国家将提升和制定中医药的相关标准，使中药进入药品主流市场。目前，在重庆市的经济增长中，中医药的增长率为25%，已经高出了平均增长率，尤其是近几年中药业的增长已达45%。重庆不仅具有发展中医药产业的资源优势，还拥有研发机构和四家上市公司、六家大型企业在内的近百家生产和流通企业。在重庆市的经济增长中，中医药的增长率为25%，高出了平均增长率，尤其是近几年中药业的增长已达45%。但是，若不抓住机会发展，就难以占领市场。建议：一、成立重庆中药科技产业领导小组；二、制定中药科技产业发展总体规划。如建立符合GAP标准的药材基地，大力培育创新体系，推广应用现代工艺技术，开发中药新药，提高科技含量，打造国际品牌；三、制定中药材生产技术规范、中药材加工炮制技术规范等地方性法规，鼓励、引导和扶持现代化中药科技产业发展；力争国家十五计划将发展中药现代化产业纳入。

2002年，在市政协一届六次会议上，九三学社重庆市委就《顺潮而上，将重庆建成现代制造业中心的建议》为题做大会发言。指出，加入WTO，对全市的支柱产业——制造业来说，面临一个逆水行舟不进则退的局面。只要上下齐心，顺潮而上，重庆就能建成西部、全国甚至全球的一个现代化制造中心。建议：1. 重庆发展制造业不仅具有良好的基础条件，还具备独特的区位优势。有在制造学科名列前茅的高等院校和科研院所，有与国外合作成功的经验，有重庆本土的一批知名骨干企业和名牌产品，这可从“重庆汽摩现象”得到证明。2. 要走“区域性网络化制造”之路。一是政府要大力支持企业通过国际合作和行业整合，实现技术改造和按网络化制造模式下的企业重组，形成有整体竞争力的企业群。二是实施区域性网络化制造要充分考虑条件，首先在发展成熟、竞争激烈的摩托车行业试点，再推广到别的行业。

2004年，在市政协二届二次政协会上，九三学社重庆市委以《打造重庆文化》为题做大会发言。指出：当前重庆文化主要存在文化资源有待进一步开发和利用，文化产品质量不高，城市文明程度有待提高和文化事业投入严重滞后等突出问题。建议：一、弘扬传统，以地方特色，打造“重庆文化”。即要体现重庆城市精神，要在发展民族特色、历史特色、风情特色方面下功夫。二、要注重文化建设的高品位和立意。即通过发展新闻出版、艺术院校、博物博览、经典建筑等文化形式体现和提升重庆城市文明程度。三、加大投入，注重质量，打造文化精品。四、扶持发展文化产业，加快文化体制改革的步伐。

2005年，在市政协二届三次会议上，九三学社重庆市委以《关于切实关注三峡库区移民失业、贫困现象的建议》为题做大会发言。指出：在中央交办重庆的三大任务中，移民迁建是前提，生态建设是基础，产业发展是根本。而库区移民的安稳致富，关键在发展，核心在就业。但由于历史和客观原因，库区移民失业和贫困现象日益凸现，形势十分严峻。正如王鸿举市长在《政府工作报告》中指出，解决三峡库区产业空虚和移民就业率低、生活水平低的问题，是当前和今后一个时期库区经济社会发展的主要任务。当前库区移民就业与生活状况主要有失业率急剧上升，部分移民生存状况显著恶化，部分外迁移民的返迁现象不容忽视三个问题。这些问题，如不妥善解决，难以实现“移得出，安得稳，逐步能致富”的目标。建议：第一，发展库区产业，增加就业容量。近期内，引进、配置与库区资源相关、投资少、见效快和技术水平要求不高、能大量吸纳劳动力的第一产业、劳动密集型制造业和第三产业的短平快项目，增强产业对劳动力的吸纳能力，增加库区政府的财税收入，解决因搬迁致贫、返贫的问题。第二，增加后期扶持资金总量，拓宽资金渠道。建议在即将召开的全国“两会”上，重庆市与会代表、委员向中央呼吁两个问题：一是将现在每千瓦·时提取0.5分钱的比例提高为1分钱；提取时间由现在的10年延长为30年。二是建议向三峡工程受益的省、市、自治区增收资源税，增加后期扶持资金的来源渠道，实现库区和受益地区共同发展。第三，发展移民教育，提高整体素质。建议国家划拨专项培训基金，开展就业技能培训，以适应库区产业发展的需求和现代城镇建设的需要。第四，落实《重庆市三峡工程库区移民后期扶持基金项目管理办法》和《重庆市三峡工程库区移民后期扶持基金管理办法》，提高使用效率。第五，创新对口方式，开展结对子活动。以调整库区产业结构为主线，以引进项目、资金、技术、人才为重点，开展全方位、多形式、宽领域的对口支援，并纳入各级政府的目标考核指标体系。

在市政协二届三次大会上，郭劲松代表社市委还就《三峡库区水质安全不容忽视》做大会发言。发言指出，中国是世界人均水资源最少的国家之一，缺水是中国的基本国情。党中央、国务院高度重视并采取了一系列重大决策，将保护三峡库区水质安全作为大事来抓。三峡库区135米水位蓄水后尽管水质总体保持稳定，但因流速减慢，自净能力下降，水质安全形势日趋严峻，前景不容乐观。库区水质安全主要表现在干流水体质量下降趋势明显，次级河流水质安全形势危急，工业污染居高不下，城镇生活与城市径流污染严重，农村面源污染日益加重，船舶航运流动污染难以控制以及涨落带对库区水体生态环境安全的威胁。主要问题为一是管理体制不顺，运行机制不当，支持体系乏力，防治效率不高。二是治污投入严重不足，监测、应急系统薄弱。建议：一、呼吁在三峡库区建立最严格的水环境保护体系和在重庆库区建立综合性水环境监控和预警体系。尽快设立国家级长江流域管理机构和制定《流域管理机构组织法》，制定《长江流域水资源环境管理法》及相关法规。改革水资源管理体系、合并水资源管理部门的权限、避免政出多门。在各级政府中环保部门应该与其他部门的行政级别一致，使其所承担的职能和职责相称，在库区及上游流域试行环境行政强制制度，加大环保部门的独立执法能力，改变环保部门无权行使查封、扣押和取缔等行政强制手段的现状。二、建立和完善库区城镇防污治污处理系统及其市场运行机制。建立政府主导与市场运行结合的模式，积极探索BOT、BT、TOT等途径，实现投资主体多元化和运行主体的专业化、市场化。三、落实国家和各省市的污水和垃圾收费政策，建立与市场相适应的企业化运行机制。四、调整三峡库区产业结构，形成具有库区特色和优势的产业化环保经济体系和奖惩机制。构建沿库、沿江、沿河生态特色城镇带，加快发展循环经济，在库区推行生态工业园区，防止出现新的污染源。

2006年，在市政协二届四次大会上，九三学社重庆市委以《树立科学发展观，加快重庆市农村实用人才队伍建设》为题做大会发言，指出：《重庆市国民经济和社会发展第十一个五年规划人才发展专项规划》中提出2010年全市农村实用人才队伍将达到200万人规模的发展目标，同时还提出了“十一五”期间农村实用人才发展的各项主要任务。目前，重庆市农村实用人才队伍建设的主要问题一是重视不够、投入不足，缺乏配套政策和措施。二是总量不足、层次偏低。三是结构不合理，分布不平衡。四是培养渠道少，培训条件差。建议：一、加强领导，转变观念，提高认识，健全机构，制定规划，建立培训机制。将农村实用人才队伍建设工作列入乡镇党委和政府年度目标考核的内容。二、整合办学资源，扩大办学规模，加强职业培训，提高办学效益。以农职校、农广校、成人学校为主阵地，推广远程教育，依托大专院校开展专业培训。三、营造有利于农村实用人才成长的良好环境。

在市政协二届四次大会上，社市委还就《以体制创新破解三峡库区产业空虚难题》做了大会发言（略，见一号提案）。

2007年，在二届五次大会上，九三学社重庆市委就《坚持科学发展观，节约集约利用土地——关于缓解我市建设用地困境的建议》做大会发言，指出：重庆市作为全国农业人口最多，直辖时间最短的西部城市，土地后备资源紧缺，土地承载压力大，建设用地保障问题十分突出。建议：一、坚持节约集约利用土地，正确处理好发展与保护、建设与环境、局部与整体、当前与长远的关系，走适合重庆市市情的节约集约用地之路。贯彻"有保有压、区别对待"的土地供应原则，加强土地用途管制，严格建设用地供应。鼓励和引导工业向园区集中、人口向城镇集中、居住向社区集中。加大土地监察，提高工业园区土地集约利用水平。二、加快土地规划修编，提供长远用地保障。目前，新一轮土地利用总体规划修编已经开始，重庆市要以此为契机，在土地利用规划修编中要与《重庆市国民经济和社会发展第十一个五年规划纲要》《重庆市城市总体规划》和新农村建设等专项规划衔接。三、深化征地制度改革，保护失地农民利益。据不完全统计，近4年来，全国失地农民约为4000万人，各级政府从农地转用、土地征用，以及土地出让中获得近2400亿元土地收益。而现行的征地制度已不适应经济社会发展的要求，建议政府履行切实保护耕地和保障失地农民权益，通过改革征地制度，从新征建设用地有偿使用费、土地出让金中统筹安排一定资金，让农民参与土地增值分配，确保被征地农民生活水平不降低、长远生计有保障。四、坚持"执政为民，服务发展"，提高国土管理水平。通过推进"完善体制，提高素质"活动，查找服务意识淡薄、部门利益至上、体制机制不活等问题，加强执法监督体系和基层国土所的建设，建立健全土地利用的管理机制。

在市政协二届五次会上，社市委还就《关于推进我市农村卫生工作的建议》做大会发言（略，见建言献策）。

第三节　社情民意

开展社情民意、信息工作是发挥九三学社重庆市委参政党地方组织功能和进行政治协商、民主监督、参政议政的重要基础性工作，是发扬社会主义民主、促进党和政府科学决策、民主决策的重要参考形式，是党和国家社会舆情汇集和分析机制的组成部分。及时了解、收集和反映社情民意是九三学社履行参政议政和民主监督职能的一个重要渠道。社市委在开展社情民意信息工作中，坚持围绕反映九三学社社员及所联系的知识分子对国家和地方大政方针的制定和实施中的意见建议、有关改革开放和经济建设的重要决策及部署出台前后的反映，以及人民群众关注的热点问题、反腐倡廉、重大突发事件和严重自然灾害的实情、维护稳定的意见建议，特别是多党合作和统一战线工作中的重要情况和意见建议等，进行了解和反映。全市各级社组织和广大社员坚持围绕中心、服务大局、了解民情、反映民意，反映社情民意工作取得了新进展。向党委和政府报送的多篇信息，有情况、有分析，这些质量较高的社情民意信息，促进了一些重要民生问题的解决。同时，也有效拓宽和创新了社市委和各级社组织履行参政党职能的渠道，为维护稳定和发展社会主义民主政治做出了积极贡献。

九三学社重庆市委开展社情民意工作始于1990年。1997年以来，九三学社重庆市委根据《九三学社中央关于开展社情民意工作的意见》和市政协的相关要求，充分认识新形势下开展社情民意工作的重要意义，将反映社情民意纳入社市委履行参政党职能的一项重要工作来落实。制定了《九三学社重庆市委员会信息工作条例》，建立了工作制度，聘请信息员，组建了信息员队伍，信息工作机制不断完善。社市委定期召开工作会议，要求各级社组织凝聚集体智慧，调动和发挥广大社员的积极性，努力做好社情民意工作。近年来，在社中央的高度重视下，社市委通过建立完善信息报送和反馈制度，建立信息工作考核激励机制，编发社市委信息工作通信等措施，不断改进和努力做好反映社情民意信息工作，取得了较好成效。

2005年以来，为贯彻落实《九三学社中央关于加强信息工作的若干意见》，社市委加强领导，通过完善相关工作制度，整合力量，重新组建信息员队伍，广辟信息来源，建全信息网络，努力拓宽参政议政、民主监督渠道，进一步开展社情民意信息工作；突出重点，关注热点，就经济结构调整、经济社会绿色发展、城乡统筹发展、生态建设和环境保护以及区域协调发展等问题，深入调查研究，提出切实可行的建议；对经领导批示、被部门采用产生较大影响和效果的社情民意信息及时反馈和进行宣传报道，落实激励机制，信息工作逐步制度化、规范化；更加注重信息的收集和对信息材料的核实工作。坚持数质并举，有效调动了广大社员参与社情民意信息工作的积极性。

2007年，社市委换届后，重新修订了《信息工作表彰奖励办法（试行）》，在参政议政处建立了社情民意提交情况数据库，举办了首次信息工作业务培训班，对来自社市委、社区级组织和基层组织的40余名专职干部、信息员和通讯员，进行了反映社情民意信息写作培训。

1997年至2007年，社市委分别向社中央、中共重庆市委、市政府、市政协等报送了100余件信息。其中，被社中央采用了13件，被市政协采用了51件，被中共重庆市委统战部采用了57件。

1999年至2000年，九三学社重庆市委多次被九三学社中央评为“信息工作先进集体”。2001年，社市委获市政协“反映社情民意工作先进集体三等奖”。

第四章　社会服务

开展社会服务工作是展现参政党社会价值、扩大参政党社会影响的必然要求，是九三学社发挥自身特色和优势履行参政党职能，为全面建设小康社会做贡献的主要社会实践活动。九三学社重庆市委发挥自身特色和优势，在不断开拓直接为中国特色社会主义服务的新领域和新途径方面，形成了自己的工作特色，得到了人民群众的认可，为经济发展和社会和谐做出了积极贡献。

1978年，中国共产党召开了具有重要历史意义的十一届三中全会，全面纠正了“文革”“左”的错误，做出了把全党全国工作重点转移到社会主义现代化建设上来的战略决策，开辟了中国改革开放和现代化建设新时期，中国共产党领导的多党合作也进入了新的发展阶段。1979年10月，九三学社第三次全国代表大会召开，选举产生了社的第六届中央委员会。新一届中央委员会领导全社为实现四化、振兴中华，积极开拓九三学社为社会服务的新领域，在新时期的爱国统一战线中不断做出新贡献。为突出九三学社具有人才荟萃、智力密集的科技特色和适应时代要求，1983年，九三学社重庆分社建立了专门工作机构——科技咨询服务部。从此，重庆分社在新的历史时期，在社中央和中共重庆市委的领导下，走出了面向社会直接为四化建设服务，开展社会服务工作的新路子，调动了各级组织和广大社员服务经济建设的积极性和创造性，开展了具有九三学社特点的科技咨询服务活动，取得了良好的社会效益，受到各级党政部门和社会各界的好评。

改革开放初期，以经济建设为中心，实行“对内搞活，对外开放”的改革开放政策，极大地调动了人民群众的生产积极性，广大群众的收入逐年增加，生活不断改善。但当时我国中西部广大边远山区和少数民族地区还有2亿多人处在贫困线以下。为此，中共中央统战部和国家民委发出了“支持国家经济建设主渠道、拾遗补缺”的号召，九三学社重庆市委按照九三学社中央的要求，根据社组织科技人才荟萃、智力密集的特点和优势，积极响应中央统战部和国家民委的号召，把开展科技服务、支边扶贫作为重要的社务工作来开展。社市委围绕经济建设中心动员和组织广大社员在本职岗位发挥承前启后作用的同时，面向社会，开展社会服务工作。主要开展了科技咨询服务、办学、举办各类技术培训班、智力支边和支农活动为主要形式的“四化建设”服务活动，并逐渐形成了自己的工作特色。广大社员以高度的政治热情积极参加各级社组织、国家民委、中共四川省委统战部和重庆市委统战部组织开展的各项社会服务活动。社会服务工作得到了广大社员和人民群众的认可，在为促进重庆、四川乃至全国的科学技术、经济建设和社会发展服务方面，取得了显著成效。

“九广合作”是九三学社中央确定的科技服务重点项目。从1986年开始，九三学社相继与四川省广元市等地方开展了智力支边、科教扶贫的“九广合作”（九三学社与四川广元县开展的科技扶贫合作，简称“九广合作”），逐步从比较单一的智力扶贫，发展到“九地合作”（九三学社为地方经济社会建设全面发展作贡献开展的科技服务合作，简称“九地合作”）。从1986年九三学社重庆市委就积极参与了社中央组织开展的“九广合作”工作，社市委的一批领导和专家受聘为“九广”合作技术顾问，他们在为广元培训各类专业技术人员和配合有关单位争取落实项目资金方面做出了积极贡献。这一时期，社市委开展的“智力支边、科技咨询服务”活动得到社会的普遍赞誉。主要以举办讲座、培训班、提高班和与重庆电力局联合办职工大学，送医送药等形式开展科技服务活动。同时，还积极响应中共中央统战部和国家民委号召，通过承接智力支边扶贫项目，开展了支援老、少、边、贫困地区的智力支边工作，为服务地方经济建设作出了积极贡献。重庆直辖后，根据社中央的安排，社市委具体对口联系广元市元坝区。1999年3月22日至23日，元坝区区长李桂林、政协主席李奎元、统战部部长胡唯明等一行7人来渝与社市委进行对口联系。根据双方协商，1999年上半年社市委组织果树专家到元坝区考察，为该区的水果生产发展提出论证建议，以及牵头落实具体引进水果品种和开展相关合作项目。同时，社市委还应邀组织了有关香料和植物种植方面的专家，对该地区发展香精香料生产进行可行性调研，提出了具体建议，并于年内落实了合作项目。

自2000年九三学社中央和中共重庆市委签订《九三学社中央与中共重庆市委关于加快重庆科技发展的合作协议》（简称“九重合作”）以来，社市委积极配合和参与了社中央与中共重庆市委合作开展的多党合作社会主义新农村建设示范项目，围绕产业发展、科技培训、生态建村、文化强村等方面开展了各项工作。

2003年，根据《九三学社中央关于加强和完善“九地合作”工作的意见（试行）》精神，九三学社重庆市委与中共万州区委签订了《九三学社重庆市委与万州区委关于加快万州区科技发展的合作协议》，协议签订以来，双方的合作从承接单项咨询服务向宏观咨询服务发展，协助万州引进项目、协调落实资金、农民增收，为促进万州区和三峡库区经济社会的全面发展提供决策咨询服务，发挥了社组织参政党地方组织的特色和优势，做出了积极的贡献。

和平与发展是时代的主题。维护世界和平与促进共同发展也是九三学社义不容辞的责任。1988

年，第43届联合国大会通过将每年11月11日所在周定为“国际与科学和平周”的决议，要求每个会员国在此期间举办相应活动，鼓励人们为争取和平稳定的国际环境做出努力。我国自1989年起，由中国科学技术学会、中国人民争取和平与裁军协会，联合几十个部委、人民团体、民主党派、科研院所和新闻单位等联合组成“国际科学与和平周中国组织委员会”。1999年，社中央主席吴阶平担任组委会主席。2000年，九三学社首次作为第十二届“国际与科学和平周”组委会主办单位之一参与了活动。自此，为响应社中央号召，社市委通过每年在“国际与科学和平国”期间，分别与社各区级组织联合开展了以“发展科学、维护和平”为主题的一系列大型宣传活动。2000年至2007年每年都受到社中央的表彰。

近年来，社市委发挥科技特色，紧紧围绕西部大开发、科教兴国和可持续发展战略，继续推进科教服务、支边扶贫工作。社会服务工作坚持从实际出发，重实绩、重效益的原则，要求全市各级社组织加强领导、制定工作计划、认真组织实施。随着工作范围的不断扩大，工作方式不断创新，社会影响不断扩大，逐步形成了自己的特色，创立了九三学社重庆市委“九地”合作的品牌。这不仅拓宽了社会服务工作领域，同时也为社市委参政议政提供了平台。近30年来，社市委在社会服务工作中取得的突出成绩，多次受到国家民委、四川省政府、重庆市及有关部门和社中央的表彰奖励。

第一节　开展支边扶贫活动

1978年重庆分社恢复活动以来，按照社中央“面向社会开展智力开发，科技咨询和智力支边、支农”的要求，社市委积极响应中共中央统战部和国家民委的号召，在鼓励社员做好本职工作的同时，面向社会，发挥社组织智力密集的优势，组织和推动社员为四化建设贡献力量，积极探索科教服务与参政议政相结合的有效形式。这一时期，开展支边扶贫活动是社市委的主要社务工作。通过这项工作，为促进重庆、四川和老、少、边、贫地区的经济建设和社会发展服务，取得了实效，深受社会欢迎，走出了一条与区县挂钩、定点支援老、少、边、贫地区的新路子，社市委和相关社员多次受到全国、省、市有关部门的表彰。

一、支边扶贫活动工作的三个阶段

2000年以前，社市委面向社会，开展智力支边、科技扶贫工作分为三个阶段。第一阶段是20世纪80年代，第二阶段是90年代初，第三阶段是90年代中后期。

（一）第一阶段（80年代）

我国的改革开放推进到农村时，乡镇企业要发展，缺项目、缺技术、缺人才，对科学知识和专业技术有强大的需求。当时，广大区县还没有政协组织，也没有建立民主党派组织，对民主党派不了解。为帮助民主党派开展智力支边、科技扶贫工作，中共各级统战部门给予了大力支持。在中共四川省委统战部的协调下，四川省将各民主党派的智力支边、科技扶贫工作作为四川省科技扶贫工作的一部分，并从九三学社四川省委等3个民主党派中各抽调了一名专职干部，专门协调四川省各民主党派开展智力支边和科技扶贫工作。四川省扶贫办每年拨出一定经费，作为全省民主党派智力支边活动的启动费，在经费上给以支持。同时，还通过中共四川省委统战部每年拨给重庆市5000元启动经费，由中共重庆市委统战部统一协调使用。

自1983年起，经中共四川省委和中共重庆市委的统一协调安排，重庆分社与涪陵地区和綦江县建立了定点对口支援关系。重庆分社高度重视这项工作，参加了由中共四川省委统战部联合四川省民委和省扶贫办组织的对口联系会，应有关方面邀请参加了中共重庆市委统战部与中共涪陵地委统战部、中共黔江地委统战部联合召开的对口联系活动。会前，受援地区的统战部、民委、扶贫办都向所在地区农村、企事业单位征集项目，并邀请提出项目的单位参加对口联系会。

1986 年，为支持和规范各民主党派面向社会开展科技服务、支边扶贫工作，中共中央统战部联合国务院十部委发出〔1986〕59 号文件。根据文件精神，1986 年，九三学社重庆市委在社市委机关设立了科技处，科技处下设科技咨询服务部。社市委还主动与重庆周边几个县的中共统战部加强联系并建立了密切合作关系。采取组织社内专家、教授、科技人员下乡开展义诊、讲学、培训等活动，进一步丰富了科技咨询、支边扶贫服务活动的内容。广大社员以高度的热忱参与支边扶贫工作，这个时期，是社市委面向社会、开展科技服务工作社会效益最为显著的时期。

1983 年至 1986 年，九三学社重庆市委组织开展了“一进甘孜，二进阿坝，四上凉山，十下涪陵，二十余次去简阳海井乡”和赴云南、贵州、四川三省近 30 个市、地、区、县的咨询、讲学、考察、支边、支农活动。百余名社内专家学者不怕山高路远，酷暑严寒，不顾体弱多病，先后为农业、轻工业、重工业和经济管理等 43 个项目提供了咨询服务。帮助涪陵地区司法局和武隆县兴建了 4 个大理石厂和 1 个电器厂，武隆县为此被四川省列为大理石生产基地县之一。对秀山县陶瓷厂和电解锰厂进行技术指导。对武隆县水泥厂、石柱县造纸厂的拆建和提高产品质量进行技术指导，提高了经济效益，实施效果显著。这一时期，举办各类专业短训班，共 600 多人接受了培训，开展专题讲学 78 次，听讲人数 1 万多人次。

这期间社市委承担的影响较大的项目有：“‘涪陵地区长江柑橘带’规划的可行性论证及技术咨询”“凉山州无人值守中继农话通信网络改造项目”“简阳县海井乡柑橘技术咨询”等项目。特别是通过开展简阳海井乡柑橘咨询项目，帮助该乡柑橘专业户吴祥金成功创办的柑橘育苗研究所，开创了我国农民办科研所的先例。1985 年，在社市委果树专家的陪同下，吴祥金自费赴美国考察柑橘生产技术，在国内外产生了积极影响，中央电视台、《四川日报》等媒体对此进行了专题报道。1986 年，中共四川省委宣传部发出通知，号召向吴祥金学习。由于在智力支边、科技扶贫工作中成效显著，社市委科技咨询服务部、柑橘咨询专家组，李晏普、张伯雍、潘立斋等社员，先后受到国家民委、四川省和重庆市各级表彰。

（二）第二阶段（90 年代初）

在邓小平南方讲话和中共十四大精神鼓舞下，为发挥社组织的整体作用，社重庆市委于 1993 年，成立了“重庆九方应用技术研究所”；1995 年社中央在北京注册了“九三建筑设计事务所（甲级）”，社市委于 1995 年 11 月，相应成立了“九三建筑设计事务所重庆分所”，在重庆市建委注册并取得甲级资质。1999 年以后，更名为“九三建筑设计研究院重庆分院”；1995 年 7 月，在中共四川省委统战部、九三学社四川省委和四川省审计局支持下，社重庆市委成立了“重庆至诚审计事务所”。至 1995 年 7 月，九三学社重庆市委共有“九方应用技术研究所”“九三建筑设计事务所（甲级）”“九三建筑设计事务所重庆分所”3 个经济实体。

1991 年，在九三学社承接黔西南州星火计划的 5 个项目中，社重庆市委参与了其中蚕桑、农业、果树、林业 4 个扶贫开发项目，组织专家考察，进行可行性研究，通过论证并实施，取得了实效。这一时期，面向社会开展的科技服务和智力支边工作逐渐减少，逐步由市外转向市内，主要完成的项目有“綦江科技扶贫”“江津江洲粉末冶金厂可行性论证”“石柱铸铁搪瓷锅开发”等项目。

（三）第三阶段（90年代中后期）

随着我国社会主义市场经济体制的逐步建立，改革开放进入攻坚阶段。三峡工程建设和库区移民、西部大开发、特别是重庆直辖市的建立，重庆的经济建设和社会发展进入了一个新的发展阶段。

根据党中央、国务院和重庆市有关文件的规定，九三学社重庆市委先后停办了重庆至诚审计事务所、重庆九方应用技术研究所，九三建筑设计研究院重庆分院也与社市委脱钩。

这一时期，库区移民工作中的科技扶贫、智力扶贫是社市委开展科技服务工作的重点。为支持三峡工程的建设，社市委依托社万州区委，通过开展“九万合作”，在万州区长岭镇开展了对口科技帮扶工作。每年由社万州区委组织科技、医卫等社内专家，开展送科技、文化、卫生下乡系列活动；同时，还支持和鼓励万州农科所支社的社员将科研项目的试验和示范安排在长岭镇开展，有力推动了长岭镇农业产业结构调整，取得了显著成效；1998年，社市委设立了以长岭镇万州五桥地区贫困学生为主要对象的“九三奖学金”。1998年至2002年，为帮助贫困学生完成学业，共免去学费100万元，为该地区培养了100名大中专毕业生。2000年以后，将“九三奖学金”的扶助面，扩大到三峡库区的涪陵和黔江地区。

参与“九广合作”项目。1990年，社四川省委与广元市达成了对口帮扶协议（简称“九广合作”），根据九三学社四川省委的安排，社市委积极参加了“九广合作”工作，为深化“九广合作”的开展做出了积极贡献。1992年，该项目成为社中央开展社会服务工作中的重点项目之一。

1984年12月27日至1985年1月2日，社四川省委召开“为四化服务经验交流暨表彰大会”。重庆市社员张伯雍、潘立斋、刘开熹，受到表彰。

1986年12月，在四川省人民政府召开的“四川省支援地方中小企业、乡镇企业经验交流表彰会”上，社市委科技咨询部被授予“先进集体”称号。

1986年10月，在四川省各民主党派、工商联举行的“为四化服务先进集体、先进个人表彰大会”上，社市委科技咨询服务部获得“为四化服务先进集体”称号，社员王孝祥、刘开熹、陈全友、刘懋维获“先进个人”称号，受到大会表彰。

1987年3月4日，在“重庆市各民主党派、工商联为四化服务先进集体与先进个人代表表彰大会”上，社市委科技咨询部柑橘技术咨询组，获得“为四化服务先进集体”称号。蒋聪强、刘懋维、李晏普、叶洪画、陈明沪，被评为“先进个人”，受到大会表彰。

1988年，社市委科技咨询服务部副主任潘立斋被评为“中国科协金牛奖先进个人”。

1990年，社市委科技咨询服务部荣获国家民委授予的“全国民族团结进步先进集体奖”。

1992年，重庆市各民主党派、工商联召开“为四化服务表彰大会”，表彰“七五”期间为四化服务成绩显著的先进集体和先进个人。社市委科技咨询服务部获“先进集体”称号，潘立斋、李孝镐，获“先进个人”称号。

2002年，在九三学社中央科教服务、支边扶贫总结表彰会上，社重庆市万州区委被评为“科教扶贫支边先进集体”，袁鹰被评为“科教扶贫支边先进个人”，受到表彰。

二、开展的主要科技服务支边扶贫项目

自1983年以来，社市委面向社会开展的科技服务、智力支边和科技扶贫项目，主要分为两大类：一类以合同或协议的形式确定，由科技服务部组织专家组成项目组，按合同或协议实施。如“凉山州无人值守中继农话通信网络改造项目”（以下简称“凉山农话改造项目”）、“简阳县海井乡柑橘技术咨询”“建立涪陵长江柑橘带”等19个项目；另一类，根据受援地区统战部、民委、科委

等有关部门、企事业单位提出的问题和要求，采取组织社内专家，进行现场考察、调研、论证后，以书面或口头形式予以答复，或提供配方，或进行操作示范，或开展现场业务培训等方式。这一类项目，一般一年开展10项，最多时开展有40～50项。其中，以合同或协议书开展的项目，持续时间较长，效果明显，达到了预期并取得了比较好的经济效益和社会效益。

（一）四川省简阳县海井乡柑橘咨询项目（1984年5月—1988年5月）

在4年时间里，社市委科技咨询服务部组织柑橘咨询专家组100余人次，20多次深入海井乡，举办柑橘优良品种的苗木繁育、果园果龄树的管理技术等专项培训班，到果园、苗圃进行现场技术示范，使该乡的柑橘生产迅速发展，全乡产值达100多万元，每年人均增收500元以上。

该乡多经站负责人、柑橘种植专业户吴祥金在九三学社专家指导下也迅速致富。1986年1月，为开阔眼界，了解发达国家柑橘生产现状，在中共四川省委统战部、省科委、省科协的大力支持下，经社员果树专家唐振尧联系和陪同，吴祥金自费赴美国进行了为期18天的考察访问。吴祥金赴美考察，是改革开放以来，富裕了的中国农民，第一次为了解世界、扩大视野，对发达国家进行的访问，在美国和国内产生了积极影响。通过考察和访问，吴祥金看到了我国柑橘生产与发达国家存在的差距，思想上受到很大震动，当即向社市委专家组提出支持他创办个人育苗研究所的要求。1986年底，在社市委专家组的支持下，中国第一个农民自费创办的柑橘育苗研究所正式成立。此后，柑橘育苗研究所在社市委柑橘专家组的支持帮助下，在发展海井乡的柑橘产业和带领家乡人民致富工作中做出了积极贡献。1987年7月1日，中共四川省委组织部授予吴祥金“模范共产党员”的光荣称号，并号召全省党员向他学习。

（二）秀山县锰铁合金项目（1984年8月—1985年11月）

1984年8月，社市委科技咨询服务部副主任、高级工程师徐万邦与重钢支社社员在秀山县考察期间，发现该县电力资源丰富、锰矿石资源丰富，但当地出售的仅仅是矿石初级产品，经济效益不理想。为此，经双方研究后协议，决定建立电解锰厂，发展锰铁合金工业。项目组在经过赴湖南等省市的广泛调查和搜集资料的基础上，提出了《秀山县建立电解锰厂，发展锰铁合金工业的可行性报告》。可行性报告被四川省冶金厅采纳并纳入了投资计划。在省冶金厅大力支持和帮助下，电解锰厂迅速建成，并成为了秀山县的支柱产业，电解锰产品还出口日本等国，经济效益大大提高，为国家赚取了外汇。

（三）凉山州农话改造项目（1985年9月—1987年9月）

1985年4月，经中共四川省委统战部、省民委联合召开的“民主党派与甘阿凉三州智力支边挂钩会”确定，由九三学社重庆市委承担“凉山州农话改造项目”。1985年6月26日至7月5日，应中共凉山彝族自治州州委统战部邀请，社市委组织重庆邮电学院支社专家屠善濂、刘懋维，并邀请社外专家、重庆邮电学院无线电系主任孙家矩、朱立等组成考察组，组织有50人次参与的6次赴凉山州考察后，于7月2日，与州邮电局达成项目合作意向书，于1986年9月5日签订了正式协议。

凉山州农话系统始建于20世纪50年代，由于山高坡陡路险、年久失修。每遇暴雨，山洪泥石流暴发，常常造成通信不畅，给各级政府指挥抗灾、生产以及当地人民的生活造成了极大不便，每年的维护费用开支巨大。针对具体问题，项目组向州邮电局提出了“超短波无人值守中继农话通信网络规划”改造方案，并选定地形复杂、交通不便、气候多变的雷波县—五子坡—徐家坟—黄琅段为试验线路。同时，专家组还通过与重庆无线电厂协作，由无线电厂专门研制了国内首创的WJ－D超短波无人值守中继机，中继机采用从美国进口的太阳能电池供电。1985年8月，经测试成功后，于1986年7月31日开通。这是当时国内建成的第一条采用超短波无人值守中继站的农话通信线路，受到当地称赞，称其“这为改造我国山区通信落后面貌，实现农村通信现代化办了一件实事，为山区人民做了一件永久性的好事”。同时，凉山州还在三条线路上成功使用了这项技术并在全州推广后，仅农话维修费一项，每年可为国家节约开支50万元以上。

（四）涪陵长江柑橘带建设项目（1983年—1988年）

1983年，应中共涪陵地委和地区行署的邀请，社市委派出由西南农大、渝州大学、柑橘研究所、四川省果树研究所4个支社的专家蒋聪强、刘开熹、张伯雍、徐行健、陈全友、张格成、黄俊良7人组成的柑橘技术咨询组赴涪陵考察，对建设涪陵长江柑橘带项目进行可行性论证，并形成了可行性论证报告。报告指出，“涪陵地区长江沿岸是柑橘生产发展的最适区，初步具备建立柑橘乡、区、县的基础条件”，报告的论证，得到了原三峡省筹办和国家农牧渔业部的充分肯定。1984年至1986年，社市委柑橘咨询专家组积极协助涪陵地区农业局果品办，多次赴石柱、垫江、丰都、黔江、彭水、武隆、南川等市县考察，指导当地柑橘生产、基地建设、贮藏保鲜、病虫害防治等，行程2000多千米。并根据考察中了解到，该地区有柑橘具有少核、无核单株优良品种的优势，提出了加强优良单株品种培植的建议。其间，社市委专家组成员还应邀参加涪陵地区柑橘果树选种鉴评会，为涪陵地区评选出4个柑橘果树优良单株，参加四川省1986年优质水果样株评选会，其中3株中选，名列第二。随后，在国家农牧渔业部举行的全国性评选会上，这3个优良单株和垫江白柚获得了“金杯奖”。经农牧渔业部批准：涪陵市为优质果品示范县，并为涪陵专项投资4000万元；垫江、丰都两县为优质果品生产基地，由国家投资两县各400万元；社市委专家组的论证，对涪陵地区长江柑橘带建设起到了巨大的推动作用。涪陵地区长江柑橘带建设以来，该地区的柑橘产量以每年20%的速度增长，带动了数万农户的脱贫致富。如今，“构想”已变为现实，昔日涪陵地区长江沿岸的荒山坡，已被连成一片的柑橘林所代替。

（五）蓬安100号锦橙项目（1987年—1990年）

蓬安100号锦橙是四川省蓬安县从引进的锦橙中发现的一个芽变新品系，并被全国和四川省评为优良品种。蓬安县培育了数万株苗木，但由于存在一些理论和技术问题，无法实现规模化推广。应县政府邀请，经社市委果树专家组与县农业局组成联合项目组，在对蓬安100号锦橙进行3年多深入研究的基础上，编写并出版发行了实用技术手册《蓬安100号锦橙栽培技术特点》，使该品种得到普遍推广。首次定植的20余万株，1990年产量达到5万千克，上市后备受欢迎。后又培育苗木30余万株，实现了商品化生产规模。

（六）綦江县科技扶贫项目（1990年1月—1998年7月）

1990年1月，中共重庆市委统战部、市民委组织九三学社、民盟、农工、致公等市级民主党派专家，组成联合科技扶贫专家组，对綦江县赶水区岔滩乡、适中乡的少数民族（苗族）贫困户开展科技扶贫、脱贫致富项目活动。专家组选择了家禽家畜、蚕桑、蔬菜、果树栽培、大田作物共5类10个项目，进行对口帮扶。

1991年秋季，中共綦江县委统战部向中共重庆市委统战部反映，该县赶水、石壕两区从1978年以来，引进的50多万株苍溪雪梨，有的树龄已达10多年，而且只开花不结果，希望民主党派派专家进行技术援助。承担项目后，在社市委对口联系单位市科委的立项支持下，社市委组织省农科院果树研究所支社的专家陶轶凡、刘建军、邓家林与县农业局多经站的技术人员组成技改专家组，对果农开展了培训、示范和指导。由于项目范围涉及两个区的10多个乡，专家组采取以点带面的方式，选定羊角和石壕乡的3个点，针对春、夏、秋、冬四季的果树管理，手把手地教农民进行示范操作培训。九三学社专家组从1992年至1994年，先后12次、80多人次，不顾酷暑严寒，跋山涉水，深入田间地头，传授技术。

其间，从1995年11月开始，社市委在对口联系单位市科委支持下，安排果树专家组的陶铁凡、邓家林、欧毅，选择綦江县羊角乡积极参加技术培训、有志走专业化生产道路的农民邵正方为重点户，并由其带动4个专业户参加约40亩丰产的“黄花梨矮化密植速生丰产示范栽培项目”。到1998年7月，经市科委组织专家评审，该项目达到了预期目标。重点户邵正方当年就收获梨1.5万千克，收入近4万元，起到了良好的示范带动作用，推动了该乡农业产业结构调整和专业化生产的发展。

（七）江津江洲粉末冶金项目（1990年—1992年）

江津实业总公司是一个具有一定实力的企业。市科委针对该企业为了进一步发展、希望选择一个投资较大、技术含量较高、有长远发展前景的项目，经市科委推荐，中共重庆市委统战部组织了社市委、市民建、市民革3个民主党派的专家与该企业联系、考察和洽谈项目后，江津实业总公司选中了社市委提出的“粉末冶金项目”，并委托社市委进行可行性论证。为此，社市委特邀请了由社外专家、退休高级工程师李一平任项目组组长，重庆市兵工学会的一些专家为成员，组成项目组，承担该项目。经向国内外广泛发函和收集资料，在充分了解掌握国内粉末冶金生产现状及发展趋势的基础上，社市委完成了一份高质量的可行性论证报告。报告建议采用国际粉末冶金最先进的生产设备和生产工艺进行产品的开发和生产。立项报告经江津实业总公司上报后，受到市计委重视，并批准立项上马。

江津实业总公司江洲粉末冶金厂在江津市德感镇正式建立。李一平等专家还参与了粉末冶金厂的筹建工作。该公司从国家银行获得4500多万元的贷款，从日本三菱重工引进了全套世界上最先进的电脑控制的粉末冶金设备和生产工艺，招聘了数十名大学本科毕业生，在国内进行培训后，又到日本进行专业培训。投产后，生产规模在全国同类生产厂家中位居第三，同时由于该厂科技起点高、产品的科技含量和技术复杂程度都在国内同类生产厂家中位居第一位，经济效益最好。为重庆的支柱产业汽车摩托车的发展做出了贡献。

（八）石柱县铸铁搪瓷锅开发项目（1991年11月—1992年12月）

1990年3月，在中共重庆市委统战部、市民委与黔江地委统战部和地区民委联合召开的支边工作会上，黔江、石柱等4县共提出7个项目，希望由社市委提供技术帮助。同年5月，经社市委科技咨询部组织社内专家陈永彝、周文元、卢进标、李孝镐实地考察后，石柱县锅铧厂与社市委签订了开发搪瓷铸铁锅项目协议。1992年上半年，卢进标、江义齐等社内专家多次到石柱，对设备的安装、调试和试生产进行指导，生产出了合格的产品，并于1992年下半年正式投产，年产量5万多口，产值达80多万元，盈利30多万元。

（九）渝北区白岩乡科技扶贫（1995年—1998年）

白岩乡是重庆市渝北区比较边远、贫困的乡镇之一。在重庆市对口扶贫工作会上，会议组织方协调安排市监察局对口帮扶白岩乡。根据九三学社科技专家比较多的特点，市监察局特邀请社市委共同参与开展对口帮扶白岩乡的工作。

1995年，社市委组织果树研究所支社李质怡等专家到白岩乡考察后，专家组撰写了《渝北区白岩乡农业生产结构调整的总体报告》和近期、长期实施方案。同时，还为白岩乡的农业生产发展制定了一年、五年和十年发展规划。

在社市委专家组指导下，白岩乡先期建立了枣子、梨子基地各500亩。采取实施苗子成活率、技术指导、产量三包和以短养长，在梨园套种西瓜、烤烟等短期生长作物方案。1996 年 10 月定植梨苗，1997 年以西瓜、烤烟收入补贴农户，1998 年产果，亩产 200 多千克，每亩收益 500 多元，带来了明显的经济效益。仅此一项，为当地农民年增收 20 多万元。当地群众说："我们这样的穷山区，有九三专家教授们的关心扶持，我们脱贫致富有希望了。"

（十）支持三峡工程，参加库区扶贫（自 1998 年起）

为支持三峡工程建设和为库区移民办实事，社市委和社万州区委发挥智力优势，在中共万州区委统战部的支持下，选定万州区长岭镇为对口扶贫对象，并签订了对口帮扶协议。主要开展有：协助搞好镇、村、社干部培训；引进粮食、蔬菜、果树、水产、牲畜家禽的高产、优质新品种；开展丰产栽培、管理技术配套培训；为乡镇企业推荐项目等方面的对口扶贫工作。

扶贫先扶智。除在万州设立"九三奖学金"之外，社市委和社万州区委还为当地建立了图书阅览室。1998 年 7 月，社市委在各级社组织和广大社员中征集图书。在社各区级组织、基层组织和广大社员的积极参与下，34 个基层组织捐赠了图书。其中，社万州区委捐赠了 46 册适合农村的新书；社北碚区委各基层组织捐书最多，共 1880 册；社九龙坡区委的 6 个基层组织也踊跃参与。其中，捐书较多的基层组织有西南农大支社（807 册）、西南师大支社（528 册）、重师支社（479 册）、公路所、交通学院。北碚区直属支社等还捐赠现金委托社市委代购新书。其中，西南农大支社老社员蒋聪强教授捐书 559 册，是这次捐书最多的社员。西南师大支社黄明宪捐书 248 册，社市委顾问甘斗南教授捐赠了一套 1987 年版的《英汉辞海》。社市委共收到捐赠图书 5053 册，现金 790 元。社中央对这次捐书活动给予了重视和支持，社中央学苑出版社捐赠了价值 11934. 50 元的各类新版图书 1581 册。1999 年 1 月 19 日，捐赠仪式在社市委机关举行。

社万州区委及所属农科所支社、科技支社和五桥支社，在对口支援长岭镇的工作中，承担了大量工作任务，每年根据长岭镇的经济社会发展计划开展扶贫工作。社万州区委坚持每年定期到长岭镇开展送科技下乡、科技赶场活动，参加的社员达 100 多人次。还通过举办讲座、开展咨询和义诊等活动，发放科普资料 2 万多份，服务群众近万人次。同时，为当地农民能及时了解相关科技信息，农科所支社社员还将承担的各项科研项目，尽可能将试验、试种场地安排在长岭镇开展。五桥支社将社市委无偿提供的"朋娜"等 4 个柑橘、脐橙优良品种在长岭镇，建立了柑橘母本园。协助该镇对 11 万株落后柑橘树进行了高接换种。在长岭镇党委和镇政府领导下，在社市委和各级社组织的支持帮助下，1998 年底，长岭镇全镇成建制地实现了脱贫。

（十一）对涪陵、酉阳、黔江、武隆、南川等地开展的科技服务

1986 年 1 月，应涪陵地区工业局邀请，社市委组织科技直属支社、四川省日化研究所小组的王石喜、蒋华封、郑必霞、陈永浓、何开吉、陆天建等社员，对涪陵工农煤矿拟转产水泥、瓷砖、饮料、洗衣粉等项目，进行了可行性论证，避免了该矿转产的盲目性。

1986 年 2 月 6 日至 2 月 12 日，应酉阳县红光机械厂的邀请，社市委组织科技直属支社高级工程师李孝镐等专家，利用假期到机械厂考察，对该厂开发马铁制品和球墨铸铁产品提出的咨询建议得到采纳，并受到县党政领导和该厂技术人员的欢迎和好评。

1986 年 6 月 7 日，应中共涪陵地委统战部邀请，社市委派出以社内专家张伯雍、徐行健、黄俊良、全洪绩、王贵林、李孝镐、陈家浓、何元吉 8 人组成的考察组，赴黔江、彭水、武隆、南川、涪陵开展了为期 17 天的智力支边活动。考察组成员钻煤窑、爬矿山、下车间进行实地考察，并现场解答了 10 多个技术疑难问题。为黔江、武隆两县的煤矿勘察设计、石英砂矿的品位鉴定和开发利用、改进水泥生产配方、开发日用化工新产品，以及发展大理石建材业等项目，提出了切实可行

和有价值的意见和建议。

1987年，应中共北碚区歇马镇党委和镇政府邀请，社市委组织柑橘研究所小组的社员徐行健、渝州大学支社社员刘开熹，为全镇约700余名党员干部做“关于振兴歇马地区经济以及发展种养植（殖）业”报告，受到该镇党员干部的热烈欢迎。

1987年3月至5月，社市委科技咨询部先后三次组织10名专家赴黔江，对该县种植业、化工业、建筑业等项目进行考察，针对的项目有县油漆厂、县石会精干麻厂扩建为麻纺厂、防潮纸厂，新建硫酸钡厂、合成氨厂，铝土矿资源的开发。为县油漆厂联系技术人员，解决技术难题，使该厂恢复了正常生产；为阿蓬江柑橘带建设等项目提供技术咨询；为黔江县培养了5名建筑人才。

第二节 科教服务工作

1983年以来，社重庆市委在支持和推动社员努力做好本职工作，发挥骨干作用的同时，积极组织各级组织和广大社员为建设有中国特色社会主义事业做贡献。

一、与西南电管局联办重庆电力职工大学（1986年—1992年）

四川省电力工业局所属重庆电力职工大学的主要任务是为四川省电力系统培养大专层次的应用型技术人才。当时，重庆电力职大在师资力量、教学管理、教材和实验设施等方面难以适应新形势的要求。应四川省电力工业局之邀，1986年1月，九三学社重庆市委与重庆电力职工大学正式签订了联合办学协议，决定由社市委主委、王际强教授任名誉校长，重大支社王孝祥教授任副校长（兼职），重大支社教授许香谷、林衍先、秦翼鸿，建大支社教授陈树晋，重师支社王汉俊等教授任名誉校务委员，社市委科技咨询部副主任潘立斋任联络员。1988年，社市委换届后，由主委许香谷任名誉校长，副主委兼秘书长何知凡等9人参加联合教务委员会。通过调研，九三学社的教授提出了办学的两个目标，一是3年内达到80%以上的公共基础课和技术基础课由本校教师担任，二是5年内达到70%以上的专业课，由本校教师担任的目标。还提出了办校的3条实施意见和考核办法。通过九三学社教授们的悉心指导，职大教师的业务能力得到很大提高，促进了电力职大教师队伍的迅速成长。同时，社市委还就提高实验、实习、毕业设计和毕业答辩的质量，以及严格学籍管理、加强学习纪律和考核等管理工作提出了建议。社市委专家根据成人高等教育的发展方向，建议在办好电力职大基础上，将学校的重点放在培训专业岗位上岗人才上。这些意见建议得到了采纳，为学校的发展和办学方向打下了坚实的基础。

联合办学协议实施后，重庆电力职大被正式批准办起了全国电力职工大学中第一个“电力系统调度岗位大专水平岗位证书班”，教学质量明显提高，成效显著。为四川和西南地区的电力生产和建设培养了大批应用型人才，受到用人单位的欢迎和好评。该校在市级有关部门组织的基础课统考、能源部组织的技术基础课统考，以及1989年重庆市职大的全面质量评估中，均获得名列前茅的好成绩。为此，社市委多次受到社中央、四川省、重庆市电力局和能源部的表彰。

二、举办短训班和开展讲学活动

20世纪80年代至90年代初，社市委发挥社员中科技人才为主的智力优势，积极开展讲学活动。共举办有建筑施工、经济管理、陶瓷工艺、果树病虫害防治、X光诊断等专业培训班7期，与重庆市卫生局联办“口腔科理论学习班”“妇幼基础理论”等专科学习班3期，共培训了600多人次。其中，第四期培训班，是在四川省的甘孜州、秀山县，云南省的楚雄州等少数民族地区举办的。此外，还在市内9区12县、四川省的20多个县市以及云南、贵州省的部分地区，举办了机械、电子、化工、建筑、蚕桑、经济管理和柑橘的选种、育苗、栽培等专题讲座80余次，主讲社员90余人次，听众达12550多人次。

三、开展国际科学与和平周活动

2001年以来，积极响应社中央号召，坚持每年与社各区级组织联合组织专家进乡镇、推动全民科普，积极开展“国际科学与和平周”活动。至2007年，共参与开展了第十三至十九届中国“国际科学与和平周”活动，产生了良好的社会影响，发挥了积极作用，得到有关区县、乡镇党政和群众的广泛赞誉。为此，社市委连续5年获九三学社中央“特别贡献奖”，连续2年获“优秀组织奖”，有关社区委也分别获得特别贡献奖。

（一）第十三届国际科学与和平周

2001年11月12日，社市委和社南岸区委联合在重庆市科技示范镇——长生桥镇，开展第十三届“国际科学与和平周”活动。组织社内20余名医疗卫生、科技、防疫、农艺和法律等专家到长生桥镇开展义诊、科普宣传与咨询活动。开展了卫生防疫、法律宣传与咨询，中药材种植咨询及良种推广咨询活动，受众近千人次。

（二）第十四届国际科学与和平周

2002年11月，社市委组织社渝中区委、万州区委、沙坪坝区委、北碚区委、南岸区委等区级组织，分别在所在地区开展了以“传播科学、维护和平、促进发展”为主题的第十四届国际科学与和平周活动。共计组织社内外120余名科技、医疗卫生、法律、教育、农业等专家学者，开展了义诊和科技服务、法律及教育咨询、中药材种植、环保法规、农业技术推广和艾滋病防治的宣传服务活动。共发放科普资料6050份、农药420包（瓶）、水稻玉米小麦及蔬菜种子300多千克，为群众义诊2295人次，现场接受法律咨询70余人次。

（三）第十五届国际科学与和平周

2003年11月，社市委组织和发动社万州区委、涪陵区委、北碚区委、渝中区委、沙坪坝区委，在各地区分别开展了以“维护和平，促进发展；培育人才，科教兴国”为主题的国际科学与和平周活动。据不完全统计，其间，共组织社内外180余名科技教育、医疗卫生、农业技术、法律法规等方面的专家学者，分别在万州区天城铁峰乡、涪陵区仁义乡、北碚区步行街、涪陵区龙桥镇、沙坪坝区土主镇开展了义诊、科技服务、科普宣传、农技咨询、法律法规咨询、农业技术的推广、食品营养与卫生及健康知识的宣传咨询，慰问敬老院老人等系列咨询服务活动。共播放实用新技术声像资料片5部、发放主题宣传资料、各类实用技术、防治“非典”等科普资料近6000份，展出科普挂图200余幅，赠送玉米、小麦、油菜及蔬菜等优质种子150余千克，杀虫剂、杀菌剂等农药40千克，发放价值554元的药品，开展义诊和咨询服务，受众达1350余人次，法律法规咨询150人次。

（四）第十六届国际科学与和平周

2004年11月至12月，社市委组织和发动社渝中区委、涪陵区委、南岸区委、沙坪坝区委、北碚区委等区级组织，开展了以“科学、和平、合作、发展”为主题的第十六届“国际科学与和平周”活动。11月，社市委、社沙坪坝区委、社市委科技委员会与农工党沙坪坝区委，在沙坪坝区中梁镇联合举办了第十六届中国“国际科学与和平周”活动，为当地群众开展义务诊病、法律咨询、农业法律法规及农业实用技术咨询服务。其间，共发放主题科普资料100余份，发放农业科技、食品营养与卫生等健康知识资料500余份，以及免费向农民群众赠送部分农药，深受群众欢迎。前来咨询农业技术及法律法规问题的群众络绎不绝，几位名老中医的台前更是被围得水泄不通。社市委科技委员会委员、沙坪坝区农业局植保植检站站长张昌伦还针对中梁山镇种植蔬菜农户多的情况，准备了无公害蔬菜的宣传展板。活动期间，社市、区级组织共组织社内外专家学者160余人，举办了两场学术讲座，开展了义诊、科普宣传、咨询服务等活动，共发放相关资料5000份，受众达1700余人次。

（五）第十七届国际科学与和平周

2005年11月，社市委组织和发动社万州、南岸、沙坪坝、渝中、涪陵区委，渝北区工委、永川市直属支社和社市委科技委员会、医卫委员会的220多位专家学者，分别开展了以“构建和谐社会、促进经济发展、维护世界和平”为主题的第十七届“国际科学与和平周”活动。开展了科技咨询、医疗卫生、科普宣传、法律咨询、农业技术推广、预防禽流感、卫生及健康知识、关爱艾滋病患者等方面的科普宣传服务活动。特别是在11月1日，社市委与社万州区委联合举办的活动中，60多名专家赴万州区九池乡集市，为赶场农民提供了形式多样、内容丰富的农业、义诊、法律咨询、心理咨询等方面的服务。同时，还开办了“农业科技”和“精神健康”讲座。这次活动共发放农业科技实用资料5000余份，推广水稻、玉米、小麦、蔬菜良种400多千克。

（六）第十八届国际科学与和平周

2006年11月，社市委组织社北碚、万州、沙坪坝、渝中区委，永川市工委、九龙坡、渝北、南岸、涪陵区委分别在当地开展了以“落实科学发展观，携手建设持久和平、共同繁荣的和谐世界”为主题的第十八届“国际科学与和平周”活动。11月16日，在社市委与社渝北区委联合开展的活动中，还特别邀请了区科协、区旅游局、区司法局、区人民医院的15名专家参加，在渝北区碧津公园开展了健康咨询、法律咨询、旅游咨询、科普宣传四个专题活动。共发放科普宣传读物1000余本、科普知识宣传资料2000余份，义诊服务200多人次，解答群众提问100多人次，深受当地群众欢迎。其间，社渝北区委还与市教委、区教委及有关中学联系，开办了“关心中学生成长中的诸多困扰”讲座，指导家长和子女沟通并建立良好的交流渠道，为青少年的成长提供良好的家庭环境。

（七）第十九届国际科学与和平周

2007年11月，社市委组织各区级组织，以“科学发展和构建和谐社会”为主题，开展了第十九届“国际科学与和平周”活动。11月20日，在社市委机关会议室举行了“新农村建设与构建和谐社会”研讨会。社市委有关领导、撰写社中央“九三论坛”论文的专家、社各区委专职干部、社市委机关处室负责人参加了研讨交流。会上，与会同志围绕主题，就新农村建设思路和模式、战略措施、重点领域和重大技术需求、探索改变农民生产生活方式的途径，以及发挥社组织的优势和特点，在建设社会主义新农村和构建和谐社会中发挥作用、履行职能等方面进行了研讨和交流。“和平周”活动期间，社市委和社万州区委、沙坪坝区委、永川区委、渝北区委、涪陵区委、渝中区委共组织了150余名专家学者及社市、区委机关干部，分别在社市委，万州区高梁镇，沙坪坝区青木关镇，永川区永荣镇，渝北区双凤桥街道，涪陵区天台乡、山窝乡、区中医院及妇幼保健院等地开展了义诊、科技服务、法律咨询、科普宣传、健康知识的科普宣传服务活动。本届“和平周”共计举办专题研讨会1次，学术讲座6场，专题展览2次，发放科普资料2200份（本），赠送价值5000余元的药品及保健用品，受众3200余人次，取得了良好的社会效果。

四、设立“九三奖学金”开展教育扶贫

扶贫先扶志，扶志先兴教。在对口帮扶工作中，根据社组织的特点和优势，突出以教育文化扶贫。在社市委文化教育委员会副主任、重庆树人培训学院董事长袁鹰大力支持下，1998年设置并开始实施以五桥和长岭镇移民子女和贫困学生为对象的“九三奖学金”以来，共培养了100名大专毕业生，受助学生在树人学院的法律、文秘、会计、英语、护理和计算机信息管理等专业学习。2000年，社市委将“九三奖学金”扶助面，扩大到三峡库区的涪陵和黔江两地。其中，获得“九三奖学金”的王德均同学，1998年入学后，勤奋努力、刻苦钻研，仅用一年半时间就完成了三年学业，于2000年4月提前毕业；有10名“九三奖学金”获得者在统考中获得学院奖励；有3位同学被评为1999—2000年度校三好学生、优秀团干部、优秀团员。这批学生学成后，对万州的建设和发展发挥了积极的作用。

1998—2002年，社市委对三峡库区实施教育扶贫奖学金后，2004年又继续对三峡库区及边远山区的贫困学生实施“九三奖学金”。通过在万州、涪陵、黔江等地招收应届初中毕业生，以“九三奖学金”的方式，免去每名学生两年学费的方式，定向为库区培养技术工人和实用性人才。目前，受助学生已经完成学业，回到家乡投入库区建设中。

2007年，为进一步落实九三学社重庆市委与中共万州区委签订的“九万”合作协议，决定在重庆三峡职业学院设立“九三奖学金”，坚持把教育帮扶作为支持库区建设和发展的一项重要工作来落实。2007年，九三学社重庆市委在重庆三峡职业学院举行了“九三奖学金”颁奖仪式，对该校20名品学兼优的学生，每人发放了1000元奖学金。

1998—2007年，九三学社重庆市委以“九三奖学金”的方式，共资助了127名品学兼优的贫困学生完成学业。

五、组织科普宣传和科教服务活动

（一）开展全国科普日宣传活动

2002年6月29日颁布的《中华人民共和国科学技术普及法》（以下简称《科普法》），是全国科普领域的基本法律，对推动新世纪科普工作，实施科教兴国和可持续发展战略具有重要而深远的意义。九三学社作为以科技界高中级知识分子为主的参政党，为提高公众的思想道德素质、科学文化素质和健康素质，对宣传法制、普及科学知识、提倡健康文明的生活方式负有义不容辞的责任。

2003年6月29日，《科普法》颁布一周年之际，为响应九三学社中央关于“开展‘6·29’全国科普行动日活动”号召，社市委与社九龙坡区委邀请九龙坡区科委，在杨家坪中心步行商业区联合开展了“6·29”科普行动日活动，以消除生活陋习、奉行文明生活方式、搞好环境卫生、科学育儿、安全常识、预防疾病、宣传《科普法》知识为主题，开展科普宣传和咨询服务活动。在活动现场，社市委副主委蓝钧鳌、社九龙坡区委主委王绍朴还解答了有关专利申请等问题，参加活动的医务人员为市民解答了有关颈椎病的治疗、老年心血管疾病防治和儿童保健等医疗保健问题。本次活动共发放宣传资料7000余份，产生了积极的社会影响，受到群众的欢迎和好评。

2004年6月29日，在《中华人民共和国科学技术普及法》颁布两周年之际，社市委与社南岸区委联合，在南岸区最偏远的乡镇广阳镇开展了以义诊为主要内容的科普日活动。社市委副主委陈义华、社南岸区委主委李伟、副主委陈思成和社内科技、医卫专家20余人参加了活动。上午，尽管骄阳似火，但专家们仍不辞辛劳，挥汗如雨，持续工作3个多小时。特别是重庆市第六人民医院的梁文喻、刘显炉，重庆市第五人民医院的杨艳、赖富华医生，几乎没有休息片刻。下午，重庆市第五人民医院的副主任医师何志唯和重庆人口与计划生育科学研究院主治医师杨继高分别做了“B超的应用”和“外科急救”专题讲座，重庆中药研究院副研究员张艳就“中医药种养殖信息与技术”为群众答疑解难、进行咨询服务。这次活动，得到了广阳镇党委、政府和广阳镇卫生院的大力支持和配合，得到人民群众的认可，希望九三学社以后能够多开展这种活动。广阳镇卫生院院长希望九三学社能在医务人员培训等方面给予支持，继续关心和帮助卫生院的发展。这次活动还提供了种子栽培、中医药种养殖、法律、用电常识、食品卫生、计划生育方面的咨询服务，共发放科普宣传资料近2000份。

（二）开展对黔江的医疗服务活动

1995年，社市委医卫委和社黔江地区直属小组的社员应邀对黔江地、县、乡、村各级医疗卫生现状进行了一次全面调研，并与地、县卫生部门的负责人深入交流后，提出了《发展黔江地区医疗卫生事业，实施医卫扶贫》的建议方案。

经社市委主委谢小军等主委会领导提议，2004年5月14日至16日，由社市委副主委、重庆医科大学计划生育研究室主任、博士生导师姚珍薇，社市委常委、秘书长朱晓容，社重庆医科大学基层委员会主任、重医大附一院心内科教授赵万蓉率队，组成由9名教授、11名副教授、3名讲师参加的，涉及妇产科、心内科、神内科、神外科、普外科、骨科、皮肤科、胸外科、超声科、泌尿外科、消化内科、传染科、口腔内科、口腔颌面外科、儿童保健、儿童营养学等专业和学科近30人组成的九三学社医疗专家组，利用周末休息时间，驱车800余千米，赴黔江区中心医院开展了为期两天的义诊咨询、临床指导、手术示范、教学查房和专题讲座等系列医疗服务活动。

这次活动，是重庆直辖后社市委为探索新形势下加强基层组织建设、活跃基层组织生活内容，宣传党的统一战线，学习黔江人民“宁愿苦干、不愿苦熬”精神，推动广大九三学社社员积极参与为地方经济建设服务而开展的一次有意义的活动。社市委精心组织社内多学科、高层次的专家教授第一次赴黔江开展的义诊服务活动，自始至终得到了中共重医大党委和统战部，以及重医大附一院、附二院、儿童医院、口腔医院党委的高度重视和大力支持，中共黔江区委、区政府、区人大、区政协对黔江区迎来规模最大、层次最高的医疗专家组开展的义诊讲学活动，给予了热情接待和周到的安排。中共黔江区委副书记、区长张宗清，区委副书记龙大奇，区委常委、副区长陈国华，区委常委、区委统战部部长张学锋及区人大、政协、区中心医院的领导亲临宾馆迎接。活动前，《黔江日报》专门发新闻稿并刊登了专家组名单；活动中，黔江电视台编辑了新闻并及时播放和宣传。专家组分成若干小组分别开展义诊、教学查房、手术示范和举行专题讲座。专家们严谨的敬业精神、良好的医德医风、精湛的医术和丰富的临床经验，使黔江区医务人员深受感动、获益匪浅。普遍反映在九三学社专家教授指导下，临床诊治水平和业务知识得到了不同程度的提高。姚珍薇教授带病坚持参加义诊查房，并为医务人员做“顽固性宫血治疗”讲座，受到基层医务人员的欢迎。心内科专家赵万蓉做“高血压诊断治疗及咨询”讲座，受到黔江区老干部的欢迎。周智教授顾不上吃晚餐，准时为乡镇卫生院和中心医院医生做“抗生素的合理运用”讲座，使他们深受教益。孙晓川教授放弃休息，坚守岗位作“脑外伤的诊断和处理”讲座。骨科主任蒋电明教授和泌尿外科胡自力教授为了完成手术示范和指导而放弃休息时间，未能按时随专家组返渝。儿童营养学博士刘友学还向黔江中心医院捐赠了国际维生素A研究机构外文原版专著及幻灯片，深深感动了黔江人民。仅两天时间，九三学社的医疗专家组不分昼夜，共开展义诊、查房近1000人次；举办专题讲座6次，参加听讲的医护人员达800多人。这次活动，受到了黔江区广大医务人员的热烈欢迎和人民群众的交口称赞。

2005年11月19日，社市委召开《黔江区卫生事业“十一五”规划（送审稿）》（以下简称《规划》）专家咨询会，对《规划》进行咨询论证。特邀市卫生局助理巡视员专家李爱莲、邓先碧，黔江区政府副区长、社黔江区委主委杨晓碧，黔江区卫生局局长罗奎及副局长颜敏，黔江区中心医院副院长刘大远参加咨询会。出席会议的有：社市委副主委姚珍薇、专职副主委陈义华、重庆市卫生局局长屈谦、重庆医科大学副校长黄爱龙、重庆市中医院副院长罗玲，以及赵万蓉、谢昭鹏、杨竹等专家。会前，各位专家认真准备意见。会上，专家们着重就《规划》的对策措施、主要任务和项目实施可行性提出了修改意见；并建议争取将《规划》的主要内容纳入中共重庆市委、市政府"十一五"规划。特别是在人才培养和留住人才方面要加大力度，同时对降低孕产妇死亡率、开展地方病防治、积极推进新型农村合作医疗和社区卫生工作的具体对策措施方面，提出了可行性意见和建议。同年，在对口联系单位市科委的支持下，社市委课题"农村医疗卫生体制改革研究"立项。2006 年，课题组再次深入黔江调研后，在社市委完成的《农村医疗卫生体制改革研究》报告中，向市政府及有关部门提出了进一步总结介绍"黔江经验"，支持和推动黔江区医疗卫生事业发展的建议。

（三）开展科技活动周活动

2006 年 5 月 20 至 26 日，第六届科技活动周在全国范围内举行。为贯彻重庆市科学技术大会精神，弘扬科学精神、普及科学知识，加强对口联系工作，社市委科技工作委员会、教育工作委员会、九三学社涪陵区委联合中共涪陵区委、区政府、区科委、区科协，联合在涪陵举办了第六届科技活动周活动。活动期间，通过举办贴近生活、贴近群众的一系列内容丰富、形式多样的群众性科技宣传活动，得到了社会各界的一致好评，取得了好成效。这次活动得到了涪陵区大木乡、龙桥镇党委和镇政府以及太极集团的支持。

5 月 20 日上午 9 点，本届科技活动周启动仪式在涪陵广场举行。涪陵区副区长孔军主持开幕式，中共涪陵区委、区政府、区人大、区政协、区委宣传部、区科委、区科协、区教委等有关部门负责人，来自涪陵城区各中小学的 2000 多名学生、九三学社涪陵区委各基层组织的 50 余名社员代表和各学会、协会的 200 名科技工作者参加了启动仪式。中共涪陵区委副书记张世俊出席并讲话，涪陵区区长黄仕焱宣布重庆市涪陵区第六届科技活动周正式开幕。社市委副主委柳恩梅、社涪陵区委副主委黄华代表社市委和社涪陵区委出席了开幕式。

同日上午 10 点，由九三学社重庆市委和九三学社涪陵区委以及涪陵区各学会、协会联合承办的大规模科普宣传、法律咨询和义诊活动在涪陵广场同时开展。涪陵区各中小学的学生以展示科技创新作品和开展智力七巧板拼图竞赛的方式，踊跃参加这次活动。社涪陵区委制作了展板和设立了咨询站，向市民提供科技咨询服务和宣传开展科技活动周的意义。

5 月 22 日，社市委组织直属支社社员、重庆市蔬菜研究所专家周茂林，赴涪陵区大木乡，对当地无公害蔬菜种植基地的 140 余名种植大户，进行无公害蔬菜生产技术专项培训，深受大木乡蔬菜种植户的欢迎。普遍反映，这是大木乡蔬菜种植户接受的第一次最高层次的专业培训，通过九三学社专家从土壤培肥、种植技术、防病防虫以及包装运输各方面的详细讲解，使他们进一步掌握了科学种植无公害蔬菜技术，希望今后举办更多类似的科技讲座。

5 月 23 日，社涪陵区委组织 35 名医疗、畜牧、农技、法律方面的技术人员，赴涪陵区龙桥镇荣桂场开展"科技三下乡"活动，为当地群众讲解生猪饲养、家蚕饲养、水稻田间管理等农业实用技术，并为当地群众开展义诊和宣传新型农村合作医疗政策。前来咨询和义诊的群众 500 余人次，发放科技资料 30 余种、共计 4000 余份。

5 月 26 日，社市委组织重庆大学支社社员、教授郭钢，为涪陵区科委系统的干部、部分学会和协会的科技人员、社涪陵区委的社员做"技术创新提升企业核心竞争力"专题讲座。报告结合企业生产经营实际状况，从知识创新、技术创新、管理创新方面，生动地讲解了科技创新的重要性和构建创新型国家的重要战略意义。与会者表示，通过这次讲座，更加深刻地认识到了科技创新在国家经济社会建设中的重要作用。

（四）情系山区，参加三下乡服务活动

组织社内专家踊跃参加中共重庆市委统战部与市级各民主党派联合组织的三下乡服务团，开展教育和科技咨询服务活动。参加活动期间，社市委共组织编写了科技资料21份；组织社内专家赴彭水苗族土家族自治区、黔江土家族苗族自治区、酉阳土家族苗族自治县，为350多名农民宣讲农业技术知识，为300多位农民群众进行了义诊，深受当地干部群众的好评。

（五）参加捐建希望小学

1995年，为响应四川省七个民主党派“捐资希望工程”的倡议，社市委及时将“倡议书”转发至各基层组织，得到积极响应，共收到社员捐资8458元。社市委将其中7800元用于参与四川省各民主党派联合捐资兴办的“康定县营官希望小学”，余额用于定点扶助失学女童。

（六）为政府分忧，奉献爱心

近年来，重庆市各级社组织和广大社员为政府分忧，通过各种渠道积极参与扶贫帮困奉献爱心活动，受到社会好评。对华东地区、长江沿线遭受特大水灾、重庆市部分遭受洪涝灾害的区县、云南和贵州的贫困地区，积极奉献爱心。据不完全统计，近年来，社员个人共捐款9.65万余元，捐物6500余件。其中，对云南和贵州贫困地区的捐助活动，受到了社中央和国家民委的表彰。

（七）支持黔江贫困山区的扶贫助学活动

按照九三学社中央为西部贫困地区老百姓办实事的要求，社市委在对黔江区贫困村开展考察调研基础上，积极争取到社中央扶贫助学专款2万元。2002年1月，受社中央委托，在社黔江区委成立大会上，社市委主委徐宗俊代表社市委向黔江区贫困乡册山小学赠送价值2万元的200套课桌椅，帮助学校改善办学条件。

（八）参与武隆扶贫助学

2005年，社市委积极响应中共重庆市委号召，组织社市委机关干部和社各区级组织参与了中共重庆市委统战部对武隆县开展的扶贫助学活动，共捐款7200元，资助贫困学生13名。

第三节　开展“九地合作”

一、开展对万州区长岭镇的对口帮扶工作

1997年以来，根据重庆市扶贫任务要求，在中共万州区委统战部的大力支持下，社市委依托社万州区委，选定位于三峡库区的万州区五桥长岭镇为对口扶贫对象，签订对口帮扶协议，积极开展工作。在九三学社社员、重庆树人学院董事长兼院长袁鹰的支持下，在该镇实施“九三奖学金”，推荐贫困移民家庭子女免费到重庆树人学院学习；在该镇设立“九三图书室”和开展“我为万州发展捐一本书”活动。将募集到的3万多册各类书籍和社中央捐赠的各类新版图书1581册捐赠给长岭镇“九三图书室”；社万州区委特别是三峡农科所支社、科技支社和五桥支社，坚持每年在长岭镇开展系列科技服务活动；社市委通过无偿提供优良品种为长岭镇建立了柑橘母本园，协助长岭镇对11万株落后柑橘树进行了高接换种，为该镇73万株落后柑橘品种更新换代奠定了基础；以举办各类实用技术培训班的方式，积极协助农技部门在长岭镇实施万人培训工程，使2000多青壮年劳动力人均掌握了1～2项实用技术。社市委开展的对口帮扶活动，为推动农民脱贫致富起到了积极作用。1998年底，全镇成建制地实现了脱贫。

二、参与“九广合作”

1990年，应中共广元市委和市政府的要求，九三学社四川省委与广元市达成开展对口帮扶合作的协议（简称“九广合作”）。1992年后，广元市成为九三学社中央的对口帮扶对象。根据九三学社四川省委的安排，社市委积极参加了这项工作。社市委与广元市的对口帮扶工作大致分为三个阶段：

第一阶段为1990—1993年。这一阶段，主要是根据社四川省委的安排，组织社内玻璃、搪瓷、建材等方面的专家，到广元有关企业考察了解企业的生产、经营情况、产品质量和现场解答技术难题。九三专家通过帮助企业改进配方，提高产品质量，打开了销路和提高了经济效益。这一阶段的工作成果反映在广元市专门为“九广合作”录制的专题纪录片《大山之光》中。如某水泥厂原生产的425$^{\#}$水泥，由于质量不稳定而处于亏损状态，经社市委建材专家指导，改进配方和生产工艺后，产品打开了销路，当年就盈利60余万元。

第二阶段为1994—1997年。这一阶段，根据社四川省委的安排，社市委对口帮扶广元市的旺苍县嘉川镇，与该镇达成了对口帮扶协议后，对嘉川镇的乡镇企业和农业进行了全面考察。社市委常委、专家马鸣图与该镇达成了建立汽车弹簧钢板厂的协议，但由于立项及资金问题，社市委对该镇的对口工作没有取得实质性的进展。

第三阶段为1998年以来。1998年11月，九三学社中央召开全国教育科技工作会议，总结、交流社会办学和科技扶贫的经验。会后，社中央重新调整了社各省、市委与广元市各区县的结对关系，社市委改为对口支援广元市元坝区。

1998年春节后，根据与广元市元坝区达成的对口帮扶协议，社市委在果树生产技术上支持广元市元坝区。1998年4月，社市委秘书长朱晓容、果树专家陶轶凡等考察，元坝区的水果生产发展情况，了解到该区红岩镇坪林村雪梨园建园10年来基本上没有实现经济效益，10年中最高年产量仅为4000千克。1999年，该雪梨果园由于栽培管理技术措施没按专家要求实施，病虫害十分严重。为此，2000年9月，社市委提出了“建设广元市优质早中熟梨生产基地的建议”。社市委果树专家用40天的时间，深入果园向农户手把手地传授梨树栽培管理技术，使该村当年原定梨产量1.5万千克达到3万多千克；同时，还帮助元坝镇砖灰村六社建立了“梨树矮化密植示范园”，2000年3月完成苗木定植后，2001年7月底产果，达到了预期产量。这项工作受到广元市领导的高度重视，广元市计委率广元市三区四县计经委负责人40余人次到“梨树矮化密植示范园”参观考察后，将“梨树矮化密植示范园”列为广元市计委的示范园。2000年8月，九三学社中央科教部扶贫处处长、广元市市长助理彭官章考察了该示范园；同年，社市委按照社中央要求，在社中央对口扶贫点旺苍县双峰村又建立了一个优质梨矮化密植示范园。由此，优质梨矮化密植技术在广元市得到广泛推广，取得了良好的经济效益和社会效益。

三、推进“九重合作”

由于九三学社中央在8个民主党派中央中最早与中共地方党委签订科技合作协议。由此，九三学社重庆市委开展“九地合作”起步较早。2000年11月9日，经协商，九三学社中央和中共重庆市委签订了《九三学社中央与中共重庆市委关于加快重庆科技发展的合作协议》（简称“九重合作”）。九三学社中央根据重庆市当前和今后一段时期的重点工作，在“以信息化带动工业化，推动重庆老工业基地改造，促进产业升级”“对三峡库区生态环境保护和建设提供科技支持”“支持重庆办好高交会，并力争办成国家级的高交会”等方面与重庆开展合作并取得了较好实效。其中一项即：支持重庆市“高交会”平台建设的工作。2000年，全国人大常委会副委员长、九三学社中央主席吴阶平，出席了第二届中国重庆高新技术成果交易会开幕式。目前，重庆高交会已成为全国性的高新技术交流会议和我国西部地区规模最大的高新技术成果展示平台，为重庆市的军工企业、军转民技术、天然气汽车技术项目的发展起到了积极的推动作用，重庆市天然气汽车产量居全国首位，该项目为在全国发展环保汽车起到了示范作用。开展“九重合作”以来，社市委积极配合社中央争取中共重庆市委、市政府有关委办局支持，在开展课题调研、争取项目支持、为三峡库区可持续发展和重庆市经济社会发展建言献策方面，开展了合作，取得了积极成效。2003 年 8 月 8 日至 14 日，根据“九重合作”协议，全国人大常委会副委员长、九三学社中央主席韩启德率社中央考察团，赴万州、开县、合川、万盛等地就农村劳动力转移问题进行考察调研。为配合社中央考察团做好来渝调研考察工作，社市委于 7 月 11 日向有关基层组织发出调研通知，召开社内专家学者会议，征集相关意见和建议。社市委领导到江津、万州、开县等地为开展调研作前期准备工作，并参与社中央与市政府及有关部门开展调研，如期完成了考察和调研，形成了《九三学社中央关于农村劳动力转移问题》调研报告。韩启德主席根据调研成果，向胡锦涛总书记等党和国家领导送交了《农村富余劳动力转移是全面建设小康社会的战略举措》研究报告，受到中共中央和国务院的高度重视。

四、开展“九万合作”

2003 年，中共万州区委与社市委于签订了《关于加快万州区科技发展合作协议》（简称“九万合作”）。这项工作得到社中央的大力支持。全国人大常委会副委员长、九三学社中央主席韩启德出席了签字仪式。主要开展的工作有：2003 年，韩启德主席率领九三学社中央“推进农村劳动力转移”调研组赴万州考察调研，积极推动和争取重庆市农业局 100 万农发资金投入万州柑橘高产示范基地建设等项工作。2004 年，“九万合作”工作研讨会召开，制定了《九三学社重庆市委、中共重庆市万州区委关于“九万合作”的实施意见》，根据实施意见精神，至 2007 年，社市委协助万州区地质环境监测站，向市科委申报并完成“三峡库区库岸稳定性监测”“地质灾害监测预警信息系统”2 个研究课题，获得立项资助 3 万元；支持社万州区委争取市科委“中华绒螯蟹养殖示范及推广”项目按时完成，获 3 万元立项资助。2005 年，配合九三学社中央副主席洪绂曾赴万州开展社会服务工作调研，在中共重庆市委召开的双月座谈会上为万州的新型工业化建设建言。2006 年，将“三峡库区柑橘皮渣综合利用工程”列为“九万合作”重点项目并在万州启动，组织社内专家，深入调研，帮助当地解决技术难题，积极推动项目的开展。2007 年，“三峡库区柑橘皮渣综合利用工程”如期完成中试任务，并得到国家科技部和市科委的立项资助；在市政府有关部门支持下，争取到规模 321 公顷、新增耕地面积 54 公顷、总投资额 523. 8 万元的万州梨树乡土地开发整理项目；联合社万州区委，通过九三学社中央渠道，向中央有关部门反映和提出关于“沪蓉高速铁路建设”的建议，该建议对国家有关部委决定增加渝万城际铁路建设项目，起到了积极的促进作用。

开展“九万合作”以来，社市委通过与社万州区委联合开展“国际科学与和平周”、库区移民帮扶 、“三下乡”等活动，举办专题讲座，开展深入田间地头指导传授种植技术的科技服务和技术帮扶工作，受众达 3 万余人次，发放农技、卫生、普法等科普资料 10 万余份，提供优质种子 5000 多千克，种苗 10 万余株，取得了实效。如万州新田镇柳坝村一农户得到九三专家科学种植葡萄、草莓、蔬菜的具体指导后，较快掌握了种植技术，成为当地的种植大户，第一年年收入达 30 多万元，还带动了周围农民发展种植业，走上共同富裕之路。

在社中央“九地合作”工作会上，社市委就开展“九万合作”做大会交流发言，受到广泛关注。会后，受九三学社中央委派，社中央顾问洪绂曾专程来渝考察调研，决定将万州区作为九三学社中央开展的“多党合作社会主义新农村建设示范点”之一。

2006年，九三学社万州区委获“九三学社社会服务工作先进集体”，九三学社涪陵区社员艾国获“九三学社社会服务工作先进个人”称号，受到社中央表彰。

2006年，在“九广合作”二十年座谈会上，九三学社重庆市委获“九广合作先进集体”，重庆市农科院果树研究所支社社员陶轶凡获“九广合作先进个人”称号，并受到表彰。

五、支持、帮助社区级组织开展“九地合作”和对口帮扶工作

九三学社重庆市委响应九三学社中央的号召，积极支持和帮助社各区级组织，采取与当地区县签订合作协议的方式，定点开展了助推构建和谐社会和新农村建设工作。主要在农业产业化发展和产业结构调整、综合开发、城镇建设和交通建设等方面开展长期合作。通过创新工作方式，不断探索开展社会服务工作的新途径、新领域，“九地合作”和对口帮扶工作再上新台阶。

近年来，社市委支持社涪陵区委、社北碚区委与区龙桥镇政府、涪陵区天台乡政府、北碚区三圣镇政府、重庆太极集团相继开展对口帮扶工作，签订了“九龙”“九天”“九圣”“九太”等科技合作协议。其中，“九天合作”“九龙合作”是社涪陵区委分别与涪陵区天台镇和龙桥镇政府开展的技术经济合作。“九圣合作”是2003年社北碚区委与北碚区三圣镇政府开展的科技扶贫、合作帮扶工作。“九太合作”是2004年社涪陵区委与太极集团开展的为期五年的技术服务工作。为保证“九地合作”的开展，社各区委成立了技术服务领导小组和项目组，制定了技术服务实施方案。

同时，社市委还通过支持和指导社区级组织与当地镇村结成定点联系、帮扶关系，促进工作的全面开展。如社北碚区委与北碚区施家梁镇三圣村结成定点联系、帮扶关系以来，开展了一系列服务新农村建设的社会服务活动；社九龙坡区委与杨家坪街道西郊三村，开展了科普知识进社区系列活动；社渝中区委也聘请了一批特邀研究员，与有关社区形成了对口联系关系，在医卫和文化建设方面开展合作。这些工作，为助推区域经济发展，促进当地经济结构调整，培养优势产业，增加当地农民收入，改善农村环境，充分发挥了社区级组织的积极作用。

第五章　调研考察

调研考察是九三学社开展政治协商和履行参政党职能的基础性工作，也是一项重要的工作方法。通过开展调查研究掌握相关材料，再运用科学发展观将问题进行归纳整理后，形成有一定深度、有见解的调研报告，并从中提炼出政策性建议。九三学社重庆市委突出科技特色，本着为执政党和政府科学决策建良言、献良策的原则，对所研究的选题，注重从我国经济社会发展的战略需求中提炼重大科学技术问题，力求围绕深化科技体制改革、推动科技和经济的紧密结合、加快国家创新体系建设等关键问题，做好调查研究，献智出力，并提出切实可行的建议。

自2004年4月成立九三学社重庆市委参政议政研究中心以来，把开展调研考察工作，作为履行参政党地方组织职能的重要基础和关键环节狠抓落实。强化精品意识，整合力量，调研工作机制不断完善，调查研究更加广泛深入，提出的建议注重实效、切实可行，产生了良好的政治影响和社会效应。社市委紧紧围绕中共党委和政府的中心工作，推动科学发展、经济建设和社会发展等主题，突出关键问题、开展深入调研，参政议政内容丰富、涉及面广，质量和水平逐年提高。

2004年至2007年，社市委每年在全市各级社组织中采取招投标课题的方式，征集完成了97篇参政议政基础课题。同时，积极向社中央申报年度参政议政招标课题，共完成4篇，并提交全国政协被立案为九三学社集体提案。这些调研报告是在分析论证基础上完成的，具有较高质量，提出的对策建议操作性较强。主要做法是：

一是领导高度重视，把开展调研作为社市委的一项全局性工作来落实。通过常委会、主委会研究后，年初安排、明确调研课题，年底提交课题成果。同时，主委会班子成员分别主持并参与重大参政议政课题的调研考察。二是注重队伍建设。在选题和开展调查研究方面，注重依靠基层组织和发挥各专委会的作用，建立参政议政研究中心，首聘了22名研究员，整合力量，组建骨干队伍。采取“以会代训”的方式，提升工作水平。三是建立健全招投标课题考评机制和激励机制。每年“两会”前，召集各专委会委员和社内专家开会研究决定社市委选题，要求各基层组织根据自身特点和优势，开展有关国家大政方针、全市的中心工作、经济社会发展中的突出问题和关系群众切身利益的热点、难点问题选题，组织开展深入调研，召开专题研讨会论证，集思广益，最后形成社市委调研成果报告。四是突出科技特色，充分发挥社内外专家的作用，主动取得有关党政部门的支持和合作。在调查研究过程中，从选题到实施调研、形成意见和建议，更加注重主动取得有关党政部门的支持和合作。近年来，社市委同市科委、市建委、市教委、市规划局等部门的联系更加密切，在他们支持、合作下形成的许多重要的参政议政建议，都具有较高的针对性、科学性和可操作性，受到有关党政部门的重视和采纳。这些调研考察，有效地调动了各级社组织参与参政议政工作的积极性，使参与的社员能更加深入了解社会变革中出现的新情况、新问题，有利于发挥基层组织在参政议政工作中的作用，为社市委领导参与政治协商和高层建言、为社市委在各级政协会议上的发言和提案，提供了重要依据，形成了一大批具有一定影响和较高水平的参政议政成果。

2004年，社市委首次向社中央申报的“三峡库区水资源环境安全的对策研究”课题，被确定为全社本年度12个中标课题。10月，社市委参政议政中心召开课题研讨会，明确课题调研思路和确定调研提纲。在市环保局的大力支持和社中央专家的指导下，以社员郭劲松教授为组长的课题组开展了深入细致的调研工作，圆满完成课题任务。该调研报告成果被社中央采用，提交全国政协被立案为全国政协十届三次会议九三学社中央集体提案。

2004年4月，社市委就社中央下达的“深化科技体制改革，提升产业创新能力”及“开展经济形势和经济运行情况调研”课题，社市委参政议政中心与社市委科技委员会召开会议，开展调研，按时完成了《深化科技体制改革，提升产业创新能力》《关于重庆市经济形势和经济运行情况的调查和思考》调研子报告，受到社中央的通报表彰。

2005年，社市委向社中央申报并完成的“三峡库区移民就业与社会保障问题研究”再次成为中标社中央参政议政课题被采用，并被立案为全国政协十届四次会议社中央的集体提案；响应社中央“关于征集国家‘十一五’规划意见建议”的号召，经参政议政研究中心和专委会主任联席会议专题研究，报送了“把三峡库区建设成为社会主义新农村的示范区”等6个课题。其中，《关于加强我国农村水环境污染防治工作的建议》与《三峡库区移民就业与社会保障问题研究》同时被立案为全国政协十届四次会议九三学社中央集体提案。

2006年，社市委向社中央申报并完成的《关于加强农村卫生基本建设的建议》中标课题，被立案为全国政协十届五次会议九三学社中央集体提案。

2007年，社市委向社中央申报并完成的《以制度创新破解农村土地流转难题》中标课题，被立案为全国政协十届七次会议九三学社中央集体提案。

第一节　九三学社中央参政议政招投标中标课题

三峡库区水质安全不容忽视

（2004年）

我国是世界人均水资源最少的国家之一，缺水是我国的基本国情。党中央、国务院对此高度重视并采取了一系列重大决策，将保护长江三峡库区水质安全作为大事来抓。三峡库区135米水位蓄水后尽管水质总体保持稳定，但因流速减慢，自净能力下降，水质安全形势日趋严峻，前景不容乐观。

一、三峡库区水质安全的现状及存在的主要问题

水体质量总体良好，但下降趋势明显，安全形势严峻，潜在隐患突出。一是干流水体质量下降趋势明显。据国家环保总局公布的数据：2002年，对库区城市江段水质枯、平、丰水期的6次监测显示，枯水期达到或优于Ⅲ类水质的断面数仅占监测断面总数的93.8%，较2001年100%的相应数据下降了7.2个百分点。2003年对涪陵、万州、忠县城区长江近29千米河段布设的18个断面的水质枯、平2个水期监测，较2002年的相应数据又下降了4.9个百分点。二是次级河流水质安全形势危急。据2003年长江流域水环境监测中心对库区8条支流的水质监测显示，除梅溪河和龙河处于中营养状态外，其余均为富营养状态。又据2003年重庆市环科院对全市71条次级河流178个断面水质的监测评价结果显示，相应数据指标比2002年下降了4.8%。此外，在达到135米水位的蓄水过程中，受回水影响，各支流的水质状况都发生了波动。其中香溪河、大宁河、梅溪河和汤溪河均出现过短期水质恶化。部分河段还发生了“水华”，河口叶绿素含量从蓄水前的2毫克/立方米猛增至20~30毫克/立方米，大大超过富营养化10毫克/立方米的标准。三是工业污染居高不下，潜在威胁不小。2003年库区直排长江的工业废水比2002年增加了27.8%。如此持续下去，到2010年，排放污水量将从目前约10亿吨/年增加到12亿吨/年。四是城镇生活与城市径流污染严重。2003年，库区直排长江的市政污水比2002年增加26.6%。截至2004年底，重庆共有22座污水处理厂，集中处理率仅为10%，其余污水未经处理都直接排入江河中。五是农村面源污染日益加重。由于库区海拔175米以上的长江及其支流两岸的空前大规模城镇和农村搬迁、基础设施的复建，农村人口的增加和农村生活质量的提高，大量生活垃圾无限制堆放，大量养殖废弃物和生活污水的增加，也加速了次级河流和地下水质的恶化。据统计，2003年库区农药折纯使用量为645.37吨，每公顷使用量达3.09千克。其中高毒有机磷农药占农药使用总量的一半以上，约有60%以污染物的形式留存在土壤和水环境中，对干流和支流的水体形成了面源污染。六是流动污染难以控制。2003年，葛洲坝船闸和三峡船闸的过闸船舶总量为84179艘次，货运量3077万吨，其中载有一级危险品的船舶244艘次，实载11.6万吨。截至2003年库区注册船舶航运企业有130多家、注册船舶9500多艘，其中约5873艘排放油污水，共排放污染物82.63吨，其中石油类65.94吨，比2002年增加17.3%。2003年，库区客运量1160多万人次，航运船舶船员5万多人，估计共排放生活污水130万吨、污染物493.8吨。七是涨落带对库区水体生态环境的安全威胁不容忽视。三峡工程建成后，将在库区形成440平方千米的涨落带，每年6—9月水位将从175米下降到145米的蓄水水位，在库区两侧各形成一条面积达110平方千米、总长度达2000千米的涨落带，在夏季高温高湿条件下，

该地带的生态和水质将遭到破坏，出现新的污染源。

二、三峡库区水资源环境安全管理存在的问题

（一）由于体制问题，使管理体制不顺，运行机制不当，支持体系乏力，防治效率不高。

目前长江流域分属于19个省、市（区），形成在管理上流域、区域矛盾突出的问题：从“条条”上讲，在长江所涉及的水利、防洪、环保、农业、水电、航运等部门中，由中央部委直接管辖的就有13个。又由于体制和行政赋权关系，各省的管理目标是单目标的，难以体现库区及上游水质安全管理的多目标、综合性要求。如在现行的管理体制中，环保部门是从属于地方政府的，其管理职责和目标必须为地方的经济目标服务，这就使得环保部门的监管能力下降。而水资源管理和水污染防治管理部门的脱节，又导致水资源环境管理缺乏整体性，降低了保障水质安全的效率。就管理的法律体系而言，目前的状况并不是因无法可依造成的。我国已颁布实施的法律有：《中华人民共和国水污染防治法》《中华人民共和国水法》《中华人民共和国水土保持法》《中华人民共和国防洪法》和《中华人民共和国环境保护法》，但这些大法之间的关系不清。《中华人民共和国水法》强调水行政主管部门对水资源管理和保护实施统一的监督管理，《中华人民共和国水污染防治法》又强调各级环保部门对水污染防治实施统一的监督管理，形成了目前“环保不下河，水利不上岸，海事只顾船”的尴尬局面。

体制上的不顺和法律法规不配套的结果是运行机制不当，经济考核办法与环境考核办法的冲突和脱节。这不仅使水质在环境治理中缺乏刚性指标，而且也导致各地政府在水污染治理上的动力机制不足；由于各地环保部门的经费来源是当地财政，这就增强了环保部门对治理污染源经费的依赖性，而弱化了对水污染治理监管的独立性和内在动力。

（二）投入严重不足，监测、应急系统薄弱。

由于长期以来对环保的忽视，使得投入严重不足，治污设施少且十分落后。大量的城市生活污水和工业废水未经处理就直接排入江河。其中原因：一是已建的污水处理设施和垃圾处理场因成本高、运行经费短缺而举步维艰；二是没有将建立库区自动监测体系和环境污染灾害应急系统提上议事日程；三是对库区生态环境的基础性研究投入不足。如为防治滇池的富营养化建立了国家级高原湖泊研究所，并投入了上亿元研究经费。我们认为三峡库区水质安全的重要性远远大于滇池，但目前国家无论是在投入还是在研究机构上，都远远不能与三峡库区水质安全的重要性相称。

三、关于保障三峡库区水资源环境安全的建议

三峡库区的水质安全不仅是一项紧迫的任务，也是一项长期的战略任务，既需要政府的领导与引导，也需要全社会的关注与参与；既需要科学技术的支撑，更需要法律、政策和体制的保障。为此，我们建议：

（一）要在三峡库区建立最严格的水环境保护制度。

一是尽快设立国家级的长江流域管理机构，尽快制定《流域管理机构组织法》，明确流域管理机构的地位、职责和权威性。流域管理机构应具有一定的立法权、行政权和经济权，直接对中央政府负责。二是制定《长江流域水资源环境管理法》，并在此基础上制定相关法规，使库区流域管理具有法律依据。三是改革水资源保护管理体系，加大环保部门的独立执法能力。在各级政府中要使环保部门与其他部门的行政级别一致，使环保部门与其所承担的职能和职责相称。如合并水资源管理部门的权限，以增强环保部门对水资源使用管理的职能，避免政出多门。四是要在库区及上游流域试行环境行政强制制度，改变目前环保部门无权行使查封、扣押和取缔等行政强制手段的现状。

（二）要在三峡库区建立最有效的运行机制。

要落实科学发展观，从库区的实际出发，统筹兼顾，突出重点，构建库区良好水质生态环境，促进库区经济社会的全面协调和可持续发展；要改变经济发展计划与生态环境保护计划互不相干的状况，对污染的经济成本和社会成本进行估算；完善经济发展与环境污染评价体系，并在此基础上制定绿色国内生产总值（GGDP）统计指标体系和制定“三峡库区限制发展产业目录”，以此作为考核地方政府和领导干部的指标之一。从制度上杜绝环境保护与经济发展的冲突，建立地方政府实施水污染治理的内在动力机制。

关于建立库区生态治理资金补偿机制，一是通过收取特许排污费和生产副产品补偿投资；二是尽快建立和推广排污权和水权交易制度；三是建立长江流域的损益补偿制度，按照公众补偿、环境补偿和资源补偿原则，从受益最多的中下游地区和三峡电站的电费中拨出一定比例的资金，用于环境治理；四是建立库区水质安全保障基金，用于突发事件与应急处理。

（三）要在三峡库区建立最先进的水环境安全监测和应急系统。

要在三峡库区流域管理机构的框架下，尽快优化整合水利和环保部门的监测网站，采用高新技术，建立库区水环境安全监测应急系统（包括若干子系统）以及配套的生态监测中心站、重点站和基层站。同时，加强群测群防工作。

（社中央中标课题、被采用立案为全国政协十届四次会议九三学社集体提案。）

课题组组长：郭劲松

课题组成员：邱道持、陈义华、王力军、李花

三峡库区移民就业与保障问题研究

（2005 年）

三峡库区地跨湖北省和重庆市两地的19个区市县，总面积5.6万平方千米，人口1589.6万人。两地共规划安置133万人。其中，在重庆市境内面积为4.4万平方千米，人口为1437万人。至2005年底，重庆市累计完成移民94.1万人，淹没耕地33.3万亩、土地862平方千米、1379家企业、2座城市、7座县城和101个集镇。当前库区最突出的问题是：经济发展水平低、二元经济结构明显，产业发展严重滞后、内部趋同化现象明显，移民就业和生计问题突出，生态环境形势严峻等。这些问题严重影响和制约着库区社会经济的可持续发展。本课题在深入库区调查研究的基础上，从贯彻落实十六届五中全会精神，制定与实施国家“十一五”规划，推动中西部良性互动、促进区域经济协调发展的角度，着重就库区移民就业与保障问题提出对策建议。

一、三峡库区移民就业与保障现状

目前，三峡库区移民总量已近百万人。其中，后靠移民达50万人。工程征地后，由于就业与保障体系的缺失，库区移民问题日趋严重，社会矛盾加剧。当前移民的就业与保障主要有以下三个问题：

（一）再就业异常困难，生活水平普遍降低

由于大批城镇移民搬迁后缺乏就业门路，重庆库区失业人员猛增，失业率居高不下，就业形势严峻。据调查，农村移民中仍务农的占16.2%，打工或自谋出路的占51.8%，无地赋闲在家的占35.6%。据重庆市劳动和社会保障局统计，截至2005年底，三峡重庆库区15个区县社会调查失业率为10.84%，其中，失业率最高的万州区达到17.34%，仅有10万人口的忠县县城失业率也达到5.2%。

同时，移民的人均纯收入由2600元下降到2100元，相当于1998年的水平。生活水平低于搬迁前的占移民总数的49.18%，维持原有水平的31.39%，高于原有水平的仅19.48%。巫山县低保线以下的人口达18000人，其中约80%未享受低保，绝对贫困人口高达6.88万。

（二）基本保障体系缺失，社会保障水平低

社会保障体系整体缺失：一是基本保障体系缺失。重庆库区移民的养老、失业和医疗保障基本未建立。二是标准过低和不统一。万州区低保每月不足90元，奉节县仅30元，而维持当地最低生活水平需190元/人·月。三是发放面过窄，难以覆盖全部困难户。四是拖欠现象严重。如奉节县永安镇的低保金基本是按季度发放。移民社会保障体系的缺失，加剧了库区致贫、返贫现象，严重影响了库区和谐社会的构建，使库区稳定压力增大。

（三）合法权益受到侵犯，反映渠道不畅通

面对由于土地征用量的剧增而形成的庞大利益集团，移民处于弱势，很难用法律来维权。大多采取沉默，或是上访。调查得知，能用法律手段维权的移民仅占6.4%，受到歧视的移民比例高达73.68%，拖欠工资比例高达78.2%。

二、产生三峡库区移民就业及安置问题的主要原因

（一）产业空虚、结构不合理

由于三峡工程长期论证和较长的建设过程，制约了淹没区域的经济发展，就业岗位严重不足。工程上马后，随着库区不少企业关闭破产，产业空虚问题已成为库区就业和保障问题产生的根源。由于历史和自然、社会和经济发展水平等原因，更由于现行政策和体制的掣肘，库区产业发展呈现出“一产不强、二产不优、三产不大”，“只见交通线，不见生产线”，“门面多、经营少，做生意的多、赚钱的少”，商贸物流在“左手握右手，自己赚自己”的范围内循环等特征。又由于三产结构十分不合理，大部分区县一产比重在30%左右，这从根本上影响了收入的增长和对劳动力的吸纳。

（二）法律法规不完备，征地补偿制度不完善

不少地方政府滥用土地征用权，采取以低价统征后再高价转卖给开发商来大量征用商业性项目用地，严重侵害了移民的合法权益。

（三）征地补偿制度的缺陷，使移民被排斥在土地增值收益外

目前，重庆主要实行的是“买断式”一次性货币补偿方式。这种补偿未按市场规则运作，移民获得的补偿显然是不合理的。加上移民本身理财和投资能力偏低，难免陷入坐吃山空、生活无着的困境。

（四）征地补偿政策前瞻性差，补偿标准低且不能按时足额发放

一是前瞻性差，缺乏医疗、失业与就业等配套政策和措施。二是补偿费普遍偏低和未制定年度调整系数。三是不少区县的补偿费不能按时足额发放。如重庆北碚区移民反映，该地有800余亩粮田、100多户民宅被征用。被征用土地“三费”补偿应为2.4万元/亩，普通民宅补偿30～150元/平方米，楼房180～200元/平方米。而绝大部分移民拿到的征地补偿费为4000元/亩，部分移民拿到的仅1300元/亩，难以满足建新房之需，直到现在新建住房水电不通，大部分征地撂荒，多次反映未果。

（五）移民素质低，自主就业环境及意识差

移民的就业机制尚未建立。一是缺乏实用就业指导培训机制。在被调查对象中接受政府培训的移民仅占21.8%。二是缺乏鼓励企业雇佣当地移民的政策和机制。三是移民素质较低，意识落后。

在被调查的422户移民中，高中（含高中）以上文化程度的占9.47%，初中以下（含初中）的占90.53%，其中受过职业培训的仅为21.8%，大多数移民自主就业意识差，难以适应劳动力市场的需求。

三、对策建议

建议各级政府坚持有利于减少移民的社会风险，有利于促进城镇化的健康发展，有利于落实区域发展总体战略的原则。从制度创新和促进经济增长入手，贯彻“一手抓移民迁建、一手抓移民发展致富”的方针。从政策和项目上加大对库区的支持，协同推进移民搬迁和产业发展，集中力量培育优势产业集群和产业链。在落实好现有各项政策措施基础上，通过宏观调控在二次分配中维护社会公平。

（一）破解库区产业空虚难题，从根本上为解决库区产业空虚创造条件

当前，加速三峡库区产业发展是解决库区移民就业与保障问题的根本之策。建议国家制定三峡库区产业限制性发展目录，从政策、资金、智力和科技体系等方面加大对库区产业的扶持力度：

一是依据现有资源条件和国家产业政策的要求，引导发展库区具有优势和潜在优势的产业，加快形成分工合理、重点突出的库区优势产业集群，发展村级城镇集聚点，走出一条具有库区特色的自主创新之路。

二是在“十一五”规划编制中，根据库区经济、环境的特殊要求，调整产业结构、发展优势产业。有选择、有重点地规划一批符合库区实际的产业发展项目落户库区，以项目推动库区产业发展，以产业发展促进移民就业和保障问题的根本解决。

三是大力发展服务业及劳动密集就业型产业，增强产业对就业的吸纳能力。鼓励移民自主创业，对自主创业和就业的移民给予政策倾斜。

四是加快体制创新，破解库区产业空虚难题。合理的制度结构与有效的制度创新是保证库区经济可持续发展的基本保证。依靠经济体制改革，形成有利于节约资源、降低消耗和增加效益的企业经营机制，有利于自主创新的技术进步机制，有利于市场公平竞争和资源优化配置的经济运行机制。从宏观上优化产业结构，达到资源的优化配置，拓宽就业渠道，缓解就业压力，实现就业援助制度化。

（二）坚持科学发展观，按市场经济规律对移民给以土地补偿

一是严格规范征地行为。各级纪检、监察部门要加强执法监督和加大查处力度，杜绝暗箱操作，遏制不正之风。

二是尽快完善土地征用补偿机制，合理确定土地补偿费和安置补助费，适当提高地上附着物及青苗补偿费标准。对半淹移民给予适当补偿，对补偿费和安置补助费总和达到上限，尚不足以保持基本生活的，各级政府从土地有偿使用收入中划拨部分适当补贴。

三是科学划分国家、投资方、集体、移民个人的利益分配比例，将部分土地收益返还移民。

四是逐步改征地补偿制为赔偿制。在征地赔偿费中增加土地所有权价值，即扣除各种费用后，按土地资产的实际价格给以集体和移民全额赔偿。例如，重庆城郊接合部征用一亩土地使用30年的市场价格约为20万元。扣除基础设施建设费5万元、各级税费5.4万元、土地增值税3.4万元及其他项目费用约1万元后，实际赔偿费应为：

$20.00-5.00-2.66-3.40-1.00\approx8.00$万。

（三）尽快建立移民的社会保障体系

从国际经验看，社会保障是财政支出的最主要部分之一，加大财政投入和政策支持力度、建立

移民社会保障体系是解决问题的关键。

一是明确低保标准参照系数，建立移民最低生活保障体系。做好移民养老、失业、医疗保险和城市低保等社保工作，使库区群众的生活得到基本保障。

二是建立以土地换养老的基本养老保障机制。本着“低水平、有弹性、多层次、广覆盖”原则，对16周岁以下的实行一次性货币安置。对16周岁以上且义务教育毕业后，缴费能满15年的准予参加城镇基本养老保险。缴费不能满15年的实行“低标准缴费、低标准享受”的基本养老保险或参加农村社会养老保险。对年满55（女）至60（男）周岁的无门槛进入农村基本养老保险的，每月领取100元养老金。60周岁以上的原则上不参加，按月从移民的基本生活保障基金中领取生活费。自愿缴纳养老保险金的移民，享受双份保险。

三是建立基本医疗保障。第一，移民每人每年交20～30元参保金，建立基本医疗服务机制。经费不足部分，采取小病财政补贴，大病由财政、集体扶持和个人分摊的方式。第二，按当地有关规定，符合条件的可享受农村基本医疗救助，或自愿参加新型农村合作医疗制度。第三，加快城乡合作医疗保险的立法，明确其非营利性质。

四是为移民提供法律援助。第一，以法律形式确立“即征即保”原则，凡未对移民实施保障的项目不予以征地。第二，采用内需型法律援助机制，建立普法体系，避免用工单位、村委会侵犯移民的权益。

五是拓宽社会保障基金来源和加强管理。第一，采取“四位一体”筹资模式。即从移民劳动力安置费，农村集体经济组织的土地补偿费，政府、投资商的土地收益中各拿出一点，解决参保资金。第二，增加财政投入，完善社会保障制度，尤其是对移民低保专项资金的投入。对失地农民，要在征地补偿的同时，统筹考虑其社会保障的资金问题，及时将符合条件的纳入城市低保。第三，建立完善的监管机制和严格的责任追究机制。建立健全有关法律法规，明确监督主体，分设基金管理机构和经营机构，保证监管机构的权威性、公正性、科学性和独立性。第四，发挥集体资金优势，实行社会化投资，使资金增值。

（四）全面推进劳动力市场建设，建立和完善移民就业体系

建立移民再就业保障机制，制定城乡公正、统一的就业政策，完善城乡一体化的劳动力市场，实施移民就业工程是解决移民问题的根本之策。

第一，按城镇下岗职工模式，将移民纳入公共就业服务体系。建立城乡统筹的劳动者就业与失业登记、就业准入与就业援助、就业服务待遇等制度。在资金支持、人才培训、项目推荐方面，为移民创业搭建平台。

第二，为移民就业创造条件。如向征地单位规定招工指标。尽可能把适合的岗位优先安排给移民，对多吸纳移民的单位给予政策优惠。在特殊情况下，以政府购买方式为移民提供部分环境卫生、社区保安等社会公益性服务岗位。

第三，加快发展职业教育，提高移民素质和技能。做好三峡移民培训工作，建议像重庆市政府那样，制定专项计划，力争在本届政府任期内，使每一位适龄移民都能接受一次有效培训和使每户移民有1名合格技术工人，增强移民对市场的适应能力。

第四，规范各类劳务输出组织和加大输出力度。

（社中央中标课题、被采用立案为全国政协十届五次会议九三学社集体提案。）

社市委课题组成员：王筱欣、邱道持、臧苏渝、罗晋川、洪英、黄文章、柳恩梅

关于加强农村卫生基本建设的建议

（2006年）

“十五”期间，尽管国家对卫生事业投入的绝对数逐年增加，但相对比例却在逐年下降，这个比率不仅远远低于发达国家，而且也低于大多数发展中国家。与城市相比，由于我国长期实行城乡分割的二元体制，农村卫生基本建设更是由于长期投入不足，历史欠账多，发展缓慢，存在许多薄弱环节，与城市的差距不断拉大，严重影响了农村卫生事业的发展。既迎来了发展机遇，也面临新情况、新问题。究其原因，既有体制机制问题，也有城乡卫生资源配置不合理，新型农村合作医疗覆盖面窄、水平低，保障水平不高等原因，这些问题交织在一起，“看病难、看病贵”现象突出，成为困扰农民群众的一大难题和反映强烈的社会热点问题。

一、农村卫生基本建设的现状

党和政府历来高度重视卫生工作，将加快农村医疗卫生体制改革摆上了重要议事日程。近年来，全国农村医疗卫生事业发展步伐不断加快，广大农村已基本形成三级医疗卫生服务体系、疾病预防控制体系。为深化卫生改革，中共中央、国务院出台了《关于卫生改革与发展的决定》和《关于进一步加强农村卫生工作的决定》，明确了各级财政对卫生投入的总原则。为贯彻中央决定，各地也出台了相应的政策措施。

最近，中共中央政治局第三十五次集体学习会专题讨论了医疗卫生事业发展问题。胡锦涛总书记强调指出，“人人享有基本卫生保健制度，是全面建设小康社会、推进社会主义现代化建设的重要目标”，“要坚持公共医疗卫生的公益性质，建设覆盖城乡居民的基本卫生保健制度”。总书记的讲话进一步明确了医疗卫生改革与发展的目标任务，表明了政府将承担建立包括基本医疗和公共卫生在内的基本卫生保健制度，这是我国医疗卫生体制改革的重大进步。当前，我国正处在发展的关键时期，贯彻落实十六届六中全会精神，致力于构建社会主义和谐社会，已成为全国上下的共识和强烈愿望。

为以点带面，探索加强农村卫生基本建设的突破口，梳理今后一个时期加强农村卫生基本建设的对策措施，提出缓解农民“看病难、看病贵”问题的政策建议，最近，九三学社中央课题组到重庆的黔江、潼南、彭水、武隆等区县实地调研。我们认为，重庆的“黔江经验”为全国和中西部欠发达地区的农村卫生改革探索出了一条新路，提供了有益的启示，走在了全国的前列。其中最关键的一点，就是近年来，区委、区政府坚持农村卫生建设的公益性质，高度重视，全力扶持，投入2000万元，切实担负起了政府的主导责任，还有就是黔江人不等不靠的奋斗精神，使黔江农村卫生事业步入了良性发展的轨道。5年来，黔江区初步建立起了比较完善的村卫生室和乡镇卫生院服务网络，实现了政府职能、卫生发展和群众利益的协调统一，收到了“政府得民心、农民得实惠、农村卫生事业得发展”的满意效果。调查发现，由于资金投入总量不足，城乡资源分配严重失衡，改革政策措施不配套，部门协调不到位，以及受过度市场化导向影响，全国农村卫生基本建设发展不平衡，大多数区县农村卫生基本建设严重滞后，制约了农村卫生事业的发展，不能满足农民群众的需求，且由此引发的因病返贫、因病致贫，更是加重了农民群众的负担。主要存在以下四个问题。

二、农村卫生基本建设中存在的突出问题

（一）各级政府投入严重不足，导致政府在履行农村卫生主导职能和三级医疗网络建设中的虚化和缺位

高强部长在2006年中国医院协会的讲话中指出，20世纪八九十年代，我国卫生支出曾经一度

占到政府总支出的6%，近年来，这个数字已经下降到4%左右。在2006年3万多亿元的财政预算中，仅有1200多亿元用在医疗卫生领域。以重庆市为例，尽管卫生事业投入占财政总支出的绝对数逐年增加（从1997年的3.49亿元增加到2003年的8.03亿元），相对比例却逐年下降（从3.03%下降到1.66%），2005年重庆人均卫生事业费仅为22.63元，这个比率不仅低于同期财政支出年均22.81%的增幅，而且也处于西部地区的较低水平。

据卫生部统计，2000年全国卫生费用中，农村卫生费用占22.5%，城镇卫生费用占77.5%，据2003年全国卫生服务调查显示，占全国2/3人口的农村居民只拥有不到1/4的卫生总费用。这就是说，占全国人口2/3的农村居民所花费的医疗费用，不到城市居民的1/3。尽管这两年中央财政对乡镇医院建设开始有了财政支持，2005年中央财政安排的38亿元主要用于农村卫生，国家发改委会同卫生部安排了23亿元用于乡镇卫生院建设，并将于2006年继续安排30亿元国债资金支持中西部乡镇卫生院建设，但据对乡镇卫生院建设的调研进一步了解到，这只是杯水车薪。

不少区县卫生主管部门反映，实行分税制后，由于在中央财政与地方政府间的“转移支付资金”中未设立支持农村卫生事业发展的专项，目前，大多数农村卫生机构的运行机制主要靠收就诊费和“以药养医”来维持，加上广大贫困区县财政能力薄弱，导致政府在履行农村卫生主导职能的虚化和缺位。据《中国青年报》（2005年7月29日）报道，自20世纪八九十年代以来，全国农村原有的三级医疗服务网络严重萎缩，县级以下公共卫生机构1/3正常运转、1/3难以为继、1/3名存实亡。加上受“公退民进”过度市场化导向影响，以及改革政策措施不配套、部门协调不到位等原因，不管是资金投入还是人才流动，都向城市和大医院集中，导致农村卫生基本建设严重滞后。

（二）城乡卫生资源配置不合理，导致农村卫生资源严重匮乏

据2003年全国卫生服务调查显示，医疗卫生资源80%集中在城市和大医院。另据重庆市政府2006年调查显示，全市中心乡镇卫生院中无救护车的有217所、占中心卫生院总数的70.45%，无X光机的卫生院有811所、占卫生院总数的67.02%，无B超机的有525所、占43.39%，无心电图机的有542所、占44.79%，无半自动生化仪的有871所、占71.98%。仅CT使用率基本达到设置要求，其他大型设备均处于不同程度的闲置状况。17家三甲医院有13家在主城六区，高新医疗设备也集中在主城区的三甲医院。

乡镇卫生院普遍收不抵支，难以为继。乡镇卫生院主要依靠“以药养医”作为主要经费补偿，极个别地方政府由于难以承担财政费用而将乡镇卫生院承包出去。自2006年3月《重庆市物价局关于进一步规范药品价格管理的通知》规定，药品加价率按实际进价最高不得超过15%后，一些区县反映，如没有其他经费补偿，执行这项政策将严重影响库区农村和一些靠“吃财政饭”区县乡镇卫生院的生存和发展。据初步测算，库区的忠县县人民医院全年将由此亏损200多万元，奉节县新政乡卫生院将亏损7.5万元。这既不能保证农村“基本卫生保健”制度的公益性质，也对建立起以公有制为主导的农村卫生服务网络形成较大冲击。

（三）农村卫生队伍数量严重不足、素质不高，卫生服务可及性差和服务能力不强

学历和职称低问题在全国农村卫生技术人员中十分突出。目前，全国每千农村人口拥有执业医师人数仅为1.48人，不少贫困地区还远远达不到这个水平。以重庆为例，每千农村人口拥有执业医师人数仅为0.61人，全市卫生技术人员中具有本科以上学历的63.87%、具有硕士以上学历的92.24%和具有副高以上职称的61%人员都集中在主城区。而乡镇卫生院中无专业学历人员达37.45%，高、中级职称人员仅占11.31%，执业医师仅占53.63%。村卫生室无专业学历人员高达41.19%，执业医师仅占5.47%。2005年12月高强部长就我国发展农村卫生事业答记者问时说：

“目前农村乡镇卫生院人员中，本科毕业生仅占1.6%，大专生占16.9%，中专生59.9%，有21.6%的卫生人员没有任何学历，难以承担繁重的医疗卫生服务任务。”调查发现有极个别地区，如重庆市彭水县全部乡镇卫生院的396名工作人员中，本科及以上学历的人员比例为0%，这与目前全国医学高等院校的大量本科毕业生就业难形成强烈反差。

又由于乡镇卫生院、计生站分属不同的系统独立运行，使得农村原本十分匮乏的卫生资源未能整合。双方为占领市场而不惜恶性竞争，使农村卫生人、财、物资源无法合理、有效利用。

农村卫生资源匮乏导致卫生服务可及性差、服务能力不强。调查显示，重庆市87.94%的乡镇卫生院不能开展上腹部手术，66.7%的乡镇卫生院不能开展下腹部手术，69.12%的乡镇卫生院不能开展剖宫产手术，31.11%的乡镇卫生院不具有平产接生能力。农村居民到达最近医疗点所需时间30分钟以上的比例高达36%。全市应就诊而未就诊人群中农村居民为44%，应住院而未住院的农村居民为52.5%。

（四）医疗保障覆盖面窄，筹资水平低，公共卫生服务弱化，救助力度不大

一是由于投入少、体制不顺、机制不活等原因，目前乡镇卫生院的基本任务是医疗，而不是基本医疗，开展公共卫生工作少，重治轻防，追求经济效益。其中，中医业务人员比例较大，一般只有2~3名公共卫生和妇幼保健人员。二是大多数村卫生室以政府承认、个人主办方式运作，很少开展公共卫生工作，这使得不少地方的预防保健和公共卫生服务工作开展不起来或严重弱化。据了解，有极个别村卫生室为了自身利益而不惜将疫苗掩埋销毁。三是据重庆市政府最近调研显示，自2003年试行推广新型农村合作医疗以来，全市共有17个试点区县，参合农民752.33万人，占全市农民总数的32%，有68%的农民无医疗保障。由于参合农民人均筹资仅为45元/年，使得实际补偿比例低，保障水平有限。今年1—6月住院补偿比例为27.13%，门诊补偿比例为43.23%。当遇到大额医药费用时，农民个人负担仍然沉重，没有抵御大病风险能力。

农村居民个人支付比例不断加大。尽管中共中央、国务院《关于卫生改革与发展的决定》和《关于进一步加强农村卫生工作的决定》中明确了“中央和地方政府对卫生事业的投入，要随着经济的发展逐年增加，增加幅度不低于财政支出的增长幅度”和“各级人民政府要逐年增加卫生投入，增长幅度不低于同期财政经常性支出的增长幅度”，但只是明确对“困难地区的少部分公共卫生项目”给予补助，且全国绝大多数地区实际上并未做到。重庆市委、市政府在《关于进一步加强农村卫生工作的决定》中明确了“从现在起到2010年，市、区县政府每年增加的卫生事业经费主要用于发展农村卫生事业，加强初级卫生保健，包括卫生监督、疾病控制、妇幼保健、爱国卫生和健康教育等公共卫生工作”。据1997—2003年《重庆市卫生总费用测算研究报告》显示，全市农村居民年人均卫生支出从40.64元增加到89.42元，而农村人均年增长只有5%，也就是说农村居民一年的收入不够住一次院。

三、进一步加强农村卫生基本建设的建议

（一）建立与经济社会发展相适应的卫生投入保障体系

一是明确政府职能，落实各级政府责任。转变政府卫生管理职能，要重点加强卫生监管、公共卫生服务和基本医疗服务职能。按照“用于发展农村卫生事业的部分不低于增长部分70%”的要求，建立刚性的财政投入机制和分摊机制；逐年增加投入，调整中央、市、县级财政对农村卫生的支出结构；进一步明确对医疗卫生的投入原则、投入方向和内容，加强对投入经费的监管，建立改造农村卫生业务用房和更新设备等专项经费的投入机制；建立由政府购买公共卫生服务制度，逐步实现基本公共服务均等化；基本医疗主要由医保和新农合统筹经费购买，延伸服务由商业医疗保

险、社会和个人付费，困难弱势群体由政府医疗救助资金资助的医疗卫生费用分担机制。二是系统策划，协调推进。建立中央财政对贫困地区农村卫生基本建设专项补贴经费和对三峡库区医疗卫生迁建单位的专项补助经费。三是创新和完善农村卫生工作政策，完善《卫生事业财政补助办法》，建立与经济社会发展需求相适应的卫生投入保障体系。四是整合和充分利用卫八项目、新型农村合作医疗、国债项目，提高资金的使用效率；同时，以发行专项卫生福利彩票和鼓励社会捐赠等多渠道方式筹资“农村医疗救助基金”。

（二）履行政府公共卫生职能，加强以乡镇卫生院建设为重点的农村卫生工作服务能力建设

一是贯彻十六届六中全会精神，按照中共中央、国务院构建和谐社会的总体要求，坚持由政府承办的农村三级卫生服务机构的完全公益性质，由政府承办的乡村两级卫生服务机构达到“一乡一院、一村一室”。在条件适宜的地区，推广“黔江经验”，抓住关键，改革创新乡镇卫生院的管理体制、投入机制和运行机制。如改革乡镇卫生院人事和分配制度，建立激励机制，建立医药费用综合控制体系，积极探索政府购买医疗卫生服务的范围和形式，以委派会计或建立会计中心的方式，实行乡财县管；加强信息化建设，提高管理水平和服务能力。二是借鉴推广黔江区“统一规划，资金打捆、分步实施、一步到位”的经验，加强乡镇卫生院基础设施建设，增强生存发展活力。结合村级社会公共服务中心等工程建设，科学规划，采取公办公管、民办公管、民办公助“几个一点”的方式多方筹资，合理规划和建设村卫生室。三是制定《乡镇卫生院、村卫生室配套规划》，制定和完善与之配套的管理、财政、建设、指导等相关的实施细则，将村卫生室的规划建设与乡镇卫生院的建设同步推进。四是深化农村卫生综合配套改革，加强对新型农村合作医疗基金的监管，将新型农村合作医疗与农村大病医疗救助并轨同行，进一步扩大试点范围，逐步实现基本覆盖。五是积极探索建立农民工参加城镇医疗保险试点工作。

（三）以乡村医生队伍建设为重点，加强农村三级卫生服务网络体系建设，推进乡村卫生服务管理一体化

一是制定《农村三级卫生服务机构管理办法》《农村基层卫生人员培训规划》，进一步调整和规范县、乡、村三级卫生服务机构的职能。明确县人民医院的医疗服务职能为基本医疗和非基本医疗。基本医疗职能由政府的资金投入和基本医疗保险保证，非基本医疗则由其他形式的医疗社会保障负责，如商业医疗保险和社会捐助等。实行农村公共卫生工作人员由区县卫生局统一管理、业务工作由区预防保健部门检查考核的机制，并纳入县、乡政府年度目标管理考核体系，推进乡镇和村卫生服务管理一体化建设。二是以政府投入为主，设立“人才培训基金”。同时，从区县级医疗单位和乡镇卫生院的业务收入中提取5%左右的经费作为基金来源，并将农村卫生事业中的预算专项补助经费集中用于对乡村医生的培训。三是稳定队伍，加强农村卫生队伍建设，建立乡村医生培训机制。在市属各大专院校和卫生院校，设立乡村医生专业，以委培、定向培养，选派与远程培训相结合的方式，使乡村医生的培训正规化和逐步实现乡村医生的职业化。出台《农村医务人员社会保障办法》，解决农村医务人员社会保障问题。将乡镇卫生院的全民、集体所有制在职职工和退休职工全部纳入社会保障体系。财政对承担公共卫生职能村医的补助经费，按照其服务人口人均不低于1元/年的标准予以补贴。四是出台《卫生基本法》，修订和完善《乡村医生准入执业标准》。五是整合乡镇卫生院和计生站。将计生站在编人员划归所属乡镇卫生院并纳入财政全额补助。在业务方面，分属区县卫生部门、计划生育技术服务主管部门的指导和管理。计生服务工作的业务经费由计生委和乡镇政府按月考核后拨付。合法计生户的计划生育技术服务费仍按计生委现行管理办法执行。

（社中央中标课题、被采用立案为全国政协十届六次会议九三学社集体提案。）

课题组组长：黄爱龙

课题组成员：王润华、周燕荣、康军、屈谦、杨晓碧、张维斌、李花、王波

关于加强我国农村水环境污染防治工作的建议

（2006年）

我国是一个农业大国，水资源严重短缺，人均水资源占有量仅2400立方米，约为世界人均占有量的四分之一。目前，全国有乡镇45400多个，农村人口达92000多人。改革开放以来，乡镇企业得到飞速发展，其总产值占全国生产总值的30%以上，但随着无规划的城镇化建设速度不断加快，大量的工业废物、生活废物、畜禽养殖排放废物和农村面源污染等污染事故时有发生，造成了农村水环境的严重污染，据统计，全国信访办平均每天收到水环境污染纠纷的群众来信60多封，全国七大江河水系中劣五类水质占41%，城市河段90%以上遭受严重污染。加剧了我国的水资源短缺，全国有3.6亿农村人口喝不上符合饮用水质标准的水。目前我国环境恶化和水污染已到了极为严重的地步。因为水环境污染造成的经济损失在所有环境污染事故中最大，这直接影响到广大农村的生态、生产和生活安全，严重影响和制约了农村经济的发展。

一、我国农村水环境污染状况

农村水环境是分布在农村的河流、湖沼、沟渠、池塘、水库等地表水体、土壤水和地下水体的总称。水环境既是农村大地的脉管系统，对雨洪旱涝起着调节作用，又是农业生产和农民生活饮用水的生命之源。

近10年来，我国农村水资源污染越来越严重，水环境状况越来越恶化，大部分农村的水源中重金属、氨氮、总磷、化学耗氧量、大肠杆菌、阳离子表面活性剂等指标均存在不同程度的超标。在农村大部分集镇均可见到周边河流被污染的现象，这不仅造成粮食减产，而且使我国广大农村地区的3亿多农村人口的基本饮用水安全得不到保障。据调查，我国患病的88%、死亡的33%的人群都与生活用水不洁直接相关。农村水环境的恶化，不但直接影响到工农业生产的经济效益，同时也不利于社会稳定和经济发展。

二、农村水环境恶化的原因

（一）乡镇企业排放的污染物造成的水环境污染

由于乡镇企业具有布局分散、规模小和经营粗放等特征，乡镇企业每年有大量污染物未经处理直接排放。其中，废水排放量达30亿吨，化学需氧量排放300万吨，固体废物排放量达3000万吨，严重污染了农村的水环境。许多乡镇企业（主要集中在造纸、印染、电镀、化工、冶炼、矿产、机械加工、建材等）生产过程中产生的废水未经处理直接排向河沟、水库和农田，大量杂乱堆放的工业固体废物、生活垃圾又对地表水和地下水产生了二次污染。特别是近年来，城市实行对环境污染的严厉制裁后，许多污染严重的企业转移到郊区或小城镇，一些电子、机械废旧垃圾性物品也转移到农村，目前，农村工业污染已使全国20万平方千米的耕地遭到严重破坏，进一步加剧了农村水环境的污染。

（二）化肥、农药的大量不合理使用造成的水环境污染

一是由于农业生产中有机肥料施用的大幅度减少，氮、磷、钾肥的不合理使用和化肥使用的快速增长，造成了水环境污染。二是由于每年农村农药使用量达23万吨，且绝大部分直接向水体施

药，再加上农药生产和加工企业的废水排放，致使这些农药80%流失在土壤、水体和大气中。而大量的残留农药随降雨进入水体以及水土流失过程中土壤养分和有机质随泥沙一起被带入水环境，造成水环境污染。农村面源污染的特点是污染物种类多、数量大、分布广，面源的监测、管理及污染控制比较复杂。

（三）集约化养殖场和畜禽对水环境造成的污染

随着城乡居民对肉类消费需求的大增，农村畜禽养殖业规模扩大、发展迅速，集中养殖业渐成规模，由此带来了每年数千万吨畜禽类粪便、畜禽宰杀废水、废弃物等的排放处理和污染问题。据统计，养殖一头牛一天产生并排放的污水超过22个人一天生活产生的废水，养殖一头猪一天产生的污水相当于7个人一天生活产生的废水。

（四）城镇居民生活污水和废弃物对水环境造成的污染

近年来，随着城镇化步伐的加快，小城镇建设迅猛发展，以及农村旅游资源的迅猛开发，农家乐服务业发展迅速，由此而产生的大量生活污水直接排入水体，对水环境产生了十分严重的污染。与此同时，由于城镇环境基础设施建设的严重滞后，每年农村、乡镇产生的多达3亿吨的生活垃圾露天堆放，地表水和地下水被渗滤液、病毒细菌等直接污染，致使我国农村不少地区的小溪和河流变成了黑河，不少地方的饮用水源受到了污染，不少景区、景点周边的水库也受到了不同程度的污染。

三、解决农村水环境污染的对策建议

目前，我国农村水环境污染日益严峻的现状，已严重危及农村经济社会的发展和人民群众的身体健康，从而危及我国农村的可持续发展和生态安全。对此，提出以下对策建议。

（一）尽快制定出台我国农村水污染防治规划。组织专家就我国农村水环境污染情况开展调查研究，并根据目前农村各流域内主要河流的自净能力和污染临界负荷，制定“我国农村水污染防治规划”，并纳入我国“十一五”规划的重要内容，防止农村水环境污染的扩展。目前，国家环保总局会同有关部委，正在开展《全国地下水污染防治规划》和《全国饮用水源地环境保护规划》的编制工作，我国农村水污染防治规划应成为编制这两个规划的重要基础。

（二）对乡镇企业实施“排污许可证制度”和加大执法、监管力度。制定和实施各项环境管理制度和政策，加大对各省市城郊和各类乡镇企业的执法和监管力度。实行排污登记、实施排污许可证制度和推行清洁生产制度，对污染严重的企业进行限期治理，对不能达标的工厂和违法排污的行为，坚决实行关停并转和严处。

（三）建立示范工程，加强对畜禽排泄污染物的有效处理。进一步合理布局和控制我国集约化养殖业发展规模，加强和改进对畜禽排泄物的综合利用和各种宰杀场、食品加工厂的环境管理。建立示范工程，积累经验逐步推广。

（四）加快小城镇基础设施建设，建立简易集中的污水处理设施。加强乡镇生活污水的有效处理，高度重视农村城镇化进程中基础设施建设，逐步完善下水道系统；并制定发展规划和环境保护规划，且首先对居住人口5万以上的农业县城和2万人口以上的村镇严格执行。

（五）防治结合，对各类资源开发建设活动进行生态环境监督。贯彻预防为主、防治结合的方针，运用法律、行政、经济、技术和教育的手段，对水资源、水生态环境加强保护和对各类资源开发建设活动进行生态环境监督，防止造成新的生态破坏。贯彻落实“谁开发、谁保护，谁破坏、谁恢复，谁受益、谁补偿”的方针，明确开发建设单位保护生态的责任。加强对建设项目环境影响评价工作。建议同时对城镇发展规划、产业政策进行评价，对危害环境与资源的项目，通过科学的论证和评估，严格限制。实行环境保护“一票否决制”，避免因重大决策失误造成新的生态破坏。

（六）教育农民合理使用化肥和农药。在化肥污染防治对策上，采取改善施肥方式，调整化肥品种结构，采用高效、复合、缓效新化肥品种，增加有机复合肥的施用，大力推广生物肥料的使用，以减少化肥对农村水环境的污染。在农药污染防治对策上，应开发、推广和应用生物防治病虫害技术，限制销售高毒性、高残留农药，减少有机农药的使用量。发展低毒、高效、低残留量的新农药，提高施药技术，合理施用农药，减少农药造成的水环境污染。

（七）加大投资力度，加强农村水污染治理的科研和设施建设。初步估计，用于水污染防治的投资与水污染造成的经济损失相比是微不足道的。建议各级政府痛下决心，加大投入。

（八）尽快出台《加强农村水环境保护的实施意见》，加快农村水环境保护政策法规的制定和完善，从政策上强化农村水环境污染的防治。同时编发《农村环境保护知识读本》，广泛开展农村水环境保护的宣传教育活动，提高广大干部和农民群众的环境和水资源保护意识。

（九）改传统的水供给管理模式为竞争型水需求管理模式，大力发展节水型农业。倡导节约灌溉用水，发展节水型农业可以减少农业用水量，减少化肥和农药随排灌水的流失，从而减少对水环境的污染。具体措施是大力推行喷灌、滴灌等各种节水灌溉技术，制定合理的灌溉用水定额，实行科学灌溉，减少输水损失、提高灌溉水利用率；制定开发利用水资源长期规划，包括水资源补偿性使用，以及许可交易的节水型产业，鼓励节水技术、节水方法的应用和创新。

（十）大力推行清洁生产，对乡镇企业的污染排放实施总量控制。强调对资源的有效利用，而不是着眼于废水浓度的达标排放。在水污染物排放控制方式上，由单一的浓度和污染指标的控制转向污染总量控制和各项污染指标严格控制相结合。我国农业经济发展还处于较落后的水平，但我们不能按照发达国家以往发展经济的方式来发展，而是必须遵循可持续发展战略进行一场新的农村产业革命，走出一条以保护资源与环境为目标的全新发展道路。

（十一）鼓励有条件的省市在乡镇设立环保工作机构。建立农村环保机构，加强环保执法检查。同时，将环保工作的实绩纳入对农村各级干部工作目标考核内容，努力推进农村的环境管理和生态建设工作。

（被社中央采用，提交全国政协十届四次会议集体提案。）

课题组主要执笔人：谭强

课题组成员：邱道持、王力军、李花、李航、郭劲松

以制度创新破解农村土地流转难题

（2007年）

中共十七大报告指出，“坚持农村基本经营制度，稳定和完善土地承包关系，按照依法自愿有偿原则，健全土地承包经营权流转市场”，“要深化对社会主义市场经济规律的认识，从制度上更好发挥市场在资源配置中的基础性作用，形成有利于科学发展的宏观控制体系”。土地是人类赖以生存和发展的基本而有限的资源，创新土地流转制度，反映了当前大多数农民群众的利益和要求，是加快社会主义新农村建设，解决“三农”问题和实现城乡统筹发展，共建共享和谐社会，实现全面小康社会目标的迫切需要和有效途径。

2004年宪法修改和2007年物权法出台，这些重大的法制举措为我们重新审视我国农村土地制度和农民土地权利的保护机制提供了启示。调研表明，自20世纪90年代我国农村土地制度改革以

来，由于市场需求的驱动，全国农村土地的流转进程加快，流转规模日益扩大。这场以农民为主体、饱含强烈变革诉求的农村土地诱致性制度变迁，体现了农民对土地制度的自发修补，表现出了强烈的制度绩效。但目前农村土地流转问题也非常突出，主要表现在以下四个方面：

一是农村土地流转总体规模偏小，区域发展不平衡。东部沿海地区土地80%以上实现流转，中西部这一比例平均不到20%，土地撂荒普遍达到30%左右，这在山区更为突出。一方面反映出农村人口转移“离乡不离土”的特征，另一方面农村集体建设用地效率极低，存在较大浪费的问题，农村土地流转空间大；

二是农村土地流转行为不规范，市场风险大。主要表现为“四多四少”：农民自行流转多、报批备案少；口头协议多、书面协议少；双方约定不明确的多、约定明确的少；书面协议内容不规范的多、规范的少。在管理机关登记、备案或签证，以及在公证机关公证的农村流转土地不超过40%，土地流转双方因合同不规范引发的民事诉讼急剧上升。加之过低的农业比较收益和报酬递减规律，使农业投资存在自然和市场的“双重风险”。

三是政府干预不当，侵权现象时有发生。尽管中央明确要求农村土地流转必须依法、自愿、有偿进行。但由于政府极其主管部门没有发挥好规划、引导、协调、服务和监管职能，在利益驱使下，一些基层组织忽视农民的主体地位，用变相的行政手段干预土地流转，甚至以权力剥夺农户的自主决策权；以土地规模经营为借口，用行政命令强行收回农民承包地搞“反租倒包”；随意克扣农民的转包收益，或者租金过低；随意调整承包地，变相剥夺农户土地。上述种种行为侵害了农民权益，违反了相关法律法规，由此引发的矛盾纠纷屡见不鲜。规范土地流转行为，切实保护农民权益，已是当务之急。

四是市场体系缺失，市场驱动不力。目前全国大部分地区尚未形成统一规范的农村土地流转市场。农村土地流转中介组织较少，信息渠道不畅，土地供求双方难以对接，影响了农村土地在更大范围、更高层次上的流转。同时，相当多的区县和乡镇没有建立完善的农村土地流转监管机构，缺乏对土地流转的有效管理、引导和服务，在较大程度上制约了土地的有序流转。

调研显示，产生上述问题的根本原因在于现行农村土地流转制度的约束，集中表现在：

——现行法律法规建设滞后对农村土地流转形成严重掣肘。一方面对于农村土地流转的主体、客体、载体、规则等缺少有效规范与科学界定，另一方面过多的法律规范的相互矛盾冲突又使农村土地流转主体无所适从，由此导致理论和实践的冲突，产生大量与现行法律法规相冲突的行为。

——土地所有权实现形式不完善是农村土地流转的体制性障碍。农村土地只强调其资源属性，抹杀了资产属性，其所有权难以充分实现，农民难以从土地流转中获得持久而丰厚的收益，这实质是剥夺了农民的财产权利。

——农地流转收入分配政策不完善削弱了农村土地流转的动力。由于缺乏市场机制和法律法规来调整收益分配关系，形成土地流转价格测算不科学，农地市场价值和资产属性在流转中不能得到充分体现，极大地影响了农地流转的积极性。

——农村社会保障制度的缺位难解农民的后顾之忧。调查显示，目前大部分地区流转土地的价格难以帮助农民建立社会保障，也不足以帮助农民筹集务工经商的资本。95%以上的打工农民没有放弃土地承包权，土地就业保障的性质仍然存在，从供给方面制约了土地大规模的流转。

——二元分割的户籍制度使农民对土地“弃之不愿，用之无心”。目前全国各地的户籍制度虽然已经放宽，但依附在户籍上的教育、就业、公共服务、社会保障、税收等一系列城乡二元制度未得到根本改变，使农民就业无法走向社会化，最终走不出土地，构成了不利于实现和保障广大农民群众最根本利益的发展环境。

综上所述，现行土地流转制度与政策，使土地遭遇“两难”：一方面是“老人农业”、粗放经营，相当部分农民对视为“命根子”的土地“弃之不愿、用之无心”；另一方面是土地难以顺畅流转，农业现代化、集约化、规模化经营举步维艰。作为农地流转制度的供给主体，国家和各级政府有责任在对农业、农村、农民以及社会经济发展做出前瞻性的科学把握基础上，将激活土地要素作为突破口，清除现有阻碍土地、劳动力、资本等生产要素在城乡之间流动的门槛。通过改革和完善来创新现行的土地管理及使用制度，创新土地流转新局面，使农地流转达到社会福利的最大化。建议：

1. 创新土地权属制度，完善相关法规

一是在相关法律中进一步确立农民在土地使用权权属方面的主体地位，适当延长承包期，从法律上赋予农户长期而稳定的农地使用权。这是解决土地流转产权制度束缚、治理土地供给混乱、正本清源的根本方略，将更有利于保护农民的合法权益，解决农村生产力，形成新的生产关系，更有利于将农民组织起来，推进农业现代化，意义重大而深远。

二是允许农民以土地经营权作为财产抵押。这是完善土地物权体系、实现集体土地资源配置市场化、保障农业经济持续发展的要求。其前置条件为：①只有当担保的债务的存续期间等于或短于剩余的承包期限时，才可将土地承包经营权抵押。②应当到原土地承包经营权发证机关进行抵押登记，抵押因登记而产生效力。

三是立法确立宅基地的流动性。建议取消原有限制农村宅基地流转的相关规定。对手续齐备、建造合法的农村宅基地及其地上房屋颁发《集体土地使用证》和《房屋产权证》等证书。同时，以配套出台《农村宅基地流转管理办法》来明确农民合法的宅基地可上市流转和拥有收益权，并通过设定典权取得典价，保障农民在难以继续在城市定居的情况下对土地进行回赎。

2. 培育农村土地市场，发挥市场配置资源的基础性作用

一是尽快在各省级城市试办“农村土地承包经营权流转交易所”。将农村土地承包经营权在专业市场中进行规范交易，遵循依法、自愿、有偿的原则，通过公开竞价完成土地使用权转让，在竞价中实现土地级差地租最大化，实现所有土地同制、同权、同价。

二是开放农村集体建设用地市场。允许在土地利用总体规划中将确定并经批准为建设用地用途的集体土地出让、转让、出租和抵押；有计划地将乡属建设用地征用为国有土地，向整个地产市场开放；村属集体建设用地的使用权由本集体成员取得，允许出租、入伙等。为抑制集体建设用地的过多出让，政府除了加强审批监督外，可以向集体加收较高的农地占用税，使一部分出让所得归国家所有。

三是加快土地流转中介服务体系建设。通过建立土地流转信息服务体系，促成农户之间、农户与产业化公司之间的土地流转，有效解决耕地撂荒问题；通过建立土地流转法律服务体系，为流转双方提供民事仲裁、公证、法律咨询与援助；通过建立土地流转金融服务体系，提供土地交易担保、交易信贷、经营保险等切实加强对农村土地流转的风险防范；通过建立土地流转技术经济评估咨询体系，为土地流转及后期经营策略提供技术和经济咨询等服务，保证土地流转的价格和土地用途的经济合理。

3. 建立共享土地收益分配制度，保障农民土地收益权

一是建立和完善土地收益分配制度，加强土地收益的使用和监管。坚持“多予、少取、放活”原则，各级政府要以壮大集体经济和增加农民收入为出发点，通过出台统一的农村土地收益分配制

度与实施细则来明确集体、个人的分配比例和使用途径。同时，要建立村社集体资产管理实施办法、集体土地流转收益用于社会保障的管理办法、集体资产监管办法等，对集体土地流转收益进行管理和监督。从体制上防止集体财产被少数人占有、使用，防止集体为单纯追求土地收益而出现新的违法违规行为，防止出现集体经济组织的“新圈地运动”。

二是创新农地价格评估机制，合理确定流转价格。通过创新农地价格评估机制，分区域评定农地价格，确定最低流转保护价格；通过引入市场机制来合理确定地租和地价，保证农户流转土地的合理受偿，防止农民因失去土地而陷入困境；通过合理区分公益性用地和经营性用地，对公益性用地要合理提高补偿标准，对经营性用地要真正引入市场。

三是建立土地流转风险基金制度，以此规避流转风险，为广大农民建立土地流转收益保障。建议由政府牵头建立土地流转风险基金。其资金来源可从流转收益中抽一定比例，比例大小视不同地区经济发展水平、土地流转收益确定；可由农业保险公司试点进行保险；列入每年的财政预算；租地企业捐赠。

（社中央中标课题、被采用立案为全国政协十届七次会议九三学社集体提案。）

课题组名单：

组　长：谢小军

副组长：邱道持

成　员：王筱欣、李航、李花、杨开奎、黄华、陈悦、王波

第二节　社市委参政议政招投标中标课题

自2004年社重庆市委建立重点调研课题招投标机制以来，通过建立健全课题征集、经验交流、合作研究等工作机制，进一步调动了社市委各专委会、各级社组织和广大社员参与社市委参政议政工作的积极性。各级组织和广大社员立足特色、发挥优势，围绕重庆市的中心工作和群众普遍关心的问题，抓住重点、精心选题、献智出力，从统筹城乡发展、深化改革、三农问题等不同层面开展了近百项课题调研活动，对所研究的问题认真思考，从全局出发，以大局为重，实事求是地提出意见和建议，展现了全市社组织的整体实力，推进了社市委参政议政工作的全面开展，取得了明显成效。完成的招投标课题有：

2004 年

1. 关于加强我市名中医人才培养的建议　徐嘉红
2. 关于加快农村卫生适宜技术推广的建议　黄爱龙
3. 关于以法律手段规范农村经济经营管理的建议　黎昌礼
4. 土地征用中失地农民安置补偿问题的对策建议　梁先成、王炯
5. 关于完善重庆城镇职工基本医疗保险制度的建议　杨明清
6. 关于贫困山区农村科技支撑体系的建议　黄华、王念五
7. 关于整合重庆高等教育资源，提升高教综合水平的建议　刘云艳、王梅
8. 关于加快新型工业化与移民后扶相结合的对策　于华
9. 关于在社会保险经办机构实行五保合一，提高服务效能的建议　刘忠俊
10. 关于加大文联工作的力度，推进文化艺术发展的建议　张永安

11. 规范和开拓金融服务，支持二手房市场健康发展　李昱
12. 关于解决三峡库区产业空心化问题的对策研究　王筱欣等
13. 关于切实加强我市艾滋病防治的建议　李廷荣
14. 关于解决我市化粪池隐患的建议　唐俐
15. 加强煤矿安全执法力度，坚决关闭非法煤矿　郭科社
16. 关于大力推进我市社区建设的建议　刘静涛
17. 关于加强食品卫生安全监管力度，建立健全食品安全保障体系的建议　张素英
18. 关于因地制宜、推进三峡库区移民安置土地开发整理的建议　邱道持
19. 关于三峡库区水质安全的建议　郭劲松等
20. 关于建立农村社会保障体系的建议　杨晓碧

2005 年

1. 关于提高重庆市国有大中型企业创新能力的对策建议　陈义华
2. 加快我市农村实用人才队伍建设的建议　陈义华
3. 关于加快建立三峡库区移民保障体系的建议　邱道持
4. 关于加快重庆市医药产业发展的几点建议　黄泓
5. 加快农产品深加工装备制造业发展，促进三农问题解决的对策建议　社市委课题组
6. 发挥我市水运优势、建设我市沿江经济带的建议　柳恩梅
7. 关于优化我市特色工业园区空间组织的建议　邱道持
8. 提高企业创新力，发展新型、节能小排量及混合动力汽车　陈义华
9. 关于将修建民主党派大楼用地列入规划的建议　陈义华
10. 关于加大我市农村水环境污染防治力度的建议　社北碚区委
11. 关于建立我市住宅建筑能耗标识体系的建议　社九龙坡区委
12. 进一步促进重庆市中小企业社会化服务体系建设的建议　社南岸区委
13. 加强川渝合作，打造川渝中药产业经济带　社南岸区委
14. 加快农村坡耕地微型水利建设的建议　社涪陵区委
15. 关于加快高新区农转非人员社会保障制度建设的建议　社科院支社
16. 营造良好环境，促进重庆自主知识产权产品和品牌的提升　青年委
17. 关于加强重庆市主城区建筑高度规划的建议　青年委
18. 关于高度重视嘉陵江流域城市生活污水及生活垃圾治理的建议　社北碚区委
19. 关于建立基本医疗保险“药品目录”修改及自费比例调整听证会的建议　社渝中区委
20. 关于通过法律手段解决建设工程拖欠农民工工资问题的建议　社沙坪坝区委
21. 关于加快高校大学生医疗保障体制改革的建议　社沙坪坝区委
22. 关于大力发展职业教育，培养实用人才的建议　社九龙坡区委
23. 关于加强我市学校、医院、科研院所实验室污水排放监管的建议　社南岸区委
24. 以体制创新破解三峡库区产业空虚难题　经济委
25. 加快银行业发展将重庆建设成为长江上游金融中心　青年委

2006 年

1. 关于缓解我市建设用地困境的建议　邱道持
2. 关于推进我市农村卫生工作的建议　社市委课题组

3. 开发支流航道 发展库区经济　柳恩梅
4. 关于借鉴“移土培肥工程”经验，在全市推广建设占用耕地耕作层利用的建议　田水松
5. 关于建立促进农民增收长效机制的建议　王筱欣
6. 关于整合我市乡镇卫生院和计生站的建议　陈义华
7. 关于加快推进我市社会工作专业化建设的建议　刘静涛
8. 突破体制障碍，推动我市库区农村移民向市民有序转变的建议　王筱欣
9. 关于加强农民工维权体系建设的对策建议　黄为
10. 关于积极推进新型农村合作医疗制度试点，进一步加强农村卫生工作的建议　唐宗
11. 关于强化我市医务人员继续教育的建议　张志勇
12. 关于加快我市城市社区卫生服务体系建设的建议　勾琼
13. 关于加强航道整治工作，充分发挥长江航运作用的建议　蔡汝哲
14. 关于加强我市城市民族事务工作的建议　陈思成
15. 关于改革我市高校质量管理模式的建议　夏惠
16. 关于依托西部新城，建设重庆创意产业园的建议　社沙坪坝区委课题组
17. 关于转变政府职能，改善民营企业发展软环境的建议　唐俐
18. 关于实施“引摩入汽”战略，打造我市支柱产业的建议　郭钢
19. 关于面向我市经济建设主战场，改革高校科技创新体制的建议　郭钢
20. 关于防范信贷风险，提升我市工业发展水平的建议　李昱
21. 关于加大财政对城市公交营运系统扶持力度的建议　蒲勇健
22. 重视蔬菜基地规划建设 防范城市蔬菜供给危机　周茂林
23. 高度重视我市蔬菜污染严重问题 确保无公害蔬菜安全生产　周茂林
24. 关于加快重庆高职教育发展的建议　王蔚刚、涂国志
25. 关于发展我市社会养老服务业的建议　罗玲
26. 关于整合重庆物流资源，促进物流产业发展的建议　谭强
27. 加速柑橘皮渣综合利用 促进三峡库区产业发展　徐宗俊、童明伟、王华

2007 年

1. 关于加强三峡库区生态环境保护的建议　黄为
2. 关于发展轨道交通上盖物业，促进重庆轨道交通发展的建议　陈义华
3. 关于关注农民工心理健康的建议　张力
4. 关于加快我市水利发展的建议　黄为
5. 关于加强三峡库区泥石流灾害防治的建议　陈洪凯
6. 关于在城乡统筹中应高度重视新“三农”问题的建议　王筱欣
7. 关于尽快规范林权流转，有效保护森林资源和林农利益的建议　何洪良
8. 关于加快寄宿制学校建设，解决农村留守儿童教育问题的建议　徐嘉红
9. 关于进一步加强工作力度，提高农民工培训实效的建议　袁野
10. 关于重点关注调控行业中限制类和淘汰类项目信贷情况的建议　李昱
11. 关于整合资源，加大农村公共信息服务平台建设力度的建议　郭钢
12. 关于在统筹城乡发展中加强农村生态环境保护的建议　谭强
13. 关于提升重庆自主创新能力的建议　郭钢

14. 关于充实劳动保障工作力量，满足公共服务职能需求的建议　刘忠俊
15. 关于加大农民工保障力度的建议　何兴玲
16. 关于重视农民工回流现象，促进农村剩余劳动力转移的建议　陈义华
17. 关于加快农村改革步伐，着力提高农业综合生产能力的建议　黎昌礼
18. 关于打造“二战远东战区遗址”品牌，加速重庆国际化进程的建议　凌之泽
19. 关于加强重庆市三峡库区水土保持的建议　凌之泽
20. 关于依据统筹城乡发展要求，给予农村未成年人司法平等的建议　曾康
21. 关于构建重庆服务贸易及服务外包产业平台的建议　罗晋川
22. 关于加快推进主城排水三级管网工程建设的建议　王波
23. 关于以制度创新推进农村土地流转的建议　邱道持
24. 关于进一步加大中小学教师继续教育力度的建议　刘云艳

第五篇　区级组织

九三学社重庆市委所属区级组织，包括有区、县（市）委员会、区委筹备组、区级工作委员会及地区支社。区级组织最早成立于20世纪80年代，并按照行政区域划分为基础而建立的。

1978年4月3日，九三学社中央领导小组成立，1978年4月18日，重庆分社临时领导小组成立，重庆分社重新恢复支社和直属小组活动。1978年12月，中共中央召开十一届三中全会，会议拨乱反正，全面纠正“文化大革命”中及其以前的“左倾”错误，做出把工作重点转移到社会主义现代化建设上来的战略决策，开创了中国社会主义现代化建设的新时期，我国统一战线也进入了一个新时期。随着重庆分社重新恢复活动，九三学社重庆市地方组织也在不断发展壮大。为适应新形势、新任务的需要，1987年6月，根据九三学社中央执行局第142次会议通过的《关于加强我社思想建设和组织建设的几点意见》精神，重庆分社本着“发展为了工作，通过工作发展”的组织工作发展方针，按照《九三学社章程》发展新社员的标准，在全市范围内发展了一批年龄较轻、业务工作能力较强的高、中级中青年知识分子入社，全市社员年龄严重老化的问题逐渐缓解，为社内人才的成长打下了基础。在地域分布上，发展社员虽然仍以主城区为主，但已逐步向主城区外各区的中等城市扩展。为了在全市范围内更好地开展社务工作，1987年，经向社中央和中共重庆市委专报，批准在主城内条件成熟的渝中、北碚、沙坪坝3个区分别建立社的区级组织。为此，1988年至1989年，九三学社重庆市北碚区委员会、九三学社重庆市沙坪坝区委员会、九三学社重庆市九龙坡区委员会3个九三学社区级委员会先后在重庆建立。1997年，九三学社重庆市南岸区委员会、九三学社重庆市渝中区委员会也相继建立。

1996年9月，根据中央决定，重庆市即将直辖，行政区划也随之调整。按照社员所在单位的属地原则，九三学社四川省委将所属的九三学社四川省万县市委（1988年9月成立）、九三学社四川省涪陵市委（1988年6月成立）、九三学社四川省委直属黔江地区小组（1994年11月成立）划归九三学社重庆市委代管。1997年重庆直辖，社万县市委、社涪陵市委和社黔江地区直属小组正式划为九三学社重庆市委所属区级地方组织。

重庆直辖后，九三学社的基层组织和地方组织在全市范围内得到进一步的扩展。根据形势发展和开展社务工作的需要，2005年，九三学社重庆市大渡口区委员会筹备组成立。2006年，九三学社重庆市渝北区委员会成立。同年，九三学社重庆市永川区工作委员会和九三学社重庆市万盛区工作委员会相继成立。

2007年，九三学社重庆市委员会下辖（按成立时间先后为序）北碚、沙坪坝、九龙坡、南岸、渝中、万州（原万县）、涪陵、黔江、渝北区级委员会9个，永川、万盛区级工作委员会2个和大渡口区委筹备组1个，共12个区级组织，共有支社110个、小组7个，社员2604人。

第一章　九三学社重庆市北碚区委员会

九三学社重庆市北碚区委成立于1988年3月29日，是社组织恢复活动以来，九三学社中央批准在全国建立的首批区级组织之一，是社重庆市委直属的第一个区级组织。现为第五届委员会，主任委员：王佳，副主任委员：李航、冯小琴（女）、张力（女，专职）。截至2007年底，共有7个基层组织，其中，基层委员会1个、支社6个。共有社员231名，其中高级职称占89%。社员中有任社中央副主席1人、社中央委员3人，社市委主委1人、社市委副主委1人。

九三学社北碚区委成立以前，1951年初，九三学社创始人之一、西南师范学院首任院长谢立惠，在筹建西南师范学院期间，发展了王元吉、施白南、朱传秀（女）等人入社，并建立了九三学社重庆分社西南师范学院小组，是重庆分社在北碚区最早建立的九三学社基层组织。1953年，西南师范学院支社成立。1956年，西南农业学院支社成立。1990年11月，中国农科院重庆柑橘研究所支社成立，共有社市委直属基层组织3个。

1988年，经社重庆市委报请社中央批准，1988年3月3日，在社市委副主委何知凡主持下，召开九三学社北碚区委成立筹备会，会议决定成立九三学社北碚区委筹备组，并推选杨宗义、蒋国碧（女）、王拾敏、刘大永、周宗兴、陈全有、张薇（女）7人为筹备组成员，负责社北碚区委的成立筹备工作。

1988年3月29日，九三学社重庆市北碚区第一次社员代表大会暨九三学社北碚区委员会成立大会召开，大会选举产生了九三学社北碚区委第一届委员会。主任委员：杨宗义，副主任委员：周宗兴、王拾敏，委员：蒋国碧（女）、张佑栋、陈全友、张薇（女）、朱传秀（女，1989年2月增选）。时全区有西南师范大学、西南农业大学、重庆市第九人民医院3个支社和重庆仪表材料研究所、重庆柑橘研究所2个直属小组，共5个基层组织，127名社员。社北碚区第一届委员会期间，先后成立了重庆仪表材料研究所支社、中国农科院重庆柑橘研究所支社和社北碚区委直属小组。

1992年7月1日，九三学社北碚区第二次社员代表大会召开，大会选举产生了九三学社重庆市北碚区第二届委员会，主任委员：周忠群，副主任委员：王拾敏、周宗兴，委员：周忠群、王拾敏、周宗兴、陈全友、李晓、张佑栋、张德武、梁建和、蒋国碧（女），社区委办公室主任：张力（女）。全区共有5个支社和1个直属小组，社员149人。

1997年9月15日，九三学社北碚区第三次社员代表大会召开，大会选举产生了九三学社北碚区第三届委员会，主任委员：周忠群，副主任委员：周宗兴、张泽，委员：王佳、刘应姣（女）、朱利泉、周忠群、周宗兴、张泽、张力（女）、梁建和、雷霆。

2001年12月19日，九三学社北碚区第四次代表大会召开，选举产生了九三学社北碚区第四届委员会，主任委员：王佳，副主任委员：李航、冯小琴（女）、张力（女），委员：王佳、李航、冯小琴（女）、张力（女）、王华、王旭东、朱利泉、刘云艳（女）、吴建华、雷霆、谭强。

2006年10月30日，九三学社北碚区第五次代表大会召开，大会选举产生了九三学社北碚区第五届委员会，主任委员：王佳，副主任委员：冯小琴（女）、李航、张力（女），委员：丁敏（女）、王华、王佳、王旭东、冯小琴（女）、朱利泉、李航、吴建华、杨大成、张力（女）、董佳

(女)、雷霆、谭强。全区有西南大学基层委员会和西南大学一支社、西南大学二支社、西南大学三支社、重庆市第九人民医院支社、重庆仪表材料研究所支社、北碚区直属支社，共7个基层组织。

社北碚区委自成立起，在社市委和中共北碚区委的领导下，认真贯彻落实中共中央有关多党合作和政治协商的重要文件、九三学社中央历次代表大会精神。以思想建设为核心、以组织建设为基础、以制度建设为保障，努力加强自身建设，认真履行参政议政、民主监督职能。通过参与政治协商和开展社会服务活动，为促进重庆市、北碚区的经济、政治、文化、社会建设发挥了参政党地方组织的积极作用。

立足区情，围绕党和国家的工作大局、社的工作重点开展思想建设。一是开展参政党理论学习。1989年《中共中央关于坚持和完善中国共产党领导的多党合作和政治协商制度的意见》下达后，社区委组织召开全体社员学习会，进一步提高了广大社员对多党合作、参政党职能和作用的认识，巩固了与中国共产党团结合作的政治思想基础。通过组织学习中共历次代表大会精神、中共中央有关统一战线文件精神和社会主义初级阶段基本理论，深化了广大社员对参政党性质、地位、职能作用和历史使命的认识，增强了广大社员接受中国共产党领导的自觉性。二是开展主题活动，增强社组织的凝聚力。围绕党和政府在各个不同历史时期的工作重点开展学习活动。近年来，通过组织全区社员开展“三增强、四热爱”、“社会主义荣辱观”、政治交接学习教育、邓小平理论和“三个代表”重要思想等主题学习教育活动和建社50周年、60周年等大型学习教育活动，开展中国共产党领导的多党合作和政治协商制度以及社章、社史和社的光荣传统教育，扩大九三学社的影响，使广大社员对九三学社的历史、性质、地位和作用的了解更加深入，增强了参政党意识，调动了广大社员认真履行参政党职能的积极性。

加强组织建设，干部队伍和后备干部队伍整体素质不断提高。一是组织发展注重质量。认真贯彻落实《民主党派组织发展若干问题纪要》《九三学社中央关于实施人才强社战略的意见》，坚持组织发展“三为主”“发展与巩固相结合、有计划稳步发展”的方针。注重发展政治素质高、参政议政能力强的中青年优秀知识分子入社，组织发展健康有序。二是加强基层组织建设。在加强基层组织建设中，立足自身实际、借鉴中共的经验开展组织生活，在干部队伍中开展了“讲学习、讲政治、讲大局、讲传统、讲奉献”活动，收效甚好。基层组织活动正常有序，组织活动形式多样、内容丰富，基层组织更具活力。三是着眼政治交接，选拔后备干部队伍注意发现政治立场坚定、热爱组织、具有一定参政议政能力和组织能力的社员。对后备干部队伍实行动态管理，积极探索建立社员发展、骨干培训和后备干部选拔任用机制。近年来，全区社员中担任重庆市人民政府副市长1人、社重庆市委主委1人，担任市厅级领导职务1人，担任北碚区人大常委会副主任1人，担任北碚区政府部门副处级以上实职领导干部3人。

加强制度建设。一是完善工作机制。在工作实践中建立和完善了社区委工作会议、主委会议、专委会会议、支社活动等制度。二是注重工作实效。通过建立意见、建议跟踪渠道和信息反馈制度，发挥担任各级各类特约监督员社员的积极作用，畅通社员参与议政建言、民主监督的渠道，积极为社区委建言献策和履行参政党职责，提供智力支持和人才支持。

以提高参政议政能力为着力点，集思广益，围绕重大问题建言献策。社区委建立有参政议政、妇女工作和老年工作3个专委会。各专委会根据各自的特点制定计划、积极开展工作，增强了专委会开展工作的针对性、实效性。就重庆市、北碚区经济社会方面的一些重大问题进行专题调研，提出有价值的意见、建议；社区委领导在参加中共北碚区委召开的双月座谈会、暑期谈心会、征求意见会和区政协常委会、专题协商等会议上，提出了许多有价值的意见、建议，有的建议得到了中共北碚区委和区政府的肯定或采纳；各基层组织根据社员的界别特点和专业优势，选择区域经济和社会发展中的重大难点问题开展调研，形成了一批具有较高质量的参政议政调研成果；社区委围绕北碚区发展战略，发挥“党委出题、党派调研、政府采纳、部门落实”的参政议政课题调研机制的积极作用，认真组织开展年度课题研究。每年向社重庆市委、北碚区政协提交集体和个人提案50余件；担任市、区特邀监督（察）员的社员认真履行民主监督的权利和义务，对科委、法院、税务等部门在执行公务活动中的勤政廉政、执法执纪、行风建设等工作，在广泛收集和听取群众意见的基础上，认真开展民主监督。社员中现有全国人大代表1人，重庆市人大代表3人，北碚区人大常委会副主任1人，重庆市政协委员7人、常委1人，北碚区政协委员12人、常委4人、副秘书长（兼职）1人。

积极开展社会服务活动。1991年，帮助缙云山园艺场打出了第一口优质矿泉水井，同年10月，社区委与缙云山园艺场签订了为期五年的“九缙合作协议”；1991年7月，社区委与北碚区红十字医院签订了“九红合作协议”，组织社内医务人员帮助区红十字医院提高医疗水平，使红十字医院的医务质量得到了显著提高，受到患者的赞誉；在助推新农村建设活动中，响应区政协“展示政协新形象、服务北碚新农村”号召，社区委在对口联系施家梁镇三圣村的工作中，积极开展了各具特色的系列社会服务活动。同时，还帮助三圣村制定了主导产业发展和经济社会发展规划，为三圣村捐款2万余元，修建了一条乡村便道，受到村民的欢迎。

鼓励社员立足本职，建功立业。1991年，社员邱智仙、朱传秀被评为“四川省各民主党派、工商联为四化服务”先进个人，受到表彰。1992年5月，社区委被评为“重庆市各民主党派、工商联为四化服务”先进集体，社员王季超、李晓、张力被评为“重庆市各民主党派、工商联为四化服务”先进个人，受到表彰。1992年，社员陈重穆获香港柏宁顿教育基金会颁发的“孺子牛金球奖”，社员高石汉的摄影作品《秀丽的巫峡》获美国纽约优异奖牌。1994年以来，社员刘绍璞作为美国科学发展协会特邀国际会员，被载入英国剑桥国际传记中心。社员李航主持了国家级、省部级等各级科研项目9项，其中，国家自然科学基金课题4项，并有多项成果被国内外同行专家评价为原创性贡献。社员朱利泉帮助多位年轻教师获得10余项国家自然科学基金项目，并主研了包括国家973、863项目和国际原子能机构课题在内的16项课题。2007年，社员张力获重庆市精神文明建设委员会、市总工会、共青团重庆市委、市妇联联合颁发的“重庆市道德模范”提名奖。

第二章　九三学社重庆市沙坪坝区委员会

九三学社重庆市沙坪坝区委员会成立于1989年4月。现为第五届委员会，主任委员：郭劲松，副主任委员：田耕、夏惠（女）、郭钢、郭科社。截至2007年底，九三学社沙坪坝区委共有基层组织12个，其中，基层委员会1个、支社11个。共有社员424人，具有高级职称的319人、占75.2%，具有中级职称的104人、占24.5%。社员中有九三学社中央委员1人、社市委委员9人、社市委常委1人。

社沙坪坝区委员会成立以前，1953年4月，重庆大学支社成立。1953年5月，重庆建工学院支社成立，共有重庆分社直属基层组织2个。“文化大革命”中，九三学社被迫停止活动。粉碎“四人帮”后，重庆大学支社于1978年恢复活动，为重庆市各民主党派中最早恢复活动的基层组织之一。

1988年3月5日，九三学社沙坪坝区委员会筹备小组成立。筹备小组成员为徐宗俊、秦翼鸿、陈树晋、余衍漪（女）、丁小中，负责社沙坪坝区委的成立筹备工作。

1989年4月27日至28日，九三学社沙坪坝区召开第一次社员代表大会暨九三学社沙坪坝区委成立大会，选举产生了九三学社重庆市沙坪坝区第一届委员会。主任委员：丁小中，副主任委员：秦翼鸿、陈树晋、余衍漪（女），委员：朱治本、林树兴、唐荣地、陈永生、徐振国、朱连山、靳洁心（女）。时有基层组织13个，其中支社8个、小组5个，社员153人。

1992年5月15日至5月16日，九三学社沙坪坝区第二次社员代表大会召开，选举产生了九三学社重庆市沙坪坝区第二届委员会。主任委员：丁小中，副主任委员：秦翼鸿、唐荣地、李峻翼，委员：朱连山、朱治本、朱茂福、张良才、郑伦金、唐大联（女）、林树兴、温永玲（女）、卿国祥。时有基层组织14个，其中支社9个、直属小组5个。1995年，届中因行政区划调整，划出重庆医科大学、机械部第三设计研究院支社，时有7个支社、2个小组，社员194人。

1997年9月11日，九三学社沙坪坝区第三次社员代表大会召开，选举产生了九三学社重庆市沙坪坝区第三届委员会，主任委员：丁小中，副主任委员：陈迅、王力军、陈义华（因届中调整，王力军任期为：1997年9月—2001年3月，陈义华任期为：2001年3月—2001年12月），委员：门殿中、王蔚刚、邓滔（女）、傅光明、刘信安、陈妙凤（女）、郃可举、郑伦金、欧丕、梁尤桓、温永玲（女）。时有基层组织15个，其中基层委员会1个、支社9个、小组5个，社员261人。

2001年12月15日，九三学社沙坪坝区第四次社员代表大会召开，选举产生九三学社重庆市沙坪坝区第四届委员会，主任委员：陈义华、郭劲松（因届中调整，陈义华任期为：2001年12月—2005年6月，郭劲松任期为：2005年6月—2006年10月），副主任委员：田耕、夏惠（女）、郭钢（因届中调整，夏惠任期为2004年1月—2006年10月，郭钢任期为2005年6月—2006年10月），委员：王远亮、王蔚刚、邓滔（女）、刘拥军（女）、郃可举、张川、张小安（女）、张昌伦、罗丽虹（女）、郭科社、蒋玲玲（女）。时有基层组织16个，其中基层委员会1个、支社11个、小组4个。第四届委员会设有妇女工作委员会、老年工作委员会、参政议政工作委员会3个工作委员会，社员352人。

2006年10月27日，九三学社沙坪坝区第五次社员代表大会召开，选举产生九三学社重庆市沙坪坝区第五届委员会，主任委员：郭劲松，副主任委员：田耕、夏惠（女）、郭钢、郭科社，委员：王远亮、王蔚刚、刘拥军（女）、孙冬野、张川、张昌伦、胡先明、唐俐（女）、梁灏、曾康。社员415人。

社区委自成立以来，坚持以思想建设为核心，以组织建设为基础，以制度建设为保障，切实加强自身建设。注重结合时代特点，通过组织报告会、理论研讨会、座谈会、培训会、热点论坛以及开展征文活动、歌咏比赛等丰富生动的形式，加强政治学习，提高社员的政治素质和理论修养；社区委委员经常深入基层组织开展调研，定期走访基层组织所在单位的中共党委统战部门，及时了解社员思想动态；1989年，社区委创办了《沙区九三》（季刊），建立了社区委网站，加强思想建设工作。

在组织建设方面，坚持贯彻民主集中制原则，不断完善集体领导和个人分工负责制，努力提高领导班子的政治把握能力、参政议政能力、组织领导能力和合作共事能力；组织发展坚持“三个为主”方针、坚持组织发展与后备干部队伍建设相结合的原则，注重质量、保持特色，适当发展了部分从事经济、管理、法律、文化等人文社会科学方面以及政府部门、新社会阶层中有代表性的优秀知识分子入社，社员结构更加优化；建立了社区委领导分工联系各基层组织制度，定期召开基层工作会议，总结经验、表彰先进。制定了社区委工作制度和社区委机关办公室岗位责任制度，明确了社区委工作原则和区委委员职责，制定了办公制度、会议制度、财务工作制度等工作制度，社区委工作更加制度化、规范化、程序化。

始终把发展作为参政议政的第一要务。1992年以来，在区政协大会上，社区委共提交集体提案近150件，委员个人提案400余件。社区委在历届政协全会上，先后围绕发展民营科技企业，整治经济工作中的浮夸风，在重庆直辖、三峡工程建设、西部大开发等时代背景下沙坪坝区如何抓住机遇加快发展，沙坪坝区西部城市化进程的策略，用高新技术打造沙坪坝区都市工业产业，扩大沙坪坝区中等收入群体等问题在政协全会上进行大会发言，不少建议和意见引起中共区委、区政府的高度重视并采纳。自2002年以来，共有10余件提案被社市委综合采用，其中，《国家级重庆大学科技园存在的问题及对策》《以重庆制造提升重庆实力》等提案被社市委采用为市政协全会上的大会发言材料，《关于加强重庆市技术创新能力的对策建议》等提案被社市委采用为集体提案。社区委多次获“积极支持九三学社重庆市委集体提案工作先进集体奖”及区政协“反映社情民意先进集体奖”等奖项，受到表彰。

1998年，社区委承担的软科学课题《沙坪坝科技成果现状及对策研究》获区科技成果一等奖和重庆市社会科学优秀奖。2002年至2007年，社区委共完成中共区委出题的党派调研课题6项：《重庆大学科技园发展中存在的问题及对策研究》《沙坪坝区投融资体系研究》《用高新技术改造提升传统产业》《扩大沙区中等收入群体》《沙坪坝井口双碑片区、新上桥片区发展定位研究》《利用沙区现有资源，发展物流配套产业》。其中，获沙坪坝区民主党派调研成果一等奖1项、二等奖2项。

沙坪坝区社员中现有全国政协委员1人，市人大代表2人、市人大常委会委员1人，市政协委员9人、市政协常委1人，区人大代表5人，区政协委员17人、区政协副主席1人、区政协常委3人。社员中先后担任市、区各类特约员和行风评议代表30余人，推荐到区政府部门、区法院担任实职3人。先后有多名社员承担多项社中央、中共重庆市委、市科委软科学课题及社市委调研课题。其中，郭劲松主笔的“三峡库区水资源环境安全的对策研究”中标2004年社中央课题，被九三学社中央确定为在全国政协大会上的发言材料和社中央集体提案；郭钢负责的调研课题“关于发展农产品深加工装备制造业，解决三农问题的建议”被社中央采用为委员个人提案提交全国政协；陈义华、郭钢参与了中共重庆市委调研课题“解决三峡库区产业空虚化对策研究”；徐宗俊主笔的“关于把重庆建成具有国际重要影响的制造业基地的研究”引起中共重庆市委、市政府的高度重视。社区委组织社员撰文参加社中央“九三论坛”，3位社员的论文入选社中央《新农村建设与和谐社会》《农村金融问题与新农村建设》论文集。

充分发挥智力密集优势，积极开展社会服务活动，为促进经济和社会发展做实事。积极推进“九乡合作”，组织社内专家深入乡镇企业，参加技术攻关，参与项目论证；社员袁鹰支持社市委，设立了“九三奖学金”，对三峡库区贫困学生进行教育扶贫，被社中央评为“科教服务、支边扶贫”先进个人，受到表彰；2002年至2007年社区委先后组织70多名科技、法律、教育和医疗卫生行业的社员赴沙区6个乡镇开展了“三下乡”及“国际科学与和平周”活动，发放农业科技、食品及医药卫生知识宣传资料13000余份，免费发放价值逾万元的种子、杀虫剂及常用药品等。为此，社区委多次获社中央颁发的“国际科学与和平周特别贡献奖”；在社会主义新农村建设中，为对口帮扶村提供物质和智力支持，捐献图书和办公用品，组织社内专家学者参与建设规划方案的讨论；号召社员积极投入“抗击非典”“抗洪抢险”等工作，社员们或不畏艰险深入一线，或踊跃捐款捐物献爱心，涌现出了一批全国及市、区先进个人，表现出了九三学社社员高度的敬业精神和社会责任感。

社沙坪坝区委先后与区乡镇企业局、发改委、环保局和安监局建立了对口联系关系。

鼓励社员立足本职，建功立业。据不完全统计，1998 年以来，沙坪坝区的社员荣获国家级、省部级科技及教学成果奖 100 余项。其中，国家技术发明奖、国家科学技术进步奖 7 项，国家级教学成果奖 10 余项。2 名社员入选国家级“新世纪百千万人才工程”；3 名社员入选教育部“新世纪优秀人才支持计划”；5 名社员入选重庆市首批学术技术带头人，7 名社员入选重庆市首批学术技术带头人后备人选。

第三章　九三学社重庆市九龙坡区委员会

九三学社重庆市九龙坡区委成立于1989 年7 月29 日，现为第五届委员会，主任委员：张大为，副主任委员：李霞（女）、刘静涛（女）、罗晋川。截至2007 年底，共有基层组织11 个，其中支社9 个、直属小组2 个。有社员193 人，其中，具有高级职称的占70%，中级职称的占30%。

九三学社九龙坡区委成立以前，九龙坡区有重庆交通学院支社、四川美术学院支社、十八冶金公司直属小组、重庆钢铁专科学校直属小组、重庆市第七人民医院直属小组，共有社市委直属基层组织5 个。1989 年7 月3 日，经九三学社重庆市委批复同意，九三学社九龙坡区筹备组成立。筹备组成员：温厚鸿、杨诚、杨万镒、汪文先、张仁贵、周骥、贺泽荣。7 月13 日，社市委批准建立九三学社九龙坡区委。

1989 年7 月29 日，九三学社九龙坡区召开第一次社员代表大会，选举产生九三学社九龙坡区第一届委员会，主任委员：温厚鸿，副主任委员：杨诚，委员：杨万镒、汪文先、张仁贵、周骥、贺泽荣。时有基层组织5 个，其中支社2 个、小组3 个，社员69 人。

1992 年6 月8 日，社九龙坡区召开第二次社员代表大会，选举产生九三学社九龙坡区第二届委员会，主任委员：温厚鸿，副主任委员：贺泽荣、王绍朴，委员：唐桂碧（女）、柯长玉、张仁贵、周骥。时有基层组织5 个，其中，支社4 个、小组1 个，九三学社社员81 人。1995 年重庆市区划调整，社市委将机械工业部第三设计研究院、重庆汽车研究所2 个支社及个别社员划入社区委。1996 年3 月，社区委进行届中调整，选举贺泽荣为主任委员，增选胡孝义为副主任委员，增选肖红娅（女）、杨棣华2 人为社区委委员。

1997 年3 月18 日，社九龙坡区第三次社员代表大会召开，选举产生九三学社九龙坡区第三届委员会，主任委员：王绍朴，副主任委员：胡孝义、张大为，委员：冯小琴（女）、朱光俊（女）、刘静涛（女）、肖红娅（女）、杨棣华。时有支社5 个、小组2 个，共7 个基层组织，社员108 人。1999 年2 月，届中增选张大为为副主任委员。

2001 年11 月28 日，社九龙坡区第四次社员代表大会召开，选举产生九三学社九龙坡区第四届委员会，主任委员：王绍朴，副主任委员：张大为、李霞（女）、刘静涛（女），委员：田应甫、朱光俊（女）、肖红娅（女）、陈耀华、杨学杰（女）、周宗凯、罗晋川。时有支社9个、小组2个，共11个基层组织，社员144人。

2006年10月18日，社九龙坡区召开第五次社员代表大会，选举产生社九龙坡区第五届委员会，主任委员：张大为，副主任委员：李霞（女）、刘静涛（女）、罗晋川，委员：田应甫、张涛（女）、朱光俊（女）、陈洪、陈耀华、杨学杰（女）、周宗凯。时有支社9个、小组2个，共11个基层组织，社员183人。

社九龙坡区委自成立以来，按照参政党建设的目标要求，坚持以思想建设为核心，以组织建设为基础，以制度建设为保障，努力加强自身建设。社区委把思想建设放在首位，注重开展思想教育。1989年，《中共中央关于坚持和完善中国共产党领导的多党合作和政治协商制度的意见》下达后，社区委结合时代特点，采取丰富多样的方式，以召开区委全委（扩大）会、各类学习培训会、举办讲座和专题报告会等形式，开展学习，理解精神，明确方向。在开展学习方面，重点学习邓小平关于新时期统一战线理论、“三个代表”重要思想和科学发展观，学习中共十六大、十七大等重要会议及中共中央两个5号文件精神，学习社章、社史及社中央、社市委重要会议精神，增强参政党意识，提高对中国共产党领导的多党合作和发挥参政党职能作用的认识；以建社40、50、60周年庆，社重庆地方组织成立40周年、60周年纪念活动，参观九三学社成立旧址纪念碑，全国统一战线教育基地为契机，对全区社员进行中国共产党领导的多党合作和政治协商制度、社史和社的传统教育。通过举办庆祝大会、开展知识竞赛、开展政治交接学习教育活动、举办演讲比赛等丰富多彩的活动，弘扬社的优良传统，提高广大社员的政治素质和理论修养，增强社组织的凝聚力。

坚持贯彻民主集中制原则，完善集体领导和个人分工负责制。组织发展注重质量、坚持“三为主”方针，坚持组织发展与后备干部队伍建设相结合的原则。并根据新形势新任务的需要，适当发展了个别从事经济、管理、法律、文化等人文社会科学方面有一定代表性的优秀知识分子入社。九龙坡区社员中，现有重庆市首届学术技术带头人后备人选1人，国家开发银行重庆分行顾问1人，获国务院政府特殊津贴2人，新经济组织负责人10人。

社区委把推动基层组织开展工作作为领导班子的重要职责，建立了社区委领导分工联系基层组织制度，深入基层组织开展调研。同时，通过走访基层组织所在单位中共党委统战部门和召开基层工作会议的方式，了解社员思想动态和工作情况，及时总结基层工作经验，指导和推动基层组织开展活动。

社九龙坡区委成立至2007年12月，社员中担任社中央委员3人次；社市委委员23人次，其中，常委10人次。社员马鸣图任九三学社第九、十、十一届中央委员。

社区委始终把参政议政作为工作重点，在履行参政党职责中，立足九龙坡区经济和社会发展大局，选准课题，深入调研，集思广益，群策群力，做好党委和政府所需要的针对性强、操作性强的“应用文”供党委政府决策参考。通过参加中共区委召开的“双月”座谈会、中心组学习会、民主协商会、情况通报会、谈心活动等积极参与政治协商，积极建言献策。通过参加区政协主席会、常委会、视察和调研等活动，对市区经济社会发展提出意见和建议。如参与《九龙坡区国民经济和社会发展“九五”计划和2010年远景规划》《九龙坡区发展战略构思》等重大问题的协商讨论，所提出的意见、建议得到有关部门的重视，有的被中共九龙坡区委、区政府采用落实。

通过“党委出题，党派调研，政府采纳，部门落实”的民主党派调研运行机制，积极参与中共区委的政治协商。2001年至2007年底，形成的40个调研课题成果报告，分别得到中共区委、区政府的采纳、肯定和表彰。2001年，参与重庆市政协开展大城市带动大农村专题调研，撰写的《以结构调整为主线，实现重庆农村体制创新》调研报告入编市政协《大城市带动大农村调研专辑》；2002年，承担中共重庆市委重大调研课题“关于信息化带动工业化实现途径研究”入编市委统战部《市级民主党派调研论文集》。2003年，承担完成了中共重庆市委统战部“关于创造新民营科技型企业人才机制的研究”等课题。2004年，承担完成了中共重庆市委“解决三峡库区产业空虚问题的对策研究”课题；同年，与区人口与计划生育委共同完成的“关于农村计划生育家庭社会保障体系建立及机制的研究”课题获2004年重庆市科学技术成果奖。2005年，承担完成的区政协“加快‘中国铝加工之都’建设的对策研究”课题中，提出的有关建议和意见被重庆市“十一五”规划纲要吸纳，并获九龙坡区科技进步二等奖。2006年，完成的重庆市建委软科学研究“重庆市住宅建筑能耗标识体系的研究”课题，有关建议意见被《重庆市建筑节能条例》吸纳。2006—2007年，参与九三学社中央开展的“九三论坛”活动，提交的多篇论文连续两届入选社中央“九三论坛专辑”。

在“两会”中积极发挥参政议政作用。自1989年以来，社九龙坡区委在全国、重庆市、九龙坡区人大和政协会议上，共提交议案、提案、建议和反映社情民意900余件，大会发言33篇。内容涉及政治、经济、科教、环保、统战、城市建设、文化、社区服务等。许多建议被政府采纳：2005年，《关于在西彭地区建设中国“铝都”的建议》受到九龙坡区政协主席会议的高度重视，有关建议和意见被重庆市“十一五”规划纲要吸纳；2006年，《三峡库区移民就业与保障问题研究》作为社中央集体提案提交全国政协十届四次全会立案。同年，提交的《以体制创新破解三峡库区产业空虚难题》等4个提案被作为社市委集体提案提交市政协二届四次会议立案，其中《以体制创新破解三峡库区产业空虚难题》被列为市政协二届四次全会一号提案和重点提案，受到中共重庆市委书记汪洋的高度重视，并亲自牵头办理，提案提出的14条建议得到市政府采纳；社区委支持社员中的政协委员发挥各自的专业特长，积极参与九龙坡区西部地下水资源论证工作，为区域经济社会发展献良策。

截至2007年底，九龙坡区社员中任市人大代表7人次，其中常委3人次；市政协委员11人次，其中常委2人次；区人大代表4人次，其中常委1人次；区政协委员58人次，常委11人次，副主席5人次；受聘重庆市政府参事3人次；受聘重庆市文史研究馆馆员2人次；受聘市级、区级特约检察员、审计员、廉政监察员及行风评议代表等80人次。在区政协和政府各职能部门中，担任领导职务共8人次。受聘重庆九龙坡区政府第一至三届专家咨询顾问团成员6人次。社员温厚鸿任十一届重庆市人大常委、十二届市人大代表；马鸣图任第十二届、第一届（重庆直辖）市人大常委、第二届市人大代表；贺大镛任第二届市人大代表；王筱欣（女）任第三届市人大代表；段绪铮任第七、八届市政协委员；王绍朴任第八届、一届（重庆直辖）市政协委员；陈耀华任第二、三届市政协常委；王筱欣（女）任第二届市政协委员；张大为 、刘仕洪、刘忠俊 、周宗凯任第三届市政协委员。

积极开展与政府相关职能部门的对口联系工作。1989年至1996年，社区委相继与区建委、区科委和区乡镇企业局建立了对口联系。1997年至2007年，主要对口联系部门为区建委、区科委。开展对口联系工作以来，社区委参与起草和撰写有《九龙坡区科技兴区规划纲要》《对我区建筑业“九五”发展规划提纲的建议》《九龙坡区科技发展“十五”纲要》《关于西部地区缺水对策的思考》，以及参与了15项针对区域城市建设和小城镇发展开展的评审工作，得到有关方面的重视，或被政府部门采纳落实。

积极开展各项社会服务活动。1994年4月，社区委应武隆县科委邀请，组织专家组赴武隆县对芙蓉洞旅游资源开发的前期可行性进行调研论证。1994 年 9 月，社区委参与组建的重庆亚当夏娃医疗保健门诊部，被渝中区卫生局评为“信得过的社会办医机构”。1997 年，社区委为农村小学捐款 500 元、书籍读物 369 册。1998 年，响应社中央开展的向云南地震灾区人民献爱心活动号召，捐款 10320 元，捐献衣物 390 件。1998 年，为九龙村争取资金修建了 2000 米的村级公路，同时捐款修建了村办公室及配置了办公桌椅。1999 年，为拟办猪场，种鸭和种鸡养殖场进行论证，为种植中药材和拟办石厂进行论证并提出建议；1999 年，在支持重庆钢铁专科学校支社配合学校开展精神文明活动中，创办“书友之家”、开展“英语角”和开办“英语广播站”活动，得到学校党政的肯定和好评。2001 年以来，社区委积极响应社中央、社市委的号召，把社会服务工作与“国际科学与和平周”“全国科普日宣传”活动相结合，开展了“科普知识进社区”等系列活动，内容涉及《中华人民共和国科学技术普及法》的普法宣传、开展义诊、妇女维权、健康体检、传授科学健身方法等方面，积极支持社员中的政协委员发挥专业特长参与社组织开展的各项社会服务活动。

第四章　九三学社重庆市南岸区委员会

九三学社重庆市南岸区委成立于 1997 年 6 月 28 日，现为第三届委员会，主任委员：李伟，副主任委员：陈思成、陈晓麟（女）、陈洪凯、谢雪梅（女）。截至 2007 年底，社南岸区委共有 9 个基层组织，社员 236 人。其中，具有高级技术职称的占 61%；硕士 48 人，占 20.3%；博士 14 人，占 5.9%。

1996 年 9 月 19 日，经中共重庆市委与中共南岸区委统战部协商，九三学社南岸区委筹备组成立。筹备组成员 7 人：温厚鸿、陈辉基、罗家驹、张敏先（女）、徐嘉红（女）、刘学宪、陈晓麟（女）。筹备组制定了《九三学社南岸区委筹备组关于召开社南岸区第一次社员代表大会选举产生第一届委员会的方案》，为建立社区委做准备。

1997 年 6 月 28 日，社南岸区第一次社员代表大会召开，选举产生了九三学社南岸区第一届委员会，主任委员：温厚鸿，副主任委员：陈辉基、刘懋维，委员 9 人：刘学宪、刘懋维、陈仕江、陈庆庆、陈晓麟（女）、陈辉基、张敏先（女）、罗家驹、温厚鸿。1999 年 9 月，经社市委批准，届中增选李伟、陈谦应 2 人为社南岸区第一届委员会副主任委员。1998 年，为开展科技经济咨询服务工作，社南岸区第一届委员会科技咨询服务工作部成立，主任：陈谦应，副主任：陈洪凯、蔡成雄，顾问：刘纲、李逢春，成员：徐嘉红（女）、陈修素、何志唯、梁志忠、孙道静、李吉雄、周宇、潘武、刘学宪。九三学社南岸区第一届委员会期间，共有 6 个基层组织，其中支社 5 个、直属小组 1 个，共有社员 110 人。

2001 年 12 月 13 日，社南岸区第二次社员代表大会召开，选举产生了九三学社南岸区第二届委员会，主任委员：李伟，副主任委员：陈谦应、陈晓麟（女）、陈思成，委员 11 人：李伟、陈谦应、陈晓麟（女）、陈思成、唐光武、杨明清、陈修素、陈洪凯、邓广南（女）、潘武、蔡成雄、陈仕江。社区委第二届委员会期间成立有参政议政、科技、宣传、妇女、青年五个专委会和提案工作部，专委会日常工作由主委会成员和区委委员分工负责：李伟、陈仕江负责参政议政工作，陈洪凯、陈谦应、蔡成雄负责科技工作，陈思成、杨明清负责宣传工作，陈晓麟（女）、邓广南（女）

负责妇女工作，陈晓麟（女）、陈仕江负责青年工作。2002 年 3 月，社区委提案调研工作部成立，主任：蔡汝哲，副主任：康世瀛、陈仕江，成员：刘茂光、王梅（女）、勾琼（女）、周志（女）、梁先成、田伟、范翠玲（女）、王怀祖、金祖祺。2006 年因工作需要，社区委对提案调研工作部成员进行了调整，主任、副主任人选不变，调整后的成员为刘茂光、王梅（女）、勾琼（女）、周志（女）、梁先成、田伟、范翠玲（女）、张志勇、王怀祖。共有支社 9 个，社员 171 人。

2006 年 10 月 29 日，社南岸区第三次社员代表大会召开，选举产生了九三学社南岸区委第三届委员会，主任委员：李伟，副主任委员：陈思成、陈晓麟（女）、陈洪凯、谢雪梅（女，专职），委员 13 人：王清华、李伟、陈仕江、陈思成、陈洪凯、陈修素、陈晓麟（女）、杨明清、范翠玲（女）、唐光武、谢雪梅（女）、蔡成雄、蔡应繁。第三届委员期间成立有四个专委会，采取主委会成员分工负责制负责各专委会的工作：李伟、陈思成负责参政议政工作，陈洪凯负责科技工作，谢雪梅负责宣传工作，陈晓麟负责妇女、老年工作。时全区共有重庆交通大学支社、重庆邮电大学支社、重庆工商大学南岸校区支社、重庆教育学院支社、重庆交通科研设计院支社、重庆交通规划勘察设计院支社、重庆第五人民医院支社、重庆中药研究院支社、社南岸区委直属支社等 9 个基层组织，有社员 229 人。

社南岸区委自成立以来，坚持以邓小平建设有中国特色社会主义理论为指导，坚持与中国共产党真诚合作共事，认真履行参政党职能；通过开展各种学习培训活动，组织社员学习新时期党的统一战线理论，学习社章社史，学习党和国家的大政方针政策，学习时事政治，增强广大社员的参政党意识、大局意识、责任意识，坚持坚定的政治方向；开展新老政治交接。通过加强领导班子建设，增强领导班子的团结、协作、有为、进取精神。在重大社务工作中坚持民主集中制原则，营造团结、民主、和谐的氛围；注重发挥基层组织和广大社员参与社务工作和履行职能的积极性。在参政议政和社会服务工作中，结合社员的专业特长，精心组织骨干社员围绕中共区委区政府开展的旅游开发年、科教兴区年、三水园林建设年和“七大经济板块建设”、工业园区建设年、社会事业发展年、城市建设年等中心工作，开展调研，充分发挥了基层组织和广大社员参与的积极性。

在组织发展方面，社南岸区委遵循“三为主”“巩固与发展相结合”的方针，严格按照《九三学社章程》所规定的组织发展标准和程序发展社员，注重拟发展社员的质量。同时，根据社中央和社市委实施“人才强社”战略的要求，在重点发展科技医卫界人才的同时，注意发展多元化人才。至 2007 年底，社区委组织有了较大发展，由刚成立时的 5 个支社、1 个小组、110 余名社员，发展到有 9 个基层组织、236 名社员。全区社员中：刘宜伦任社市委第八届、九届、第一届（直辖）、第二届（直辖）顾问；宗百岑任八届社市委常委；王孝谦任重庆分社第六、七届社市委委员；刘懋维任第八、九届社市委委员和直辖后第一届社市委委员；温厚鸿任第一届（直辖）社市委常委；李登信任第一、二届（直辖）社市委常委；李伟任第二、三届（直辖）社市委常委；蔡应繁任第三、四届（直辖）社市委委员。

广大社员立足本职、建功立业。全区社员大多数是本单位和各行各业的业务骨干，他们在各自的工作岗位上为重庆市、南岸区的经济社会发展做贡献，获得了各级各类荣誉称号和奖励。据不完全统计，近年来，全区社员中获国家级奖项 5 项，国家级荣誉称号 5 项；获省部级奖项 97 项，获省部级荣誉称号 44 项。其中，陈洪凯获国家七部委共同认定的“新世纪百千万人才工程国家级人选”荣誉称号，刘茂光获“国家级中青年有突出贡献专家”称号。7 名社员享受国务院政府特殊津贴，13 名社员被聘为重庆市科技咨询专家。郑思柏任第五至十届重庆市人大代表（四川省辖时期），吴奉直任第七、八届重庆市政协委员（四川省辖时期），罗英任第十一届重庆市人大代表（四川省辖时期）。

积极为市、区经济建设和社会事业发展建言献策。被选用作为社市委集体提案和大会发言材料共30件。其中，3件被市政协评为“优秀提案”，3件被选用作为社市委在市政协大会的发言材料，1件作为社情民意被社中央采用。2001年，《培育和发展重庆物流的对策建议》《关于加强重庆市宏观战略研究的建议》2件提案被市政协评为优秀提案。2002年，《关于由市政府出面协调重庆市路桥收费的建议》提案，被市政协列为一号提案，并被评为重庆市政协2002年度优秀提案，受到表彰。2000年至2006年，社区委连续7年获社市委授予的“集体提案工作先进集体”奖，2004年荣获社中央授予的“参政议政先进集体”。2007年获社市委参政议政工作二等奖。34人次获社市委授予的“提案工作先进个人”，受到表彰。

参政议政专题调研成果累累，提出了许多可供决策参考的意见、建议。近年来，社区委共组织开展了24次专题调研。2004年，与南岸区政协共同完成的《关于重庆市长生桥垃圾卫生填埋场环境污染的情况报告及整治建议》，获区政协专题调研报告特等奖；与区政协共同完成的《南岸区经济业态调查分析研究》获区政协专题调研报告二等奖；与区政协共同完成的《抓住亚太市长峰会契机，构筑南岸经济平台》获区政协专题调研报告二等奖。2005年，与区政协共同完成的《食品安全卫生现状及建议》获区政协专题调研报告特等奖，主研人员张素英应邀出席全国政协委员食品安全调研会并发言；与区政协共同完成的《规范农房建设，构建和谐社会》获区政协专题调研报告二等奖。2005年8月，《重庆市第二次路桥收费改革南岸区面临的机遇和对策研究》和《长生桥垃圾卫生填埋场环境污染情况调研报告》获南岸区政府科技成果三等奖。2007年6月，社区委调研报告《宗教旅游和城市形象研究》和与区政协城环委合作完成的调研报告《加强农房建设，构建和谐社会研究》均获南岸区政府科技成果三等奖；积极配合社市委完成市建委科学技术研究项目《三峡重庆库区危岩处治工程对策研究》《抗滑桩使用寿命及耐久性增强技术开发应用》以及市科委软科学研究项目《基于循环经济的重庆产业集群技术创新模式研究》共3项。

社会服务工作成效显著。1998年以来，组织社员积极参加社市委开展的各项科教服务、三下乡、科技支边扶贫等活动。重庆邮电学院支社、四川省中药研究所支社、四川省日用化学研究所小组等基层组织和社员多次获四川省政府、中共四川省委统战部、社四川省委的表彰。2001年以来，积极响应社市委的号召，在每年的科技服务周、全国科普日、国际与科学和平周活动期间，社区委科技咨询部15次组织社内科技、医务人员在南岸区的10余个街镇开展了面向社会的系列科技咨询服务活动：应邀组织社内专家学者为南岸区杨家坪外环路的改造、个体私营经济的发展、鹅公岩大桥和广阳岛大桥建设，以及忠县交通规划建设等项目提供无偿科技咨询服务；社区委还依靠社内专业技术人员完成了重庆碧园新村住宅区加筋挡土墙、贵阳绕城高速公路、渝黔高速公路管理房屋等6项设计项目；3位社内专家应邀参与了重庆中央商务区CBD区功能定位设计方案的评审。为此，社区委科技咨询部被南岸科技咨询中心授予2002年度科技咨询工作先进集体奖，连续5年获中国组委会和社中央授予的国际与科学和平周“特别贡献奖”。

2000年以来，社南岸区委的参政议政和社会服务工作得到了各方面的肯定，分别获社中央、社市委、中共南岸区委和区政府的表彰。2003年12月，社区委获“重庆市各民主党派为三个文明建设服务”先进集体奖，2名社员获“重庆市各民主党派为三个文明建设服务”先进个人奖。2004年12月，社区委获社中央授予的“参政议政先进集体”奖。2005年2月，社区委获中共南岸区委和区政府授予的2004年度目标考核“突出贡献单项奖”。在2005年8月22日社市委举行的建社60周年纪念大会上，重庆交通学院支社和南岸区委直属支社被评为先进基层组织，12名社员被评为优秀社员。在社中央2005年9月6日举行的建社60周年纪念大会上，南岸区2名社员被评为优秀社员。

截至2007年年底，全区社员中有全国人大代表1人，四川省人大代表1人，重庆市人大代表5人次，南岸区人大代表3人次（其中，常委3人次）；全国政协委员1人次，重庆市政协委员16人次（其中，常委2人次），南岸区政协委员23人次（其中，副主席1人次，常委10人次）；受聘为重庆市人民政府参事室参事2人；受聘为重庆市检察院特约检察员1人，重庆市第一中级人民法院廉政监督员1人，重庆市行风评议代表1人；受聘为南岸区政府特邀监察员1人，区法院特约监督员1人次，区法院特邀陪审员1人次。

第五章　九三学社重庆市渝中区委员会

九三学社重庆市渝中区委成立于1997年10月29日，现为第三届委员会，主任委员：黄爱龙，副主任委员：罗玲（女）、刘庆（女）、孙晓川、李昱（女），委员17人。截至2007年底，共有基层组织20个。其中，基层委员会1个、基层支社18个、直属小组1个，共有社员512人。其中，具有高级职称的368人，占社员总数72%。社员中医卫界占50%，科技界占44%，文艺等其他界别占6%。

1997年8月29日，在九三学社重庆市委的领导下，在中共渝中区委统战部的支持和帮助下，九三学社渝中区委成立筹备会议召开，会议决定成立九三学社渝中区委筹备组，筹备组成员有王芳（女）、冉隆华（女）、刘珍茂、刘信光（女）、阎鸿鑫、杨甦、张永安、易南慧、俞伟民、赵学渝，负责九三学社渝中区委的成立筹备工作。

1997年10月29日，九三学社渝中区社员代表大会暨社区委成立大会召开，大会选举产生了九三学社渝中区第一届委员会，主任委员：刘珍茂，副主任委员：阎鸿鑫、冉隆华（女）、杨甦，委员：刘珍茂、阎鸿鑫、冉隆华（女）、杨甦、王芳（女）、刘信光（女）、俞伟民、易南慧、赵学渝、张永安、蒋电明。时有基层组织18个，其中，基层委员会1个、支社13个、直属小组4个；有社员367人，其中，高级职称232人，占社员总数的63%。1998年8月21日届中增选屈谦为社区委委员，于1998年9月22日增选屈谦为社区委副主委。2001年6月1日，重庆市设计院和重庆市建科所联合支社成立。

2001年11月17日，九三学社渝中区第二次社员代表大会召开，大会选举产生了九三学社渝中区第二届委员会，主任委员：屈谦，副主任委员：杨甦、王芳（女）、黄爱龙，委员：屈谦、杨甦、王芳（女）、黄爱龙、史亚萍（女）、张永安、阎洁（女）、李昱（女）、罗明全、孙晓川、赵学渝、陈其彤、王荔（女）。有基层组织18个，其中，基层委员会1个、支社14个、直属小组3个；有社员426人，其中，高级职称267人，占社员总数的63%。2004年2月14日届中增选刘庆（女）为社区委委员、专职副主委，2005年7月7日增选罗玲（女）为社区委委员、副主委。

2006年11月2日，九三学社渝中区第三次代表大会召开，大会选举产生了九三学社渝中区第三届委员会，主任委员：黄爱龙，副主任委员：罗玲（女）、刘庆（女、专职）、孙晓川、李昱（女），委员：黄爱龙、罗玲（女）、刘庆（女）、孙晓川、李昱（女）、王芳（女）、张永安、阎洁

（女）、刘友学、罗明全、文瑜、龙顺建、陈其彤、高峰、谢昭鹏、林居红（女）、林进。时有基层组织20个，其中基层委员会1个、支社17个、直属小组2个；有社员499人，其中，高级职称359人，占社员总数的72%。

自成立以来，社渝中区委始终坚持中国共产党的领导，以思想建设为核心，以组织建设为基础，以制度建设为保障，以重大纪念活动为结点，全面加强自身建设。

以学习促思想建设。社区委坚持以提高广大社员的思想政治素质为重点，通过主委会、区委全委（扩大）会、暑期学习会、干部培训会、专题报告会等形式加强学习。重点组织开展了邓小平新时期统一战线理论、“三个代表”重要思想和科学发展观，中共十六大、十七大等重要会议，《中共中央关于坚持和完善中国共产党领导的多党合作和政治协商制度的意见》、中共中央2个5号文件精神，社章、社史和社中央重要会议精神的学习。并根据不同时期、不同阶段开展主题学习教育活动。如以庆祝中国共产党建党80周年、九三学社建社60周年等重大节庆为契机，通过开展“多党合作和政治协商制度及社史知识竞赛”“建社60周年座谈会暨与社员所在单位中共党委‘交挚友’联谊会”、纪念改革开放30年和“五一口号”发布60周年座谈会以及“解放思想、扩大开放”大讨论、开展“三增强、四热爱”等内容丰富、形式多样的活动，进行中国共产党领导的多党合作和政治协商制度的教育，增强广大社员对参政党性质、地位、作用和担负的历史使命的认识，不断提高政治素质和理论修养。社区委还参与了社中央“九三学社成立旧址纪念碑”选址工作和社市委纪念建社60周年大型庆祝活动，积极组织社员参加社市委组织的大合唱，表现出色，受到社中央主席韩启德和到会领导的高度赞扬。韩启德主席专门为社渝中区委成立10周年题词：“高举中国特色社会主义伟大旗帜”。2007年7月，以纪念社区委成立10周年为结点，制定了《九三学社渝中区委政治交接学习教育活动实施方案》和《政治交接学习教育活动主委联系基层制度》，把开展政治交接学习教育活动与加强自身建设、参政议政、社会服务及各项社务工作结合起来。在学习教育活动中，社渝中区委被选为社市委开展“政治交接学习教育活动”和“三真”学习教育活动的试点单位，为确保学习取得实效，社区委积极探索，精心组织，采取宣讲会、座谈会、支社活动等形式，有步骤地开展“学教”活动，使广大社员加深了对中国共产党领导的多党合作和政治协商制度的认识和理解，坚定了接受中国共产党领导的信心。社区委获社市委和社中央“政治交接学习教育活动先进集体”，受到表彰。

组织建设不断推进。按照《九三学社章程》和社中央关于组织发展的若干规定，在发展新社员的同时，注重做好拟发展社员的考核工作，把好入社关，使社员的专业结构进一步改善，界别进一步拓展，经济、法律等社会科学人才逐年增加。采取社区委委员分工联系基层组织制度，全面加强组织建设。一是加强制度建设。为把对基层组织工作的指导落到实处，制定了《九三学社渝中区第二届委员会委员联系基层制度》《九三学社重庆市渝中区第二届委员会会议制度》《九三学社重庆市渝中区第二届委员会委员岗位责任》《九三学社重庆市渝中区第二届委员会经费使用办法》《九三学社重庆市渝中区第二届委员会基层组织工作细则》等工作制度。二是开展基层组织活动规范化建设。通过制定《九三学社重庆市渝中区委基层组织工作细则》和填写《基层组织生活记录表》，使各基层组织做到了开展组织生活日常有记录，年终有总结。三是加强对新社员和基层干部的学习培训。利用暑期，以组织开展专题报告、讲座、培训会等方式，共举办了十余次新社员学习会、基层干部学习会。四是注重后备干部队伍建设。先后推荐12名骨干社员分别参加了中共区委组织部和统战部联合举办的“民主党派干部培训班”学习。建立并完善后备干部流动档案库，加强对后备干部队伍的培养和管理。2006年12月，完成社中央发放的社员信息采集表，建立了机关直属支社，并录入社中央组织管理系统。五是注重加强领导班子建设和改进机关作风。社区委领导班子认真贯彻民主集中制，坚持重大问题集体讨论决定，明确职责，专、兼职领导既有分工、又有合作，领导班子建设和机关建设步入制度化、规范化。

认真履行参政议政职能。坚持把参政议政工作作为重中之重，制订了《九三学社渝中区参政议政专委会工作规则》，健全和完善工作制度，做到年初有计划，年中有布置，年终有总结。成立了提案工作小组加强组织领导，组织和协调各基层组织参与社区委参政议政工作，广大社员围绕市、区党政中心工作建言献策。在参加中共渝中区委、区政府召开的“双月座谈会”、专题议政会、民主协商会、情况通报会中，社区委就渝中区经济和社会发展坦诚发表意见，提出可行性建议。2004年至2007年，完成的《关于加强渝中区卫生体系建设》《齐抓共管，促进充分再就业》《关于处置渝中区“四久工程”的建议》《渝中区非住宅房屋拆迁有关问题研究》等调研文章分别被纳入渝中区政协专题议政会上的发言交流材料。《以建立合理、规范的社区医疗为基础，全面推进医疗卫生体制改革》《朝天门应是重庆最重要的一个文化形象窗口》《关于旧城改造的启示》等调研文章分别作为渝中区政协议政会议的书面交流材料。社区委及社员中的各级人大代表、政协委员在广泛征求社内参政议政意见、建议基础上，在各级“两会”上，共提交提案、议案、建议300余件。其中有20余件提案被列为区政协会议的重点督办提案，受到中共区委、区政府及有关部门的高度重视和采纳。社员中现有市人大代表2人、其中常委1人，市政协委员8人；渝中区人大代表2人、其中常委1人，区政协委员15人、其中常委2人；区政府特邀监察员1人，区法院特邀监督员2人，市检察院特约检察员1人，担任政府部门实职10人。2004年，社渝中区第二届委员会主委屈谦，经社区委、社市委推荐担任重庆市卫生局局长，是当时重庆市唯一一位进入市级政府部门担任行政正职的民主党派成员。社渝中区第一届委员会主委刘珍茂，在历次市政协会议上认真履行委员职责，被公认为是重庆市政协委员中的“提案大王”。2003年，社区委获社市委颁发的“积极支持社市委集体提案工作先进集体奖”。2005年，社区委获渝中区政协“社情民意先进集体”表彰。2006年，社区委获区政协反映社情民意工作二等奖。2007年，社区委获社重庆市委“参政议政工作一等奖”和“宣传报道工作先进集体”表彰。1998年至2007年，社区委6个集体提案获渝中区政协“优秀提案”表彰，40余人次被评为市、区政协“优秀政协委员”，受到表彰。

社会服务工作迈上新台阶。社区委面向社会，发挥优势，组织广大社员发挥专长，积极开展了各种丰富多彩的社会服务活动：按照中共渝中区委、区政府的统一部署，社区委与区政府4个职能部门共同与望龙门街道结成“对口帮扶”联系单位后，社区委号召和组织社员积极参加政府组织的历次送温暖活动，并组织开展了义诊、法律咨询、科普宣传、专题讲座、捐物及“一帮一”等活动，为社区群众、学生、进城务工农民及困难户服务。广大社员积极响应党和政府的号召，热心社会公益事业，共计捐款捐物140余万元；响应中共渝中区委统战部“统战进社区”号召，在开展“统战进社区”活动中，组织社员中的医卫专家和律师到七星岗、大溪沟、上清寺等街道开展义诊、法律咨询等活动，受到群众欢迎和称赞；自2001年来，响应社中央、社市委的号召，积极参加历届“国际科学与和平周”活动，并以活动为平台，精心组织社内医卫专家和律师分赴江津、大足、石柱，涪陵区、永川、黔江、巫溪等区县的乡镇开展义诊、法律咨询、医学专题讲座等系列活动，约2000余名群众和2200余名医务工作者受益，深受当地群众的欢迎和好评，成效显著。为此，社区委获得了中国组委会和社中央授予的国际与科学和平周“特别贡献奖”。

鼓励社员立足本职，建功立业。渝中区有6名社员被批准为重庆市首批学术技术带头人，8名社员为重庆市首批学术技术带头人后备人选。在职社员中80%以上是科室骨干，30%是学科带头人。据不完全统计，至2007年底，全区社员中获重庆市及省部级以上科技奖的有44人次，获重庆市及省部级以上表彰的有20余人次，共获国家“863”“973”计划项目等国家基金资助经费1000余万元。1998年、2001年，社员王智彪、黄爱龙分获“重庆市青年五四奖章”，并入选“国家百千万人才工程”一、二层次人选。2003年，社员阎鸿鑫、王芳获重庆市各民主党派为“三个文明”建设服务先进个人，受到表彰。

第六章　九三学社重庆市万州区委员会

九三学社重庆市万州区委成立于1998年7月8日（原为九三学社四川省万县市委，成立于1988年9月22日），现为第三届委员会，主任委员：周伯安，副主任委员：李代斌、黄文章、凌之泽、张国建。至2007年底，共有基层组织11个，社员217人。

重庆市万州区原为四川省万县市。1986年初，九三学社四川省委在中共万县地区、中共万县市委统战部的支持和协助下，先后在万县市的科技、文教界发展了陈复兴、吴昌玖、周联升等9人为万县市第一批九三学社社员。同年7月17日，九三学社四川省万县市直属小组成立，推选陈复兴为直属小组组长，吴昌玖、周联升为副组长。1988年5月，经九三学社四川省委批准，九三学社万县市筹备委员会成立，筹委会主任委员：陈复兴，副主任委员：吴昌玖、周联升，时有社员42人。同年8月，吴昌玖当选为九三学社四川省第二届委员会委员。

1988年9月22日，九三学社四川省万县市第一次社员大会召开，选举产生了九三学社四川省万县市第一届委员会，主任委员：陈复兴，副主任委员：周联升、杨君昌，委员：谭正宇、高显林，任命周联升兼秘书长。

1992年4月5日至7日，九三学社四川省万县市第二次社员大会召开，选举产生了九三学社四川省万县市第二届委员会。主任委员：陈复兴，副主任委员：周联升、杨君昌、张德华，委员：谭正宇、高芳（女），任命冉隆成任秘书长。

1993年，万县市行政体制调整，撤销县级市，建立地级市。根据中共万县地委〔1993〕1号文件和中共万县市委〔1993〕1号文件精神，原万县市各民主党派、工商联地方组织升格为新建万县市（地级市）的民主党派、工商联地方组织。九三学社万县市委届别连续计算，仍为第二届委员会。

1996年，因中央决定行政区划调整，重庆即将成立直辖市，万县市将由四川省划入重庆（直辖）市。根据九三学社中央和四川省委的决定，从9月1日起，九三学社四川省万县市委由九三学社重庆市委代管。

1997年3月，九三学社四川省万县市第三次社员大会召开，选举产生了九三学社万县市第三届委员会，主任委员：陈复兴，副主任委员：周伯安、谯术仁、张德华，委员：冉隆成、高芳（女）、张国建、贺万桃（女），任命梁复荣为秘书长。

随着设立重庆直辖市战略决策的实施，四川省万县市撤市建区，正式划入重庆市，成为重庆市万州区。九三学社万县市委按照重庆市五个民主党派《关于筹建万县区、涪陵区、黔江开发区民主党派地方组织座谈会纪要》精神和《九三学社章程》规定，于1998年7月8日，召开九三学社重庆市万州区第一次社员大会，选举产生了九三学社重庆市万州区第一届委员会。主任委员：陈复兴，副主任委员：周伯安、谯术仁、张德华，委员：冉隆成、张国建、贺万桃（女）、徐小芳（女）、高芳（女）、黄文章、薛明，任命周伯安兼秘书长。

2001 年 11 月，九三学社万州区举行第二次社员大会，选举产生了社重庆市万州区第二届委员会。主任委员：周伯安，副主任委员：李代斌、黄文章、凌之泽，委员：王一、王代龙、李江平、张永开、余代梅（女）、贺万桃（女）、徐小芳（女）、廖建、葛金芒、霍仕平，涂慧琼（女）。任命涂慧琼为秘书长。届中增选张国建为副主任委员，2002 年因涂慧琼工作调动，任命涂海波为秘书长。

2006 年 10 月 15 日至 16 日，九三学社重庆市万州区第三次社员大会召开，选举产生了九三学社重庆市万州区第三届委员会，主任委员：周伯安，副主任委员：李代斌、黄文章、凌之泽、张国建，委员：邓元明、王代龙、李江平、李忠幸（女）、李勇、杜祥林、徐小芳（女）、葛金芒、谭宁，任命涂海波为秘书长。社区委设办公室、组织处、宣传处、社会服务处，参政议政工作委员会、联络工作委员会、老龄和妇女工作委员会、科技工作委员会，有专职干部 2 人。

社万州区地方组织以健全参政党机制为目标，努力加强自身建设。

坚持以思想建设为核心。1989 年《中共中央关于坚持和完善中国共产党领导的多党合作和政治协商制度的意见》（中共中央〔1989〕14 号文件）颁布实施以来，社万县市委以召开学习会的方式，组织社员深入学习领会文件精神，提高对多党合作、参政党职能和作用的认识。社万县市委经常深入支社调查了解组织建设、社员思想状况、知识分子工作及生活等方面的问题，并形成调研材料，及时报送社四川省委。1995 年 9 月，以召开建社 50 周年庆祝活动为契机，进行社章社史教育，加深广大社员对社的历史、性质、地位和作用的了解。1999 年以来，主要开展有邓小平理论和“三个代表”思想的学习、“社的思想建设专题调研”、纪念中共中央〔1989〕14 号文件颁布 10 周年和 15 周年调研，进一步对社员的思想状况开展调研分析，以此交流思想，提高认识，坚定坚持中国共产党的领导和走中国特色社会主义道路的信念。

认真履行参政党职能。采取多种形式，就党和政府以及广大人民群众关心的难点、热点问题开展专题调研。1989 年社万县市委成立了“菜篮子工程”课题组，开展深入调研，提交的专题调研报告，得到中共万县市委、市政府及各有关部门的采纳；1990 年向社中央提交的《重大医疗事故应独列罪名》建议报告，受到社中央通报表彰，并将报告转交国家卫生部法规司供决策参考；1994 年提交《关于急待解决撤地建市后三区林业系统分解问题》和《关于贫困攻坚对象柱山乡发展果树经济的调查报告》，1995 年提交《采取有力措施，加大科教投入》调研报告，1996 年提交《农民致富必须走规模经营的道路》调研报告，1997 年提交《合资企业运行中的几个问题》等调研报告中提出的建议受到重视，有的得到采纳。

社重庆市万州区委成立后，更加注重发挥社区委的整体作用。围绕“西部大开发和万州大发展”“建设百万人口大城市”“库区移民后期扶持”“加快万州工业化发展”“产品结构调整”“优化发展环境”“建设重庆第二大城市”“库区产业空虚”“农村剩余劳动力转移”“新农村建设”等问题，开展调研，提出意见建议；同时，积极配合区政协完成了《优化万州发展环境之政策环境》《加大库区移民后期扶持力度》等调研报告；积极配合社中央和社重庆市委完成了“农村剩余劳动力转移”和“库区产业空虚化”等课题调研，并开展了软课题基础研究。这些重要调研报告中所提出的建议，分别受到市、区各级政府和社市委的重视，部分建议被吸纳采用，绝大部分得到了有关部门的认真办理，在实际工作中取得了良好效果，为各级政府工作决策提供了有益的参考。

社万州区委把参加政协会议作为参政议政的主渠道。在一年一度的政协全委会议期间，社区委都能提交有一定质量、能代表九三学社特色的集体提案和大会发言。1989 年 3 月，提交万县市政协第八届三次会议的《为促进万县市经济发展繁荣，建议速建长江大桥》集体提案，引起中共万县市委、市政府的高度重视，被列为重点调研课题之一。1990 年，社万县市委集体提案《关于对科技兴市的认识及其措施建议》，受到万县市政府的高度重视和采纳。1991 年提交的《关于坚持不懈抓好廉政建设的建议》大会发言，受到中共万县市委的高度重视。1996 年《关于及时拨付三峡移民资金，保证移民工作顺利进行》的集体提案受到四川省政协的重视和采纳。1997 年提交的《关于进一步完善特邀监察员制度的建议》和《依靠科技，发展高效农业》等集体提案，受到万县市政府及有关部门的好评。1998 年，九三学社重庆市万州区委成立后，自区政协一届一次会议以来，社万州区委坚持围绕国企改革、库区移民、科教兴万、城市建设、教育卫生，环境保护等问题进行了大量的调查研究，共提出有一定质量的集体提案 76 件，大会发言 6 篇，受到中共万州区委、区政府、区政协的重视和好评。社万州区委分别在万州区政协一、二届历次全会上就《科教扶贫任重道远》《关于确保我区饮用水源安全的建议》《关于加强我区基层农业科技推广体系建设的建议》等为题做大会交流发言。特别是 2001 年《创一流环境，建库区物资集散中心》的大会发言得到区政府领导的充分肯定。1999 年至 2003 年通过社市委提交的《关于三期移民有关问题的建议》《加大无公害蔬菜生产扶持力度》等提案，被重庆市政协列为重点提案。其中，《打造万州旅游品牌的构思》获区政协 2003 年优秀提案，受到表彰；《关于农业产业化的几个问题及其建议》和《关于加强建筑材料放射性监测管理》获重庆市政协优秀提案奖。同时，还向社中央呈报了《请求社中央呼吁尽快启动三峡库区移民后期扶持的报告》。

发挥社员中人大代表和政协委员在参政议政中的积极作用。1998 年以来，万州区社员中的各级人大代表、政协委员不负重托，共提交个人提案 310 件。其中，《确保我国粮食安全的几点建议》被国务院发展计划委员会收入“十五”计划公众建议并予以表彰。《关于将巫溪红池坝列为重庆市级重点景区开发的建议》被人民政协报“民意周刊”刊用，受到中央和市级有关部门的高度重视，产生了积极的社会影响。

开展调查研究，反映社情民意。1999 年以来，社区委充分利用各种渠道，提出建议或解决措施。分别向中共万州区委、区政协、社重庆市委报送了 65 件社情民意信息。其中，被社市委采用 21 件，被中共万州区委和区政协采用 20 件。

发挥民主监督职能。社万州区社员中的特邀监督员、行风评议员、行业监督员，通过调查、座谈、走访等活动，参加行风评议，提出改进工作的意见、建议，积极发挥民主党派成员的民主监督职能，对促进政府部门依法执政、提高办事效率、整治和优化发展环境起到了促进作用。

积极开展各项社会服务活动。充分发挥智力优势，着力打造“九三”品牌。自 1988 年社四川省万县市委成立以来，社区委把组织开展科技支农、科技咨询、医疗义诊、法律咨询等社会服务活动作为历届社区委重点工作来落实，每年开展两次活动，形成了具有九三学社特色的社会服务品牌。至 2007 年，共计开展各类咨询服务活动 32 次。其中，参加科技服务的社员达 370 余人次，送科技下乡、接待技术咨询 1.6 万余人次，发放科普资料 4 万余份，提供粮食、蔬菜、良种 750 千克，种苗 3 万余株，为科技支农和传播科技知识做出了积极贡献。如 1990 年 4 月，两次组织社内农业技术专家 45 人次到五桥长岭乡开展科技支农咨询服务活动，在为当地 1600 多名群众提供咨询服务的同时，社万州区委还为长岭乡提供了玉米、胡豆良种，并帮助长岭乡解决了急需的化肥 10 吨。1991 年两次组织 31 位社内专家带着小麦、玉米等良种到长岭乡开展科技服务，到田间地头指导农民科学种田。1997 年 10 月 16 日，组织由社内专家 18 人组成的农业、畜牧、医疗卫生、法律等方面的“三下乡”服务队，到万县市龙宝武陵镇赶场，开展农业科技宣传医疗义诊和法律咨询服务，提供小麦、玉米、蔬菜、瓜果优良品种，发送科技资料；1999 年组织 25 名农业科技方面的社员专家，到五桥长岭镇开展科技赶场活动；2002 年 1 月和 12 月，社区委先后两次组织社员 60 多人组成“三下乡”服务队到天城熊家镇和高升镇开展“12·4”法制宣传、国际科学与和平周宣传、科技服务三个内容为主题的大型社会服务活动；2003 年 11 月，以“国际科学与和平周”为主题，在天城铁峰乡开展了科技服务活动。

1998 年，社区委积极响应社市委号召，选定五桥长岭镇为对口扶贫对象，制定了扶贫计划，签订了《对口扶贫协议书》。几年来，无偿为该镇提供了 6 个柑橘、脐橙优良品种，支持长岭镇建立起了柑橘母本园，并协助该镇对 11 万株落后的柑橘树进行了高接换种，举办了各类实用技术培训班，使该镇青壮年劳动力人均掌握了一至二门实用技术，1998 年至 2003 年已协助培训 2000 人次。1998 年底，长岭全镇成建制地实现了脱贫。1999 年，社市委、社万州区委共同为长岭镇建立了图书阅览室，捐赠各类书籍近 2 万册，长岭镇将该阅览室命名为九三图书室。2002 年，社万州区委被评为九三学社中央“支边扶贫 科技服务”先进集体，受到表彰。

按照社市委“扶贫先扶智”的要求，从 1998 年到 2004 年，经社区委推荐的 67 名库区贫困学生获得了社市委“九三奖学金”，免费到重庆树人学院学习并完成了学业。2007 年，重庆三峡职业学院 20 名品学兼优的贫困学生又经社区委推荐，获得了社市委在三峡职业学院首次设立的“九三奖学金”助学奖励。

2000 年，三峡工程二期移民工作进入攻坚阶段，根据区政府的分批计划，天城小周镇为社区委对口帮促对象，为配合中共区委、区政府做好移民工作，社区委动员全区社员积极参与移民工作。2001 年，社区委领导多次率九三学社区委和区级有关单位负责人到天城小周镇开展了“一包两挂”移民帮促工作。2001 年，社万州区委结对帮促户 8 户、挂钩人口 24 人，全部按期超额完成了搬迁任务。全区共有 60 多位社员直接参加了这次开展的外迁移民、城市移民、占地移民的帮促工作。2002 年底，小周镇移民给社区委送来了“情系移民、倾力帮促”的锦旗。社区委移民帮促工作连续两年被中共万州区委、区政府评为“移民帮促”一等奖，受到表彰。

2003 年 8 月，全国人大常委会副委员长、九三学社中央主席韩启德出席了社重庆市委与中共万州区委签订的《关于加快万州科技发展合作协议》（简称“九万”合作协议）签字仪式。2003 年以来，社区委积极配合社市委做好与市、区科委、国土局、五桥商贸委、五桥农业局、龙宝水利局等单位的联系、协调、服务工作，社区委领导也多次到重庆市有关部门商谈合作项目事宜，积极开展和参与了相关项目的组织、筛选、申报等工作。主要组织落实了“三峡库区库岸稳定性监测”“地质灾害监测预警系统”“中华绒螯蟹养殖示范及推广”“柑橘基地建设”“三峡库区环境保护发展”等项目。

第七章　九三学社重庆市涪陵区委员会

九三学社重庆市涪陵区委成立于 1998 年 10 月 19 日（其前身为九三学社四川省涪陵市委员会，

成立于1988年4月26日），现为第三届委员会。主任委员：黄华，副主任委员：黄为、徐良成、于华。至2007年底，社区委共有基层组织13个，社员222人。其中，高级职称113人，占50.9%，中级职称107人，占48.2%，其他2人，占0.9%；科技界126人，占56.8%，教育和医卫界50人，占22.5%；离退休96人，占43.2%。办公机构为办公室，常设组织处、宣传处、参政议政处、社会服务处、科技处5个工作部门，设科技经济、教育文卫、社会法制妇女儿童老龄、联络4个专门工作委员会，成立了咨询委员会，设有九三学社涪陵科技服务部和重庆市涪陵德赛科技开发研究所两个企业性质的实体，开展了多方面的科技咨询活动。

1983年9月，国务院批准撤销涪陵县建立涪陵市，为民主党派在涪陵发展成员、建立组织创造了条件。同年12月，中共涪陵地委统战部向中共四川省委统战部报告，建议各民主党派在涪陵发展成员、建立组织。为此，中共四川省委统战部与省级各民主党派协商后，取得共识。1986年4月4日，九三学社四川省委委派副秘书长兼组织部部长李昌达等人到涪陵，得到中共涪陵地、市委统战部的支持和帮助，为发展社员和建立社组织做准备。1986年5月6日，九三学社四川省委批准了周芳雄、陆清善、肖华轩、谭天荣4人入社。1986年6月30日，社四川省委川社（86）组字第39号文《关于批准建立九三学社四川省委直属涪陵市小组》的决定，1986年7月28日，社四川省委直属涪陵小组正式成立，指定周芳雄为组长，陆清善为副组长。之后，又陆续发展了一些社员。至1987年4月，经社四川省委批准入社的社员已逾10人，社涪陵直属小组向社省委报告，要求建立九三学社涪陵市委员会筹备组。经社省委正式批复同意，6月4日，社涪陵市委筹备组成立，周芳雄任筹备组组长。1988年4月12日，社省委组织部川社组〔1988〕8号文批复，同意建立九三学社涪陵市委员会。

1988年4月26日，社涪陵市委筹备组主持召开九三学社四川省涪陵市第一次社员大会，社涪陵市委会正式成立，会议选举产生了九三学社四川省涪陵市第一届委员会，主任委员：周芳雄，副主任委员：邹建华，委员：周芳雄、邹建华、方文博、肖华轩、黄彦儒5人。周芳雄负责全面工作，邹建华兼管宣传工作，任命方文博为秘书长兼办公室主任，肖华轩负责组织工作，黄彦儒负责科技咨询服务工作。时有基层组织（小组）3个，社员30人。

1991年12月12日至13日，九三学社四川省涪陵市第二次社员大会召开，选举产生了九三学社涪陵市委第二届委员会，主任委员：邹建华，名誉主委：周芳雄，副主任委员：帅万荣、肖华轩，委员：邹建华、帅万荣、肖华轩、黄为、徐良成、罗定歧、樊德全等7人。时有基层组织11个，其中支社4个，小组5个，筹备组2个，社员87人。

1995年11月5日，国务院批准撤销涪陵地区，设立地级涪陵市。由于行政区划调整，将原四川省涪陵市划入新成立的重庆直辖市，社四川省涪陵市委从1996年9月1日起由社重庆市委代管。1996年1月，社涪陵市委向社四川省委请示将原社涪陵市（县级）委员会作为新建涪陵市（地级）委员会进行提前换届。九三学社重庆市委于1998年6月3日印发《关于成立九三学社重庆市涪陵区委员会筹备组的决定》（渝社〔1998〕38号），决定于华、帅万荣、邹建华、肖华轩、柳恩梅、徐良成、黄为7人为涪陵区委员会筹备组成员。1996年8月25日，九三学社四川省委下发川社〔1996〕43号文决定，“从1996年9月1日起，社涪陵、万县市委和黔江地区直属小组由社重庆市委代管，鉴于社重庆市委对社涪陵、万县市委和黔江地区直属小组要有一个逐渐熟悉的过程，而两市委换届日期又日趋临近，所以两市的换届工作，由社省委领导为主，与社重庆市委共同协商解决，待省级社重庆市委建立后，两市一地区的社组织全部由社重庆市委领导”。在社四川省委和重庆市委领导下，1998年10月19日，社重庆市涪陵区召开第一次社员大会，大会选举产生了九三学社重庆市涪陵区委第一届委员会，主任委员：柳恩梅，副主任委员：黄为、帅万荣、徐良成、于华，名誉主委：周芳雄、邹建华，名誉副主委：肖华轩，委员：于华、帅万荣、吴思兰、余兆荣（女）、柳恩梅、徐良成、黄为、樊德全、黎维芳（女）；任命黄为为专职副主委兼秘书长。时有基层组织11个，其中支社8个、小组2个、筹备组1个，社员149人。

2001年12月26日，社重庆市涪陵区召开第二次社员大会，大会选举产生了九三学社重庆市涪陵区委第二届委员会，主任委员：柳恩梅，副主任委员：黄为、徐良成、于华、黄华；委员：柳恩梅、黄为、徐良成、于华、黄华、李云庆、曾凡能、刘开云 、孙燃、邹友敏（女）；任命李云庆为专职秘书长。时有基层组织12个，其中支社11个，小组1个，社员167人。

2006年10月31日，社涪陵区召开第三次社员大会，大会选举产生了九三学社重庆市涪陵区第三届委员会，主任委员：黄华，副主任委员：黄为、徐良成、于华，委员：黄华、黄为、徐良成、于华、李云庆、邹友敏（女）、艾国、孟显智（女）、陈思荣、何远秀（女）、刘兴斌、江波等12人；任命李云庆为专职秘书长。时有基层组织13个，分别是：直属支社、水电支社、畜牧支社、农林支社、城建支社、教育支社、三爱海陵支社、丝绸支社、医卫支社、李渡支社、化工支社、长江师范学院支社、工贸学院支社，社员204人。

切实加强思想建设。围绕党和政府的中心工作，认真组织开展有关政治理论、思想教育等学习活动，深入学习贯彻历届中共中央、中共重庆市委、涪陵区委代表大会、全委会议精神，认真贯彻执行历届社中央、社重庆市委代表大会精神；开展了揭批“法轮功”邪教组织、学习“三个代表”重要思想、学习“八荣八耻”“政治交接学习教育活动”等活动；积极开展了向王选、黄昆、闵乃本、王智彪等先进社员的学习活动，广大社员的政治素质不断提高；编发《涪陵社讯》50余期和《涪陵九三》100余期；组织撰写了各种理论研讨文章40余篇。

加强领导班子建设和后备干部队伍建设。从社涪陵市委筹备组成立以来，坚持以领导班子建设为中心，高度重视领导班子成员的培养和选拔，着力提高领导班子成员的政治思想水平和组织领导能力。从社涪陵市委筹备组的成立，到社涪陵市委的成立、换届，再到社涪陵区委的成立、换届，领导班子候选人的提名，充分发扬民主，均采取组织物色、民主推荐和会同统战部门考察相结合的方式，反复酝酿协商，报九三学社四川省委、社重庆市（省）委审批后，再通过召开社员大会进行投票选举。

坚持民主集中制原则。按照“集体领导，民主集中，个别酝酿，会议决定”的方针，认真贯彻民主集中制。对事关全局的重大问题，坚持由社区（市）委全委会集体讨论决定，重要事项由主委会集体讨论决定，营造民主、团结、和谐的工作氛围。根据社上级组织的规定和意见，以政治交接为主线，把后备干部队伍建设作为一项重要的经常性工作来落实，实行动态管理。按照中共党委政治安排、实职安排及社内干部的任职条件和要求，在工作中对后备干部人选加担子，以加强培养锻炼其工作能力为重点，认真做好后备干部人选的选拔、培养和推荐工作。

加强基层组织建设。不断探索新形势、新任务下开展支社（小组）工作、增强基层组织活力和开展组织生活的有效方式。通过基层组织换届调整，一大批热爱九三学社组织、热心社务工作、政治素质好、业务能力强、作风正、乐于奉献、年富力强的骨干进入了基层领导班子，为加强组织建设和开展各项社务工作提供了保障。

认真履行参政党职能。据不完全统计，20年来，社区（市）委在履行参政党地方组织职能中以邓小平理论、“三个代表”重要思想和科学发展观为指导，紧紧围绕中共涪陵区委、区政府的中心工作和人民群众普遍关心的热点、难点问题，开展调查研究，建言献策，共向各级政协会议提交集体提案和大会发言材料250余件。其中，20件获优秀提案奖，报送社情民意300多件，主持完成参政议政调研课题30余个。1991年至1995年，社市委与黄旗镇启动“九黄合作”课题项目，在黄旗镇实施了“生态农业综合开发试验”。1998年10月社涪陵区委建立至2007年，社区委及各支社累计组织开展视察参观、专项考察、研讨学习、专题调研活动30余次。调研的主要内容有：农业结构调整、移民迁建、国有企业改革、城镇建设、环境保护、水运业发展 、“九龙合作”等项目。1999年开始，社涪陵市委根据中共涪陵区委组织民主党派开展参政议政重大课题调研和“党委出题，党派调研，政府采纳，部门落实”调研运行机制的要求，每年针对涪陵区经济社会发展中的一个重大问题，精心选题，制定方案，在深入调研的基础上认真撰写报告，提出可行性建议。历年来，组织完成的重大调研项目有“涪陵城市龙桥片区规划建设”“加快涪陵水运业发展、做大做强我区蔬菜产业”等。

至2007年底，全区社员中共有：全国人大代表1人，四川省及重庆市人大代表16人次；涪陵市（地级）人大代表6人，涪陵区人大代表8人次（其中，副主任1人、常委2人次），涪陵市（县级）人大代表12人次（其中，副主任1人、常委3人），涪陵市枳城区及李渡区人大代表2人（其中，常委2人）；重庆市政协委员6人，涪陵地区政协工委委员2人（其中，副主任1人），涪陵市（地级）政协委员17人（其中，副主席1人、常委3人），涪陵区政协委员54人次（其中，副主席2人次、常委11人次），涪陵市枳城区及李渡区政协委员10人（其中，副主席1人、常委3人），涪陵市（县级）政协第八届至第十届委员58人次（其中，副主席3人次、常委15人次）；任区政府副区长1人，被聘为重庆市人民政府参事室参事1人，重庆市文史馆馆员1人，涪陵市政府特约监察员1人，涪陵市行风评议代表6人次；涪陵区人民政府特邀监察员2人，涪陵区人民法院特邀监督员1人、人民陪审员2人，涪陵区教育督导员2人，涪陵区地方税务局特邀监察员1人，涪陵区审计局特邀监督员1人，涪陵区行评代表9人次。

发挥优势，积极开展各项社会服务工作。依托科技服务部，组织社内专家学者，面向社会，开展科技服务和支边扶贫工作，围绕振兴涪陵经济建设主题做贡献：一是积极开展“九地”合作。社区委先后组织开展了工程设计、技术培训、咨询服务等项目的实施。完成区级重点农业科技应用和推广项目8项。其中，1项获涪陵区政府科技进步三等奖。完成科技咨询服务项目100余项。其中，《优质肉猪“洋三元”繁育技术推广与应用研究》获涪陵区科技进步三等奖。1991年6月，与黄旗镇签订合作协议，开展了“九黄合作”，为黄旗镇改造低产田和改良柑橘品种进行技术指导和规划。2000年5月，社区委与龙桥镇签订《技术经济合作协议书》，开展了“九龙合作”。2004年5月，社区委与太极集团长寿湖太阳岛生态旅游有限责任公司签订了为期5年的《技术服务协议书》，开展“九太合作”。2005年7月4日，社区委与涪陵区天台乡签订了合作协议书，开展“九天合作”，通过开展九地合作，发挥了社员服务社会的积极性，深化了参政议政的领域。二是坚持开展“国际科学与和平周”“全国科普日”和“送科技、卫生下乡”系列专项活动。共开展送科技、卫生下乡活动30次，组织专业技术讲座20场次。连续五年在涪陵地区组织开展中国“国际科学与和平周”活动，获第十六届、第十七届“国际科学与和平周”特别贡献奖，受到中国组委会和社中央的表彰。2000年3月，社区委组织社员12人到百胜镇开展科技咨询服务。2002年9月，社区委联合社渝中区委，组织社内专家20多人到李渡镇开展义诊、咨询和学术讲座活动，免费为400多名患者诊病，为300多名涪陵区医务工作者讲授了《病毒性肝炎治疗新进展》《类风湿性关节炎治疗新进展》。2006年，社区委参与承办涪陵区第六届科技活动周的大型宣传活动。三是积极参与扶贫济困、送温暖活动。1995年6月，积极参加社市委发动的为四川省康定县塔公小学希望工程捐资活动。1996 年 1 月，积极参加社市委组织的为贫困山区困难户“送温暖”募捐活动。1998 年 8 月，积极开展为全国抗洪救灾捐赠活动。2000 年至 2003 年，先后数次实施扶贫、送温暖捐资活动。从 2000 年开始，社区委向社重庆市委争取“九三奖学金”名额，推荐符合条件的贫困家庭子女免学费到重庆树人学院学习深造。2005 年 7 月，社区委组织社员中的区政协委员 11 人，捐款 2200 元，资助 2 名残疾人子女上大学。

鼓励和推动社员立足本职，建功立业。据不完全统计，至 2007 年底，全区社员中累计有 160 多人次获得各级各类科技成果奖 300 余项；获得科技创造发明专利或科技成果奖 300 余项。其中，获国家专利 40 多项，推广应用科技成果 60 多项；社员中有 800 人次被评为各级先进个人，在国内各级各类专业刊物上发表论文或出版专著以及获奖论文近 800 篇（部）。

第八章　九三学社重庆市黔江区委员会

九三学社重庆市黔江区委成立于 2002 年 1 月 14 日（其前身为 1994 年 11 月成立的九三学社四川省委直属黔江地区筹备小组），现为第二届委员会，主任委员：黄共田（女），副主任委员：曾致远、周春林、曾家元。截至 2007 年底，共有基层组织 5 个，社员 66 人。

1989 年，黔江地区仅有九三学社社员许力心、黄成用 2 人，均系黔江地区成立时因工作调动，从涪陵调入。1994 年，社员人数逐步发展至 7 人，1994 年 11 月，经九三学社川社〔1993〕字第 10 号文批准，九三学社四川省委直属黔江地区筹备小组成立，任命许力心为组长。自此，九三学社四川省委在黔江地区发展社员的工作得到了中共四川省委统战部、黔江地委统战部的大力支持和帮助，工作进展良好。1996 年 2 月，经九三学社川社〔1996〕字第 7 号文批准，九三学社四川省委直属黔江地区小组成立，时有社员 7 人，待批 7 人。1996 年，因行政区划调整，四川省黔江地区将划入新成立的重庆直辖市，1996 年 8 月 25 日，九三学社四川省委下发川社〔1996〕43 号文决定，“从 1996 年 9 月 1 日起，社涪陵、万县市委和黔江地区直属小组由社重庆市委代管”“待省级社重庆市委建立后，两市一地区的社组织全部由社重庆市委领导”。自 9 月 1 日起，社四川省委直属黔江地区小组划转为九三学社重庆市委黔江地区直属小组，由九三学社重庆市委代管。1997 年 6 月，重庆直辖市成立，黔江地区正式划入重庆市。1998 年 8 月，经九三学社重庆市委批准，九三学社重庆市黔江开发区支社成立。2001 年 7 月，九三学社重庆市黔江区基层委员会成立。

2001 年 9 月 19 日，九三学社黔江区基层委员会分别向九三学社重庆市委和中共黔江区委提交《关于成立九三学社重庆市黔江区委员会的请示》，经与中共黔江区委协商、九三学社重庆市委于 2002 年 1 月 7 日批复同意成立九三学社重庆市黔江区委员会，社黔江区基层委员会根据社市委的批复指示，成立了社黔江区委筹备组，开展筹备工作。

2002 年 1 月 14 日，九三学社重庆市黔江区第一次社员大会暨黔江区委员会成立大会召开。大会选举产生了九三学社重庆市黔江区第一届委员会，主任委员：杨晓碧（女），副主任委员：曾致远、张泽江，委员：黄共田（女）、王念五、邹中锦、王义山。2004 年 6 月，增选王念五为社区委专职副主委。社黔江区委自 2004 年 7 月 1 日起，设立了办公室，专职副主委负责办公室的日常工作。2007 年 3 月 26 日，经社黔江区委主委办公会议研究，决定设立黔江区委参政议政专门委员会。

2002 年 1 月 14 日，社黔江区委农业支社、医卫支社、教科文支社成立。2005 年 11 月，综合支社和中心医院支社相继成立。

2006 年 11 月 1 日，社重庆市黔江区召开第二次社员大会，选举产生了九三学社黔江区第二届委员会。主任委员：黄共田（女），副主任委员：曾致远、周春林、曾家元，委员：余恒章、吕一山、何洪选。周春林任专职副主委。

坚持以思想建设为核心，开展政治思想教育。社区委建立了各项学习制度，把学习作为重要内容来落实。社区委领导班子以主委扩大会、专题学习会、研讨会等方式，带头认真学习，并深入指导各基层组织开展学习。组织社员集中开展了邓小平理论、“三个代表”重要思想、科学发展观和中共十六大、十七大精神和全国两会精神的学习，中共中央〔1989〕14 号文件、中发〔2005〕5 号、中发〔2006〕5 号文件精神和中共重庆市历次党代会精神的学习；学习贯彻社中央全国代表大会和社重庆（直辖）市历次代表大会精神；组织开展了中国共产党领导的多党合作和政治协商制度，统一战线的理论、方针、政策的学习，社史、社章及社的优良传统的学习；中共黔江区委和区政府有关重要会议精神的传达学习。近年来，根据社市委的安排，主要组织开展了“三个代表”重要思想、“八荣八耻”“政治交接学习教育活动”等的学习。通过学习，广大社员的政治思想觉悟得到提高，认识到中国共产党领导的多党合作和政治协商制度在国家政治生活中的地位和作用，增强了广大社员坚持正确的政治方向，坚持和维护中国的政党制度和走中国特色社会主义政治发展道路的自觉性、坚定性。社区委委员带头撰写的《关于提高参政议政质量和水平的思考》《以提高参政议政能力为着力点加强民主党派自身建设》等理论文章，受到中共重庆市委统战部的表彰。

做好组织发展工作，努力加强自身建设。认真贯彻落实《九三学社中央关于加强组织建设的若干意见》《九三学社中央关于实施人才强社战略的意见》和社重庆市委《关于发展新社员的实施办法》等文件精神，努力做好基层组织建设、后备干部队伍建设和组织发展工作：在组织发展工作中，严格按照《九三学社章程》规定，坚持“三为主”原则，通过考察，发展政治素质较高、参政议政能力较强和具有一定代表性的优秀中青年知识分子入社，做到组织发展有计划和稳步发展。至 2007 年底，社员人数由社区委建立之初的 43 人发展到 66 人。建立了社区委班子成员联系支社制度，指导基层组织开展工作并努力为支社开展活动创造条件；着重就基层支社开展活动的多样化、特色化进行了积极探索；加强后备干部队伍建设，建立社区委后备干部信息库；重视和培养中青年骨干社员，积极为他们的成长搭台阶，探索建立后备干部队伍培养机制。

建立健全各项工作制度，促进各项工作规范化、制度化。社区委成立以来，在社市委的领导下，在中共黔江区委统战部的关怀帮助下，积极探索，努力开拓社务工作新局面。2007 年初，在广泛征求意见的基础上，对社区委各项工作制度进行了修改和完善，建立了组织制度、议事制度、学习制度和奖惩制度，对社区委工作的制度化、规范化建设提出了具体要求，并将这些制度印发至各支社和全体社员，社区委自身建设迈上了新台阶。按照中共中央〔2005〕5 号文件对民主党派加强自身建设、充分发挥参政党在管理国家事务中的积极作用的要求，九三学社黔江区委始终把建设一支高素质的后备干部队伍、不断发现和培养人才，作为实施人才强社战略任务来落实，为社区委履行参政议政职能提供智力和人才支撑。

每年都组织社员有计划地选题和开展专题调研工作。特别是近年来，社区委根据中共黔江区委组织各民主党派实施“党委出题，党派调研，政府采纳，部门落实”调研运行机制以来，共完成专题调研 21 项。其中，社市委布置的专题调研 5 项，中共区委及区委统战部布置的专题调研 5 项，自选课题专题调研 11 项。这些专题调研成果分别得到了中共区委、区政府的重视和采纳，发挥了社区委参政党地方组织的积极作用，为黔江区的经济社会发展做出了积极贡献。其中，《关于对农民工“非典”防治工作的建议》《加快黔江区农村剩余劳动力输出的建议》两个专题调研报告，经社市委转报社中央，为韩启德主席在全国人大常委会上做“关于农村剩余劳动力输出”的发言提供了素材。2004 年，社区委完成的《当前农村农技推广体系面临的问题与对策建议》专题调研，代表社市委参加了社中央召开的第二届“三农”问题专题研讨会。

高度重视提案、议案工作。注重发挥基层组织和广大社员的作用。在每年“两会”召开之前，社区委都要专门召集社区委委员、社员中的各级人大代表和政协委员、各支社（小组）负责人开会，集体研究征集提案、议案的选题，对提案、议案，特别是对集体提案选题进行深入研讨，并指定专人负责这项工作。自 2002 年以来，社员中的各级政协委员共提交个人提案、建议 254 件，其中，立案 174 件。社员中的全国人大代表杨晓碧在全国人大会上共提交个人议案、建议 32 件，立案 2 件；社员中的市人大代表在市人代会上共提交建议 14 件；社员中的市政协委员在市政协会上提交个人提案 42 件，立案 36 件；社员中的区人大代表在区人代会上提交建议 26 件。社区委提交区政协集体提案 11 件，立案 9 件，向社市委提交集体提案素材 5 件。社员中的区政协委员在区政协会上共提交个人提案 155 件，立案 125 件。市政府参事黎昌礼在任重庆市政府参事期间，共提出意见、建议 56 条，提交专题调研报告 5 篇。这些提案、建议、报告的内容主要涉及黔江区“十一五”规划的制定和实施、新农村建设、农村产业结构调整、农业产业化发展、农业服务体系建设、医疗卫生事业、文化事业、科技兴区、工业发展、教育事业，所提意见、建议受到黔江区有关领导和部门的重视，有的得到采纳和表彰。2005 年，杨晓碧被社中央评为“优秀社员”。

社区委主委、全国人大代表杨晓碧在全国人大十届二次全会上领衔提出的《关于尽快出台保险法》议案被列入国家立法计划，提出的《对现行土地征用制度改革的几点建议》受到国土资源部等国家相关部门的高度重视，在全国人大十届四次会议上做的《关于西部农村在义务教育法实施过程中存在的问题和建议》专题发言引起了教育部的高度重视，为国家加大对全国农村义务教育的支持力度起到了促进作用；在市政协二届十四次常委会上，杨晓碧代表社市委做《关于建立和完善农村社会保障制度的对策及建议》书面发言，引起了与会人员的极大关注。社区委集体提案《调整我区农业经济结构，促进农业产业化发展》《关于深化我区基层农技服务体系的建议》《加快地牯牛特色产业建设的建议》等提案被区政协评为优秀提案受到表彰，《关于加强城周生态农业示范园区管理的建议》《关于加强我区艾滋病防治工作的建议》等提案被中共黔江区委、区政府列为现场重点督办提案，被区政府相关部门采纳。

2003 年至 2005 年，社区委连续三年被区政协评为提案工作先进集体。2007 年，社区委为社市委提供集体提案材料 7 件，被社市委采用 4 件，并获社市委 2007 年度“参政议政先进集体”，同时有 3 名社员获社市委“参政议政先进个人”，受到表彰。社员、市政府参事黎昌礼就黔江区的农业、农村问题进行调研，完成的调研报告多次被《重庆参事》《科技咨询》《重庆农业》等刊物登载。社员撰写的《关于我区农村富余劳动力开发的调查与思考》《大力发展黔江区青蒿产业》等调研报告也被黔江区政府《内部参阅》刊载。

至 2007 年，全区 66 名社员中有：全国人大代表 1 人次，全国政协委员 1 人次；重庆市人大代表 2 人次，四川省政协委员 1 人次，重庆市政协委员 10 人次（其中，常委 2 人次）；黔江区人大代表 6 人次（其中，常委 1 人次），区政协委员 36 人次（其中，常委 14 人次、政协副主席 1 人）；有市政府参事 1 人（2 届次），市政府督学 1 人；黔江区人民陪审员 1 人，特约监察员 2 人次，行评代表 6 人次；副处级以上职务的 13 人，其中副厅级 2 人（区政府副区长 1 人、区政协副主席 1 人）。

突出科技特色，积极开展社会服务工作。社区委发挥人才优势，除每年组织一次有规模的科技“三下乡”活动外，还根据黔江农村的实际情况，组织社员开展了一系列送农业科技、送医疗卫生下乡的科技服务活动。2004 年 5 月和 2007 年 4 月，在社市委的支持下，社区委两次邀请社渝中区委的社内医疗专家组团到黔江区中心医院开展义诊、讲学和开展学术交流系列活动。医疗专家组由重庆医科大学附一院、附二院、口腔医院和儿童医院社员中的专家学者组成，主要开展了教学查房、疑难病会诊、检查住院病例、学术讲座等活动，黔江区直属卫生单位、各乡镇卫生院的骨干医生参加了听课。同时，还通过送医下乡，对乡镇卫生院的医务人员进行现场业务指导。两次活动共发放科技图书和科技宣传资料 10 万余份，发放价值 7000 余元的免费药品，深受当地群众和基层干部的欢迎和好评。黔江区中心医院支社为帮助乡镇卫生院提高医疗水平，与濯水镇卫生院结对开展了对口帮扶活动。2002 年，在社中央和社市委的大力支持下，社区委积极开展扶贫助学活动，向册山小学捐赠了价值 2 万元的课桌椅 200 套；积极争取社市委“九三奖学金”名额，共推荐 14 名符合条件的农村贫困家庭学生免学费到重庆树人学院学习深造，社区委还向 14 名贫困学生赠送了部分生活和学习用品。社区委通过开展丰富多样的社会服务工作，为黔江区的经济社会建设、特别是医疗卫生事业做出了重大贡献。

支持和鼓励社员立足本职，建功立业。黔江区社员中获得省部级以上奖励的 12 人次。1983 年，龚万能获国家民委、劳动人事部、中国科协联合授予的“少数民族地区优秀科技工作者”称号。1992 年，黎昌礼获农业部授予的“先进工作者”称号。1996 年，龚万能获中国水泥协会授予的“水泥工业突出科技人员”称号，许力心获四川省政协“提案先进个人”称号。1999 年，杨晓碧获重庆市政府“九五建功奖章”，许力心获国家民委、国家体委授予的“民族体育先进个人”称号。2002 年，曾致远获国家地震局科技进步二等奖。2004 年，庞友海被国家教委评为“优秀教师”，李顺舟被重庆市政府授予“重庆名师”称号。2006 年，杨晓碧获全国妇联授予的“三八红旗手”称号，张庭浒被中共重庆市委、市人民政府授予“优秀社会主义事业建设者”称号。2007 年 9 月，李顺舟被重庆市人民政府授予“重庆市中小学特级教师”称号。

第九章　九三学社重庆市渝北区委员会

九三学社重庆市渝北区委成立于 2006 年 11 月 10 日，现为第一届委员会，主任委员：尹书菊（女），副主任委员：赵华生、邱学安、李攀富（女），至 2007 年底，共有基层组织 4 个，社员 60 人。

社渝北区委的前身为九三学社渝北区工作委员会，成立于 2005 年 1 月 7 日，区工委领导班子由社市委任命。主任委员：尹书菊（女），副主任委员：赵华生、唐迅，委员：黄启云、邱学安。时有支社 3 个，社员 43 人。

根据社重庆市委关于成立九三学社渝北区委的指示，在社市委和中共渝北区委统战部的领导和帮助下，2006 年 7 月，九三学社重庆市渝北区委员会筹备工作领导小组成立，组长尹书菊（女），筹备小组成员为赵华生、李攀富（女）、邱学安、黄启云。筹备工作领导小组制定筹备工作方案，积极开展工作。2006 年 11 月 10 日，九三学社重庆市渝北区第一次社员大会暨渝北区委员会成立大会召开，大会选举产生了九三学社渝北区第一届委员会，主任委员：尹书菊（女），副主任委员：赵华生、邱学安、李攀富（女），委员：袁野、唐宗、陈雪峰。

社区委在思想建设方面，重视开展政治学习。认真学习邓小平理论和“三个代表”重要思想，中共十六大、十七大会议精神，《中共中央关于进一步加强中国共产党领导的多党合作和政治协商制度建设的意见》《中共中央关于加强人民政协工作的意见》，学习九三学社八大精神、统战理论、多党合作制度、时事政策以及大政方针；举办了十六大专题学习班、中青年后备干部学习班及各类骨干学习班和组织社员积极参加各种专题报告会；组织召开了学习十七大报告座谈会，制定下发了以“七个一”为主要内容的实施方案，下发了《十七大报告辅导读本》，鼓励社员撰写心得体会；邀请中共区委统战部副部长幸锡科、区委党校副校长刘文长分别作中共中央〔2005〕5号文件精神和《反分裂国家法》的学习辅导报告；举办“社史和社的优良传统”专题讲座，组织社员参观特园中国民主党派历史陈列馆；召开纪念中共中央“五一口号”发布60周年座谈会；认真开展政治交接学习教育活动，通过制定学习方案，组织召开全区社员动员大会，印发学习资料，组织社员外出参观考察学习等活动，明确民主党派的性质、地位和作用，坚持中国共产党的领导，增强了广大社员的参政党意识、政治思想觉悟，提高了参政议政水平。

在组织建设方面，坚持标准，规范程序，注重质量，有序推进组织发展工作。至2007年底，共发展了17名社员。在重点发展科技界人才的同时，还积极发展了法律、经济、农业和社会新阶层人士等界别中的优秀中青年知识分子，优化了社员结构，为社区委认真履行参政议政职能打下了多层次、宽领域的人才基础。

认真贯彻“人才强社”战略，重视领导班子建设和后备干部队伍建设。将后备干部队伍建设纳入社区委组织建设规划，有计划地开展学习培训，取得了一定成效。近年来，为提高后备干部的“四种能力”，社区委先后组织20余名社员和后备干部分别参加了社市委、中共区委统战部举办的各级各类学习班和培训班的学习培训。同时，坚持安排新社员参加社市委举办的年度新社员学习会，要求通过系统学习深入了解社章、社史、社的优良传统，做好九三人。

深入基层，指导开展社务工作。社区委把工作重点放在基层组织的巩固与发展上，先后到各支社开展调研，指导和推动基层组织加强自身建设和开展活动。注重发挥基层组织在社区委参政议政和社会服务工作中的基础作用。针对基层组织开展活动缺乏经费的困难，社区委向中共渝北区委及时反映后，经区委统战部的争取、协调，在市财政按民主党派成员每人每年拨款100元的基础上，由区财政再拨100元，为基层组织开展活动提供了经费保障。

围绕重大问题，积极建言献策，认真履行参政党职能。2006年，社区委制定了《参政议政工作实施意见》；2007年5月，社区委制定了《参政议政工作表彰奖励办法》，还建立了参政议政工作机制和激励机制，这些措施有效调动了广大社员和基层组织参与的积极性。2005年，提交区政协《关注婴儿性别比失调》集体提案，得到区级相关部门的高度重视。2006年，在区政协十二届四次全会上，社区委共提交集体提案和社情民意16件。其中，《关于发展渝北房地产的建议》集体提案，被并列为区政协主席会议重点督办的两件提案之一，并获优秀提案奖，受到中共区委、区政协的通报表彰。2007年，在渝北区“两会”期间，社区委共提交提案、议案和社情民意22件。其中，《关于抓住机遇，提高认识，促进我区职业教育快速发展的建议》集体提案，被列为中共渝北区委书记刘光全首次亲自督办提案，这在全市各区县中尚属首次，所提建议也被采纳。此外，提交的《关于区政府建立科技创新人才激励机制的建议》提案，被列为区政协教科文卫委督办提案；提交的《尽快加速我区草统公路建设的建议》提案，被评为渝北区政协2007年度优秀提案，受到表彰。

2007 年，社区委还重点完成了 2 项调研工作，并在此基础上形成了《完善农村金融服务体系，推动社会主义新农村建设》《关于渝北区职业教育状况的调研报告》2 篇参政议政课题成果；同时，社区委还就城镇化建设、老年人生存状态、农民工培训等问题进行了广泛调研，形成了提案、议案和社情民意，为有关领导和部门提供决策参考建议。其中，《发挥政协优势，构建和谐渝北》获区政协“创新与发展研讨会”优秀论文三等奖；《关于渝北区新社会阶层情况的调研报告》和《关于渝北区职业教育的调研报告》获 2007 年度重庆市统一战线理论研究优秀成果二等奖。

社渝北区委积极参加中共渝北区委、区政府、区政协及有关职能部门组织召开的各类民主协商会、情况通报会、征求意见会、双月座谈会、视察活动等，就渝北区的经济社会发展、城乡统筹等建言献策，提出意见、建议；同时，通过推荐社员担任各种特约员，积极参加政治协商和履行参政议政职能，对中共区委区政府的大政方针和有关工作提出了意见、批评和建议。

积极开展各项社会服务工作。社区委成立一年来，坚持根据社组织的特点，组织社员，面向社会，积极开展各项科技咨询和社会服务活动：组织社员到龙兴镇开展系列社会服务活动，向受灾群众提供价值 3000 元的防暑降温和防疫抗旱药品，并发放预防疾病、科学种植等相关资料 1200 份；同时，还向龙兴镇寨子村捐助了 2.2 万元的救灾款和 300 册农业实用技术书籍，开展了健康、法律、旅游咨询服务和科普宣传活动；举办“关爱独生子女成才——家教援助进万家”报告会；到敬老院看望孤寡老人，开展传授健康保健知识活动，为老人赠送了价值 3000 元的保暖衣裤，为 56 名孤寡老人进行义诊体检，并建立了健康档案；积极配合中共区委、区政府开展创建文明城区工作，社区委组织社内志愿者到武警总队 T 字路口开展文明劝导活动，主委尹书菊三次深入龙山路社区，参加督促检查文明城区创建工作，社区委为龙山路社区文明创建工作提供了 1 万元的经费支持；积极响应社中央号召，为创建“王选关怀基金”捐款 3400 元。

响应社中央和社市委的号召，通过开展向王选、闵乃本等先进社员的学习活动，激励社员进一步做好本职工作，建功立业。2006 年，在建社 60 周年表彰活动中，西南大学高职学院支社被社市委评为先进基层组织，袁野、沈文英被社市委评为优秀社员。在政治交接学习教育活动中，高职学院支社获先进集体称号，赵华生、唐宗获先进个人称号。2006 年，唐宗获支持社市委参政议政工作先进个人。2007 年，袁野、唐宗获重庆市统一战线理论研究优秀成果二等奖，李攀富被评为 2007 年度社市委宣传报道先进个人，唐宗被评为 2007 年度社市委参政议政先进个人。至 2007 年底，全区社员中有重庆市政协委员 1 人，区政协委员 10 人（其中副主席 1 人、常委 1 人、委员 8 人），有区人大代表 1 人、区人民政府特邀监察员 1 人、区人民法院陪审员 1 人、重庆市人民检察院检察员 1 人。

第十章　九三学社重庆市永川区工作委员会

九三学社重庆市永川区工作委员会原为九三学社永川市工作委员会，成立于 2006 年 10 月 13 日。区工委领导班子由社市委任命，主任委员：余国东，副主任委员：李志伟、漆卫东（2007 年调离辞职）、张前勇，委员 9 名。时有支社 4 个，社员 45 人。

1998 年 5 月，九三学社重庆市委直属永川小组成立，组长邓祖玲（女），有社员 7 人。2000 年

12月25日，九三学社重庆市委直属永川支社成立，主任委员：余国东，委员：邓祖玲（女）、李志伟。2003年11月27日，九三学社重庆永川市支社委员会成立，主任委员：余国东，委员：邓祖玲（女）、李志伟，并配备专职干部1人，专职干部纳入永川市组织人事部门统一管理，办公经费纳入永川市财政统一预算。时永川市支社有小组4个，社员40人。2006年10月，经报社市委二届十八次常委会议研究决定，同意成立九三学社重庆市永川市工作委员会。2006年11月2日，九三学社永川市工委成立大会召开，选举产生了九三学社重庆市永川市工委第一届委员会，主任委员：余国东，副主任委员：李志伟、漆卫东、张前勇，委员：徐泽、苟本富、王蜀屏（女）。2007年10月，因行政区划调整，永川撤市建区，九三学社重庆市永川市工作委员会更名为九三学社永川区工作委员会。现为第一届委员会。社员中有重庆市人大代表1人，重庆市政协委员3人；永川区人大常委1人，永川区政协委员12人，其中，副主席1人、常委1人。

永川市社组织建立以来，按照社重庆市委的要求，建立学习制度，定期召开组织生活会，总结学习工作情况，安排阶段性工作，组织社员有计划地开展政治理论学习。主要开展有：及时传达学习中共永川区（市）委、区（市）政府的中心工作、社中央、社重庆市委历次代表大会和重要会议精神；组织社员学习社章、社史和社的优良传统；学习《中共中央关于坚持和完善中国共产党领导的多党合作和政治协商制度的意见》，学习中共十六大及十六届三中、四中、五中全会和中共十七大会议精神；学习邓小平文选和“三个代表”重要思想；学习贯彻中共中央〔2005〕5号文件精神，中共中央和中共重庆市委统战工作会议精神；在学习中，鼓励社员将学习与观念创新、推动永川经济社会发展和开展社务工作相结合，积极营造交流思想、争辩观点的宽松学习氛围，达到通过学习提高认识、指导工作的目的；区工委还选派骨干社员参加了各级各类的学习培训40余人次。通过参加各类学习教育和培训活动，提高了广大社员的思想政治素质，增强了社组织的凝聚力。

以“团结活跃、严肃认真、形式多样、内容丰富、效果实在”为要求，开展了丰富多彩的组织生活。广大社员通过参加组织生活，及时了解永川和重庆市经济社会发展的情况，增强责任心、事业心，增强参政党意识，立足本职、努力做好岗位工作；在社区委大力倡导“心齐、气顺、风正、劲足”的良好氛围下，通过参加各项活动，促进了社员间的相互了解，起到了交心谈心、增进友情和相互促进的作用；通过开展各项社会服务活动，培养和提高社员的参政党意识、责任意识和奉献意识。广大社员呈现出积极向上、团结、和谐、进取的良好精神风貌。

自身建设取得好成效。社区工委坚持把加强基层组织建设作为社务工作的重点来抓，在组织发展中，严格遵循社章规定，坚持“三为主”原则，坚持德才兼备原则，注重质量，充分发挥九三学社联系科技界的特色，有计划、有重点地发展高素质、高层次和有一定影响力的人才入社。五年多来，在永川市科技界中发展了30名中、高级知识分子以及部分单位的中层骨干和后备干部人选入社。其中，正高级职称8人、副高级职称22人，重庆市政协委员3人、永川区政协委员12人，担任重庆市市级科研院所领导职务的2人，政府公务员3人。

认真履行参政党职能。发挥社组织科技人才集聚的优势，主动参与重庆市政协、永川政协及相关专委会组织开展的参政议政课题调研活动，力求在调查研究基础上，提出具有可操作性的意见、建议，供政府及相关部门决策参考；参加中共永川区（市）委、区（市）政协召开的各次双月座谈会、专题协商会、情况通报会等会议，积极反映社情民意，为推动永川经济社会发展献智出力。2004年至2006年，区工委累计提交集体提案及社内委员个人提案共60多件，内容涉及推动科技创新、强化粮食生产、加快城市建设、发挥民主党派职能等。其中针对长江引水工程、商贸发展、科技进步、交通问题、农业产业结构、“十一五”规划等提出的意见和建议，被评为政协优秀提案，得到了中共永川市委、市政府及有关部门的高度重视和好评，部分建议被采纳，为区域经济社会发展和民主政治建设做出了积极贡献。2004年至2007年，社区工委被区政协评为优秀提案单位。

经社组织推荐的各类特约人员，通过参加各种视察、专项检查、行风评议等活动，就加强党风廉政建设、宣传方针政策、化解矛盾、维护社会稳定等方面提出意见、建议，反映社情民意和认真履行职责，产生了积极影响。

加强对口联系工作。帮助对口联系部门永川市农业局成功申报科技兴粮示范项目4个，共争取专项投资近50万元；积极为恢复永川在重庆市粮食主产县的地位建言，经社永川市工委建议，中共永川市委出台了支持粮食生产的相关政策和措施，永川市政府专门成立了粮食生产领导小组和专家技术组，使永川成为2006年重庆的12个粮食品种直补县（市）和4个科技兴粮示范县之一，永川由此争取到大量农业专项资金的支持。

积极开展社会服务活动。坚持“量力而行，突出重点，注重工作实效”，开展社会服务工作。社永川（市）区工委坚持每年组织社员深入乡镇，开展形式多样、内容丰富的“国际科学与和平周”、科普宣传月、送科技和医卫下乡等科技咨询和科普宣传活动，累计为500多名农民群众讲解了田间管理、科技种田知识；发放各种科普及相关科技资料3000余份；多次组织社内医疗专家深入社区，开展义诊活动，共为400多名居民进行了免费检查和义诊；2005年、2006年分别与社渝中区委和社沙坪坝区委联合，在永川举办了第十七届、十八届“国际科学与和平周”健康咨询义诊活动，组织社内20余名高级医务工作者和法律工作者为市民提供了周到细致的咨询和义诊服务；组织社内茶叶专家分别赴荣昌、大足、巴南、巫山等区市县举办茶叶知识培训班，使茶农创收近亿元；区工委茶叶专家为永荣镇茶农量身打造的“永荣秀芽”茶叶，获重庆市茶博会金奖；组织社员积极参加“倡导经典诵读，建设书香校园”赠书活动，社区工委共捐赠了价值6000余元的书籍。

鼓励社员立足本职、建功立业。永川市社组织建立以来，坚持鼓励和推动广大社员立足本职，建功立业做贡献。2004年，余国东获“重庆青年五四奖章”和“加快永川发展突出贡献奖”，并获“振兴重庆争光贡献奖”提名，“重庆市青年科技创新奖杰出奖”，“重庆市优秀专业技术人才”等荣誉称号；徐泽1995年获四川省科技进步三等奖、1999年获重庆市科技进步三等奖、2002年获农业部农牧渔业丰收计划三等奖、2003年获重庆市科技进步二等奖、2004年获重庆市科技进步三等奖、2005年被评为重庆市“百名精彩女性”、2005年获重庆市科技进步二等奖、2006年获重庆市科技进步三等奖两项；钟培竹1979年获四川省重大科技成果四等奖两项、1982年获四川省重大科技成果四等奖、1993年获四川省科技进步三等奖、1995年获四川省科技进步三等奖；林强2004年获重庆市科技进步三等奖；蒋志成获2002年重庆市科技进步三等奖。

社永川市工委被社重庆市委评为2004年度“先进基层组织”，余国东被社中央评为2004年度“优秀基层组织工作者”受到表彰。

至2007年底，社永川市工委共有社员40人，支社4个。

第十一章　九三学社重庆市万盛区工作委员会

九三学社万盛区工委成立于2006年11月，现为第一届委员会，主任委员：雷瑞宏，副主任委员：马泽勋、何兴玲（女）。时有基层组织3个，社员39人。至2007年底，有南桐矿务局支社、万盛区直属支社、南桐矿务局南桐煤矿支社基层组织3个，社员57人。社员以南桐矿业公司技术人员和万盛区卫生系统技术人员为主，其中，副高以上专业职称27人，占社员总数的47%。

1986年7月，九三学社重庆市委在万盛区发展了康炳勋、杨朝镛、王其乐、韩国庆4人入社，他们是万盛区第一批九三学社社员。1987年，万盛区发展新社员6人。1987年9月14日，九三学社重庆市南桐矿务局直属小组成立，组长：康炳勋、王其乐，时有社员10人。

1988年，社员人数增至14人。经社市委批准，1988年11月18日，南桐矿务局支社成立，主任委员：康炳勋，委员：张海潮、张培先、刘文龙。1992年，经社市委批准，九三学社重庆市万盛区直属小组成立，组长：王前狄。2000年6月12日，九三学社重庆市委员会万盛区直属支社成立，主任委员：王前狄。2002年4月15日，九三学社重庆市委员会南桐煤矿直属小组成立，组长：刘远良。

2005年11月，按照社章要求，社万盛区所属基层组织进行了换届选举。换届后，南桐矿务局支社主委：何兴玲（女）；万盛区直属支社主委：马泽勋；南桐煤矿直属小组组长：康远锡。时有社基层组织3个，社员35人。

2005年12月，九三学社重庆市万盛区工作委员会筹备组成立，组长傅开鑫，副组长马泽勋、何兴玲（女），筹备组成员：康远锡、祝向东。时共有基层组织3个，社员35人。2006年傅开鑫辞去筹备组组长，雷瑞宏任筹备组组长。

2006年11月，经社市委批准，九三学社重庆市万盛区工作委员会成立，主任委员：雷瑞宏，副主任委员：马泽勋、何兴玲（女），委员：康远锡、祝向东。时有基层组织3个，社员39人。

自九三学社在万盛区建立基层组织、特别是社万盛区工委成立以来，发扬“民主与科学”的优良传统，着力加强自身建设。同时，注重发挥社组织科技人才集中的优势，认真履行参政党职能。在自身建设、参政议政、民主监督和社会服务方面取得了好成绩。

思想建设方面。以致力于建设有中国特色社会主义事业参政党为目标，努力加强思想建设。社区工委主要组织开展了党和国家大政方针政策，中共中央十三届七中全会精神、十五大精神、十六大精神、十七大精神的学习活动，重点学习了江泽民总书记、胡锦涛总书记的重要讲话精神；中共重庆市委、中共万盛区委的历次重要会议精神，社中央、社重庆市委历次代表大会精神的学习；在社员中广泛开展了社史社的优良传统的教育学习活动、统战理论和中国共产党领导的多党合作理论的学习活动、“三增强、四热爱”教育活动、政治交接学习教育活动；参加和组织开展了庆祝中国共产党成立70周年活动、纪念抗日战争胜利50周年活动、庆祝建社60周年、庆祝中国共产党成立80周年等系列活动；组织社员参加了社市委举办的新社员学习会和干部学习培训会。通过这些活动，使广大社员加深了对中国共产党领导的多党合作和政治协商制度的认识，增强了参政党意识，增加了社组织的凝聚力。

认真履行参政议政职能。社区工委积极参加中共万盛区委、区政府、区政协及有关职能部门组织召开的各种民主协商会、学习会、情况通报会、双月座谈会等，参与对区人大、区政府、区政协换届等重要人事安排方案和建议人选名单的民主协商；学习贯彻中共中央〔2005〕5号文件和中共重庆市委〔2005〕18号文件精神，发挥民主党派地方组织的作用；对南桐矿区“八五”计划和十年规划，《区政府工作报告（讨论稿）》和《政协万盛区委员会关于政治协商、民主监督、参政议政的规定（征求意见稿）》、区社会主义精神文明建设“九五”规划纲要，对万盛区经济社会发展规划、旅游经济及景点总体规划、重点项目建设、招商引资、国有工商企业改制、发展非公有制经济、转变政府职能、党风廉政建设、环境保护、文化项目开发、发展战略性新兴产业、推进万盛区全面转型、实现区域经济振兴等积极建言献策。

南桐矿务局支社充分发挥科技人才集中的优势，为深化企业改革献计出力。近年来，通过与矿务局科协合作，共同开展了局系统内有关科技工作、安全工作、生产工艺、生产管理、各方面政策执行情况等23个问题的抽样调查活动，将调查的意见和建议梳理汇总，供局领导决策参考，为矿务局的发展和改革献智出力；同时，南桐矿务局支社还通过参加中共南桐矿务局党委召开的民主协商会，针对矿务局的安全生产 、科技管理、生产工艺改进等方面的工作坦诚建言，提出了40余条意见和建议，受到重视和采纳。

2002年，南桐矿务局支社和万盛支社联合提出《抓住机遇，加快旅游业发展步伐，加快地区经济结构调整转型步伐，尽快启动万盛特色产业园区建设》的意见和建议，得到了中共区委、区政府及有关部门的重视和采纳。2002年，南桐矿务局支社撰写的《关于万盛区开发旅游商品有关问题的调研报告》获区委统战部2002年度统战理论调研成果一等奖；万盛支社与民革万盛支部联合撰写的《参政党面临的新形势和新任务调研报告》获二等奖。2003年，南桐矿务局支社撰写的《开发旅游文化资源，营造高质量旅游景区》获中共万盛区委统战理论课题一等奖；万盛支社撰写的《党外知识分子在我区经济社会发展中的地位和作用》获二等奖。2004年，南桐矿务局支社《申报建设地质公园，促进旅游持续发展》获万盛区统战理论研究课题调研文章暨“邓小平理论、‘三个代表’重要思想与统一战线理论”征文一等奖；万盛支社《开展环境综合整治、促进万盛经济发展》获三等奖。

1993年至2007年，万盛区社组织在区政协会议上共提交集体提案62件，大会发言6次。其中，《关于调整旅游经济运行管理体制，加速万盛旅游上档升级的建议》受到区政府的高度重视，被列为政协会议的回头追踪办理提案；《关于治理整顿规范滨江小区餐馆乱搭乱建和脏乱差的建议》《尽快集中焚烧处理我区医疗废物的建议》和《关于我区水电气通讯的管道设施应合理规划的建议》被评为优秀提案。2000年，南桐矿务局支社提交的《控制规模，深度加工，提高煤炭产品科技含量》等2件提案，被评为区政协优秀提案，受到表彰。2007年，在区政协七届一次会议上提交的《关于严格建筑执法的建议》《关于加快打造“全国羽毛球运动之乡”的建议》提案，被评为区政协优秀提案，受到表彰。

社员中的各级人大代表、政协委员和特邀人员，积极参政议政，认真履行职责。1989年至2007年，社员中的区政协委员共提交委员个人提案111件，做大会交流发言1次，完成调研报告13篇。1996年，刘文龙提交的《对万盛建成旅游区的补充建议》被评为区政协优秀提案，受到表彰。2000年，杨开庆被评为先进政协委员，受到表彰。1998年至2003年，社员中的市人大代表共提出议案、建议和意见20余件；担任区政府特邀监察员的社员不负众望，参与区政府及相关部门的行政监察、重点项目监督、行风评议等专项检查工作20多次，在行风评议、党风廉政、司法、税务等检查会上反映社情民意，提出批评意见和建议，认真行使民主党派成员参政议政、民主监督的职责。

截至2007年底，万盛区社员中担任历届政协委员共40人次。其中，四川省政协委员1人次，重庆市政协委员2人次，任区政协副主席1人次、副秘书长1人次、任区政协常委6人次；社员中担任历届人大代表共6人次。其中，市人大代表4人次，区人大代表3人次、区人大常委会委员1人次；担任区政府特邀监察员6人次；1人被聘为区科技特派员；社员中任区政府实职（副处级以上）4人。其中，2007年雷瑞宏当选万盛区人民政府副区长，正处级1人、副处级2人。任南桐矿业公司总经理1人、任该公司处级职务5人；罗信华、刘思亮、王前狄3名社员获国务院政府特殊津贴。

积极开展社会服务活动。充分发挥人才优势，九三学社万盛区各基层组织，根据社员中医务人员多、技术好，社会认可度和在群众中知名度较高的特点，坚持每年组织社内医务人员到乡镇和敬老院，为农民、孤寡老人、受灾人员和抗灾人员开展送医送药、送医疗技术下基层的健康咨询服务活动，为群众义诊数千人次，发放了价值数千元的药品，深受广大群众的欢迎和好评。其中，万盛支社还与民革综合支部、民进机关支部联合开展了“金桥行”活动，慰问金桥镇敬老院老人，并为老人们进行免费体检，服务社会的水平不断提升，民主党派的影响不断扩大，取得了良好的社会效益。

万盛区工委发挥社组织科技界智力密集、人才集中的优势，鼓励社员立足本职、建功立业，为重庆市和万盛区经济社会的发展建言献策。全区社员中，绝大多数是矿务局的高、中级工程技术人员和区医务人员，他们在本职工作中为南桐矿务局的发展和万盛区的经济社会建设做出了积极贡献，取得了丰硕成果，受到表彰奖励：1989年，社员杨朝镛与矿务局医院合作完成的《氢氧化钙产品技术改造和临床应用》成果，获重庆市科技进步奖；1992年、1993年、1996年，社员罗信华完成的《煤与瓦斯突出的地质构造标志及突出危险性预测》《煤与瓦斯突出危险性预测技术推广使用》《采用综合技术提高保护层开采速度》3项成果，分别获得国家能源部科技进步三等奖、四川省科技进步三等奖、重庆市科技进步三等奖；1994年，王前狄获区政府颁发的“特殊贡献”荣誉证书；1996年，江洪芬、周勤获“重庆市卫生系统学科带头人”称号；1998年，何兴玲获年度重庆煤管局科技成果二等奖；1999年，罗信华、张建平编写的《南桐矿务局保护层开采的瓦斯问题及其技术管理》论文获重庆市煤管局科技二等奖；1999年至2000年，江洪芬分别荣获万盛区卫生系统首届“十佳”医务工作者称号和万盛区“十佳”岗位女明星荣誉称号。

1990年，南桐矿务局支社被评为“九三学社重庆市委先进基层组织”，刘文龙被评为九三学社四川省委和九三学社重庆市委“优秀社员”，受到表彰。2002年，罗信华、张建平、何兴玲被评为“九三学社重庆市委2002年度提案先进个人”，受到表彰。2003年，何兴玲获“重庆市各民主党派为三个文明建设服务先进个人”称号，张建平被评为“九三学社重庆市委2003年度提案先进个人”。2005年，南桐矿务局支社获九三学社重庆市委先进集体奖，刘远良被评为“九三学社重庆市委先进个人”，受到表彰。

第十二章　九三学社重庆市大渡口区委

2005年8月，九三学社重庆市大渡口区委筹备组成立。筹备组组长张群力，副组长柳卫东，时有基层组织5个，社员114人。其中，基层委员会1个、支社4个。至2007年底，共有基层组织5个，其中，基层委员会1个、支社4个，社员114人。

九三学社大渡口区委筹备组的前身为九三学社重庆钢铁公司支社。1984年1月，社重庆钢铁公司支社成立，重钢支社第一届主任委员：王先俊，委员：代宫涛、雷玉田、王远诚。至1995年，重钢支社进行了三次换届，第二届主任委员王远诚，第三届主任委员王之光。重钢支社是九三学社重庆市委在大渡口区最早建立的基层组织。

1996年7月，重钢支社改建为九三学社重庆钢铁公司基层委员会。第一届基层委员会主任委员：蓝钧鳌，副主任委员：张群力，委员：张兆慧（女）、张鼎馨（女）、罗桂芳（女）、王之光、余挺进。时有基层组织5个。其中，支社4个、直属小组1个，即重钢本部一、二、三支社，重钢四厂支社，重钢三厂直属小组。

2001年1月，九三学社重钢基层委员会召开社员大会，选举产生了九三学社重钢第二届基层委员会，主任委员：蓝均鳌，副主任委员：张群力、曾朝夕，委员：张小青（女）、余挺进、王之光、李翠华（女）。有基层组织3个（重钢一支社、重钢二支社、重钢三支社），同时，社市委将重钢四厂支社和重钢三厂直属小组划为社市委直属支社。重钢第二届基层委员会期间，因委员李翠华工作调离辞去基层委员会委员职务，2003年2月，增选赵倩（女）为基层委员会委员。2003年12月，因基层委员会主任委员蓝钧鳌担任社市委副主委，基层委员会进行届中调整，蓝钧鳌不再担任重钢基层委员会主任委员，推选曾朝夕为重钢基层委员会主任委员。

2006年1月，重钢基层委员会召开社员大会，选举产生了九三学社重庆市委员会重钢第三届基层委员会，主任委员：张群力，副主任委员：陈红（女）、赵倩（女），委员：张小青（女）、赵力。时有重钢一支社、重钢二支社、重钢三支社3个基层组织，社员113人。2007年1月，经社市委批准，九三学社重庆市大渡口区第四支社成立。

2005年8月，经九三学社中央和社重庆市委批准，九三学社重庆市大渡口区委筹备组成立，组长曾朝夕，副组长张群力、赵倩，筹备组成员陈红（女）、张小青（女）。2006年6月，曾朝夕因个人原因提出辞去筹备组组长职务，赵倩因工作调动辞去筹备组副组长职务。经社市委同意，任命张群力为筹备组组长。2006年12月，增选柳卫东为筹备组副组长，晏琦（女）、何会琴（女）为筹备组成员。

自1984年1月，大渡口区第一个基层组织——重庆钢铁公司支社建立以来，在社市委、中共重庆市委、大渡口区委和重钢公司党委的领导和支持下，努力加强自身建设。根据大渡口区社员比较分散的特点，把工作重点放在发展组织和巩固组织上。同时，通过制定组织活动细则，定期开展组织生活，组织发展稳步推进，基层组织活动制度化、规范化，组织活动的内容和形式不断丰富创新。2005年，九三学社重庆市大渡口区委筹备组成立后，通过开展政治交接学习教育等系列活动，着力加强思想建设和制度建设，鼓励社员立足本职、积极为大渡口区的经济社会发展做贡献，开创了社务工作新局面。

1984年1月至2005年8月，九三学社重钢（支社）基层委员会，在社市委和中共重钢公司党委的领导和重钢统战部的支持帮助下，认真开展各项社务工作，全面加强自身建设。在做好本职工作的同时，积极参政议政、认真履行参政党职责。通过积极参加中共重钢党委召开的双月座谈会、生产及经营情况通报会，为促进重钢的生产、经营和管理献计出力，为企业的发展做出了积极贡献。在重钢党委历年组织开展的“党外人士建功立业”活动中，每年都有8～10名九三学社社员受到表彰。

认真履行参政议政职能。筹备组成立以来，在中共区委、区政府、区政协召开的各种情况通报会、协商会、征求意见会、双月座谈会、暑期谈心会等会议上，参与对区人大、区政府、区政协换届等重要人事安排方案和建议人选的民主协商，对大渡口区经济社会发展规划、重点项目建设、招商引资、发展非公有制经济、党风廉政建设、环境保护等献计出力。2007年，社区委筹备组首次以九三学社组织界别参加大渡口区政协全会，积极参加区政协组织的各种调研和视察活动，筹备组根据大渡口区经济社会发展的需要，积极配合中共区委、区政府的中心工作，精心选题、深入调研，在区政协会议上提出了政府所需要的、具有一定针对性和可操作性的提案建议，受到重视，不少建议被采纳。其中，《制定和落实农业种养殖用地优惠政策》《关于北桥头建设的建议》被区政协列为大会重点提案受到表彰。会上，4 名社内委员提出的 15 件提案，全部立案。

2007 年，根据中共大渡口区委组织各民主党派实施“党委出题 ，党派调研，政府采纳，部门落实”调研运行机制，社区委筹备组承担完成的中共区委参政议政调研课题成果《以“四大工程”建设为契机，加快构建我区城乡统筹发展的新机制》，受到中共区委、区政府的高度重视。

认真履行民主监督职能。全区社员中，晏琦被聘为大渡口区人民检察院特邀监督员，柳卫东被聘为区政协民主评议员，他们以高度的政治责任感，积极参与对区国土分局和规划分局的检查评议工作，认真履行民主党派成员民主监督职能，为推进依法行政发挥了积极作用。

积极开展智力扶贫、送温暖、捐资助学、抗震救灾等社会服务活动。近年来，社区委组织开展了“九万”合作教育扶助活动、以“情系大巴山、共建和谐”为主题的“送温暖，献爱心”活动、慰问大渡口区敬老院老人活动，积极参与抗震救灾活动和开展教育扶助活动。

鼓励社员立足本职，建功立业。大渡口区的社员主要分布在科技、教育、医卫等行业，绝大多数社员都是本单位的业务骨干，他们在各自的工作岗位上兢兢业业，尽职尽责，取得了不少的成绩，获得了各级各类的表彰奖励。近年来，毛伟被评为“全国优秀教师”；张小青被评为重庆市“十佳三八红旗手”并获得重庆市“五一巾帼奖”，受到表彰；张群力、孙长领分别获得部级优秀设计二等奖；柳卫东在忠县挂职期间主持培训农村科技带头人 171 人，并在深入调研基础上提出的《调整忠县柑橘产业品种结构、增加农民收入的建议》得到中共忠县县委、县政府的采纳。

第六篇　人物·荣誉

人物篇主要包括了主委简介、人物简介和人物名录。在主委简介中记叙的是九三学社重庆市地方组织主要领导人，即历届主任委员的生平和主要经历，共计收入5人；在人物简介（人物按生年排）中，主要介绍的是九三学社在重庆成立时的主要创始人及理监事会成员，九三学社重庆分社成立时主要领导人，九三学社重庆市社员中被载入《重庆市名人传》及在重庆乃至全国知名、有重大影响的九三学社社员的生平和主要经历，以及其在所在领域做出的突出贡献等情况，共计录入89人；人物名录中，主要反映的是重庆市九三学社社员中担任历届九三学社中央委员名单及担任历届各级人大代表、政协委员名单。

第一章　人　物

第一节　主委简介

税西恒

税西恒，又名税绍圣（1889—1980年），四川泸县人，汉族。九三学社创始人之一。著名水电工程专家、教育家、社会活动家、民主人士。1911年，加入同盟会。1912年，公费留学德国，攻读机械、水利、建筑、采矿。1917年毕业于柏林大学机械系，获德国国家工程师资格，进入西门子电力公司任设计工程师。1919年回国，任川南道尹公署建设科科长。1922年至1925年，在家乡泸县主持设计建成四川第一座水力发电厂（洞窝济和电厂）——四川省泸县济和水力发电股份有限公司。1926年任重庆商埠督办公署技正。1932年，由他任总工程师，设计并建成重庆第一座自来水厂——重庆自来水股份有限公司。1935年，税西恒任重庆大学工学院院长兼电机系主任。同时，先后任四川兵工厂总工程师、四川工业专门学校教授。创办重庆蜀都中学、重庆华法商学院，并任学校董事长、学院院长、中国公学大学部代理校长、川康经济建设委员会调查设计组主任、川康兴业公司技术室主任等职。新中国成立后，任重庆自来水公司经理、总工程师、技术顾问。历任西南军政委员会文教委员会委员、四川省人民委员会委员、重庆市人民委员会委员，第三、五届全国人大代表，第一届四川省人大代表，第二、五、六届重庆市人大常委会委员，第三、四、八届重庆市人大代表，第二、三届全国政协委员，第一届四川省政协委员，第二、三届四川省政协常委，第一至六届重庆市政协副主席。

九三学社创始人之一。税西恒团结一部分文教、科技界的爱国知识分子，参与发起和组建了九三学社。1937年，潘菽随中央大学来到重庆时，税西恒是重庆大学教授，他们认识后，由潘菽介绍认识了许德珩，并参加了“民主科学座谈会”（九三学社的前身）。税西恒参加“民主科学座谈会”之后，“民主科学座谈会”的活动地点就从许德珩家改在税西恒任总工程师的重庆自来水股份有限公司里，他为九三学社开展活动提供了适宜的场所和条件，为发展人民民主统一战线做出了积极贡献。当时，许多会议都是在他家中召开的。税西恒还是九三学社第一位负责经费和财务的人。在这方面，他功不可没。1945年9月3日，“民主科学座谈会”召开扩大会议，决定扩大成员和建立组织，并以九月三日这个日子命名。1946年1月6日，九三座谈会召开会议，决定筹组九三学社，税西恒是出席者之一。1946年5月4日，在九三学社成立大会上税西恒当选为理事会理事。在1946年5月12日召开的九三学社理监事第一次联席会上，税西恒被推举为常务理事。新中国成立后，历任九三学社中央第二届理事会理事，第三、四、五届委员会常务委员、第六届副主席。1946年10月27日，九三学社重庆分社成立时税西恒被推举为重庆分社理事。新中国成立后，1951年9月3日，重庆分社恢复成立，税西恒任重庆分社第一届理事会主任理事。1953年后，历任重庆分社第二、三、四、五、六届委员会主任委员，直至1980年6月18日因病逝世。

著名的水电工程专家。16岁以前，税西恒一直在私塾读书。1906年，就读于上海中国公学中学部。1912年，赴德国留学，以优异的成绩毕业，并获德国国家工程师资格。1919年，为报效祖国，他毅然辞去工作回国。1921年，他用自己所学在家乡泸县兴建窝沟水电站，并很快邀约了15名地方人士入股集资，解决了资金缺口问题，并从德国西门子公司引进水轮发电机组进行安装，1925年水电站建成。1927年，税西恒决定在重庆创办自来水股份有限公司，他四方筹集经费，并亲自担任水厂的设计和建筑工作。经过两年筹划、四年修建，1932年，重庆第一座自来水厂终于顺利完工供水。1936年，税西恒自费邀请有关科技人员对乌江、长寿狮子滩、龙溪河、大渡河、岷江和贵州的二郎滩等水利基地进行勘察后，并一一做出了建设方案和规划。1941年，税西恒在任川康经济建设委员会调查设计组主任和川康兴业公司技术室主任期间，延揽经济专家，搜集经济建设资料，编撰了川康五年和十年经济建设规划报送经济部备用。但当他看到国民党政府腐败，自己的建设抱负得不到施展时，他于1945年春愤而辞职。新中国成立后，税西恒历任重庆市自来水公司经理、总工程师、技术顾问，他不顾高龄，仍为扩建、新建重庆的自来水厂做现场勘探和草拟规划方案。

著名的教育家。20世纪20年代曾任四川工业专门学校教授，1935年至1941年，任重庆大学工学院院长兼机电系主任时，主持修建了重庆大学工学院教学楼主楼。1947年，创办重华法商学院并任院长。1949年，任中国公学大学部代理校长。

知名的社会活动家、著名的民主人士。税西恒热爱祖国，向往革命，爱憎分明。在上海时，他就读的中国公学是孙中山领导的同盟会在国内的一个据点，他在这里受到了革命熏陶，并加入了同盟会，积极从事民主革命活动。1937年，国民党政府教育部长朱家骅以留德同学的名义邀请他出任四川教育厅厅长，他不愿同流合污，以“不会做官，只能教书”为由坚拒不任。但当由中共中央南方局筹建的蜀都中学邀请他做学校董事长时，他则不畏风险，欣然就任；并遵照中共周恩来、董必武等人的指示，把蜀都中学办成了中共地下党的工作据点。当国民党查封蜀都中学时，他挺身而出、担任校长，与国民党据理力争，使地下党这一据点得以保全。1946年6月，税西恒与重庆大学部分教授和重庆各界人士4000余人联合呼吁全面停战，实现和平。同年，在重庆分社与重庆21个人民团体发表联合声明，呼吁全国同胞团结起来制止召开“行宪国大”的斗争中，他积极支持进步学生运动。1947 年，在重庆数万学生举行“反饥饿、反迫害、反内战”示威大游行中，税西恒和同学们走在一起，高呼反对美蒋的口号。

新中国成立后，1950 年初，西南军政委员会邓小平、刘伯承专门宴请税西恒等人，感谢他们对中共地下党工作的支持。1951 年，税西恒在列席第一届全国政协三次会议期间，受到陈毅的亲切接见。1954 年，税西恒任赴朝鲜慰问团四川团副团长，赴朝慰问中国人民志愿军战士。

“文革”期间，税西恒受到了较大冲击。在极“左”思潮最猖獗时，他敢于仗义执言，为老一辈无产阶级革命家受迫害鸣不平。尽管他当时受到围斗、抄家，也没有动摇他对党的信念。粉碎“四人帮”之后，税西恒和广大知识分子一样欢欣鼓舞，尽管年老多病，他仍然一如既往地关心祖国的前途和命运，关心党的统一战线工作，关心九三学社的发展。1980 年 2 月，在重庆分社恢复活动后召开的重庆分社第六次社员大会上，税西恒代表分社致开幕辞，他在开幕辞中说：“民主党派从中央到地方，能得以重新恢复和开展活动真是得来不易”。他号召重庆分社社员“团结一致向前看，为促进社会主义现代化建设的发展而贡献我们最大的力量”，“把个人利益和祖国利益联系在一起，把个人前途和祖国前途联系在一起，做解放思想、安定团结、实现四化和祖国统一的促进派。”

1980 年 6 月 18 日，税西恒因病逝世，享年 92 岁。6 月 27 日，在重庆市政协礼堂隆重举行税西恒追悼会。全国人大常委会、政协全国委员会、中共中央统战部、九三学社中央、中共四川省委、省人大常委会、省政协、中共重庆市委、市人大常委会、市人民政府、市政协、市委统战部、各民主党派、九三学社各兄弟分社以及重庆市供水公司等有关部门敬献了花圈。乌兰夫、许德珩、胡子昂、刘澜涛、李维汉、裴昌会、任白戈、周培源、茅以升、严济慈、童少生、田一平、马力、周钦岳及税西恒生前友好等敬献了花圈，追悼会还收到唁电、唁函共六十余件。胡子昂参加了追悼会，参加追悼会的还有中共重庆市委、市人大常委会、市政府、市政协的负责人以及各民主党派和有关方面负责人、税西恒生前友好和群众代表共四百多人。追悼会由市政协副主席、九三学社重庆分社第一副主任委员王际强主持，市政协主席段大明致悼词。按照税西恒的遗愿，他的骨灰安放在他创立的重庆自来水股份有限公司水塔下。1985 年 12 月 23 日，举行了税西恒墓碑揭幕仪式。九三学社重庆市委主委王际强和税西恒的女儿税鸿先做了讲话。中共重庆市委、市人大、市政府、市顾委、市政协、市委统战部、市各民主党派、市自来水公司党委、九三学社中央、社四川省委、社重庆市委，社中央主席许德珩、副主席潘菽、孙承佩等敬献了花圈。

王际强

王际强（1906—1995 年），辽宁辽中人，汉族。1950 年，加入九三学社。国内知名学者、教育家，曾任第六届全国政协委员，重庆市第二、三届人大代表，第六、七、八届重庆市政协副主席兼科技工作委员会主任，九三学社中央第四、五、六届委员会委员，第七届委员会常委、九三学社中央参议委员会常委，九三学社四川省第一届委员会副主委、第二、三届委员会名誉副主委。历任九三学社重庆分社第四、五届委员会副主任委员，第六届副主任委员、主任委员，九三学社重庆市委第七届主任委员，第八、九届名誉主委。历任四川省电机工程学会副理事长，重庆市电机工程学会理事长、名誉理事长。

国内知名学者、教育家。1929 年，毕业于东北大学电机系。1929 年至 1932 年，被东北大学官费派往美国普渡大学研究生院攻读硕士学位，获电机工程硕士学位。1932年，回国任东北大学教授、电机系主任，工学院代理院长。1938年后，任西北工学院教授、电机系主任、训导长、教务长。1949年，任重庆大学、中央工校教授。1950年，起先后任重庆大学教授、电机系主任、工学院院长、校委会副主任、副教务长、教务长、图书馆馆长、校学衔委员会副主任等职。1963年，被水电部聘为高等工业学校发电厂、电力网与电力系统专业教材编审委员会副主任，兼任电力网与电力系统教材编审小组组长，主持了《电力网与电力系统》统编教材的编审工作，主要著译作有《发电厂及电力系统概论》《电力系统故障分析》等。

王际强为我国高等教育事业做出了重要贡献。他治学严谨，长期负责高校教学管理工作，在工作中注重理论联系实际，重视培养学生分析问题、解决问题的能力和实验动手能力。1953年初参加西南高教局苏联教学经验学习组赴苏联学习考察，回国后，积极推广苏联先进的教学经验和推进教学改革，建立了一系列规章制度，对重庆大学的教学改革和提高教学质量起到了极大的推动作用。从事教育工作60余年以来，曾长期担任《电磁学》《电工原理》《交流电路》《电机学》《输配电学》《高压工程》《发电厂》《电力网与电力系统》等课程的教学任务，倾注毕生心血，为国家培养了大批电力工程人才，为重庆大学培养了几代电工学科的学术带头人，他所培养的学生中，有许多人成为电工学科的学术带头人或优秀管理人才。

优秀的社务工作者。1950年春，王际强由谢立惠介绍加入九三学社。入社不久就负责重庆大学支社的工作。他对组织发展极其慎重，注重发展对象的政治素质和业务素质，考察发展对象时，主动征求校党委统战部和基层党组织的意见。几年中，支社发展的30多位社员中担任正副系主任、教研室主任的有10余人，在重庆大学享有较高声誉和一定威望。他努力学习马列主义、毛泽东思想和《邓小平文选》，学习党的有关统一战线的理论、方针和政策，通过参加社会实践和新旧社会的对比，对党的统一战线理论和民主党派的性质、地位和作用等重大问题有了深刻的认识，坚定了接受中国共产党的领导和走社会主义道路的信念。

“文革”期间，他受到较大冲击，但他始终相信中国共产党。十一届三中全会后，得以平反和落实政策，增添了他对党的热爱。

1978年4月，王际强参加了重庆市委统战部召开的关于恢复民主党派组织活动座谈会，并负责主持九三学社重庆分社临时领导小组的工作。从此，他把主要精力用在了重庆分社的工作上。自1980年起，担任九三学社重庆分社第六届委员会第一副主委，重庆分社第六、七届主委和九三学社重庆市委员会第八、九届名誉主委。其间，为消除“十年浩劫”及极“左”思想的影响，打消社员的思想疑虑，在社组织恢复活动初期，他在重庆市各民主党派中首创了一系列工作方法：他领导重庆分社（1984年改称九三学社重庆市委），根据中共四川省委、重庆市委有关文件精神，组织社员及所联系的知识分子座谈，宣传党的十一届三中全会精神和统一战线、知识分子政策；他亲自到各高等院校和科研院所等社基层组织所在单位，深入做工作，积极协助社员所在单位开展落实党的知识分子政策、平反冤假错案和“文革”中抄家物资退赔等具体工作；坚持宁缺毋滥的原则，注意吸收政治上可靠、工作上积极进取，具有一定代表性的高中级知识分子入社。在他的领导下，从1980年起，重庆分社每年举办一次新社员学习会，组织新社员学习党的统战理论、方针、政策，进行社章、社史以及民主党派地位与作用的学习，学习九三学社在各个历史时期与中共风雨同舟、合作共事的光荣历史和传统，使新社员对党领导的统一战线和社组织，有了进一步的认识和了解，调动了广大社员立足本职、为四化服务的积极性。他注重在中共重庆市委统战部的支持协助下，加强领导班子建设、社市委机关建设和自身建设，确保了社市委各项工作的开展。

担任九三学社重庆市委任委员以来，他坚持党的基本路线，拥护党的路线、方针和政策，支持改革开放，与共产党真诚合作，肝胆相照、荣辱与共，坚持和发展中国共产党领导的多党合作和政治协商制度。在担任市政协常委和副主席期间，他从党的利益和大局出发、从工作出发，对党的工作提出批评建议，为重庆市的多党合作和爱国统一战线做出了重要贡献。

1995年7月26日，王际强因长期患病，心力衰竭，在家中逝世，享年89岁。

许香谷

许香谷（1922—2015年），安徽歙县人。1953年，加入九三学社。重庆大学教授，九三学社重庆市第八、九届委员会主任委员。重庆直辖后，任社重庆市第一、二届委员会名誉主任委员。历任重庆市人大代表，九三学社中央委员、常委，四川省委常委、副主委，重庆市委副主委、主委，重庆市青年联合会副主席，重庆市第四、五届政协委员，四川省第五届政协常委，全国第七、八届政协委员，重庆市人大第十一、十二届常委会副主任。

1944年，毕业于重庆大学机械工程系，获工学学士学位。1947年，留学美国得克萨斯州州立大学研究生院，获硕士学位。1949年，回国后任教于重庆大学，从事机械工程教学与研究，历任重庆大学机械系副系主任、系主任、重庆大学科协主席，专长机械制造技术和金属切削原理。历任国家科学技术委员会发明评选委员会特邀审查员、中国高校金属切削研究会名誉理事、全国高教自学考试指导委员会机械类专业委员会委员、中国机械工程学会高级会员、四川省机械工程学会常务理事、四川省高校教师高级职称评审委员会委员、重庆市机械工程学会副理事长。于20世纪60年代初，任重庆大学第一批获高等教育部批准的研究生导师。1992年，获“国务院政府特殊津贴”。

治学严谨，具有坚实的理论基础。1964年，为解决重庆某工厂生产中突出的难题，许香谷指导研究生周汝忠研制成功“大前角剃前滚刀”为工厂长期使用，创造了显著的经济效益。自1981年起全国高校恢复招生至1996年期间，共培养研究生15名；同时，还接受“访问学者”、国内高校现职进修教师多人；主编出版专著、译著，发表论文数十篇。其中，翻译的《工具制造专用机床》（俄文）、主编的《齿轮刀具设计理论基础》（下册）和担任副主编的《英汉机械制造词典》均已出版。与黄天铭教授合作的《大型重载精密齿轮制造技术的现状与进展》等两篇论文在全国性专业刊物上发表，1991年与研究生尹雷合作的《用立方氮化硼砂轮磨削淬硬圆柱的研究》在第11届国际生产研究学术会议上宣读并载入会议论文集。1987年，参加机械工业部国家“七五”规划重点科技攻关项目“柔性制造系统中工具系统”研究，并担任“数控车床车削不锈钢断屑问题的研究”课题负责人，与肖诗钢教授和助教严兴春合作的研究成果，于1990年通过部级鉴定，1991年10月获机电部荣誉证书。1988年，受国家自然科学基金资助，任“大模数硬齿面重载精密圆柱齿轮磨齿新工艺研究”课题项目负责人，于1991年圆满完成研究任务。指导研究生肖涤尘与徐泰荣教授合作完成的《高精度高刚度静压磨头的设计与实验研究》成果，被许多工厂应用并受到好评；指导研究生詹捷和韦向东完成的《高精度误差自动补偿分度盘的设计与实验研究》成果；于1988年3月首批获得国家发明专利权；指导研究生税方、曹均清等研究并提出的《一种平面包络磨齿方法及磨齿机》新方案，于1991年6月获得国家发明专利权。20世纪80年代初，受四川省教委委托，为各省科委评审的聘任高级职称论文50余篇，参与各省科委评审发明奖申请材料7项。

1953年，许香谷经重庆大学九三社员黄惠荣、江泽佳教授介绍加入九三学社。入社后，长期担任社的基层组织负责人，积极参加社的活动。1980年，当选为重庆大学支社副主委、重庆分社科技工作委员会副主任。1982年，增选为重庆分社委员。1984年，当选为九三学社四川省第一届委员会常委、社重庆市第七届委员会副主任委员。1988年，当选为九三学社四川省第二届委员会副主任委员、九三学社重庆市第八届委员会主任委员、九三学社第八届中央委员会常委。1992年，再次当选为九三学社重庆市第九届委员会主任委员。1997年4月，在九三学社重庆（直辖）市第一次代表大会上，他主动提出不再继续担任社重庆市委主委的职务，热情扶持德才兼备、年富力强的优秀社员进入社市委领导班子。

作为50年代初入社的老社员和两届社市委的主要领导，几十年来，他顾大局、讲团结，在努力做好繁重的教学科研和大量社会工作的同时，为九三学社重庆市委的建设和发展，为坚持和发展重庆市的统一战线和多党合作事业做出了重要贡献。

徐宗俊

徐宗俊（1931年— ），江苏宜兴人。1982年，加入九三学社。重庆大学教授、博士生导师。九三学社重庆（直辖）市第一届委员会主任委员，第二届委员会名誉主任委员。曾任九三学社重庆大学支社副主任委员，九三学社重庆市第九届委员会常委、第十届委员会副主任委员、第一届（直辖）委员会主任委员，九三学社四川省委常委，九三学社中央委员、第十届委员会委员及教育卫生委员会副主任、常委，第八届全国人大代表、第九届全国政协常委，四川省政协第六届委员，四川省重庆市政协第九、第十届副主席，第一届重庆（直辖）市政协副主席。

1953年，毕业于重庆大学机械系，留校任教。执教以来，努力钻研业务，深入现场示范教学，连年超额完成教学和科研任务。其间，于1956年至1958年在上海交大随苏联专家进修，1985年至1986年在美国田纳西大学做访问学者。先后任重庆大学助教、讲师、副教授、教授、博士生导师，研究生部副主任、主任、校科协主席、校务委员会委员、学术委员会委员、职称委员会委员。任全国高校制造技术及机床学研究会理事长、《制造技术与机床》杂志编委和国际杂志《生产研究学报》（IJPR）评审员。1992年，获“国务院政府特殊津贴”。任教52年来从未间断教学科研。除完成本科教学外，培养硕士、博士研究生、博士后上百人；“制造系统工程复合型研究生培养模式”课题获国家级教学成果二等奖，获省部级科技进步奖十余项，发明专利一项；与其研究生一道，在制造系统工程（MSE）、产品数字化设计、绿色制造等方面开展科研，共完成国家863工程、部省级课题及企业项目30余项；与研究生合著了《先进制造技术》《机械加工系统能量特性及其应用》等4本专著；发表学术论文百余篇，发表社科论文十余篇，其中，《新技术革命与工程师的素质》获“教育部高等工程教育研究优秀论文二等奖”。

1982年，经其老师许香谷介绍加入九三学社。他积极参政议政，在市政协会议和双月座谈会上，就科教兴国、经济结构调整、振兴装备产业、落实知识分子政策、退休职工待遇等问题提出了10多件提案和建议，做大会发言多次。在1986年九三学社中央召开的中年知识分子问题研讨会上，他在深入调研基础上，就如何落实知识分子政策提出了具体建议，会后，社中央向中共中央、国务院提出了《关于中年知识分子问题》的专题建议，为党中央更好地落实知识分子政策提供了决策参考意见。1997年，重庆直辖，徐宗俊当选为九三学社重庆市第一届委员会主任委员、市政协副主席、全国政协常委。在全国政协会议上，以“产品创新是产业结构调整、扩大内需和出口的基础”

"培养西部人才优势是西部大开发的当务之急和长远大计""科教振兴人为本"为题做了大会书面交流发言，并提出了关于三峡库区灾害治理、建立三峡库区开发银行、建立长江水资源保护研究所、把三峡库区列入国家生态环境保护重点工程的提案和建议。其中，部分提案建议被采纳。

中共重庆市委统战部部长辜文兴在九三学社重庆市第二次代表大会闭幕式上的讲话中，对徐宗俊参政议政方面的工作做了如下评价："宗俊同志作为主委，政治上与中共重庆市委保持一致，在重大问题上保持清醒。同时，尽心尽职，积极开拓，团结带领一班人，认真做好九三学社重庆市委的每一项工作，尤其在参政议政、调查研究上下了很大功夫。宗俊同志既是专家学者，又是党务工作者和社会活动家，在我市统一战线有较大影响，他的学识、能力、风格和精神境界有许多都是值得我们认真学习的。"

谢小军

谢小军（1950年—），重庆合川人。1995年加入九三学社。九三学社重庆（直辖）市第二、三届委员会主任委员，九三学社第十二届中央委员会副主席，2003年1月至2011年2月，任重庆市人民政府副市长，2011年1月，增补为政协重庆（直辖）市第三届委员会副主席。曾任九三学社第十届中央委员会委员、第十一届中央委员会常委，九三学社重庆（直辖）市第一届委员会副主任委员、第二届委员会主任委员，第十一届全国人大代表，第十届全国政协委员，第二、三届重庆市人大代表，重庆（直辖）市第一届政协常委。

1982年，毕业于北京师范大学生物系，获学士学位。1985年，获西南师范大学硕士学位。1989年，获北京师范大学博士学位。1985年至2000年，在西南师范大学（现西南大学）生物系任教，历任讲师、教授、博士生导师、水产科学研究所所长。1997年至今，兼任中国科学院水生生物研究所博士生导师。其间，1993年至1995年在英国斯特灵大学水产科学研究所做博士后研究员，1998年至1999年在美国迈阿密大学海洋学院做高级访问学者。2000年至2003年，任重庆市人民政府农村工作办公室副主任。2003年至2011年2月，任重庆市人民政府副市长。2011年，任政协重庆市第三届委员会副主席。

现任教授、博士生导师，中国动物学会理事、中国鱼类学会理事、中国水产学会理事，重庆动物学会理事长、水生生物学重庆市重点学科带头人，全国"百千万人才工程"第一、二层次人选，《海洋与湖沼学报》《水生生物学报》《生态科学》等学术刊物编委。1993年，获"国务院政府特殊津贴"。1997年，获"全国优秀留学回国人员奖"和重庆市"九五"立功奖章。1998年，获重庆市科技进步一等奖。1999年，获国家自然科学三等奖。2000年，获"重庆市先进工作者"称号。1992年，晋升为教授。1997年，被批准为博士生导师，主持国家自然科学基金项目5项，省部级项目12项。在国内外重要学术刊物发表论文40余篇，其中SCI收录12篇，被SCI收录刊物引用41篇次；被2部国际学术专著引用，并有肯定性述评。

1995年，加入九三学社。1997年，任九三学社重庆（直辖）市第一届委员会副主任委员、九三学社第十届中央委员会委员。2002年，任九三学社重庆市第二届委员会主任委员、九三学社第十一届中央委员会常委。2007年，任九三学社中央第十二届委员会副主席。担任社市委和社中央领导职务以来，他坚持深入基层、调查研究，积极探索创新社务工作的新思路。2003年至2005年，他带领社市委班子成员分赴万州、涪陵、沙坪坝、渝北、万盛、永川等地开展社务工作调研。2006

年，在社区委换届之前，他与区级组织的主要领导就换届工作、后备队伍建设工作分别谈话，沟通信息，交换意见，研究指导工作；同时，他还带领社市委分管领导和机关有关处室负责人赴社区委调研，并与当地中共区委和统战部负责人面商社组织建设工作，就更好地发挥当地社区级组织的作用提出建议，争取中共区委加强对社区级组织工作的领导和自身建设的支持力度。为完成社中央委托社市委筹建九三学社成立旧址纪念碑的任务，谢小军作为建碑领导小组组长，他牵头协调，解决了场地征用难、建碑经费缺口大、建设工期紧，以及碑体在政治性、历史性、艺术性等方面需要兼容协调的困难，2005 年 8 月按时圆满完成了社中央交办的建碑任务。

在全国政协会议上，谢小军认真履行委员职责，就推进卫生体制改革，解决群众“看病难、看病贵”，加强三峡库区生态环境保护和建设，推进农村劳动力转移，加强食品安全监管等问题积极建言献策。几年来共提交个人提案 11 件，执笔发表大会发言 2 篇，并在政协联组会议上代表九三学社做交流发言。

在任重庆市人民政府副市长期间，分管商贸、工商行政管理、卫生、食品安全、文化广电、新闻出版、体育、教育等十余个部门的工作。上任伊始，全国暴发非典，作为主管卫生工作的市政府领导，谢小军一直坚守在抗非一线，组织全市医务工作者和全市人民战胜疫情。在他的领导下，重庆市卫生局在组织全市人民抗击“非典”，防治结核病、霍乱、艾滋病、血吸虫病等重大传染病以及应对重大突发事件的处理上，取得了好成绩。进入政府工作以来，面对“看病难、看病贵”这一社会各界长期关注的热点、难点问题，谢小军立即开始探索如何解决这个难题，他牵头组织有关部门经过大量调研，分析理清了当前重庆市医疗卫生服务领域存在的五大问题，提出了推进医疗卫生服务领域改革的七项对策措施，使全市医疗费用过快增长的势头得到有效遏制，群众“看病难、看病贵”问题得到初步缓解。

第二节　其他人物简介

谢立惠（1907—1997 年），曾用名谢柳民、谢伯坚，安徽无为人。九三学社创始人之一。著名电子学家、教育家、社会活动家，一级教授，中国科普事业先驱，全国最早研究雷达技术的专家之一。第一、二、三届全国人大代表，全国政协第五届委员，第六、七届全国政协常委，第三、五届政协四川省委委员。九三学社中央常委、参议委员会副主委，1946 年，九三学社重庆分社成立，被推选为重庆分社理监事会成员，1951 年新中国成立后，当选为重庆分社（恢复成立）第一、二届副主任委员。四川省委副主委、名誉副主委、名誉主委，九三学社成都市委名誉主委。四川省科协主席、名誉主席，四川省物理学会理事长，中国电子学会理事、中国电学学会高级会员，西南师范学院（西南大学前身）和新中国第一所电子信息高等学府成都电讯工程学院（电子科技大学前身）第一任院长。

立志科技救国。1921 年，谢立惠考入南京高等师范学校附中。1927 年，考入中央大学数学系，二年级转入物理系。1928 年，加入中华自然科学社和共青团外围组织“大地社”，积极参加抗日救亡学生运动。1931 年毕业后，留校任中央大学附中教员。在共产党员顾衡的引导下，积极参与进步学生工作。1931 至 1934 年 6 月，在合肥第六女子中学任教期间，于 1932 年加入中国共产党。1934 年 7 月，由于合肥中共县委遭到破坏，谢立惠与党组织失去联系后，离开合肥到广西大学物理系任教。1934 年，来到重庆，在重庆大学与中共党组织恢复了联系。1935 至 1936 年回到合肥庐州女中任教。1937年初，再回到重庆，任重庆大学数理系讲师、教授、物理系主任、教务长等职。1944年至1945年夏，任重庆国民政府军令部技术室研究员。同时，他在中共中央南方局领导下，从事党的地下工作。1951年，参与筹建西南师范学院，任该院教授、院长。1958年春，奉调任成都电讯工程学院教授、院长（后改名为电子科技大学）。曾任第一至三届全国人大代表，全国政协第五届委员，第六、七届常委，成都市人大常委会副主任、市政协副主席，九三学社中央常委，中国科协常委，四川省科协主席、物理学会理事长、自然辩证法研究会理事长等职。

创建“中国自然科学社”（又称“中华自然科学社”）“自然科学座谈会”和“中国科学工作者协会”。1939年，谢立惠召集因战事而离散在重庆的中华自然科学社成员，重新恢复了中华自然科学社组织，先后任组织部主任、第二届社长及理事。中华自然科学社对团结科学工作者、发展中国科学技术起到了很大的作用。同年春，在周恩来和《新华日报》社长潘梓年的领导下，谢立惠和梁希、潘菽、金善宝、干铎、涂长望等约20名中央大学的知名教授和科学家，在重庆成立了“自然科学座谈会”，其间，潘梓年经常指导座谈会活动。1944年底，“自然科学座谈会”拟订了“组织中国科学工作者协会缘起”文件，发起成立了“中国科学工作者协会”，并得到了竺可桢、李四光、任鸿隽、丁燮林、严济慈等著名科学家的赞成，于1945年7月1日，在重庆沙坪坝正式成立。“中国科学工作者协会”是政治性学术团体和团结高级科学技术工作者的爱国统一战线组织。第一届理事长竺可桢，监事长李四光，总干事涂长望，副秘书长谢立惠。“中国科协”成立的影响迅速传到了国外，除在重庆的总会外，在西南、西北的一些大城市以及美国、英国、加拿大也先后成立了分会。1946年7月，中国科协联合英、美、法、加等国的科学工作者协会，在伦敦召开了“世界科学工作者协会”成立大会，中国科协代表涂长望当选为理事。

参与创建九三学社。1944年，在毛泽东、周恩来的启发下，许德珩邀集重庆文教科技界的高级知识分子潘菽、税西恒、黄国璋、劳君展等组织“民主科学座谈会”，谢立惠等“自然科学座谈会”的成员也陆续加入了“民主科学座谈会”。为纪念1945年9月3日抗日战争胜利和世界反法西斯战争胜利日，“民主科学座谈会”决定改名为“九三学社”，并成立了“九三学社筹备会”。1946年5月4日，九三学社在重庆正式成立。谢立惠先后任九三学社中央理事会理事、中央委员、中央常委等职务。1946年10月27日，九三学社重庆分社召开成立大会，推选税西恒、何鲁、谢立惠、左昂、詹熊来、税述之、吴藻溪等15人为理监事。抗战胜利后，重庆分社的理监事大部分都离开了重庆，谢立惠作为重庆分社的负责人之一，经常组织分社成员与其他民主党派及团体召开联合座谈会，对国民党政权的倒行逆施发表联合宣言或联合声明，表示抗议。在“抗美暴行运动”“反饥饿、反内战、反迫害”“反对美国扶持日本侵略势力复活”和“争温饱、争生存”等爱国运动和爱国学生运动中，谢立惠都是积极支持并走在前列。至1950年，留在四川的九三社员只有谢立惠、税西恒、漆文定、王克诚、朱鸿贤等人，九三学社中央根据谢立惠参与发起和组织了九三学社，曾任九三学社中央理事会理事等职，是社中央理事会在四川的唯一理事和原重庆分社的负责人之一，指定谢立惠负责重庆分社的整顿、恢复和重建工作。谢立惠为重建重庆分社积极工作，把组织发展作为首要工作，着重发展了一批有学术威望、在群众中有一定影响的高级知识分子入社。1951年9月3日，重庆分社恢复成立。重庆分社是新中国成立后，在西南地区建立的第一个九三学社地方组织。谢立惠任重庆分社第一、二届副主任委员，并负责组织工作。

中国设计与试制雷达的先行者之一。抗战期间，在任重庆国民政府军令部研究员时，谢立惠负责总体设计并参与研制中国第一台雷达“雷达1”的工作，是我国最早研究雷达技术的专家之一。抗战期间，谢立惠经常为《新华日报》维护电讯系统和改装无线电接收机，解决了报社至关重要的通讯联络问题，为保障《新华日报》、八路军驻重庆办事处与中共中央南方局和延安的通讯联系做出了贡献。

高等教育管理与研究成绩卓著。谢立惠在教育岗位上辛勤工作近60年，为国家培养和造就了大批人才。工作期间，参与筹建西南师范学院（后更名为西南师范大学、西南大学）并任首任院长，出任新中国第一所电子信息高等学府成都电讯工程学院（后更名为电子科技大学）院长。几十年来，经他亲自授课的学生近3000人。他们之中有中国科学院院士、教授、研究员和高级工程师，不少人成为我国科技战线的中坚和骨干。1982年，中国物理学会给他颁发了在物理教学及科研方面辛勤工作50年荣誉证书。1986年，四川省人民政府授予他从事科技工作50年荣誉证书。1988年，国防科工委因他从事国防科技工业30年，授予他“献身国防科技事业荣誉证书”。1990年，谢立惠获国家教委从事高校科技工作40年成绩显著荣誉证书。1990年获首批“国务院政府特殊津贴”。

1997年7月，谢立惠因病逝世，享年90岁。

褚辅成（1873—1948年），字慧僧，浙江嘉兴人。著名爱国民主人士、九三学社创始人之一。国民党左派和著名的国民党元老之一。监生出身，毕业于日本东洋大学高等警政科，并在日本加入同盟会，追随孙中山进行反清革命。回国后任嘉兴府商会总理。1909年，当选为浙江省咨询局议员、候补常驻议员。辛亥革命时参与领导起义和光复省城，军政府建立后任民政长。后任浙江省参议会议长、浙江军政府参事。1913年，录选为第一届国会众议院议员，同年8月遭袁世凯逮捕，袁死后获释。1916年，参加第一次恢复之国会，与王正廷组织政余俱乐部。国会解散后响应孙中山号召，南下护法，参加广州国会非常会议。1918年9月，召开正式会议时当选为众议院副议长。1925年，任善后会议委员。1927年，任浙江省政府委员兼民政厅长。1927年，蒋介石发动“四一二”反革命政变时，怀疑褚辅成是中共党员，押送至南京，后查无实据，蒋介石亲自赔礼道歉，褚辅成拍案痛斥蒋介石背叛孙中山先生，被誉为是敢于痛骂蒋介石的国民党人之一。抗日战争时期任国民参政会参政员，主张抗日。

1946年5月，九三学社正式成立时，任中央理事、常务理事，九三学社上海分社理事、主任。1946年7月，民盟中央委员李公朴、闻一多在昆明被刺，激起全国人民愤怒，褚辅成与上海分社的孟宪章、笪移今、王造时、陈子展、任钧等跟随周恩来、郭沫若、黄炎培、沈钧儒、李维汉、茅盾等228人发起组成李、闻两先生追悼大会筹备委员会。20天后，人民教育家陶行知在白色恐怖中积劳病逝，褚辅成与上海分社卢于道、顾执中、施复亮、王造时、许士骐等，参加了李济深、孙科、邵力子、周恩来、马叙伦、陈望道等250人发起的陶行知先生追悼大会筹备处。

后曾任上海法学院院长。1948年逝世，享年75岁。

梁　希（1883—1958年），浙江吴兴（今湖州市）人。原名曦，字索五；后改名希，字叔五（或叔伍）。林学家、林业教育家，我国现代林学界的一代宗师，新中国第一任林业部部长，中华全国科学技术普及协会主席，中科院学部委员（院士）。九三学社创始人之一。“自然科学座谈会”的核心人物之一。九三学社第一届监事、第二、三、四、五届中央副主席。

青年时期适值戊戌变法，1900年，八国联军攻占北京，他目睹清廷昏庸腐败，在“武备救国”思想支配下，16岁中秀才后，投笔从戎。1905年，进浙江武备学堂学习西洋军事。1906年，被选送日本士官学校学习海军，并受章太炎等人的影响，加入同盟会。1911年，辛亥革命爆发，回国参加革命运动。辛亥革命后，回到日本士官学校继续学习。1913年，因不满日本士官学校学生歧视和侮辱中国学生，改入东京帝国大学农学部林科学习自然科学，专攻林产制造学和森林利用学。1916年，学成回国，应聘北京农业专门学校教师兼林科主任，开始了他的教书生涯。在该校任教7年中，他深感我国林业科学技术落后，于1923年辞去教席，自费赴德国德累斯顿萨克逊森林学院学习欧洲先进的森林利用和林产化学方面的科学技术。1927年，学成归国，先后任教于北京农业大学、浙江大学。1932年，因国民党要人利用职权排挤进步教授，梁希与金善宝等60多位教授一起辞职以示抗议。1933—1949年，任南京中央大学农学院森林系教授。1929年，首创中国第一个森林化学实验室。1935年，制造成功提炼樟脑（樟油）实验装置。他所研究的化学浸提桐油技术，产油率99%以上。所著林业科学巨著《林产制造化学》，至今仍对中国林产化学的生产和发展起着重要的指导作用。1935—1941年，任中华农学会理事长。抗战时期，梁希随中央大学迁重庆。1947年，中国科学工作者协会南京分会成立，梁希任理事长。

几乎是在“民主科学座谈会”活动的同时，由中央大学教授梁希、金善宝、潘菽、涂长望等以及重庆大学的谢立惠为主要成员的“自然科学座谈会”也在活动。“自然科学座谈会”的成员大多是大学教授、科学家，他们中的一些人也参加了“民主科学座谈会”（九三学社前身）。1945年，梁希参与发起组织九三学社，被选为监事。

新中国成立后，1950至1958年，历任九三学社中央副主席，中华全国科学技术普及协会主席，中国林学会理事长。1954年，当选为第一届全国人民代表大会代表。1955年，被选聘为中国科学院学部委员（院士）。1958年，中华人民共和国科学技术协会成立，当选为副主席。

1958年12月10日，因病去世，享年75岁。

黎锦熙（1890—1978年），字劭西，湖南湘潭人。著名语言学家，九三学社创始人之一。历任九三学社第一、二届中央理事会理事，第三、四、五届中央常委。15岁考取秀才后进入湖南优级师范学堂史地部。1915年，受聘为教育部教科书特约编审员。1916年，参与成立“中华国语研究会”。1920年，开办了第一届国语讲习所。1920年，促成教育部改定小学“国文科”为“国语科”，以白话文取代文言文，并创办了《国语周刊》。1923年，组建国语罗马字拼音研究会，1926年，公布《国语罗马字拼音方式》，并主编了《国音常用字汇》。1944年5月，倡议和推动国语专修科。策划组织成立了“国语辞典编纂处”（“中国大词典编纂处”）。抗战后期，与一部分文教、科学技术界的高级知识分子许德珩、潘菽、梁希等，于1944年11月发起组织“民主科学座谈会”（九三学社的前身）。1946年5月4日，九三学社正式成立时，当选为九三学社第一届理监事会监事、常务监事。

1949年，北平解放，被毛泽东指定和吴玉章等7人组成“中国文字改革协会”（中国文字改革委员会的前身）。1954年12月16日，国务院任命一部分国家工作人员作为九三学社的代表，黎锦熙被任命为中国文字改革委员会委员，与其同时被任命的还有九三学社的5位社员。1955年，被选聘为中国科学院哲学社会科学学部委员（院士）。“文化大革命”期间，写下了近30种学术论著。在语言文字学方面，发表论文300多篇、出版专著30余部，主要专著《国语文学》（《新著国语文法》）是“五四”以来具有重要影响的语法专著。先后编辑出版了《国语词典》《汉语词典》等多部工具书。先后当选为第一、二、五届全国政协委员，第一、二、三届全国人大代表。

1978年，逝世，享年88岁。

许德珩（1890—1990年），字楚生，江西德化（今九江市）人。著名社会活动家，中国共产党党员。“民主科学座谈会”（九三学社前身）主要发起人，九三学社主要创始人之一，五四运动学生领袖之一；九三学社第一届理监事会常务理事；九三学社第一至七届中央委员会主席，第八届名誉主席；历任全国人大第四、五、六届常委会副委员长；全国政协第一、二、三届常委，第四、五届副主席。

青年时代加入同盟会并参加辛亥革命。1913 年，参加讨伐袁世凯的斗争。1915 年初，考入北京大学，经李大钊介绍，参加了少年中国学会，并和邓中夏等组织北京大学平民教育讲演团。五四运动的学生领袖之一，受北平学生联合会的委托，起草了《五四宣言》，参加了示威游行，是“五四”当天被北洋军阀政府逮捕的 32 名青年学生之一。1920 年，为寻求救国救民的道路，赴法勤工俭学，接受马克思主义，译有《社会学方法论》。1927 年，回国参加了大革命，先后任广州中山大学教授、黄埔军校第五期政治教官、武汉中央政治学校政治教官、第四中山大学教授、国民革命军总政治部秘书长、代主任。大革命失败后，在上海从事社会主义理论写作和翻译工作，译有马克思的《哲学之贫乏》等著作，自费创办社会科学院、宣传马列主义。后任暨南大学社会历史系主任。1931 年，在北京大学和北平师范大学任教。“九一八”事变后，积极参加抗日救亡运动，是著名的爱国民主人士。1932 年 12 月，遭国民党当局逮捕，经宋庆龄、蔡元培等营救出狱后，参加了民权保障同盟并担任北平分会执行委员。1935 年，积极投入“一二·九”运动，参与组织和领导了华北各界救国会。

抗战时期，任江西抗敌后援会主任委员、历届国民参政会参政员。1944 年，在重庆与科技界、文化教育界知名人士梁希、褚辅成、税西恒等发起组织“民主科学座谈会”。1945 年 9 月 3 日，是日本投降正式生效的日子，标志着中国抗日战争和世界反法西斯战争的胜利结束，在这举世庆祝的一天，“民主科学座谈会”召开扩大会议，决定扩大成员，建立组织，以九月三日这个日子命名，改称“九三座谈会”。1946 年 1 月 6 日，“九三座谈会”召开会议声援出席政治协商会议各代表，并决定筹组九三学社。1946 年 5 月 4 日，九三学社在重庆成立，许德珩当选为理事，1946 年 5 月 12 日，在九三学社召开的第一次理监事联席会议上，当选为常务理事。1946 年 10 月，任北京大学教授。1948 年春，国民党当局在南京召开第二届“国民大会”，即“行宪国大”，为揭露“行宪国大”的反动实质，北平各大学和天津、南开等 5 校进步师生，择日在北大民主广场举行“纪念黄花岗先烈大会”，国民党当局出动铁甲车和军警特务 5000 余人，将北大重重包围。在一触即发的紧张气氛下，许德珩与九三学社的袁翰青、樊弘教授，报着永诀家人、舍生取义的牺牲精神，应邀到会演讲，许德珩首先以《黄花岗起义与中国的社会政治》为题进行演讲，三位教授的演讲旗帜鲜明，正义凛然，反映了九三学社在国共两党斗争中一贯坚持的原则立场，史称“三教授事件”。1949 年 6 月，作为九三学社的代表，出席了中国人民政治协商会议第一届全体会议。中华人民共和国成立后，一直担任九三学社中央主席、名誉主席，先后任政务院法制委员会副主任委员、水产部长、全国人大常委会副委员长等职。1979 年春，加入中国共产党。

1990 年 2 月 8 日逝世，享年 100 岁。

郑衍芬（1893—1979 年），浙江慈溪人。物理学家。1950 年，加入九三学社。1956 年，当选九三学社第四届中央委员。曾任第三届全国人大代表、第五届全国政协委员、中国物理学会理事暨成都分会会长。

1919 年，毕业于南京高等师范学校后，先后任教于南京高等师范学校、东南大学、开封中山大学、清华大学。1929 年至 1934 年，留学美国斯坦福大学物理研究所，获博士学位。1934 年回国，曾任浙江大学、同济大学、中央大学副教授、教授。1938—1941 年，任四川大学物理系教授（中英庚款讲座）兼系主任 2 年。1941—1949 年，任重庆大学物理系教授兼教务长，中国物理学会重庆地区负责人。在重庆大学任教务长期间，曾掩护过中国地下党员、进步学生多人。1949 年至 1950 年，应“英国文化委员会”邀请，前往英、德、瑞士等国参观访问。1950 年至 1952 年，任重庆大学校务委员会副主任兼教务长、物理系教授。1952 年 10 月起，历任四川大学教务长、系主任、教授。

长期研究 X 射线学，其博士论文《厚靶产生 X 射线的偏振》于 1934 年在美国《物理评论》上发表。著有《初等物理实验教本》《爱克斯阳极段的极化作用》等著作。

1979 年 2 月 9 日病逝。

何 鲁（1894—1973 年），四川广安人，字奎垣，笔名云查。著名数学家、教育家、书法家、九三学社创始人之一。1911 年，加入同盟会。1948 年加入中国国民党革命委员会。

1903 年春，考入成都机械学堂，后保送进入南洋公学。1912 年，在北京清华学堂（清华大学前身）读书，后考入法国里昂大学，获数学硕士学位。留法期间，创办了“学群”团体。1919 年回国，先后任南京大学、东南大学、上海中法通惠工商学校、大同大学、中国公学、安徽大学、云南大学、中央大学、重庆大学、四川大学、国立女师学院等院校教授、院长、教务长、校长。1920 年，筹办成立中国科学社图书馆。1927 年，“四一二”事变时，公开发表抗议。1935 年 7 月，中国数学会成立，被选为董事会董事，并担任《中国数学会学报》和《数学杂志》编委，1938 年出版《算学名词汇编》。曾任国民党政府 6 位部聘教授之一和中央大学数学系主任、理学院院长。在重庆度过了抗日战争和解放战争时期的艰苦岁月，其间，为解决一些学生的就业问题，曾先后在重庆和广安创办载英中学，并掩护过一些进步人士和共产党人。

1945 年 9 月 3 日，参与发起组织“九三座谈会”。1946 年 5 月 4 日，九三学社召开成立大会，被选为第一届理监事会监事。1947 年 4 月，发起“重庆大专学校教授时事座谈会”。解放后，曾任西南军政委员会委员、西南文化教育委员会副主任、西南行政公署文委主任、四川省人大代表、全国政协委员、中国数学理事会理事等职。1956 年，调北京师范大学，后调中国科学院出版社。

他是最早把现代代数引进我国的学者之一，有“一代数学泰斗”之誉。著有《二次方程式评论》《代数》《行列式论》《微分学》《爱因斯坦学说概述》《新学制高级中学教科书代数学》《高中代数学》《行列式详论》《虚数详论》《二次方程式详论》《初等代数倚数变迹》《变分法》等，被誉为“数学大师”。培养了严济慈、吴有训、钱三强、赵忠尧、柳大纲、吴文俊、吴新谋、余介石以及何兆清、林如稷、伍承祖等知名科学家和教授，是华罗庚的“伯乐”。“文革”中，惨遭迫害。于 1973 年 9 月 13 日病逝。

金善宝（1895—1997 年），浙江诸暨人。我国著名农业科学家、教育家和社会活动家。九三学社创始人之一。曾任全国科协第三届副主席、农业部科技委主任委员、中国农学会副会长、中国作物学会第一、二届理事长、中国科学技术学会荣誉委员、中国科学院院士、国务院学位委员会委员、中国农业科学院名誉院长、中国共产党优秀党员；全国人大第一至六届代表，九三学社第二届中央理事会理事，第三、四届中央委员，第五届中央常委，第六、七届中央副主席，第八、九届中央名誉主席。

中国农学界的一代宗师，中国现代小麦科学主要奠基人。1917—1920 年，就学于南京高等师范农学专修科。1920—1927 年，任南京高等师范农业专修科小麦试验场（农事试验总场）技术员时，完成了大学农学本科学业。1928 年，任教于杭州劳农学院（现浙江农业大学）。1930 年，先后在康奈尔大学、明尼苏达大学农学院学习。1932 年回国，先后任杭州劳农学院副教授、南京中央大学农学院教授。1928 年，发表《中国小麦分类之初步》。1934 年，撰写我国第一部小麦专论《实用小麦论》。1943 年，发表《中国小麦区域》。1937 年，卢沟桥事变后，随中央大学迁重庆。1939 年，由他选育的小麦品种“南大二一四九”，成为我国南方冬麦区的主要品种，先后在我国 20 多个省、市、区推广种植，面积达 700 余万亩，应用时间达二三十年之久。

他是“自然科学座谈会”的重要成员。在重庆期间，同梁希、潘菽、涂长望等一起，积极参加共产党领导的爱国民主运动。1946 年，参与发起成立九三学社。抗战胜利后，1946 年 3 月随校迁回南京。1948 年，任无锡江南大学农学院农艺系教授兼系主任。1949 年 7 月，出席周恩来总理主持召开的自然科学工作者座谈会。先后被国务院任命为南京大学农学院院长、华东军政委员会农林部副部长、南京市副市长、南京农学院院长、中国农业科学院副院长、院长。1955 年，被选聘为中国科学院学部委员（院士）。1956 年 2 月，加入中国共产党。1978 年，获全国科学大会奖。主要著作有《中国小麦栽培学》《中国小麦品种志》《中国小麦品种及其谱系》。其组织编写的《中国农业百科全书·农作物卷》是我国农业科技发展史上的一个里程碑。被誉为“东方神农”，先后获全苏列宁农业科学院通讯院士、“美国农业服务基金会”永久荣誉会员。

1997 年 6 月 26 日逝世，享年 102 岁。

孟宪章（1895—1953 年），号永之，字立言，湖北均州城关（今均县）人。著名政治经济学家。“民主科学座谈会”的重要成员，九三学社发起人之一，1947 年“对日问题座谈会”发起者之一。曾任中国人民银行总行专门委员，湖北省人民政府委员会委员。历任九三学社中央理事、中央委员，1950—1952 年主持九三学社中央宣传委员会工作。

冯玉祥的重要幕僚和抗日民族英雄吉鸿昌的亲密战友。1947 年，倡导反美扶日，并积极参加这一运动。先后毕业于北京大学、北京政法专科学校、北京师范大学史地研究所和教育部国语讲习所。1926 年，任国民革命军第九师政治部主任。1927 年，任冯玉祥随从秘书、内政处副处长、宣传处处长兼《革命军人朝报》《新中华日报》总编等职。1928 年，参加冯阎倒蒋活动。1930 年，进入日本东京帝国大学研究院学习。1931 年，应吉鸿昌之邀，同游欧美，归国编写出版《环球视察记》《三万里海程见闻录》《欧美教育考察记》等书。1935 年，主编《世界情报半月刊》，揭露日本侵华野心。“七七”事变后，在武汉主编《民族战线》周刊，宣传抗日爱国民族统一战线。

1953 年 1 月 1 日逝世。

张西曼（1895—1949 年），又名百禄，湖南长沙人。中国早期马克思主义的传播者，进步的社会活动家。九三学社创始人之一。“民主科学座谈会”重要成员，《民主与科学》杂志社社长兼总编。中国共产党的老朋友，坚定的爱国主义者和英勇投身于抗日运动的民族英雄。

1908 年，加入同盟会。1909 年，入学京师大学堂，秘密从事地下工作。1911 年 1 月，考入俄国东方语文专科学校。1914 年，在东北传播马克思主义思想。1917 年，创办东华学校（后改名为哈二中）。1918 年，翻译列宁《俄国共产党党纲》。1919 年 7 月，在北京大学与李大钊、陈独秀等组织了社会主义研究会。1919—1922 年，曾三次谒见孙中山，建议效法苏共，改造国民党，施行“联俄、联共、扶助农工”的三大政策。1920 年，任北京大学俄文专修科教员，所译《俄国共产党党纲》为 1921 年中国共产党的创立和国民党的改组发挥了重要作用。1921 年，与柏烈伟合编出版

《俄文文法》，与熊希龄、李大钊等创办“俄国灾荒赈济会”。1923年，出版《中等俄文典》，先后创办了中国大学、民国大学、北方交通大学（今北京交通大学）等学校的俄文班。1925年在北京创办中俄大学，出版《新俄罗斯》读本，任武汉国民政府政治顾问兼鲍罗廷的外交顾问。1927年，参加筹备成立武昌中山大学，任校务委员会委员兼法学院院长、俄文法政学系主任，出版了《苏俄民法》《苏俄刑法》《苏俄宪法》。“七一五”汪精卫叛变后，营救中大师生200余人出狱。1928年，任大学院秘书，辅佐蔡元培掌管全国的大学教育。1929年，任孙中山《奉安专刊》编辑部主任，6月参加奉安大典，后任北平大学法商学院教授，兼任陆军大学政治教官。1930年，译著《苏联文学家传略》。1931年，随陆军大学迁往南京，“九一八”事变后，任参谋本部边务组专门委员，力主停止内战，对日绝交、宣战，但他的建议不被蒋介石采纳，而且蒋介石原定委任他担任湖北省主席的决定也被撤销。他积极联络国民党高层人士，支持保护抗日的组织及其活动。1933年，任行政院新疆建设委员会委员。1934年，完成《中国边疆图书总目》初稿。1935年，在南京发起创建中苏文化协会，任常务理事。1936年，出任蒙藏委员会委员、国民政府立法委员。1936年，“南京抗日救国会”在中共地下党领导下，发动大规模的抗日救国群众运动，张西曼给予大力支持，请出国民党元老张继主持大会，请出何香凝、柳亚子、经亨颐等国民党左派元老到场签名，国民党特务看到有许多国民党著名人士参加，也不敢公然破坏和捣乱了。1937年，抗日战争爆发后，参加“庐山谈话会”；参加发起中华全国文艺界抗敌协会。1938年，在武汉发起国际反侵略协会中国分会。1939年，任中国边疆学术研究会理事长。

1944年下半年，与抗战时期先后来到重庆的一部分文教科学技术界的高级知识分子发起组织“民主科学座谈会”（九三学社的前身）。1945年，在重庆创办《民主与科学》杂志，任中央大学教授。1945年10月获国民政府颁发的“胜利勋章”。1946年1月，与褚辅成、许德珩、税西恒等“九三座谈会”的成员筹组九三学社，2月任中国民主宪政促进会理事长。1946年5月4日，九三学社成立，当选第一届理事会理事、常务理事。1947年，因反对召开伪国大，积极参加学生运动，被国民党中央免去立法委员等一切职务，开除国民党党籍。1949年2月，到北平后，随参观团赴东北解放区参观，6月参加社会科学工作者代表大会筹委会，并出席第一次全国文代会。1949年7月10日，在北京病逝，享年54岁。1995年，在纪念张西曼先生100周年诞辰座谈会上，被中共中央誉为文化战线的“抗日民族英雄”。

郑兰华（1895—1971年），浙江嘉兴人。1952年9月，加入九三学社，九三学社重庆分社第三、四、五届委员会委员，专长无机化学。著有《实验普通化学》《毒气战争中的防护与救治》《为保证化学实验室的安全而斗争》、全国高等学校通用教材《无机化学》等，合著有《英汉化学新辞典》。曾任政务院文化教育委员会委员、全国化学学会理事、中国化学工程学会会员、重庆化工学会理事长、四川省分会理事长，第三届全国人大代表，第二、三、四、五届重庆市人大代表。

1919年，毕业于上海圣约翰大学，获理学学士学位。1925—1926年，在美国芝加哥大学攻读研究生，获化学硕士学位。在美期间，在表面化学研究方面提出新创见，研究成果被国际公认，并载入《国际标准数据表》中。1926年回国后，曾任长沙湘雅医学院助教，长沙雅礼大学化学系助教、讲师、副教授，北京协和医学院、沈阳东北大学、南京中央大学、金陵大学、上海医学院、上海同德医学院、女子师范学院、中央大学、四川省立教育学院副教授、教授、研究员、科主任等职。历任上海医学院、重庆大学、重庆药专副教授、教授、研究员、代理理学院院长。重庆解放前夕，任重庆大学护校委员会委员。新中国成立后，历任重庆大学、重庆女子师范学院、西南师范学院化学系教授、系主任、校务委员会委员。

长期从事化学教学和科研工作，治学严谨，学术造诣深，有丰富的教学和教育管理经验，为国家培养了大批化学、化工及医药等方面的人才。主要著作有《实验普通化学》《毒气战争中的防护与救治》等，编著有《无机化学》《实用普通化学》《煤气战中的救护与防治》等，合著有《英汉化学新词典》等高等学校教材。

1971年逝世，享年76岁。

陈兆畦（1895—1986年），又名陈君璧，广东新会人。1953年加入九三学社，中共党员，九三学社重庆分社第六届委员会常委、第七届委员会顾问，西南农业大学支社主任委员。1952年，院系调整后，任西南农业大学首批二级教授。曾任中国原子能农学会常务理事、四川省原子能农学会副理事长、重庆市土壤学会副理事长、重庆市生化学会名誉理事长，第一、二、三、四、五届重庆市政协委员。

早年曾任上海中华工业化学研究所主任、昆明化工材料厂技师兼化验室主任、云南制药厂筹备主任、合川卫生材料厂技正兼研究室主任、北碚中国西部科学院理化研究所主任等。新中国成立后，任北碚西南人民科学馆副主任馆员、西南师范学院教授、西南农学院教授兼生理生化教研室主任、中国农业科学院原子能利用研究室研究员。长期从事化学教学和科研工作，在生物化学、农业生化及同位素在农业上的应用等方面都有较深造诣。

在国内外发表了《酶与胰酸之鉴定》等近20篇论文。著有《放射化学》一书。为侯光炯主编《中国农业土壤学概论》编写“土壤中的酶”一章。先后培养了10多名硕士研究生和数十名中青年教师，为我国生化学科的发展做出了贡献。

1986年6月7日逝世，享年91岁。

黄国璋（1896—1966年），字海平，湖南湘乡（今湘乡市）人。著名民主爱国人士、著名地理学家、教育家，九三学社创始人之一，是九三学社中央第一位负责组织工作的人。任九三学社中央第一、二届理事会理事、秘书长。曾任中国地学会总干事、中国地学会副理事长兼总干事，1950年中国地学会同中国地理学会合并后当选为副理事长。

1911年，入湘乡驻省中学就学。1919年，毕业于长沙雅礼大学，曾任该校中学部英文、地理教员兼教务长。1926年，赴美国芝加哥大学地理系攻读研究生，1928年学成归国。1928—1949年，历任中央大学地理系教授，北平师范大学地理系教授、主任、理学院院长，西北联大训导长兼地理系主任。1943年，黄国璋在重庆与许德珩、潘菽等组建“民主科学座谈会”。1944年，与潘菽等共同发起筹组中国科学工作者协会，参与筹组九三学社。1945年初，黄国璋被西北师范学院借调到兰州讲课，当时黎锦熙在西北师范学院任教授，袁翰青也在该院兼课，他们都是老朋友，都是五四运动的积极分子，经黄国璋的介绍，黎锦熙、袁翰青参加了“民主科学座谈会”。1945年9月3日，“民主科学座谈会”为纪念中国人民抗日战争和世界反法西斯战争胜利日，召开扩大座谈会，以九月三日这个日子命名，改称“九三座谈会”并决定筹组九三学社。1946年5月4日，九三学社召开成立大会，被选为常务理事兼总干事（秘书长）。1949年，在北京积极参与新政协的筹备工作。1950年，黄国璋当选九三学社第二届中央理事会常委理事兼秘书长。在1951年至1952年的知识分子思想改造中，被错误撤销九三学社中央及中国地理学会的一切领导职务。后被派往陕西师大筹建地理系，任陕西师范大学地理系教授、主任。著有《滇南人生与自然》《滇南边疆局势及今后应注意之点》《西康边防问题及解决途径》《汉中地理志》《渭水河流域报告》《陕西经济地图》等。“文化大革命”期间，与夫人范雪茵被轮番揪斗，1966年9月6日含冤去世，终年70岁。1978年得以平反昭雪。

潘　菽（1897—1988年），字水叔，早年称潘淑，名有年。江苏宜兴人。著名心理学家，中国现代心理学奠基之一，中共党员。九三学社主要创始人之一。历任九三学社中央第一、二届中央理事会理事，第三届常委，第四、五、六、七届中央委员会副主席。

1917—1920年，在北京大学哲学系读书时，积极参加了五四运动，是五四运动当天被逮捕的32名学生之一。毕业后先后在加利福尼亚大学、印第安纳大学、芝加哥大学学习，获硕士、博士学位。于1927年回国，先后任第四中山大学副教授、教授、心理系主任。20世纪30年代，发表《为心理学辩护》。抗日战争期间，随校内迁重庆，任中华职业教育社研究主任兼中华职业专科学校教务主任。参与发起“中国科学工作者协会”，参与组织“自然科学座谈会”。他与许德珩一见如故，成为亲密战友，在抗战时期的重庆，发挥了联系爱国民主人士同中国共产党合作的桥梁作用。当时的中共《新华日报》社社长潘梓年是潘菽的兄长，负责中共统战工作的潘汉年是潘菽的堂弟，因为这种关系，许多爱国民主人士通过潘菽介绍和联系而同中共建立了亲密关系。在“民主科学座谈会”和筹备成立九三学社的过程中，潘菽根据周恩来的建议，曾经分三批介绍了一些科学技术界的高级知识分子参加九三学社，对形成九三学社的组织特点起到了决定性的作用。

1946年5月4日，在九三学社成立大会上当选为理事，在5月12日召开的第一次理监事联席会上当选为常务理事。抗战胜利后，潘菽随中央大学复员到南京，以“自然科学座谈会”的方式进行隐蔽活动。1949年春，与九三学社社员在反对学校和科研机构迁往台湾的斗争中做出了贡献。1949年4月，根据中共地下党的通知，与梁希、涂长望等九三学社社员离开南京经上海去香港，北上抵北平。新中国成立后，与梁希等九三学社社员重返南京，帮助地下党接管中央大学，改名南京大学。先后任南京大学心理系主任、校务委员会主席和教务长、校长。

1955年，当选为中国心理学会理事长，并被选聘为中国科学院学部委员（院士）。1956年，调任中国科学院心理研究所所长。他是中国心理学科的主要领导者、组织者和研究者，对我国心理学的发展产生了深远的影响。曾任南京市和江苏省人民委员会委员、省政协副主席，第一、二、三届全国人大代表，第五、六届全国政协常委。

1988年3月26日因病逝世，享年91岁。

严希纯（1898—1965年），名绍彭，书法名家严寅亮第三子，贵州贵阳人。九三学社创始人之一。中共党员。曾任全国人大第一、二、三届代表，全国政协第一、二、三届常务委员。

少年时期入贵阳模范中学学习。1921年，入南京河海工程专门学校就学，并加入中国共产党，成为南京最早的中共党小组成员，毕业后参加北伐。“五卅”惨案发生后，和中共领导人恽代英、萧楚女等组织领导了南京英商和记洋行工人大罢工。曾任中法大学讲师。1927年后，因参加进步活动三次被捕入狱。抗日战争时期，先后任中国科学社编辑、上海市工务局技佐、江西法安、贵州毕节两地行政督察区专员兼保安司令，获悉了蒋介石对中央苏区五次围剿的全部军事计划，使中央红军得以从容防御转移。1935年4月，到江西南昌营救方志敏，11月被捕，次年5月获释。1940年7月至1945年3月，在周恩来创办的中国工业合作协会重庆总会（简称“工合总会”）任专员、工务处主任期间，中共中央南方局恢复了严希纯的组织关系。1946年5月4日，参与创建九三学社，并在成立大会上当选为理事。1947 年 3 月至 1948 年 5 月，转任香港大千印刷厂经理，同时任中国致公党秘书长。新中国成立后，任中国科学院秘书处处长、办公厅主任，中国科学出版社副社长，国家计量局副局长。1952 年，以科学工作者身份出席亚洲太平洋区域和平会议。1965 年 9 月 29 日因病逝世，享年 67 岁。

初大告（1898—1987 年），山东莱阳人。1945 年，加入九三学社。九三学社第二届中央理事会理事、九三学社中央委员。1914 年 8 月至 1918 年 6 月，就读于山东省立第一师范学校，毕业后考入北平高等师范英语系。1919 年 5 月，参加五四运动被捕，后获释。1923 年至 1927 年，在北平师范大学英语研究科学习。创办者成中学并任董事兼第一任校长。1929 年至 1934 年，先后在北平女子师范大学、北平师范大学任讲师。其间，受华北文化总部委托发行《文艺月刊》，创办《世界文化讲座》，宣传进步思想。1934 年秋，赴英国剑桥大学学习英国文学和语音学。1938 年回国后至 1949 年，历任河南大学英文教授、重庆复旦大学英文教授兼教务长、中央大学英文教授。1945 年，参与筹建九三学社。1946 年春，参加签署郭沫若等发起的《对时局进言》。1945 年 9 月，与中央大学教授梁希、潘菽、金善宝等著名教授在重庆受到毛泽东接见。1947 年春，在上海发起成立“山东民主协会”。1948 年 8 月至 1949 年 7 月，先后担任西北大学外语系主任、西北师范学院英语系主任。1949 年 9 月，任外国语学校教授、英文部主任、英语系第一任系主任。1951 年 9 月 3 日，九三学社重庆分社召开恢复成立大会，受社中央委派，莅会指导。1959 年，任北京外国语学院图书馆馆长。主要译著有《新定章句老子道德经》《中华隽词》《中国故事集》等英译本（在英国出版）。编著有《英语语音学讲义》《英文教学法》《中英文法的比较》《英语发音法》等。发起和参加了新中国建立后第一部《汉英词典》的编写工作。

1987 年逝世，享年 89 岁。

丁道衡（1899—1955 年），字仲良，贵州织金人。1952 年，加入九三学社。重庆大学一级教授、著名地质学家、古生物学家、教育家和社会活动家。曾任中国地质学会理事、中国地质学会重庆分会副理事长、西南军政委员会委员兼文化教育委员会副主任委员、重庆市第一届人大代表、重庆市人民委员会委员、重庆市政协常委、九三学社中央委员、九三学社重庆分社第二届委员会副主任委员、九三学社重庆大学支社第一届主任委员。

著名地质学家和古生物学家。丁道衡一生实践“科技报国”的理想，17 岁入贵州省立模范中学，1919 年考入北京大学并获得贵州省公费津贴，1926 年，毕业于北京大学地质系后留校助教，专门研究地史和古生物学。1927 年 5 月—1930 年 8 月，丁道衡参加了由北大教授徐炳昶、黄文弼、袁复礼等和瑞典科学家斯文·赫定组织的西北科学考察团，主要担任天山西南部的地质考察工作和负责地质矿产调查及古生物研究。考察团对内蒙古、宁夏、甘肃、青海、新疆北部约 400 万平方千米区域内的自然地理状况进行了详尽考察，发现了丰富宝藏。在这次考察工作中，共绘制地质图 100 多幅，收集地质资料 35 箱、风俗物品 3 箱，发表了《新疆矿产志略》《蒙新探险生涯》等多篇文章。这一时期，丁道衡取得了一生中最辉煌的成就，在他著名的《绥远白云鄂博铁矿报告》中，首次发现内蒙古大铁矿，并公开认定白云鄂博是一个蕴藏丰富并具有开采价值的大型铁矿，提出“将大青山煤田与白云鄂博相连，在包头建设一个钢铁基地，使煤铁资源集于一地”的设想。这一设想，为新中国包头钢铁基地建设和大西北开发做出了巨大的贡献。1987 年，白云鄂博隆重举行发现主矿体 60 周年和建矿 30 周年庆典，为表彰发现者丁道衡博士的业绩，专门在白云鄂博矿区街心花园为丁道衡塑像。

1934年，丁道衡获北京大学资助赴德留学。先入柏林大学学习构造地质学，次年转入马堡大学研究无脊椎动物化石，完成了古杯海绵、方椎珊瑚、十字珊瑚、波哈特贝、鄂头贝等的研究，撰写、发表的《古杯的更订》一文，精确地解决了古生物学家们争论了90多年的问题。留学期间，获博士学位，并被授予英国皇家学会会员。1937年底，丁道衡放弃优越的条件，怀着报效祖国的热诚回国，应聘为云南省建设厅技正（总工程师）。于1939年秋参加“川康科学考察团”，率先研究了西南地区铝土矿，提出并发表了“关于有盖珊瑚的讨论”的论述。

著名的教育家。1940年应聘武汉大学矿冶系，随校搬迁至四川乐山，丁道衡一人担任了全系6门专业课的讲授，并负责指导学生实验课和野外实习，坚持教书育人、搞科研和撰写论文发表。1942年起，先后任国立贵州大学矿冶系主任、教授、文理学院院长。1946年，在他和地质学者乐森璕的积极倡导下，贵州大学成立了地质学系，他兼任系主任，为贵州培养了第一批地质人才。由于他学识渊博、品德高尚、治学严谨，在师生中享有很高威望，被推选为贵州大学教授会主席。在贵州大学任教期间，他还坚持每年到重庆大学讲学两个月。著有《绥远白云鄂博铁矿报告》《新疆矿产志略》《蒙新探险生涯》《关于波哈特贝与颚头贝的内部结构》《方锥珊瑚研究》《十字珊瑚构造之意义》《关于有盖珊瑚的讨论》《下寒武纪三叶虫之进化概观》《云南蒙至金平一带地质矿产》等多部著述，为中国地质教育和地质人才培养作出了卓越的贡献。1952年，任重庆大学地质系主任。

著名的社会活动家。丁道衡敢于坚持真理，疾恶如仇。早年在北京求学时，因参加反对北洋军阀卖国运动而被捕。1949年初，国民党政府滥发钞票，物价飞涨，教职员工生活困难，丁道衡因目睹了重庆大学师生轰轰烈烈的反饥饿运动和重庆人民反抗国民党反动派的斗争而深受鼓舞，他公开痛斥蒋介石政权的黑暗政治；在贵州大学，他以“教授会”主席的身份，领导了贵州大学教授罢课，组织一千多名师生举行了反饥饿示威游行，被国民党当局以“煽动学潮和宣传共产主义”的罪名秘密逮捕，囚禁三个月，身心备受摧残，后经多方营救获释。

1949年11月，贵阳解放。1950年，他被任命为贵州省人民政府委员、贵州大学校务管理委员会主任委员，当选为贵州省各界人民代表会议代表。1951年，当选为第一届全国人大代表、贵州省政商委员会（省政协前身）15名常委之一，参与了贵州省大政方针的协商制定。1952年，被任命为西南军政委员会委员、西南军政委员会文化教育委员会副主任，在团结文教科学工作者的工作中发挥了极大的作用。1951年底，院系调整后，贵州大学地质系并入重庆大学，任重庆大学地质系主任。1953年，当选为重庆市第一届人大代表。1954年，当选为全国人大第一届代表，兼任重庆市人民委员会委员、政协委员，中国地质学会重庆分会理事长。他以极大的热情投入新中国的建设事业。他满怀激情地说：“黑暗终于过去了，像我这样长期过着担惊受怕、忍受压制的人何止千万；今后我要坚决跟着共产党走，把自己的知识毫无保留地奉献给人民。”工作中，他从不计较个人得失，经常工作到深夜，就在逝世的前一天晚上，他还向地质系全体同学做了发行新币的传达报告。

1952年1月，丁道衡加入九三学社，成为新中国成立以来，贵州省第一位九三学社社员。同年，当选为九三学社第三届中央委员。先后发展贵州省知名教授罗登义、王庆延等加入九三学社，为九三学社贵州省地方组织的发展做出了贡献。1953年，当选九三学社重庆分社副主任委员、重庆大学支社第一届主任委员后，领导和组织重大支社开展了形式多样、内容丰富的组织活动，每次参加人大、政协和重庆分社的会议后，他总是及时传达会议精神。他说：“我们九三分社的同志都愿在毛主席和共产党的领导下，在每一个人的岗位工作上发挥最大的积极性和创造性，并带动我们所联系的群众搞好工作……提高我们的政治水平和业务水平，更好地为祖国建设和人民服务。”

1955年，正当中央地质部委派他到古生物司工作时，不幸于2月21日晚突发脑出血，经抢救无效逝世，享年56岁。丁道衡同志公祭大会于2月23日上午隆重举行，重庆市副市长陈筹、市委统战部部长杨松青、市政协副主席周钦岳、九三学社重庆分社副主委谢立惠和王际强、重庆大学副校长郑思群、市级各民主党派负责人和重大师生代表及地质系的全体同学共2000余人到会吊唁。

笪远纶（1898—1976年），字经甫，江苏镇江人。1952年，全国院系调整后的首批二级教授。1956年，加入九三学社。曾任第三届全国人大代表，第二、三、四、五届重庆市政协委员。

动力工程专家。1919年，清华大学机械系毕业后，留学美国麻省理工学院，获硕士学位。1924年回国，任沪江大学教授。1926年，任清华大学、北洋大学工程系教授、系主任。1931年，任国立武汉大学机械工程学系教授。抗战时期，任广西大学理工学院院长、教授。1936年，任国立武汉大学机械工程学系教授。1944年，任重庆大学工学院机械系主任、动力系主任。专长蒸汽动力工程、蒸汽锅炉、建设蒸汽动力方面的研究。他精通英、俄、法三国语言，1937年著有《实验热机工程》（英文），编有《锅炉专业化》《锅炉设备》等著述。

新中国成立后，历任重庆大学教授、系主任，在高等院校任教30多年，资历颇深，在教育界有一定代表性，是西南地区的知名教授。其社会关系中，多系知识界名流。

1976年逝世，享年76岁。

彭饬三（1900—1978年），湖北沔阳人。1921年在南京半工半读。就读东南大学期间，加入了中国社会主义青年团，并于1924年加入中国共产党。1925年，彭饬三从南京到上海担任中国共产主义青年团上海地方组织书记。1926年到武汉后，经恽代英介绍，任教于武汉中央军事政治学校（黄埔军校武汉分校），讲授社会进化史等课程。抗战时期，彭饬三任重庆璧山社会教育学院教授。九三学社正式成立时，他被推选为16名理事之一。

1978逝世，享年78岁。

张雪岩（1901—1951年），原名张松华，山东潍坊人。九三学社创始人之一。著名爱国民主宗教人士。

1917年10月，张雪岩在潍城文华中学读书时正值第一次世界大战，被法国当局招募赴欧洲战场服役，备受洋人欺凌，足迹遍及欧洲。他凭自学，熟练地掌握了英语，并自学政治、经济、文化知识。第一次世界大战结束后，回国参加了五四运动，并先后投奔张作霖及山东地方武装，意在掌握武装，均失败。曾参加国民革命军北伐队伍。1928年，回乡组织革命军。1929年，辗转至上海，供职上海广学会，从事文学创作，获“李提摩太文学奖金”。1930年，考入南京金陵神学院，步入宗教界。毕业后，任全国基督教青年会总干事。1935年，创办面向农村、农民的《田家》半月刊，任副总编辑，办刊宗旨是“为真理说话，替正义作声；农民是国本，知识是力量”，在抗战期间积极宣传抗日。1938年考入加拿大多伦多大学进修，后转入康乃尔大学，获社会学博士学位。1940年回国，继续主持编辑《田家》，并任齐鲁大学历史系主任。1944年底，与许德珩、潘菽等组织“民主科学座谈会”。1945年9月，参与组建“九三学社筹备会”。1946年5月4日在九三学社成立大会上当选为理事会理事，是九三学社创始人之一。在国民党白色恐怖下，张雪岩以宗教为掩护，为九三学社提供了安全的活动场所，做出了独特的贡献。1947年10月，为抗议国民党政府宣布民盟为非法组织并勒令解散一事，起草并在《观察》周刊上发表了《我们对于政府压迫民盟的看法》抗议书，受到国民党政府通缉，被迫绕道香港前往美国。新中国成立前夕，毅然抛弃国外优厚待遇，返回祖国，并复刊了《田家》半月刊。1949年，出席了中华人民共和国的开国盛会——中国人民政治协商会议第一届全体会议。

1950年1月28日因病逝世，享年50岁。

吴锡瀛（1901—1978年），四川岳池人。1952年，加入九三学社。历任九三学社重庆分社第三届委员会委员、成都分社委员会委员、第三届全国人大代表、第四届四川省政协常委、第一届重庆市政协常委、第二届重庆市人大代表。曾任重庆大学、金陵大学教授，中国电机工程学会第一、二届理事，水利电力部技术委员会委员，成都电管局、四川省水电厅、四川省电业管理局总工程师。

1929年，毕业于上海交通大学机械工程学院。曾任江苏无锡电厂工程师、四川万县电厂主任工程师。1934年任重庆电力公司工程师，负责大溪沟电厂的筹建工作。历时一年多，建成四川第一座火力发电厂——大溪沟电厂，为重庆主城区（今渝中区）供给电力。1935年，受公司委派赴英国曼彻斯特工业大学进修，并在英国茂伟电机厂实习。1937年回国，任重庆电力公司总工程师。抗战时期为避免日军轰炸、保证电厂安全发电做出了贡献。抗战胜利后，受重庆电力公司委派，赴日本接收了日本赔偿的装机容量为18600千瓦的发电机3部。1949年11月，重庆解放前夕，参加了护厂保卫工作，使大溪沟电厂免遭国民党特务破坏。新中国成立后一直担任电力生产技术的领导和管理工作。1950年8月，任西南军政委员会重庆区电业管理局副局长、西南电管局总工程师。1951年5月，任西南工业部电业管理局主任工程师。1952年11月，任燃料工业部西南电业管理局总工程师。1954年，重庆发电厂和长寿狮子滩水电站建成后，提出火力发电和水力发电并网运行，变单发单供为调节供电，使有限的电力得到最大限度地使用。1958年，调成都，任四川省水利电力厅厅长兼四川省电力局总工程师。在"文革"中遭受迫害，1978年在成都逝世，1985年1月得以平反。

尹赞勋（1902—1984年），河北平乡人。地质学家、古生物学家。1951年，加入九三学社。曾任九三学社第四、五届中央委员会委员，第六、七届中央委员会常委，中国科学院学部委员（院士）。

1923年9月，赴德国学习经济学。1925年夏，入里昂大学学习。1927年，分别取得了动物学、自然地理学和地质学三张毕业文凭。1931年3月，获博士学位。1931年5月回国，到北平受聘任农商部地质调查所技师。1935年，与许德佑共同完成《中国古生物志》新乙种第1号。1940年5月，任中国地质学会第17届理事会会长。1941年3月16至18日，在重庆沙坪坝举办地质展览会。民国时期曾任中央地质调查所副所长、代理所长，发表了《栖霞海侵以前虾子场周围古地质》《中国南方志留纪地层划分与对比》等论文。早年编写的《中国古生物志》奠定了中国化石软体动物的研究基础。新中国成立后，先后担任了多种领导职务，促进了规范化和推动了地球科学理论的发展。1951年9月3日，九三学社重庆分社召开恢复成立大会，受社中央委托，莅会指导。1955年，被选聘为中国科学院学部委员（院士）。1956年，主持编写的《中国区域地层表（草案）》获中国科学院自然科学奖，主持起草的《地层规范（草案）及地层规范（草案）说明书》于1960年经国家科委批准试行。1960年，主持制定"中国地学发展的三年提纲和八年设想"。1966年，发表论文《地球历史最大阶段的划分和命名》。著有《京西云水洞》《上天、入地、下海》等科普小说。1979年1月，加入中国共产党。

1984年1月27日逝世，享年82岁。

侯外庐（1903—1987年），山西平遥人。九三学社创始人之一。中国科学院哲学社会科学学部委员。

1922年，考入北京法政大学和北京师范大学，攻读法律和历史。1927年，赴法国留学，开始翻译《资本论》。1928年，在巴黎加入中国共产党，曾主编过《赤光报》。1930年回国后，与党组织失去联系，在哈尔滨法政大学讲授经济思想史等课程。“九一八”事变后，在北京大学、北京师范大学任教，并加入左翼教师联合会。1932年，被捕入狱。1934年，出狱后回太原，主要从事《资本论》的翻译和古代史的研究工作，撰写有《中国古代社会与老子》等著作。抗日战争爆发后，在临汾民族革命大学任教。1938年9月，到重庆，在北碚歇马场从事中国社会史和思想史的研究，任《中苏文化》杂志主编，撰写并出版了《中国古典社会史论》《中国古代思想学说史》《中国近代思想学说史》等专著。参加了中国民主革命同盟活动，1938年，在重庆主编《中苏文化》杂志，并参与中苏文化协会及中国学术工作者协会工作。1946年，参与发起成立九三学社，在1946年5月4日九三学社成立大会上当选为监事。抗战胜利后，1946年赴上海，与杜国庠、赵纪彬等主著《中国思想通史》并主编《文汇报》副刊《新思潮》。1947年，赴香港，任达德学院教授。

新中国成立后，完成了《中国思想通史》6卷6本，1951年重新加入中国共产党。在“文化大革命”中惨遭迫害。1978年，出版了《中国近代哲学史》，经过长达30年的努力，完成了从古代到“五四”时期的中国哲学和社会思想史的研究。1979年，他出版了《中国封建史论》。1980年，他主编的《中国思想史纲》出版。曾历任中央人民政府政务院文化教育委员会委员，北京师范大学历史系主任，北京大学教授，西北大学校长，中国科学院历史研究所副所长、所长、名誉所长，中国科学院哲学社会科学部学部委员。曾任中国史学会理事和中国哲学史学会名誉会长，中国孔子基金会名誉顾问，第一届、第二届、第三届、第五届人大代表，第六届全国政协常委。

1987年9月14在北京病逝，享年84岁。

干　铎（1903—1961年），又名干宣镛，字震篁。湖北广济干仕垸人（今湖北武穴市）。我国著名林学家、教育家，中国当代森林经理学的开拓者之一。九三学社社员，中共党员。曾任第三届全国政协委员，江苏省政协第一届委员、第二届常委，九三学社第三、四届中央委员，第五届中央常委，九三学社南京分社第四届主任委员。

1918—1932年，先后在湖北省立外国语专门学校、北京大学外语系、日本东京帝国大学农学部林学实科学习，在日本期间参加共产主义青年团。回国后继续在北京大学农学院森林系学习，并加入中国共产党领导的民族抗日先锋队，积极参加抗日救亡活动。历任湖北省建设厅技正、襄阳林场场长、湖北农业专科学校（后改为湖北农学院）教授兼教务主任等职，从事林业教育事业。

1941年，任教于重庆中央大学期间，在周恩来、潘梓年的授意和支持下，与梁希、潘菽、金善宝、涂长望等近20名科技界人士组织成立“自然科学座谈会”。之后由潘菽介绍，以“自然科学座谈会”成员的个人身份参加了“民主与科学座谈会”，参与筹组九三学社。1945年7月1日，“中国科学工作者协会”（简称中国科协）正式成立，被选为干事。1949年，任中央大学校务维持委员会委员，同年5月加入中国共产党。先后任南京林学院林学系主任、副院长。著有《水杉之树干解析》《森林经营规划学》《中国林业技术史料初步研究》。

1969年8月7日病逝于黄山，享年58岁。

吴举宜（1903—1973年），字安义，重庆綦江人。著名的綦江“东原铁锅”首创者。1963年，加入九三学社。第二、三届四川省人大代表，第三、四、五届重庆市政协委员。

早年就读于重庆联合县立中学、杭州工业专科学校，1926年回乡，参加中国国民党，任复兴隆铁号经理、东溪镇安里小学校长。1937年，组建东原实业股份有限公司，使公司成为当时西南后方生产铁和铁锅最大的公司，任董事长兼总经理。1939年，创办私立东溪初级中学，任董事长。1940年，创办私立渝南中学董事和董事长、私立明明初级中学董事长兼校长。曾任綦江县第四区区长、东溪镇镇长、东溪镇商会董事长、联益公司总经理、綦江县银行董事长、綦江县临时参议会参议长、四川省参议会参议员。1944年6月，在重庆开办安康银行。1945年3月，在重庆创办同丰银行，自任总经理。新中国成立后，先后任东原炼铁厂厂长兼工程师，綦江县各界人民代表会议常务委员、副主席，綦江县副县长，重庆三江钢铁厂、重庆市冶金工业局工程师等职。后调重庆市钢铁研究所任工程师。

1973年2月病逝，享年70岁。

蒋导江（1903—1984年），湖北石首人。1952年，加入九三学社。1959年，加入中国共产党。历任九三学社第五、六、七届中央委员，第三届全国人大代表，第二、三、五届四川省人大代表，第一、二届重庆市政协委员，中国金属学会理事，四川省金属学会第一、二届副理事长，重庆金属学会理事长。

1927年，毕业于国立南京东南大学化学系。曾任宁波效实中学教员。1929年，留学英国谢菲尔德大学冶金系，1933年毕业获硕士学位后，赴德国喜旺钢铁厂实习。1934年回国，先后任天津黄海化工研究所研究员，南京水利化学工业公司技师、工程师，南京硫酸工厂工程师等职。抗日战争爆发后，受聘于云南大学矿冶系任教授兼系主任。1938年任重庆国立中央工业专科学校及兵工大学教师。1943年，应聘到重庆大学任职，历任矿冶系教授、系主任。新中国成立后，历任重庆大学教务委员会委员、教授、系主任、学术委员会主任。1952年，加入九三学社，被选为中央委员。1959年，加入中国共产党。他是全国院系调整后的首批二级教授。撰写出版有《金相热处理》《电冶金学》等5部著作，其中，《普通冶金学》被誉为“中国冶金学的奠基读物”。

1984年因病逝世，享年81岁。

吴藻溪（1904—1979年），亦名涵，湖北崇阳人。冯玉祥的重要幕僚。社会活动家、教育家，九三学社创始人之一。九三学社第一、二届理事会常务理事。1946年6月，上海分社成立时任上海分社理事、组织委员会主任、政务院参事等职。后由于历史原因和各种偶然因素，于1953年退出九三学社。

1923年，先后就学于武昌楚才中学、省立国学馆。1930年冬，赴日就读期间，曾化名中村国雄，因参加日青反帝大同盟，被日本警察署驱逐回国。皖南事变后，向苏联《真理报》、英国《泰晤士报》及《联合国公报》投文揭露国民党罪行。曾在重庆参与发起中国民主宪政促进会，参加中国民主同盟，并任民盟总部设计委员。1934年至1944年间，在周恩来、董必武、吴克坚、潘梓年、徐冰等人的领导下，与潘菽、涂长望、梁希等在重庆组织“自然科学座谈会”，在重庆《新华日报》上发表多篇署名文章，旗帜鲜明、立场坚定地维护中国共产党领导的抗日民族统一战线。和税西恒、王克诚等人在中共中央南方局的直接领导下，合作创办西南学院，并任第一任教务长。

新中国成立前，吴藻溪利用与国民党上层人士关系密切的有利条件，在中共地下党的指导下，开展了对国民党人士的策反工作，得到中共地下党负责同志的肯定和高度评价。新中国成立后，1949 年 9 月，第一届中国人民政治协商会议在北京召开，吴藻溪以九三学社代表身份参加会议。1957 年被错划为右派，1979 年平反。译著有《日本童话》《苏联农村改造的理论与实践》《合作论》《近代合作思想史》等，著有《日本童话集》《一年有半》《续一年有半》《苏联农村改造的理论与实践》《合作论》《近代合作思想史》等。

1979 年病逝，享年 75 岁。

张敷荣（1904—1998 年）别名慕旃，贵州普安人。1953 年，加入九三学社。九三学社重庆分社第七、八、九届委员，一届（直辖）委员会顾问。1952 年，全国院系调整后的首批四级教授、知名教授、博士生导师。第一届四川省教育学会副会长、国务院学位委员会教育学科评议组成员、中国教育学会理事、全国教育学研究会常务理事。

1918 年以优异成绩考入省立贵阳初级师范学校。1918—1921 年，受克鲁泡特金《互助论》等书籍影响，组织“大同学会”，主张“立己立人”，改革社会。1921 年，考入清华大学，成为留美预科生。其间，受泰戈尔关于“好人”定义启迪，确定终身从事教育事业的信念。1926 年，创办了清华第一所平民学校并任校长。1928 年，留学美国斯坦福大学，1930 年获教育学硕士学位，1931 年获斯坦福大学教育社会学硕士学位。1931—1936 年义务为美国旧金山南桥学校和孔教学校讲授中国语和中国史。1932—1934 年任斯坦福大学教育学院研究助理，1933—1936 年，负责筹办斯坦福大学中文系并兼任该校图书馆中文部主任。1936 年，获斯坦福大学教育学院博士学位。其博士论文《1885 年前美国旧金山公立学校隔离华裔儿童运动的研究》，以确切的史实，维护华人受教育的权利。1936 年，谢绝导师的再三挽留和放弃美国丰厚的待遇回国。1936—1952 年，先后在四川大学、国立女子大学、重庆大学教育系任教授兼系主任。

1952 年院系调整后，调西南师范学院（现西南大学）任教授、教学论博士生导师。恢复学位制以来，潜心于为建立教学论体系的研究与实践。在他的倡导下，1984 年组建西南师范大学教科所，并任首任所长。1981 年，受聘为国务院学位委员会首届教育学科评议组成员。1984 年，任西南师范大学第一个博士学位授权点——课程与教学论博士学位点博士生导师，为我国培养出了第一位教学论博士。1990 年，获“四川省普通高等学校优秀教学成果二等奖”。1991 年，获“国务院政府特殊津贴”。共撰写讲义 19 部，出版专著 2 部，译著 4 部，发表论文 24 篇，译文 26 篇。主要著作有《关于保证学位质量的问题》《开拓高等师范教育的新局面刍议》《建国以来课程理论与实践回顾与展望》《西南师范大学教学论博士点学科建设丛书》。主要译著有美国师范院校通用教材《学习的基本理论与教学实践》，合译了美国克雷奇的《心理学纲要》和《程序教学》等。

1998 年 11 月逝世，享年 94 岁。

刘及辰（1905—1991 年），河北宁河人。九三学社创始人之一。历任九三学社中央文教委员会副主任委员、九三学社中央委员会委员和常务委员，九三学社中央参议委员会副主任。1919 年，在天津直隶省立第一中学读书期间，参加了五四运动。1921 年，考入直隶省立法政专门学校学习。1930 年考入日本明治大学政治经济系，开始研究《资本论》《反杜林论》等马列主义经典著作，撰写了《政治经济学的方法论问题》《马克思与黑格尔》等多篇论文。1935 年回国，先后在河北省立法商学院、国立西北联合大学、国立编译馆、国立社会教育学院从事教学、编译和领导工作，讲授了“帝国主义论”“社会科学方法论”等马克思主义课程，撰写了《确立抗战必胜的信念》《我们要拥护抗战的真理》《我们要接受过去的教训和负起历史的责任》《介绍日本教授矢田的反战思想》等论著，翻译了卢森贝《资本论解释》和米丁、阔尔曼《现代科学基础》等著作。1936 年，在北平为中共北方局做联络工作。1938 年，任教于西北联合大学法商学院。抗战胜利后，任教于四川璧山国立社会教育学院。1946 年，九三学社成立时当选为监事。1946 年，随校迁到苏州，发起组织教授会、讲师助教会，开展护校运动、反饥饿运动。苏州解放后，任国立社会教育学院院务委员会第一副主任、社会事业系主任，兼任苏南各界人民代表大会代表、苏州各界人民代表大会代表、苏南中苏友好协会副主任、苏州市劳资仲裁委员会委员、苏州市合作社筹备委员会委员等职务。

1951 年，以九三学社代表身份参加广西省土改工作，任土改工作团中南区第 20 团秘书长。1953 年参加第三次赴朝慰问团。从 1950 年至 1955 年，先后任出版总署图书处副处长兼编辑、财政经济出版社第一编辑室副主任。撰写有《先秦诸子的思想方法与体系》《政治经济学的研究对象和方法》等著作，发表了《论我国资产阶级与工人阶级之间对抗性矛盾向非对抗性矛盾转化问题》等重要论文。1955 年，到中国科学院社会科学部研究所工作，担任《哲学研究》编辑部副主任。1958 年，起转向研究日本哲学，著述成果丰硕，是我国著名的日本哲学研究专家。1963 年，完成《西田哲学》一书。相继发表了《日本唯物主义哲学发展概论》《生存主义哲学论介》等论文，翻译了《实用主义》《存在主义》等著作。晚年完成了二十余万字的《京都学派哲学》。1987 年，离休后担任研究生导师工作。

1991 年 3 月 31 日逝世，享年 86 岁。

涂长望（1906—1962 年），湖北黄冈人。中国气象学家，社会活动家、教育家，中国科协创始人之一，新中国气象事业的奠基人，气象事业的主要创建人和杰出领导人。中科院学部委员。中共党员。九三学社创始人之一。历任九三学社中央第一、二届理事会理事，第三届委员会委员、秘书长，第四届中央委员会常委、秘书长，第五届中央委员会副主席，第一、二届全国人大代表，中国科学技术协会书记处书记，中科院学部委员、中央气象局局长。

1926 年起，先后在华中大学、上海沪江大学学习。1930 年，官费赴英国攻读气象学。分别获伦敦大学政治经济学院、伦敦大学理工学院、利物浦大学气象学硕士学位，地理学专业博士学位，被推荐为英国皇家气象学会国外会员。留学期间，接受马列主义，同英国共产党、中共地下党联系密切，参加了第三国际领导的秘密革命活动。1934 年，应竺可桢聘请回国，任中央研究院气象研究所研究员，归国途中参观访问了苏联。1935 年，积极参加“一二·九”运动。先后任清华大学地理系教授、浙江大学教授兼史地研究所副所长。1937 年，任重庆中央大学地理系教授，积极参加爱国民主运动，是“自然科学座谈会”重要成员之一。1945 年 7 月，与梁希等人组织成立了中国科学工作者协会（简称“科协”），任常务理事兼总干事，是中国科协的发起人之一。1945 年，参与创建九三学社，并当选为理事。1949 年 9 月，以九三学社代表身份出席中国人民政治协商会议第一届全体会议。新中国成立后，先后任中央军委气象局局长、中央气象局局长。其间，相继在各省、市、自治区建立了气象局和气象台，设立了中央气象台、气候资料室、气象研究所、业务管理处、气象教育处、图书馆等机构，推动了全国气象业务的全面开展，培养了施雅风、叶笃正、谢文炳、毛汉礼、陈述彭、郭晓岚、黄士松等国内外知名学者。1955 年，被选为中国科学院学部委员。1956 年，加入中国共产党。1959 年，提出了改进专区台预报方法的重要思路，并发展成为我国地区分析预报方法，开创了中国长期天气预报的研究工作，先后发表了一系列论著。1961年，在他双目接近失明的生命最后阶段，口述完成了最后一篇题为《关于二十世纪气候变暖问题》的重要论文，提出“20世纪以来我国气温的变化就可能进入第三个时期——又一个变暖的时期”的论断。

1962年6月9日逝世，享年56岁。

安龙章（1901—1983年），又名知理，四川安岳人。1953年，加入九三学社。九三学社重庆分社第二至六届委员。我国知名口腔医学家，重庆口腔医院院长、全国中华医学会理事、中华全国口腔学会委员、四川省口腔学会副主任、中华医学会重庆分会秘书长，四川省政协委员、重庆市政协委员。从事口腔医学专业50多年，治学严谨，在口腔医学方面造诣较深。

1930年，毕业于华西协和大学牙科。1934年，回华西协和大学任助教。1935年，赴美国芝加哥西北大学学习，获牙科硕士学位。1937年回国后，在重庆开业行医，曾任重庆市医师公会理事长。1947年，创办重庆私立扶青聋哑学校，任校长。1948年，由华西大学推荐为美国纽约国际牙科学会荣誉会员。重庆解放后，任重庆仁济医院牙科主任。1952年6月，任重庆市第三人民医院院长。1955年，任重庆口腔病防治院院长兼外科主任，为口腔医院的基本建设、医疗技术的发展、规章制度的建立健全做了大量的组织领导工作。著有《牙周病的压缩疗法》《口腔病灶感染与全身健康的关系》《治疗颞颌关节功能紊乱症的初步体会》等七篇论文。

1983年12月25日逝世，享年78岁。

卢于道（1906—1985年），浙江鄞县（今宁波）人。著名神经解剖学家、中国解剖学先驱之一，社会活动家，九三学社创始人之一。九三学社第一届监事会常务监事，九三学社中央第六、七届委员会副主席。历任九三学社上海分社主任委员，全国第二、三、五、六届人大代表，上海市人民委员会委员，第四届上海市政协副主席，上海市科协主席，上海市科协理事等职务。

1926年，毕业于国立东南大学生物系和心理学系。之后，在美国芝加哥大学获解剖学、哲学博士学位和金钥匙奖，并入选为美国人类学会终身会员。1930年回国后，先后任上海医学院副教授、中央研究院心理学研究所研究员、湘雅医学院（当时在贵阳）教授、中国科学社生物研究所教授、中国科学社代理总干事、复旦大学生物系教授、系主任。1943年，加入中国科学工作者协会。1944年，加入民主科学座谈会。1946年5月4日，参与发起成立九三学社，当选为常务监事。1948年10月，赴解放区考察期间，受到毛泽东接见。1949年3月，以中国代表团团员身份参加了世界和平大会。1949年9月，出席中国人民政治协商会议，参与制定了《中国人民政治协商会议共同纲领》。1949年10月1日，登天安门城楼，参加了中华人民共和国开国大典。先后任复旦大学理学院院长、研究生部主任。1953年，参加贺龙为团长的中国第4次赴朝鲜慰问团和中国访问苏联代表团出访。著有中国第一部人体神经系统解剖学专著——《神经解剖学》，以及《自然辩证法》《西洋哲学史》《活的身体》《科学概念》《脑的进化》等。曾任中国生理学会会员、中国心理学会会员、中国动物学会会员、美国希格鹤赛（Sigma xi）科学荣誉学会会员、美国体质人类学会终身会员。

1985年，因病逝世，享年79岁。

施白南（1906—1986年），字怀仁，河北正定人。中共党员。1951年，加入九三学社。1984年，加入中国共产党。历任九三学社重庆分社第六届委员会委员、第七届委员会顾问，第一至九届重庆市政协委员，国家水产专业组成员、中国水产学会和鱼类学会理事、四川省科学技术顾问团成员、四川省动物学会副理事长、四川省水产学会名誉理事长、重庆水产学会理事长、《四川水产》主编，西南师范大学（现西南大学）教授、亚热带生物地理研究所顾问、著名动物学家和渔业学家。

1933年，毕业于北京师范大学生物系。新中国成立前，曾任重庆北碚西部科学院动物部主任、研究员，中国西部博物馆研究部主任，北碚兼善中学教务长，西北师范学院和乡村建设学院动物学教授。1934年，组织30多人深入大凉山考察，写成《雷、马、屏、峨调查记》。对华蓥山、金佛山、缙云山、峨眉山、康定等10多个地区的动物、植物进行考察后，撰写了《嘉陵江下游鱼类调查》《四川嘉定峨眉的鱼类》《中国褶鳃鱼类》《四川鳜鱼类及其新种》和《四川鱼类目录》等论文。新中国成立后，先后在四川省立教育学院、西南师范大学生物系任教。1951年，加入九三学社。1951年9月3日，出席了九三学社重庆分社成立六周年暨恢复成立大会。67岁高龄时，主持了历时3年的“长江鲟鱼类专项调查”和“长江水产资源调查”，首次拴养催产中华鲟鱼成功，1978年分别获得“全国科学大会和四川省科学大会重大科技成果奖”。1976年至1983年，主持嘉陵江水系和乌江下游的鱼类资源调查和渔业区划的研究工作，调查范围遍及26个省市，收集整理鱼类标本15000余号，成功进行了江团、大口鲶的人工繁殖和育苗，并命名了6个鱼类新种。主要完成有《长江鲟鱼类生物学及人工繁殖研究》《四川资源动物志（第一卷、第四卷）》《四川省长江水产资源调查报告》《四川江河鱼类资源区划》《北碚自然地理·动物篇》《四川动物地理区划（草案）》等专著。参加编写《中国鱼类图谱（第三册）》。

1986年2月22日，病逝，享年80岁。

王卓然（1893—1975年），浙江上虞人。参与建立九三学社。张学良的重要幕僚。1921年，毕业于北平师范大学。1923年，留学美国纽约哥伦比亚大学。1928年，王卓然回到奉天，受聘任东北大学教授、东三省保安总司令部咨议。自此，王卓然逐渐成为张学良的得力助手。“九一八事变”时，陪伴张学良在北平治病。9月27日，他与流亡进关的东北爱国人士高崇民、阎宝航、卢广绩等在北平成立“东北民众抗日救国会”，他被选为执行主任委员。救国会得到张学良的暗中支持，在东北民谷抗日斗争中起到了重要的组织领导作用。1937年，“七七事变”后，王卓然与东北抗日救亡总会的领导人相继来到重庆，他被选为国民参政会参政员。1945年8月，抗日战争胜利后，参加由在渝的东北名流宁武、阎宝航等人成立的“东北政治建设协会”，呼吁“停止内战、和平建设中国”，他与阎宝航等人还常去曾家岩50号向周恩来请教。1946年5月4日，参与建立九三学社，王卓然与许德珩等科技、文教界知名人士发起成立了九三学社，在九三学社成立大会上当选为理事。1946年夏，内战爆发，王卓然见和平无望，于1946年至1949年，到日本从事贸易。新中国成立后，他捎信给周总理，请求回国工作。1951年，回国后，周恩来总理亲自安排他任国务院参事室参事，从事文字改革和科普工作。回国后，他用自己的大部分积蓄在京津两市创办两所少年儿童科学教育馆和3所幼儿园，从事科普活动。1949年，主持发明了白水泥熟料水淬漂白新工艺。1951年后，历任苏州光华水泥厂厂长，建筑工程部水泥研究院粉磨室主任、高级工程师，国家建筑材料工业总局江油水泥工艺研究所技术顾问。

1979年逝世，享年72岁。

何文俊（1909—1967年），又名何华明，重庆巴县（今重庆市巴南区）人，农学家。1956年，加入九三学社。历任九三学社重庆分社第四、五届委员会委员，九三学社第五届中央委员，植物病理学专家，四川省植物保护学会理事长，全国植物病理学会理事等职。第三届全国人大代表，第二、三届四川省人大代表，第二届重庆市人大代表，第一至五届重庆市政协常委。

1929年，毕业于成都华西协和大学生物系。1932年，燕京大学生物系研究生毕业，获理学硕士学位。曾任华西协和大学生物系助教、讲师、副教授。1935—1941年，留学加拿大多伦多大学生物系，并在美国爱沃华农工学院植物病理系攻读研究生，获农学博士学位。其间，1940年获美国爱华农工学院哲学博士学位。曾任美国爱沃华州立农事试验所技师、农工学院植物系讲师。1941年，回国后任华西大学生物系教授、农业研究所所长、理学院院长、代理校长，兼任四川大学植物病虫害系教授、系主任。新中国成立后，历任西南农学院教授、副院长，四川省植物保护学会第一届理事长。从事农业教学科研工作30余年，对作物根部病及主选育抗病良种颇有研究，先后发表有《四川金花虫科之分类、分布及经济上的重要性》《大麦菌枯及根腐菌之研究》《土壤病菌侵害玉米根部之阶段发育》《西南区小麦锈病》《除虫药根腐病的初步研究》《番茄嫁接杂交的初步报告》等20余篇学术论文。著有《植物病理学基础》一书，作为农学院的二级教授和植物病理学专家，曾多次受到毛泽东和周恩来的接见。1967年，在“文革”中遭到残酷迫害，含冤逝世，时年60岁。

龚志贤（1907—1984年），重庆巴县人。中医内科专家。1953年，加入九三学社。任九三学社重庆分社第六届委员会委员、第七届委员会顾问，第四届四川省政协常委、第五届四川省政协委员，第四届重庆市政协委员、第五届重庆市政协常委。曾任中华全国中医学会理事、四川分会副会长、重庆市中医学会副理事长。

自幼随师习医，从医50余年，医术精湛。中医内科专家，专长肝、肾、心、肺的治疗。曾在重庆开办三友医社、针灸传习所，后又创办国学医院并任院长。新中国成立后，参加西南军政委员会卫生部工作，任中医科副科长。1954年，调北京任中央卫生部中医司管理科科长。历任北京医院中医科主任，重庆市中医研究所研究员、所长。擅长诊治内科杂病。1982年12月，出席全国科学技术大会和重庆市科学大会。其研究成果获第一届全国科学大会奖。著有《龚志贤临床经验集》《四诊纲要及临床经验》《出血症的中医治疗》《中医治疗慢性炎症的体会》《中草药治疗常见病、多发病》《肝炎，肝硬化的初步治疗经验》《龚志贤论杂病》等专著。

1984年11月3日逝世，享年77岁。

徐国棨（1909—1986年），江苏兴化人。1951年，加入九三学社。九三学社重庆分社第六、七届委员会委员。著名教育学家、社会科学家。西南师范大学（现西南大学）学术委员会委员、学位委员会委员、教育系教授。曾任全国高等教育学会理事、全国教育学研究会常务理事、四川省教育学研究会理事长、四川省社会科学联合会理事，第七、八届重庆市政协委员。

1938年，毕业于北京师范大学（西北联大教育学院）教育系。毕生坚持在教育学教学和研究岗位上，为我国西南地区培养大批教育专业人才，先后任教于湖北农业专科学校教育系、成都师范学校、四川大学师范学院和西北师范学院。1947年后，历任重庆乡村建设学院教授兼系主任。1950年保送中国人民大学接受苏联专家指导读教育研究生1年。1952年起，任西南师范大学教育系教授。主要著作有《中师教育学》（获“四川省哲学社会科学优秀成果三等奖”）、《教育概论》（获四川省第三次哲学社会科学优秀成果二等奖、重庆市第二次哲学社会科学优秀科研成果一等奖。）、《徐国棨教育论著选》等专著教材10多部。撰写论文近百篇主要有《论教育与生产劳动的关系》《论教学中理论联系实际的特点和要求》《建设具有中国特色的教育学》等。

1986年3月3日因病逝世，享年77岁。

李川河（1909—1999年），河北定县人。1951年，加入九三学社。中共党员。获国务院政府特殊津贴，在建筑施工及结构架设方面有较深造诣。历任重庆建筑工程学院教授、教务长、副院长，四川省土建学会副理事长，重庆市建筑学会理事长，重庆市科协副主席，建设部高等工业学校建筑施工及管理类专业教材编审委员会委员，第一至八届重庆市政协委员。

1933年，毕业于天津北洋工学院土木系，从事房屋建筑、铁路、公路和桥梁工程的设计及施工工作。1945年初，任教于西康技术专科学校。1946年，支持学生的抗暴斗争，发动了震惊西昌的“3·27”事件。新中国成立后，任西南工业专科学校及川北大学教授。1951年9月3日，出席了九三学社重庆分社成立六周年暨恢复成立大会。1952年，任重庆建筑工程学院教授兼副教务长。1956年，加入中国共产党。1956年，在参加重庆山城宽银幕电影院的施工中，提出了“预升法施工技术”并被成功采用；在参加长春第一汽车厂的建设中，首创了“塔式起重机转弯装置设计方案”。他相继提出的“岩石固结法在煤矿巷道中的应用”“无衬砌洞的原理及施工方法”“锚杆理论”“五百吨液压超重机安装机械设计”等设计方案，经国家建委鉴定并建议在全国推广使用。

1999年逝世，享年90岁。

笪移今（1909—1998年），江苏句容人。经济学家，复旦大学经济系教授。参与建立九三学社。任九三学社第一、二届中央理事会理事、第三届中央候补委员、第四至六届中央委员、第七届中央常委、参议委员会副主任。九三学社上海分社常务理事，中国民主建国会会员，第五、六、七届全国政协委员。

曾任句容县立小学教员，江西《政治情报》月刊主编，重庆上川实业公司专员，中国工业经济研究所和上海银行研究员，《观察》周刊代主编。参与发起组织九三学社，1946年5月4日，在九三学社成立大会上当选为第一届理事会理事。1946年6月，参与筹备九三学社上海分社并当选为理事。其间，遵照潘梓年、许涤新等中共负责人的意见，先后参加了中国民主促进会、民主建国会等民主党派的活动，积极参加反对国民党当局召开“行宪国大”和公布伪宪法的斗争，对加强各民主党派之间的联系和支持起到了积极的作用。1950年后，历任上海政法学院、上海学院教授、院长，复旦大学教授。长期从事世界经济的教学与研究。撰有《节制资本的再认识》《新民主主义革命的本质》等论文。

1998年逝世，享年89岁。

柯　召（1910—2002年），字惠棠，浙江温岭人。我国著名数学家、教育家和社会活动家，中国科学院资深院士。中国数学会副理事长、名誉理事长、四川省数学会名誉理事长。1950年加入九三学社，任重庆分社理事会候补理事、第二届委员会委员，九三学社四川省委主委、成都分社主委，九三学社第三、四、五届中央委员会委员，第六、七届中央委员会副主席，第八届中央委员会常委，第十届中央委员会名誉副主席，参议委员会副主任，成都市政协副主席，第四、五、六届四川省政协副主席，第一至七届全国人大代表，国务院学位委员会第一届学科评议组成员，四川省科协副主席、名誉主席。

1933年，毕业于清华大学数系。毕业后任天津南开大学数学系助教。1935—1937年，考取中英“庚款”公费留学生，赴英国曼彻斯特大学留学，获博士学位。毕业后在曼彻斯特大学数学通讯员工作一年为他毕生从事数学研究打下了坚实基础。1938 年回国，先后任四川大学、西昌技专教授、系主任、教务长。新中国成立后，历任重庆大学数学系教授、副教务长。1946 年，任重庆大学数理系教授、数学研究所所长。1950 年，任重大副教务长，同年经谢立惠介绍加入九三学社。1951 年 9 月 3 日，出席九三学社重庆分社成立六周年暨恢复成立大会，当选理事会候补理事。1953 年，调四川大学任教，先后任数学教研所所长、教务长、一级教授、副校长、校长、名誉校长、博士生导师。

从 20 世纪 30 年代起在国内外数学杂志、学术期刊上发表了百余篇卓有创见的论文，在国际上产生了很大影响，被称为我国“近代数论的创始人”“二次型研究的开拓者”“一代数学宗师”。他关于不定方程卡特兰问题的研究结果，在国际上被命名为“柯氏定理”，他创造的方法至今仍被广泛引用。50 年代提出要发展微分方程、概率统计和计算数学这三个有重要应用价值的数学分支。1955 年，被选聘为中国科学院学部委员（院士）。60 年代与匈牙利数学家爱尔特希及英国数学家拉多合作的在组合论方面得出的有限集合相交定理的研究，即“爱尔特希－柯－拉多定理”，被称为是一条里程碑式的定理。所撰论文《爱尔特希－柯－拉多的关于交集》成为组合论的经典定理，开辟了极值集论迅速发展的道路，1962 年，柯解决了 1842 年卡特兰提出的二次幂情形并获一系列重要成果，被世界数学界誉为“柯氏定理”，他所运用的方法被称为“柯如方法”，被应用于在不定方程研究中。翻译出版有《高等代数教程》《线性代数学》以及《矩阵论》等专著。70 年代编写了国内第一部组合论讲义，并合作出版了《组合论》（上册）、《数论讲义》。80 年代开拓了数论应用的新领域。1986 年，获四川省科技进步二等奖。1985 年，获中国数学会和四川省人民政府颁发的从事数学研究与教育工作 50 年荣誉证书。

2002 年 11 月 8 日逝世，享年 92 岁。

乐怡然（1910—1998 年），江苏盐城人。1949 年，加入九三学社。中共党员、中国民主同盟盟员。1951 年 9 月 3 日，在“庆祝九三学社成立六周年暨重庆分社（恢复）成立纪念大会”上，被推选为重庆分社第一届理事会理事。历任重庆分社第三届委员会委员，重庆分社第四、五、六届委员会副主任委员，第七届委员会副主任委员，第八、九届委员会名誉副主委，九三学社第三届中央委员会候补委员，第四、五、六、七届中央委员，第一、四、五届四川省政协委员，第二、三届四川省人大代表。

1935 年，毕业于武汉大学土木工程系水利工程专业，先后在水利、公路和铁路部门工作。1942 年，任教中央工业专科学校。1949 年，任西南工业专科学校副教授。1952 年起，历任重庆建筑工程学院副教授、党委副书记、教务长、副院长等职，是重庆建筑工程学院创始人之一。与谢立惠等筹备恢复建立九三学社重庆分社，是当时的民主党派和教育界中有较大影响的人物。

1998 年在南京逝世，享年 88 岁。

谢秉仁（1910—1980 年），又名严深春，汉族，辽宁辽中人。应用化学家、教授。1950 年 1 月，加入九三学社。在 1951 年重庆分社召开的“庆祝九三学社成立六周年暨重庆分社（恢复）成立纪念大会”上被推选为重庆分社第一届理事会理事。历任九三学社成都分社第一届委员会委员，第二、三届委员会副主任委员兼秘书长，第四届副主任委员，九三学社中央委员。历任中国化学会、化工学会理事、副理事长，四川化工学会副理事长，国家教材编审委员会物理化学组成员，美国化学学会会员，第一、二届重庆市各界人民代表大会协商委员会委员，四川省第五届人大代表。

早年就学于辽中县小学、初级中学、沈阳一中高中，毕业于东北大学化学系。1929年，加入国民党，1930年退出国民党。1931年，毕业于南开大学化学系。1933年，任南开大学助教、教员。1935年“一二·九”运动以后，在地下党的领导下，化名严深春，在天津发起成立进步组织“竞存社”，秘密领导天津学生开展抗日反蒋活动。1939年，任重庆大学讲师、教授。1941年，任重庆大渡口钢厂（现重庆钢铁公司）工程师兼理化实验室主任。1944年，“尿素的合成”获部级一等奖。1945年7月至1947年7月，赴美国密西根大学研究院学习，获化学博士学位。1947年回国应聘任重庆大学秘书长兼化学系主任、教授。解放前夕，支持学生开展“反饥饿、反迫害、反内战”爱国民主运动，积极参加护校斗争，任重庆大学护校委员会主任委员。新中国成立后，1950年1月，任重庆大学五人核心小组成员、理学院院长兼秘书长。1951年，任九三学社重庆分社恢复成立筹备小组成员，重庆分社第一届理事会理事。1951年，借调大连工学院（今大连理工大学），任教授兼化工系主任，承担“从大豆中提取蛋白”科研课题。其间，当选为大连市人大代表。1951年，加入中国民主同盟。1953年，任四川化工学院教授兼教务长，并当选四川省人大代表。1954年，四川化工学院与四川大学工学院合并成立成都工学院，任教务长。1959年，加入中国共产党。1966年，被以“资产阶级反动学术权威”罪名，隔离审查、批判和下放农村劳动。1972年，落实政策回校后，把补发的数千元工资全部交了党费。1978年，以《蜂窝型催化剂》《溶盐液液封》等研究成果获全国科学大会重大贡献奖。

1980年4月20日，因心脏病猝发逝世，享年70岁。

漆文定（1911—2003年），四川开江人。中国民主同盟盟员。1946年，加入九三学社。1946年10月参与成立九三学社重庆分社。1951年9月3日在“庆祝九三学社成立六周年暨重庆分社（恢复）成立纪念大会”上，被推选为理事会成员。历任九三学社第二届中央理事会候补理事，九三学社中央委员会第三、四届候补委员，九三学社四川省委员会第一、第三届顾问，九三学社重庆分社第一届理事会理事，九三学社重庆分社委员会第三、六届委员，九三学社重庆（直辖）市委员会第一、二届顾问。政协四川省第一届委员会委员，政协重庆市第六、七、八届委员会委员。

早年在上海中学、北平中国大学政治经济系求学期间，参加爱国学生反帝抗日示威活动和“一二·九”学生运动。抗战期间，参加吴藻溪、藩菽等爱国民主人士发起成立的“自然科学座谈会”，1945年加入中国民主同盟。参与了九三学社成立筹备工作。1947年1月，参加了反美抗暴游行。新中国成立后，参加了九三学社重庆分社的恢复重建工作。其间，参加了西南联大和重庆北碚的减租退押土改工作。自1951年重庆分社恢复工作以来，历任九三学社重庆分社理事会成员、九三学社重庆分社委员会秘书处副处长，一直在重庆分社机关（后改称“九三学社重庆市委员会”）工作，直到1988年12月离休。

2003年10月16日逝世，享年92岁。

刘宜伦（1913—2009年），福建长乐人。中国网络综合理论的主要奠基人之一，电信网络理论家和教育家。1983年，加入九三学社。九三学社重庆市第八、九届、第一、二届（直辖）委员会顾问，九三学社四川省委员会顾问。曾任全国科普协会理事、中国通信学会理事、四川省电子学会常务理事、重庆市科协副主席、重庆市通信学会名誉理事长、重庆市高等教育工作者协会副理事长、第三届全国人大代表、第五至七届全国政协委员、第七、八届重庆市政协委员。

1932年，毕业于南京海军雷电学校。1933—1938年，公费留学美国，获普渡大学工程硕士学位和哈佛大学通信工程硕士学位。1938 年回国，先后任湖北省建设厅科长、技正，重庆大学教授、电机系主任，中央工校、交通大学电信研究所教授，交通部第四区电信管理局工务处长、副局长兼总工程师。新中国成立后，历任西南邮电管理与计划室主任兼无线电处处长，重庆市电信局副局长。1955 年起，任北京邮电学院教授、教务处长、院长助理等。1963 年，任重庆邮电学院副院长、院长、顾问等。同时任邮电部第九研究所副所长兼总工程师。

长期从事通信网络理论和数字信号处理的教学与科研工作，著有《航用光线电》《网络综合理论》，发表有源网络综合、数字通信与邮电新技术发展等论文 20 余篇。1978 年，成功研制出符合 CCITT 国际标准的“脉冲编码调制 30/32 路系统设备”，分别获“1978 年全国和四川省科学大会重大成果奖”“1981 年四川省和重庆市科学技术优异成绩奖”，为中国由模拟通信向数字通信过渡奠定了基础。

王克诚（1913—1997 年），女，河北遵化人。1946 年，参与成立九三学社重庆分社。1951 年 9 月 3 日，在“庆祝九三学社成立六周年暨重庆分社（恢复）成立纪念大会”上，被推选为常务理事。曾任重庆分社第二届委员会委员、九三学社中央第二届理事会候补理事、九三学社第三届中央委员会候补委员。

1934 年，考入北平中国大学，在学校加入抗日民族解放先锋队，参加了“一二·九”学生运动。1937 年 10 月，参与组织湖北战时乡村工作促进会，开展抗战活动；1938 年 11 月，到重庆与吴藻溪、税西恒等在重庆创办西南学院。1939 年 2 月，参与创办农村合作函授学校（后先后改名为重庆实用会计专修学校、实用工商专科学校），同年 9 月，参与成立重庆“自然科学座谈会”，在中共中央南方局的支持和帮助下，与国民党反动势力展开斗争。1946 年春，加入中国民主同盟。1950 年，先后任川东行署财委高等顾问兼财委委员、四川财经学院教授、成都市政协常委、九三学社中央候补委员兼妇女委员。中央统战部部长李维汉曾对她为中国革命做出的贡献给予了高度评价。

1997 年逝世，享年 84 岁。

李继华（1913—2005 年），四川自贡人。1951 年，加入九三学社。1984 年，加入中国共产党。获国务院政府特殊津贴。历任九三学社重庆分社第五届委员会委员，第六届委员会副主任委员，第九届、第一（直辖）、二届委员会名誉副主委。九三学社四川省第一届委员会副主委，第七、八届九三学社中央委员会委员。第三、四届重庆市政协委员，第五、六、七届重庆市政协常委，第九、十届重庆市人大常委会委员。著名钢结构专家，曾任中国土木工程学会结构可靠度委员会主任委员、中国建筑学会理事、中国工程建设标准化委员会副主任委员、全国建筑结构设计统一标准委员会副主任委员、四川省土木建筑学会常务理事、中国土木工程学会结构可靠度委员会主任。

1940 年，毕业于重庆大学土木工程系。曾任重庆基泰工程公司、粮食部仓库工程处工程师，重庆大学建筑系、土木系讲师，重庆下水道工程处工程师。新中国成立后，历任重庆大学校务委员兼副秘书长、建筑系主任，重庆建筑工程学院营建系副教授、教授、系主任、副院长。1951 年 9 月 3 日，出席九三学社重庆分社召开的纪念“庆祝九三学社成立六周年暨重庆分社（恢复）成立纪念大会”。1960 年，被推选为四川省和重庆市教育、科技方面社会主义建设的先进代表。

长期从事土木建筑的设计、教学和科研工作。著有《可靠性数学》《建筑结构概率极限状态设计》《钢结构》等多本专著，参与编写、修订《中国大百科全书土木卷》《钢结构设计规范》等。参加编写的《建筑结构设计统一标准》获国家科学进步二等奖，《钢结构设计规范》（TJ17－74）

获“优秀标准规范二等奖”。发表论文《中心受压钢杆》《钢结构轴心受压可靠度分析》《钢结构可靠度及概率极限状态设计》《高层钢结构可靠度分析》等20余篇，其中《高层钢结构可靠度分析》达到国际水平。曾两次出席在日本和美国召开的国际结构安全性和可靠性会议。

2005年逝世，享年92岁。

李士豪（1914—1992年），广东梅县人。水利工程专家、教育家。参与建立九三学社，九三学社创建人之一。中共党员。九三学社中央第七、八届委员会委员。曾任中国力学学会理事、《力学学报》编委、中国水利学会理事及名誉理事、中国水力发电工程学会理事及名誉理事、辽宁省水利学会副理事长及中国水利学会水力学专业委员会副主任、教育部高等学校工科力学教材编审委员会委员、辽宁省科协副主席等职务。

1936年，毕业于交通大学唐山工学院土木工程系。1936—1938年留学美国，获康奈尔大学水利工程硕士学位。后考入美国芝加哥大学数学系研究生。1939年，任中央大学水利系教授。1941年，参加重庆“自然科学座谈会”，是自然科学座谈会的主要成员。1946年9月3日，在九三学社成立大会上当选为理事。1949—1966年，历任大连工学院土木系教授兼系主任、科研处处长、教务处处长、学术委员会副主任、水利系教研室主任。1956年6月，加入中国共产党，曾任大连工学院党委委员。其间，1956年，受社中央委派筹建九三学社旅大市直属小组，1956年12月旅大市直属小组成立，任召集人。1957年4月，九三学社旅大分社筹备委员会成立，任筹委会主委。主编有土建、水利类《流体力学》等教材。完成有国家科学基金项目“空泡动力学及其应用”和国家“七五”攻关项目“三峡工程深孔、底孔重叠布置双层过水方案”等研究课题。

1992年1月8日逝世，享年78岁。

王元吉（1914—1977年），湖北黄陂人，1951年加入九三学社。1952年，全国院系调整后的首批二级教授。九三学社社员、中共党员。任九三学社重庆分社（1952年恢复成立）第一届理事会候补理事，重庆分社第四、五届委员会委员，重庆大学支社主任委员。第二、三届重庆市人大代表，第二、三届四川省政协委员，数学学会重庆分会理事。

1935年，毕业于武汉大学数学系，获理学学士学位。1938年，在延安抗大学习。1940年前，先后任湖北应城私立西河中学、汉口市立一女中、四川永川三中教员。1940年起，任乐山武汉大学科研人员兼数学系助教，重庆女师学院讲师、副教授、教授，重庆大学兼职教授。1950—1952年，任西南师范学院数学系教授、总务长，新校舍建筑委员会主任委员、院务委员。1951年9月3日，出席九三学社重庆分社召开的“庆祝九三学社成立六周年暨重庆分社（恢复）成立纪念大会”，并当选为候补理事。1952年调任重庆大学数学系教授。主要讲授初等微积分、高等微积分、高等分析等课程。编有《初等微积分》《高等微积分》《代数方程式论》等讲义。

1977年逝世，享年63岁。

陈仁亨（1915—1968年），湖北武昌人。1953年，加入九三学社，泌尿外科专家。历任全军泌尿外科专业组组长，总后勤部卫生部医学科技委员会委员，军事医学科学院野战外科研究所副所长，中国人民解放军第七军医大学附属西南医院外科主任、教授，第二至六届重庆市人大代表等职务。曾任总后卫生部编写的《医疗护理技术操作常规》编审委员及编辑。

1939年毕业于湘雅医学院后，即投身于抗日战争，积极参加中国红十字会救护队救治伤员。

1948年赴美国，先后入丹佛结核病院、波士顿医学院进修。1949年回国。到重庆第七军医大学附属西南医院工作，首先倡导分科制，组建了普通外科、骨科、胸外科、泌尿外科及麻醉科5个专业科室。历任第七军医大学附属西南医院外科主任、教授，野战外科研究所副所长等职。其间，筹办了《西南医学》杂志，任常务编辑。在国内最早提出尿道吻合是治疗外伤性尿道狭窄的最佳方法，并系统总结了治疗失败的原因及预防措施，其间共撰写论文及摘译20余篇。20世纪50年代后期，在国内首先开展肾破裂性创伤保留肾脏的研究，取得良好疗效。尤其擅长尿道外伤的临床治疗，对尿道外伤及外伤性尿道狭窄有独到见解。在西南军区卫生部组织编写《外科学》时，他编写该书泌尿外科部分；主编有《医疗护理技术操作常规》等著作。西藏平叛时，不顾个人安危，进藏参加救治伤员的技术指导工作。邢台地震时，又到灾区救治伤员，受到上级表彰。在“文化大革命”中不幸被害身亡，终年53岁，后被追认为烈士。

徐尚志（1915—2007年），四川成都人。著名建筑师、建筑设计大师，1990年，获首批“中华人民共和国工程设计大师（建筑）”称号。1956年，加入九三学社。1985年，加入中国共产党。历任中国西南建筑设计院总建筑师、顾问，第二、五届四川省政协委员，第四届省政协常委，第三届四川省人大代表，重庆市人大代表，九三学社中央常委，九三学社四川省第一、二届副主任委员，第三届主任委员，第四、五届名誉主任委员，第六、七、八届全国人大代表，第八届四川省人大常务委员会副主任，兼省人大城乡建设环境资源保护委员会主任委员，中国建筑学会常务理事、名誉理事，四川省土木建筑学会第三、四届理事长，第五至九届名誉理事长。

1937年，毕业于重庆大学土木工程系。任重庆大学讲师，重庆建筑师公会理事长，西南建筑工程局工程师、主任工程师、副总工程师，中国建筑西南设计研究院主任工程师、副总工程师、总工程师、总建筑师、顾问，西南交通大学教授，四川大学名誉教授等职。1942年，在重庆创办“怡信工程公司”，主要设计作品有万国银行、李宗仁官邸、刘航琛住宅。1947年，发起组建重庆市建筑公会，当选理事长。曾任重庆大中建筑公司建筑师、粮食部仓库工程处副工程师、重庆自来水公司工程师、重庆大学建筑系讲师、重庆建筑师公会理事长。新中国成立后，历任重庆建筑公司设计部主任，中国西南建筑设计院主任工程师、副总工程师、总工程师、总建筑师、高级建筑师（一级）。撰有学术论文20多篇。主持大中型建筑设计和城市规划项目40余项，主持规划设计的大中型建筑项目60余项，其中，成都锦江宾馆、锦江大礼堂、北京钓鱼台酒店、肯尼亚莫伊国际体育中心，以及成都市人民南路干道规划等建筑作品至今仍然发挥着积极的影响。重要作品有重庆市劳动人民文化宫大礼堂、重庆宾馆、重庆体育馆、重庆剧场、双流机场航站楼、唐山市中心区规划、深圳市罗湖区规划等。其中，“重庆地区二层住宅设计方案”获“1958年中国建筑学会全国设计竞赛三等奖”。主持设计的肯尼亚莫伊国际体育中心，1989年获中建总公司优秀设计一等奖，1989年获国家优秀工程二等奖。1985年被评为四川省建筑系统先进知识分子。1990年获国家授予的“建筑设计大师”称号。主要论述有《对新形式新风格创作问题的几点认识》《从自贡恐龙博物馆设计竞赛谈建筑创作构思问题》《我国建筑现代化与建筑创作问题》等。

徐尚志于2007年12月26日因病在成都逝世，享年93岁。

苏葆祯（1916—1990年），字子干，江苏宿迁人。西南大学教授、硕士生导师原重庆国画院副院长。著名国画家。中国国际文化交流中心四川省分会理事，中国美术家协会会员，重庆美术家协会副主席，四川工艺美术协会副理事长，成都画院顾问，第六、七、八届重庆市政协委员，第九届重庆市政协常委。1980年加入九三学社，九三学社四川省第二届委员会顾问。

1933年，毕业于宿迁中学。1936年，毕业于宿迁玻璃科职业中学高级班。1939年，考入重庆中央大学艺术系，受教于徐悲鸿、张书旂、吴作人、傅抱石、任伯年等艺术大师，擅长中国写意花鸟。1944年，大学毕业后，在四川璧山县正则艺术专科学校任教。1946年，任四川省江津窑业学校讲师兼教务主任。其《牡丹》《玉兰八哥》等四幅作品参加过在伦敦、加尔各答举办的中国美术作品展览。1941年，创作的《秋萄双鸡》获“中华全国美展青年作家奖一等奖”，1943年加入中华全国美术会。其间，多幅作品参加中华全国美术会举办的美术展览，并于1948年在重庆、江津举办个人画展。1949年在壁山创办私立健生艺术专科（职业）学校。新中国成立后，历任四川北碚立新中国艺术专科学校校长、西南师范学院美术系教授。于1957年加入中国美术家协会四川协会，其作品《月季花》《菖蒲花》《葡萄图》等入选全国美术作品展览并获奖，并参加了全国美展，并在香港、新加坡、日本、德意志联邦共和国、比利时、法国、加纳、菲律宾、巴基斯坦等地展出。作品《葡萄图》《牡丹双鸽》等人民美术出版社单页出版并入选北京人民美术出版社出版的《现代花鸟画》《现代花鸟画选》。他以独特的花鸟画艺术风格蜚声当今中国画坛，尤其擅长彩墨葡萄。1980年，参加人民大会堂四川厅美术设计工作，绘有《玉兰绫带》磨漆挂屏及《竹子》《喜鹊梅花》座屏画稿。同年《苏葆祯作品选》出版。1981年，创作的《葡萄》获“四川省文艺评奖优秀作品奖”，并出版有《写意花鸟画技法》《怎样画水墨葡萄》等著作。

1990年6月，于西南师范大学家中逝世，享年74岁。

李宗岳（1917—1989年），河北深县人。1956年，加入九三学社。九三学社重庆分社第六、七届委员会委员，重庆市设计院工程师、副总工程师，第六、八、九、十届重庆市人大代表。

1939—1941年，任西昌国立西康技术专科学校讲师。1941—1943年，任四川水利局助理工程师、副总工程师。1944—1946年，任铭贤学院讲师、副教授。1946—1949年，任重庆都市计划委员会工程师兼公用组主任。1946—1951年，任国立中央工业专科学校副教授。1947—1948年，任重华学院教授。1950—1953年，任重庆市人民政府建设局建筑工程局公用科长、工程师。1954年后，历任重庆市设计院工程师、副总工程师。

1989年10月逝世，享年72岁。

黄忠恕（1918—1983年），云南昆明人。1953年，加入九三学社。中共党员。重庆建筑工程学院建筑系主任、教授。曾任中国建筑学会理事、中国建筑学会建筑设计专业委员会委员、重庆市土木建筑学会副理事长。

1943年，毕业于重庆大学建筑系。1947—1952年，任重庆大学、成都艺术专科学校讲师、副教授。1952年10月，调重庆建筑工程学院，先后任建筑系副主任、主任、副教授、教授。编有《公共建筑设计原理》等教材。发表《改善住宅建设和住宅群体意见》等论文10多篇。其中，《山区居住小区规划有关问题探讨》一文，曾译成英、俄两种文字由中科院对外进行交流。曾主持和参加了四川省、重庆市一些重要建筑工程的设计，如主持设计的重庆山城宽银幕电影院，被评为“建国40周年重庆十大优秀建筑之一”，主持设计的第三军医大学礼堂、内科大楼、外科大楼、钴60治疗室以及重庆医学院同位素治疗室等建筑也受到各方好评。1959—1963年，连续5年被评为“重庆市先进工作者”。1960年，被评为四川省文教、卫生、新闻体育先代会“先进工作者”。1961年，被评为“重庆市优秀党员”。

1983年7月10日因病逝世，享年65岁。

李孝传（1918—1989年），重庆大足人。1956年，加入九三学社。历任中国数学学会理事长、四川省数学学会副理事长、重庆市数学学会理事长、国家教委理科教材编审委员会委员、第三至八届重庆市政协委员。

1943年，毕业于中央大学理学院数学系。1947年，毕业于美国普林斯顿大学研究院数学所，获理学硕士学位。曾在重庆兵工专科学校、南开中学、美国普林斯顿大学任教员、助教，后在四川教育学院、重庆大学、台湾大学理学院、台北师范学院任教授。1949年11月，从台湾回到大陆。1950年起，任西南师范学院（现西南大学）教授，长期从事教学工作，治学严谨，主讲过《实变函数论》《近世代数》等10多门课程，在数学科研方面颇有建树，特别专长点集拓扑的研究。代表论文有《论度量空间的补全法》，主笔与美籍学者陈玉清合作出版有专著《一般拓扑学导引》。1984年，在加尔各答数学会会报上发表论文《论度量空间》，其中每个有界集都是完全有界的观点，受到国内外同行的好评。

1989年病逝，享年71岁。

李宗明（1918—2007年），江苏常州人。1956年，加入九三学社。1983年，加入中国共产党。重庆医学院（现重庆医科大学）副院长、教授。九三学社第六、七、八届中央委员会委员，九三学社重庆市第八、九届，第一（直辖）、二届委员会顾问。曾任国家科委生物医学工程科学组成员，中国生物医学工程人工器官分会副主任委员终身会员，四川省、重庆市科协副主席，中华医学会常务理事、名誉理事，四川分会副会长、重庆分会会长，重庆市生物医学工程学会理事长，第五、六届重庆市人大代表，第八、九、十届重庆市人大常委会委员。第一批获国务院政府特殊津贴的专家。

1943年，毕业于国立上海医学院后，留校任教。1952年在齐齐哈尔筹建创办我国第一军医大学。次年回到上海医学院（今上海医科大学）附属中山医院任内科教研室副主任、主任。1956年，被派往重庆，筹建重庆医学院（今重庆医科大学），历任重医附属第一医院内科教研室主任、内科主任、教授。1980—1983年任重庆医学院副院长、重庆医科大学副校长、学术委员会副主任。从事医学教育、医疗与科研工作50多年，是全国第一代消化病学专家，率先在国内开展腹腔镜、胃镜检查。研制出国产雷尼替丁、胰功肽并应用于临床诊治。多篇论文在国内外文献期刊上发表。曾多次出国考察、讲学。1978年，筹建人工肝研究室，在国内外发表论文40余篇。科研成果获国家科技进步三等奖。参加编写《实用内科学》《临床胃肠病学》《内科学的理论与实践》《肝病治疗学》《中国内科年鉴》等专著。曾任全国高等医学院教科书《人工器官》《临床症状鉴别诊断学》《医学百科全书·消化分册》副主编，《内科学》主编。历任《中华医学杂志》《中华消化杂志》《透析与人工器官》等期刊的主编、副主编。

2007年3月逝世，享年89岁。

王先俊（1918—1992年），安徽凤阳人。冶金专家。1983年，加入九三学社。曾获重庆市甲等劳动模范、四川省特等劳动模范、重工业部先进生产者、全国先进生产者等荣誉称号。第六届全国人大代表，第五届四川省人大代表，第二、三届四川省政协委员，第六、七届重庆市政协常委。九三学社第六、七、八届中央委员会委员，九三学社重庆分社第七、八届副主任委员。

1945年，毕业于重庆大学矿冶系。曾任重庆二十九兵工厂助理工程师、副工程师。新中国成立后，历任重庆钢铁公司大坪炼钢厂副厂长、副总炼钢师、公司副总工程师、炼钢高级工程师。

1992年逝世，享年74岁。

刘淳玉（1918—1991年），四川安岳人。中央大学公民训育系毕业，先后任华阳县石羊场小学教导主任，重庆精益中学、重庆广益中学、重庆蜀都中学、重庆南开中学教员，重庆大学副教授。青年时期参加进步学生活动，抗战时期应邀到红岩村参加周恩来主持的小型革命青年座谈会。1948年，“沈崇事件”发生，参加了重庆21名中学教员的签名抗议，并在重庆《新华时报》《大公报》《大公晚报》等发表文章，公开抨及国民党的独裁专利政策，为中国民主革命做出了有益贡献。1950年，加入九三学社。历任九三学社第三届中央委员会候补理事，九三学社重庆分社理事会理事，重庆分社第二、三、四、五届委员会委员，重庆分社第六、七届委员会常委，第八届委员会顾问，九三学社四川省第一届委员会委员、第二届委员会顾问，重庆市文史研究馆副馆长。

重庆解放后，参加了九三学社重庆分社恢复成立筹备小组工作，1951年9月3日，九三学社重庆分社恢复成立时被推选为理事。历任九三学社重庆分社第二、三、四、五届委员会委员，第六、七届委员会常委，第八届委员会顾问。第一至九届重庆市政协委员。

1951年，九三学社重庆分社机关设秘书处，刘淳玉任秘书处处长，其间，历任重庆分社机关秘书处处长，兼任重庆分社科技委员会副主任，九三学社四川省工作委员会办公室副主任，九三学社四川省第一届委员会委员、第二届委员会顾问。1984—1991年任重庆市文史研究馆副馆长。

1991年病逝，享年73岁。

詹熊来（生平不详），参与建立九三学社。1946年5月4日，在九三学社成立大会上当选为监事会监事。1946年10月27日，在九三学社重庆分社成立大会上被公推为常务监事。1950年8月至1951年10月，任浙江省各界人民代表会议一届会议代表。

张迦陵（生平不详），参与建立九三学社。1946年5月4日，在九三学社成立大会上当选为理事会理事。1936年，东京各校留日学生成立中华留日学生联合会，张迦陵为帝国大学代表。抗战期间，任教于国立社会教育学院。1946年，被聘为河南大学法学院兼职教授。

席　炤（1920—2007年），河南汲县人。1951年，加入九三学社。1951年9月3日，出席重庆分社召开的“庆祝九三学社成立六周年暨重庆分社（恢复）成立纪念大会”。曾任四川省九年制义务教育体育教材主编、中华全国体育总会第四届委员会委员、重庆市体育分会副主席、四川省体育科学学会副理事长、重庆市体育科学学会理事长。

于河南省立百泉乡村师范学校毕业后，任小学教师。抗战中，考入重庆中央大学师范学院体育系。1942年毕业受聘到贵阳师范学院创办体育科。1948年，任四川国立女子师范学院体育科副教授。1950年，院系调整，调重庆北碚西南师范学院（现西南大学）体育科（系），历任西南师范学院公共体育教研室主任、教育系副主任、体育系主任、教授，校体委副主任，校工会副主席以及九三学社西南师范学院支社委员。撰写有《体育概论》《体育教学法》《公体课理论教材及实践教材》《体育理论》等讲义。

2007年逝世，享年87岁。

朱可善（1920—2014年），湖北随县人。1956年，加入九三学社。重庆建筑工程学院（现重庆大学）博士研究生导师。全国著名岩石力学专家，曾任国际岩石力学学会中国小组成员、中国岩石力学与工程学会常务理事，九三学社重庆分社第二届、第三届科技工作委员会主任。

1943年，毕业于中央大学土木系。1949年，获美国加利福尼亚大学土木系硕士学位。新中国成立后，历任重庆市设计院副总工程师、中国科学水工研究室副研究员。1973年起，任重庆建筑工程学院教授、博士生导师。长期从事教学科研工作，在国内较早研究有压力工隧洞中喷射混凝土与岩石联合作用，提出了同喷射混凝土的极限拉伸变形和岩石的变形模量分配水压力的观点，为建立地下工程设计理论提供了合理的理论基础。撰写的《岩石力学在地下工程的应用》《某水电站由于开挖引起的裂缝》论文在第四届国际岩石力学会议上交流，撰写的《岩石水压试验》载入第五届国际岩石力学会议论文集。

江泽佳（1920— ），安徽旌德人。1951年，加入九三学社。1956年，加入中国共产党。原重庆大学校长、我国首批博士生导师，著名电工理论专家，重庆市科协副主席。1951年9月3日，出席重庆分社召开的“庆祝九三学社成立六周年暨重庆分社（恢复）成立纪念大会”，曾任九三学社重庆分社第三、四、五、六届委员会委员，九三学社重庆市委第七届委员会委员，第八、九届委员会顾问，九三学社四川省第二届委员会顾问，九三学社重庆（直辖）市第一、二届委员会顾问，第七届全国人民代表大会代表，第一至六届四川省政协委员。曾任四川省电机工程学会副理事长、教育部高等学校工科电工教材编审委员会副主任委员、电路理论及信号分析编审组组长、国家教育委员会电工课程教学指导委员会主任委员、国务院学位委员会电工学科评议组成员兼召集人。

1943年，于重庆大学电机系毕业后，留校任助教。1947—1948年赴加拿大麦吉尔大学留学。1949年，获硕士学位。同年回国任重庆大学电机系副教授。1950年，任重庆大学电机系系主任，1978年任重庆大学教授，为全国首批招收硕士生的导师之一。1979年，起受教育部委托，组织主办全国性电工原理进修班，为各省市、自治区高校培训骨干教师近200人，为提高全国电工原理教学水平做出了重要贡献。1981年，被国务院学位委员会批准为博士生导师，在重庆大学和清华大学同时建立了国内最早的理论电工博士点。1982—1986年，任重庆大学校长期间，担任在北京召开的国际电机会场论文分组会中方主席，发表《计算非线性电磁场的高阶有限元法》等论文3篇。1988年，再次担任在北京召开的国际电机会场论文分组会中方主席，并宣读相关科研成果论文。翻译有《计算机辅助电路设计》专著1部。主编高等学校教材《电路原理》上、下册（第一版），高等学校教学参考书《网络分析的状态变量法》等5部。领导博士点基金项目和国家自然科学基金项目4项，在国内外各类刊物上发表论文近100篇。培养研究生70多名，其中获博士学位26人，进入博士后流动站9人，有近20人是国内各高校的教授、副教授，多名学生已成为博士生导师和学科带头人。其主编的《电路原理》教材（第二版）获“国家教委高等学校优秀教材一等奖”，领导的研究成果“高压直流系统可靠性的数字仿真技术”获“国家教委科技进步一等奖”。其两篇论文获“1991年四川省电工技术学会优秀论文一等奖”。

于2013年11月因病逝世，享年93岁。

刘约翰（1920— ），浙江宁波人。国务院学位委员会批准的首批博士生导师、传染病学专家，国务院学位委员会第一、二届学科评议组成员，卫生部医学科学委员会全国血吸虫病研究委员会委员。重庆医科大学博士生导师。1956年，加入九三学社。九三学社重庆分社第六届委员会委员，九三学社重庆市委第七、八届委员会委员，第九届、第一（直辖）、二届委员会顾问，第四、五、六届重庆市政协委员，第七、八、九届重庆市政协常委。历任《中华传染病杂志》副主编、中华医学会四川省地方病学会主任委员、四川省医学科学院顾问、全国血吸虫病研究委员会委员。

1944 年，毕业于国立上海医学院，获医学博士学位，留校任教。上海解放时，深入部队防治血吸虫病并荣立三等功。1955 年，受聘为全国血吸虫病研究委员会委员。1959 年，调重庆医学院（现重庆医科大学），建立传染病学教研室与血吸虫病研究室，历任传染病学教研室与血吸虫病研究室主任、教授、博士生导师。与有关专家研制出血防 846 与硝硫苯酯等，在抗血吸虫新药研究方面获得了开拓性成就。20 世纪 80 年代获四川省人民政府科技进步二等奖。1985 年，被中共中央血防领导小组授予“全国防治血吸虫病先进工作者”称号，并获金质奖章一枚。1989 年，以他任学术带头人的重庆医科大学传染病学科，被国家教委评为全国重点学科。共发表论文 100 余篇，先后获全国科学大会奖和卫生部、四川省、省卫生厅等科技成果奖 16 项。主编有《实用血吸虫病学》《寄生虫病化学治疗》《实用传染病防治手册》等著作，合编有《传染病学》等，参加编写有《医学百科全书》寄生虫与寄生虫病分册、传染病分册、《传染病与寄生虫进展》等十余部参考书。

金春南（1920—2007 年），安徽全椒人，主任医师。1957 年，加入九三学社。九三学社重庆分社第六届委员会委员，九三学社重庆市第七、八届委员会常委，第九、第一（直辖）、二届委员会顾问。历任中国放射学会委员，《中华放射学杂志》特约审稿，四川省中华医学会理事中华医学会重庆分会放射学会主任委员，重庆市中华医学会顾问、重庆市退休医务工作者协会顾问。第六、七、八、九届重庆市政协委员。

1946 年，毕业于贵州安顺军医学校大学部（国防医学院）。历任仁济医院内科医师，重庆市第三人民医院、第四人民医院、第一中医院、重庆市外科医院等市属医院放射科住院医师、主治医师、副主任医师、主任医师。撰写医学论文 80 多篇，其中，获 1984 年重庆市科技优秀论文奖 6 篇，1986 年重庆市科技优秀论文 4 篇，四川省科技优秀论文奖 5 篇，其中，36 篇刊载于医学杂志，1958 年撰写的《肺泡微结石症》属国内最早报道病例，1975 年发表有《色素沉着绒毛结节性滑膜炎的 X 光线诊断》《外伤性膈疝的诊断》等论文，1979 年首创钡胶浆作支气管造影，1981 年撰写《肿瘤样钙化症》属国内最早报道的病例。长期从事放射诊断工作，具有丰富的放射临床诊断经验，诊断准确率高，看片结论有较高权威性，对骨肿瘤和胸部肿瘤的 X 光线诊断有一定造诣。

2007 年 12 月病逝，享年 87 岁。

徐　僖（1921—2013 年），江苏南京人。著名高分子材料学家、高分子材料学科的开拓者和奠基人之一。全国高校高分子材料专业的创始人之一，全国首批博士生导师，中国科学院学部委员（院士）。1951 年，加入九三学社，1951 年 9 月 3 日出席重庆分社、召开的“庆祝九三学社成立六周年暨重庆分社（恢复）成立纪念大会”。1981 年，加入中国共产党，1991 年当选为中国科学院院士。九三学社第六、七、八届中央委员会委员，九三学社四川省委副主任委员，九三学社成都市委主任委员。国家教委科技委员会委员，国务院学位委员会学科评议组成员，国家自然科学基金委员会学科评议组成员，中国化学会理事，中国化工学会第 35 届副理事长，中国石油化工学会理事长，中国复合材料学会常务理事，美国化学会会员。第三、五、六、七、八届全国人大代表。

1937—1944 年，先后在南京金陵大学附属中学、重庆南开中学、内迁贵州的浙江大学化工系学习，获得学士学位，并考取本校研究生。1944 年，任交通大学唐山工程学院助教，1946 年，任上海光华大学讲师。1947 年，赴美国留学，1948 年，获美国宾州里海大学化工系硕士学位。留美期间研制成功五倍子塑料。1949 年 5 月，回国后，一面任教于重庆大学，一面继续研究。1951 年，筹建了新中国第一家棓酸塑料厂——“重庆棓酸塑料厂”（重庆合成化工厂的前身）1953 年棓酸塑料厂正式投产，历任副厂长兼总工程师，该厂的建立填补了中国化工的一项空白。1956 年，调四川化工学院，晋升为二级教授。筹建了我国高等学校第一个高分子材料系。历任四川化工学院、成都工学院教授，成都科技大学教授、副校长、高分子材料系主任、高分子研究所所长，上海交通大学教授、高分子材料研究所所长、高分子材料工程国家重点实验室负责人。同时兼任浙江大学、西安交通大学、北京化工大学、华南理工大学、华中理工大学、南京化工大学等 10 余所高校教授。曾任《高分子学报》《化工学报》《自然科学进展》《高等学校化学学报》等期刊和丛书编委，《高分子材料科学与工程》及《油田化学》《塑料工业手册》等期刊主编，《中国大百科全书·化工》卷高分子化工分支主编，《中国大百科全书·化学》卷高分子化学分支副主编，《材料科学技术百科全书》高分子材料分支主编。1960 年，编著出版了中国高校第一本高分子教科书《高分子化学原理》，誉为“中国塑料之父”。

1981 年，被评为“全国首批博士生导师”。1987 年，获“国家自然科学二等奖”。1991 年，当选为中科院学部委员（院士）。先后发表论文 200 余篇。出版著作、译著 4 部，申请专利 20 余项。曾获“国家自然科学奖”“国家发明奖”等 20 余项，国家、部委、省级奖励，以及高分子科学高层次人才培养国家级优秀教学成果奖、高分子化学育才奖、何梁何利基金科学与技术进步奖等奖项。被授予“全国高校先进科技工作者”称号,“全国、四川省、成都市教育系统劳动模范”称号。

2013 年 2 月因病逝世，享年 93 岁。

何知凡（1922— ），原名何万荣，重庆人。1951 年，加入九三学社。历任九三学社重庆分社第五届委员会委员、第六届常委，九三学社重庆市第七、八、九届委员会副主任委员，第一、二届（直辖）名誉副主委，第八、九届九三学社中央委员会委员，九三学社四川省第二、三届委员会常委，第二届四川省政协委员、常委，第四至十届重庆市政协委员、常委兼提案委员会副主任，重庆社会主义学院院务委员会委员，重庆市统战理论研究会第三届理事会副会长等职。

1943 年，毕业于重庆南开中学。1947 年，毕业于武汉大学法律系。在武大参加进步读书会“凌云学社”，并参与“壁报团体联合会”（简称“壁联”）。1946 年参加“中国青年民主社”（简称“青民社”）。1947 年，武大发生震惊中外的国民党镇压学生运动的“六一惨案”时，被推举参加请愿团，赴南京政府请愿并举行中外记者招待会。1947 年，任重庆南开中学英语教师，1949 年任重庆联合征信所《征信新闻》记者。1950 年，参加第一期西南人民革命大学学习后，分配到万县专署贸易部下属百货公司秘书科工作，加入中国店员工会，当选公司工筹会文教委员会副主任委员。1951 年，经中共西南局统战部调重庆，参加九三学社重庆分社的恢复重建工作。同年加入九三学社，并参加了重庆分社召开的“庆祝九三学社成立六周年暨重庆分社（恢复）成立纪念大会”工作重庆分社恢复活动的工作。从此，任重庆分社机关专职干部，1953 年—1962 年历任社市委机关组织处（部）副处长，重庆分社组织委员会委员，组宣处副处长，社重庆市委办公室主任、秘书长、专职副主委。1954 年，受九三学社中央委派，在重庆分社主委税西恒的领导下，赴成都组建九三学社成都分社筹委会。1956 年，赴昆明组立九三学社昆明分社筹委会。1980 年，任社重庆市委秘书长专职兼办公室主任及组宣处处长。1988 年，任专职副主委。1997 年，重庆直辖，任九三学社重庆市第一、二届委员会名誉副主委。在任期内，坚持在每年社市委新社员学习会上宣讲社章、社史、社的性质和任务，深受好评。1987年，被评为“重庆市各民主党派、工商联为四化建设服务先进个人”，受到表彰。1991年，经市政协推荐参加重庆市友好访问团赴日本尾道市进行为期10天的友好访问。1999年10月，获中共重庆市委、市人民政府颂赠“献给共和国创立者”纪念章。2005年9月，在九三学社建社六十周年纪念大会上获“从事社务工作50年纪念奖牌”。曾任重庆市民族青年联合会委员，重庆市市中区人大代表及区人民委员会委员。1998年10月离休。

陈启高（1925— ），贵州清镇人。重庆建筑工程学院教授、博士生导师。1991年获国务院政府特殊津贴，专长建筑物理、建筑热工，全国著名建筑热工专家，全国建筑物理热工学科奠基人之一，全国第一个建筑技术博士生导师为建筑物理学科的发展做出了卓越贡献。1953年，加入九三学社。任九三学社重庆分社第六届委员会委员，九三学社重庆市第七届委员会委员。曾任重庆市土木学会常务理事，第六、七、八届重庆市政协委员，第四、五、六届重庆市人大代表。连续担任四届中国建筑学会建筑物理专业委员会副主任、主任，中国建筑物理学术委员会名誉委员，中国窑洞及生土建筑研究会副会长，国务院学位委员会第二届学科评议组成员第二届自然科学基金项目评审组成员。

1951年，毕业于贵州大学数理系。先后在西南工业专科学校、重庆建筑工程学院任教。历任重庆建筑工程学院副教授、教授、博士研究生导师。主要完成的研究专题有《房屋隔热理论及措施》《厅堂音质》《光气候》《建筑气候分区专题》《房间几何声学》《房间清晰度函数》《地下工厂通风降温除湿》《洞壁散湿量测量及理论研究》《热流计制作及标定研究》《水果冷库热功能改善研究》《房屋围护结构热湿迁移理论及设计》《地下空间的开发及利用》《建筑热工规范、规程专题研究》等，在国内外刊物上发表论文40余篇，取得科研成果7项。其中，《轻型房盖的隔热设计研究》获“四川省重大科研成果二等奖”，《地下冷库传热计算研究》获“四川省重大科技成果三等奖”，《铝箔热绝缘技术在建筑中的应用》获“四川省和重庆市重大科研成果奖”。

汪礼顺（1926— ），又名刘礼顺，江苏南京人。1956年，加入九三学社。曾任《工程力学》杂志常务编委，四川省高校职称评委。1951年，毕业于西南工业专科学校土木工程科后，留校任教。1958年毕业于清华大学工程力学研究生班。历任重庆建筑工程学院（现重庆大学）助教、讲师、副教授、教授、研究室主任。国务院政府特殊津贴获得者。主要论文有《按临界屈曲状态决定钢架的临界荷载》《综合一次力矩分配法》《多结点等参单元形态函数的确定》《超静定平面桁架结构零杆判别定理》《静不定平面杆系内力简化分析》《高层框架鞭梢效应研究》等。其研究课题“结构设计通用程序”获“1978年全国科学大会奖”。

陈重穆（1926—1998年），重庆巴县（现巴南区）人。1952年，加入九三学社。中共党员博士生导师。曾任西南师范大学（现西南大学）校长。1986年，被授予“国家级有突出贡献的中青年科技专家”荣誉称号。曾任中国数学学会理事、四川省数学学会副理事长、重庆市数学学会理事长，四川大学兼职教授，第六、七届重庆市政协委员，第六届四川省政协委员，九三学社重庆市第八届委员会文教工作委员会主任。

1949年，毕业于重庆大学数理系。先后在四川省立教育学院、西南师范大学数学系任副教授、教授、系主任，在西南师范大学任校长、博士研究生导师，并任四川大学兼职教授，长期从事基础数学的教学工作，有丰富的教学经验。在群论研究方面系统的、创造性的研究，带领西南师范大学成为全国特别是西南地区重要的群论研究基地。出版有《有限群论基础》等多部专著。发表学术论文30多篇。其中，在一级学术刊物上发表12篇，有9篇为美国《数学评论》所摘登。主持、主研有国家自然科学基金项目“群的构造理论”，获“1989年四川省科技进步一等奖”，有相当的学术价值。主研的“有限单群的刻划与临界群”获“国家教委1990年科技进步三等奖”。主持的“中学数学教育改革实验”和“中学数学实验教材编写与实验”研究，获“1989年国家级优秀教学成果奖和四川省优秀教学成果一等奖”获“香港柏宁顿（中国）教育基金会1995年首届孺子牛全球奖”。主持、主研国家自然科学基金1990年资助项目“有限群的价值和表示论”。国内外专家认为，其研究的“有限单群的刻划与临界群”在学术上处于国际先进水平，具有突出的创新性，有相当高的学术价值和广阔的应用前景。

1998年病逝，享年72岁。

曹良仁（1930— ），江苏常熟人。重庆市著名医学专家。1953年，加入九三学社。九三学社重庆分社第五届委员会委员、第六届委员会常委，社重庆市第七届委员会常委，社重庆市第八、九、一、二届（直辖）委员会顾问。第二至六届重庆市人大代表，第六、七、八届重庆市政协委员。

毕业于上海震旦大学医学院医疗系。1951年，任重庆新渝医院业务副院长。重庆市中医院（重庆市中医研究院）研究员。1962年，获“卫生部西学中银质奖章”。1975年，任重庆市中医研究所业务副所长。努力学习中医理论，坚持中西医结合。先后主持了针灸治疗聋哑症的临床疗效观察、针灸治疗聋哑小儿麻痹症、小儿遗尿等中西医结合课题。撰写有《1176例川楝素、山道年、枸橼酸哌嗪驱蛔疗效比较》《中医扶正固本活血醒脑法治疗小儿遗尿症的临床观察》等论文。临床经验丰富，精通内儿科理论。

宗百岑（1935— ），江苏宜兴人。1981年，加入九三学社。九三学社重庆市第八届委员会常委。第九、十届重庆市政协常委，第六届四川省人大代表。

早年就读于四川省立成都中学、国立中央工校机械科。1953年，于重庆大学动力机械专业毕业后，分配到沈阳东北电力管理局工作，先后任抚顺发电厂锅炉专业技术员、车间专责工程师。1977年以后，先后任重庆发电厂生产技术科科长、工程师、副总工程师，教授级高级工程师。承担的“电厂烟气脱硫”研究项目的成果在全国推广。1986年，参加了援建伊拉克巴格达等电厂的工作。

孙伦宝（1935— ），江苏无锡人。1985年，加入九三学社。重庆大学教授。1980年至1995年，任重庆市机械工程学会锻压分会主任委员。1957年，毕业于清华大学机械系金属压力加工专业。历任重庆大学助教、讲师、副教授、教授，硕士生导师。完成的冷挤压新技术科研项目获“1978年全国科学大会奖”。主要著作有《冷冲工艺及模具设计》。

仇永兰（1939—），女，江苏扬州人。重庆仪表材料研究所高级工程师，铠装热电偶专家。1987年，加入九三学社，曾任重庆仪表材料研究所支社委员，重庆市第十一、十二届人大代表。

1963年，毕业于北京钢铁学院。其间，曾参加新筹建的特种冶金系特种金属材料压力加工专业学习。毕业后分配到仪表专用材料研究所株洲筹备处工作。1964年至1965年，在上海电器科学研究所实习并参加该所“镍铬—镍硅热电偶”课题成果推广。1966年，随所（现重庆仪表材料研究所）迁重庆。历任课题组长、专业大组组长、助理工程师、主任工程师、高级工程师、研究室主任，1994 年 6 月退休。其间，参与仪表材料行业质量管理及标准制定。参与完成“高温气流瞬变温度传感器”“核场用铂钼热电偶”“抗硫耐冲刷高压快速铜电阻温度计”“04－415 部”宇宙飞船用“SiO_2 绝缘不锈钢铠装卡玛加热器”等重点项目和课题。负责完成“铠装热电偶热电性能影响因素研究”等部属重点军工课题 5 项，重点攻关项目 12 项。其中“高温传感器”等 5 项填补了国内空白，自行设计加工的手动微型挤泥奇峰成为各种铠装产品科研生产的关键设备。1978 年“铠装热电偶系列”获“全国、四川省、重庆市和电子仪表工业局科学大会奖”。“抗硫耐冲刷高压快速铜电阻温度计”获“四川省重大科技成果二等奖、一机部科学大会奖”。发表有《镍铬—镍硅（铝）、镍铬—考铜套管热电偶试制研究报告》《核场用铂钼合金成分研究》等论文。1978 年，获“重庆市科学大会铜质奖章”和“优秀科技工作者”称号。1984 年，获“机械工业部仪器仪表工业局行业质量工作积极分子”光荣称号。

冯宝伟（1939—），江苏常州人。1995 年 1 月加入九三学社。曾任全国高校材料类专业教学指导委员会委员，中国船检局、船级社 NDT 资格认证委员，重庆市人体科学研究会秘书长，中国机械工程学会重庆大学失效分析中心专家，国家自然科学基金评审专家和国家科委成果鉴定专家，重庆市 NDT 学会学术和科普工作委员会副主任，重庆市教授级咨询专家。

1960 年，毕业于西安交通大学金属压力加工本科。同年在重庆大学任教，历任助教、讲师、副教授、教授。1999 年退休。1978 年，由冯宝伟任第一主研的“终锻辊锻机及其工艺”课题获“全国科学大会奖”。1979 年，其第一主研的“钢丝钳辊锻新工艺”课题获“四川省重大科技成果三等奖”。获有中国船级社 UTⅢ和 RTⅢ等执业资格证书。曾获“四川省科协先进科技工作者”“重庆市 NDT 学会荣誉证书和先进会员”等称号。

刘茂光（1941—），山东安丘人。1994 年加入九三学社。研究员。1985 年，获国家级有突出贡献的中青年科技专家称号。1986 年，获交通部科技进步二等奖 1 项。曾任交通部重庆公路科学研究所专家委员会专家，1992 年，获“交通部科技进步二等奖”1 项。第十届、一届（直辖）重庆市政协委员。国务院政府特殊津贴获得者。

1965 年，毕业于山东大学，在交通部科学研究院重庆分院（现招商局重庆交通科研设计院有限公司）工作直到 2000 年退休。历任助理研究员、副研究员、研究员、研究室副主任。主要从事交通耗材和工程建材方面的科研开发工作。发表论文《西部山区交通可持续发展问题与对策》《石油沥青抗剥落剂 AR—68》等多篇，其成果 1979 年获“四川省优秀科技成果三等奖”。1980 年，获“重庆市劳动模范”称号。1985 年，获“国家技术进步二等奖”1 项，获“国家发明专利证书”1 项。

马鸣图（1942—），河南兰考人，汽车材料专家。1988 年，加入九三学社。九三学社重庆市第九、一、二届（直辖）委员会常委，九三学社第九届中央委员会候补委员，第十、十一届中央委员，第十二、一届（直辖）、二届重庆市人大常委会委员。历任中国汽车工业总公司重庆汽车研究所工程师、教授级高级工程师、副总工程师及汽车研究所技术委员会常务副主任。曾任市政府参事室参事、重庆市政府科技顾问团成员、中国汽车工业科技进步奖评委、中国汽车工程学会材料学会副理事长、中国机械工程学会材料学会副理事长、中国复合材料学会理事、重庆材料学会常务副理事长。在汽车轻量化材料双相钢研究中发表了一系列高水平论文，出版了我国首部学术专著，为我国汽车双相钢的发展和应用，解决汽车轻量化和碰撞用高强度高成形钢板奠定了基础。

1964年，毕业于上海交通大学。1964—1978年，在重庆重型汽车研究所工作，1978—1985年在北京钢铁研究总院攻读硕士、博士，获博士学位，是全国汽车材料学科首批博士。历任重庆汽车研究所工程师、高级工程师（教授级）、副总工程师及汽车研究所技术委员会常务副主任。完成有国家“973”计划、“863”计划，自然科学基金和多项省部级、国家科技部科技攻关项目，多项研究在国内及国际上居领先水平。获国家发明三等奖1项，省部级科技进步一、二等奖8项，三等奖19项，以及发明专利、实用新型专利10余项。其中，“CNG钢瓶可靠性研究”和“钢内衬复合材料气瓶的开发和应用研究”获中国汽车工业科技进步一等奖，研发的铁路Ⅱ型弹条为我国铁路提速做出了贡献。发表论文200余篇，著有《双相钢物理和力学冶金》《微合金钢——物理和力学冶金》等专著6部。1986年，被国家科委、国家人事部授予“国家级有突出贡献的中青年专家”。1991年，获国家教委、国务院学位委员会授予的“有突出贡献的中国博士学位获得者”称号，并获国务院政府特殊津贴。1996年，获“中国汽车工业优秀科技人才奖”。2004年，获“重庆国有企业十佳科技工作者”称号。2005年，获“中国科协西部大开发突出贡献奖”。2008年，被中国汽车工业协会等六部委和行业组织评为“改革开放30年中国汽车工业杰出科技人物”。

蔡汝哲（1944— ），湖北南漳人。1988年11月，加入九三学社。重庆交通大学港航学科现代量测技术专业学术带头人，国务院政府特殊津贴获得者。先后任九三学社重庆市委参政议政委员会副主任，九三学社南岸区委提案委员会主任，重庆交通大学支社主委。

1965年，毕业于重庆师范专科学校（现重庆师范大学）。毕业后在四川省宜宾地区大树磺厂任厂校教师并担任该厂技术工作。1970—1978年，在宜宾东方红化工厂负责仪表自控工作。1978—1986年，在交通部西南水运工程科研所从事电子及现代量测工作。1986年后，历任重庆交通大学西南水运工程科学研究所工程师、副研究员、研究员、室主任。1993年，获国务院政府特殊津贴。兼任国家、重庆市科技奖励评审专家、重庆市安全生产技术专家、重庆市建设工程招标评标专家、中国水力发电工程学会船模通航专业委员会副主任。曾主持国家自然科学基金等国家和省部级重大科研项目，获国家科技进步二等奖1项、三等奖1项，交通部科技新成果三等奖1项、三等奖3项，中国航海科技二等奖2项，重庆市科技进步二等奖2项、三等奖1项。发表论文《在水工、河工模型中应用小尺度船模试验方法探讨》《通航小尺度船模自动试验系统研究》《三峡工程船闸和升船机上游航道船模式试验研究》等论文和研究报告30多篇。2005年，获社中央“建社60周年优秀社员”称号。多次获“社重庆市委参政议政先进个人奖”。

赖　明（1956— ），江苏徐州人、汉族。1988年10月，加入九三学社。现任九三学社中央委员会副主席，教授，博士生导师，第十一届全国政协常委。兼任中国城市公共交通协会第四届理事会理事长，国家高技术研究发展计划（“863”计划）专家委员会成员，国家科学技术奖励专家，中国土木工程学会第九届理事会理事。

1974年10月至1978年9月，在四川蓬莱建筑公司、蓬莱造纸厂当工人。1978—1982年就读于重庆建筑工程学院（重庆建筑大学、现重庆大学），获学士学位。1982—1985年，在西安冶金建筑学院（现西安建筑科技大学）攻读研究生，获硕士学位。1985—1987年，在上海同济大学工程结构研究所结构工程专业攻读研究生，获博士学位。1987—1997年，历任重庆建筑大学讲师、副教授、教授，教研室主任、计算中心主任、校长助理、副校长。其间，于1997年10月至1999年4月，借调至建设部任科技发展中心副主任。1999—2007年，任建设部科技司司长。2007年12月，起任九三学社中央专职副主席，分管参政议政工作。

在高校工作期间，主要从事地震工程、结构工程、桥梁工程等学科领域的研究及应用软件的开发。主持和主研国家自然科学基金会资助科研项目4项，省、部级科研项目及重庆市科研项目19项，在国内外一、二级学术期刊及国际会议上发表论文近百篇。曾获建设部科技进步奖一项，获省、市科技进步奖多项，获霍英东教育基金奖励两次。获中宣部、教育部“具有突出贡献的中国博士学位获得者”。在建设部工作期间，参与《国家中长期科技发展规划》和《国家中长期科技发展规划纲要》等国家规划的编写工作。其中，组织编写的《城市发展与城镇化经济技术政策研究》，使城镇化与城市发展专题被首次列入国家中长期科技发展规划，推动了中国城镇化的健康发展，组织起草《建筑节能管理条例》，并启动20余项国家“十一五”科技支撑计划的重大项目和重点项目以及水体污染控制与治理科技重大专项；组织研究制定的节能省地型建筑及绿色建筑的经济激励政策，推动了再生能源在建筑中的规模化应用；研究并制定了建筑能效测评标识制度；组织开展了建筑能耗统计工作；建立了建筑节能专项检查制度并制定了检查考评办法，为推动建设领域的资源节约、环境保护和城镇化健康发展工作提供了技术支持；全面完成国家“十五”建设行业信息化的科技攻关项目，推动“数字城市”建设，大大提高了政府效率和服务管理水平；组织实施了世界银行/全球环境基金的一批项目。在北京奥组委挂职期间，协助确定了特许商品经营模式。在九三学社中央工作期间，主管参政议政工作，积极组织协调相关调研、高层协商、民主监督等工作，向中共中央、国务院提交的60多篇调研报告都得了中央领导同志的批示和重视。

担任政协委员以来，主要就中国特色城镇化发展道路、住房保障、资源能源节约、可持续发展、弱势群体保护等方面共提交个人提案30余件。其中，《推进城乡统筹，实现城乡经济社会协调发展》被作为全国政协大会期间的重点协商办理提案，《关于推行以房养老的建议》入选全国政协重要提案摘报，得到党和国家领导人批示，在社会上引起强烈反响。

曾任九三学社第十、十一届中央委员，九三学社重庆市（直辖）第一届委员会副主任委员，第一届重庆市（直辖）政协委员，第九、十届全国政协委员，第十一届全国政协常委。

王智彪（1958— ），浙江缙云人。1993年5月，加入九三学社。九三学社第十一、十二届中央委员会委员。重庆医科大学教授、博士生导师、超声医疗工程国家工程研究中心主任。2002年以来，获中国科协“求是”杰出青年成果转化奖、全国“五一劳动奖章”“重庆市十大杰出青年”“重庆市先进工作者”“新世纪百千万人才工程国家级人选”、首届“振兴重庆杰出贡献奖章”和“五四青年奖”、国务院政府特殊津贴获得者、重庆市杰出专业技术人才、重庆市高校十佳科技创新人才等荣誉称号。第十、十一、十二届全国政协委员。国际超声治疗学会常务理事、中国超声治疗学会主任委员、中国生物医学工程学会常务理事。

1976—1978年，为重庆綦江县白渡乡知青。1978—1983年，在重庆医科大学学习，获学士学位，留校任教。其间，1990年，获重庆医科大学硕士学位。1993年，获重庆医科大学博士学位。1983—1997年，任重庆医科大学附属第二医院住院医师、主治医师、副主任医师、副教授。1997年以来，历任重庆医科大学超声工程研究所副所长、教授，生物医学工程系主任、教授、博士生导师，超声医疗工程国家工程研究中心主任。

从事妇产科、超声治疗学基础和临床应用研究20多年，长期致力于超声无创治疗的临床、教学和研究工作。20年潜心研究“高强度聚焦超声（HIFU）技术”，首次提出“生物学焦域”概念，研制出具有我国自主知识产权的大型医疗设备——海扶刀，并使该技术实现了产业化。海扶刀已在全国20余家大型医院投入使用，并出口牛津大学、日本及新加坡等国家，成功治疗了4000余例肿瘤患者。“第二届超声治疗国际研讨会”认为，中国在这方面的研究领先世界3年至5年。其所在研究所成为国家博士后流动站、国家重点试验室。主持承担了40余项国家级重点项目及省部级项目，包括国家自然科学基金委重点项目、国家杰出青年基金、国家“九五”重点科技攻关项目、国家计委高技术产业化示范项目等，2000年以来，其中，获国家技术发明二等奖1项，获22项国际发明专利及10余项国内专利，发表论文200余篇。主编《实用超声治疗学》，并参编第四版、第五版《超声医学》HIFU篇章及《现代介入性超声诊断与治疗》。培养研究生45名。

屈　谦（1960—），四川华阳人。1992年6月，加入九三学社。现任重庆市卫生局局长、九三学社重庆市第一、二（直辖）届委员会常委。第三届委员会副主委，九三学社重庆市渝中区第一、二届委员会主委，九三学社第十一、十二届中央委员，第十一、十二、十三届全国政协委员，第一届（直辖）重庆市政协委员、第二届重庆市政协常委，中华医学会第二十三届至二十四届理事会常务理事。硕士生导师。

1978—1983年，在重庆医学院（重庆医科大学）医疗系学习，获学士学位。1983—1993年，在重庆医科大学附属第二医院任助教、讲师。1993—1997年，任重庆医科大学附属第二医院二系系办公室副主任，其间，1993—1995年，挂职任四川省奉节县政府科技副县长。1995—1997年，任重庆医科大学附属第二医院肺科教研室副主任、副教授。1997—1998年，任重庆医科大学附属第二医院副院长、医学二系副主任、副教授。1998年3月—2004年9月，任重庆市渝中区政府副区长。其间，2001—2002年在新加坡南洋理工大学管理经济学专业学习，获管理经济学硕士学位。2004年9月，任重庆市卫生局局长至今。

主研有“兔VX2肺癌模型的建立及实验”研究、“慢性阻塞性肺疾病气道上皮细胞间黏附分子1及人类白细胞抗原DR表达”“双抗原ELISA检测结核抗体、胸水酶谱分析对结核性及癌性胸水鉴别诊断的评价”等重点科研项目。作为项目负责人参加了科技部国家科技支撑项目“药品在线交易服务技术与平台研发及示范应用”，重庆市科委“重庆市卫生应急指挥决策综合信息管理技术研究和示范”，世界卫生组织项目“重庆市基本医疗卫生制度建设研究”等10个项目。其中，“健康重庆卫生总目标策略研究”“重庆市基本医疗卫生制度建设路径”分获“2011年度科技进步二等奖”“2012年度市政府科技进步二等奖”。在《中华结核呼吸杂志》《中华医学管理杂志》《中华实验外科杂志》等核心期刊发表论文10余篇。

潘复生（1962—），浙江兰溪（现金华）人。1993年3月，加入九三学社。现任重庆市科学技术研究院院长、重庆市科学技术委员会副主任（正厅局级）、重庆大学国家镁合金材料工程技术研究中心主任、教授、博士生导师。第十二届全国政协委员、九三学社第十三届中央委员会委员、九三学社重庆市第三届委员会副主委。何梁何利奖获得者、“新世纪百千万人才工程”国家级人选、重庆市青年联合会副主席。是国内外材料行业中有影响、有成就的年轻专家之一。兼任国务院学位委员会学科评议组成员、国家“973”项目专家组组长、中国镁协副会长、中国镁合金专业委员会理事长、科技部镁合金专家组成员、国家仪表功能材料工程技术研究中心管理委员会主任，重庆市材料学会理事长、重庆市科协常委、重庆市政府科技顾问团新材料组组长、重庆欧美同学会副会长，波兰“世界材料和制造科学院”指导委员会成员、八个国际英文刊物编委会成员、《中国科学》特邀编辑《科学咨询》编委会主任、《功能材料》编委会副主任，化学工业出版社《轻合金材料》丛书编委会常务副主任委员、机械工业出版社《材料科学和工程研究进展》丛书编委会副主任委员等。

1982 年，毕业于合肥工业大学化学工程系，获学士学位。1982—1985 年，在重庆大学金属及材料工程系攻读研究生，获工学硕士学位。1985—1998 年，历任重庆大学助教、讲师、副研究员、教授、博士生导师，冶金及材料工程系副主任、钒钛研究所所长、研究生院（筹）副院长、研究生部副主任。其间，1991—1994 年，攻读西北工业大学材料学院在职研究生，获工学博士学位。1991—1993 年，在英国牛津大学材料系做高级访问学者，1995—1996 年，在德国 Stutgart 大学国家材料研究所做客座科学家，1995 年被聘为重庆在学博士生导师。2006 年 8 月—2007 年 1 月，在英国伦敦大学玛丽皇后学院做访问教授。2005 年 3 月至今，任重庆市科学技术研究院院长。

自 1998 年 10 月任重庆市科学技术委员会副主任（2005 年 3 月起为正厅局级）以来，成功组织了第一届重庆高新技术成果交易会，成功策划了一批重大科技项目，成功组织开展了一批国际合作，在工业科技和科技园区建设方面取得了显著成绩。在开展微系统、镁合金、铝合金、天然气汽车、复合材料的研究和大规模应用方面，取得了一批国际领先的重大成果和显著的经济效益。共完成重要科研项目 20 多项。培养博士、硕士研究生 40 余人。发表论文 180 余篇，出版专著 7 部。15 次获国务院和省部级奖励。

曾任九三学社第十一届中央委员、九三学社重庆市第一、二届（直辖）委员会副主任委员、第十届全国人大代表、第十一届全国政协委员、第一届（直辖）重庆市政协委员、第二届重庆市政协常委兼科教文卫体委员会副主任、重庆市大学科技园工作指导委员会办公室主任、重庆市高新技术产业化办公室副主任、联合产权交易所管理委员会副主任、信息化领导小组办公室副主任、天然气汽车推广应用领导小组办公室主任和重庆市高新技术企业评审委员会常务副主任等职。

魏子栋（1963— ），甘肃庄浪人。重庆大学教授、博士生导师。1995 年 7 月，加入九三学社，九三学社重庆大学委员会主任委员。“新世纪百千万人才工程”国家级人选。2005 年，国务院政府特殊津贴获得者。任中国电子学会电子电镀专业委员会副主任、中国机械工程学会电镀与精饰专业委员会副主任、中国可再生能源学会氢能专业委员会委员、中国科学院“燃料电池与氢源技术国家工程中心”专家委员会委员、重庆市表面工程学会理事长，*Recent Patents on Corrosion Science*，《电镀与精饰》《表面技术》和《重庆大学学报》等国际国内刊物编委，政协重庆市第三届委员会委员。

1980—1984 年，在西北轻工业学院（现陕西科技大学）本科学习。1984—1987 年，于西北轻工业学院攻读硕士，获硕士学位。1987—1991 年，任西北轻工业学院助教、讲师。1991—1994 年，在天津大学攻读博士，获博士学位。1994—1997 年，任山东工业大学（后合并到山东大学）讲师、副教授。1997 年 7 月至今，历任重庆大学副教授、教授、博士生导师。其间，2001 年 5 月—11 月，在日本北海道大学 JJCA 做研究员。2002 年 10 月—2003 年 1 月，在新加坡南洋理工大学 TCT 做访问学者。2003 年，获第八届全国大学生课外科技发明大赛“挑战杯”优秀园丁奖。2004 年，获重庆市高校首届骨干教师奖。2004 年，“用 STS 思想优化应用化学专业人才培养课程体系”获重庆大学优秀教学成果二等奖。2004 年，入选教育部“新世纪优秀人才支持计划”。2005 年，入选重庆市“322 人才工程”第一层次人选。2006 年，入选国家人事部等七部委“新世纪百千万人才工程”国家级人选。2006 年，其“光电催化材料的化工合成过程与基础理论”获“重庆市自然科学二等奖”。

黄爱龙（1964—），重庆人。1996 年 10 月，加入九三学社。现任重庆医科大学副校长、教授、博士生导师，重庆市政府决策咨询专家、政府科技顾问、重庆市公共安全技术专家、重庆市青少年雏鹰计划专家委员会副主任，九三学社第十三届中央委员会委员、九三学社重庆市第四届委员会副主委，国际肝脏疾病研讨会主席兼副秘书长，国家自然科学基金委员会学科组评审专家，“新世纪百千万人才工程”国家级人选，国家传染病学重点学科、教育部“长江学者创新团队”学科带头人，中华微生物与免疫学会副主任委员，国家 863 计划诊断试剂领域总体专家组成员。

1981—1985 年，在四川大学生物系生物化学专业学习，获学士学位。1985—1988 年，于中国科学院成都生物所微生物遗传专业学习研究生，获硕士学位。1988 年—1999 年 7 月，在重医大附二院病毒性肝炎研究所工作。其间，于 1997 年 12 月破格晋升为教授，1997 年 6 月—1999 年 2 月，在澳大利亚 Adelaide 大学微生物与免疫学系攻读并获博士学位，2000 年任博士生导师。1999 年 8 月—2003 年 2 月，任重医大科研处副处长。2003 年 3 月，任重医大校长助理，2004 年 9 月至今，任重医大副校长。

专长于乙型肝炎发病机理和治疗的研究。先后获得霍英东青年教师研究基金、国家科委“九五”地区攻关项目、国家自然科学基金（4 项）、国家杰出青年科学基金（B 类）、卫生部优秀青年科技人才专项基金、重庆市科技发展重点计划项目、重庆市西部大开发项目、教育部优秀青年教师基金、国家“十五”“十一五”“863”高技术项目 3 项、“973”项目 1 项、“十一五”科技重大专项 2 项（其中，1 项为课题总负责人）以及科技部科技型中小企业创新基金等资助。相关研究成果分别获得 1994 年四川省科技进步一等奖、1995 年国家科技进步三等奖、2002—2009 年重庆市科技进步二等奖。已申请专利 7 项、获授权 1 项。共发表研究论文 130 余篇，其中 SCI 收录 30 余篇。主持并完成国家“七五”“八五”攻关课题有关“低分子肝细胞生长素生产工艺研制”部分工作，其基础研究已达国际先进水平，工艺水平居国内领先地位，经多年临床应用，取得了明显的社会经济效益。多次主办国内外学术会议并担任大会主席，应邀做专题学术报告 20 余次。培养博士后 3 人、博士生 20 余人。

历任九三学社重庆市第二届委员会常委、第三届委员会副主委、九三学社重庆市渝中区第三届委员会主委、重庆市第三届人大代表、重庆市渝中区政协副主席等职。

王龙昌（1964— ），陕西省周至人。2007 年，加入九三学社。西南大学教授、博士生导师。国务院政府特殊津贴获得者、重庆市学术技术带头人、中国农学会耕作制度分会常务理事、西南大学区域发展系主任、三峡库区生态农业与可持续发展研究重点实验室主任。

1982 年，毕业于陕西省周至中学。1987 年，在西北农业大学农学系学习，获农学学士学位。1990 年 7 月，于西北农业大学攻读作物栽培学与耕作学专业研究生，获农学硕士学位。1997 年 9 月—2001 年 7 月，于西北农林科技大学攻读作物栽培学与耕作学专业研究生，获农学博士学位。1990 年 7 月—2005 年 6 月，在西北农林科技大学（原西北农业大学）干旱半干旱研究中心历任实习研究员、助理研究员、副研究员、研究员、教授。其间，于 1995 年 9 月至 1996 年 2 月赴日本宫崎大学做访问学者。2002 年 5 月—2005 年 5 月，在南京农业大学作物学博士后流动站工作，2004 年 5 月—2005 年 2 月，在日本鸟取大学做访问学者。2005 年 7 月至今，在西南大学农学与生物科技学院任教授、博士生导师。长期从事农业资源与高效农作物、生态农业与可持续发展、节水农业理论与技术等领域的研究工作。2001 年以来，共获“国家科技进步二等奖”1 项，“省部级科技进步奖”5 项，“重庆市优秀教学成果三等奖”1 项，“国家级图书提名奖”1 项，国家实用技术专利 1 项。其中，《中国北方旱区农业》获“1999 年优秀科技图书二等奖、国家级图书提名奖”，先后在 *Journal of Agriculture*, *Biotechnology and Ecology*、*Journal of Food*, *Agriculture & Environment*、《作物学报》等国内外重要学术期刊上发表论文 90 余篇；主编、合著《中国旱区农业》《宁南旱区种植结构优化与生产能力提升》《北方旱区农业节水技术》《黄土高原粮食生产与持续发展研究》等专著和教材 16 部；获重庆市高校优秀中青年骨干教师等荣誉称号，受到表彰。

陈洪凯（1964— ），重庆江津人。1994 年 7 月，加入九三学社。九三学社重庆市南岸区委员会副主委。重庆交通大学教授、河海学院岩土工程研究所所长、学术委员会委员。“新世纪百千万人才工程”国家级人选。兼任国际岩石力学与工程学会会员、中国岩石力学与工程学会理事、中国地质灾害研究会防治专业委员会副主任、重庆市国土资源和房屋管理局专家组成员、重庆市发展改革委员会专家组成员、中国地质灾害研究会防治工程专委会副主任、中国岩石力学与工程学会理事、重庆岩石力学与工程学会理事、香港理工大学高级访问学者、重庆市教授级咨询专家、《发现》杂志社副理事长、全国高校教材研究与编写委员会委员，第三届重庆市政协委员，重庆市南岸区政协委员。

1988 年，毕业于重庆师范学院自然地理专业，获学士学位。1988—1991 年，在兰州大学读硕士研究生，获硕士学位。1991 年 6 月至今，任教重庆交通学院。其间，1993 年 9 月—1996 年 6 月，在重庆建筑大学建筑工程学院攻读岩土工程专业研究生，获博士学位。1998 年 3 月—4 月，在香港理工大学做高级访问学者。1995 年 9 月起，历任重庆交通大学教授、博士生导师、河海学院岩土工程研究所所长、河海系岩土工程教研室主任、学术委员会委员。

共完成 30 余个国家级和省部级研究项目，获省部级科技进步奖 5 项。出版《公路泥石流研究及治理》等专著 4 部。在《应用数学和力学》等核心刊物发表论文 138 篇，其中被 SCI、EI 和 ISTP 三大检索收录 21 篇。获“泥石流速排结构”“泥石流隧道”等 4 个专利。长期致力于三峡库区地质灾害防治研究，创建的“公路泥石流理论及技术体系”和“三峡库区危岩理论及技术体系”，为我国地质灾害防治提供了重要理论支撑。先后主持了三峡重庆库区 20 多个防治工程的技术攻关项目。曾获“全国优秀教师”称号、“2005 年度振兴重庆争光贡献奖”等荣誉称号，受到表彰。

孙冬野（1966— ），吉林安图人。2000 年 6 月，加入九三学社。九三学社沙坪坝区委委员、沙坪坝区政协委员。重庆大学机械传动国家重点实验室教授、博士生导师。获第八届霍英东青年教师基金、第四届重庆青年科技奖。国务院政府特殊津贴获得者。入选教育部“新世纪优秀人才支持计划”、重庆市“322 重点人才工程”。

1989 年，吉林工业大学工程机械系毕业，获学士学位。1989 年 7 月—1991 年 7 月，任吉林工业大学工程机械教研室助教。1991 年 8 月—1994 年 3 月，在吉林工业大学攻读硕士专业，获硕士学位。1994 年 4 月—1996 年 12 月，在吉林工业大学攻读博士，获博士学位。1997—1999 年，在重庆大学机械工程博士后流动站从事研究工作。2000 年至今，任重庆大学机械传动国家重点实验室副教授、教授、博士生导师。主要从事汽车自动变速传动（包括无级自动变速传动、电控机械自动变速传动和回流式无级自动变速传动）和混合动力传动的匹配理论和智能控制方法的研究。

作为课题负责人或主研人员共完成国家“八五”重大引进消化吸收项目、国家“八五”重大技术装备科技攻关项目、国家自然科学基金面上和重点项目、国家“十五”和“十一五”高技术研究发展计划（“863”计划）项目、FORD－NSFC中国研究与发展基金重点项目、重庆市科委攻关和企业委托项目等共20余项。申请国家发明专利2项，获国家级奖1项、省部级奖4项，在国内外学术期刊上发表学术论文80余篇，其中EI收录40余篇。

陈剑鞘 生平不详。参与建立九三学社。1946年，九三学社成立大会上当选监事。

税述之 生平不详。参与建立重庆分社。1946年10月，重庆分社成立时，当选重庆分社理事。

左　昂 生平不详。参与建立重庆分社。1946年10月，重庆分社成立时，当选重庆分社理事。

林钟祺 生平不详。辽宁省沈阳市人。1952年，加入三学社。重庆大学土木系教授、系主任。重庆分社第三届委员会委员，第三至六届重庆市人大代表。

第二章　人物名录

第一节　重庆九三学社社员任历届社中央委员名单

一、九三学社中央（恢复中央理事会）第一届理事会（1950年3月）

常务理事：税西恒

理事：谢立惠

二、九三学社中央第二届理事会（1950年12月）

理事：税西恒、谢立惠

候补理事：王克诚（女）、漆文定

三、九三学社中央第三届委员会（1952年9月）

常委：税西恒

委员：丁道衡、谢立惠

候补委员：王克诚（女）、漆文定、乐怡然

四、九三学社中央第四届委员会（1956年2月）

常委：税西恒

委员：王际强、乐怡然

候补委员：漆文定

五、九三学社中央第五届委员会（1958年11月）

常委：税西恒

委员：王际强、乐怡然、蒋导江

六、九三学社中央第六届委员会（1979年10月）

副主席：税西恒

委员：王际强、乐怡然、李宗明、蒋导江

七、九三学社中央第七届委员会（1983 年 12 月）

常委：王际强

委员：王先俊、乐怡然、李宗明、李继华、蒋导江

八、九三学社中央第八届委员会（1988 年 12 月）

常委：许香谷

委员：王先俊、何知凡

候补委员：徐宗俊、杨宗义

参议委员会常委：王际强

参议委员会委员：李宗明、李继华、乐怡然

九、九三学社中央第九届委员会（1992 年 12 月）

常委：许香谷

委员：徐宗俊、何知凡

候补委员：马鸣图

十、九三学社中央第十届委员会（1997 年 11 月）

常委：徐宗俊

委员：马鸣图、柳恩梅、姚珍薇（女）、黄秉来、谢小军、赖明

十一、九三学社中央第十一届委员会（2002 年 12 月）

常委：谢小军

委员：姚珍薇（女）、柳恩梅、潘复生、陈义华、屈谦、马鸣图、王智彪、邱道持（增选）

十二、九三学社中央第十二届委员会（2007 年 12 月）

副主席：谢小军

委员：潘复生、陈义华、屈谦、王智彪、邱道持、黄爱龙、刘云艳（女）

第二节　重庆九三学社社员历任全国、四川省、重庆市人大代表政协委员名单

一、任历届全国、四川省、重庆市政协委员的社员名单

重庆九三学社社员历任全国政协委员名单：

届　次	时　间	委　员
第二届	1954 年 12 月	税西恒
第三届	1959 年 4 月	税西恒
第五届	1978 年 2 月	韩惠卿（女）、王际强
第六届	1983 年 6 月	刘宜伦、韩惠卿（女）、王际强
第七届	1988 年 3 月	许香谷、刘宜伦
第八届	1993 年 3 月	许香谷
第九届	1998 年 3 月	徐宗俊（常委）、于不凡、杨晓碧（女）
第十届	2003 年 3 月	谢小军、姚珍薇（女）、王智彪
第十一届	2008 年 3 月	潘复生、屈　谦、王智彪

重庆九三学社社员历任四川省政协委员名单：

届次	时间	委员
第一届	1954年11月	税西恒、乐怡然、江泽佳、李承三、漆文定、董时厚、王先俊
第二届	1959年6月	税西恒（常委）、王元吉、王季超、李梅青（女）、江泽佳、董时厚、王先俊、罗其人
第三届	1963年8月	税西恒（常委）、王元吉、王先俊、王季超、江泽佳、李梅青（女）、李韵笙（女）、罗其人
第四届	1977年12月	王季超、乐怡然、安龙章、朱育胜、江泽佳、许香谷、罗其人、龚志贤（常委）
第五届	1984年6月	王季超、乐怡然、安龙章、许香谷（常委）、朱育胜、龚志贤、江泽佳、何知凡（常委）、罗其人
第六届	1987年2月	何知凡（常委）、王远诚（常委）、徐宗俊、王季超、尹培桐、黎国永、江泽佳、陈重穆、董味甘、宁永忠、胡厚明、孙启祥
第七届	1993年1月	尹培桐、刘绍璞、杨光大、黄秉来（常委）、宁永忠、胡厚明、罗信华、黎国永、孙启祥、温志坚、王远诚

重庆九三学社社员历任重庆市政协委员名单

中央直辖时期（1950年1月—1954年1月）

重庆九三学社社员在重庆市第一届各界人民代表会议协商委员会的任职情况（1950年1月—1951年1月）

第一次代表大会

一、副主席

何　鲁

二、代表

吴锡瀛（科技）　熊天祉（科技）　黄汲清（科技）　左　昂（自由职业）　柯　召（文教）　税西恒（文教）　王元吉（文教）　刘淳玉（文教）　谢立惠（文教）　乐怡然（文教）　谢秉仁（文教）　王怀琛（科技）　何　鲁（文教）

第二次代表大会

一、委员

吴锡瀛

二、代表

黄汲清（科技）　陈让卿（科技）　左昂（自由职业）　龚志贤（自由职业）　何　鲁（文教）　柯　召（文教）　谢秉仁（文教）　王元吉（文教）　王怀琛（科技）　吕钟灵（自由职业）　税西恒（文教）　刘淳玉（文教）　郑衍芬（文教）　乐怡然（文教）　谢立惠（文教）　毛翼丰（科技）　吴锡瀛（科技）　熊天祉（科技）

第三次代表大会

一、委员

吴锡瀛　谢立惠

二、代表

吴锡瀛（科技） 谢立惠（文教） 王怀琛（科技） 毛翼丰（科技） 吕钟灵（自由职业） 李梅青（女，自由职业） 龚志贤（自由职业） 刘淳玉（文教） 王元吉（文教） 何剑勋（文教） 郑衍芬（文教） 乐怡然（文教） 柯 召（文教） 谢秉仁（文教） 林大中（科技） 秦元勋（科技）

重庆九三学社社员在重庆市第二届各界人民代表会议协商委员会的任职情况（1951年1月—1952年7月）

一、委员

吴锡瀛

二、代表

吴锡瀛（科技） 李梅青（女，妇女） 吕钟灵（特邀） 毛翼丰（科技） 秦元勋（科技） 王际强（科技） 李承三（科技） 税西恒（科技） 林大中（科技） 安龙章（自由职业） 龚志贤（自由职业） 王元吉（教育） 乐怡然（教育） 郑衍芬（教育） 刘淳玉（教育） 柯 召（教育） 谢立惠（教育） 谢秉仁（教育） 王怀琛（科技）

重庆九三学社社员在重庆市第三届各界人民代表会议协商委员会的任职情况（1952年7月—1953年1月）

一、委员

吴锡瀛 税西恒

二、代表

税西恒（九三） 谢立惠（九三） 吴锡瀛（科技） 刘淳玉（教育） 柯 召（教育） 乐怡然（教育） 何文俊（教育） 郑衍芬（教育） 安龙章（科技） 毛翼丰（科技） 王怀琛（科技） 秦元勋（科技） 王际强（科技） 龚志贤（科技） 林大中（科技） 何剑熏（文化） 吕钟灵（特邀）

注：从第三届起有九三学社界别代表

重庆九三学社社员在重庆市第四届各界人民代表会议协商委员会的任职情况（1953年1月—1955年2月）

一、委员

税西恒 吴锡瀛

二、代表

税西恒（九三） 谢立惠（九三） 吴锡瀛（科技） 刘淳玉（教育） 柯 召（教育） 乐怡然（教育） 何文俊（教育） 郑衍芬（教育） 安龙章（科技） 毛翼丰（科技） 王怀琛（科技） 秦元勋（科技） 王际强（科技） 龚志贤（科技） 林大中（科技） 何剑熏（文化） 吕钟灵（特邀）

注：经1953年1月24日重庆市第二届第十六次政府委员会和重庆市第三届第四次协商委员会联席会议决议：重庆市第三届各届人民代表会议的代表任期已届满，按照中央关于代表任期的规定应进行改选。但该年全国将召开各级人民代表大会，重庆市在夏秋之间可实行普选。为此，特决定：本届代表暂不改选，并不选举市长、副市长及政府委员。至于少数代表因调动或其他原因已不在重庆，其缺额可由原产生单位进行补选或不选。重庆市第四届一次各代会议的代表共444人，各界代表名额在第三届继任代表名额468人的基础上略有变动。因重庆市行政区域调整，减掉巴县代表45人，增加北碚市代表21人。其他各界代表仅有个别调整和补充。

四川省辖时期（1955年2月—1997年5月）

重庆九三学社社员在中国人民政治协商会议四川省重庆市
第一届委员会的任职情况（1955年2月19日）

一、副主席

税西恒（九三、二次会议增补）

二、常委

丁道衡（九三）　王际强（九三、二次会议增补）　吴锡瀛（学术团体、二次会议增补）　何文俊（学术团体、二次会议增补）

三、委员

安龙章（九三）　刘淳玉（九三）　刘言明（科技）　刘祖彝（教育）　陈让卿（教育）　施白南（教育）　李川河（教育）　崔　桐（科技）　唐　璞（科技）　何剑熏（文联）　陈兆畦（学术团体）　蒋导江（学术团体）　熊天祉（特邀）　蒋祝华（医卫）　李　宋（医卫）　李滨荪（文艺）　邬淳于（女、医卫）

重庆九三学社社员在中国人民政治协商会议四川省重庆市
第二届委员会的任职情况（1956年12月）

一、副主席

税西恒（九三）

二、常委

毛翼丰（科技）　王际强（九三）　何文俊（九三）

三、委员

安龙章（九三）　刘淳玉（九三）　刘言明（科技）　许心武（科技）　崔　桐（科技）　蒋导江（九三）　李滨荪（文联）　陈兆畦（科技）　陈万聪（科技）　唐　璞（科技）　林大中（科技）　徐万邦（科技）　管相桓（教育）　陈让卿（教育）　李川河（教育）　施白南（教育）　李　宋（医卫）　邬淳于（女、医卫）　蒋祝华（医卫）　熊天祉（特邀）

重庆九三学社社员在中国人民政治协商会议四川省重庆市第三届委员会的任职情况（1959年12月）

一、副主席

税西恒（九三）

二、常委

王际强（教育）　何文俊（九三）

三、委员

刘淳玉（九三）　李川河（九三）　安龙章（九三）　周明栋（九三）　韩惠卿（女、妇女）　李滨荪（文联）　谭朝杰（科技）　徐步墀（科技）　周镇远（科技）　陈兆畦（科技）　徐万邦（科技）　吴举宜（科技）　罗世襄（科技）　徐德庵（教育）　熊天祉（教育）　施白南（教育）　李孝传（教育）　蒋祝华（医卫）　李继华（特邀）　林大中（特邀）　严家贵（教育）

重庆九三学社社员在中国人民政治协商会议四川省重庆市第四届委员会的任职情况（1963年12月—1965年12月）

一、副主席

税西恒（九三）

二、常委

王际强（教育）　何文俊（九三）

三、委员

刘淳玉（九三）　李川河（九三）　安龙章（九三）　周明栋（九三）　许香谷（青联）　李滨荪（文联）　周镇远（科技）　张铭柱（科技）　袁家麟（科技）　徐步墀（科技）　谭朝杰（科技）　李孝传（教育）　徐德庵（教育）　施白南（教育）　刘约翰（教育）　邬淳于（女、医卫）　严家贵（教育）　龚志贤（医卫）　蒋祝华（医卫）　李继华（特邀）　吴举宜（特邀）　何知凡（特邀）

重庆九三学社社员在中国人民政治协商会议四川省重庆市第五届委员会的任职情况（1965年12月—1978年5月）

一、副主席

税西恒（九三）

二、常委

何文俊（九三）　李继华（教育）　龚志贤（医卫）

三、委员

刘淳玉（九三）　安龙章（九三）　何文俊（九三）　李川河（九三）　周明栋（九三）

税西恒（九三） 李滨荪（文联） 张铭柱（科技） 袁家麟（科技） 徐步墀（科技） 谭朝杰（科技） 周镇远（科技） 李孝传（教育） 严家贵（教育） 李继华（教育） 刘约翰（教育） 徐德庵（教育） 施白南（教育） 龚志贤（医卫） 邬淳于（女、医卫） 蒋祝华（医卫） 何知凡（特邀） 许香谷（特邀） 吴举宜（特邀）

重庆九三学社社员在中国人民政治协商会议四川省重庆市第六届委员会的任职情况
（1978年5月—1982年7月）

一、副主席

税西恒 王际强（1980年3月六届二次会议增选）

二、常委

王先俊 李继华 刘淳玉

三、委员

王际强（九三） 刘淳玉（九三） 吕钟灵（九三） 何知凡（九三） 李继华（九三） 陈重穆（九三） 金春南（九三） 税西恒（九三） 王孝谦（女） 李滨荪（文艺） 王先俊（科技） 李 峻（科技） 蔡时桐（科技） 连 琛（科技） 段绪铮（科技） 陈启高（科技） 刘约翰（教育） 李川河（教育） 李孝传（教育） 施白南（教育）
林衍先（教育） 裘明华（教育） 曹良仁（医卫） 蒋祝华（特邀） 李梅青（女、特邀）
周镇远（特邀） 徐万邦（特邀） 袁家麟（特邀） 赵幼祥（特邀） 张月辉（女、增补）
严栋开（增补） 李 宋（增补） 周远宁（增补） 徐家宝（增补） 苏葆桢（增补） 漆文定（增补）

重庆九三学社社员在中国人民政治协商会议四川省重庆市第七届委员会的任职情况
（1982年2月—1983年9月）

一、副主席

王际强

二、常委

李继华 王先俊

三、委员

于不凡（九三） 王际强（九三） 刘淳玉（九三） 吕钟灵（九三） 何知凡（九三）
李继华（九三） 陈重穆（九三） 金春南（九三） 王孝谦（女、妇联） 苏葆桢（文艺）
李滨荪（文艺） 王先俊（科技） 李 峻（科技） 连 琛（科技） 段绪铮（科技） 蔡时桐（科技） 刘约翰（教育） 李孝传（教育） 李川河（教育） 陈启高（教育） 林衍先（教育） 施白南（教育） 吴奉直（教育） 裘明华（教育） 曹良仁（医卫） 严栋开（特邀） 张月辉（女、特邀） 李 宋（特邀） 李梅青（女、特邀） 杨鸿坤（特邀） 周远宁（特邀） 周镇远（特邀） 徐万邦（特邀） 徐国启（特邀） 徐家宝（特邀） 袁家麟（特

邀）　蒋祝华（特邀）　漆文定（特邀）

重庆九三学社社员在中国人民政治协商会议四川省重庆市第八届委员会的任职情况
（1983年9月—1988年6月）

一、副主席

王际强

二、常委

何知凡　苏葆桢　林衍先　曹良仁　叶　语（补选）

三、委员

于不凡（九三）　王际强（九三）　叶　语（九三）　甘斗南（九三）　刘淳玉（九三）　吕钟灵（九三）　毕婵琴（女、九三）　何知凡（九三）　金春南（九三）　柴野石（九三）　王孝谦（女、妇联）　李滨荪（文联）　苏葆桢（文联）　杨鸿坤（文联）　李　峻（科技）　连　琛（科技）　陈大燮（科技）　周镇远（科技）　黄秉来（科技）　蔡时桐（科技）　徐国启（社科）　张月辉（女、农林）　段绪铮（农林）　刘约翰（教育）　吴奉直（教育）　李川河（教育）　李孝传（教育）　陈启高（教育）　周远宁（教育）　施白南（教育）　林衍先（教育）　徐家宝（教育）　裘明华（教育）　曹良仁（医卫）　蒋祝华（医卫）　李　宋（特邀）　严栋开（特邀）　漆文定（特邀）　康继鼎（增补）　田寿彰（增补）　林思敏（女、增补）

重庆九三学社社员在中国人民政治协商会议四川省重庆市第九届委员会的任职情况
（1988年6月—1993年5月）

一、副主席

徐宗俊（增选）

二、常委

叶　语　刘约翰　何知凡　宋国昌　苏葆桢　宗百岑

三、委员

王际强（九三）　叶　语（九三）　朱孝达（九三）　何知凡（九三）　宋国昌（九三）　庞　淳（九三）　林思敏（女、九三）　金春南（九三）　侯雪岩（九三）　胡龙真（九三）　秦翼鸿（九三）　黄秉来（九三）　蒋万书（九三）　靳洁心（女、妇联）　苏葆桢（文艺）　戴　克（文艺）　陈尧灿（文艺）　杨鸿坤（文艺）　许香谷（科技）　宗百岑（科技）　金道同（科技）　唐志尧（科技）　郑自衡（农林）　田寿彰（教育）　刘约翰（教育）　张佑栋（教育）　周远宁（教育）　徐家宝（教育）　雷继尧（教育）　刘珍茂（医卫）　何健村（医卫）　周宗兴（医卫）　郭铭信（医卫）　戴三军（医卫）　刘淳玉（特邀）　康继鼎（特邀）　韩开敏（特邀、增补）　徐宗俊（特邀、增补）

重庆九三学社社员在中国人民政治协商会议四川省重庆市
第十届委员会的任职情况
（1993年5月—1997年5月）

一、副主席

徐宗俊

二、常委

刘珍茂　何知凡　宗百岑　黄秉来

三、委员

乔光锦（九三）　刘茂光（九三）　刘珍茂（九三）　朱孝达（九三）　何知凡（九三）　张培先（九三）　李登信（九三）　庞 淳（九三）　罗诗裕（九三）　侯雪岩（九三）　姚珍薇（女、九三）　徐宗俊（九三）　秦翼鸿（九三）　黄秉来（九三）　蓝钧鳌（九三）　赖 明（青联）　戴三军（科协）　周蕴华（女、文艺）　戴 克（文艺）　金道同（科技）　毕家琨（科技）　宗百岑（科技）　田代贵（经济）　邓祖玲（女、农林）　刘建军（农林）　谢治银（农林）　张佑栋（教育）　康继鼎（教育）　牟阳善（医卫）　周宗兴（医卫）　骆重远（社会救济福利）　韩开敏（特邀）

重庆直辖时期（1997年5月至今）

重庆九三学社社员在中国人民政治协商会议重庆市
第一届委员会的任职情况
（1997年5月）

一、副主席

徐宗俊

二、常委

姚珍薇（女）　黄秉来　蓝钧鳌　谢小军（增补）　杨晓碧（女）　万吉昆　张 牛　赖 明

三、委员

王绍朴（九三）　朱晓容（九三）　姚珍薇（女、九三）　徐宗俊（九三）　黄秉来（九三）　帅万荣（九三）　刘绍璞（九三）　刘茂光（九三）　刘珍茂（九三）　阎鸿鑫（九三）　李登信（九三）　屈 谦（九三）　黄同陵（女、九三）　蓝钧鳌（九三）　赖 明（九三）　童明伟（九三）　谯术仁（九三）　温永玲（女、妇联）　张 牛（社科）　王智彪（科协）　杨晓碧（女、科协）　章娴君（女、科协）　宁永忠（文艺）　张永安（文艺）　岳 伟（文艺）　戴 克（文艺）　万吉昆（科技）　陶 峰（科技）　陈华林（农林）　黄共田（女、农林）　邓祖玲（女、农林）　高 芳（女、农林）　李正华（女、农林）　胡长青（农林）　潘复生（高教）　陈 迅（高教）　张 泽（高教）　贾 策（高教）　李 伟（高教）　骆重远（社会救济福利）　李晓艳（体育）　史亚萍（女、医卫）　叶 语（特邀）　孙启祥（特邀）　韩开敏（特邀）　付开鑫（特邀、增补）　谢小军（特邀、增补）　潘万淑（女、医卫）　李光炬（特邀、增补）　柳恩梅（特邀、增补）

重庆九三学社社员在中国人民政治协商会议重庆市第二届委员会的任职情况

（2002年1月）

一、常委

邱道持　屈　谦　蓝钧鳌　潘复生　陈耀华　张　牛　杨晓碧（女）　郭劲松　黄爱龙

二、委员

王　佳（九三）　王绍朴（九三）　王筱欣（女、九三）　刘绍璞（九三）　朱晓容（九三）　邱道持（九三）　张　川（九三）　李　航（九三）　屈　谦（九三）　周伯安（九三）　柳恩梅（九三）　徐宗俊（九三）　蓝钧鳌（九三）　潘复生（九三）　郭劲松（九三）　童明伟（九三）　刘云艳（女、九三）　史亚萍（女、医卫）　王力军（科协）　黄爱龙（九三）　蒲勇健（高教）　张　牛（社科）　张永安（文艺）　薛　明（归侨）　丁　敏（女、科技）　毛敬华（科技）　刘渝新（科协）　张德胜（科技）　傅开鑫（特邀）　朱利泉（高教）　陈华林（农林）　黄文章（农业）　徐　泽（女、九三）　李　伟（高教）　杨　丹（高教）　陈迅（高教）　李志伟（医卫）　罗　玲（女、医卫）　张廷浒（少数民族）　杨晓碧（女、科协）　李晓艳（女、体育）　骆文龙（医卫）　李天明（科技）　罗　颖（女、农业）　霍仕平（农林）　陈耀华（科技）

重庆九三学社社员在中国人民政治协商会议重庆市第三届委员会的任职情况

（2008年1月）

一、常委

邱道持（常委）　陈义华（常委）　周伯安（常委）　陈耀华（常委）　郭劲松（常委）　黄文章（常委）　张　牛（常委）　张廷浒（常委）

二、委员

王　佳（九三）　邱道持（九三）李　航（九三）　郭劲松（九三）　王远亮（九三）　杨大成（九三）　杨开奎（九三）　张　川（九三）　张大为（九三）　陈义华（九三）　陈伯礼（九三）　陈洪凯（九三）　徐　泽（女、九三）　黄　华（九三）　蔡应繁（九三）　黄共田（女、九三）　谭　强（科协）　刘渝新（科协）　朱利泉（高教）　周宗凯（高教）　刘忠俊（福利保障）　李　昱（女、妇联）　骆文龙（科协）　张永安（文艺）　毛敬华（科技）　罗　玲（女、医卫）　李晓艳（女、体育）　孙晓川（医卫）　郭科社（科技）　徐中明（高教）　魏子栋（高教）　程德安（高教）　王力军（科协）　徐小芳（女、工会）　李　伟（高教）　李正华（女、农业）　陈　悦（女、社科）　李志伟（医卫）　罗　颖（女、农业）　罗凌飞（九三）　刘仕洪（科技）　陈耀华（科技）　张　牛（社科）　尹书菊（女、九三）　周伯安（九三）　黄文章（农业）　张廷浒（少数民族）

二、重庆九三学社社员任历届全国、四川省、重庆市人大代表名单：

任历届全国人大代表的社员名单：

第一届　（1949 年）3 人

谢立惠　丁道衡　王怀琛

第三届　（1964 年）7 人

税西恒　何文俊　郑兰华　笪远纶　蒋导江　唐璞　韩惠卿（女）

第五届　（1978 年）1 人

税西恒

第六届　（1983 年）1 人

王先俊

第七届　（1988 年）1 人

江泽佳

第八届　（1993 年）2 人

徐宗俊　柳恩梅

第九届　（1998 年）1 人

姚珍薇（女）

第十届　（2003 年）2 人

潘复生　杨晓碧（女）

第十一届　（2008 年）1 人

谢小军

任历届四川省人大代表的社员名单：

第一届　1954 年（2 人）

税西恒　吕钟灵

第二届　1958 年（8 人）

毛翼丰　乐怡然　何文俊　吕钟灵　唐　璞　蒋导江　吴举宜　徐万邦

第三届　1963 年（13 人）

王际强　毛翼丰　乐怡然　何文俊　吴举宜　王孝谦（女）　吕钟灵　陈兆畦　徐万邦　董时厚　蒋导江　韩惠卿（女）　唐　璞

第五届　1977 年（6 人）

蒋导江　王际强　陈兆畦　王先俊　周芳雄　范春耕

第六届　1983 年（5 人）

王文伟（女）　宗百岑　张鼎馨（女）　周芳雄　范春耕

第七届　1988 年（3 人）

于不凡　王文伟（女）　张鼎馨（女）

第八届　1993 年（2 人）

于不凡　章娴君（女）

四川省省辖时期（1954.7—1997.6）

重庆九三学社社员在四川省重庆市第一届人民委员会的任职情况
（1954年7月）

一、委员
丁道衡　王怀琛　谢立惠
二、人大代表
丁道衡　毛翼丰　王怀琛　乐怡然　吕钟灵　何文俊　吴锡瀛　林钟祺　郑兰华　笪远纶　税西恒　谢立惠

重庆九三学社社员在四川省重庆市第二届人民委员会的任职情况
（1956年12月）

一、委员
吴锡瀛　税西恒
二、人大代表
毛翼丰　王元吉　吕钟灵　何文俊　吴锡瀛　林钟祺　郑兰华　徐尚志　曹良仁　税西恒

重庆九三学社社员在四川省重庆市第三届人民委员会的任职情况
（1958年6月）

一、委员
税西恒
二、人大代表
李韵笙（女）　陈仁亨　罗其人　郑兰华　曹良仁　笪远纶　税西恒

重庆九三学社社员在四川省重庆市第四届人民委员会的任职情况
（1961年1月）

一、委员
税西恒
二、人大代表
李韵笙（女）　陈仁亨　陈启高　郑兰华　罗其人　赵幼祥　曹良仁　笪远纶　税西恒

重庆九三学社社员在四川省重庆市第五届人民委员会的任职情况
（1963年7月）

一、委员
税西恒

二、代表

张月辉（女）　李宗明　李韵笙（女）　陈仁亨　陈启高　林文松　蔡时桐　郑兰华　段绪铮　赵幼祥　曹良仁　笪远纶　税西恒

重庆九三学社社员在四川省重庆市第六届人民委员会的任职情况

（1965 年 12 月）

一、委员

税西恒　王际强

二、代表

王际强　张月辉（女）李宗明　李宗狱　陈仁亨　陈启高　蔡时桐　林文松　郑思柏　段绪峥　赵幼祥　曹良仁　税西恒

重庆九三学社社员在四川省重庆市第七届人民代表大会的任职情况

（1968 年 5 月）

根据 1975 年《中华人民共和国宪法》“各级地方革命委员会也是各级人代会的常设机构”的规定，为尊重历史，1968 年成立的市革委为“重庆市第七届人民代表大会”，无民主党派成员。

重庆九三学社社员在四川省重庆市第八届人民代表大会的任职情况

（1980 年 3 月）

一、人大代表

刘宜伦　李宗明　李宗狱　林文松　郑思柏　敬鲜莹（女）　税西恒

重庆九三学社社员在四川省重庆市第九届人民代表大会的任职情况

（1982 年 2 月）

一、人大常委会委员

李宗明　李继华

二、人大代表

卢进标　李宗明　李宗狱　李继华　郑思柏　敬鲜莹（女）

重庆九三学社社员在四川省重庆市第十届人民代表大会的任职情况

（1983 年 9 月）

一、人大常委会委员

李宗明　李继华

二、人大代表

仲兰邨　宋国昌　李宗明　李宗狱　李继华　杨宗义　林文松　郑思柏　敬鲜莹（女）

重庆九三学社社员在四川省重庆市第十一届人民代表大会的任职情况

（1988 年 6 月）

一、副主任

许香谷

二、人大代表

丁小中　许香谷　杨光许　杨宗义　罗　英（女）　侯厚垣（女）　姜均本　胡继森　徐　磊

重庆九三学社社员在四川省重庆市第十二届人民代表大会的任职情况

（1993 年 6 月）

一、副主任

许香谷

二、人大常委

马鸣图

三、人大代表

丁小中　马鸣图　仇永兰（女）　王之光　朱祯禄　许香谷　林文毅　赵自治　温厚鸿

重庆直辖后（1997 年 6 月—2007 年）

重庆九三学社社员在重庆市第一届人民代表大会的任职情况

（1997 年 5 月）

一、人大常委

马鸣图　侯雪岩

二、人大代表

丁小中　于不凡　马鸣图　许香谷　吴思兰　杨开奎　周宗兴　侯雪岩　贺大镛　赵自治　温厚鸿　万伯仲　何世礼　韩善模

重庆九三学社社员在重庆市第二届人民代表大会的任职情况

（2002 年 1 月）

一、人大常委

姚珍薇（女）　陈义华

二、人大代表

谢小军　马鸣图　李登信　王　芳（女）　王远亮　徐嘉红（女）　黄　华　李代斌　李顺舟　李正华（女）　周　勤（女）　宋伦贤　何　艺（女）

第三节　重庆分社1957年以前入社老社员名单

1945年

税西恒　谢立惠

1946年

漆文定　王克诚（女）　朱鸿贤（1952年上海转入）

1950年

乐怡然　王元吉　谢秉仁　刘淳玉　柯　召　李长河　王际强

1951年

李承三　胡坤陞　周雪欧　李滨荪　施白南　江泽佳　李继华　席　炤　王正霖　王秀泉（女、1952年北京转入）　傅世春

1952年

甘斗南　冯继志　黄惠荣　徐　僖　何知凡　郑衍芬　朱传秀（女）　何剑熏　徐国啓　周兆丰　乐以倫　潘立斋　蒋程九　罗宪君（女）　高振业　喻全书（女）　潘苏慧（女）　徐日新　徐步墀　李川河　戴学炽　张德亮　李道庸　陈廷槐　张昌铨　陈重穆　杨光熊　涂德琼（女）　林钏祺　王孝祥　秦翼鸿　曾允孚　胡士毅　雷青云　谢守铭

1953年

秦元勋　李梅青（女）　王敏常（女）　徐开礼　王锡五　蒋导江　冯路先　张兴富　彭恕生　李存烈　林廉卿（女）　易现犹　罗执潭　郑兰华　丁道衡　郑伯爔　武宝琦　龚志贤　李叔达　李唐泌　文　澄　王长春　程堂郭　王季超　丁　毅　杨继清　熊天祉　袁汝诚　王怀琛　郝西赓　安龙章　陈策骐　吴锡瀛　邬作楷　陈仁亨　黄忠恕　吕少怀　陈启高　陈兆畦　何启智　蹇锡德（女）　曹良仁　许香谷　柳　楹　蒋相儒　林大中　段毓灵　肖长富　潘炳猷　张禄荣　刘祖彝　许绍楠　彭德树　何文俊　吕钟灵　丁於钧　隆言泉

1956年

笪远纶　刘昌景　施　铎　龚让楫　周守昌　张宝全　严栋开　汪　欧（女）　李孝传　唐世鑑　邓廷献　杜子荣　张敷荣　何志汉　陈志君（女）　徐德庵　何赞清　徐家宝　冉邦彦（女）　韩惠卿（女）　易廷鉴　韦方厚　林正文　蒋祝华　米国立　周明栋　冷仲华　刘彭寿　葛万祺　李士希　陈锡璋　陈武祥　黄友明　张思敏　郑蔚贤　吴燕生　朱育胜　孙恭顺　赵训祥　徐尚志　唐　璞　朱可善　邬淳玉（女）　李　宋　任以彰　周友德　吴印波　罗　莹　唐　权　黄承樟　罗世襄　林衍先　刘中举　胡蜀桢（女）　刘言明　许香穗　王裕厚　孔鄂华（女）　阎修文　汪正瑄　张增杰　杜少岚（女）　王建楠　汪礼顺　何大章　魏明栋　张汉章　罗瑞麟

赵幼祥　张昭玉（女）　谢静复　李裕高　王锺山　陈永彝　赵孝荣　黄希祜　罗啸风　王朝岳　李宗狱　罗志泽　郭民永　丁孔杰　谭朝杰　鲍正生　何光明　崔　桐　毛鸿恩　李莘农　詹　稷　黄希祜　张月辉（女）　管相桓　李鸿儒　陈行可　司莲光（女）　罗开邦　李祖荃（女）　汪正璀　黄孝逸（女）　王槐三　陈让卿　杨维怀　徐伯鋆　张铭柱　许心武　雷振群　陈昌贵　金春南　汪昌炽　李跃亲　罗广铨　何　为

1957 年

陈逢昌　李蕴文　包鼎成　吴举宜　毛家鑫　杨素波（女）　骆允升　徐益之　陈万聪　游志昆　梁天然　李士勋　郑思柏　刘明之（女）　袁炳南　李秀君（女）　谭明初　周子奉　胡芷浒　杨和鼎　何绳武　邱智先（女）　周光璞（女）　汪业恒　何汉侯　王万璋（女）　杨煦春（女）　陶启珍（女）　何忠材　王　康　荀运昌　李本惠　肖崇岳　徐春荣　李宗明　吴茂娥（女）　刘约翰　毕婵琴（女）　郑济芳（女）　裘明华　严怡怡（女）　张英环（女）　王孝谦（女）　秦　晋　张明德　毛翼丰　漆松儒

第三章　荣　誉

第一节　省部级以上科研奖项

表 6－1　　重庆市九三学社社员获省部级以上科研奖项

姓名	性别	出生年月	工作单位、职务、职称	获奖项目或著作	获奖时间及颁奖单位
祁志云	男	1971 年 3 月	重庆市农科院玉米研究所研究员	优质高产糯玉米杂交种渝糯 7 号选育	2004 年重庆市人民政府 重庆市科技进步一等奖
				特用糯玉米新品种及配套技术推广	2006 年农业部 丰收计划二等奖
				三高自交系 268 的培育及兼用型杂交玉米应用	2006 年重庆市人民政府 重庆市科技进步二等奖
邱道持	男	1947 年 10 月	西南大学教授、重庆市国土局副局长	合川市城镇土地定级估计	1995 年国家土地管理局 国家土地管理局科技进步二等奖
				重庆市地房籍管理信息系统	2004 年国土资源部 国土资源部科技进步二等奖
				重庆市土地利用总体规划修编重大问题研究	2007 年国土资源部 国土资源部科技进步二等奖
				重庆市矿产资源总体规划	2007 年国土资源部 全国矿产资源规划优秀成果一等奖

续表

姓名	性别	出生年月	工作单位、职务、职称	获奖项目或著作	获奖时间及颁奖单位
邱道持	男	1947年10月	西南大学教授、重庆市国土局副局长	重庆市住宅与房地产市场监管系统	2004年重庆市人民政府 重庆市科技进步奖三等奖
				《综合自然地理学》教学改革与教材建设	1997年四川省人民政府 四川省优秀教学成果奖二等奖
潘复生	男	1962年7月	重庆市科学技术委员会副主任 重庆大学教授	高质量包装用铝箔毛料和铝箔产品的研究及产业化	2004年国务院 国家科技进步二等奖
				铝箔用工业纯铝的组织控制和工艺优化	2001年科技部 杜邦科技创新奖（国际合作奖）
				铝箔用工业纯铝的组织控制和工艺优化	2000年教育部 科技进步一等奖
				高韧超高强铝合金产业化关键技术开发及应用	2006年教育部 科技进步一等奖
				$W_3Mo_2Cr_4Vsi$ 低合金高速钢	1988年四川省人民政府 四川省科技进步一等奖 1989年国务院 国家科技进步三等奖
				铸造金属陶瓷表面复合材料及其新工艺	1998年教育部 科技进步一等奖 1999年国务院 国家技术发明四等奖
				三峡库区科技发展规划编制研究	2002年重庆市人民政府 重庆市科技进步二等奖
				硅在高速钢中的作用机理	1990年国家教委 科技进步二等奖
				高性能铝合金多因素相关强韧化规律与工艺技术的研究	2004年重庆市人民政府 重庆市科技进步二等奖
				高韧超高强度变形铝合金产业化关键技术	2006年教育部科技进步一等奖
				镁合金及产业化关键技术的研发和应用	2007年重庆市科技进步一等奖

续表

姓名	性别	出生年月	工作单位、职务、职称	获奖项目或著作	获奖时间及颁奖单位
穆建君	女	1940年1月	重庆大学 副教授	《建筑图学》	1999年教育部 优秀教材二等奖
穆雅君	女	1938年12月	重庆大学 副教授	重庆建筑工程学院第一综合楼	1987年国家教委、建设部 优秀教材二等奖
				建筑构造技术的改革建设	1997年国家教委 国家优秀教学成果二等奖
刘信安	男	1954年1月	重庆大学 教授	三峡库区可持续发展科技规划的研究编制	重庆市科技进步二等奖 2002年重庆市人民政府
廖克俊	女	1942年3月	重庆大学 教授	宽带隙薄膜材料核化与生长机制及其性质的研究	重庆市自然科学奖二等奖 2003年重庆市人民政府
				纳米碳电极在电化分析中的应用及相关性质研究	重庆市自然科学奖一等奖 2005年重庆市人民政府
陈义华	男	1957年7月	重庆市政协 副秘书长 教授	工科数学模型教学研究与实践	1996年甘肃省 省级教学成果一等奖
				工科数学模型教学研究与实践	1997年教育部 国家级教学成果二等奖
綦泽跃	男	1961年5月	重庆市涪陵变压器厂 高级工程师	KY真空胡载分接开关	1997年贵州省 贵州省优秀新产品二等奖
孙冬野	男	1966年12月	重庆大学 教授	基于新型工程复合材料的高效传动系统关键技术研究及产业化	2004年度国务院 国家科学技术进步二等奖
				机械传动系统环境保护与节能技术	2002年教育部 科技进步奖一等奖
				高驱动履带推土机研制及其弹性悬挂行走系统的开发	2004年机械工业部 科技进步奖二等奖
				多片油浸式制动系统消化与研制	1997年机械工业部 科技进步奖二等奖
陈兵奎	男	1966年5月	重庆大学 教授	新型凸轮活齿行星传动	2002年重庆市人民政府 重庆市技术发明二等奖
黄希祜	男	1923年4月	重庆大学材料学院 教授	《钢铁冶金原理》(修订版)教材	1996年冶金工业部 优秀教材一等奖
				《钢铁冶金原理》教材	1997年国家教委 第三届国家级教学成果一等奖 1996年四川省人民政府 四川省教学成果二等奖

续表

姓名	性别	出生年月	工作单位、职务、职称	获奖项目或著作	获奖时间及颁奖单位
高家锐	男	1930 年 1 月	重庆大学 教授	高速度燃烧器在热处理炉的应用	1988 年冶金工业部冶金部 科技进步二等奖 1989 年国家教委 科技进步二等奖
朱育胜	男	1924 年 3 月	重庆大学 教授	攀枝花钛精矿制取金红石型钛白粉	1978 年四川省人民政府 四川省科学大会奖、奖章
章孝思	男	1939 年 5 月	重庆大学 教授	高层建筑防火新成果	1985 年国家教委 教学成果二等奖
李开禧	男	1935 年 3 月	重庆大学 教授	《钢结构稳定》	1980 年四川省人民政府 四川省高教科技二等奖
汪礼顺	男	1933 年 9 月	重庆大学土木工程学院教授	结构设计通用程序	1978 年国务院 全国科学大会奖
阳元坤	男	1956 年 12 月	重庆市农业技术推广总站 高级农艺师	水稻旱育稀植及配套增产技术	1998 年农业部 农业部“丰收杯”二等奖
邵文齐	男	1961 年 10 月	重庆康明斯发动机公司 高级主任工程师、高级工程师	NTA855 - G1 和 KTA19 - M500 发动机	2001 年重庆市人民政府 重庆市科技进步二等奖
				NTA855 - G1/G2（M）发动机	2001 年重庆市人民政府 重庆市优秀新产品一等奖
				KTA19 - G4 和 KTA19 - M600/M640 发动机	1999 年重庆市人民政府 重庆市科技进步二等奖
何清义	男	1938 年 10 月	重庆大学 副教授	CGS - J 型粗光栅位移测量系统	1990 年国家教委 科技成果二等奖
				CL128E. CL256C/G160 型自扫描光包二极管列阵	1993 年国家教委 科技成果二等奖
徐发仁	男	1931 年 6 月	重庆大学 教授	摆线齿轮加工新技术	1991 年国家教委 科技进步二等奖
冯宝伟	男	1939 年 1 月	重庆大学 教授	终锻辊锻机及其工艺	1978 年国务院 全国科学大会奖
周守昌	男	1925 年 7 月	重庆大学 教授	《电路原理》第二版	1988 年国家教委 优秀教材一等奖
孙伦宝	男	1935 年 6 月	重庆大学 教授	对向凹模精密加工研究	1978 年国务院 全国科学大会奖

续表

姓名	性别	出生年月	工作单位、职务、职称	获奖项目或著作	获奖时间及颁奖单位
钱翰城	男	1935年11月	重庆大学 教授	铸件挽救工程新技术研究及应用	1991年教育部 科技进步一等奖
				液膜涪解扩散焊技术研究及应用	1992年重庆市人民政府 重庆市科技进步一等奖
				稀土系球墨可锻铸铁的研究及应用	1985年四川省人民政府 四川省科技进步二等奖
				稀土系球墨可锻铸铁的基础研究	1986年教育部 科技进步二等奖
童明俶	男	1944年8月	重庆大学电气 工程学院 教授	《电气传动控制系统及其应用》	1996年电子工业部 优秀教材二等奖
段文泽	男	1935年11月	重庆大学电气工程 学院 教授	《电气传动控制系统及其工程设计》	1995年电子工业部 优秀教材二等奖
				一种自适应双反馈递阶控制系统	2005年国家科委 中国科学发展优秀学术成果一等奖
汪时敏	男	1933年9月	重庆大学 教授	岩土工程勘察规范	1996年建设部 科学技术进步奖
童明伟	男	1945年1月	重庆大学 教授	冷风射流机研制及其在机加工中的应用	2006年重庆市人民政府 重庆市科技进步奖二等奖
侯雪岩	男	1935年12月	重庆大学 教授	四川省建筑结构设计统一规定	1995年四川省人民政府 四川省科技进步二等奖
方泽强	男	1966年1月	重庆医科大学附属 口腔医院 副主任医师	口腔颌面部战创伤早期救治的实验研究	2004年解放军总后勤部 中国人民解放军科技进步二等奖
罗　玲	女	1956年2月	重庆市中医研究院 副院长、 主任中医师	温病伤阴证候特点的临床及实验研究	1995年和1994年重庆市人民政府、重庆市卫生局 重庆市医药科技成果二等奖和三等奖
张瑞琪	女	1942年1月	重庆地质矿产 研究院 高级工程师	中国煤岩图鉴	1997年煤炭部 科学技术进步一等奖
李英军	女	1971年8月	中煤集团重庆设 计研究院副所长、 院副总建筑师、 教授	重庆市天宝实验小学	2003年煤炭部 第十一届优秀工程设计一等奖

续表

姓名	性别	出生年月	工作单位、职务、职称	获奖项目或著作	获奖时间及颁奖单位
黄爱龙	男	1965年5月	重庆医科大学副校长、教授	乙型肝炎动物模型的建立及应用	2002年重庆市人民政府重庆市科技进步二等奖
郭树华	女	1941年4月	重庆医科大学附属第二医院教授	乙型肝炎动物模型的建立及应用	2002年重庆市人民政府重庆市科技进步一等奖
张群力	男	1956年11月	重庆钢铁集团设计院高级工程师	重庆市长生桥垃圾卫生填埋场工程	2006年冶金部科技进步二等奖
孙长领	男	1967年6月	重庆钢铁集团设计院生产部主任、高级工程师	重庆市长生桥垃圾卫生填埋场工程	2006年冶金部科技进步二等奖
蒲小芳	女	1955年7月	重庆钢铁集团设计院高级工程师	重庆市同心垃圾卫生填埋场工程	2006年冶金部优秀工程设计一等奖
张永安	男	1949年4月	重庆市市艺术研究所民间文艺研究室主任、市非物质文化遗产保护中心副主任	《民间祭礼与仪式戏剧》	2001年重庆市人民政府社会科学优秀科研成果一等奖
杨　玲	女	1972年7月	重庆社科院城市发展研究所副研究员	《重庆市都市区城乡一体化研究》	2005年国务院发展研究中心中国发展研究奖三等奖
田代贵	男	1957年3月	重庆社科院农村发展研究所所长研究员	成渝经济区协调发展思路	2006年重庆市人民政府重庆市第五次社会科学优秀成果二等奖
陈　悦	女	1962年11月	重庆社科院农村发展研究所副所长副研究院	成渝经济区协调发展思路	2006年重庆市人民政府重庆市第五次社会科学优秀成果二等奖
陈华强	男	1964年11月	涪陵区畜牧局高级畜牧师	《优质肉猪生产技术》	2001年重庆市人民政府首届重庆市青年科技创新奖
陈阳美	男	1967年4月	重庆医科大学附属第一医院教授	癫痫的研究	2007年教育部教育部科技进步一等奖
				癫痫及难治性癫痫的临床和分子生物学研究	2003年重庆市人民政府重庆市科技进步二等奖
孙玉清	女	1940年11月	中国农业科学院柑橘研究所副研究员	柑橘上乐果安全使用标准研究	1981年农业部技改集体一等奖

续表

姓名	性别	出生年月	工作单位、职务、职称	获奖项目或著作	获奖时间及颁奖单位
谢治银	男	1936年5月	中国农业科学院柑橘研究所副研究员	全国柑橘良种研究	1984年农业部技改二等奖
				全国种植业区划研究	1985年农业部种植业区划系列成果一等奖
				中国粮食和经济作物综合研究	1988科技部国家科技进步二等奖
陈全友	男	1934年1月	中国农业科学院柑橘研究所副研究员	哈姆林甜橙的引种及推广	1989年农业部科技进步二等奖 1990年科技部国家科技进步三等奖
				国家果树种质圃的建立	1990年农业部科技进步一等奖
				国外果树引种试种研究与利用	1996年农业部科技进步二等奖
刘晓东	男	1940年8月	中国农业科学院柑橘研究所副研究员	国家果树种质圃的建立	1990年农业部科技进步一等奖
				云南“红河橙”—柑橘属大翼橙的一个新种	1978年国务院全国科学大会重大成果奖 1978年四川省人民政府四川省科学大会奖
赵世经	男	1931年12月	中国农业科学院柑橘研究所研究员	“冰糖橙”	1972年国家科委国家科技进步一等奖
张格成	男	1932年11月	中国农业科学院柑橘研究所研究员	柑橘园昆虫群落及害虫综合治理研究	1986年四川省人民政府科技进步二等奖
				柑橘主要病虫综合防治	1987年四川省人民政府科技进步二等奖
朱利泉	男	1962年10月	西南大学农学与生物科技学院教授	高等农业院校植物生理生化教学改革的系统研究	2005年重庆市人民政府第二届重庆市高等教育教学成果一等奖
				甘蓝自交不亲和性研究与新品种选育推广	2007年教育部科技进步奖一等奖

续表

姓名	性别	出生年月	工作单位、职务、职称	获奖项目或著作	获奖时间及颁奖单位
王龙昌	男	1964年6月	西南大学农学与生物科技学院 教授	北方旱农区域治理与发展研究	2001年国务院 国家科技进步二等奖
				宁南半干旱地区节水型农业生产结构	1992年宁夏回族自治区人民政府 宁夏回族自治区科技进步二等奖
				主要类型旱农地区农田水分状况及其调控技术研究	1992农业部 科技进步二等奖
				《中国北方旱区农业》	1999年国家新闻出版总署 优秀科技图书二等奖、国家级图书提名奖
				旱作农田微集水种植技术开发及示范	2004年陕西省人民政府 陕西省科技进步二等奖
王　华	男	1963年2月	西南大学柑橘研究所 研究员	柑橘加工技术与产业化开发	2007年国务院 国家科学进步二等奖
徐　泽	女	1966年5月	重庆市农业科学院 茶叶研究所、主任、 研究员	优质高抗绿茶新品种选育及繁育技术研究	2003年重庆市人民政府 重庆市科技进步二等奖
侯渝嘉	女	1964年1月	重庆市农业科学院 茶叶研究所 研究员	优质高抗绿茶新品种选育及繁育技术研究	2003年重庆市人民政府 重庆市科技进步二等奖
胡　翔	男	1963年12月	重庆市农业科学院 茶叶研究所 研究员	优质高抗绿茶新品种选育及繁育技术研究	2003年重庆市人民政府 重庆市科技进步二等奖
余国东	男	1967年12月	重庆市农业科学院 特色作物所所长 研究员	重庆温光敏核不育小麦选育	1992年重庆市人民政府 重庆市政府重奖
				两系杂交小麦“云杂3号”的选育应用	2005年云南省人民政府 云南省技术发明二等奖
李　玲	女	1960年5月	重庆市设计院 副总工程师、 教授级高级工程师	四川美术学院综合教学楼	2003年建设部 优秀建筑工程二等奖
李　霜	女	1967年7月	重庆电力高等 专科学校 副教授	电机学精品课程	2006年国家教委 国家高校精品课程建设
曾致远	男	1963年7月	黔江区农综办、 副主任 助理研究员	小南海地震遗址综合研究	2002年国家地震局 科技进步二等奖
刘孝直	男	1936年5月	涪陵区畜牧局 研究员	水牛品种资源普查项目	1984年农业部 科技进步一等奖
				生猪双推五改	1990年农业部 全国农牧渔业丰收一等奖

续表

姓名	性别	出生年月	工作单位、职务、职称	获奖项目或著作	获奖时间及颁奖单位
何世礼	男	1939年11月	涪陵区农业局 高级农艺师	杂交水稻制种技术研究	1995年农业部 科技成果一等奖
				杂交水稻选育技术研究	1998年四川省人民政府 四川省科技进步一等奖
				杂交水稻的普及推广	1983年四川省人民政府 四川省科技进步二等奖
罗定歧	男	1941年11月	涪陵区畜牧局 高级畜牧师	水牛本品种选育研究	1988年农业部 科技成果二等奖
				瘦肉型猪商品基地建设	1990年农业部 科技进步二等奖
杜全模	男	1943年11月	涪陵区榨菜办 高级工程师	榨菜包装技术研究	1987年四川省人民政府 星火科技成果二等奖
霍仕平	男	1962年2月	重庆三峡农业科学院 副院长 研究员	高配合力玉米自交系南21－3选育应用研究	1997年重庆市人民政府 农业科技先进工作者
				高配合力高产抗病玉米自交系286－4选育	2005年重庆市人民政府 重庆市科技进步奖二等奖
黄文章	男	1957年2月	重庆三峡农业科学院 副院长 研究员	优良玉米自交系南75－1选育及其改良利用研究	1999年重庆市人民政府 重庆市科技进步奖一等奖
高光勇	男	1969年12月	重庆山外山科技有限公司董事长 教授级高级工程师	Sws型持续血液净化系统	2007国家信息产业部 信息产业重大技术发明奖
柳华仑	男	1964年12月	重庆市高新技术产业开发区迪艾图文设计工作室 经理 高级工程师	《PWCK－1型结构疲劳试验微机测控系统》	1989年中国人民解放军总后勤部 科学技术进步二等奖
段绪铮	男	1924年11月	重庆市气象局 高级工程师	《建议改进高空气球入云时的风向风速编报方法》	1953年中国人民解放军西南空军司令部
王筱欣	女	1956年8月	重庆工学院 （现重庆理工大学） 科研处副处长 教授	《云南人口》	1987年云南省人民政府 云南省科技进步二等奖
				《企业人事考核技术与应用》	2000年国家人事部 科研成果二等奖
				《增长极的扩散》	2003年重庆市人民政府 重庆市社会科学优秀成果二等奖

续表

姓名	性别	出生年月	工作单位、职务、职称	获奖项目或著作	获奖时间及颁奖单位
林治华	男	1969年6月	重庆工学院（现重庆理工大学）化学与生物工程学院副院长 教授	《蛋白质抗原特性与免疫应答关系的研究》	2005年重庆市人民政府 重庆市科学技术奖励自然科学一等奖
刘苓玲	女	1971年11月	西南政法大学 经济学院 副教授	《企业人事考核技术与应用》	1999年国家人事部 全国人事科研成果评审二等奖
				《公共财政：构建我国农村社会保障体系的现实选择》	2006年国家人力资源和社会保障部 第一届社会保障论坛优秀奖
				《统筹城乡背景下农村养老保障制度研究》	2007年国家人力资源和社会保障部 第二届社会保障论坛二等奖
詹　捷	男	1957年1月	重庆工学院材料学院副院长 教授	扫描隧道显微镜 STM. IPC－205B 型机	2003年重庆市人民政府 重庆市科技进步一等奖
周宗凯	男	1965年6月	四川美术学院 影视动画学院 副院长	《中国青年卡卡面及标识设计》	2004年共青团中央 中国青年卡征集大赛全国优秀奖
许　亮	男	1962年2月	四川美术学院 设计艺术学院 副院长 教授	《重庆“金城港湾”室内设计》	1998年四川省政府、四川省建筑装饰协会 四川省第九届《星星金奖》金奖
邹　禾	男	1970年7月	重庆出版集团 天健卡通动画文化有限责任公司 副总经理 编辑	《经营谋略图画》	1992年中宣部 “五个一”工程奖
				《中国美术分类全集·石窟雕塑全集》	2001年，国家新闻出版总署 国家图书奖提名奖、全国优秀艺术图书一等奖
胡桂川	男	1964年12月	重庆科技学院 材料学院 副教授	计算机辅助机械技术专业教学改革	1996年重庆市人民政府 重庆市计算机应用成果一等奖
马鸣图	男	1942年2月	中国汽车工程研究院 教授级 高级工程师	《双相钢－物理和力学冶金》	1989年重庆市人民政府 重庆市科技进步二等奖
				《重型越野车汽车用高淬透性调质结构钢》	1990年国务院 国家发明三等奖
				《拉、扭复合加载实验计算机控制程序》	1991年重庆市人民政府 重庆市科技进步二等奖
				汽车零件快速疲劳试验方法的开发与应用研究	2004年重庆市人民政府 重庆市科技进步二等奖

续表

姓名	性别	出生年月	工作单位、职务、职称	获奖项目或著作	获奖时间及颁奖单位
王光福	女	1936 年 1 月	中国汽车工程研究院 研究员级 高级工程师	引进汽车齿轮钢国产化的应用研究	1993 年国家科委 国家科技进步二等奖
李志刚	男	1964 年 3 月	重庆汽车研究所 教授级高级工程师	汽车零件快速疲劳试验方法与试验系统的开发及应用	2004 年重庆市人民政府 重庆市科技进步二等奖
胡孝义	男	1940 年 10 月	机械工业第三设计研究院 高级工程师	《4T 全液压电气清砂设备研制》	1995 年机械部 科技进步二等奖
卿国祥	男	1937 年 10 月	机械工业第三设计研究院 高级工程师	《半轴自动线》	1978 年农机部 科技进步二等奖
蒋树章	男	1949 年 12 月	机械工业第三设计研究院 高级工程师	《机械工业节能设计技术规定》	1991 年机械部 科技进步二等奖
雷玉田	男	1926 年 5 月	重庆钢铁集团公司 高级工程师	三类压力容器钢板研究	1982 年四川省人民政府 四川省科技进步一等奖
蔡成雄	男	1964 年 2 月	重庆科光种苗有限公司 副总经理 高级农艺师	玉米杂交种成单 13 选育	1995 年四川省人民政府 四川省科技进步二等奖
				优质高产多抗紧凑大穗型杂交玉米渝单 5 号选育	2002 年度重庆市人民政府 重庆市科技进步二等奖
				糯甜玉米兼具杂交玉米新品种“渝糯 7 号”选育及其应用	2006 年农业部 “农业丰收计划”二等奖
				三高自交系 268 的培育及兼用型杂交玉米应用	2006 年重庆市人民政府 重庆市科技进步二等奖
董钢峰	男	1970 年 4 月	中国煤炭科学研究总院重庆分院 研究员	突出煤层定向长钻孔预抽本煤层瓦斯成套技术研究	2002 年度重庆市人民政府 重庆市科技进步二等奖
王　梅	女	1956 年 2 月	重庆教育学院 旅游系 副教授	《重庆地理》	2004 国土资源部 科技成果二等奖

续表

姓名	性别	出生年月	工作单位、职务、职称	获奖项目或著作	获奖时间及颁奖单位
文传浩	男	1972年6月	重庆工商大学长江上游经济中心常务副主任 教授	《环境污染的滞后生态遗传效应的植物预警研究》	2001年云南省人民政府 云南省自然科学进步二等奖
				《污染生态学》	优秀教材二等奖 2002年获教育部
				《植物在对污染适应过程中种群生态遗传结构的变化》	2004年云南省人民政府 云南省自然科学进步一等奖
				《自然保护区生态旅游环境承载力综合评价指标体系研究》	2005年贵州省政府 贵州省第六次哲学社会科学二等奖
蔡汝哲	男	1944年3月	重庆交通大学西南水运工程科学研究所研究室主任 研究员	长江鸡扒子滩整治研究	1984年国务院 国家科技进步三等奖
				三峡工程明渠导流通航研究及运行实践	2002国务院 国家科技进步二等奖
				三峡工程施工通航研究与成果应用	2004重庆市人民政府 重庆科技进步二等奖
				提高三峡——葛洲坝两坝间河段通航能力研究	2005重庆市人民政府 重庆科技进步二等奖
魏子栋	男	1963年9月	重庆大学化学化工学院 教授	光电催化材料的化工合成过程与基础理论	2006年重庆市人民政府 重庆市自然科学奖二等奖
王建华	男	1962年12月	重庆大学 教授	真空微电子传感器技术	2006年重庆市人民政府 重庆市技术发明奖一等奖
宿大亮	男	1978年1月	重庆交通规划勘察设计院水运室工程师	嘉陵江航运梯级开发关键技术研究——亭子口回水变化段水位衔接研究	2004四川省人民政府 四川省科技进步二等奖
蔡应繁	男	1964年10月	重庆邮电大学生物信息学院副院长、分子生物学重点实验室主任、药用植物研究所所长 教授	抗棉抗黄萎病多菌系抗源种质川737、川2802的培育	1994年四川省人民政府 四川省科技进步一等奖
				棉花多抗病育种技术研究及系列品种选育	2004年四川省人民政府 四川省科技进步三等奖

续表

姓名	性别	出生年月	工作单位、职务、职称	获奖项目或著作	获奖时间及颁奖单位
陈洪凯	男	1964年10月	重庆交通大学 岩土工程研究所 所长 教授	三峡库岸城区环境灾害治理与开发一体化综合模式研究	2003年重庆市人民政府 重庆市科技进步奖二等奖
				冲淤变动型沟谷泥石流防治结构抗撞关键技术研究	2005年重庆市人民政府 重庆市科技进步奖一等奖
				生态环境灾变链式理论及孕源断链减灾机制	2006年重庆市人民政府 重庆市自然科学奖二等奖
				三峡库区危岩灾害发育机理、防治研究与工程实践	2007年重庆市人民政府 重庆市科技进步奖二等奖
刘渝新	男	1956年6月	四联集团技术中心 副总工程师、 高级工程师	FCS－1000现场总线控制系统及智能现场仪表	2003年重庆市人民政府 重庆市科技进步奖二等奖
冯　晓	男	1960年8月	重庆交通大学 土木学院工程信息与3S应用技术研究所所长、教授、 重庆大学 兼职博士生导师	城市建设项目交通影响评价方法研究	2002年重庆市人民政府 重庆市科技进步二等奖
				库岸城区交通建设与地质灾害治理一体化研究	2004年四川省人民政府 四川省科技进步二等奖
韩　西	男	1964年12月	重庆交通大学 实验部主任 教授	齿轮传动耦合非线性振动冲击噪声的识别与控制	2002年教育部 全国高校科技成果自然科学二等奖
				水泥混凝土路面破坏防治技术与路面新结构	2007年重庆市人民政府 重庆市科技进步一等奖
潘　武	男	1966年7月	重庆邮电大学 教授	硅基MEMS设计与加工技术研究	2007年重庆市人民政府 重庆市科技进步二等奖
段红光	男	1969年8月	重庆邮电大学 信科公司3G研究院NAS部门主任 副教授	现代通信网测试技术及测试仪表的开发与应用	2007年重庆市人民政府 重庆市科技进步奖二等奖
赵素云	男	1941年6月	重庆市中药研究院 研究员	《中国本草图录》	1999年国家中医药管理局 国家中医药科技进步一等奖
				《四川中药志》	1978年四川省人民政府 四川省科技成果二等奖

续表

姓名	性别	出生年月	工作单位、职务、职称	获奖项目或著作	获奖时间及颁奖单位
陈仕江	男	1967年4月	重庆市中药研究院 中藏药业科技有限责任公司 副总经理 研究员	西藏那曲冬虫夏草半野生抚育及开发研究	2004年西藏自治区人民政府 西藏自治区第十次科学技术进步二等奖
				冬虫夏草人工培植研究	1990年四川省人民政府 四川省科技进步一等奖 1991年国家中医药管理局 国家中医药科技进步一等奖
曾　纬	女	1957年1月	重庆市中药研究院 生药栽培研究室 康定中藏药业公司 副总经理 研究员	冬虫夏草人工培植研究	1991年度国家“七五”攻关重大科技成果集体奖 国家科委、计委、财政部 1992年度中医药科学技术进步奖一等奖 国家中医药管理 四川省人民政府局 1992年度四川省科技进步一等奖
				西藏那曲冬虫夏草半野生抚育及开发研究	2003年度西藏自治区人民政府 西藏自治区第十次科学技术进步二等奖
徐嘉红	女	1958年3月	重庆市中药研究院 药理室主任、 研究员	中药抗内毒素作用研究	四川省科技进步一等奖 1991年四川省人民政府
				《中药药理研究方法学》	1995年国家新闻出版总署 第二届国家图书奖、第七届全国优秀科技图书一等奖 1997年国家科委 国家科技进步三等奖
刘茂光	男	1941年5月	重庆市交通科研设计院 研究员	预硫化胎面翻胎新工艺	1980年交通部 科技进步二等奖
					国家技术进步二等奖 1985年国务院
				实用翻胎胶料配方与工艺	1986年交通部 技术进步二等奖
				聚酯胎子午胎翻修新配方新工艺	1992年交通部 技术进步二等奖

续表

姓名	性别	出生年月	工作单位、职务、职称	获奖项目或著作	获奖时间及颁奖单位
李吉雄	男	1963年4月	重庆公路工程检测中心沥青与路面材料实验室主任、教授级高级工程师	“七五”国家重点科技项目（攻关）75－24－01－01	1990年交通部 科技进步一等奖、科技成果一等奖 1990年国家科委 科技成果二等奖
				85－403－02－01“道路沥青及沥青混合料路用性能的研究”	1996国家科委科技进步二等奖 1996交通部科技进步一等奖
				“沪宁高速公路江苏段沥青与沥青混合料路用性能试验与评估”	2001年江苏省人民政府 江苏省科技进步二等奖 2001年交通部 交通科技进步一等奖
蒲勇健	男	1961年11月	重庆大学 教授	《新经济增长理论及其在中国经济发展中的应用》	2006年重庆市人民政府 重庆市哲学社会科学优秀科研成果一等奖
张兰军	男	1965年5月	重庆市交通科研设计院环境工程所所长、院副总工程师、高级工程师	汽车轮胎翻新技术的研究	1992年交通部 交通部科技进步二等奖
				滑模摊铺水泥混凝土路面修筑成套技术研究	1997年交通部 交通部科技进步二等奖
				边坡加固新材料的研究与开发	2005年贵州省人民政府 贵州省科技进步二等奖
刘昌仁	男	1964年9月	重庆交通科研设计院腾科公司、总经理 研究员	客车微机CAD/CAE软件系统	1999年重庆市人民政府 重庆市科技进步二等奖
				JT6124W高级公路卧铺客车	2001年湖南省人民政府 湖南省科技进步二等奖
刘绍璞	男	1940年12月	西南大学化学化工学院 研究员	离子缔合物水相高灵敏显色反应的开发和应用	1988国家教委 科技进步二等奖
				多元络合物在光度分析中的应用	1992年四川省人民政府 四川省科技进步二等奖

续表

姓名	性别	出生年月	工作单位、职务、职称	获奖项目或著作	获奖时间及颁奖单位
黄京鸿	女	1948年9月	西南大学地理科学学院教授	与中学地理课程协调发展的高师地理教育学课程建设的审美化研究	2005年市教委 重庆市高等教育教学成果奖二等奖
				南川市土地利用总体规划	2001年国土资源部 土地利用规划优秀成果一等奖
				涪陵区土地利用总体规划	2001年国土资源部 土地利用规划优秀成果二等奖
				垫江县土地利用总体规划	2001年国土资源部 土地利用规划优秀成果二等奖
李天安	男	1951年2月	西南大学化学化工学院副教授	运用解剖学、生理学、数值分类学等方法于天牛科分类的研究	1988农业部 科学技术进步一等奖
陈重穆	男	1926年4月	原西南师范大学校长教授	《内、外Σ群与极小非Σ群》	1988年国家教委 首届全国高校出版社学术专著优秀奖
				《有限群的构造》	1989年四川省人民政府 四川省科技进步一等奖
				《中学数学教育改革实验》	1989年国家教委 国家级优秀教学成果奖
				《中学数学实验教材编写与实验》	1989年四川省教委 四川省优秀教学成果一等奖
				提高初中数学课堂教学效益研究——GX理论与实践	2000年重庆市人民政府 重庆市科技进步二等奖
刘云艳	女	1962年1月	西南大学监察处副处长、教授、博导	审美教育对学生素质全面发展影响的实验研究（国家教委八五课题）	1996年教育部 全国师范院校基础教育改革实验研究项目优秀成果一等奖
冯维	女	1957年6月	西南大学教育学院教授	女中学生现代素质的探索与培育研究（专著）	2003年重庆市人民政府 重庆市第三次社会科学优秀科研成果二等奖
				为人父母的艺术——双亲行为与儿童发展（专著）	1998年四川省人民政府 四川省首次优秀科普图书一等奖
				推进儿童哲学中国化，改进基础教育的实验研究（主研）	1998年教育部 全国师范院校基础教育改革实验研究项目优秀成果二等奖

续表

姓名	性别	出生年月	工作单位、职务、职称	获奖项目或著作	获奖时间及颁奖单位
邓昭镜	男	1932 年 3 月	西南大学物理学院教授	超微粒线性效应	1994 年四川省人民政府 四川省科技进步二等奖
李旭光	男	1944 年 6 月	西南大学生命科学学院教授	常绿阔叶林生态学研究	1988 年四川省人民政府 四川省科技进步二等奖
施白南	男	1906 年 3 月	西南大学生命科学学院、教授	四川省水产资源调查	1974 年农业部 农业部重大科技成果奖
				长江鲟鱼类研究	1975 年四川省人民政府 四川省重大科技成果奖
江泽佳	男	1920 年 11 月	原重庆大学校长教授	《电路原理》	1998 年国家教委 高等学校优秀教材一等奖
				高压直流系统可靠性的数字仿真技术	1998 年国家科技部 科技进步一等奖
仇永兰	女	1935 年 5 月	重庆仪表材料研究所、高级工程师	铠装热电偶	1978 年国务院 全国科学大会奖 1978 年四川省人民政府 四川省科学大会奖
				抗硫材料试验鉴定方法	1979 年四川省人民政府 四川省重大科技成果奖二等奖
				抗硫耐冲刷快速铜电阻	1979 年四川省人民政府 四川省重大科技成果奖二等奖
				抗硫耐冲刷高压铜电阻温度计	1979 年四川省人民政府 四川省重大科技成果奖
				铠装热电偶加工工艺对性能的影响	1982 年国家仪器仪表总局 重大科技进步奖二等奖
赵纯正	男	1937 年 6 月	重庆仪表材料研究所、高级工程师	超低矫顽力高导磁合金	1978 年四川省人民政府 四川省科学大会奖二等奖 1979 年第一机械工业部 第一机械工业部科学大会奖二等奖
				搞硫化氢阀芯阀座合金	1979 年四川省人民政府 四川省重大科技成果奖二等奖
金道同	男	1936 年 12 月	重庆仪表材料研究所、高级工程师	STC－Ⅰ型丝材弹性测试仪	1981 年国家仪器仪表工业总局 重大科技成果奖二等奖
				厚膜铂电阻浆料及元件研究	1989 年机械工业部 科技进步奖二等奖

续表

姓名	性别	出生年月	工作单位、职务、职称	获奖项目或著作	获奖时间及颁奖单位
黄丽玲	女	1936 年 4 月	重庆仪表材料研究所 高级工程师	750℃高温应变电阻合金	1985 年四川省人民政府 四川省科技进步奖二等奖
				铠装热敏电阻合金回执器研究	1985 年四川省人民政府 四川省科技进步奖二等奖
周宅忠	男	1936 年 11 月	重庆仪表材料研究所 高级工程师	高梯度磁分离器钢毛用 YC－3 合金	1983 年四川省人民政府 四川省重大科技成果奖二等奖
程喻洁	女	1943 年 3 月	重庆仪表材料研究所 高级工程师	厚膜铂电阻浆料及元件研究	1989 年机械工业部 科技进步奖二等奖
邓训嫦	女	1941 年 6 月	重庆仪表材料研究所、 高级工程师	550℃高温应变电阻合金	1978 年国务院 全国科学大会奖 1978 年四川省人民政府 四川省科学大会奖 1978 年第一机械工业部 第一机械工业部科学大会奖二等奖 1979 年四川省人民政府 四川省重大科技成果奖
				厚膜铂电阻浆料及元件研究	1989 年机械工业部 科技进步奖二等奖
				精密电阻合金丝平均电阻温度系数测定方法国家标准	1986 年机械工业部仪器仪表总局 科技进步奖二等奖
				厚膜铂电阻浆料及元件	1989 年机械工业部 科技进步奖二等奖
雷　霆	男	1963 年 9 月	重庆仪表材料研究所 高级工程师	第四轮《国外机械工业基本情况综合分析研究》仪表材料分册	1996 年机械工业部 科技进步奖二等奖
				水热法制备微细 NTC 热敏电阻粉体材料研究	2001 年机械工业部 九五机械工业部优秀科技成果奖三等奖
邓世平	男	1963 年 4 月	重庆仪表材料研究所 高级工程师	耐 1300℃高温金属保护管材料研制	1997 年机械工业部 科技进步奖二等奖
唐光明	男	1971 年 9 月	重庆仪表材料研究所 高级工程师	水热法制备微细 NTC 热敏电阻粉体材料研究	2001 年机械工业部 九五机械工业部优秀科技成果奖三等奖

续表

姓名	性别	出生年月	工作单位、职务、职称	获奖项目或著作	获奖时间及颁奖单位
宋建业	男	1938年8月	重庆仪表材料研究所高级工程师	抗硫化氢阀芯阀座合金	1979年四川省人民政府 四川省重大科技成果奖二等奖
				弹性敏感元件用合金带材	1990年机械电子工业部 机械电子工业部科技进步奖三等奖
刘宜伦	男	1913年5月	原重庆邮电学院、院长 教授	脉冲编码调制30/32路系统设备	1978年国务院 全国科学大会重大成果奖 1981年四川省人民政府 四川省科学技术优异成绩奖
张　烈	男	1951年3月	沙坪坝区文化馆副研究员	音乐作品《小鸭嘎嘎》	2004年国家广播电影电视总局 2004年度“中国原创歌曲奖十大金曲奖”
郭劲松	男	1963年10月	重庆大学城市建设与环境工程学院、副院长 教授	缺氧变速酶促生物滤池	2004年 教育部科技进步一等奖
					2006年 教育部科技进步二等奖
陈小强	男	1962年1月	重庆大学 工程师	健康系统及设备	2006年 教育部科技进步二等奖
唐鸣放	女	1957年9月	重庆大学 教授	夏热冬冷地区民用建筑节能技术体系与工程示范	2006年 教育部科技进步二等奖

第二节　省部级以上荣誉称号

表6-2　　重庆市九三学社社员获省部级以上荣誉称号

姓名	性别	出生年月	工作单位、职务、职称	荣誉称号	获奖时间、颁奖单位
谢小军	男	1950年12月	重庆市人民政府、副市长	重庆市先进工作者	2000年重庆市人民政府
马国强	男	1963年7月	重庆科能中等专业学校教师、高级讲师	重庆市优秀教师	2004年重庆市人民政府
阳元坤	男	1956年12月	重庆市农业技术推广总站、高级农艺师	农业部先进工作者	1993年农业部

续表

姓名	性别	出生年月	工作单位、职务、职称	荣誉称号	获奖时间、颁奖单位
潘复生	男	1962 年 7 月	重庆市科学技术委员会、副主任（正厅级）重庆大学教授	第二届中国青年科技奖	1991 年中组部、人事部、科技部等
				“国家百千万人才工程”一、二层次人选	1998 年国家人事部、科技部、教育部、国家基金委等七部委
				“全国火炬计划先进个人”	2005 年科技部
				“十佳”留学回国人员先进个人	2005 年中共重庆市委、市政府
侯雪岩	男	1935 年 12 月	重庆大学、教授	四川省优秀教师	1989 年四川省人民政府
程堂郭	男	1923 年 3 月	重庆大学、教授	从事高校科技工作 40 年成绩显著荣誉证书	1990 年国家教委
黄希祜	男	1923 年 4 月	重庆大学材料学院、教授	从事高校科技工作 40 年成绩显著荣誉证书	1990 年国家教委
高家锐	男	1930 年 1 月	重庆大学、教授	全国优秀教师	1989 年国家教委、人事部、教育工会
周守昌	男	1925 年 7 月	重庆大学、教授	全国优秀教师	1993 年国家教委、人事部
章孝思	男	1939 年 5 月	重庆大学、教授	全国消防十佳及火凤凰桥梁	1996 年公安部
孙冬野	男	1966 年 12 月	重庆大学、教授	第四届重庆青年科技奖	2006 年重庆市人民政府
罗　玲	女	1956 年 2 月	重庆市中医研究院、副院长、主任中医师	重庆市三八红旗手	2007 年重庆市妇联
郭树华	女	1936 年 12 月	重庆医科大学附二院、教授	重庆市三八红旗手	2000 年重庆市妇联
黄爱龙	男	1964 年 5 月	重庆医科大学副校长、教授	“国家百千万人才工程”一、二层次人选	2004 年度国家人事部、科技部、教育部、财政部、发改委、基金委、科协等七部委
				重庆市十大青年五四奖章	2001 年共青团重庆市委
				新世纪优秀人才支持计划	2005 年度教育部

续表

姓名	性别	出生年月	工作单位、职务、职称	荣誉称号	获奖时间、颁奖单位
王智彪	男	1958年6月	超声医疗国家工程研究中心主任、重庆医科大学教授、超声工程研究所副所长	跨世纪培养人才	1994年四川省人民政府
				全国计划生育科技先进工作者	国家计生委
				百千万人才工程国家级人选	1997年国家人事部、科技部、教育部、财政部、发改委、基金委、科协等七部委
				重庆青年五四奖章	1998年共青团重庆市委
				振兴重庆争光贡献奖	1999年重庆市人民政府
				重庆市十大杰出青年	1999年重庆市人民政府
				重庆市先进工作者	1999年重庆市人民政府
				重庆市先进工作者	2000年重庆市人民政府
				中国优秀青年科技创新奖	2000年团中央、科技部
				“九五”国家重点科技攻关突出贡献者	2001年科技部、财政部、国家计委、国家经贸委
				重庆市优秀专业技术人员	2006年重庆市人民政府
舒庆碧	女	1932年3月	重庆市设计院副总工程师、教授级高级工程师	先进科技工作者	1986年中国城乡建设环境保护部
李　伟	男	1965年6月	重庆交通大学机电与汽车学院院长、教授	2003重庆市高校中青年骨干教师资助计划	2003年重庆市人民政府
陈思成	男	1956年9月	南岸区民族宗教事务局、副局长	重庆市第二届民族团结进步模范个人	2006年重庆市人民政府
陈仕江	男	1967年4月	重庆市中药研究院中藏药业科技有限责任公司副总经理、研究员	重庆市十大杰出青年岗位能手	2002年重庆市委、市政府
				“首届重庆市有突出贡献的中青年专家”称号	2007年重庆市人民政府

续表

姓名	性别	出生年月	工作单位、职务、职称	荣誉称号	获奖时间、颁奖单位
曾 纬	女	1957年1月	重庆市中药研究院生药栽培研究室康定中藏药业公司副总经理、研究员	国家“七五”攻关突出贡献者	1991年国家科委、计委、财政部
				全国“三八”红旗手	1993年中华全国妇女联合会
				全国卫生系统模范工作者	1993年国家卫生部、人事部、国家中医药管理局
				全国“五一劳动奖章”、证书	1997年中华全国总工会
陈洪凯	男	1964年10月	重庆交通大学岩土工程研究所所长、教授	交通部优秀青年骨干教师	1997年交通部
				交通部科技英才	1999年交通部
				全国优秀教师	2001年教育部
				振兴重庆争光贡献奖	2005年中共重庆市委、重庆市人民政府
				重庆市名师	2005年重庆市政府
				新世纪百千万人才工程国家级人选	2007年国家人事部、科技部、教育部、财政部、发改委、基金委、科协等七部委
冯 晓	男	1960年8月	重庆交通大学土木建筑学院、教授、工程信息与3S应用技术研究所所长	交通部“十百千”第三层次人选	1998年交通部
魏子栋	男	1963年9月	重庆大学化学化工学院教授	入选“优秀人才支持计划”	2004年教育部
				新世纪百千万人才工程国家级人选	2006年国家人事部、科技部、教育部、财政部、发改委、基金委、科协等七部委
文传浩	男	1972年6月	重庆工商大学长江上游经济中心常务副主任、教授、博士	昆明市十大杰出青年	2000年昆明市人民政府
刘茂光	男	1941年5月	重庆交通科研设计院、高级工程师	国家级有突出贡献的中青年专家	1986年国家人事部

续表

姓名	性别	出生年月	工作单位、职务、职称	荣誉称号	获奖时间、颁奖单位
张兰军	男	1965年5月	重庆交通科研设计院环境工程所所长、院副总工程师、高级工程师	全国建设项目环境影响评价先进个人	2000年国家环保总局
				交通环境保护工作先进个人	2003年交通部
朱孝达	男	1934年6月	西南大学农学与生物科技学院、教授	全国小麦攻关协作标兵	1992年农业部
吕一山	男	1958年9月	重庆市黔江区新华书店、经济师	重庆市十佳书报发行工作者	2003年重庆市人民政府
盛文京	男	1952年5月	涪陵区农业局、高级农经师	重庆市“三金”清理先进个人	2002年重庆市人民政府
黄　华	男	1965年6月	涪陵区农业局、高级农艺师	科技扶贫先进个人	2000年科技部、中国科学院、中国科协
邹建华	男	1930年7月	涪陵区人大工程师	少数民族地区长期从事科技工作荣誉证书	1983年国家民委、劳动人事部、中国科协
柳恩梅	男	1942年6月	涪陵区港航局教授级高级工程师	全国民族团结先进个人	1988年国务院
				四川省先进工作者	1995年四川省人民政府
刘孝仲	女	1929年9月	中国农业科学院柑橘研究所研究员	中华杰出女性创新与发展突出贡献奖	2005年全国妇联
徐　泽	女	1966年5月	重庆市农业科学院茶叶研究所主任、研究员	重庆市精彩女性奖	2005年重庆市妇联
余国东	男	1967年12月	重庆市农业科学院特色作物所所长、研究员	重庆市农业科技先进工作者	2001年重庆市政府
				振兴重庆增光贡献提名奖	2004年中共重庆市委、市政府
				重庆青年五四奖章	2004年重庆团市委、市青联
龚万能	男	1937年2月	黔江县工业局干部、高级工程师	少数民族地区优秀科技工作者	1983年国家民委、劳动人事部、中国科协
黎昌礼	男	1947年3月	黔江区农业局干部、高级工程师	先进工作者	1992年农业部
许力心	男	1935年4月	黔江地区侨联主席、高级讲师	全国民族体育模范个人	1999年国家民委、国家体委
庞友海	男	1963年1月	黔江中学高级教师	优秀教师	2004年国家教委

续表

姓名	性别	出生年月	工作单位、职务、职称	荣誉称号	获奖时间、颁奖单位
李顺舟	男	1952年10月	黔江中学 教科室主任、研究员	重庆名师	2005年9月重庆市人民政府
				重庆市中小学特级教师	2007年重庆市人民政府
杨晓碧	女	1949年12月	黔江区人民政府 副巡视员、高级工程师	全国三八红旗手	2006年全国妇联
				重庆市九五建功奖章	1997年重庆市人民政府
张庭浒	男	1952年2月	黔江区民族 医院董事长	重庆市优秀社会主义事业建设者	2006年中共重庆市委、市人民政府
罗定歧	男	1941年11月	涪陵区畜牧局 高级畜牧师	农牧渔业部推广青贮饲料先进工作者	1988年农业部
				全国商品瘦肉型猪基地建设先进个人	1990年农业部
刘芝根	男	1960年7月	涪陵区畜牧局 高级畜牧师	全国种猪改良先进个人	1992年农业部
陈华强	男	1964年11月	涪陵区畜牧局 高级畜牧师	首届重庆市青年科技创新奖	2001年重庆市人民政府
盛文京	男	1952年5月	涪陵区农业局 高级农经师	重庆市“三金”清理先进个人	2002年重庆市人民政府
霍仕平	男	1962年1月	重庆三峡农科院 副院长、研究员	重庆市先进科技工作者	2005年重庆市人民政府
陈兴富	男	1939年2月	万州区农机研究所 高级工程师	先进工作者	1990年农业部
陈帮树	男	1934年9月	万州区水文站	水文站情报预报先进个人	1991年水利部
马鸣图	男	1942年2月	中国汽车工程研究院 教授级高级工程师	国家有突出贡献的中青年专家	1986年国家人事部等
				国家级有突出贡献的博士学位获得者	1991年国家教委、国务院学位委员会
罗达章	男	1934年12月	四川省重庆医学专科学校（现重庆医科大学）教研室主任、副教授	医药卫生技术革命先锋金质奖章获得者	1958年国家卫生部
邱道持	男	1947年	西南大学教授、 重庆市国土局副局长	教育部曾宪梓高等师范教师奖三等奖	1997年教育部
张小清	女	1962年2月	重庆钢铁集团设计院室 主任、高级工程师	重庆五一劳动奖章	2007年重庆市总工会
				重庆市五一巾帼奖	2007年重庆市总工会
何会琴	女	1963年3月	重庆钢铁股份有限公司 钢铁研究所、高级工程师	全国女职工建功立业标兵	2006年中华全国总工会

续表

姓名	性别	出生年月	工作单位、职务、职称	荣誉称号	获奖时间、颁奖单位
毛 伟	男	1962年10月	重庆市第三十七中学校长	全国优秀教师	2007年教育部
陈义华	男	1957年7月	重庆市政协副秘书长教授	跨世纪学术骨干	1997年机械部
蒲勇健	男	1961年11月	重庆大学工商管理学院教授	重庆市科技创新十大杰出青年	2001年重庆市团委
				第四届中国杰出青年科技创新奖	2002年团中央、全国青联、全国青科协
李登信	男	1944年11月	重庆工商大学教授	重庆市名师	2007年重庆市人民政府
刘绍璞	男	1940年1月	西南大学化学化工学院教授、环境化学研究所所长	四川省有突出贡献的优秀专家	1996年中共四川省委、省政府
章婀君	女	1944年12月	西南大学教授	全国军工配套科研先进工作者	1995年国家计委、科委、国防科工委、国家经贸委

第三节 重庆市首批学术技术带头人和首批学术技术带头人后备人选社员名单

表6－3 重庆市首批学术技术带头人和首批学术技术带头人后备人选的社员

重庆市首批学术技术带头人：（13人）		
分析化学	刘绍璞	西南大学教授
人文地理学	邱道持	重庆市国土资源和房屋管理局副局长、西南大学教授
水生生物学	谢小军	重庆市人民政府副市长、西南大学教授
材料学	潘复生	重庆市科委副主任、重庆大学教授
	钱翰城	重庆大学教授
岩土工程	陈洪凯	重庆交通学院教授
应用化学	章婀君（女）	西南大学教授
环境科学	刘信安	重庆大学教授
生物医学工程	王智彪	重庆医科大学教授
	王远亮	重庆大学教授
作物遗传育种	霍仕平	重庆三峡农业科学研究所研究员

续表

中医内科学	张嗣兰（女）	重庆市中医研究院主任中医师
中药学	朱祯禄	重庆市中医研究院主任中药师
重庆市首批学术技术带头人后备人选：（26人）		
法学理论	汪太贤	西南政法大学教授
学前教育学	刘云艳（女）	西南大学教授
世界史	吴建华	西南大学教授
运筹学与控制论	杨　丹	重庆大学副校长、教授
植物学	朱利泉	西南大学教授
机械制造及其自动化	詹　捷	重庆工学院（现重庆理工大学）教授
机械设计及理论	郭　钢	重庆大学教授
结构工程	张　川	重庆大学教授
水文学及水资源	卢玉东	西南大学副教授
应用化学	魏子栋	重庆大学教授
道路与铁道工程	李　伟	重庆交通学院教授
	杨锡武	重庆交通学院教授
环境科学	郭劲松	重庆大学教授
作物遗传育种	张　泽	西南大学教授
	黄文章	重庆三峡农业科学研究所研究员
植物营养学	袁　玲（女）	西南大学教授
内科学	黄爱龙	重庆医科大学副校长、教授
儿科学	余加林	重庆医科大学附属儿童医院教授
皮肤病与性病学	李　惠（女）	重庆医科大学附属一医院教授
外科学	孙晓川	重庆医科大学附属一医院教授
	蒋电明	重庆医科大学附属一医院教授
耳鼻咽喉科学	骆文龙	重庆医科大学附属二医院教授
中医内科学	罗　玲（女）	重庆市中医研究院主任中医师
药理学	徐嘉红（女）	重庆市中药研究院研究员
技术经济及管理	蒲勇健	重庆大学教授
农业经济管理	李　容（女）	西南大学经济管理学院、教授

第四节　受社内表彰的集体名单

表6－4　受社内表彰的先进集体

荣誉称号	获表彰名单	表彰单位	表彰时间
社务工作先进集体（1个）	西南师范大学支社	社中央	1993年2月

续表

荣誉称号	获表彰名单	表彰单位	表彰时间
先进基层组织（2个）	重庆医科大学附属第二医院支社、重庆三峡农业科学研究所支社	社中央	2000年6月
社中央2002年度支边扶贫科技服务先进集体（1个）	社万州区委	社中央	2002年
社中央2004年度参政议政工作先进集体（1个）	社南岸区委	社中央	2004年
社中央建社60周年先进基层组织（3个）	重庆医科大学附属第二医院支社、重庆工学院支社、重庆三峡农业科学研究所支社	社中央	2005年9月6日
九三学社2005年度全国社会服务先进集体（1个）	社万州区委	社中央	2005年9月
先进集体（1个）	社重庆市委科技咨询服务部	四川省各民主党派、工商联	1986年10月
先进基层组织（2个）	涪陵市水电支社、涪陵市农林支社	社四川省委	1990年
先进基层组织（1个）	涪陵市农林支社	社四川省委	1994年12月
为四化服务先进集体（2个）	社市委科技咨询服务部柑橘技术咨询组、重庆市中医研究所支社	重庆市各民主党派、工商联	1987年3月4日
为四化服务先进集体（4个）	社市委科技咨询服务部 重庆公路研究所支社 社北碚区委 社沙坪坝区委	重庆市各民主党派、工商联	1992年5月
为四化服务先进集体（5个）	社涪陵区委 社万州区委 社重庆市工学院（现重庆理工大学）支社 社南岸区委 社重庆医科大学基层委员会	重庆市各民主党派、工商联	2003年12月
先进基层组织（3个）	渝州大学支社、交通部重庆公路科研所支社、中国农科院柑橘研究所支社	社四川省委	1994年11月17日
九三学社重庆市科技工作先进集体（7个）	重庆大学支社、重庆建工学院支社、重庆邮电学院支社、重庆市中医研究所支社、重庆口腔病医院支社、重庆市第一人民医院支社、重庆柑橘研究所支社	社重庆市委	1986年4月22日

续表

荣誉称号	获表彰名单	表彰单位	表彰时间
九三学社重庆市委纪念建社45周年表彰大会先进基层组织（15个）	重庆大学支社、西南师范大学支社、重庆建工学院支社、重庆医科大学支社、渝州大学支社、重庆邮电学院支社、重庆交通学院支社、重庆煤炭工业学校支社、重庆中医研究所支社、重庆市第九人民医院支社、医卫联合支社、重庆钢铁公司支社、重庆公路科研所支社、重庆钢铁设计研究院支社、南桐矿务局支社	社重庆市委	1990年8月21日
2002年度积极支持社市委集体提案工作的先进集体（5个）	社南岸区委、社北碚区委、社渝中区委、社市委经济委员会、西南农业大学支社	社重庆市委	2003年3月
2003年度积极支持社市委集体提案工作的先进集体（6个）	社北碚区委、社南岸区委、社涪陵区委、社沙坪坝区委、社市委经济委员会、社市委医卫委员会	社重庆市委	2004年
2004年度积极支持社市委集体提案工作的先进集体（7个）	社南岸区委、社沙坪坝区委、社黔江区委、社涪陵区委、社九龙坡区委、社市委“三峡库区水资源环境安全的对策建议”课题组、社市委“解决三峡库区产业空虚问题的对策研究”课题组	社重庆市委	2005年
九三学社重庆市委纪念建社60周年纪念大会先进基层组织（18个）	重庆市中医研究院支社、中煤国际工程集团重庆设计研究院支社、重庆煤科分院支社、重庆大学基层委员会、重庆科能中等专业学校支社、中国农科院柑橘研究所支社、西南师范大学支社、重庆交通学院支社、社重庆市南岸区委直属支社、重庆科技学院支社、社重庆市涪陵区委农林支社、社重庆市涪陵区委水电支社、重庆三峡职业学院支社、重庆钢铁集团公司二支社、西南师范大学高职学院支社、重庆永川市支社、重庆市南桐矿务局支社、重庆市黔江区农业支社	社重庆市委	2005年8月22日

续表

荣誉称号	获表彰名单	表彰单位	表彰时间
2005年度积极支持社市委集体提案工作的先进集体（7个）	社北碚区委、社南岸区委、社沙坪坝区委、社九龙坡区委、社市委青年工作委员会、社市委“三峡库区移民就业与保障问题研究”课题组、社市委“加快重庆市农村实用人才队伍建设研究”课题组	社重庆市委	2005年12月
2006年度积极支持社市委集体提案工作的先进集体（5个）	社南岸区委、社沙坪坝区委、社九龙坡区委、社市委青年工作委员会、社市委科技工作委员会、社市委“农村卫生体制改革对策研究”课题组	社重庆市委	2007年6月
2007年度参政议政工作先进集体（9个）	社黔江区委 社渝中区委、社沙坪坝区委社北碚区委 、社九龙坡区委 、社南岸区委、社市委科技工作委员会、社市委参政议政工作委员会、社市委青年委员会、社市委“城乡统筹进程中土地流转与制度创新研究”课题组 、社市委“我国耕地保护模式和制度创新研究”课题组	社重庆市委	2008年

第五节　受社内表彰奖励的社员名单

表6－5　　受社内表彰奖励的社员

荣誉称号	获表彰名单	表彰单位	表彰时间
为四化服务先进个人（1人）	余衍漪	全国各民主党派、工商联	1985年10月2日
从事业社务专职工作30年以上荣誉证书（4人）	何知凡、漆文定、王敏常（女）、潘立斋	社中央	1993年
社中央科教扶贫、支边扶贫先进个人（1人）	袁鹰	社中央	2002年

续表

荣誉称号	获表彰名单	表彰单位	表彰时间
九三学社2004年度全国参政议政工作先进个人（1人）	王筱欣	社中央	2004年
社中央建社60周年优秀社员表彰（24人）	王智彪、孙冬野、马鸣图、张烈、刘云艳（女）、张永安、陈思成、徐宗俊、李航、蔡汝哲、王远亮、黄华、张德胜、刘静涛（女）、黄爱龙、杨晓碧（女）、钱翰城、张川、于华、阎鸿鑫、李花（女）、黄希祜、郭劲松、周宗凯	社中央	2005年9月6日
社中央建社60周年入社30年以上社员表彰（46人）	江泽佳、王孝祥、黄希祜、陈永彝、杨维怀、程堂郭、周守昌、许香谷、许香穗、朱育胜、潘苏慧（女）、李继华、徐家宝、汪礼顺、朱可善、陈启高、冉邦彦（女）、谢守铭、王正霖、朱传秀（女）、司莲光（女）、荀运昌、陈志君（女）、刘明芝（女）、李秀君（女）、王康、陶启珍（女）、李鸿儒、甘斗南、李宗明、刘约翰、罗开邦、胡士毅、曹良仁、徐益之、王万璋（女）、黄孝逸（女）、金春南、杨煦春（女）、周光璞（女）、何知凡、王敏常（女）、雷清云、席炤、冷仲华、余延岑	社中央	2005年9月6日
社中央建社60周年从事专职社务工作20年以上表彰（9人）	何知凡、王敏常（女）、徐子琢、李花（女）、王菊敏（女）、刘小玲（女）、糜文萍（女）、徐大瑜、甘立澍	社中央	2005年9月6日
九三学社2005年度全国社会服务先进个人（1人）	艾国	社中央	2005年
为四化服务先进个人（9人）	叶语、王孝祥、冯翼然、张克随、刘开熹、陈全友、罗诗裕、刘懋维、张尚元	四川省各民主党派、工商联	1986年10月

续表

荣誉称号	获表彰名单	表彰单位	表彰时间
为四化服务先进个人（7人）	林衍先、宋本仁、郭士斌、刘开熹、张伯雍、颜怀梁、潘立斋	社四川省委	1984年12月至1985年1月
优秀社员（4人）	邹建华、金广儒、冉庭英、韦庆光	社四川省委	1990年
先进社务工作者（2人）	黄为、张鸿选	社四川省委	1994年11月
社务工作积极分子（24人）	丁小中、蔡汝哲、李崇海、赵裕卿、佘时仲、陈国兴、何健村、陈世瀛、李花（女）、朱传秀（女）、冉隆华（女）、张敏先（女）、冯光华、朱孝达、傅光明、孟怀江、林固、邹绍滨、陈庆庆、乔光锦、周文元（女）、陈全友、刘先荣、张鼎馨（女）	社四川省委	1994年11月17日
为四化服务先进个人（26人）	何知凡、徐发仁、殷学纲、丁小中、陈重穆、严栋开、蒋聪强、刘懋维、林礼博、朱治本、黄才治、谷坤树、欧阳仲春、朱连山、黄秉来、李晏普、程敦荣、吴炳海、雷玉田、沈振东（女）、叶洪画（女）、陈明沪、杨素波（女）、游志文、陶厚芬（女）、乔光锦	重庆市各民主党派、工商联	1987年3月4日
为四化服务先进个人（18人）	杨光大、杨朝镛、蒋光合、金春南、朱桢禄、潘立斋、李孝镐、王季超、李晓、张力（女）、温厚鸿、贺泽荣、马鸣图、李崇海、余衍漪（女）、卓济贤、周守昌、赖明	重庆市各民主党派、工商联	1992年5月
为四化服务先进个人（20人）	黄文章、谭宪生、张廷浒、黄为、盛文京、阎鸿鑫、王芳（女）、王智彪、程德贵、王浩（女）、王远亮、蒲勇健、王筱欣（女）、朱光俊（女）、蔡汝哲、陈思成、冯小琴（女）、蒋国碧（女）、王之光、何兴玲（女）	重庆市各民主党派、工商联	2003年12月

续表

荣誉称号	获表彰名单	表彰单位	表彰时间
优秀社员（73人）	杨宗义、高石汉、唐令教、朱传秀（女）、王佳、冯家华、高家锐、秦翼鸿、林衍先、丁小中、尹培桐、陈树晋、龙莉萍（女）、田筱君（女）、陶启珍（女）、甘斗南、刘约翰、叶之美（女）、余衍漪（女）、傅光明、徐磊、林树兴、刘懋维、罗英（女）、蔡汝哲、黄才治、冯宗银、唐荣地、卓济贤、林固、郭铭信、梁尤桓、毛家鑫、郭信琼（女）、乔光锦、野谷、戴宫涛、曾庆凡、张鼎馨（女）、曾兴邦、邹昌海、钱学永（女）、林寿銮、阎庆甲、金春南、何健村、郭诚、侯厚垣（女）、吴炳海、陆以群、邱智仙（女）、诸耕耘、巩光临、金道同、廖杰兴、陈明沪、杨光大、马鸣图、宗百岑、叶洪画（女）、陈丽琼（女）、毕家琨、张伯雍、冉隆华（女）、周怀仲、全洪绩、陈光星（女）、吴和琴（女）、徐振国、孙启祥、王灿莹、刘淳玉、刘珍菁	社重庆市委	1990年9月

续表

荣誉称号	获表彰名单	表彰单位	表彰时间
社务工作积极分子（66人）	孙伊璘（女）、尹国桂（女）、蔡汝哲、周满芳、陈大容（女）、仇永兰（女）、李崇海、甘国忠、赵裕卿、陈国华（女）、陈建宗（女）、何志杰、陈国兴、周宗兴、杨承源、何健村、王力军、孙世瀛、李花（女）、冯耀先、杜德极（女）、周大术、蒋国碧（女）、朱传秀（女）、吴和琴（女）、王绍朴、杨光琼（女）、周荣久、沈包贵、阎鸿鑫、钱学永（女）、冉隆华（女）、张庆熙、刘思亮、张敏先（女）、冯光华、刘在琴（女）、朱昭举、徐建洲、朱孝达、徐正华（女）、唐荣地、傅光明、柳燮辉、龙莉萍（女）、孟怀江、傅正明、林固、骆重远、邹绍滨、叶上孝、陈庆庆、李孝镐、秦翼鸿、王孝祥、周文元（女）、李质怡（女）、陈全友、杨宏波、荣跃远、张瑞琪（女）、龙世清、乔光锦、罗贵芳（女）、雷玉田、曾兴邦	社重庆市委	1994年1月8日
2002年度积极支持社市委集体提案工作先进个人（25人）	刁晓明、王筱欣（女）、王蔚刚、江义齐 、刘孝仲、孙顺强、陈义华、张建平、邹建华、李忠幸、李奔波、陈思成、李昱（女）、李航、周令国、罗晋川、屈谦、胡昌健、席庶琼（女）、梁先成、温永玲（女）、童明伟、蒲勇健、蔡汝哲、谭强	社重庆市委	2003年4月

续表

荣誉称号	获表彰名单	表彰单位	表彰时间
2003年度积极支持社市委集体提案工作先进个人（23人）	于华、王华、王旭东、王菊敏（女）、王筱欣（女）、勾琼（女）、刘云艳（女）、刘静涛（女）、肖红娅（女）、陈义华、李花（女）、杨明清、张川、张志勇、周建、罗晋川、屈谦、柳恩梅、黄爱龙、徐宗俊、徐嘉红（女）、黄雅珍（女）、谭强	社重庆市委	2004年3月
2004年度积极支持社市委集体提案工作先进个人（30人）	于华、王力军、王念伍、王炯、王梅（女）、王筱欣（女）、刘云艳（女）、刘忠俊、刘静涛（女）、陈义华、邱道持、李花（女）、李廷荣（女）、李昱（女）、杨明清、杨晓碧（女）、张牛、张永安、张素英（女）、罗晋川、柳恩梅、郭劲松、郭科社、唐俐（女）、徐嘉红（女）、黄华、黄爱龙、梁先成、臧书渝（女）、黎昌礼	社重庆市委	2005年3月
社务工作积极分子（21人）	唐光武、王禾（女）、潘海容、漆洪波、阎鸿鑫、侯渝嘉、余国东、胡翔、徐泽（女）、张烈、周守昌、彭扬烈（女）、桑汉英、董钢峰、王念五、杨玲（女）、李进军、朱利泉、马鸣图、袁野、沈文英（女）	社重庆市委	2005年8月22日

续表

荣誉称号	获表彰名单	表彰单位	表彰时间
优秀社员（100人）	尤玉琳、王芳（女）、冉隆华（女）、刘庆（女）、刘珍茂、张利（女）、李昱（女）、李晓艳（女）、杨甦、林进、罗玉琳（女）、罗明全、胡昌健、贺开平、赵万蓉（女）、赵苏利、夏敏（女）、阎洁（女）、魏心跃、王禾（女）、王浩（女）、王尉刚、余衍漪（女）、李登信、陈兵奎、周小敏、罗丽虹（女）、赵艾叶（女）、骆万康、袁鹰、郭刚、董钢峰、蒋玲玲（女）、马国强、王旭东、冯小琴（女）、朱利泉、吴涛、张力（女）、周宗兴、董佳（女）、翟步英（女）、蔡岳建（女）、谭强、王梅（女）、刘先荣、刘宜伦、张志勇、李伟、陈洪凯、徐嘉红（女）、康世瀛、温厚鸿、蔡成雄、贺泽荣、张大为、王筱欣（女）、罗晋川、尹华玲（女）、李志刚、刘征宇、韦庆光、陈思荣、周芳雄、孟显智、涂万莉（女）、邹友敏（女）、盛文京、黄为、刘定远、何愉胜、张晓梅（女）、李长禄、胡长青、徐小方（女）、黄贤忠、谢维宪、廖建、谭祈彬、曾家元、曾致远、黎昌礼、张小清、赵力、曾朝夕、沈文英（女）、袁野、于婕、马泽勋、甘立澍、刘远良、江义齐、祁志云、余国东、李兰昀、李志伟、周令国、欧盛林、徐泽（女）、黄泓（女）	社市委	2005年8月22日

续表

荣誉称号	获表彰名单	表彰单位	表彰时间
2005年度积极支持社市委集体提案工作的先进个人（22人）	王筱欣（女）、谭强、陈义华、邱道持、柳恩梅、郭钢、李航、黄华、黄泓、康世瀛、徐嘉红（女）、陈仕江、王浩（女）、余涛、朱光俊（女）、李昱（女）、陈悦、张川、杨竹（女）、刘静涛（女）、李花（女）、王波	社重庆市委	2006年3月
2006年度积极支持社市委集体提案工作的先进个人（24人）	王筱欣（女）、王蔚刚、王华、勾琼（女）、田水松、刘静涛（女）、李昱（女）、张志勇、陈义华、陈思成、邱道持、罗玲（女）、周茂林、柳恩梅、夏惠（女）、徐宗俊、郭钢、唐宗、唐俐（女）、黄为、黄爱龙、蒲勇健、蔡汝哲、谭强	社重庆市委	2007年3月
2007年度参政议政工作先进个人（38人）	李航、王炯、张力（女）、黄为、杨荣、丁小中、陈妙凤（女）、张昌伦、林略（女）、王筱欣（女）、刘忠俊、周宗凯、陈洪凯徐嘉红（女）、李伟、王芳（女）、李昱（女）、骆文龙、罗玲（女）、黎昌礼、唐宗、祝向东、张前勇、周茂林、陈悦（女）、谭强、郭钢、唐俐（女）、张永安、周勤、周志（女）、曾康、何洪良、许力心、王波、姚珍薇（女）、王智彪、杨晓碧（女）	社重庆市委	2008年
2007年度信息工作先进个人（2人）	陈洪凯 、靳洁心（女）	社重庆市委	2008年

附　录

一、重要工作报告

九三学社重庆分社第二届委员会工作总结报告

（1953年12月5日）

谢立惠

一、一般情况

自五三年二月第二届分社委员会成立以来，分社在中共重庆市委及社中央的正确领导下，根据国家社会主义建设的形势与需要进行了一系列的工作。首先，分社明确了指导思想，认识到在国家建设时期，应该贯彻巩固与发展相结合的组织方针；着重围绕基层所在单位中心任务进行政治思想工作，帮助同志们继续进行思想改造，搞好岗位工作。根据需要，分社在重庆大学、西南师范学院、重庆建筑工程学院分别建立了基层组织，面对基层组织，加强工作；并逐步改进了对分社机关小组、两个直属城区小组及直属四川化工学院小组的领导。（随着西南大区的撤销，城区两个小组合为一组；后因四川化工学院与成都工学院合并，四川化工学院小组划归成都分社委员会领导）在领导方法上，逐步加强了思想领导与工作的计划性，组织活动渐趋主动。从五四年底开始，分社响应党的号召，领导全体同志参加了宣传辩证唯物主义、批判唯心主义的思想运动。

在加强政治思想工作、帮助同志们搞好岗位工作的同时，分社领导所属组织在党政的统一领导下，积极参加了各项政治运动，进行了各项政治宣传，座谈了国内外重要政治事件，表达了分社正确的政治立场，提高了同志们的政治认识，发挥了社应起的积极作用。特别是自今年开展粉碎胡风反革命集团、深入肃反斗争以来，分社领导所属组织积极投入这个斗争，帮助同志们从思想上划清了敌我界限，批判了麻痹思想，对个别同志存在的反动思想进行了严肃的批驳批判，大大提高了同志们的革命警惕性。

此外，分社组织社员进行了社章和政协章程的学习，帮助社员明确了社和政协的性质、任务以及如何在人民民主统一战线中发挥作用。

二、在团结同志们的岗位工作、进行政治思想工作等方面的主要成就：

（一）教育社员积极接受党的领导；

（二）推动社员继续思想改造，批判资产阶级唯心主义；

（三）教育社员提高认识，保证贯彻执行所在单位中心任务；

（四）帮助社员搞好团结，发挥集体作用。

三、工作上的主要缺点

（一）分社对所属组织的领导不够；

（二）基层领导机构思想领导较弱。

四、工作上的几点体会

（一）坚决接受中国共产党的领导是掌握正确的政治方向、有效开展工作的决定环节；

（二）加强组织教育，坚持思想斗争，才能深入开展批判资产阶级唯心主义的工作；

（三）提高组织教育质量，保证基层贯彻执行所在单位的政治任务；

（四）联系实际，有效地开展批评与自我批评。

五、当前的工作任务

目前，我国正在经历着伟大的社会变革，第一个五年计划的实现已处在决定性的紧要关头，毛主席关于农业合作化问题的报告的发表，更加鼓舞了全国人民的革命热情，全国社会主义群众运动高潮业已到来。在这个新的形势下，我们知识分子的思想改造显然落后于祖国的需要。因此，积极改造思想，以迎接国家建设社会主义群众运动的高潮，对于我们来说，实有头等重要的意义。我们要在党的领导下，在组织的教育下，通过马克思列宁主义的学习与革命实践的锻炼，把自己改造成为劳动人民的知识分子；同时，要密切联系群众，与群众一道，为国家的社会主义建设贡献出最大的力量。现根据当前的形势，结合社的特点，提出下列四方面的任务：

（一）集中主要力量帮助社员学习马克思列宁主义，批判资产阶级思想；

（二）加强思想工作，帮助社员在岗位工作上积极贯彻国家五年建设计划；

（三）提高警惕，增强团结，积极参加反对国内外敌人的斗争；

（四）加强支社组织领导，充实组织生活，进一步巩固及发展社的组织。

为着发挥社的作用，以服务于国家社会主义建设，我们必须朝着这四方面努力。我们相信：在党和社中央的正确领导下，发挥全体同志的力量，必能胜利贯彻执行上述工作任务。

鼓足干劲，争取为四化作出积极贡献

——九三学社重庆分社第五届委员会工作报告（摘要）

（1980年2月26日）

王际强

自1962年1月分社举行第五次社员大会以来，已十八年多了。在此期间内，由于林彪、“四人帮”的极“左”路线，给国家和人民带来了严重的灾难。分社及所属基层被迫停止活动达十年之久，组织和成员受到了严重的践踏与摧残。党中央拨乱反正，并重申了统一战线政策，号召民主党派“活跃起来”。我们响应号召，积极恢复组织活动，于1978年4月成立分社临时领导小组，开始工作。党的十一届三中全会和人大五届二次会议决定，党和国家将工作重点转移到四化建设上来。最近，各民主党派分别召开了全国代表大会，对统一战线和民主党派工作做了进一步的指示，积极响应向四化进军，把我国建设成为社会主义现代化强国，为台湾回归祖国、完成祖国的统一大业而努力奋斗的号召。在这样新的历史条件下，分社召开第六次社员大会，意义重大。

（一）对分社十八年工作的回顾

分社第五届委员会成立时，党和国家提出了“调整、巩固、充实、提高”的方针，克服困难，保证了国民经济的迅速恢复和发展。周恩来总理和陈毅副总理在知识分子工作会议上的讲话，肯定了知识分子的绝大多数都已是劳动人民的知识分子，给我们以很大的教育和鼓舞。

分社采取“神仙会”的形式，进行了坚持社会主义道路、坚持反霸的爱国教育，推动社员在各级党委领导下，积极投入教育革命、技术革命，开展科学研究，提高工作质量，同时，继续进行世界观的改造。

“文革”期间，分社机关被查抄，不少社员被污蔑为“臭老九”“反动学术权威”，受到不公正对待，受到很大的折磨摧残，而且株连家属及子女。尽管如此，广大社员热爱工作、热爱事业，为人民服务的信念始终未变。在经历了一场严峻的考验和锻炼后，有的在科研上成绩突出，贡献显著。1978 年，共 31 人次出席了各级科学大会，其中，全国 2 人次，四川省 7 人次，重庆市 22 人次。还有许多社员，由于贡献突出，在落实政策后，被选拔到重要的负责岗位。

党的十一大和五届人大确定了新时期总任务，号召向四化进军，同时，党大力落实文教、科技、医卫、知识分子和统一战线等各项政策，广大社员受到了极大的鼓舞，认为科学的春天到来了，把自己的专业与才能贡献给祖国的时机到来了，决心跟着共产党进行新的长征。他们的工作成绩，受到有关方面的重视和好评。分社现正举行的为四化服务的成果展览，就反映了同志们的突出贡献。

自分社临时领导小组建立以来，着重抓了下列三方面工作：

（1）学习形势任务，促进革命团结

粉碎“四人帮”以来，革命和建设的发展形势是学习座谈的主要内容。通过深入学习，认识党的路线、方针、政策，继续揭批“四人帮”破坏革命建设、破坏统一战线的罪行，帮助社员认清方向，明确任务。同时，在分社社员中开展广泛调查访问，积极协助党纠正冤假错案，落实政策。分社反映的问题一般都得到了解决，极大地调动了大家的积极性。

（2）推动社员积极为四化服务

自从党和国家把工作重点转移到四化建设上以来，分社响应号召，以推动社员积极为四化服务为工作重点，组织各种活动，交流体会，反映情况，提出意见、建议。在 1978 年 10 月及 1979 年 9 月，分社召开了两次为四化服务经验交流会，给大家以很大的启发鼓舞，受到各有关方面的重视。通过这些活动，大家对于四化这一中心任务更加明确，表示要发奋工作，争取多出成果。

（3）开展基层活动

恢复活动两年多来，分社逐步开展工作。深入揭批“四人帮”破坏统一战线、践踏民主党派和知识分子的罪行，学习宣传党的统一战线政策，学习“长期共存，互相监督”等有关方针。还在社员及所联系的知识分子中开展调查研究，为恢复基层组织活动奠定了基础。所成立的重庆大学支社临时领导小组，是九三学社在全国第一个恢复活动的基层组织。截至 1979 年 6 月，分社所属 6 个基层组织都已恢复活动。

（二）开展工作的主要体会

（1）始终坚持接受党的领导，坚持社会主义道路

接受中国共产党的领导，坚持社会主义道路是我社的一条根本原则。十年浩劫，虽曾引起一些同志的疑虑和消极情绪，但始终没有动摇我们接受党的领导及坚持社会主义道路的信心和决心。在这场空前的浩劫中，一些同志还在本职工作中作出了突出的贡献，值得高度赞扬和认真学习。

恢复活动以来，分社工作上取得的成绩，是在中共重庆市委、社中央的领导下，市委统战部的协助指导下取得的。分社还及时围绕为四化服务组织经验交流，取得了良好效果。

（2）围绕党的中心任务，开展调查研究，进行思想政治工作

分社从实际出发，开展思想政治工作，有下列两方面的体会：

首先，充分肯定同志们的积极性、成绩与经验。结合各个时期的中心任务，了解社员岗位工作的成绩经验、问题与建议，在组织生活中交流启发；同时，社市委与有成绩、有经验的社员反复交换意见，把一些好的做法总结整理成比较系统的经验和认识，并在分社内组织了两次为四化服务经验交流会，起到了互相启发、消除思想障碍、调动社员积极性的作用。

其次，鼓励围绕四化献计献策，发挥党的助手作用。社员的思想比较解放，政治积极性有所提高，在组织内畅所欲言，提出意见与建议。组织活动比较活跃。但是，一些同志们有余悸，经分社鼓励，大家逐渐消除余悸，围绕四化建设提出的意见与建议，受到有关方面的重视，促进了团结，增强了凝聚力，发挥了社组织的作用。

（三）今后的工作打算

目前，我国的四化建设已经取得了良好的开端，安定团结的政治局面已经形成。爱国统一战线也进入了一个新的历史发展阶段，民主党派已是为社会主义服务的政治力量。根据社第三届全国社员代表大会所确定的工作任务，分社今后主要抓下列五项工作：

（1）推动社员进一步投身四化，争取作出更多、更好的贡献

分社社员绝大多数是文教科技医卫工作者，对于实现科学技术现代化、发展文教医卫事业，有责任心和使命感。我国还在发展进程中，与发达国家相比，还有很大的差距。我国的知识分子，特别是文教科技医卫工作者和国家的需要相比，还远远不够。分社社员大多年龄偏大，分社希望同志们老当益壮，充分发挥主观能动性，继续艰苦奋斗，积极为四化培养后继力量。

基层组织活动要立足为四化服务，适当组织专题座谈会、报告会，与各有关方面积极配合，共同促进四化工作，鼓励退休社员继续为四化献余热。

（2）积极参加国家和地方的政治生活，发扬民主，维护法制

遵循四项基本原则，分社要积极参加国家政治生活，认真行使这项民主权利。

现在，党中央已恢复了与各民主党派、无党派人士就国家大事进行民主协商的优良传统。分社要了解社员及所联系群众的意见和要求，特别是文教科技医卫工作方面的意见与建议，为社市委参加协商提供参考。

发扬民主，维护法制，要坚持四项基本原则，划清社会主义民主与资产阶级民主的界限，遵守人大、政府所制定公布的政策法令以及有关的规章制度，维护安定团结的政治局面，确保四化建设顺利进行。

（3）广泛联系，扩大团结

分社要在知识分子中进行广泛的联系，扩大团结。发挥与文教科技医卫界知识分子密切联系的优势，及时反映他们的意见、要求，协助党促进团结，为广开言路、广开才路作贡献。根据党的十一届三中全会公报和人大常委会《告台湾同胞书》的精神，组织开展促进台湾回归祖国的活动。还要为维护世界和平、促进国际学术交流作贡献。

（4）加强学习，继续改造世界观

要努力学习马克思列宁主义、毛泽东思想，学习党的四项基本原则，学习“实践是检验真理的唯一标准”和理论联系实际、实事求是的思想作风，端正思想路线，增强责任感，献身四化。在学

习中，要提倡“彻底敞开，适当分析”，坚持“三自”“三不”。

(5) 健全发展组织，提高组织活动的质量

目前，分社和各基层的组织活动已完全恢复，要坚持“发展为了工作，通过工作发展”的原则，适当发展组织，加强基层组织建设；要分别召开社员大会，建立新的支社委员会。随着分社及基层组织领导机构重新建立，组织活动需进一步开展，要不断提高组织活动质量，保证工作效果；要加强思想建设，在社员中进行党的统一战线政策教育。

群策群力　再接再厉
为社会主义现代化建设作出新贡献

——九三学社重庆市第六届委员会工作报告（摘要）

(1984年5月4日)

李继华

1980年3月分社第六次社员代表大会到现在已经四年多了。四年多来，在党的十一届三中全会和十二大路线指引下，随着党和国家工作重点的转移，开始了全面开创社会主义现代化建设的新局面。

在新的历史时期，爱国统一战线也出现了生气勃勃的局面。4年多来，分社在社中央和中共重庆市委的领导下得到较大的发展，增添了不少新鲜血液，广大社员勤勤恳恳为四化建设服务，社的活动日趋活跃，社务工作开拓了面向社会服务的新领域，并日益受到社会各方面的重视。去年12月，社的第四次全国社员代表大会，对社章作了修改，进一步明确了社的性质与任务，确定了社的工作准则。

分社社员与科技界知识分子有着传统的联系。祖国的四化建设为我市广大社员和所联系的知识分子开辟了大有作为的广阔天地，我们要继续遵循“长期共存，互相监督”“肝胆相照，荣辱与共”的方针，发扬社的光荣传统，贯彻社全国和四川省代表大会精神，肩负起建设社会主义物质文明和精神文明的历史重任。

民主党派的工作也进入了一个崭新的历史阶段。去年社第四次全国社员代表大会选举产生了新的中央领导机构。今年初，社四川省第一届委员会诞生，我省社组织进一步壮大，在此喜讯频传的时刻，依照社章规定，举行重庆分社第七次社员代表大会，意义重大。我们要遵循党的十二大提出的宏伟战略目标，作出新贡献。

分社第六次社员大会以来，在社中央和中共重庆市委的领导下，围绕四化建设中心，努力开拓前进，逐步开创了工作的新局面，做了以下一些工作：

（一）参加国家政治生活，对党和国家的有关方针政策进行协商讨论，反映意见，提出建议

分社社员中有全国人大代表1人，全国政协委员1人；省人大代表2人，省政协委员9人；市人大代表10人，市政协委员38人，总计61人次。他们积极参加国家政治活动，对党和国家的重大方针政策及地方政府的工作、四化建设和人民生活中的重大问题，进行了协商讨论，提出了意见和建议。分社领导参加了对人大、政府、政协人选的民主协商。去年分社负责同志应邀列席了中共重庆市党代会。分社还及时组织了对新宪法的学习讨论，提出了修改意见，行使了民主权利。最近，分社负责同志听了党中央领导同志视察西南和重庆工业时的重要讲话，深受鼓舞。1980年，分社主

委应邀旁听了最高人民法院特别法庭对林彪、江青反革命集团的公开审判。

运用专题调研和座谈讨论方式，对四化建设中的问题积极提出意见和建议，供党和政府参考。1980年党中央发出《关于研究确定适合国民经济发展需要的教育体制问题》的号召，根据社中央的部署，分社组织了广泛的讨论，先后整理出讨论教育体制改革的简报13期，共3万余字，报送市有关部门和社中央，均受到重视。近年来，分社还就医院的制度改革、环境保护与消除污染、山城地下空间的利用与建设、重庆经济体制综合改革，以及高等院校如何带研究生等问题，组织召开了多次专题座谈会，并提出了有益的意见和建议，受到有关方面重视。最近，又组织部分科技界社员对世界新技术革命与我国社会主义现代化建设的关系问题，进行了探讨性的座谈。

（二）推动和帮助社员学习马列主义、毛泽东思想，学习党的路线、方针、政策和时事政治。

分社结合党在各个时期的中心任务，帮助社员学习马列主义、毛泽东思想，学习党的路线、方针、政策和时事政治，推动社员进行自我教育。几年来，组织学习了党的十一届三中全会和党的十二大文件，以及《关于建国以来党的若干历史问题的决议》；学习历次全国人大、政协会议的重要文件、新宪法和政协章程，以及中共中央领导同志的重要讲话。通过学习，澄清了模糊认识，增强了维护四项基本原则的自觉性。通过学习《邓小平文选》，加深了对建设有中国特色社会主义的认识和理解，提高了对新时期统一战线的认识，激发了建设四化的积极性。此外，还多次组织社员参观我市城乡改革的建设成就，加深了对新形势的认识并受到了教育。

（三）推动社员努力为四化建设贡献力量

几年来，广大社员在教学、科研、生产等工作岗位上，都取得了可喜的成绩。据统计，分社社员出席全国科学大会的2人次、获得大会表彰奖励的4人次；出席省科学大会的9人次、获得表彰奖励的5人次；出席市科学大会的23人次、获得表彰奖励的11人次。还有2人次获得中央部级奖励。

几年来，分社社员中，29人被评为市级以上先进个人，2人任国家科委学科专业组组员，3人任国务院学位委员会学科评议组成员。共135人次担任全国、省、市各级各类专业学会名誉理事长、理事和秘书长。江泽佳、许香谷、刘宜伦、乐怡然、许香穗、陈启高、朱可善、徐家宝、尹培桐、李宗明、刘约翰、毕婵琴、郑超群、宋本仁等出国讲学、考察、访问和参加学术会议，其中有的还担任国家出国学术代表团团长，有的还作为国家代表参加友好国家的学术活动，为祖国争得了荣誉。分社邀请他们向社员和所联系的知识界人士介绍观感、收获和体会，使大家开阔了视野。

四年多来，结合社员的思想、业务实际，分社召开了4次社员为四化服务经验交流会。重点推选了40名在业务工作上取得一定成果的社员，交流从事教学、科研、医疗工作，参加农业咨询服务，培养接班人和开展社会主义精神文明教育等方面的先进事迹与经验体会，受到社员欢迎。其中刘约翰、陈启高、施白南、韩惠卿、裘明华、于不凡、宋国昌、杨宗义、段绪铮等在社中央和省、市政协的有关会议上介绍了经验，获得好评。

1980年，分社第六次社员大会期间，曾举办“社员为四化作贡献展览会”，展出了部分社员自1978年恢复组织活动以来所取得的成就。这些成就凝聚着社员的辛勤劳动，内容丰富，包括学科著述、研究论文、学术报告、科技调查资料、统编教材、专业翻译、工程设计及模型、科研成果图片、文艺创作等方面的先进事迹和材料，以及各类奖状、奖章、奖品等370多件，受到社员的欢迎，引起了社会的重视，扩大了分社的影响。

1981年11月，重庆市各民主党派、工商联联合召开了基层工作经验交流会，西师支社和卫生支社在会上围绕四化建设开展社务活动交流了工作体会。分社还介绍了恢复组织活动以来，社员在服务四化建设中的进展情况，起到了互相促进、共同活跃党派工作的作用。

（四）组织社员面向社会开展科技咨询服务

为了发挥我社科技界高、中级知识分子智力密集的优势，积极组织社员面向社会、面向四化，开展了多种形式和内容的智力开发、科技咨询活动，走出了新的工作路子。

组织兄弟分社间的专业对口学术交流活动，向社会扩散智力。1980 年，与昆明分社协作，组织分社医卫界及高等院校的专家 20 余人赴昆明进行学术交流，共举行专题报告会和专业对口座谈会 16 次，参加交流的社内外人士约 1 千余人，扩大了社的政治影响。次年，昆明分社组织十余人应邀来我市进行学术交流，也取得了很好效果。两分社还就如何适应四化建设的新形势开展社务活动交流了体会。

支持社员为农业现代化服务，送科技下乡，满足农村需要。分社社员韩惠卿、张月辉、李友霖、田筱君、施白南等参加市政协组织的“重庆市农业现代化顾问组”的工作。他们不顾体弱有病，几年来坚持深入田间，指导农民栽桑养蚕，制定稻田作物栽培管理规划，传授水库、水塘养鱼和农产品加工贮藏技术，举办技术培训班，讲授科学种田知识，进行技术操作示范。经过顾问组几个春秋的帮助，效益显著。有的社员还去武胜、岳池、合川、涪陵、南充等地县进行农业咨询服务，受到当地领导和农民的欢迎和赞扬。韩惠卿同志还多次被邀请到省、市政协的有关会议上介绍经验，受到热烈欢迎。

举办业余专业培训班，帮助中青年科技人员提高业务水平。分社协助口腔医院支社和第一人民医院支社分别举办了“口腔科理论学习班”“妇幼基础理论学习班”，共培训学员 84 人，受到社会各界的好评。

开展智力开发，支援边疆、少数民族地区和外地的四化建设。根据中央智力支边的协议，为发展云南地区的蚕桑事业，西农支社韩惠卿于去年 7 月赴昆明，在云南农业厅同志陪同下，到楚雄、武定、曲靖、陆良等县开展讲学活动。同时，她还深入工厂农村进行具体的技术指导，历时一月，深受当地党政领导和群众的欢迎和好评。分社应昆明分社的邀请，推荐重庆工业校教师安辉真前往云南玉溪地区举办建筑施工人员短训班，讲授“建筑施工管理”，历时两月，圆满完成了任务。应渡口分社要求，由分社牵线，渡口分社与重庆建工学院协作，在渡口市建立了工民建专业函授站。目前，建院支社正在为渡口市筹办建筑学专业函授班；重大支社许香穗和医卫支社李宋还应邀赴渡口讲学，均受到赞扬。

此外，经分社科技咨询部推荐，南通市电子仪表工业局及南通电视机厂聘请重庆钢铁设计研究院支社李晏普为技术顾问。

主动与近郊区县联系，开展讲学和科技咨询服务活动。分社主动同江北、长寿、巴县、綦江联系，到 4 县开展科技咨询工作；去年应江北县的邀请，组织社内专家毕婵琴、刘方柏、何健村、杨维基向该县医务人员作了有关妇产科、流行性出血热、急腹症及颌面外科等专题报告，听众达 500 多人次；应邀组织重师支社仲兰郁、周树云、聂世茂同志到江北县教师进修学校讲授“学校管理”“德育心理”与“学习心理”等课程，为该县提高师资水平起了积极的作用。

科技咨询服务部还应巴县校办企业公司的要求，同意在技术上扶持创办“渝北金属综合加工厂”，现已达成为期五年的协议。重大支社正在为该厂提供有关技术资料，进行具体指导。

支持退休社员发挥余热，为四化争做贡献。在分社支持下，退休社员、药剂师张昭玉夫妇应邀到重庆中药厂当顾问，帮助药厂解决生产技术问题。经过一年的努力，出色地完成了任务，使面临停产的药厂起死回生，去年产值利润创历史最好水平，荣获全省中药厂唯一的经营管理一等奖。

（五）重视精神文明建设，关心青年一代的成长

分社高校社员响应党和社中央的号召，对青年学生进行“坚持四项基本原则”和“红与专”的教育，帮助青年树立远大理想，做社会主义事业的合格接班人。建院支社李继华应聘为重庆市“红专讲师团”成员，他在建院纪念“五四”青年节大会上，对青年进行爱国主义和革命传统教育；重大支社林衍先、西师支社李滨荪、罗宪君等，结合教学工作，教育青年树立远大抱负，使青年受益良多；自1980年以来，文艺支社叶语深入工厂、机关、学校、街道、部队、企事业单位做报告240多场，直接听众达20多万人次；重师支社余衍漪近年来结合调查研究青少年品德问题，经常向学校、工厂、街道进行“美育”教育，做“五讲四美三热爱”报告100余次，听众超过6万人。他们为社会主义精神文明建设作出了积极的贡献。最近，分社组织医卫界社员45人次参加了我市文明礼貌月活动，在市中区和璧山县开展义诊，1500余人次应诊；同时，还应县人民医院的邀请，开展医疗咨询，深受欢迎。

（六）协助党做好落实知识分子政策的工作

自上届社员大会以来，分社协助党做了大量落实知识分子政策的工作，取得较大成绩。1982年，党中央又提出全面检查落实知识分子政策问题，根据社中央“关于对知识分子政策落实情况开展调查的决定”，成立了调查研究办公室，在社内进行了一次全面调查访问。除对重大支社和其他有代表性的社员进行重点调查外，还直接访问了社员130余人（约占当时社员总数的二分之一），收到反映有关情况的函件30余封，接待社员和社员家属20余人次。召开了两次中年社员座谈会，重点了解中年知识分子的现状和问题。经过近5个月的调查，整理出专题、专案调查材料12件，共2万余字，报送社中央和有关方面研究处理。社员在“文革”中的8件冤假错案，均已得到平反；分社建立以来的3件历史老案，全部平反纠正；1957年被错划为右派的15人，均已复查改正。因冤假错案受到社纪处理的社员均已撤销处分，恢复组织关系。

（七）积极慎重地发展组织，加强组织建设

从1980年开始，分社组织有了较大发展。截至今年2月底，共发展新社员297人，平均年龄54岁。目前分社社员总数已达440人，平均年龄57.6岁，比恢复发展时的65岁下降了7.4岁。基层组织由原来的6个支社、6个直属小组，增至14个支社、16个直属小组。

近两年，科技界知识分子要求入社的势头还在不断增长。分社已先后在重庆煤炭科研所、重庆钢铁公司和重庆钢铁设计研究院建立了基层组织，逐渐打开了分社在科技界发展组织的局面。在发展社员的同时，着手抓巩固组织工作。分社已连续4年每年召开一次新社员学习座谈会，进行入社教育。

（八）开展对台湾同胞、港澳同胞和海外侨胞的联络工作

几年来，分社多次进行“三胞”关系的调查，组织学习全国人大常委会《告台湾同胞书》、叶剑英同志关于实现和平统一的九条方针，以及邓颖超在全国政协的讲话，还邀请市对台办的负责同志作报告，介绍台湾的现状，宣传党的对台工作方针和对台属、侨属的政策，开展了一些活动，反映了同志们的意见、要求和建议，起到了良好效果。有的社员同海外中断联系30余年，通过有关途径，取得了联系；有的社员热情接待了台湾、港澳、海外回国探亲访友和讲学的人士，沟通了国内外情况，加深了对祖国的认识和了解；有的社员借出国参加国际学术活动的机会，主动与港、台同胞，海外侨胞进行联系，介绍祖国情况，宣传党的方针政策，对促进台湾回归、实现祖国统一起到了积极作用。

根据四年多来的工作实践和当前的形势，分社面临的主要任务是认真沿着党的十二大指引的方

向，在中共重庆市委领导下，为实现80年代三大任务，为建设社会主义物质文明和精神文明，继续开创分社工作新局面而努力奋斗。

为此，对下届委员会今后一个时期的工作，提出如下建议：

（1）继续结合形势和党的重大方针政策，进一步推动社员学习马列主义、毛泽东思想，学习《邓小平文选》和十二届二中全会文件，学习胡乔木同志《关于人道主义和异化问题》，加强政治思想工作，在建设社会主义物质文明和精神文明中发挥积极作用。

（2）适应形势需要，发挥我社优势，主动面向社会，继续开展科技咨询服务，为促进我国科学技术现代化贡献力量。

（3）继续协助党和政府进一步做好落实知识分子政策的各项工作，充分发挥知识分子在四化建设中的作用。

（4）推动社员充分利用自己的社会关系和影响，通过各种渠道加强与“三胞”的联系和往来，为促进台湾回归祖国作出积极贡献。

（5）加强组织建设，把做好巩固组织的工作放在重要位置，为开创社务工作的新局面提供组织保证。

（6）加强机关建设，不断改进机关工作作风，使社务工作收到更高的效益。

为适应四化建设形势发展的需要，建议在第七届委员会成立后建立文教、科技、妇女、联络4个工作委员会，以加强与各方面的联系工作，开展一些有关专业活动，作为广泛听取意见和反映情况的渠道。

努力加强自身建设　继续开拓前进

——九三学社重庆市第七届委员会工作报告（摘要）

（1988年9月26日）

何知凡

自1984年九三学社重庆市第七次社员代表大会到现在，已经四年多了。九三学社重庆市委在社中央、社四川省委和中共重庆市委的领导下，在坚持四项基本原则，不断加强自身建设，增强组织活力的基础上，推动社员参政议政，投身改革开放，为社会主义两个文明建设，为统一祖国、振兴中华贡献自己的力量，取得了新的进展和成绩。

四年来，我们主要做了以下工作：

（一）积极参政议政，在国家政治生活中发挥政治协商、民主监督作用

中国共产党领导的多党合作，是我国政治制度的一个重要特点和优点。在历届人大、政协会议中，我市都有不少社员被推选为各级人大代表和政协委员。目前，我市社员中有全国人大代表1人；全国政协委员2人；四川省人大代表3人；省政协委员11人（常委2人）；重庆市人大代表11人（市人大常委会副主任1人，常委1人）；重庆市政协委员35人（常委6人）；区县人大代表9人（人大常委会副主任2人，常委1人）；区县政协委员27人（副主席1人，常委7人）。各级人大代表、政协委员共计99人次，约占我市社员总数的11.4%。他们对党和政府的重大方针政策进行协商监督，积极反映情况、发表意见，认真参加两会的各项活动。提出的议案、提案和批评建议均受到重视或采纳。部分社市委领导和专家还分别担任了市政协的提案、科技、医卫工作委员会的

负责人，他们深入实际，调查研究，积极献计献策。

几年来，社内专家多次就我市的"七五规划"，经济、科技社会发展战略纲要，沿海经济发展战略及我市的对策、精神文明建设方案、住房制度改革、筹建市教委等重大问题，开展调查研究，分别在中共重庆市委和市政协召开的双月座谈会、专题研讨会和情况通报会上进行座谈讨论，发表意见。社市委主、副委还应邀参加了中共重庆市委对有关人大、政协的人事安排的协商酝酿。今年，社市委还组织有关社员座谈讨论中共重庆市委和市政府工作报告，提出修改意见。

几年来，社市委就党和国家提出的关于经济、科技、教育、医卫工作等方面的重大体制改革决定，分别及时召开委员会议，教育、科技工作委员会及部分医卫界社员参加的学习座谈会，深入领会各项体制改革的重大意义，提出意见和建议。如对教育体制改革，提出制定实施细则和法规、增加教育投资、稳定教师队伍和提高师资水平等4条建议；对卫生工作改革，提出要认真研究业余行医问题、重视提高青年医务人员素质、重视医卫部门存在的不正之风以及发挥老知识分子积极性等建议；对科技体制改革，提出信任知识分子、科技人员报酬不合理、科技改革应首先把科技领导机关改好、搞活技术市场需要一批专业化能人等意见和建议。经社市委整理成书面材料，报有关部门，受到重视。

在所在单位党组织的领导下，基层组织围绕本单位的中心工作，积极参加协商对话活动，反映社员的愿望和要求。如西师支社积极参加学校民主党派负责人座谈会、系民主党派成员会；支社还在协助党委落实知识分子政策、配合做学生思想工作和反映社员合理要求等方面做了大量的工作。重大支社在组织生活会和支委会上，对"重庆大学1987至1990年改革与发展计划纲要"进行讨论，在校党委召开的民主党派联席会上提交了书面意见，校领导一致认为意见中肯，为学校的发展当了好参谋。重庆口腔医院支社，就如何搞好该院的医疗工作和医院改革中的主要问题，主动邀请市卫生局的负责同志到支社对话，会后还提交了建议书，局领导表示非常欢迎。煤科分院支社、科技情报所支社、中医研究所支社、重钢支社等基层组织，在本单位党委组织的座谈会上，对本单位每一时期的主要工作，如职称评定、房屋分配、人事安排等进行协商对话，提出了建设性的意见。

（二）坚持推动社员做好本职工作，为两个文明建设贡献力量

我市广大社员在各自的工作岗位上，为发展科技、教育、医卫、文化事业而努力工作。据不完全统计，自1984年以来，我市社员获劳动模范、先进工作者、优秀教师等称号的有318人次。陈重穆、罗诗裕被国家科委授予有突出贡献的国家级专家称号；余衍漪出席了全国各民主党派、工商联为四化服务先进集体、先进个人代表表彰大会。36名社员和3个先进集体先后分别参加了省、市各民主党派、工商联先进集体、先进个人表彰大会。我国首届教师节，苏葆桢、杜少岚被授予四川省优秀教师称号，聂世茂被授予重庆市优秀教师称号。我市社员在科研工作中，成果显著，获国家级科技成果奖29项，省、部级科技成果奖123项，市级科技成果奖108项。如陈重穆等的《群的构造理论》，获国家重大科技成果奖；李继华等编著的《建筑结构设计统一标准》，获国家科技进步二等奖；卢进标研制的《低温搪瓷》，获国家科技进步三等奖。中医研究所支社组成以社员为主的专题科研小组，向该所承包部分科研项目，也取得了可喜的成果。不少社员著书立说，发表了大量的著述和论文，其中不少获得了省、市优秀论文奖。四年中，社市委有8个基层组织的10位同志参加了市各民主党派、工商联举行的基层组织为改革开放服务经验交流会。社市委还参加了市政协举办的四化建设成果联展，展出了以我社政协委员为主的27位社员的成果，展品共300余件，受到了党和政府及社会的重视，扩大了影响。许多社员都是高教、科技和医卫界的骨干，有的已被国家确定为博士、硕士研究生导师和访问学者，为国家培养高层次、高水平的人才。有250名社员担

任各级各类学术团体的负责人，50多名社员出国讲学、考察、访问、援外和参加国际学术会议，为国家争得了荣誉。高校的社员积极投身教育改革，把教学科研同精神文明建设结合起来，既教书又育人，协助学校党委做学生思想工作，取得了较好的效果。我市各大专院校的基层组织，几乎都进行了“教书育人”的专题讨论，不少社员还就此发表论文，在有关会议上交流。西师支社陈重穆、徐国启、李滨荪、苏葆祯、蒋国碧，重师支社董味甘、刘承泽、聂世茂、余衍漪，交院支社罗诗裕，建院支社杜少岚，重大支社许香谷、林衍先、徐宗俊、宗联枝等做了大量工作，取得了较为满意的效果，受到校党委和广大师生的好评。

李继华、叶语、董名山、余衍漪等社员被聘为重庆市社会主义精神文明建设讲师团成员，向广大干部、群众，特别是青年一代进行形势政策教育、“四有”教育、法制教育、科普教育、革命传统教育，为推动我市社会主义精神文明建设作出了贡献。社市委十分重视开展社会主义精神文明建设的宣传教育活动，分别在市中区、沙坪坝区、北碚区和南岸区组织了有关精神文明建设报告会。文艺支社叶语受社市委委托，积极参加这一活动。社的一些基层组织也邀请叶语做报告，深受欢迎。自1980年以来，叶语围绕社会主义精神文明建设，在我市及省内部分市、县共做报告340余场，听众达30万人次，在社会上产生了广泛的影响。重师支社余衍漪几年来举办美育讲座、训练班，撰写论文，出版专著，在我市厂矿、机关、学校、部队、街道做美育宣传讲演报告共169场，听众达68100多人。她还以“人民教师的职业道德”为题，在我市做报告91次，听众近2万人，为我市精神文明建设做出了贡献。口腔科专家蒋祝华生前积极工作，死后将遗体捐献国家。情报分所支社阎庆甲捐资2000余元为家乡办学。重师支社董味甘等赴少管所做失足青年的教育挽救工作。他们为推动社会主义精神文明建设作出了贡献，深受社会各界赞扬。

社市委注重发挥女社员在两个文明建设中的作用。我市有女社员208人，约占社员总数的24.1%。妇委会除在“三八”国际妇女节举行庆祝活动，交流女社员在四化建设中的经验体会，讨论知识妇女在当前改革、开放中普遍存在的问题外，还推荐女社员参加市妇联、市政协的有关会议和活动。林思敏、蒋国碧参加了市政协妇女组、各民主党派和工商联妇委会联合主办的“为改革拼搏，做‘四自’‘四有’新型妇女”演讲会、座谈会，就如何适应四化建设的需要，不断提高女性素质和为四化培养新人发言，受到与会者的赞扬。社市委还推荐了4位女社员为市女性人才研究会理事。

（三）大力推动社员面向社会开展科技咨询服务，充分发挥社市委智力密集的作用

社市委于1983年成立了“科技咨询服务部”。几年来，部分社员在做好本职工作的同时，在社市委的组织推动下和有关单位党委的大力支持下，参加了社市委的各项咨询服务活动，在本市的部分区县、老一辈无产阶级革命家的家乡、涪陵地区的九县一市以及凉山、甘孜、阿坝州和邻近省份开展了科技咨询服务活动，受到当地党政领导和广大群众的欢迎。科技咨询服务部受到省政府，省、市各民主党派、工商联为四化服务表彰会的3次表彰，科技咨询服务部柑橘技术咨询小组被评为先进集体，王孝祥、李晏普等8位社员被评为先进个人。

为开拓民主党派办学的新路子，从1986年1月起，应西南电管局邀请，社市委与重庆电力职工大学联合办学。社市委主委王际强任名誉校长，王孝祥任教务副校长，从重大、建院、重师支社社员中选派教授、副教授参加教学工作。联办两年多，该校的教学、科研、毕业设计、中年教师的进修培养等都有很大进展，提高了办学质量。1987、1988年两届毕业生整体得到很大提高，送培单位表示满意。联办后，多次受到国家能源部和四川省水利电力局等上级部门的肯定。

开展人才定向培养工作。中医研究所支社在市卫生局和所党政领导的重视支持下，以师徒合同

制的方式，为所定向培养人才，支社有7位社员与所内中级医务人员签订培养合同，进行传帮带，使他们的医疗技术有很大提高。

举办短训班，开展讲学活动。几年来，社市委举办科技人员短期专业培训班共10期，培养了建筑施工、经济管理、陶瓷工艺、果树病虫害防治、X光诊断和口腔、妇幼等方面的中、初级专业人员600多人。其中4期是在我省甘孜、秀山及云南楚雄等少数民族地区举办的。社市委还举办了专题学术讲座80余次，主讲社员90余人，听众12550多人；遍及市内9区12县、本省20多个县市及云南、贵州省的部分地区；内容涉及理、工、农、医四方面，包括机械、电子、化工、建筑、蚕桑、经济管理以及柑橘的选种、育苗、栽培等专业。

大力开展科技扶贫工作。几年来，组织专家积极参加支农、支边咨询服务活动，赴涪陵、凉山、甘孜、阿坝、广安、仪陇、蓬安、简阳、云阳等地47次，共299人次，对192个咨询项目进行了考察咨询，取得很大成效。

承担涪陵“长江柑橘带”的技术咨询。1984年，组织社内专家对涪陵地区提出的“建设涪陵长江柑橘带”的设想进行了充分论证。论证资料上报中央农牧渔业部，引起极大重视。之后，社市委专家又建议该地区加强选种工作，并于1986年协助选出了3个优良品种，获得了金杯奖。由此，涪陵市被农牧渔业部列为全国优质柑橘果品基地示范市，获联合国世界银行和农牧渔业部的联合投资，这是该地区建国以来最大的国家建设项目，目前，这一项目还在继续进行。

在简阳县海井乡开展柑橘技术咨询，效益显著。在社市委专家的帮助下，从1985年起，该乡人均收入年年提高，走上了富裕之路。社市委专家还协助该乡一专业户创办“柑橘育苗研究所”。应该专业户邀请，柑研所支社专家唐振尧还陪同他到美国考察柑橘技术。农民自费出国考察一事，在国内外引起很大反响。

帮助少数民族地区解决通讯困难。社市委于1987年帮助凉山彝族自治州建成我国第一条超短波无人值守中继农村电话通讯线路。与重庆无线电厂协作，邮电学院支社承担了这个项目，6次组织专家教授近50人次赴凉山州考察，规划、设计线路，并研制成功了国内首创的超短波无人值守中继机，建成我国第一条采用无人值守中继站的超短波农话通讯线路，节约了大量资金，为山区实现通讯现代化找到了出路。

部分基层组织组织了“为民服务队”，面向社会，无偿为群众看病，开展心理、教育、科技咨询。医卫界的30多名社员在市中区、江北县、合川县和璧山县开展义诊，应诊人数达1500多人次，同时开展了卫生知识和计划生育宣传。社北碚区委组织30名社员上街服务，前来看病和咨询的有300多人次，受到好评。钢院支社利用业余时间，到重庆干电池厂考察，为该厂改善劳动条件、提高经济效益献计献策，受到热烈欢迎。

（四）协助党和政府贯彻落实知识分子政策，代表社员合法利益，充分调动社员的社会主义积极性

社员中的冤假错案及历史老案，均已得到平反或改正。四年来，社市委和一些基层组织，在继续协助党和政府落实知识分子政策，关心社员的工作、生活、子女、住房及职称改革等方面，做了大量工作。有的问题按政策得到解决，有的问题经过解释疏通工作，关系得到协调，使社员感受到社组织的温暖。

社市委于1987年分片召开了中年社员知识分子问题座谈会，广泛听取意见。同时有针对性地访问社内外一些有代表性的中年知识分子，重大支社徐宗俊重点收集了重大中年知识分子的现状和存在的问题。在调查研究的基础上，社市委于1987年推派重大支社的徐宗俊和重庆市第七人民医

院支社的周骥，参加社中央"中年知识分子问题研讨会"，向社中央反映重庆地区社内及所联系的中年知识分子的情况。社中央集中了研讨会的情况和意见，向党中央提出了《关于中年知识分子问题的意见和建议》，受到重视和肯定。

（五）积极开展海外联络工作，为统一祖国、振兴中华服务

社市委联络委员会于1984年和1987年两次对全市社员进行了"三胞"关系的调查，推动社员积极同海外亲友联系，宣传党和政府的有关政策。据不完全统计，有"三胞"关系的社员100余人，其中台属近70人。每年中秋、国庆，联络委员会都要举行联谊座谈会，交流做"三胞"工作的经验体会。社市委还多次邀请政府有关部门负责人宣传对台工作的方针政策，传达全国和省、市对台工作会议精神及接待台胞回大陆探亲的有关注意事项等。

积极支持社员参加祖国统一的活动，鼓励社员利用出国探亲、旅游、讲学和参加学术会议的机会，主动与"三胞"和外籍华人联络，介绍祖国建设情况，收到较好效果。叶语应邀参加台湾旅美学者筹建的有关活动，并任高级顾问。文艺支社社员乔光锦积极参加该组织由美国寄来"海峡两岸鲜花开"歌词，由文艺支社社员乔光锦作曲并指挥重庆市教师合唱团演唱录制成磁带，作为送给该组织成立的礼物；文艺支社社员周蕴华为市台办录制歌曲，供"海峡之声"电台播放；曾在抗战中击落3架日机的情报所支社社员程敦荣，应邀参加了首都航空界纪念抗日战争和世界反法西斯战争胜利40周年大会并讲话，他的讲话录音在"海峡之声"电台播放后，反响良好。社市委还组织社员撰写对台宣传文稿，做好"三胞"接待工作。1986年，推荐社员黄秉来、林思敏参加市政协委员"一国两制研讨班"学习，写出论文，在市统战理论研讨会交流；社员周谟仁还有93岁的老父在台，他填词寄托骨肉思念之情。今年春季，社中央委员、重医支社社员李宗明夫妇接待了其侄原国民党中央社驻东京分社社长李嘉夫妇，为此全国政协还发表了专访李嘉先生的文章，在国内外引起极大反响。此外，还协助台属社员，利用多种渠道寻找亲人。

（六）加强自身建设，充分发挥社组织的活力

四年来，全市社组织有了很大发展。社员从上届440人发展到现在的866人，平均年龄55.6岁，比恢复活动时下降了9.4岁。基层组织从14个支社、16个直属小组增加到23个支社、24个直属小组和一个区级委员会。

思想建设方面，社市委在社员中着重抓两个基本点的教育。通过学习传达党的重要文件、重要会议精神，提高贯彻执行党的路线、方针、政策的自觉性。通过推动社员学习中共中央关于经济、政治、科技、教育改革的文件和关于社会主义精神文明建设的决定，学习中共中央〔1987〕1至6号文件，学习《建设有中国特色的社会主义》和《坚持四项基本原则，反对资产阶级自由化》，使广大社员加深了认识，受到了教育。

今年以来，通过对党的十三大文件和社会主义初级阶段理论的学习讨论，加深了对一个中心、两个基本点的认识。结合传达全国两会精神，社市委组织社员参观了沙区石桥乡的乡镇企业和专业户、重庆钢铁公司、重庆嘉陵机器厂以及市政建设工程长江索道；渝大支社组织全体社员到嘉陵化工厂参观，这些活动增强了社员对我市城乡改革形势的实感，坚定了改革的信念。

社市委把帮助社员学习新时期党的统战理论和方针政策，进一步了解我社与党长期合作的光荣历史和传统作为加强思想建设的一个重要内容。组织学习讨论中共中央《关于新时期党对民主党派工作的方针任务的报告》（中发〔1986〕19号文件），使广大社员深受鼓舞。

发扬自我教育的优良传统，举办新社员学习会。自1980年以来，社市委每年组织一次为期4至5天的新社员学习会，现已举办了8次，约有80%的新社员参加了学习。邀请中共重庆市委统战

部的领导到会宣讲党在新时期统战工作的方针和政策、党与民主党派亲密合作的历史。通过学习，新社员对党与民主党派长期合作、风雨同舟的历史，对十六字方针的精神实质，对社史、社的性质、地位和作用，有了较全面的认识。

《重庆社讯》是社市委的宣传阵地。自1984年改版以来共出刊了19期，传达党和社中央的声音，宣传改革开放的形势，组织专题稿件，报道市和基层的组织活动、社员先进事迹和社员动态等，在社的思想建设中起到了积极作用。

当前，我市社组织正处在新老交替的过程中，加强组织建设是社市委面临的一项重要战略任务。四年来，遵照《关于民主党派组织发展问题座谈会纪要》精神，在组织发展中，坚持发展与巩固相结合的方针，重点发展科技界有一定代表性的高、中级知识分子。在我市866名社员中，科技界占44.2%，高教界占38.1%，医卫界占10.6%，其他占7.1%，体现了我社的特点。新社员大多是具有一定代表性的中年骨干，政治素质和业务素质都较好，为社组织增添了生机和活力。

切实加强领导班子建设。按照社中央关于引进新人解决领导班子老化问题的原则，1986年底，在社市委七届九次委员（扩大）会上，增选罗诗裕等5人为社市委委员；在第十次全委会上，增选杨宗义为社市委常委。经主委会讨论决定，先后任命杨宗义、黄秉来为社市委副秘书长，充实了领导班子和工作班子。

加强基层组织建设。各支社、直属小组于1986年完成了换届改选工作，基层领导班子基本实现了新老合作交替。现有基层干部136人，平均年龄从换届前的61.4岁下降为50.1岁。同时，还采取以会代训的方式，做好干部培训工作。以会议和纪念活动的形式，及时传达学习中共中央、中央统战部和社中央文件及领导同志的重要讲话；推选骨干社员到社会主义学院学习，以提高社务工作水平。

基层组织活动的形式也有所突破。除组织社员参加本单位的学习讨论外，许多基层组织开展了横向互访活动。或交流社务工作经验，或总结介绍教学、科研成果，或商讨科技领域中的有关具体政策，或研讨共同关心的中年知识分子问题，或开展联谊活动，丰富了组织生活内容，增强了凝聚力。

为协助基层组织开展好社务活动，组织机关干部分别深入西师、重师和中医研究所三个支社，就组织发展和组织活动、领导班子状况、合作共事关系、社员的基本思想状况以及有关知识分子工作、生活等方面的问题，进行了全面调查了解，密切了与基层组织的联系，受到普遍欢迎。这一工作今后还将继续进行。

经社中央同意，社市委于今年上半年在社员较为集中的北碚区建立了我市社的第一个区级委员会。社北碚区委在中共区委的领导下，积极推动基层组织围绕本地区的中心工作开展活动，在政治协商、民主监督中发挥社区级组织的作用。社市委还计划在沙坪坝区、市中区筹建社的区级委员会。

加强机关建设。社市委机关具有联络、协调、参谋、服务等重要功能。首先坚持机关定期的政治理论学习制度，鼓励中青年干部业余自学，安排参加电大学习和普法学习；其次是改变机关工作作风，明确机关干部分工和岗位职责，要求干部定点定期下基层，深入基层，为基层服务，为广大社员服务。除每周一次工作会议外，还实行月工作汇报制度，机关工作效率有所提高。

几年来，还加强了社史资料的搜集整理工作。现已初步完成重庆市《党派志》中的九三学社部分。根据市年鉴编委会要求，撰写有关社市委的词条，现已完成1986、1987年的年鉴撰写任务。

回顾社市委过去四年来的工作，虽然取得了较为满意的成绩，但离党和人民以及社员同志们的要求还有一定差距，为适应中共十三大以后的形势发展，建议在第八届委员会产生以后，着重抓好以下六个方面的工作：

（1）进一步组织社员认真学习贯彻党的十三大精神，以党的社会主义初级阶段理论和路线为社务工作的根本指导思想。

（2）不断提高参政议政水平，积极发挥政治协商、民主监督的职能。建议在社市委机关设立研究室，就高教、科技、医卫改革等问题开展调研，为参与政治协商、民主决策提供科学依据。

（3）推动社员积极做好本职工作，解放思想，投身改革，为两个文明建设做出新贡献。

（4）充分发挥社市委智力密集的优势，继续面向社会，开拓智力支边服务的新局面。

（5）紧密结合统一战线的新形势、新格局，继续做好“三胞”联络工作，为祖国统一大业服务。注意做好“三胞”第二代、第三代的工作，为引进资金、人才和科技做出贡献。

（6）坚持四项基本原则，把加强自身建设作为一个长期任务。进一步加强思想建设、组织建设和机关建设，组织好各工作委员会的活动，发挥其参谋作用。

我们相信新一届社市委必将进一步开创我市社务工作的新局面。

坚持中国共产党领导的多党合作和政治协商制度 为承担参政党的历史使命而奋斗

——九三学社重庆市第八届委员会工作报告（摘要）

（1992年1月25日）

何知凡

九三学社重庆市第八届委员会成立三年来，在社中央、社省委和中共重庆市委的领导下，团结全体社员，认真学习和贯彻《中共中央关于坚持和完善中国共产党领导的多党合作和政治协商制度的意见》（以下简称《意见》），致力于自身建设和参政议政双重任务，为社会主义两个文明建设，促进祖国统一大业，积极开展工作，取得了一定的成绩，作出了应有的贡献。

（一）认真学习贯彻《意见》，坚决接受中国共产党的领导

社市委八届委员会将学习和贯彻中共中央《意见》作为重要任务，采取积极措施，作了专门部署。

在全委（扩大）会议通过的决议中指出：《意见》是中国共产党和各民主党派必须共同遵守的行动准则，是指导我国多党合作和民主党派工作的纲领性文件。社市委及时召开各种层次的会议，认真学习领会《意见》精神，并及时发出学习《意见》的通知。广大社员开展了学习讨论，20多个基层组织向社市委书面汇报了学习情况。有的基层组织主动与所在单位党委共同研究有关学习贯彻《意见》的安排，邀请党委负责人作学习辅导报告，和支社同志一起座谈，收到良好效果；有的基层组织采取制定长期学习计划与组织专题讲座结合的方式，加深对《意见》精神实质的把握；有的基层组织还结合贯彻落实《意见》精神，针对所在单位的一些重要问题，广泛听取、及时反映群众意见，受到单位党组织的好评。《重庆社讯》全文转载了《意见》，并开辟学习专栏，社市委主委、副主委及部分委员带头写学习心得，起到了推动和引导作用。通过学习，广大社员进一步认识到，中国共产党领导的多党合作和政治协商制度，是我国的一项基本政治制度，是符合中国国情的社会主义政党制度。我国的多党合作必须坚持中国共产党的领导、坚持四项基本原则。这是中国共

产党同各民主党派合作的政治基础。充分发挥民主党派的参政议政和民主监督作用，对于推进社会主义民主政治建设、保持国家长治久安，具有重要意义。

九三学社主要创始人、社中央名誉主席许德珩不幸于1990年2月8日逝世。为表示对许老的深切怀念，社市委八届五次全委（扩大）会议决定：号召全市社员要以学习许老的革命精神作为学习贯彻《意见》的重要内容，继承和发扬社的优良传统，坚定不移地接受中国共产党的领导，与党和衷共济，并肩战斗，为建设有中国特色的社会主义伟大事业而奋斗。

（二）努力参政议政，积极履行参政党的历史职责

三年多来，社市委立足民主党派参政的基本点，坚持民主监督的总原则，在发挥参政党职能方面，迈出了新步伐，主要体现在以下五个方面：

1. 积极参加我市重大问题的协商讨论

几年来，多次组织社内专家学者，就科技兴渝、“重庆市社会经济发展十年规划”和“八五计划”、改善市内交通状况以及知识分子的现状与待遇等重大问题进行调研，在中共重庆市委、市政府和市政协的专题研讨会上参与讨论，提出建议，受到了重视。

经中共重庆市委、市政府与社市委协商决定，社市委和市科委、市教委、市卫生局建立了对口联系关系。

2. 充分发挥我社社员在人民代表大会和人民政协中的作用

我市社员中有全国人大代表1人，全国政协委员2人；四川省人大代表3人，省政协委员12人（常委2人）；市人大代表12人（人大常委会副主任1人），市政协委员37人（副主席1人、常委6人）；区县人大代表7人（其中常委2人、副主任1人）；区县政协委员53人（副主席4人、常委10人）。共有各级人大代表、政协委员111人，占全市社员总数的10.2%。

我市社员中人大代表和政协委员积极参加“两会”活动，广泛听取群众意见，反映民情民意，维护人民利益，对贯彻执行党和国家的方针政策及群众普遍关心的问题，提出意见、建议，普遍受到好评。1991年的两会上，共提出提案27件、议案24件。1991年5月，丁小中、温厚鸿、侯厚垣、杨光许被评为重庆市人民代表先进工作者，受到表彰。温厚鸿在市人大十一届四次会议“科技兴渝”专题审议会上，以“依靠科技进步，促进我市经济发展”为题做了发言，提出了具体建议，受到大会重视。

社市委还多次召集社员中的政协委员和专家学者，对本市的大政方针进行研讨，并在政协有关会议上提出。如社市委常委、市政协副主席徐宗俊，在1990年和1991年的市政协常委会上，就《重庆市“八五”计划和十年规划》和《改造、振兴重庆老工业基地规划》做书面发言，受到重视。每年我市“两会”召开前，社市委都要组织讨论市政府、市政协的工作报告，提出修改意见和建议。

发挥社基层组织的作用。在市政协九届四次全会上，社市委集体提案《对重庆市区交通发展的初步建议》就是在重庆公路研究所支社的组织下，由社员杨宏波深入调查研究后提出初步方案，经支社讨论研究，再由社市委邀请专家充分论证形成的。该提案受到市政协及有关部门的高度重视，《重庆政协报》做了专题报道。市建委对提案专函答复，表示将在城市交通规划、建设、管理中予以采纳，逐步分期实现。

3. 推荐社员到政府部门任职，参加政府及司法机关的有关工作

近年来，社市委推荐了一些优秀社员到政府有关部门任职和参与政府司法部门的工作。社市委原秘书长黄秉来，现任市监察局副局长；重庆社科院小组负责人孙启祥，现任市政府参事室副主

任；社沙区委副主委秦翼鸿，社九龙坡区委委员贺泽荣，受聘为市政府参事；社市委副主委、大渡口区政协副主席王远诚受聘为市特约监察员；社市委委员、九龙坡区政协副主席温厚鸿受聘为市特约检察员；社市委委员徐磊受聘为市税务局特约监督员；煤科分院支社张玉竹受聘为市特约审计员；社北碚、沙坪坝、九龙坡等区的部分社员被聘为区政府有关部门的负责人、区执法监督员、监察联络员、警风监督员、税务监察员等。经社市委推荐到政府部门任职的同志，认真贯彻党的方针、政策，努力工作，勤政廉洁，密切联系群众，做出了成绩，发挥了党派成员的作用。黄秉来任市监察局副局长以来，成绩显著，受到党和政府的表扬。

4. 加强各专门委员会工作，发挥社组织的群体优势

本届社市委设置了文教、科技、医卫、联络、妇女和老龄社员等6个专委会。两年来，各专委会积极开展活动，为社市委参政议政提供了许多有价值的意见和建议。如1991年“两会”前，召开了文教、科技和医卫3个专委会（扩大）会议，对科技兴渝、能源建设、医疗制度改革、发展教育等重大问题进行了调研，为社市委和社的人大代表、政协委员拟定议案、提案提供了依据。妇委会以“四自”为主题，积极推动女社员为两个文明建设作贡献，提出的关于“性病防治”和“合理改变女同志退休年龄的规定”等建议，得到有关部门的重视和采纳。联络委员会在加强海外联谊、促进祖国统一方面，老龄社员委员会在关心老龄社员身心健康、为他们发挥余热创造条件等方面，都做了许多工作，取得了一定成绩。

5. 坚持四项基本原则，维护安定团结的政治局面

1989年，社市委坚决拥护邓小平同志讲话，并向基层组织发出了《关于学习邓小平同志接见首都戒严部队军以上干部时讲话的通知》，要求认真联系实际，学习领会讲话精神，把思想统一到邓小平同志的讲话上来，为稳定安定团结的政治局面做出贡献。社市委在八届五次常委（扩大）会议和八届三次全委（扩大）会议上，深入学习座谈了邓小平同志讲话，要求大家同党中央在政治上保持一致，发挥社的优势，积极协助党和政府做好社员及所联系群众的思想工作。在这期间，广大社员坚守工作岗位，经受了考验，为稳定大局做了大量工作。特别是社重大、建院、西师、西农、交院、渝大、重师、重医、重邮、钢专、煤校等基层组织和社员积极主动配合校党委对学生做耐心细致的疏导工作，对稳定学生情绪、为维护安定团结发挥了民主党派独特的政治思想教育作用，受到了所在单位党政领导的好评。

（三）发挥我社优良传统，切实搞好自身建设

1. 加强思想建设，收到了良好效果

社市委把组织广大社员认真学习江泽民同志讲话作为搞好思想建设的首要任务。1989年10月，号召全市社员认真学习江泽民同志在庆祝中华人民共和国成立40周年大会上的讲话，把学习讲话同深入学习中共十三届四中全会精神结合起来，要求认清形势、坚定社会主义信念、坚持正确的政治方向；1990年5月，社市委组织基层组织学习座谈江泽民同志在首都青年纪念“五四”报告会上的讲话，并着重学习座谈讲话中对爱国主义和我国知识分子的使命的论述；1991年7月，及时转发《社中央关于学习江泽民同志在庆祝中国共产党成立70周年大会上的讲话通知》，要求在学习讲话的同时，结合学习丁关根同志《坚持和完善中国共产党领导的多党合作和政治协商制度》的文章，通过学习讨论，进一步明确了建设有中国特色的社会主义经济、政治和文化的基本要求，增强了反对资产阶级自由化、反和平演变、坚持党的基本路线的自觉性。

为加强形势教育和时事学习，组织了专题报告会。1990年5月，为配合“坚持党的领导，坚持社会主义道路”的学习，邀请重庆社科院哲学所所长王进和社市委副主委侯雪岩分别就“东欧形

势”和“苏联见闻”做报告；在每年全国“两会”后，都及时邀请社市委出席全国“两会”的江泽佳、许香谷、刘宜伦传达两会精神；1991年6月，海湾战争之后，邀请社员巩光临做《现代微电子与高科技发展》的专题报告；1991年9月，与农工、民进市委联合组织形势报告会，邀请市政府顾问、市社科联主席刘文权做“关于苏联形势”的报告。这些报告会深受社员欢迎，有助于社员更好地认清形势，明确任务，对加强思想建设起到了一定作用。

重视办好《重庆社讯》，发挥社讯在思想建设中的作用。自1988年换届以来《重庆社讯》，已出刊11期，更新了版面，增辟了新栏目，拓宽了稿源渠道，内容充实，质量有所提高，受到社员的欢迎。

2. 坚持不懈地推进组织建设工作

三年多来，全市社员人数已由1988年的866人增加到现在的1087人，平均年龄约56岁，比上届有所降低。其中，科技界占52%、高教界占31.5%、医卫界占11%、其他占5.5%；女社员298人，占社员总数的27.4%。现有3个社区委、34个支社、19个直属小组。社北碚区、沙坪坝区、九龙坡区三个区级委员会于1988年先后建立以来，在中共区委的领导下，在参政议政、组织建设、为本地区的经济建设服务等方面，都发挥了较好的作用。我市现有老社员101人，他们都是1956年底以前入社的老同志，多年来为社的发展与建设作出了重要贡献，有的老同志至今还在为社组织服务。今年9月3日，是我社成立40周年纪念日，社市委在北碚、沙坪坝、市中区分别召开了老社员座谈会，向他们致以崇高的敬意和亲切的问候，听取了他们对社务工作的意见和建议。

1988年换届以来，举办了两期新社员学习会，对新社员进行统一战线和社章、社史教育。

3. 加强领导班子建设，提高思想素养和工作能力

共组织社市委委员和常委17人次参加市社会主义学院举办的“民主党派市委委员研讨班”“民主党派和工商联市委常委及区县主副委研讨班”等学习。根据工作需要及时引进新人，充实领导班子。经社市委十一次常委会和七次全委会决定，增选丁小中等6名社市委委员，增选社市委常委侯雪岩为副主委，增选王远诚为社市委常委、副主委。

1990年初，各基层组织换届改选工作顺利完成，共选出基层干部175人，平均年龄53.9岁。新的基层领导班子有较高的政治素养和较强的工作能力。

为协助基层组织开展社务活动，社市委机关干部定点联系基层组织，参加基层组织生活。社市委还通过以会代训的方式，对基层干部进行培训，先后选送了80余名基层干部参加重庆社会主义学院民主党派骨干培训班，系统学习时事政治、马克思主义哲学和统一战线基本理论，提高了对爱国统一战线和民主党派性质、任务与作用的认识。

4. 总结成绩，表彰先进

1990年8月，在纪念我社成立45周年之际，隆重召开表彰大会，表彰了15个先进基层组织、82位优秀社员。1989年12月，在四川省各民主党派、工商联为四化服务先进集体、先进个人表彰大会上，社市委又有10位社员受到表彰。表彰活动对加强社的自身建设、增强凝聚力，起到了很好的作用。

5. 加强社市委机关建设

通过学习培训，提高机关干部的政治素质和业务水平，树立为基层、为社员服务的思想；改进机关工作作风，建立和完善机关各项制度，努力提高工作效率；发挥机关支社的作用，积极推动机关各项工作。

（四）调动广大社员的积极性，为四化建设努力作贡献。

本届社市委在这方面主要抓了以下三件事：

1. 推动社员立足本职，多做贡献

广大社员立足本职，努力工作，做出了突出贡献，展现了当代知识分子的精神风貌。

据不完全统计，1988 年以来，我市社员承担了大量科研项目，发表科研著述数以千计，获得国家、省、市科技成果奖 365 项。社员马鸣图是我国自己培养的第一个汽车工业博士，已在国内外学术刊物上发表论文 70 多篇，获得国家发明三等奖和获部、省级科技进步奖 10 余次，获国家级“有突出贡献的中青年专家”称号，1991 年作为有突出贡献的中国博士学位获得者受到中宣部、国家教委、国务院学位委员会和人事部的联合表彰；建院支社赖明，1991 年被评为全国有突出贡献的中国博士学位获得者，又获“霍英东高校青年教师基金”和“国家青年基金”奖。

社员中获得各级劳动模范、先进工作者、优秀教师等称号的同志有 418 人次。西师支社周忠群 1990 年被评为“全国教育系统劳动模范”；建院支社侯雪岩 1989 年被评为“四川省优秀教师”；邮电学院支社李桓 1989 年被评为“全国邮电系统先进工作者”；西南政法学院支社田寿彰 1989 年被评为“司法部先进工作者”；仪表所支社仇永兰 1989 年被评为“国家机械委仪表工业局先进工作者”。

许多社员都是本单位、本系统的骨干，他们或者是本专业学科带头人，或者是硕士、博士生导师；不少社员担任了各类学术团体的领导职务，他们在工作中贡献突出，在国际国内学术界享有一定声誉。

2. 发挥我社人才优势，积极开展科技服务和支边扶贫工作

为响应社中央“开发大西南”的号召，社市委承担了对“黔西南自治州亚热带水果基地建设项目”的开发论证工作。1990 年 8 月组织柑橘专家实地考察，写出了《以脐橙为主的优质柑橘生产基地建设的可行性论证》《香蕉生产基地建设的可行性论证》和《荔枝引种栽培生产技术研究》3 个论证报告。目前，这些项目已被国家科委列入“八五”计划。

为响应社省委的号召，社市委在“九广合作”（社省委与广元市合作）中承担了两个项目。组织有关专家到广元玻璃制品厂和大坝水泥厂考察，签订了意向性咨询协议。

社市委还开展了一些科技服务和支边扶贫工作，取得了较好的社会效益。参加社市委科技咨询服务的社员达 300 余人次。社市委科技咨询服务部 1990 年被国家民委评为“全国民族团结进步先进集体”；1991 年被评为“四川省各民主党派为四化建设服务先进集体”。1989 年，科技咨询服务部副主任潘立斋被全国科协评为“金牛奖”先进个人。三年来，科技咨询服务部开展的主要项目有：帮助云阳锅铧厂开发中锰抗磨球墨铸铁；帮助蓬安县完成锦橙 100 号丰产栽培技术推广；帮助彭水县建成“增产灵”叶面肥厂；帮助石柱县农具厂建成铸铁搪瓷锅车间；参加綦江县石壕、赶水地区梨树增产技改工作；参加綦江县苗乡科技扶贫工程等。

1991 年 12 月，应重庆发电厂邀请，社市委组织社内外能源、环保专家 14 人，对该厂西厂技改问题进行考察，写出了考察报告，供决策参考。

积极支持帮助社区委及基层组织开展科技服务活动。社北碚区委在“科技兴碚”活动中与区红十字会医院签订“医疗技术合作协议”，由市九院支社帮助红十字会医院全面提高医疗质量；李晓等社员帮助缙云山园艺场钻出一口优质矿泉水井，1991 年 12 月，社区委与该场签订了长期合作协议；社沙坪坝区委为科技兴区献计出力，组成由 14 位社员参加的专题调查组，历时 5 个月，写出了《发挥区域科技优势，促进区属经济发展》的调研报告，获得区党政领导的一致好评；社九龙坡

区委在帮助重点乡镇企业发展方面做了一些工作。

3. 做好对外联谊工作，促进祖国统一大业

社市委1989年对有“三胞”关系的社员做了调查了解，据统计，社市委有“三胞”关系的社员170多人，其中台属90余人。社市委适时召开座谈会，传达有关文件，学习座谈党的对台工作方针政策，征求他们对搞好对外联谊工作的意见，请市对台办负责人介绍对台工作情况，组织观看有关台湾建设的资料片。

1989年7月，社市委接待了来渝参观访问的原台湾大学教授尹树生（李登辉的老师）。尹先生对社市委的热情接待深表谢意。

三年多来，社市委还积极支持和组织社员为国内外有关刊物撰写稿件，加强了海外联谊，扩大了社市委的影响。

（五）关于今后工作重点的建议

通过回顾社市委八届委员会的工作，建议在第九届委员会产生以后，着重抓好以下几个方面的工作：

（1）进一步加强思想建设，增强抵制各种错误思潮的能力和反和平演变的自觉性。

（2）加强组织建设，注重素质，继续贯彻巩固与发展相结合的方针，进一步完善参政党机制。

（3）改进领导作风，密切联系群众，维护社员的合法权益，增强凝聚力。

（4）发挥群体优势，不断提高参政议政水平，做好选拔、培养、举荐参政人才的工作。

（5）做好“三胞”联谊工作，促进祖国统一，积极为地方建设引进资金、人才和科学技术。

希望新一届社市委，在党的基本路线指引下，带领全体社员，努力开创工作新局面。

把握大局　发挥自身优势　为振兴重庆作贡献

——九三学社重庆市第九届委员会工作报告（摘要）

（1997年4月20日）

何知凡

九三学社重庆市第九届委员会开展工作五年来，在社中央、社四川省委和中共重庆市委的领导下，以邓小平建设有中国特色社会主义理论为指导，坚持社会主义初级阶段的基本路线，认真贯彻《中共中央关于坚持和完善中国共产党领导的多党合作和政治协商制度的意见》，落实社重庆市第九次代表大会的决议，围绕我市的改革开放和经济建设开展工作，取得了一定成绩。

五年来，主要做了以下工作：

（一）围绕经济建设中心，积极参与政治协商，履行参政议政、民主监督职能

社市委把履行参政议政、民主监督职能作为首要任务，围绕我市党政中心任务和工作大局，调动各级组织和广大社员的积极性，参与政治协商，发挥参政党职能。

社市委领导参加了中共重庆市委、市政府、市政协和市委统战部举行的协商会、双月座谈会、情况通报会、谈心活动，以及学习考察和调研活动共69次。会上就我市的经济和社会发展战略、中共重庆市委和市政府的工作、科技兴渝战略的实施、稳定物价、城市建设、三峡库区移民和经济建设、反腐败斗争、社会治安综合治理等提出了意见和建议。

重视发挥我市社员中的人大代表和政协委员在参政议政中的作用，把参加市政协全委会作为参

政议政的重要渠道和发挥参政议政水平、体现社组织群体作用的重要窗口。在每年“两会”前，社市委多次召集社内人大代表、政协委员，各专委会委员和社内专家，围绕全市的中心工作和群众关心的热点问题进行研讨；同时，广泛征求各基层组织意见，在集思广益的基础上选择专题，形成社市委在市政协全委会上的大会发言材料和提案。五年来，各专委会和25个基层组织为社市委提供集体提案和大会发言材料50件；社市委在政协全委会上共提交集体提案30件，大会发言12篇。社员中的市政协委员共提出个人提案245件。内容涉及科技、教育、医卫、农业、工业、交通、三峡库区建设、环境保护、高新技术开发、反腐败斗争、支边扶贫、重庆“九五”计划和2010年远景规划等。其中，社市委在市政协十届一、二次会议上提出的集体提案《解放第一生产力，振兴重庆经济》《建议各级学校为乡镇企业培养用得上留得住的科技人才，从根本上提高乡镇企业的素质》，受到重视。

社市委在市政协十届一次会议上提出的集体提案《坚持反腐败斗争和加强廉政建设》中的“加强监督检查，保证政令畅通”引起了中共重庆市委、市政府的高度重视，并成为中共重庆市委、市政府领导牵头进行的8个重点调研课题之一；在政协十届二次会议上提出的《关于确保汽车工业成为我市支柱产业》集体提案，被市计委编制的重庆市《工业“九五”发展规划和2010年设想》采纳；在政协十届三次会议上提出的《在反腐败斗争中要进一步加强治本的力度》，受到了中共省、市委的重视和采纳，并被用作当年四川省反腐败工作会的参阅文件；在市政协十届四次会议上的大会发言《建议把消费品生产提高到战略高度》，受到与会委员的欢迎，引起社会各界的重视。

社员中的市人大代表，在人大会议期间共提出议案、建议、质询案150件；在市人大十二届三次会议上提出的《关于成立人民意见征集办公室的意见》已被市政府采纳。由我社代表领衔的议案在市十二届人大会议审议确定的议案中占有相当比例，其中，《关于重庆东风化工厂的扩建必须对人民、对历史负责》的质询案，受到高度重视，市人大、市政府专门召开现场办公会办理。

目前，全市社员中有全国人大代表2人，全国政协委员1人；四川省人大代表2人，省政协委员11人；重庆市人大代表12人，市政协委员34人；区县人大代表14人，区县政协委员49人。其中，市人大常委会副主任和市政协副主席各1人，担任区市县人大、政协领导职务的4人。

注重发挥各专门委员会的作用。几年来，社市委各专委会有计划地开展调研，所选课题紧扣我市政治、经济和社会生活中的热点、难点问题，为参政议政提供了有价值的意见和建议，成为社市委参政议政的参谋部和咨询部。五年来，各专委会主要完成了以下专题调研：《加强高等教育，培养跨世纪人才，目前高等教育存在的主要问题及对策初探》《关于高校师资队伍建设及改善教师待遇的意见和建议》《采取有效措施，全面振兴教育，深化教育改革，发展教育事业调研报告》《关于修改〈重庆市民间办学若干规定〉的意见和建议》《对促进本市医学美容市场健康发展的意见和建议》《关于同种疾病患者医疗（公、自）费用开支情况调查》《加强环境保护，维护市民健康》《进一步做好民主党派人士参政工作的建议》《加强精神文明建设，切实纠正不正之风的建议》。以上调研材料，社市委已在市政协有关会议上提出，或送中共重庆市委、市政府的有关部门，均受到重视和采纳。

推荐社员担任政府部门领导职务和各种特约员的工作有了新进展。现我市社员有2人担任市级政府部门领导职务；4人担任区级政府部门领导职务；5人任市政府参事；19人分别担任市区特约监察员、检察员、审计员及税务监督员、交通稽查监督员、行风建设评议代表等。他们尽职尽责，有的被评为优秀公务员。他们还根据社市委参政议政的要求，对我市改革开放、现代化建设和民主与法制建设等有关问题开展调研，反映社情民意，提出建议，写出调研报告，受到有关单位党政领导的肯定，扩大了社组织的影响。为总结、交流从政社员的工作，社市委召开从政社员座谈会，帮助他们知情出力，为社市委履行参政议政、民主监督职能多做工作。

经过加强联系、通报情况，与市科委的对口联系工作逐年推进，现开始进入了对全市科技工作的协商讨论和推广先进技术的合作以及共同承担科研课题的阶段。

社市委在履行参政议政、民主监督职能时，注重把发挥领导的带头作用和各专委会的参谋作用，社内各级人大代表、政协委员和从政社员的骨干作用，各基层组织的基础作用，以及机关的协调、服务作用结合起来，为建立和完善参政党地方组织的工作机制作了有益的探索，使参政议政工作内容不断深化、领域不断拓宽，渠道通畅，质量逐步提高。

积极开展海外联络工作，促进我市有“三胞”关系的社员加强与海外亲友的联系。江泽民同志《为促进祖国统一大业的完成而继续奋斗》的重要讲话发表后，及时组织部分社员座谈，推动进一步做好海外联谊工作，促进祖国统一。

（二）深入学习建设有中国特色社会主义理论，努力加强自身建设

1. 加强思想宣传工作，办好《重庆社讯》

五年来，社市委把组织推动社员深入学习建设有中国特色社会主义理论作为思想建设的一项长期任务。以《邓小平同志建设有中国特色社会主义学习纲要》为内容，结合学习《中共中央关于制定国民经济和社会发展“九五”计划和2010年远景目标的建议》，增强对建设有中国特色社会主义的共识，加深对中国共产党领导的多党合作和政治协商基本政治制度的理解；组织学习《爱国主义教育实施纲要》，进行爱国主义、社会主义教育；学习贯彻《中共中央关于加强社会主义精神文明建设若干重要问题的决议》，结合中共重庆市委提出的弘扬“爱国、奋斗、团结、奉献”的红岩精神，学习中共中央六中全会决议，参加“弘扬红岩精神，塑造当代重庆人”的活动，提高社员的社会主义思想道德水平；常委以上的领导参加了市委统战部举办的六中全会精神学习班学习；社市委每季度都提出“基层组织生活学习内容的意见”；举办了《高新技术产业和人才培养》《弘扬红岩精神》《台湾海峡两岸的形势》《重庆市经济形势分析》《全国人大、政协会议精神的传达》等专题报告会，其中，社中央副主席王选所做的《高新技术产业及人才培养》报告，盛况空前，产生了很好的影响。

社市委坚持每年举行新社员学习会。1995年9月3日，社市委隆重集会庆祝建社50周年，全市社员参加了纪念大会。社中央主席吴阶平和中共重庆市委、市人大、市政府、市政协的主要领导出席了大会。吴阶平主席、中共重庆市委副书记金烈、社市委主委许香谷在会上作了重要讲话，激励全市社员进一步做好本职工作，努力为两个文明建设做出成绩，在党的领导下更加坚定地走建设有中国特色社会主义道路。社市委为纪念建社50周年，录制了纪念大会电视资料片，出版了纪念专刊，设计制作了纪念章。

《重庆社讯》五年来出刊20期，着重在增强思想性、信息性、可读性上下功夫。及时摘登有指导性的重要讲话或文章，报道社市委参政议政情况，开辟了“弘扬爱国主义精神”“女社员园地”和“我为振兴区域经济献计”等栏目，开展了“我与九三”征文活动和专题笔谈，还专门组织社内专家对社讯进行评议，提高了社讯质量。

五年来，对外宣传报道工作有新进展。社市委为《重庆日报》《九三中央社讯》《政协时报》等报刊组稿、撰稿82篇。重庆电视台、电台报道过4次，扩大了我市社组织的影响。同时还为《重庆百科全书》《重庆年鉴》撰写了“九三学社重庆市委员会”和“税西恒”等词条。

2. 以健全参政党机制为目标，不断加强组织建设

首先加强社市委领导班子的建设。进一步贯彻社市委的各项工作条例和主委会、常委会、全委会会议制度，规范议事规则，贯彻民主集中制。领导班子成员带头学习建设有中国特色的社会主义理论，讲学习、讲政治、讲正气，自觉执行党的基本路线和社的纲领，加强清正廉洁、民主团结的道德修养。

培养和选拔后备干部，建立了后备干部动态名单；推荐社务骨干参加“市级民主党派中青年骨干培训班”和有关研讨班的学习，组织他们参加专委会的活动，为熟悉社务工作和提高参政议政能力创造必要的条件；适时把条件成熟的后备干部推荐到社内外一定岗位上去；在九届八次全委（扩大）会议上，社市委进行了届中调整，增选了社市委委员10名、常委4名，新推荐市政府参事1名、特约员3名。

根据社中央“要以高度的政治责任感，从政治交接的高度认识和处理换届工作”的精神和“团结稳定、积极稳妥”的换届工作方针，社市委为顺利召开社重庆直辖市第一次代表大会、顺利完成换届工作进行了认真准备，制定了选举产生新一届委员会的方案、代表大会代表产生办法、新一届委员会委员推荐程序和选举办法等有关文件。

五年来，社市委召开了两次基层工作会议和两次组织工作座谈会，就如何加强基层组织建设进行了专题讨论，于1993年、1996年顺利完成了两次基层组织换届改选工作，还选送了一批基层骨干到四川省和重庆社会主义学院学习。

组织发展继续遵循“三为主”原则，坚持发展与巩固相结合的方针，坚持发展为了工作和在工作中发展的原则，贯彻执行1996年《各民主党派中央关于民主党派组织发展若干问题座谈会纪要》精神，保证发展质量。

1996年9月，根据国务院关于由原重庆市对万县市、涪陵区和黔江地区实行代管的决定，社重庆市委与社四川省委、社万县市委、社涪陵市委和社黔江地区直属小组进行衔接，对“两市一地”的社组织进行代管。现在，我市有社万县市委、涪陵市委、北碚区委、沙坪坝区委、九龙坡区委、南岸区委筹备小组；重医大和重钢集团公司2个基层委员会，63个支社，18个直属小组；全市社员共1687人。

3. 以健全管理制度、完善工作机制为重点，加强机关建设

几年来，社市委机关建立健全了岗位责任制、干部联系基层、考勤、公文办理程序、财务、车辆管理等制度，对机关干部按《国家公务员暂行条例》进行管理，明确责任，改进作风，加强服务意识。全体机关干部3次参加了我市统一组织的公务员考试，3次参加了社省委举办的机关专职干部培训。

（三）发挥智力优势，支边扶贫和科技服务工作继续取得进展

1. 积极参加“九广”合作

选派社内专家赴旺苍县嘉川镇考察论证；发动全市社员参加“我为九广合作做贡献”活动；向广元嘉川镇推荐的15个项目已落实4项；经社市委专家指导，广元大石水泥厂的产品质量有了提高，材料消耗降低，扭亏为盈；为广元市第一人民医院培训的7名进修医生，现已成为该院的骨干；组织社内茶叶专家与县农业局合作开发的杜仲保健茶已投产，已具有规模生产能力，获“保健茶类金奖”，远销日本等国；同时还帮助该厂开发出“苍山翠竹”“苍山茅峰”新品牌，分别被广元市评为优质名茶和优质茶，获得较好的经济效益；对口支援嘉川镇建立的新型汽车弹簧钢板厂已完成部分土建工程。

2. 搞好智力支边、科技扶贫工作

社市委与市科委以项目形式开展了智力支边、科技扶贫的合作。社市委专家100多人次先后深入綦江县赶水石壕山区举办100多次果树栽培技术培训班，接受培训者达数千人次；对50万株苍溪雪梨进行技术改造，使一批农户走上了富裕之路；协助綦江羊角乡建立50多亩梨树丰产示范园，并进行技术指导，现全乡集中成片定植的1.3万余株幼树长势良好。

根据市政府安排，社市委与市监察局联合扶贫渝北区白岩乡。社内专家应邀对该乡的果树生产进行考察，形成了《渝北区白岩乡水果生产现状及发展建议考察报告》，受到区政府重视，批准白岩乡为渝北区枣子生产基地。第一期工程获得8万元基地建设费，已定植8000余株枣树，前景喜人。由社市委专家参与制订的该乡今后的发展计划已经确定，所需资金将陆续到位，对该地区的扶贫任务已基本完成。

社市委医卫委员会组织考察组，在社黔江地区直属小组的支持下，对黔江地、县、乡、村各级医疗卫生现状进行了考察，并与地、县卫生部门的负责人交换了意见，提出了《发展黔江地区医疗事业，实施医卫扶贫》的方案。

社市委妇委会积极参加四川省各民主党派联合捐资兴办“康定县营官希望小学”的活动，1995年全市女社员共捐资7800余元，受到了社省委的表扬。

3. 适应社会主义市场经济发展需要，积极探索科技服务新形式

在社中央大力支持帮助下，社市委在科技咨询服务部的基础上，相继兴办了重庆九方应用技术研究所、重庆志诚审计事务所和九三建筑设计事务所重庆分所。建筑设计事务所重庆分所已承接工程设计任务达数万平方米；审计事务所目前业务开展正常，情况良好；九方应用技术研究所以推广社员科技成果为宗旨，已推广科技成果7项，完成了一些企业的试验项目和技改工程。

4. 与西南电管局联办西南电力职工大学成效显著

12年来，在社市委组织下，经重大支社的努力，为该校人才培养、学校管理、教学质量、师资水平的提高等做了大量工作，为该校发展作出了突出贡献，受到电力部西南电管局和省、市教委的充分肯定。

进入世纪之交的重庆，正处在一个重要的历史时期。直辖市的设立，标志着重庆改革开放和现代化建设进入了一个崭新的发展阶段，我们要充分认识设立重庆直辖市的深远意义和社市委担负的责任。直辖后，新的市情将给社市委的各项工作提出新的更高的要求。我们对即将产生的社重庆直辖市第一届委员会今后的工作，提出以下4点建议：

（1）积极履行参政议政、民主监督职能，为振兴重庆作贡献

认真总结和交流中共中央〔1989〕14号文件颁布以来社市委参政议政的经验，建立和健全社内参政议政信息工作制度，进一步发挥专委会的职能作用。

（2）努力加强自身建设，提高社员的思想政治素质和参政议政能力

切实加强思想建设，提高社员政治思想素质；继续引导广大社员学习建设有中国特色社会主义理论，增强共识；加强组织建设，要抓住领导班子建设这个关键，进一步完善区级组织的工作机制，加强对基层组织生活和组织发展工作的指导；全面加强机关建设。

（3）开展海外联络，积极为祖国统一事业服务

（4）加大支边扶贫的力度，积极开辟为经济服务新途径

我们有幸处在一个承前启后、继往开来的伟大时代，殷切希望新的第一届委员会，在社中央和中共重庆市委的领导下，为建设新重庆，为团结和带领我市全体社员以新的姿态跨入21世纪，把握大局，同心同德，积极进取，努力开创我社工作的新局面。

坚定信念 不辱使命
努力为重庆改革发展奉献才智

——九三学社重庆（直辖）市第一届委员会工作报告

（2002年4月1日）

黄秉来

各位代表、同志们：

我受九三学社重庆市第一届委员会的委托，向大会作工作报告，请予审议。

五年工作的回顾

1997年4月，九三学社重庆市第一次代表大会选举产生了第一届委员会。五年来，九三学社重庆市委在社中央和中共重庆市委的领导下，坚持以邓小平理论为指导，认真学习党的十五大及各次全会精神和江泽民同志“三个代表”重要思想的重要论述，团结全市社员，以政治交接为主线加强自身建设，围绕我市的改革、发展和稳定，积极参政议政，努力工作，完成了社中央和第一次代表大会提出的各项任务。

一、以政治交接为主线，推进领导班子建设和思想建设

五年来，社重庆市第一届委员会认真贯彻中共中央、社中央有关加强思想建设工作的意见和关于做好政治交接的要求，把提高社员的政治素质和思想道德水平，加强社的领导班子建设作为首要的政治任务。社市委积极开展基本理论、基本路线、基本纲领和爱国主义、社会主义、集体主义、社章、社史及多党合作优良传统等教育，以增强社员对建设有中国特色社会主义的共识，巩固与中国共产党长期团结合作的思想政治基础，同以江泽民同志为核心的中共中央保持一致。

领导班子建设取得成效。社重庆市“一大”后，社市委主要领导参加了社中央和中共中央统战部的培训和研讨班，按社省级组织负责人的要求，不断努力提高政治理论素质、政策水平和组织领导能力。健全主委会、常委会和全委会制度，规范了领导班子议事规则，贯彻民主集中制，认真执行“集体领导、民主集中、个别酝酿、会议决定”这一内部议事和决策的基本制度，为正确决策和班子的团结提供了可靠的制度保证。邀请名誉主委、副主委参加重要会议和重大活动，为做好政治交接搞好传帮带。建立了中心组理论学习制度，并坚持将重要学习内容列入主委会、常委会、全委会的议程，以指导工作。适时进行中间调整，充实领导班子成员，加强领导力量，使结构更加合理。加强社的优良传统教育，我市社各级领导学习继承了我社老一辈领导人把握重大政治方向的政治经验，清正廉洁、作风民主、善于团结的高尚品德。社市委领导密切关注国内外重大事件，及时通过各种渠道表明观点和政治立场，引起有关方面的重视，扩大了社的影响。社市委领导班子的活动，通过简报、纪要、社讯、渝讯等形式及时向基层组织通报，加强社市委领导与基层组织和广大社员的联系。我市社的领导班子建设的加强，为做好社的各项工作奠定了思想基础和组织基础。

认真学习邓小平理论、江泽民同志重要讲话和中共十五大及其各次全会精神。社市委要求我市各级组织和全体社员认真学习邓小平理论和中共十五大及其各次全会精神，并与学习江泽民同志重要讲话结合起来。社市委主委会、常委会带头学习，部分常委参加了中共重庆市委统战部举办的专题研讨班。社市委还通过《重庆社讯》及报刊报道了社内学习的情况，以此推动和指导社各级组织和广大社员的学习。学习中，社市委注意引导广大社员把学习理论与社的工作和自身的思想实际相

结合。社市委认真抓江泽民同志在建国五十周年、人民政协成立五十周年和中共建党八十周年庆祝大会上的讲话的学习，深入领会讲话精神。通过对江泽民同志在建党八十周年庆祝大会上的讲话的学习，进一步提高了我们对中国共产党的宗旨、纲领及其先进性的认识，增强了接受中国共产党领导的自觉性。

开展重大节日的纪念活动。在建国五十周年、中国共产党成立八十周年、改革开放二十周年、五四运动八十周年、中共中央〔1989〕14号文件发布十周年，我市社的各级组织都举行了各种形式的纪念活动，使广大社员接受了爱国主义、社会主义、集体主义和民主与科学精神的教育。

坚持正面引导，坚持形势政策教育学习。积极组织传达学习全国政协和人大“两会”精神报告会；组织了有关香港问题、“东南亚金融危机的发生机制及其影响”“西部大开发和重庆的科技发展思路”“从制度创新看西部大开发”“台湾形势分析”“学习王选精神”等专题报告会，引导广大社员进一步提高认识，科学判断形势，正确认识改革、发展、稳定三者的关系，正确处理全局利益和局部利益、长远利益和眼前利益的关系，正确对待改革进程中出现的各种问题，树立大局观念，增强改革开放的信心，为改革、发展、稳定多做工作。

坚持社的优良传统教育。社市委根据社中央要求，结合我市实际，在社内广泛开展“学社史、学社章、继传统、迎接新世纪”的读书活动，开展了“改革开放与统一战线”“回眸五十年迈向新世纪”等征文活动，倡导认真学习、民主讨论、自我教育、求真务实的好学风，使社的优良传统在社的发祥地重庆得到继承和发扬。为系统地进行社史和社的传统教育，社市委组织编写了《重庆统战政协资料丛书·重庆九三学社》一书。

组织社员学习王选精神，激励社员立足本职，甘于奉献。社市委按社中央要求，几年来深入开展了学习王选精神活动。并结合我市实际，开展了学习王智彪同志的活动。今年初九三社员王选、黄昆荣获“2001年国家科技最高奖”，极大地鼓舞了我市社员，社市委及时召开了座谈会，并向两位获奖者发了致敬电，号召全市社员学习他们为祖国科技教育事业的发展，勤于钻研、勇于创新的精神和优良品质。

对重大事件及时表明政治态度。为抗议以美国为首的北约集团袭击我驻南使馆，坚决拥护支持我国政府的严正声明，组织全市社员认真学习江泽民同志和胡锦涛同志的重要讲话，对以美国为首的北约犯下的罪行表示极大愤慨和最强烈的谴责；组织社员深入揭批李登辉分裂祖国的“两国论”，痛斥李登辉妄图将台湾从祖国分裂出去的图谋，推动社员为实现统一祖国做出积极贡献；在揭批“法轮功”的活动中，我市社员坚决拥护中共中央处理“法轮功”问题的重要决定，坚决反对“法轮功”邪教组织的歪理邪说和一切危害社会安定的行为，一致认为，崇尚科学、破除迷信，是我们以科技界为主的九三学社社员的崇高责任和应尽的义务。

加强调研工作，了解基层社员的思想状况。社市委通过参加基层活动和机关联系基层的工作，了解社员思想状况，倾听他们的意见、建议，反映社员的意见和问题，协助有关单位做好协调关系、化解矛盾、理顺情绪的工作。

加强对外宣传报道工作。五年来，社市委重视社会宣传工作，为《重庆日报》《九三中央社讯》《重庆政协报》《重庆统一战线》《重庆社会主义学院学报》等报刊组稿、撰稿120余篇。在广大社员积极支持下，《重庆社讯》共出刊17期。社市委召开“重庆在西部大开发中的科技需求研究”研讨会，《人民政协报》《重庆政协报》、重庆卫视台等都作了报道。九三学社中央在渝举行的十届十一次中常会，倍受新闻媒体的关注，重庆各报、电视、广播都报道了会议的盛况和有关活动。

二、围绕中心，服务大局，履行职责

社重庆市第一届委员会把参政议政作为本届委员会的工作重点，切实加强领导，明确由主委直接主管，一名副主委协管。五年来，社市委结合我市实际，把握发展主题，围绕我市经济建设和社会进步，突出重点，积极参与政治协商，开展专题调研，抓好政协提案的征集、整理，认真反映社情民意。在履行职责的实践中，不断探索参政议政的新途径，不断拓宽参政议政的新领域，不断提高参政议政的水平。现在，社市委参政议政机制已初步建立，有关工作程序逐步建立和完善。

参与政治协商，积极建言献策。社市委领导多次参加了中共重庆市委、市政府、市政协和中共重庆市委统战部举行的座谈会、情况通报会、专题协商会，学习考察、重大调研及重大社会政治活动，对我市“十五”规划、实施西部大开发、重大人事安排、政府工作以及党风廉政建设和反腐败斗争等问题积极提出意见和建议，认真履行参政议政和民主监督的基本职能。

认真准备市政协提案和大会发言，做到数、质并举。以社市委名义在市政协提出提案和在政协全会、常委会发言，是参政议政的重要渠道。在准备市政协的提案和大会发言的工作中，既要求我市社的各级组织领导带头，又要发挥基层组织和广大社员的基础作用，发挥全市社组织和各专门委员会的整体功能。五年来，社市委在市政协会上提出的提案和大会发言的数量和质量都有较大的提高。在市政协一届一次至六次全会上，社市委共提交集体提案 83 件，受到有关单位和部门的重视。其中《关于大力发展重庆中药现代化科技产业的建议》《关于加强领导干部廉洁自律的建议》《关于培育和发展我市现代物流业的建议》《加强文化创作队伍建设、繁荣我市文艺事业》《关于做好当前移民工作的建议》等 5 件集体提案受到重庆市政协表彰。社市委提出的《关于保护三峡工程重庆库区古代文物和人文景观的建议》及《关于在重庆建立三峡开发银行的建议》，由徐宗俊等全国政协委员在全国政协大会上提出，受到高度重视。五年来社市委共向政协全会提交大会发言 28 篇，分别就《重庆市农业可持续发展必须解决的几个问题》《关于构建与完善重庆市场体系的建议》《把产品创新作为我市产业结构调整的突破口》《抓住西部开发机遇，建好库区黄金水道》《关于培育和发展我市现代化物流业的建议》为题做了大会发言。在政协常委会上，社市委领导就《信息化带动我市产业化》的发言，受到重视和好评。

开展专题调研取得了可喜成果。开展专题调研是参政议政的基础性工作，是确保参政议政质量的需要。五年来，社市委采取与市政协专委会、市政府部门和社的区级组织、基层组织合作的方式，努力开展专题调研工作，重点开展了《西部大开发与政府公共政策研究》《关于信息化带动工业化实现途径的研究》《建立新型银企关系，发挥金融对工业的支撑作用》《关于保护三峡工程重庆库区古代文物和人文景观的建议》《重庆在西部大开发中的科技需求研究》《重庆市加快农业科技成果转化对策研究》《以结构调整为主线，实现我市农业体制创新》《发挥地区比较优势，支持区域特色经济发展》《吸取东南亚金融危机的教训，加强我国金融风险的防范化解》《重庆大气污染及治理措施》等调研课题，除个别正在进行外，均已完成。上述课题中的前四项载入了市政协的调研报告汇编。论文《发挥重庆优势，优先发展重点科技领域，提升重庆在西部大开发中的科技地位》在《交流与协作》和《重庆调研》刊物上发表，并被西部大开发国际研讨会采用。《关于把三峡库区列入国家重庆环境保护重点工程的建设》被作为出席全国政协九届三次会议九三组集体提案提出，受到国家有关部门的高度重视，《光明日报》对此做了专门采访报道。《重庆在西部大开发中的科技需求研究》的调研报告通过市科委专家评审委员会评审，认为“在突破科技发展的观念、体制、机制性障碍等难点有创造性，具有科学性、系统性、针对性和可行性，为重庆市制定新的科技立项和发展规划提供了科学依据”。

组织社内专家为社中央参与主办国际会议拟定论文。社市委组织和约请我市社内从事环保、生态环境、生态卫生、生态农业等方面的专家、教授举行研讨会，为九三学社中央、瑞典国际开发署、联合国儿童基金会主办的2001年11月召开的首届国际生态卫生科学大会暨国际生态卫生技术与产品展示会拟定论文12篇。

我市社员中的市人大代表和市政协委员认真履行职责。在本市社员中，有全国人大代表1人，全国政协委员4人，其中常委1人；重庆市政协委员48人，其中，副主席1人，常委7人；市人大代表12人，其中常委会委员2人；各区县（市）人大代表16人，政协委员124人，其中区人大常务委员会副主任2人，区政协副主席8人。社市委积极支持和推动我市社员中的人大代表和政协委员认真履行职责。我市社员中的市人大代表依法行使管理国家和社会事务的职权，社员中的市政协委员围绕我市经济发展和社会进步建言献策。五年来，社员中的市人大代表共提出议案、建议和意见330件，许多建议得到采纳和实施，部分被列入会议的议案之中。社员中市政协委员五年共提提案627件，质量也较高。在1999年市政协评选优秀提案中，我市社员提案就占13.06%。我市社员中的人大代表和政协委员在履行职责的过程中，对我市的国企改革、大城市带动大农村、三峡库区移民、库岸保护和污染防治、城市基础设施、科研体制改革及反腐倡廉等问题，都提出了许多好的意见和建议，引起了有关方面重视，有的问题已着手解决。

反映社情民意，信息工作取得初步成效。信息工作是本届社市委按照社中央的要求进行的。社市委制定了做好信息工作的有关制度，完成了建档工作，初步建立了社市委信息网络。五年来向社中央、市政协、中共重庆市委统战部等单位、部门共提供了90条信息均被采用。2000年度社市委被社中央评为信息工作先进集体。

与政府部门对口联系取得进展。根据市政府要求，市科委、市建委与社市委建立了对口联系。市农办近来也作为社市委的对口联系单位之一。社市委除与这些部门座谈，听取情况通报，对这些部门的工作提出意见和建议以外，还与这些部门合作，共同承担专题调研课题，取得了可喜的成果，深化了社市委参政议政的工作。

在政府机关担任实职的社员人数有了大幅度增加。由于中共重庆市委、市政府的高度重视，组织、统战部门的努力，经社市委积极推荐，我市社员中先后有5人在市级委、办、局担任领导职务，5人担任市政府参事，2人担任区政府副区长，13人在区政府部门担任领导职务，是我市九三历史上从政社员最多的时期。他们廉洁勤政，与所在单位中共领导成员合作共事，反映良好。

受聘为检察、监察、教育、审计、法院、行评等特约人员，尽职尽责，勤恳工作。现全市共有56名社员担任上述职务，他们在努力搞好本职工作的同时，积极参政议政，反映社情民意，促进有关单位决策民主化、科学化。他们在有关立法调研、执法检查，反腐倡廉、法制宣传的过程中，积极履行了民主监督的职责，受到有关方面的重视和好评。

三、按直辖市的要求，加强组织建设和机关建设

社重庆市第一次代表大会以后，社市委以巩固组织，能担负起政治职责和历史重任，并适应重庆直辖后升位要求的省级地方组织为目标，着力加强组织建设和机关建设。

五年来，社市委全面贯彻执行了社中央关于加强组织建设的有关要求，社的组织在巩固的基础上得到健康发展，社员的结构有所改善，领导班子建设和后备干部队伍建设得到加强，区委、基层组织换届工作和社市委换届筹备工作已顺利完成，为社市委全面开展社务工作、履行参政党地方组织职能，提供了可靠的组织保证。

继续坚持“三为主”的组织发展方针，做好组织发展工作。发展新成员，注重政治素质和代表

性。为了严格把好进口关，按照社章和社中央有关文件的要求，完善了组织发展程序，进一步规范组织发展工作。五年来，发展社员466人，其中女社员201人，高级职称143人，中级职称323人；博士7人，硕士46人；平均年龄40岁。新成员中，有政法、经贸、金融、新闻等方面的优秀中青年知识分子，新成员的年龄结构和专业结构更趋合理。现在全市社员2080人，平均年龄54岁。其中高级职称1040人，占50%；女社员785人，占37.7%。

坚持对新入社社员的教育。社市委组织新社员学习会3期，参加学习200余人。对新社员进行统一战线理论、政策和社章社史的学习教育，使新社员对我社历史和优良传统有全面的了解和较深刻的认识。

指导基层开展组织活动，培训基层干部。为培训基层社务工作骨干，社市委五年来共推荐4位同志参加了中共统战部举办的民主党派干部研讨学习，3位同志到中央社会主义学院学习，38位同志参加了重庆社会主义学院民主党派骨干培训班学习。社市委通过召开基层工作研讨会、基层工作经验交流会等以会代训的形式，组织基层干部学习培训，交流基层工作的经验，同时，定期对基层组织生活学习内容提出安排意见，促进了基层组织活动的开展。我市重医大附属二院支社、重庆三峡农业科研所支社，领导班子团结，组织生活活跃，富有特色，在2000年社中央召开的全国组织工作会议上受到表彰，被授予九三学社全国先进基层组织光荣称号。现全市分布在各区、县（市）的基层组织共有3个基层委员会，84个支社，16个基层小组。

社的区级组织建设取得重大发展。为了适应重庆直辖后社务工作的需要和行政区划调整的变化，五年来，先后成立了社南岸区委、渝中区委和黔江区委；在原社万县市委和涪陵市委的基础上，成立了社万州区委、社涪陵区委。加上原有的北碚、沙坪坝、九龙坡区委，我市已有8个区级组织。这些组织为所在地区的经济发展和社会进步积极参政议政，建言献策，作出了贡献；并积极参与社市委的各项工作，构成重庆市九三学社的重要组成部分。社市委组织召开了社各区级机关和各区级组织社务工作经验交流会，就加强机关建设、切实发挥好机关职能，加强社的区级组织对基层社务工作的领导等问题进行了有益的探讨，促进了各区委工作的开展。

社区委和基层组织顺利完成了换届工作。根据社中央和社市委2000—2001年工作计划安排，社各区委和全市社的基层组织已顺利进行了换届改选工作，一批具有一定代表性、作风正派、政治素质好、热心社务、能团结同志、能与中国共产党长期合作共事、年富力强的同志进入领导班子，挑起了社务工作的重担。同时，各区委经过换届充实了专职干部的力量，加强了区级机关的工作，为今后区委按照社章的规定，充分履行地方组织的职责，创造了有利条件。

后备干部队伍建设得到加强。把后备干部队伍建设作为第一届市委会的重要任务来落实。这项工作为社市委今后换届和顺利实现新老交替、完成政治交接储备了后备干部，以及为社组织向各级国家行政机关和司法机关推荐人才做了积极的准备。社市委明确选拔和培养标准，现已初步建立了社市委人才档案和专家名单，并将逐步建立起动态的、分层次的后备干部名单。同时，社市委还积极为后备干部的培训和提高、健康成长搭建平台，提供实践锻炼的机会，及时向社中央、中共重庆市委统战部推荐有关人员或引进我市社的各级领导班子。

支持社员在岗位工作中做贡献、出成果。我市广大社员继承社的优良传统，将个人的事业与祖国、民族的命运紧密联系在一起，将自己的学识贡献给人民，在各自的岗位上努力工作。据不完全统计，几年来我市社员中获得市以上科技成果奖的共157人；获得省、部级科技奖95人；国家级奖47人。其中，王智彪荣获2000年度国家技术发明二等奖，“九五”国家重点科技攻关突出贡献者称号；谢小军获1999年度国家自然科学三等奖；黄希祜获国家级教学成果一等奖；徐宗俊获国家级教学成果二等奖；蒲勇健获“中国科技创新优秀青年”称号；黄华获“全国科技扶贫先进个人”荣誉称号。

顺利完成社市委换届筹备工作。社市委高度重视把做好这次换届工作作为第一届市委会的重要政治任务来落实。在推荐新一届市委会组成人选时把政治素质放在首位，重学识、更重人品，要求既能自觉接受中国共产党领导，又善于与共产党亲密合作。在社中央和中共重庆市委的帮助下，目前，筹备工作已经顺利完成，为召开社重庆市第二次代表大会奠定了组织基础。

机关建设得到进一步加强。为将社市委机关建设成与直辖市社的市委会工作要求相适应的社省级组织机关，社市委从加强机关思想作风建设入手，在机关中层以上干部中开展了“三讲”教育活动，通过学习、整顿和教育，机关的工作作风有所好转。以市级机关机构改革、实行“三定”为契机，进行职能调整，明确机关的主要职责、内设机构及其职责，确定人员编制和领导职数，进一步建立健全了岗位责任制，修订和完善了财务管理、考勤、公文处理等10多项制度。参照《国家公务员暂行条例》加强对机关干部的管理和考核，通过各种形式的政治理论学习和业务培训，努力提高全体工作人员的综合素质。目前，机关的管理工作有所加强，工作效率有所提高，办公条件有了较大改善。在市级机关的目标管理考核中，社市委机关多次受到表彰。

四、结合实际办实事，开展科技服务和智力扶贫工作

为政府分忧，奉献爱心。我市各级社组织和社员，积极响应社市委的号召，对长江沿线遭受特大水灾的灾区和云南、贵州贫困地区，开展了救灾捐款捐物活动。据不完全统计，全市社员共捐款88200元，捐物6398件，奉献了一份爱心。对云南、贵州贫困地区的捐助活动受到社中央和国家民委的表彰。

积极开展对长岭的对口扶贫工作。根据我市扶贫任务的需要，社市委依托社万州区委，在调查研究的基础上，选定了位于三峡库区的万州区五桥长岭镇为对口扶贫对象。在我社社员重庆树人学院董事长兼院长袁鹰的支持下，设立了“九三奖学金”，帮助长岭镇培养人才。计划用五年时间，让长岭镇移民中贫困家庭的子女（包括少量五桥、涪陵区和黔江区的贫困学生）共100名，免费到重庆树人学院学习，所需学费100万元由袁鹰同志提供。目前，已推荐62名学生在重庆树人培训学院学习。社市委还在该镇设立了“九三图书室”，全市各级社组织和社员共为长岭镇捐书6634册，社中央还捐赠了各类新版图书1581册。社市委、社万州区委，特别是三峡农科所支社、科技支社和五桥支社还定期在长岭镇开展了系列科技服务活动，社市委为长岭镇建立了柑橘母本园，无偿提供优良品种，并协助该镇对11万株落后柑橘树进行了高接换种。在社市、区委的积极推动下，1998年底，全镇成建制地实现了脱贫。

继续开展“九广合作”。“九广合作”是社中央在四川省广元市重点抓的对口帮扶合作项目。重庆直辖后，社中央安排社市委对口支援广元市元坝区。为此，社市委派出了以四川省江津果树研究所支社社员组成的果树专家组，在元坝区举办培训班12次，接受培训干部、群众800人次，在该区开展了620亩苍溪雪梨改造工程，建立了100亩黄花梨矮化密植示范园。果树专家组还同时在社中央对口扶贫点旺苍县双峰村建立了一个优质梨矮化密植示范园。

在綦江羊角乡开展的栽培示范顺利结题。在该乡进行的黄花梨矮化密植速生丰产栽培示范课题进行了3年，涉及4个专业户，面积40亩，经市科委1998年7月鉴定，梨树丰产示范成功，达到了预期目标。

在渝北区白岩乡开展的对口科技扶贫结硕果。白岩乡按社市委派往该乡的由四川省江津果树所支社社员组成的专家组的实施方案和1年、5年、10年的发展规划，先后实施枣子、梨子基地各

500 亩，1998 年产果，每亩收益 500 多元，仅此一项，当地农民每年就增收 20 多万元。

情系山区，参加三下乡服务团。社市委组织社内专家参加中共重庆市委统战部与市级各民主党派联合组织的三下乡服务团，共组织编写科技资料 21 份，赴彭水、黔江和酉阳三个苗族、土家族自治县对 350 多位农民进行了农业科技知识宣传，对 300 多位农村患病群众开展了义诊，受到当地干部群众的欢迎和好评。

支持黔江贫困山区的扶贫助学活动。根据社中央为西部贫困地区老百姓办实事的要求，社市委在对黔江区贫困村进行实地考察的基础上，将社中央的 2 万元拨款用于支持该区开展扶贫助学活动。

理顺社市委与原所办实体的关系。九三建筑设计院重庆分院成立以来，组织社内有关专家承担了我市一些重要设计工程，取得了好的效果，扩大了九三的影响。1998 年以后，根据中共中央和社中央的有关规定，九三建筑设计院重庆分院已和社市委脱钩，重庆至诚审计事务所、重庆九方应用技术研究所先后停办。

积极参加第十三届国际科学与和平周活动。根据社中央要求，社市委通过与社南岸区委在我市科技示范镇——长生镇举办送科技、文化、卫生下乡和法律咨询活动，向公众积极宣传崇尚科学、消除愚昧，宣传科技进步对维护世界和平的重要作用，以提高公众的科学文化素质。社市委和社南岸区委获得国际科学与和平周中国组织委员会、九三学社中央委员会授予的 2001 年度中国第十三届国际科学与和平周活动“特别贡献奖”。

各位代表，同志们：

社市委五年来所做的工作，都是在社中央和中共重庆市委的领导下，在中共重庆市委统战部的指导帮助下，全市社的各级组织和社员团结奋斗的结果。

——回顾五年来社市委的工作，我们之所以不断取得成绩，是因为我们自觉坚持中国共产党的领导，坚持中国共产党领导的多党合作和政治协商制度，积极争取中共重庆市委的领导和市委统战部的支持和帮助；坚持以邓小平理论为指导，认真学习江泽民同志的有关重要讲话精神，保持正确的政治方向，这是我们做好各项工作的最根本的保证。

——五年来的工作使我们进一步体会到，弘扬民主与科学精神，坚持社的优良传统，认真落实吴阶平主席在重庆“继承传统，开拓创新”的题词，重视学习我社老一辈的优良作风，重视社史和社的优良传统教育，在社的自身建设和参政议政等各项工作中紧紧依靠全市社的各级组织，使我们在继承传统中努力做到有所创新，这是我们九三的特点、优势和凝聚力所在。

——五年来的工作也使我们认识到，要做好工作，取得成绩，在提高各级领导班子的素质的同时，必须加强制度建设。要以社章为依据，从领导班子的民主集中制建设抓起，完善学习制度、市委会议事规则，坚持组织发展程序。建立和健全与社市委履行职能有关的提案征集、信息收集、专门委员会工作、专题调研等制度，这既是保证社组织有序运行，也是促进领导班子团结的可靠保证。

五年来，我们的工作也存在着一些不足：按照直辖市社组织的要求和形势发展需要，我们工作还存在着一些问题，主要是深入实际、调查研究不够，工作的新思路、新方法不多；参政议政的基础工作还有待进一步加强；思想宣传工作创新不够，存在薄弱环节；社员的年龄和知识结构还需进一步改善；联系基层和社员的工作有待进一步改进；后备干部队伍的建设还需进一步加强；社市委机关的职能作用还有待进一步发挥。对以上存在的问题必须高度重视，认真研究，不断改进我们的工作。

对今后工作的建议

各位代表、各位同志：

今天召开的社重庆市第二次代表大会，标志着社重庆市委的工作进入了新的发展阶段，今后的任务将更加繁重。国际国内形势的发展对我们的政治素质提出了新要求，对我们如何发挥参政党地方组织的作用提出了新任务，我们自身的新变化对如何加强自身建设提出了新课题。我们面临的重要任务就是要把社重庆市委建设成为适应新世纪要求的直辖市的社省级组织，使重庆市的社组织能继承和发扬我社的优良传统，不断巩固与中共长期合作的政治基础。能坚持社会主义方向，适应时代的要求，进一步提高履行职能的水平，具备较高政治素质，能够经受各种困难和风险，能团结和带领全市社员在中国共产党领导的多党合作的道路上，不断前进。2002 年，中国共产党将召开第十六次代表大会，这将是中国进入全面建设小康社会，加快推进社会主义现代化新的发展阶段的一次极为重要的会议，我市也将召开中共重庆市第二次代表大会。这两个会议将进一步明确我国及我市在新世纪的发展目标和任务，动员和激励我国及我市各族人民继往开来、与时俱进，开创改革和建设新局面。九三学社第八次全国代表大会也将在 2002 年召开，这将对加强我社自身建设，更好地发挥参政党作用，推动我社更加富有朝气、团结奋斗，做好社的各项工作，具有十分重要的意义。

在社重庆市第一届委员会圆满完成历史任务的时候，我们对今后我市社的工作提出如下建议：

一、探索新思路、新方法，把思想建设引向深入

思想建设是自身建设的中心环节。在新世纪，面临开放性、多样性的社会环境和西方意识形态的渗透，面临改革开放的过程中各种社会矛盾的增加，面临社员结构和观念意识的新变化，加强思想建设显得尤为重要。为此，必须继续深入学习邓小平理论、学习江泽民同志“七一”重要讲话精神和第十九次全国统战工作会议精神。要组织好广大社员，学习贯彻将要召开的中共十六大的精神和中共重庆市第二次代表大会的精神，不断提高政治素质，搞好政治交接，不断巩固与中国共产党长期合作的思想基础。对一些敏感性的问题，要释疑解惑，有的放矢地做好思想政治工作和政治引导工作。

要发挥我市作为九三学社发祥地的优势，始终继承和发扬我社在半个多世纪以来形成的优良传统、弘扬民主科学精神，这是我社宝贵的政治财富，我们必须代代相传，发扬光大。要推动社的基层组织深入学习《公民道德建设实施纲要》，要把“爱国守法、明礼诚信、团结友善、勤俭自强、敬业奉献”的基本道德规范作为社内思想道德建设的一项重要内容。要学习我社老一辈高尚的道德风范和严谨求实的科学精神，鼓励社员在岗位工作中作出更大贡献。

对思想建设工作，要多调查研究，积极探索宣传思想工作的新思路、新方法，注重实效。

二、面向新世纪，加强组织建设和机关建设

社的换届是依据社章加强社的组织建设的重大举措。要通过换届加强领导班子建设，使整个班子切实做到素质较高、结构合理、关系协调、团结高效。今后要继续按照组织程序，坚持条件，扩大视野，进一步加大后备干部队伍建设的力度，加强培养考察和推荐工作。

要进一步加强各级社组织的民主集中制建设，使我市社的各级领导班子提高认识，认真执行民主集中制，坚持集体领导分工负责制。切实贯彻执行“集体领导、民主集中、个别酝酿、会议决定”这一内部议事和决策的基本制度。要进一步发挥专、兼职领导的工作积极性。要进一步拓宽社内信息渠道，使社员对社务工作有更多的了解和参与。

要进一步深入基层调查研究，完善密切联系基层组织和广大社员的制度，加强对基层工作的指导和服务，切实加强基层组织建设。

要为社各区委加强自身建设，按社章要求履行地方组织职责努力创造条件。

要坚持按社章和社的组织发展原则发展社员。坚持原则，积极主动，按照程序，重视质量。组织发展既要继续贯彻社中央的规定，又要注意研究新情况、新问题，以体现我社政治联盟的特点，体现进步性与广泛性的统一。组织发展要注意结合社的工作任务，进一步改善知识结构和年龄结构。

社市委机关要进一步确立机关的枢纽地位，提高参谋水平和协调能力，增强服务意识。

三、总结经验，完善机制，不断提高参政议政水平

进入新世纪，面对新形势和新任务，社市委的参政议政任务更繁重，我们还需作出更大的努力。

要进一步完善社市委参政议政工作机制。要做好提案准备、专题调研和信息收集等参政议政的基础性工作，充分发挥各专委会的作用，调动各级社组织和广大社员的积极性，组织好社内骨干队伍，加强与对口联系单位、社外专家和市政协专委会的合作，努力提高参政议政能力和水平。

要充分注重发挥我社成员以科技界高中级知识分子为主的特点和优势，动员和支持广大社员为贯彻落实“十五计划”和“西部大开发规划”，为实施科教兴国战略和可持续发展战略，为提高科技创新能力，为重庆的改革、发展和稳定献计出力。要围绕加入世贸组织后对改革开放、政府依法行政、社会主义市场经济的完善、产业结构的调整、科技文化的发展诸方面带来的重大影响，开展专题调研，提高参政议政的质量。

要总结经验，结合社的实际，努力探索新的途径和方法，继续做好面向社会的科技服务工作。

实现祖国完全统一，是新世纪我国的三大任务之一，要积极推动广大社员促进与台湾地区科技界的交流，推动两岸“三通四流”的深入开展，为祖国统一大业努力奋斗。

各位代表、各位同志：

在新世纪的征途中，让我们更加紧密地团结在以江泽民同志为核心的中共中央周围，在社中央和中共重庆市委的领导下，加强学习，与时俱进，努力工作，以优异的成绩迎接九三学社全国第八次代表大会的召开，迎接中国共产党第十六次全国代表大会的胜利召开，以新的精神面貌，为重庆市的经济发展和社会进步做出更大的贡献。

九三学社重庆市第二届委员会工作报告

——在九三学社重庆市第三次代表大会上

（2007 年 3 月 31 日）

谢小军

各位代表、各位同志：

我受九三学社重庆市第二届委员会的委托，向大会做工作报告，请予审议。

五年工作回顾

在社中央和中共重庆市委领导下，九三学社重庆市第二届委员会坚持以邓小平理论和“三个代表”重要思想为指导，坚持科学发展观，弘扬民主与科学精神，以政治交接为主线，以建设适应新世纪要求的参政党地方组织为目标，切实加强自身建设，积极履行参政党职能，圆满完成了第二次代表大会提出的各项任务，开创了工作新局面，为促进重庆经济社会发展、构建和谐重庆做出了新贡献。

一、加强理论学习，思想建设取得新成效

（一）把政治理论学习放在首位，有针对性地开展思想政治工作

坚持中心组和主题常委会学习制度，把学习作为全委会、常委会和主委会的重要议程之一。结合国内外形势和各项中心工作，及时组织学习邓小平理论和“三个代表”重要思想、中共十六大及十六届历次全会精神、中共中央两个5号文件及中共重庆市委实施贯彻意见、全国第20次统战工作会议和全市统战工作会议精神、江泽民和胡锦涛同志重要讲话精神、社八大及历次全会精神和新社章等。通过学习，增强了广大社员在新形势下坚持接受中国共产党领导、与中国共产党团结合作的自觉性和走中国特色政治发展道路的坚定性。

社市委领导多次深入基层调研，形成了《九三学社重庆市委思想建设调研报告》《新一代民主党派成员思想状况分析》等报告并分别呈送社中央和有关部门。社市委根据调研所了解的社员思想状况，有针对性地开展思想政治工作。坚持实事求是、以人为本的原则，因势利导地进行社的优良传统教育，促进广大社员不断提高政治把握能力，不断增强为我市经济社会发展和构建和谐社会作贡献的积极性。

（二）积极开展社史学习和参政党理论研究，强化社的优良传统教育

充分利用重庆作为社发祥地的资源优势，以召开“老同志座谈会”等方式，征集和整理社史资料，为中央统战部在渝建立全国统战传统教育基地、红岩革命纪念馆等提供史料。完成了重庆市地方志和《重庆年鉴》有关撰稿工作。成功承办“九三学社理论研究和社史工作座谈会”，推动了社史和参政党理论研究工作的开展。坚持新社员学习制度，以社史报告、展板等形式进行社史和社的优良传统教育，增强了广大社员的荣誉感、政治责任感和历史使命感。

圆满完成建立九三学社成立旧址纪念碑任务。在社中央领导下，在中共重庆市委及市委统战部、中共渝中区委和区政府的大力支持下，纪念碑如期建成。建碑工作得到了社中央领导和兄弟省市社组织的充分肯定。社中央主席韩启德和王鸿举市长为纪念碑揭碑并作重要讲话。纪念碑已成为全社进行社史教育的重要资源，并被纳入中国统一战线传统教育基地统筹规划，对于广大社员追寻前辈们的光辉足迹，接受社的优良传统教育，发挥了积极的作用。

积极开展参政党理论研究。领导班子成员带头撰写理论文章，研究探讨参政党理论；开展了“九三学社与构建和谐社会”等专题理论研讨活动；组织参加了社中央、中央统战部、中共重庆市委等举办的“邓小平与统一战线理论”“重庆直辖与统一战线”等征文活动；组织参加了“抗日民族统一战线与抗日战争的胜利”“与时俱进与民主党派工作”“纪念人民政协成立55周年”等理论研讨会。

（三）以重大活动为载体，丰富思想建设的内容和形式

开展了纪念邓小平同志100周年诞辰、“三增强、四热爱”学习教育、树立社会主义荣辱观、纪念中发〔1989〕14号文件颁布15周年等活动；组织参加了社中央“多党合作和政治协商制度及社史知识竞赛”、征文、书画展等活动；组队参加市政协和市委统战部举办的“纪念人民政协成立55周年统战政协知识竞赛”，获组织奖。

社市委响应中共中央宣传部、统战部和教育部的号召，多次召开学习王选同志座谈会，并积极争取到中央“三部委”和社中央联合组织的王选同志先进事迹报告会在重庆举行，把学习王选活动推向了高潮。王选同志勇于创新的科学精神、敢挑重担的创业精神、为年轻人搭建人梯的奉献精神、为国为民直抒诤言的民主精神深深打动了我市社员，使大家受到了很大的教育和激励。社中央建立了“九三学社王选关怀基金”，我市海扶公司捐款20万元，社市委领导、社渝北区委捐款

12470 元。

隆重举行纪念建社 60 周年系列活动。开展了征文活动；编辑出版的纪念画册《同心六十年 光影记春秋》，被重庆图书馆收藏；召开了纪念大会，举办大型文艺演出，表彰先进集体和社员。韩启德主席和中共重庆市委副书记邢元敏亲临纪念大会并作重要讲话，充分肯定了社市委为促进重庆的改革发展稳定和民主政治建设所做的卓有成效的工作。

（四）积极拓展渠道，加强对内对外宣传工作

建立社市委网站，办好《重庆社讯》，充分发挥各种媒体作用，及时反映和通报工作，宣传社员先进事迹，拓展了解社情的渠道，密切了社市委与全市社组织和广大社员的沟通联系。《重庆社讯》被社中央宣传部评为优秀期刊。积极向人民政协报、《九三中央社讯》等组稿、荐稿，160 余篇稿件被采用；重庆日报、重庆卫视等主流媒体多次对社市委重大活动进行宣传报道，进一步树立了社组织的整体形象，产生了良好的社会影响。

二、完善工作机制，参政议政取得新成果

（一）创新工作机制，推进制度化建设

一是落实社中央参政议政工作会议精神，制定了《九三学社重庆市委贯彻落实〈九三学社中央关于加强参政议政工作的若干意见〉的意见》，加强组织领导，明确由主委主管、3 名副主委分管参政议政工作；二是建立参政议政研究中心，制定了《参政议政研究中心通则》，聘任 19 名研究员，改研究室为参政议政处，增设参政议政等 3 个专委会；三是举办主题常委会和参政议政专题工作会，认真研讨全市社组织参政议政资源整合、上下互动、共同提高的工作机制，制定了参政议政课题招标与自由申报相结合的工作制度、专委会主任与参政议政研究中心成员联席会议制度，完善了集体提案表彰奖励制度，进一步推动了社市委参政议政工作的制度化建设。

（二）围绕重大问题，积极参与政治协商

五年来，社市委领导出席中共重庆市委召开的双月座谈会、暑期谈心会、征求意见座谈会和市政协专题协商会议等 80 余次；参与了市人大、市政府、市政协等重大人事事项的民主协商；就学习贯彻中共中央两个 5 号文件和中共重庆市委实施贯彻意见、全国和全市统战工作会议精神、制定和实施我市“十一五”规划等提出了意见和建议，得到了中共重庆市委、市政府和市政协的充分肯定。

（三）突出重点，专题调研取得好成绩

围绕全市工作大局开展调研，力求选题具有战略性、针对性和前瞻性，完成了一批以促进库区经济社会发展为重点的调研成果。连续 3 年在社中央参政议政课题招标中中标，完成的《三峡库区水资源环境安全的对策建议》等 5 项课题成果，分别作为社中央和九三组集体提案在全国政协会议上提交。积极落实《九三学社中央与中共重庆市委关于加快重庆科技发展的合作协议》，2003 年韩启德主席率领社中央考察团来渝赴万州、开县、合川、万盛等地就农村劳动力转移问题进行考察调研，社市委高度重视，认真准备、积极配合，协助社中央完成了调研任务。韩启德主席根据调研成果向胡锦涛总书记等党和国家领导送交了《农村富余劳动力转移是全面建设小康社会的战略举措》的研究报告，受到党中央、国务院的重视。社市委主持完成的《解决三峡库区产业空虚问题的对策研究》等 4 项中共重庆市委重大课题成果，受到市政府及相关部门的高度重视和采纳。《加快农村卫生基本建设研究》的调研成果，对农村卫生工作“黔江经验”的总结和在全市的推广起到了积极的促进作用。

（四）精心组织，提案、议案和建议产生良好社会影响

五年来，共向市政协全委会提交大会发言15篇；提交集体提案117件，立案115件。《以体制创新破解三峡库区产业空虚难题》在市政协二届四次会议上被列为重点提案，受到中共重庆市委书记汪洋的高度重视，并亲自牵头督办。社市委领导及提案执笔人多次应邀随同中共重庆市委、市政府调研组深入库区调研，就提案建议交换意见。市发改委在复函中对提案给予了高度评价，指出"提案所提出的若干政策建议，为市委、市政府做好库区产业工作特别是筹备开好市委二届九次全会提供了极有价值的决策参考意见"。《关于缓解我市建设用地困境的建议》等3篇大会发言，得到重视和采纳；《关于由市政府协调路桥收费、打通重庆交通动脉，促进经济快速发展的建议》提案，为市政府出台路桥通行费征收办法、主城区"八桥一隧"年票制提供了决策参考；《建立临港工业区，布局沿江产业带》部分建议，被吸纳到全市工业生产力布局规划中。

积极支持社内各级人大代表、政协委员履行职责。五年来，我市社员中的全国人大代表共提交议案、建议和意见77件，全国政协委员共提交提案45件、大会书面发言2篇。在刚刚闭幕的全国政协十届五次会议上，胡锦涛、贾庆林等党和国家领导人出席了九三学社和农工民主党联组讨论会，我市委员代表社中央做了《医卫改革要立足公平、兼顾效率》的发言。社员中的市人大代表共提交议案、建议和意见112件，市政协委员共提交提案并立案464件。

在社中央2006年召开的全社参政议政工作会上，社市委受到社中央的表彰奖励，社南岸区委获"九三学社参政议政先进集体奖"，社员王筱欣获"九三学社参政议政先进个人奖"，《加强煤矿安全生产执法力度，坚决关闭非法煤矿》等4件提案获市政协"优秀集体提案奖"，社员温厚鸿被评为"优秀市人大代表"，毛敬华、张牛、黄文章、张永安被评为"优秀市政协委员"。社市委对支持社市委集体提案工作成绩显著的25个先进集体和100名先进个人进行了表彰奖励。

三、拓展工作领域，社会服务取得新实效

（一）以办实事为着眼点，开展"九万合作"

2003年，社市委与中共万州区委签订了《关于加快万州区科技发展合作协议》，韩启德主席出席签字仪式。"九万合作"《协议》和实施意见，确立了社市委围绕加快把万州建成重庆第二大城市建言献策的服务目标，先后协助万州区申报国家级农业科技园区项目，推动万州柑橘高产示范基地的建设；协助万州区成功申报"三峡库区库岸稳定性监测"等3个项目；推动"三峡库区柑橘皮渣综合利用工程"的启动；协助万州梨树乡土地开发整理项目的成功立项；就沪蓉高速铁路建设通过社中央向有关部门反映，对国家有关部委决定增加渝万城际铁路建设项目起到了积极的推动作用。

（二）加强对口联系，促进社会服务与参政议政的结合

加强与市科委、市建委的对口联系，以课题为载体，拓展合作空间。配合市科委开展"重庆市科技特派员下农村行动"，参加市科委组织的重点工程视察调研；邀请对口联系单位领导和专家作科技形势专题报告，交流信息，促进了知情参政。几年来，承担市科委项目14项，已完成"把重庆建成世界性制造业中心可行性研究"等11项；承担市建委项目3项，已完成"三峡工程重庆库区危岩处治对策研究"等2项，在此基础上形成《关于提高重庆市国有大中型企业创新能力的对策建议》等9件市政协集体提案，丰富了参政议政成果。

（三）注重实效，开展形式多样的社会服务活动

贯彻社中央"为西部贫困地区老百姓办实事"精神，积极筹集资金，确保"九三奖学金"的实施，迄今为止，共资助贫困学生97名；捐款资助了武隆县贫困学生13名。目前又从新的渠道筹集到经费以保证"九三奖学金"的继续实施。坚持开展"国际科学与和平周"活动，连续5年获

社中央国际科学与和平周“特别贡献奖”，连续两年获“优秀组织奖”；积极组织开展“全国科普行动日”活动；组织医疗专家组赴黔江开展大型义诊咨询服务活动；对黔江区卫生事业“十一五”规划提出的意见与建议，得到中共黔江区委重视采纳；在涪陵开展科技活动周活动；为社中央“新农村建设与和谐社会”论坛组织稿件，8篇论文被收录；支持和指导社北碚区委等开展新农村建设对口帮扶活动。

社市委获社中央“九广合作”先进集体奖；社万州区委获“社中央科教扶贫支边先进集体和社会服务工作先进集体奖”；袁鹰获“科教扶贫支边先进个人”称号，艾国获“社会服务先进个人”称号，陶轶凡获“‘九广合作’先进个人”称号，张国建获“九三学社社会服务先进个人”称号。

四、突出工作重点，组织建设迈上新台阶

（一）以政治交接为主线，加强领导班子建设

为做好政治交接的传、帮、带，邀请名誉主委、副主委和顾问参加重要会议和重大活动，召开新老委员座谈会，听取老同志对领导班子建设的意见和建议。社市委领导9人次参加中央统战部举办的省级民主党派组织主副委学习班、民主党派中青年干部培训班的学习，努力提高政治素质、政策水平和组织领导能力，坚持正确的政治方向和政治立场，保持清醒的政治头脑。坚持“集体领导、民主集中、个别酝酿、会议决定”的工作原则，注重发挥兼职领导的作用，建立了领导班子分工负责制，明确了兼职领导的分工责任，营造了团结、和谐的良好氛围，增强了班子的凝聚力。认真贯彻民主集中制，建立和完善了“主委会、常委会、全委会议事制度”、领导班子和班子成员“述职制度”，推进了领导班子建设的制度化和规范化。

（二）实施人才强社战略，加强后备干部队伍建设

贯彻《九三学社中央关于实施人才强社战略的意见》精神，制定了实施意见。把加强后备干部队伍建设作为实施人才强社战略的重要举措，建立和规范民主推荐、择优选拔的干部培养机制。举办了3期培训班，近200名基层干部参加了培训，20名社区委主、副主委参加了市社会主义学院的学习，干部队伍的整体素质有所提高。社市委采取各种措施，抓住各种机遇，积极创造条件，为社内优秀人才的成长和发展提供支持和帮助。届中增选社中央委员1人，社市委常委2人、委员3人，市政协常委2人、委员3人。

（三）注重质量，组织建设稳步推进

贯彻《进一步做好民主党派组织发展工作纪要》精神，制定了《九三学社重庆市委员会关于发展新社员的实施办法（试行）》，健全了组织发展工作机制，进一步规范了组织工作程序，注重发展优秀人才入社，注重适当扩大发展界别。本届共发展新社员483人，其中高级职称占39.1%，新发展的社员中有市人大代表、市政协委员、市政府参事、市十大杰出青年共6名。新成立社渝北区委、永川和万盛区工委、大渡口区委筹备组等29个基层组织。承办了社直辖市片区组织工作会，交流学习组织发展和换届工作的经验，促进了社市委的组织建设。

目前，全市共有9个区委、2个区工委、1个区委筹备组，118个基层组织。截至2006年12月底，全市社员总数2506人，高级职称占66.5%，平均年龄53.6岁。社员中有7名社员在市政府及市级部门和高校任领导职务；有全国人大代表2人，全国政协委员3人；市人大代表16人，其中常委2人；市政协委员48人，其中常委9人；市级部门特约监督员8人，市政府参事5人，市文史馆馆员5人。

（四）认真做好各级社组织换届工作

顺利完成基层组织和区级组织换届工作。制定基层组织、区级组织换届工作意见，领导班子成

员深入各基层指导换届工作。2005年顺利完成基层组织换届工作，并对基层组织主委进行培训；2006年圆满完成区级组织换届工作。目前，一批政治素质好、具有广泛群众基础和代表性、有较强参政议政能力、年富力强的骨干，充实到了基层组织和社区委领导岗位。

精心部署，做好社市委换届筹备工作。从搞好政治交接的高度，充分认识做好换届工作的重要意义，按照社中央关于省级组织换届工作的要求和中共重庆市委有关文件精神，成立了换届工作领导小组，制定了社市委2007年换届工作文件；坚持原则，把握标准，严格程序，注重协商，正确引导，充分依靠和听取各级组织和广大社员的意见，开展深入细致的思想工作，完成了各项筹备工作，以最大的努力争取换届工作的圆满成功。

五、立足岗位建功立业，为社组织增添新光彩

（一）鼓励支持广大社员立足本职，建功立业

全市社员在本职工作中取得突出成绩。五年来，据不完全统计，被授予省部级以上荣誉称号216人次，获国家及省部级科技奖励176项（次）；1人新入选“百千万人才工程”；3人新入选教育部“新世纪优秀人才支持计划”；39人入选“重庆市首批学术技术带头人及后备人选”。王智彪获“全国杰出专业技术人才”和“全国各民主党派、工商联、无党派人士为全面建设小康社会作贡献先进个人”称号，由他主持的超声医疗国家工程研究中心已获准在重庆建立；潘复生获“国家科技进步二等奖”“教育部科技进步一等奖”和“重庆市海外留学人员先进个人”称号；孙冬野获“国家科技进步二等奖”“第四届重庆青年科技奖”；陈洪凯获“2005年度振兴重庆争光贡献奖”“重庆市科技进步一等奖”；马鸣图获“中国科协‘西部大开发突出贡献奖’”；张烈获“中国群众歌曲创作大赛金奖”等。

在纪念建社60周年系列活动中，18个先进基层组织和100名优秀社员获社市委表彰。在社中央举行的建社60周年纪念大会上，重医大附二院等3个支社、王智彪等24名社员、许香谷等46名入社30年以上的老社员、何知凡等9名从事专职社务工作20年以上的机关干部获社中央表彰。

（二）同舟共济，为抗灾救灾贡献力量

2003年“抗非”期间，我市社的各级组织积极开展工作，发挥优势，依靠科学，为防治非典作贡献，广大社员立足本职，献智出力。任政府实职的数十位社员始终坚守一线指挥“抗非”；社员中的360余位医务工作者恪尽职守，夜以继日地奋战在“抗非”工作岗位；社员主研的“ARDS抢救系统”“SARS病毒的新技术——胶体金检测试条”和“抗非”快速测温仪，在短期内研制成功并投入使用；两位女社员的事迹被收入《九三巾帼》一书。2006年，面对我市百年不遇的特大旱灾，广大社员响应中共重庆市委、市政府号召，坚守岗位，恪尽职守，积极捐款，奉献爱心，与全市人民一道，为成功战胜旱灾作出了应有的贡献。

六、以制度和队伍建设为重点，机关建设取得新进展

社市委十分重视机关建设，制定了《关于加强社市委机关建设的意见》，以提高工作效率为目标，建立健全以岗位责任制为核心的管理制度，完善了《机关各处室工作职能及职位说明书（试行）》等23项工作制度，推进了机关工作制度化、规范化、程序化建设。

加强专职干部队伍建设，公招和引进6名干部，配备专职副主委和秘书长。全体中层干部进行了轮岗，6人晋升职务，1人交流到区政协并当选为专职副主席，调动了积极性和工作热情。开展“学习公务员法，当好国家公务员”等活动，组织参加公务员能力建设等培训考试；举办专职干部培训会，赴社中央、社北京和上海市委机关学习考察。15人次参加了中央统战部、市委党校等各种层次的培训学习。成立了机关工会，积极推动机关文化建设。建立社市委网站和局域网，大力改善

办公环境。2004 年获市级机关档案工作优秀单位，2005 年被列为档案工作免检单位。

努力发挥服务、参谋、联络、协调作用，提高办文、办事、办会的水平和质量，圆满完成在渝建九三学社成立旧址纪念碑的后勤服务以及“九三学社理论研究与社史工作座谈会”“九三学社直辖市片区工作会议”等会务工作，得到社中央领导和兄弟省市社组织的充分肯定和好评。

回顾五年来的工作实践，我们有以下几点体会：

1. 把学习摆在突出位置，提高理论修养，是保持正确政治方向的重要前提

本届社市委坚持把思想政治工作放在各项工作的首位，各级社组织和广大社员以思想建设为核心，把学习作为推动工作的重要方法。通过深入学习，认清形势，把握多党合作的政治准则和根本任务，深化了对九三学社作为参政党的宗旨、地位和作用的认识，增强了接受中国共产党的领导和维护中国共产党执政地位的自觉性，坚定了走中国特色政治发展道路的信念，做到了在重大原则问题上头脑清醒、立场坚定，保持了正确的政治方向，为推进社会主义民主政治建设贡献力量。

2. 发挥社发祥地和我市统战传统教育基地资源优势，是增强社组织凝聚力的重要举措

重庆是九三学社的发祥地，社的前辈曾在这里与中国共产党风雨同舟、亲密合作，共同致力于新民主主义革命和社会主义建设，留下了光辉的历史足迹和优良的传统，这对于我们追忆历史、继承传统、弘扬民主与科学精神，有着特殊的意义。社市委以建社 60 周年为契机，继承和发扬社的光荣传统，发挥社的发祥地和我市作为全国统战教育基地的传统资源优势，发挥九三学社成立旧址纪念碑的宣传教育作用，通过学习社史，进一步了解我社与中国共产党同舟共济、真诚合作的光辉历程，使社的优良传统在新时期薪火相传、发扬光大，增强了广大社员的荣誉感、政治责任感和历史使命感，增强了社组织的凝聚力。

3. 实施人才强社战略，搞好组织建设，是加强自身建设的重要基础

以建设适应新时期要求的高素质参政党地方组织为目标，各级社组织以组织建设为保障，结合社的特点和参政议政的需要，吸纳了一批优秀人才入社，从源头上保持了组织发展健康有序的态势，组织建设取得了新进展。通过认真实施人才强社战略，对后备干部的年龄结构、人才结构进行研究分析，加强对后备干部的培养和培训，并积极为后备干部的成长搭建平台，创造条件，为加强自身建设奠定了良好基础。

4. 完善机制，深入调研，是提高参政议政质量的重要保证

五年来，我们结合重庆市经济建设、构建和谐社会的实际，充分发挥智力密集的优势，打造参政议政品牌。围绕“十一五”规划的制定和实施，突出科技特色，就经济建设、城市管理和社会生活中迫切需要解决的、人民群众普遍关心的重大问题，确定选题方向，提出具有前瞻性、可行性的建议，完成了一批有影响的参政议政成果，为重庆市经济建设和社会发展做出了积极贡献。这些成绩的取得是我们不断完善参政议政工作机制，坚持深入实际开展调研的结果。

五年来，社市委的各项成绩是在社中央和中共重庆市委的正确领导下，在市委统战部的具体指导和帮助下取得的，是全市各级社组织和广大社员、社务工作者共同努力的结果。在此，我代表九三学社重庆市第二届委员会向一直关心、支持和帮助我们工作的九三学社中央、中共重庆市委、市人大、市政府、市政协、市委统战部表示衷心的感谢和崇高的敬意！向给予我们大力支持的各兄弟民主党派、工商联、对口联系单位，向所有关心、支持和帮助我们的各界人士表示衷心的感谢！向全市社的各级组织和广大社员，并通过你们向所在单位的领导和同志们表示诚挚的敬意和衷心的感谢！

在总结成绩的同时也必须看到，我们的工作还有许多方面存在不足，主要是：新形势下有针对

性地开展思想政治工作有待加强，工作机制有待完善；对基层工作的指导需进一步加强；参政议政与信息工作的结合还不够紧密；专委会的作用还需进一步发挥；后备干部队伍培养力度还需进一步加大；机关制度化规范化建设与《中华人民共和国公务员法》的要求还有一定距离等。这些都应在今后的工作中认真研究，采取积极措施加以改进。

对三届委员会工作的建议

各位代表、各位同志：

九三学社重庆市第二届委员会的工作即将结束，第三届委员会即将产生。面临新形势、新任务、新要求，我们肩负着新的历史使命。为此，对新一届社市委的工作，提出如下建议：

1. 坚持把思想建设放在各项工作的首位，不断提高广大社员的政治素质

当前，我国社会发展进入了经济增长期和矛盾突显期，为适应经济基础的新变化和经济发展的新形势，要把加强思想政治工作摆在更加突出的位置，抓紧抓实。要注意研究社员思想状况的新变化、新特点，完善思想建设工作机制，以加强理论学习提升社员政治素质，以做好思想工作提升社的生机与活力，以发扬社的优良传统促进政党关系和谐。要拓宽工作思路，创新工作方法，引导广大社员加强对基本国情、基本路线和形势政策的学习，统一思想，增进共识，正确对待改革和发展中出现的矛盾和困难，正确认识和处理各种利益关系，深化对参政党地位、性质和历史使命的认识，增强参政党意识和参与意识，坚持接受中国共产党的领导，自觉维护多党合作的政治格局。坚定不移地走中国特色的社会主义政治发展道路，进一步巩固与中国共产党长期合作的思想基础。

2. 以建设高素质参政党为目标，搞好政治交接，巩固换届成果，加强自身建设

要着力加强领导班子建设。以政治交接为主线，把领导班子建设成为团结和谐、作风正派、求真务实、贯彻民主集中制原则的领导集体，巩固换届成果。要继续实施人才强社战略，加强后备干部队伍建设，社的各级组织和领导班子，要以极大的热情和切实的措施，为他们的成长搭台阶、压担子，促进他们提高水平、展示才能，积极支持和帮助他们脱颖而出，健康成长；要坚持在组织发展工作中把政治素质放在首位，要创新工作机制，积极主动发展优秀人才入社，适当扩大发展界别。

要进一步加强制度建设。根据新时期参政党工作的特点，不断创新，努力实践，使各项工作更加制度化、规范化、程序化，把制度落到实处。要进一步加强机关制度建设、干部队伍建设和作风建设，提高工作效率和服务质量。

3. 把发展作为第一要务，以经济建设为中心，进一步做好参政议政和社会服务工作

要继续完善“资源整合、上下互动、共同提高”的参政议政工作机制，充分调动广大社员参与的积极性，发挥我社人才和智力优势，不断提高建言献策水平。要围绕社中央提出的重点课题和重庆市经济社会发展中的重大问题，以及人民群众关心的热点、难点问题，深入调研，多出高质量的好成果，为推动经济社会发展、维护社会和谐稳定、推进祖国和平统一作贡献。

社会服务工作是参政议政工作的延伸，是参政党为促进地方经济社会发展作贡献的重要方式。要继续重视和积极推进这项工作，发挥特色和优势，整合资源，总结经验，丰富社会服务的内容，创新工作形式和方法，为加快构建社会主义和谐社会贡献智慧和力量。

4. 积极支持和引导社员立足本职、建功立业

我社聚集了以科学技术界高中级知识分子为主的各行各业的优秀人才。长期以来，广大社员为推进社会主义建设事业作出了积极的贡献，为社组织增添了光彩。这是九三学社的特色和优势，突出地体现了社的影响力和凝聚力。激励和支持广大社员把个人的事业与祖国和人民的命运紧密联系

在一起，立足本职，爱岗敬业，刻苦钻研，勇于创新，把自己的学识奉献给祖国和人民，为建设创新型国家作出新贡献，这是九三学社各级组织和领导班子的政治责任和光荣使命。

各位代表、各位同志：

九三学社重庆市第三次代表大会，标志着我市社的工作进入了新的发展阶段，社的事业孕育着新的生机。胡锦涛同志在参加十届全国人大五次会议重庆代表团审议时，提出了努力把重庆加快建设成为西部地区的重要增长极、长江上游地区的经济中心和城乡统筹发展的直辖市，在西部地区率先实现全面建设小康社会目标。新形势、新任务对参政党的工作和自身建设提出了新的更高的要求，我们的责任重大而光荣。让我们紧密团结在以胡锦涛同志为总书记的中共中央周围，继续学习贯彻中共中央两个5号文件精神，弘扬民主与科学精神，全面加强自身建设，切实履行参政党职能，以优异的工作成绩迎接中国共产党第十七次全国代表大会、九三学社第九次全国代表大会、中国共产党重庆市第三次代表大会的召开，为富民兴渝、构建和谐重庆作出新贡献！

二、重要事件

九三学社召开成立大会

本市消息：九三学社于1946年“五四”纪念日下午三至七时开成立大会，到褚辅成、卢于道、黄国璋、许德珩、税西恒、吴藻溪、张雪岩、詹熊来、潘菽、黎锦熙、彭饬三、李士豪、刘及辰、王卓然等五十余人，公推褚辅成、许德珩、税西恒为主席团。首由褚辅成致开会词，许德珩报告筹备经过，税西恒报告社费收支账目。继宣读农村科学出版社及南泉实用学校校友会贺电，次由卢于道、王卓然、黄国璋、张雪岩、张迦陵、吴藻溪自由演说，一致指出：武力不能求得统一，东北及中原的内战必须立即无条件停止，在政府根据政协决议改组以前，美国不应有援助中国的任何党派之行为，希望马歇尔元帅继续以公正态度，调处国共纠纷，实现全中国的和平民主。次通过社章缘起，成立宣言，基本主张，对时局主张及致美国会电文。最后选举潘菽、张雪岩、褚辅成、许德珩、税西恒、吴藻溪、黄国璋、彭饬三、王卓然、孟宪章、张西曼、涂长望、李士豪、笪移今、张迦陵、严希纯等人为理事，卢于道、詹熊来、刘及辰、何鲁、侯外庐、黎锦熙、梁希、陈剑翛等为监事，选举后散会聚餐。

兹分志该社缘起，宣言及主张于后（略，见第三节九三学社成立大会及其政治主张）

（录自1946年5月6日重庆《新华日报》）

九三学社重庆分社召开成立大会

致电联合国大会
请大会讨论非敌国驻军问题
纠正美国对远东的错误政策

本市消息　九三学社重庆分社业已筹备就绪，于十月二十七日上午十时在上清寺国民外交协会开成立大会。到社员许德珩、谢立惠、左昂、税西恒、税述之、吴华梓、吴藻溪等二十余人。通过重要决议案如下：（一）电贺旧金山中国及远东和平大会，希望美国人民有效制止美国政府的错误行为；（二）电请联合国大会讨论联合国会员国在非敌国驻兵问题，纠正美国对远东政策；（三）筹办刊物。推举税西恒、何鲁、谢立惠、左昂、詹熊来、税述之、吴藻溪等十五人为理监事，午后二时散会。

（录自1946年10月28日重庆《新华日报》）

九三学社渝分社成立

（1946年10月28日）

［本报讯］　九三学社重庆分社筹备就绪，于昨日（廿七）上午十时，在上清寺国民外交协会开成立大会。到社员许德珩、谢立惠、左昂、税西恒、税述之、吴华梓、吴藻溪等二十余人。通过重要决议案如下：（一）电贺旧金山中国及远东和平大会；（二）电请联合国大会讨论非敌国驻兵问题，纠正美国对远东政策；（三）略。推选税西恒、何鲁、谢立惠、左昂、詹熊来、税述之、吴藻溪等十五人为理监事。兹录该社两电原文如下：

旧金山卡尔逊将军转

中国及远东和平大会：

九三学社重庆分社成立大会谨向旧金山中国及远东和平大会，热烈致贺。

美国政府违反故罗斯福总统的对华政策，驻兵中国，助长中国内战，威胁世界和平妨害中美人民友谊。中国人民迫切期待美国人民有效制止美国政府的错误行动。

九三学社重庆分社成立大会叩感印

赖伊秘书长转

联合国大会：

联合国会员国，在非敌国驻兵，干涉非敌国内政的行为，已对世界和平发生极严重的威胁。

美国政府扶植日本军事法西斯势力，摧残中国人民的和平民主事业，压迫朝鲜人民，此种违反故罗斯福总统政策之行为，如不立予纠正，远东人民将罹浩劫，世界和平亦将破坏。

九三学社重庆分社成立大会，于一九四六年十月二十七日在重庆开幕，特以全体会员一致之决议，郑重吁请联合国大会，彻底讨论联合国会员国，在非敌国驻兵问题，督促美国政府，立即恢复故罗斯福总统的远东政策。

九三学社重庆分社成立大会叩感印

（录自1946年10月28日重庆《民主报》）

九三学社重庆分社举行座谈会
一致拥护叶委员长向新华社记者的谈话

在纪念辛亥革命70周年之际，全国人民代表大会常务委员会叶剑英委员长向新华社记者发表谈话，进一步阐明对台的方针政策，在国内外引起了强烈的反响。

重庆分社委员会于1981年10月3日召开座谈会，一致拥护叶剑英委员长向新华社记者进一步阐明关于实现和平统一方针政策的讲话，决心高举爱国主义的旗帜，为统一祖国、振兴中华贡献力量。

座谈会由分社主委王际强主持，他说，叶委员长对新华社记者发表的重要讲话，是全国人民政治生活中的头等大事，意义非常重大。实现和平统一祖国，是我们坚定不移的政策，也是海峡两岸人民的共同心愿。叶委员长的谈话绝不是什么“统战攻势”或一时的权宜之计。我社社员都是从事科学文教工作的知识分子，在台湾的科学文教界人士中，有不少人是我们的老同学、老同事、老朋友，我们应该积极努力，通过各种渠道，同台湾同胞加强联系，共同为促进实现和平统一方针，完成祖国统一大业而奋斗。

出席座谈会的同志踊跃发言，气氛至为热烈。大家认为，叶委员长提出的九条意见，充分说明中国共产党宽宏大量，大公无私，不计前嫌，完全着眼于中华民族的未来和子孙后代的幸福，体现了国家民族的根本利益，一定会得到台湾同胞、港澳同胞、海外侨胞的赞同和支持，在国际上也必将产生积极的影响。

与会同志在发言中说，台湾回归祖国，实现祖国统一，是大势所趋，人心所向。叶委员长的谈话，顺天应人，考虑周详，大大增强了我们的信心，感到振兴中华大有希望，繁荣祖国大有希望。我们热切盼望同台湾同胞实行“三通”，进行学术文化交流，同台湾的亲友相见。周谟仁、金春南、乐怡然、李继华、李宗明、林衍先、唐璞、朱可善、毕婵琴、曹良仁、刘淳玉等同志先后在会上发言。大家表示，今后要尽一切努力，利用各种机会积极向台湾科学文教界同行和亲友做好宣传联系工作，为实现祖国和平统一贡献自己的力量。

重庆大学支社、西南师范学院支社、卫生支社、重庆师范学院直属小组、重庆煤炭科学研究所直属小组分别举行座谈会，学习座谈叶委员长谈话。大家一致认为，叶委员长的谈话是《告台湾同胞书》后的又一个历史性文件。叶委员长的谈话从国家和民族的根本利益出发，充分表达了对台湾人民的深切关注和实行第三次国共合作的诚意。和平统一中国，既是党的一贯政策，也是大势所趋，人心所向。希望台湾当局顺应历史潮流，以民族大义为重，共同为完成祖国统一大业，振兴中华，给子孙后代造福而努力。

同志们表示，作为民主党派成员，一定要大力宣传，勤奋工作，为早日实现祖国和平统一做出应有的贡献。

九三学社重庆市委拥护中英关于香港问题的联合声明

1984年9月26日，社市委举行七届二次常委会，就中英两国关于草签香港问题的联合声明进行了热烈的座谈讨论。与会同志一致认为，香港是中国的领土，我国将对香港恢复行使主权，中英双方通过谈判，妥善解决了这个历史遗留问题。香港问题的圆满解决是一件具有重大历史意义的大事，它标志着我国在实现祖国统一的伟大事业中迈出了一大步。大家对“联合声明”表示热烈拥护。

九三学社四省（区）五方首次工作会议在渝召开

为全面推进社务工作，经社中央副主席、贵州省委副主委徐采栋倡议，并与社川、滇、黔、桂、渝四省（区）五方省、市委负责人磋商，决定仿照四省（区）五方经济协调会议的形式，定期召开我社的四省（区）五方工作会议，得到社中央执行局批准。经协商，首次工作会议于1985年4月17日至21日在重庆举行。

社四省（区）五方负责人王际强、李继华、卢濬、冯楠、李美南和各地代表及中共四省（区）五方统战部的有关负责同志共49人出席了会议。社中央副主席、执行局主任孙承佩，社中央副主席、贵州省委副主委徐采栋亲临大会指导。

会议在领导小组主持下，于17日上午开幕。在开幕大会上，社中央常委、四川省委副主委、重庆市委主委王际强首先介绍了会议的缘起和筹备经过。他说，今年是全面贯彻党的十二届三中全会决定的第一年，以城市为重点的经济体制改革进入了一个新阶段。“坚定不移、慎重初战、务求必胜”是指导改革的行动方针，要继续搞活经济，坚持对外开放政策，还要进行工资制度和价格体系改革，搞好科技体制和教育体制改革。面对这样的形势、任务和要求，我们九三学社如何能更好地协助党完成这些任务和贡献自己的力量，确实需要认真探讨。他希望通过这次会议增进我社地方组织间的横向联系、交流工作经验、加强社务工作和科技咨询的协作，更好地贯彻执行党的路线、方针、政策和社中央的各项工作指示，为四省（区）五方的经济腾飞，为改革、开放服务，不断开创社务工作新局面。

徐采栋副主席在开幕会上指出，四省（区）五方经济协调会议在贵州召开后，这几个地方产值都有增加，贵州的经济变化更为显著。我社在这几个地区的组织，过去来往很少，为了更好地为四化建设服务，也应该开展横向联系，交流经验，彼此协作，打破过去的封闭状态。这次到会的大都是做社的具体工作的负责同志，他们能从实际出发，输送信息，充分发挥各自的优势。我们虽是智力库，由于地区的划分，人数有限，技术也互有短长，不互相协作，就不能充分发挥作用。比如广西的果品保鲜很有成绩，而贵州威宁的梨子由于保存不善就难免烂掉。我们开展支持协作的方面很多，互相交流后对各地区的经济发展和作用也就大了。九三学社以前没有开过这样的会，这在社的历史上是个创举。

中共重庆市委统战部金源道部长与章剑副部长到会祝贺，章剑同志做了讲话。他说这次会议意义重大，政府的四省（区）五方经济协调会议即将在我市举行，九三学社四省（区）五方工作会议也在重庆召开，以交流为经济建设和改革服务以及组织建设的经验。这是我们重庆的光荣。这种会议九三学社是第一次，各民主党派也是第一次，也可以说这是重庆市统战工作的新篇章。

社四省（区）五方省、市委员会机关负责人分别在大会上发言，介绍了各地组织的基本情况、组织发展与组织建设、宣传教育和科技咨询等方面的情况。在小组讨论中，与会代表畅所欲言，气氛活跃。通过广泛深入的座谈，增进了了解，得到了启发，找到了差距。普遍认为会议涉及社务工作的各个方面，内容丰富具体，取得了令人满意的效果，这样的工作会议是推进社务工作的好形式。

会议期间，各地负责科技咨询工作的同志，根据各地区的条件和需要，就有关冶炼、建材、皮革、水果保鲜及医学讲学等项目进行了交流探讨，一致表示愿意加强协作。到西南各地了解我社科技咨询工作和社员技术分布情况的社中央科教处的负责人参加了会议，并分别与一些代表进行了座谈，他希望社各省市委立足本地，联系全国，不断开创科技咨询工作的新局面，更好地为改革出力。

会议期间，与会同志还就社的组织建设、干部培养和科技咨询等提出了意见和建议，请与会各方和社中央研究。

在闭幕大会上，孙承佩副主席做了重要讲话。他说，这次会议收获很大，推进了社的各项工作，我社为经济建设和改革开放服务有了新创造，开了很好的头，是符合改革精神的。他说，由于党的统一战线政策的恢复和发展，国家繁荣昌盛，我们社也发展壮大了，现在全国已有15000多名社员，除西藏外都有社的组织了。我社社员都能积极做好本职工作，利用业余时间为科技咨询服务，受到了社会的赞扬。他还对经济改革形势、工资制度改革、物价体系改革、科技体制和教育体制改革以及开展科技咨询工作中的若干问题作了阐述和说明。

会上，我社四省（区）五方的负责同志签订了《关于召开九三学社四省（区）五方工作会议协议书》，决定下次工作会议于1986年8月在贵州省贵阳市举行。

最后，王际强做闭幕讲话，他对这次会议的成果做了充分肯定，认为有助于我社各项工作的进一步开展。他还指出，这次会议能如期召开和顺利进行，是得到了中共重庆市委统战部的大力支持和帮助的，并专门为会议举行招待会，谨向他们致以衷心的感谢！我社重庆市委机关的全体同志，为会议付出了辛勤的劳动，与会代表对此表示感谢！

会议期间，代表们还参观了红岩村等革命纪念地和渣滓洞、白公馆。

九三学社重庆市委学习贯彻中共中央〔1989〕14号文件

1990年2月10日、3月5日，社市委分别举行学习座谈会和八届十次常委（扩大）会议，社市委常委、社市委委员、社区委负责人、我社担任政协委员的同志和部分社员，学习座谈了《中共中央关于坚持和完善中国共产党领导的多党合作和政治协商制度的意见》（中发〔1989〕14号文件）。许香谷主委主持会议。

2月9日，社中央向社各地方组织发出了《关于学习贯彻〈中共中央关于坚持和完善中国共产党领导的多党合作和政治协商制度的意见〉的通知》，社市委于2月15日向社各区委、支社、直属小组转发了社中央通知，要求社的各级组织和全体社员认真学习14号文件，深刻领会文件精神。

与会同志一致认为，14号文件是建国40年来，中共中央公开发表的有关多党合作和政治协商的第一个重要文件，是中国共产党和各民主党派几十年长期合作实践经验的结晶，是中国共产党和各民主党派合作共事的重要文件和共同遵守的准则，是指导我们建设多党合作和政治协商制度的纲领性文件。与会同志认为，文件的制定和实施是我国政治生活中的一件大事，对于加强和改善党的领导，进一步发扬社会主义民主，发挥民主党派参政议政的作用，具有重大的深远的意义，表示坚决拥护。中发〔1989〕14号文件在推动我国政治体制的改革和社会主义民主政治的建设，充分发挥中国共产党领导的多党合作和政治协商制度这一适合中国国情的基本政治的优势，调动一切积极因素、团结一切可以团结的人，巩固和发展爱国统一战线，从政治上保证国民经济持续、稳定、协调发展等方面，具有重大的现实意义。

同志们还认为，文件第一次明确了民主党派的参政党地位，充分肯定了民主党派参政议政和民主监督的重要性，明确了民主党派参政的基本点、发挥监督作用的总原则，以及发挥民主党派参政和监督作用的各项措施，对民主党派提出了更高的要求，民主党派肩上的担子和责任更重了，这将对我社的自身建设起到鞭策作用。文件是我们民主党派的行动指南。学习和贯彻这一重要文件，我们必须认真领会两个基本精神，一是加强和改善共产党的领导，二是充分发扬社会主义民主、充分发挥民主党派参政党的作用。我们要深刻把握文件的精神实质，坚定地同共产党亲密合作、风雨同舟、携手共进，完成建设有中国特色社会主义现代化强国的伟大历史使命。作为同中国共产党风雨同舟的参政党，必须坚持与中国共产党长期共存、互相监督、肝胆相照、荣辱与共的基本方针，在中国共产党的领导下，合力共兴邦，为维护安定团结的政治局面，为把中国建设成为富强、民主、文明的社会主义现代化国家而努力奋斗。

九三学社重庆市委举行常委会座谈《中国的人权状况》白皮书

1992年11月30日，社市委举行八届十五次常委会议，座谈讨论《中国的人权状况》白皮书。与会同志一致认为，白皮书全面阐述了中国关于人权问题的基本立场和政策，以大量的事实说明，社会主义带来了中国人权状况的根本变化，要维护人权必须坚定不移地捍卫主权。常委们根据自己的亲身经历和体会阐述了对人权问题的看法。

许香谷主委说，白皮书是我国政府向全世界正式公开发表的有关人权问题的重要历史性文件。它的发表有助于国内人民和国际社会全面、系统和准确地了解中国人民享有人权的事实。我市全体社员，要以白皮书的发表为契机，进行一次马克思主义人权观的教育，为巩固和发展社会主义民主与法制建设作出更大努力。

王远诚副主委说，中国最有资格讲人权。早在我国古代孔子就提出了“民以食为天”，也就是生存权的问题。从新中国的成立到现在这40多年，便实现了以占世界7%的耕地养活了世界22%人口的这一举世瞩目的重大成就。生存权是我国人民的首要人权，相信随着我国经济建设的发展，我国的人权会日臻完善。

社省委副主委李继华说，西方敌对势力老是借人权问题污蔑、攻击中国，实际上是打着人权的幌子来干涉中国内政的霸权主义和强权政治的表现。新中国成立后这40多年来，中国政府和人民为维护人权和改善人权做出了不懈的努力，特别是在改革开放以来，加强了民主和法制建设，取得了明显的进步，这是有目共睹的。

侯雪岩副主委说，白皮书的发表表明了中国人民根据自己的国情和实践经验，形成了自己的人权观，说明了中国人民获得了广泛的政治权利和享有民主、尊严的事实，澄清了我们思想中的一些模糊认识，从而更加珍惜今天这来之不易的安定团结的政治局面。

何知凡副主委发言说，作为民主党派，我们特别有感于把多党合作这一基本的政治制度明确写入白皮书，作为参政党，深感责任重大。

社市委常委董味甘、黄秉来、邱道持说，白皮书以大量的史实揭露了西方人权虚伪的一面。我们懂得维护国家的独立和主权是中国人民生存和发展的基本条件。丧失主权必然丧失人权，要维护人权必须捍卫主权，这是中国人民从一个半世纪以来的历史中得出的结论。我们对已取得的人权果实感到自豪，也对未来充满信心。作为参政党，我们要继续遵循十六字方针，在国家的政治生活中发挥参政议政、民主监督的作用，与中共共同致力于社会主义现代化建设。

九三学社重庆市委隆重集会庆祝建社五十周年华诞

1995年9月4日上午，九三学社发祥地重庆的千余位社员，佩戴建社50周年纪念章，怀着喜悦的心情，冒着40℃的酷暑，欢聚在中共重庆市委礼堂。在《九三我们的心与你紧相连》的乐曲声中，济济一堂，隆重集会，热烈庆祝建社50周年。全国人大常委会副委员长、社中央主席吴阶平亲临大会并做重要讲话。社中央秘书长刘荣汉、社四川省委副主委杨宗义专程来渝参加纪念大会并指导工作。社市委主委许香谷，名誉主委李继华、乐怡然，副主委何知凡、徐宗俊、侯雪岩、黄秉来参加了纪念大会。大会由社市委副主委、重庆市政协副主席徐宗俊主持。

应邀出席纪念大会的领导和来宾有中共重庆市委副书记金烈、市人大常委会副主任王华生、副市长肖祖修、市政协主席张文彬、市纪委书记赵海渔、中共四川省委统战部副部长李学明、中共重庆市委统战部部长张忠惠、副部长胥洪浩、重庆市各民主党派、工商联的领导以及市监察局、市科委、市教委、市卫生局、市总工会、团市委、市妇联的领导50余人。

社重庆市委主委、市人大副主任许香谷向全市1300多位社员致以亲切的问候和节日的祝贺！向光临大会的社中央、社省委、中共重庆市委、市人大、市政府、市政协和重庆市各兄弟民主党派、工商联的各位领导及到会的来宾们、朋友们表示热烈的欢迎和衷心的感谢！许香谷主委回顾了我社和重庆市地方组织的历史，号召全市社员继承和发扬社的优良传统，继往开来，在中共重庆市委和社中央、社省委的领导下，为重庆市的科技、教育和医疗事业的发展，为促进精神文明建设和民主法制建设，为重庆市1500万人民早日达到小康水平，做出应有的贡献。

社中央主席吴阶平在会上做了重要讲话。他说，在我社的发祥地参加社重庆市委举行的这一盛会，使我心潮起伏，思绪万千。回顾我社的50年，在争取抗日战争和新民主主义革命胜利的斗争中，在新中国成立后，在社会主义建设和社会主义改造过程中，取得了宝贵的历史经验，形成了优良的传统，这就是：高举爱国主义和社会主义旗帜，为祖国的繁荣富强不懈奋斗的传统；坚持接受中国共产党的领导与中共风雨同舟、亲密合作的传统；加强政治学习和自我教育，随着时代的步伐不断前进的传统。当前，我国改革不断深入，经济发展，社会稳定，我们要认真学习邓小平建设有中国特色社会主义理论，正确认清形势，正确认识前进中所遇到的困难，不断奋发进取。我们要坚持中国共产党的领导，同党亲密合作，共同致力于社会主义事业。在参政议政方面，要多做工作，提高水平，积极发挥参政党的作用，要有高度的责任感和使命感，努力发挥我社智力密集的优势，在实施科教兴国的战略中作出更大的贡献，为国家的富强、民族的振兴，迈向光辉的未来。他要求广大社员在科教兴国的宏伟事业中有更大的作为，在邓小平同志建设有中国特色社会主义理论和“一个中心，两个基本点”的基本路线指引下，继续发扬九三学社的光荣传统，发挥自身优势，认真履行参政党职责，要为促进我国经济建设和科技事业的发展，促进精神文明和民主法制建设，促进祖国统一事业，继续紧密团结，携手合作，去夺取新的更大的胜利。

金烈副书记代表中共重庆市委对大会表示热烈祝贺！向专程亲临我市参加纪念会和指导工作的吴阶平主席一行和重庆九三的全体同志致以亲切的问候，并对九三重庆市委的工作给予了充分肯定。他希望九三学社重庆市委在振兴重庆的经济中，特别是为实施科教兴渝战略和大力推进科教进步，为发展我市统一战线的大好形势做出新贡献。

农工重庆市委主委韦思琪代表重庆市各民主党派、工商联致贺词。社市委副主委何知凡宣读了民盟重庆市委名誉主委金锡如致大会的贺词。

吴主席与大家一齐观看了文艺支社表演的精彩的文艺节目。

当天下午，社市委举行了“纪念建社五十周年座谈会”。许香谷主委主持会议。与会同志回顾了我社半个世纪以来同中国共产党团结合作，为祖国和民族的利益，为社会主义事业共同奋斗的光辉历程和作出的重要贡献。着重就新时期如何继承和发扬我社的优良传统，加强自身建设，健全参政党机制等问题进行了座谈讨论。社中央主席吴阶平、秘书长刘荣汉、社省委副主委杨宗义、社市委主、副委许香谷、何知凡、徐宗俊、侯雪岩、黄秉来，以及在渝的部分社省委委员、社市委常委、社市委顾问及各专委会负责人和中青年社员代表出席了会议。社市委机关各处室负责人列席了会议。刘宜伦、江泽佳、李继华、曹良仁、何健村、徐宗俊、董味甘、刘珍茂、潘复生先后在会上发言。

座谈会上，吴阶平主席欣然为社重庆市委题词——“继承传统，开拓创新”，并与参加座谈会的全体同志合影留念。

九三学社重庆市第一次代表大会隆重召开

九三学社重庆市第一次代表大会于1997年4月19日至22日在渝州宾馆隆重召开。肩负着全市1687名社员重托的219位代表出席了大会。中共重庆市委、市人大、市政府、市政协、市纪委、市委统战部、市级各民主党派、工商联及重庆社会主义学院、市监察局、市科委、市卫生局、市电力职大的领导到会祝贺。

社中央常务副主席徐采栋及组织部副部长郑之明专程来渝。社四川、贵州省委副主委欧阳城、李金生亦专程到会祝贺。社天津、云南、湖南、陕西省委、广西区委和中共重庆市纪律检查委员会、重庆市监察局发来了贺电、贺信祝贺。民建重庆市委主委程贻举代表市各民主党派、工商联致词祝贺。

这次大会是重庆设立直辖市后，由社中央授权原社市委第九届委员会主持召开的首次社员代表大会。大会由社原重庆市第九届委员会主委、大会主席团常务主席许香谷致开幕词。他指出，大会将在充分协商、酝酿的基础上，选举产生九三学社重庆市第一届委员会，完成社重庆市委新老交替的历史任务。这次换届，不仅是组织人事的调整，而且是跨世纪的政治交接，着重于我社政治纲领和政治路线的延续。由此产生的第一届委员会将担负起带领全市社员进入下一世纪的重任。因此，这次代表大会是一次关系到我社重庆市地方组织自身建设的加强、参政议政能力的提高和工作机制得以进一步完善的重要会议。

社中央常务副主席徐采栋专程莅会，并做了三次重要讲话。他充分地肯定了社重庆市委的工作，并对今后的工作提出了希望，他指出，重庆直辖市的建立，标志着重庆市改革开放的现代化建设进入了新一轮的发展阶段。重庆不仅要起到长江经济带“龙尾”的作用，还要担负起开发大西南的重任。九三学社作为与党亲密合作的参政党，要认清我们肩负的重任，把各自的岗位工作做得更出色，把社的工作做得更扎实。他希望新一届社重庆市委要进一步认真学习邓小平同志建设有中国特色社会主义理论，加强自身建设，特别是要抓好领导班子建设；要发挥自身优势，积极履行参政议政和民主监督的职能，组织社员为重庆市的改革开放、社会发展多做好事和实事。

中共重庆市委常务副书记王云龙代表市委、市人大、市政府、市政协向大会表示热烈祝贺，向专程来渝出席大会的徐采栋副主席一行和九三学社兄弟省市的负责同志表示热烈的欢迎，向出席大会的全体代表和重庆市的全体九三学社社员致以亲切的问候。王云龙副书记高度评价了九三学社重庆市委的工作，并代表中共重庆市委向九三学社重庆市提出了四点希望：一、认真学习邓小平同志建设有中国特色社会主义理论，围绕新重庆面临的新形势、新任务，为我市的经济与社会发展、科技进步、科技兴工、科技兴农、科教兴渝战略的实施积极开展调查研究，建言献策。二、坚定正确的政治方向，抓好以领导班子建设为重点的自身建设。三、坚持团结稳定的方针，努力做好大团结工作。四、坚持中国共产党领导的多党合作和政治协商制度，为巩固和发展我市爱国统一战线再作新贡献。

何知凡副主委代表九三学社原重庆市第九届委员会做了题为《把握大局，发挥优势，为振兴重庆作出贡献》的工作报告。

会议期间，与会代表围绕新设立的重庆直辖市的经济和社会发展、如何加强我社的自身建设、如何履行参政议政和民主监督职能、进一步发挥参政党整体作用等问题进行了认真讨论。

大会选举产生了九三学社重庆（直辖）市第一届委员会：主任委员徐宗俊，副主任委员侯雪岩、黄秉来、赖明、谢小军、蓝钧鳌、姚珍薇（女），常委18名，委员46名；推举许香谷为名誉主委，李继华、何知凡为名誉副主委，推举社市委顾问13名。

在22日的闭幕大会上，通过了《九三学社重庆市第一次代表大会决议》和《九三学社重庆市第一次代表大会给许香谷、何知凡及不再担任九三学社重庆市委委员的老同志的致敬信》。

九三学社重庆市委学习座谈
《一个中国的原则与台湾问题》白皮书

2000年2月25日，社市委召开会议，学习座谈《一个中国的原则与台湾问题》白皮书。

市政协副主席、社市委主委徐宗俊首先代表社市委对白皮书的发表表示完全拥护和坚决支持。他指出，《一个中国的原则与台湾问题》白皮书是进一步向国际社会阐述我国政府坚持一个中国的原则、立场和政策的庄严文告。白皮书有几个特点：一是“有据”，以历史事实为依据；二是“有理”，以国际法理为基础，对“两国论”予以批驳；三是“有力”，表明了中国政府的严正立场和提出在“三个如果”情况下不放弃使用武力解决台湾问题，非常英明。他要求社员要充分认识白皮书的重要意义，学习宣传好白皮书的内容，为促进祖国早日统一做贡献。

与会同志认为，白皮书的发表非常及时，表达了全体炎黄子孙的共同意愿，表明了我国政府坚持一个中国的原则与台湾问题的严正立场，是对“台独”势力的严厉警告，也是对全国人民的严肃动员。白皮书的发表对维护一个中国的原则和实现祖国和平统一将起到极大的促进作用。

与会同志表示坚决拥护我国政府所表明的解决台湾问题的立场、态度和政策，坚决支持我国政府为捍卫国家主权和领土完整所采取的一切决定和措施，坚决反对李登辉之流的分裂行径，要求台湾当局立即回到一个中国的原则上来。表示要围绕祖国统一大业发挥优势，通过各种渠道向台湾和海外亲友宣传我国政府的原则、立场，为促进祖国早日统一做出应有的贡献。

九三学社中央第十届第十一次常委会在渝召开

九三学社第十届中央常务委员会第十一次会议于2000年11月9日至12日在重庆举行，全国人大常委会副委员长、九三学社中央主席吴阶平，全国政协副主席、九三学社中央常务副主席王文元出席了会议。会议的主要任务是学习中共十五届五中全会精神，研究九三学社自身建设等工作。

重庆市领导贺国强、包叙定、王云龙、张文彬等到会祝贺。

吴阶平、王文元先后在会上作了讲话。他们说，重庆是九三学社孕育和诞生之地。抗战胜利后，九三学社老一辈领导人在重庆作出了坚决反对内战、争取民主、反对国民党独裁统治的历史选择，使九三学社走上了接受中国共产党领导，与共产党亲密合作、荣辱与共的光荣道路。可以说，九三学社中央在重庆召开中常委会议，具有追寻先辈们的历史足迹，继承和发扬先辈们光荣传统的特殊意义。在渝期间，与会者更加切实地感受到了重庆党政领导和人民群众希望加快西部地区发展的强烈愿望，进一步认识了中共中央关于西部大开发决策的战略意义。他们表示，九三学社应该也必须对西部大开发继续予以充分重视，为重庆实施西部大开发献计出力。

中共重庆市委书记贺国强在开幕会上代表中共重庆市委、市人大常委会、市政府、市政协对九三学社中央的领导和各位同志的到来表示热烈欢迎。他说，九三学社中央第一次在首都北京以外的城市召开常委会，充分体现了九三学社中央对新重庆的关注和信任。

贺国强说，重庆直辖市的设立和直辖后的建设和发展，一直得到了九三学社中央的关心和支持，九三学社中央领导曾多次来渝考察和调研、参加一些大型活动和重要会议，对我市经济社会发展中的重大问题特别是库区移民、国企改革和发展、扶贫攻坚、生态建设等方面，提出了许多宝贵的意见和建议，为新重庆的建设和发展给予了大力支持和帮助。九三学社中央还十分重视和关心九三学社重庆市委的自身建设、参政议政等各方面的工作。近年来，九三学社重庆市委在九三学社中央和中共重庆市委领导下，加强领导班子和队伍建设，积极履行参政党的职能，为我市实施“科教兴渝”战略，加快经济社会发展做出了积极贡献。

贺国强在会上介绍了直辖后我市经济社会发展的基本情况和不久前召开的中共重庆市委一届八次全委会提出的我市“十五”期间的奋斗目标，以及我市当前和今后一个时期的总体工作思路。他说，九三学社人才济济，这次常委会聚集了众多高层次专家和学者，给我们提供了一次难得的学习机会，热忱希望与会的各位专家学者为重庆的经济建设和社会发展提出意见与建议，一如既往地关心支持重庆市的工作。

会议期间，吴阶平出席了第二届中国重庆高新技术成果交易会开幕式；王文元听取了我市转变政府职能，优化发展环境，机构改革等有关情况的汇报，并到渝北区垃圾处理场考察了解我市垃圾处理情况；与会的九三学社中央领导到高新技术开发区考察参观了重庆海扶技术有限公司，参观了歌乐山烈士陵园并观看了川剧《金子》。

（录自 2000 年 11 月 13 日《重庆日报》）

九三学社中央与中共重庆市委签订加快重庆科技发展合作协议

九三学社中央关心和支持重庆市经济社会发展步入实质性阶段。2000 年 11 月 9 日，九三学社中央与中共重庆市委就加快重庆科技发展，签订了合作协议。

九三学社是以科技界高中级知识分子为主体的参政党，科技人才密集，在国家经济建设和科技进步中发挥着重要作用。作为九三学社的发祥地，九三学社中央十分关注重庆的发展，并给予了大力支持和帮助。为进一步加快重庆经济社会发展，九三学社中央第十届常务委员会第十一次会议在渝召开期间，九三学社中央领导与重庆市领导举行了座谈，重庆市政府领导介绍了重庆“十五”计划制定情况及实施西部大开发有关情况，九三学社中央领导和专家就重庆市农业发展、生态环境保护、旅游资源的开发、科技人才的培养和使用等方面提出了宝贵意见和建议。经双方协商，达成了关于加快重庆科技发展的合作协议。九三学社中央今后将重点在“以信息化带动工业化，推动生态老工业基地改造，促进产业升级”“对三峡库区生态环境保护和建设提供科技支持”“支持重庆办好高交会，并力争办成国家级高交会”等方面与我市进行合作，力求取得实效。

九三学社中央副主席安振东，中共重庆市委副书记、市人大常委会主任王云龙分别代表双方在协议上签字。市领导张文彬、冯克熙、赵公卿、徐宗俊、辜文兴及九三学社中央领导出席了签字仪式。

（录自2000年11月13日《重庆日报》）

九三学社中央与中共重庆市委关于加快科技发展的合作协议

重庆是九三学社的发祥地，是中国西部地区唯一的直辖市。在中共中央的领导下，为加快重庆市经济社会的发展，中共重庆市委书记贺国强，中共重庆市委副书记、市长包叙定，中共重庆市委副书记、市人大常委会主任王云龙，市政协主席张文彬等领导同志与九三学社中央主席吴阶平、常务副主席王文元等九三学社中央领导同志经过友好协商，九三学社中央与中共重庆市委达成如下协议：

一、九三学社中央将根据重庆市有关科技发展的意向，充分发挥社内科技人才密集的优势，组织社内的专家、学者开展调查研究和咨询工作，提出咨询意见和报告。

二、九三学社中央积极支持重庆市的经济建设和社会发展，参与、配合重庆市有关的调研、咨询和论证活动，实事求是地反映情况，提出建议。通过调查实践，探索如何充分发挥九三学社在推动区域经济发展中参政议政的作用。

三、中共重庆市委热诚欢迎并支持九三学社中央为促进重庆科技进步，推动重庆经济发展开展的各项活动，提供有利条件，并对发挥重大社会或经济效益的论证报告或调研成果给予奖励。

四、经双方协商，九三学社中央将根据重庆市当前和今后一段时间的重点工作，在“以信息化带动工业化，推动重庆老工业基地改造，促进产业升级”“对三峡库区生态环境保护和建设提供科技支持”“支持重庆办好高交会，并力争办成国家级的高交会”等方面与重庆市进行合作，力求实效。

五、中共重庆市委与九三学社中央将通过中共重庆市委统战部和九三学社重庆市委做好双方之间的有关联络和服务工作。

六、未尽事宜，双方委托代表另行协商。

九三学社中央代表（签字）	中共重庆市委代表（签字）
2000年11月9日	2000年11月9日

九三学社中央主席韩启德、副主席洪绂曾
率社中央专家组到重庆考察调研、指导工作

2003年8月8日至14日，全国人大常委会副委员长、社中央主席韩启德，全国政协常委、社

中央副主席洪绂曾率九三学社中央调研组专家考察团一行19人到重庆就农村劳动力转移问题和社务工作进行考察和调研。

韩启德主席及专家考察团听取了关于重庆农村劳动力流动总体情况和贯彻国办发〔2003〕1号文件《关于做好农民进城务工就业管理和服务工作的通知》的有关情况汇报。

韩启德主席、洪绂曾副主席一行在重庆市人大常委会副主任康纲有，市政府副市长、社重庆市委主委谢小军，市委统战部常务副部长彭永辉等陪同下，分别赴万州、开县、合川、万盛等地考察调研，听取当地关于农村劳动力转移情况的报告，与当地党委、政府和有关部门，以及农民工返乡创业代表座谈。还到农民工比较集中的鱼泉榨菜公司、"诗仙太白"集团、力帆集团实地考察。调研中韩启德主席多次提出这样一个观点：在劳动力转移中要努力建立品牌效应。并对重庆市当前及下一步如何进一步推进农村劳动力转移提出了因地制宜进行科学规划、加强对农村劳动力的培训和教育、建立健全农村土地流转制度、鼓励农民返乡创业、加强农民工外出打工的组织工作、加强和规范劳动力市场建设、拓展就业空间等七点思路和建议。

韩启德主席、洪绂曾副主席在渝期间，于8月11日和12日对社务工作进行了考察。11日下午，与社重庆市各级组织负责人和基层组织干部进行了座谈。在听取发言和汇报后，韩启德主席对社重庆市委自去年换届以来的工作表示肯定，对社市委的工作做了重要指示。他着重就社市委要进一步继承和发扬社的光荣传统；进一步高举社会主义和爱国主义旗帜；进一步坚持中国共产党的领导；进一步发扬民主与科学精神，提出了四点要求和希望。12日下午，韩启德主席、洪绂曾副主席还专程到社市委机关看望全体工作人员，并与大家亲切交谈、合影留念，勉励大家进一步做好各项社务工作。随后，韩启德主席、洪绂曾副主席一行还专程考察了"九三学社成立旧址纪念碑"工程。

在渝期间，韩启德主席、洪绂曾副主席还出席了社市委与中共万州区委《九三学社重庆市委、万州区委关于加快万州区科技发展的合作协议》签字仪式。

13日下午，社中央专家组成员、全国政协委员、北京大学国际关系学院副院长、教授袁明和全国政协委员、北京大学中国经济研究中心主任、教授林毅夫应邀为重庆市第二期学习贯彻"三个代表"重要思想领导干部专题研讨班学员和市级有关部门负责人分别做了题为《崛起的中国与世界》《中国经济发展及前景展望》报告。

14日，韩启德主席与中共重庆市委有关领导座谈交流。他介绍了在渝考察调研的主要情况和体会，并归纳专家组的意见，提出了几点建议。他表示愿意为重庆市呼吁解决一些问题，为重庆市的发展尽一点微薄的力量。

韩启德主席、洪绂曾副主席一行在渝考察和调研期间，还考察了解放碑商业步行街和合川钓鱼城古战场遗址等。在渝期间，中共重庆市委书记黄镇东，市长王鸿举，市政协主席刘志忠，市委副书记邢元敏，市政府常务副市长黄奇帆，市人大常委会副主任金烈，副市长陈光国，市政协副主席李兵，市政协副主席、市委统战部部长辜文兴等市领导分别与韩启德主席会面并交换了意见。

九三学社成立旧址纪念碑揭碑仪式隆重举行

2005年8月22日，全国人大常委会副委员长、九三学社中央主席韩启德为九三学社成立旧址纪念碑揭碑并出席社重庆市委召开的纪念建社60周年大会。

九三学社成立旧址纪念碑坐落在重庆市渝中区人民公园内，距1946年5月4日九三学社召开成立大会的原重庆青年大厦不足40米。长方形的红色花岗岩碑身，长9.3尺，高5.4尺，分别寓示着“九三学社”“五四精神”；正面镌刻着韩启德主席题写的“九三学社成立旧址纪念碑”11个大字，背面刻着《九三学社成立宣言》，左侧面雕刻着九三学社成立大会旧址原重庆青年大厦的图样。整个纪念碑造型庄严肃穆、朴实厚重。

8月22日上午，九三学社成立旧址纪念碑揭碑仪式在重庆市渝中区人民公园举行。中共重庆市委副书记、市长王鸿举，中共重庆市委副书记邢元敏，民建中央副主席、市人大常委会副主任、民建重庆市委主委程贻举，重庆市警备区副司令员杨冀平，市政协副主席、市委统战部部长辜文兴，社重庆市委名誉主委许香谷、徐宗俊，中共重庆市委副秘书长罗庆宏，市人大常委会副秘书长陈传文，市委统战部常务副部长彭永辉，中共渝中区委副书记、区长洪天云，重庆市各民主党派、工商联负责人出席仪式。给予建碑工作大力支持的中共渝中区委、区人大常委会、区政府、区政协的领导，直接参加建碑工作的有关单位领导及社员代表近200人参加了揭碑仪式。重庆市政府副市长、九三学社重庆市委主委谢小军主持揭碑仪式。

随着谢小军主委宣布揭碑仪式正式开始，雄壮的国歌在人民公园奏响。9时10分，韩启德主席和王鸿举市长一同揭去覆盖在纪念碑上的红绸，庄严肃穆的九三学社成立旧址纪念碑展现在人们眼前，红色花岗岩碑体熠熠生辉，全场响起热烈的掌声。

王鸿举市长首先代表中共重庆市委、市人大、市政府、市政协对九三学社成立旧址纪念碑的落成表示热烈祝贺，并向九三学社60年以来“即本‘五四’的精神，为民主与科学之实现而努力，始终不懈”的政治主张，表示由衷的敬意。他说，九三学社是一个具有光荣历史和优良传统的民主党派，从民主革命时期到新中国成立，直至改革开放以来，一直与中国共产党风雨同舟、荣辱与共，为国家的繁荣和民族的复兴谱写了光辉的篇章。他指出，重庆是九三学社的诞生地，成立旧址纪念碑的落成，对于缅怀九三学社与中国共产党亲密合作的光荣历史，继承和发扬九三学社的优良传统，提供了物质的见证；同时也为重庆这个由中央统战部命名的全国唯一的统一战线传统教育基地，增添了十分重要的教育资源。他希望充分发掘民主党派在重庆博大的珍贵历史文脉，用鲜活的历史实例教育后人；继承和发扬“风雨同舟、荣辱与共”的优良传统，倍加珍惜中国共产党与民主党派团结合作的亲密关系，为建设中国特色社会主义事业，为实现祖国完全统一，为维护世界和平作出新的更大的贡献。

韩启德主席代表社中央对在建碑工作中予以大力支持的中共重庆市委、市政府、市委统战部，承办建碑工作的中共渝中区委、区政府和社重庆市委，以及所有支持和关心建碑工作的有关部门和各民主党派表示衷心感谢。他回顾了九三学社的历史，说，今天我们在九三学社诞生地建立起这座纪念碑，就是为利用这个旧址进行光荣的传统教育，让全社成员来追寻前辈们的光辉足迹。他指出，继承和发扬我社的优良传统，就要像前辈们那样，坚定地信仰马克思主义和社会主义，更加自觉地树立起接受中国共产党领导的信念。要结合社史和优良传统的教育，认真学习贯彻中共中央〔2005〕5号文件精神，自觉地维护我国的政党制度，保持坚定正确的政治方向。这是我社的生命线，是我社健康发展和充分发挥作用的根本保证。继承和发扬我社的优良传统，就要像前辈们那样，努力担当起振兴中华的历史使命，弘扬民主与科学精神，把高度的社会责任感与先进的思想意识结合起来，把爱国主义精神与建设中国特色社会主义的伟大实践结合起来，把个人事业与祖国前途和民族命运联系起来，在各自的工作岗位上建功立业。要坚持“长期共存、互相监督、肝胆相照、荣辱与共”的方针，积极履行好参政议政、民主监督的职能，致力于推动我国经济社会的全面、协调和可持续发展，加速构建社会主义和谐社会的进程。继承和发扬我社的优良传统，就要像前辈们那样，努力学习，随时代不断前进。不断加强社的思想建设、组织建设和制度建设，不断提高各级领导干部的政治把握能力、参政议政能力、组织领导能力与合作共事能力，全面提高自身素质，不断开拓进取，以无愧于参政党的光荣使命。

揭碑仪式结束后，韩启德主席与中共重庆市委领导、社市委领导以及社员代表合影留念。

九三学社重庆市委隆重举行纪念建社六十周年大会

2005年8月22日上午10时，社重庆市委纪念建社六十周年大会在中共重庆市委礼堂隆重举行。韩启德主席出席纪念大会。应邀出席大会的重庆市领导和来宾有中共重庆市委副书记邢元敏，民建中央副主席、市人大副主任、民建市委主委程贻举，市政协副主席、市委统战部部长辜文兴，中共重庆市委副秘书长罗庆宏，市人大常委会副秘书长陈传文，市委统战部常务副部长彭永辉，市各民主党派、工商联的领导，以及对口联系单位、统战系统各单位、部分中共区委和高校党委统战部的领导。社重庆市委名誉主委许香谷、徐宗俊，社市委主委、副主委、名誉副主委及近千名社员代表参加了纪念大会。大会由社市委副主委陈义华主持。

会议首先由重庆市政府副市长、社重庆市委主委谢小军代表社市委讲话，他简要回顾了九三学社在重庆孕育诞生和社重庆地方组织建立发展的历程。他强调，随着《中共中央关于进一步加强中国共产党领导的多党合作和政治协商制度建设的意见》的深入贯彻和落实，中国共产党领导的多党合作和政治协商制度的优越性将得到进一步体现，民主党派的历史使命也将越来越重要。九三学社重庆市委和全体社员要更加紧密地团结在以胡锦涛为总书记的党中央周围，在社中央和中共重庆市委的领导下，以思想建设为核心，以组织建设为基础，以制度建设为保障，把发展作为参政议政的第一要务，为建设我国社会主义物质文明、精神文明、政治文明和构建社会主义和谐社会，为实现“富民兴渝，全面建设小康社会”的宏伟目标，为实现中华民族的伟大复兴，作出新的更大的贡献。

邢元敏副书记代表中共重庆市委、市人大、市政府、市政协向专程莅临出席九三学社旧址纪念碑揭碑仪式和纪念会的九三学社中央主席韩启德一行表示热烈欢迎，对纪念大会的召开表示热烈祝贺，向为重庆市改革开放和经济发展及统一战线和多党合作事业作出积极贡献的九三学社的同志们表示亲切问候和诚挚谢意。她对九三学社中央关心和支持重庆的建设和发展表示感谢，并高度评价了九三学社重庆市委的工作和取得的突出成绩。她希望社重庆市委要深入学习贯彻中央5号文件和中共重庆市委的贯彻实施意见的精神，适应时代的要求，继续搞好政治交接，切实抓好自身建设，始终坚持把发展作为参政议政的第一要务，牢固树立和落实科学发展观，为实施科教兴渝战略，为维护社会稳定，为重庆的发展作出更大的贡献。

韩启德主席在纪念大会上代表社中央向大会表示热烈祝贺，向应邀出席纪念大会的中共重庆市委、市政府的领导和各位来宾表示衷心感谢，向社重庆市的各级组织和全市2371名社员致以节日的问候和良好的祝愿。他简略回顾了九三学社发起成立的光荣历史，概括了九三学社在进入新的历史时期，特别是在中共中央〔1989〕14号文件颁布以后，在国家政治生活中所取得的斐然成绩。他指出，我们隆重纪念九三学社成立60周年，不仅是为了进一步了解我社与共产党同舟共济、真诚合作的光辉历程，更是为了使我社优良传统能够在新时期薪火相传、发扬光大。他希望社重庆市委要按照社中央的要求，在学习中：一要把学习贯彻5号文件精神与学习贯彻“三个代表”重要思想、中共十六大和十六届四中全会精神结合起来，与学习中共三代领导集体和以胡锦涛同志为总书记的中共中央关于多党合作的重要论述结合起来。进一步增强坚持中国共产党领导的自觉性，进一步坚定走中国特色社会主义政治发展道路的信念。二要把学习贯彻 5 号文件精神与加强自身建设，切实履行参政党职能结合起来。要从历史和时代的高度，充分认识加强自身建设特别是加强领导班子“四种能力”建设的重要性。把领导班子建设成为一支政治坚定、作风民主、求真务实、锐意进取、团结和谐、社员信得过和经得起考验的坚强领导集体。三要把发展作为参政议政的第一要务和多党合作的根本任务，更好地服务于建设中国特色社会主义事业。牢固树立和全面落实科学发展观，要在构建社会主义和谐社会、实现全面建设小康社会宏伟目标、促进三个文明协调发展和人的全面发展上有所作为。

在讲话中，韩启德主席还满怀激情地即兴朗诵了由社重庆市委组织创作的歌曲《啊，九三》的歌词，把大会的热烈气氛推向高潮。

会上，社员代表黄爱龙作了发言。民建中央副主席、市人大常委会副主任、民建市委主委程贻举代表市级各民主党派、工商联向大会致贺词。

大会还对 18 个先进基层组织和 100 名优秀社员进行了表彰奖励。

大会结束后，韩启德主席、邢元敏副书记等领导和来宾与大家一起观看了社重庆市委纪念建社六十周年文艺演出。

九三学社理论研究与社史工作座谈会在重庆举行

2006 年 10 月 21 日至 23 日，九三学社理论研究与社史工作座谈会在九三学社发祥地——重庆举行。全国人大常委会副委员长、九三学社中央主席韩启德在讲话中指出，这次理论研究和社史工作座谈会，是我社在一个重要时期召开的一次重要会议。参政党理论研究要解决的三个问题：第一，参政党理论研究的根本任务在于使九三学社能牢牢把握正确的政治方向，核心是坚定不移地走中国特色社会主义政治发展道路，重点是要正确理解中国共产党领导的多党合作和政治协商这一基本政治制度。第二，参政党理论研究要结合九三学社广大社员的思想实际和工作实际，不断深化广大社员对新形势下中共中央路线方针政策的理解，增强对中国特色社会主义事业的信心，统一思想，凝聚力量。第三，参政党理论研究必须要解决学风和文风问题，学风和文风直接关系到理论研究的成效，首先要在理论上真正学懂弄通；其次要注意理论联系实际，要深入调查研究，掌握社员的思想状况理论研究才不会脱离实际；再次要改进文风，以理服人。韩启德指出，社史工作是一项凝聚工程，九三学社在长期历史过程中形成的传统、文化、理念，要靠社史来薪火相传。社史工作的重要意义还在于它对九三学社理论建设的基础性作用。理论研究中的很多问题是要从历史中寻找答案的。要加强我社的理论研究，解决社员的思想认识问题，就必须高度重视社史工作，把社史工作摆上议事日程，它关系到我社自身建设的水平。这次会议是动员会，也是社史工作的新起点。九三学社中央要加强指导，整合资源，发动群众，发挥整体力量；各级地方组织要互相合作，形成合力，把我社的参政党理论研究和社史工作做得更好。

九三学社中央副主席邵鸿全面总结了我社开展理论研究和社史工作的基本情况，分析了存在的问题，并对今后工作作出了部署。关于参政党理论研究，他说，当前，随着社会主义政治文明建设的发展，民主党派广大成员的政治责任感和历史使命感不断增强，一些成员对我国多党合作制度、统一战线和参政党的有关理论、政策，提出了不少需要从理论上认真回答的问题，需要我们从理论上研究和回答，才能使成员真正信服，使全社的思想得到统一，从而把思想建设落在实处。因此，参政党理论的创新和突破不仅是我们面临的一项重要课题，也是全社自身建设特别是思想建设的急需工作。他总结了近年来全社从中央到地方参政党理论研究工作的经验，指出，理论研究要善于借鉴和吸收其他社会学科的研究方法和研究成果，又要理论联系实际；理论研究的机制应是开放和动态的；理论研究的内容和目标要切实可行、力所能及；理论研究要持之以恒，既有初期的目标，也要有中长期规划。关于社史工作，邵鸿说，九三学社中央在抓好社史工作的同时，要着重发挥指导和推动作用。他在分析了社史工作的意义、现状和问题后，对社史工作提出了四点具体要求：一是要提高认识，加强领导；二是要制定规划，整合力量；三是要抓住重点，抢救资料；四是要改善条件，长期坚持。

重庆市政府副市长、九三学社重庆市委主委谢小军在开幕会上致欢迎词。他说，社重庆市委承办这个重要的会议，是社中央对社重庆市委的关怀和支持，也是鞭策和鼓励。重庆是九三学社的发祥地，去年，社重庆市委完成了社中央交办的重要任务，建立了九三学社成立旧址纪念碑，为广大社员追寻九三学社先辈们与中国共产党亲密合作的历史，继承和发扬社的优良传统，提供了十分重要的教育资源。他简略介绍了重庆市的自然、历史、文化特点和经济社会发展形势，并欢迎大家体会开放的重庆的魅力。他希望与会者留下宝贵意见，以推进社重庆市委的工作。

重庆市政协副主席、中共重庆市委统战部部长辜文兴莅会并讲话。他转达了中共重庆市委副书记邢元敏同志对出席会议的社中央领导和各位同志的问候和对会议的祝贺。他说，重庆有着光荣的统一战线历史和优良的统一战线工作传统，在我国多党合作历史上占有重要地位。共产党人和爱国民主人士追求理想、英勇不屈的红岩精神，中国共产党与民主党派风雨同舟、共同奋斗的光荣历史，已成为重庆的宝贵传统和可贵的政治资源。九三学社中央十分关心重庆的建设和发展，特别是自2000年与中共重庆市委签订加快重庆科技发展的合作协议后，韩启德主席等九三学社中央领导经常亲自带领有关专家到重庆考察调研，为重庆市经济和社会发展出谋划策。他肯定了社重庆市委为促进重庆市改革、发展、稳定和民主政治建设所做的贡献。指出，九三学社理论研究与社史工作座谈会在重庆召开，对于进一步加强参政党理论建设、深化中国特色社会主义政党制度研究、推动党同民主党派的团结更加巩固具有十分积极的意义；同时，进一步挖掘整理九三学社社史资料，也是对进一步搞好中国统一战线传统教育基地建设的帮助和支持。最后，他祝大会取得圆满成功。

会议期间，与会人员分别介绍了在理论研究和社史工作中的经验体会，并对理论研究和社史工作的重要意义、指导思想、主要任务、基本原则和研究方法等进行了深入研讨，达成了广泛共识，提出了一些有价值的意见和建议。

在闭幕会上，邵鸿副主席做了总结讲话。他在讲话中概括总结了与会者对理论研究和社史工作的意见和建议，针对性地做了说明，并提出两点要求：认真贯彻落实本次会议精神；结合会议精神的贯彻落实，结合明年和今后一个时期工作计划的制定，认真研究，拿出理论研究和社史工作的基本规划，并且与社中央的有关工作规划相衔接，加强协商和沟通，上下互动，共同做好工作。

九三学社中央秘书长徐国权，九三学社中央研究室全体工作人员及九三学社各省级组织有关部门负责人30余人出席会议。

九三学社直辖市片区工作会议在渝召开

九三学社直辖市片区工作会议于2006年10月23日至25日在重庆雾都宾馆召开。社北京市委副主委王琳、天津市委秘书长宋永昌、上海市委秘书长沈洁、重庆市委副主委姚珍薇、专职副主委陈义华及四个直辖市组织部（处）长出席了会议。这次会议主要围绕组织建设、组织发展以及省级组织换届等问题进行了交流和研讨。社中央组织部副部长文文、中共重庆市委统战部党派处处长廖渝川应邀莅会并讲话。会议由陈义华副主委和王琳副主委主持。

社重庆市委专职副主委陈义华首先代表社重庆市委向前来参加直辖市片区会议的同志表示热烈欢迎，对中共重庆市委统战部为这次大会提供的大力支持表示衷心的感谢。希望大家围绕这次会议的主题，通过交流和研讨，就一些问题达成共识，进一步做好直辖市的组织建设、组织发展和基层组织工作，为明年社省（市）级组织换届做好准备。

中共重庆市委统战部廖渝川处长在讲话中向参加此次会议的全体同志表示热烈欢迎。他说这次会议的时机非常好，区县换届已基本完成，有很多好的经验可以总结，为明年省（市）级组织换届作好了准备。京、津、沪有很多好的经验值得学，容易学，因为直辖市的组织管理体制基本上都是一致的。通过交流使工作更规范，彰显党派的政治性、严肃性。

社北京市委副主委王琳、天津市委组织部部长李锡瑞、上海市委秘书长沈洁、重庆市委副主委姚珍薇就加强后备干部队伍建设、提高参政党素质、适应新形势、探索组织建设新途径、贯彻“人才强社”战略、加强组织建设和基层组织工作等问题做了大会交流发言。

在讨论交流中，大家就组织发展权限、发展新的社会阶层人士、区委专职干部编制等问题进行了热烈讨论，就一些问题达成了共识。

社中央组织部副部长文文作了会议总结，他代表社中央组织部对直辖市片区工作会议的召开表示祝贺。他说四个直辖市形成了中国的三大经济发展圈，确立了民主党派工作的特殊地位。这次会议重点是对组织建设的交流和研讨，意义重大，通过大家相互间的交流，总结出了直辖市在组织建设工作中与其他省不同的特殊性，为社中央进一步规范直辖市的组织建设工作，制定有关文件提供了基础性材料。

三、回忆文章

毛泽东接见许德珩和劳君展

1945 年 8 月 28 日，住在重庆枣子岚垭“雅园”的许德珩、劳君展夫妇夜不成寐，既兴奋又担心，心情难以平静。因为这一天中共毛泽东主席和周恩来、王若飞等在张治中将军陪同下，从延安飞抵重庆与国民党当局进行和平谈判。毛泽东到达重庆的消息，像春风吹遍整个山城，给人们带来了希望，山城沸腾了，报纸印发号外，无数的人上街欢迎，鞭炮齐鸣。许多人给毛泽东写信说：“我们拥护您的主张，您是新中国的希望。”当时许多中间派人士也深为感动，赞誉毛泽东这一行动为“弥天大勇”“一身系天下之安危”。

抗日战争胜利后，国民党当局为了巩固其独裁统治，依附于美国，在美帝国主义的支持下，一方面玩弄和谈阴谋，欺骗人民；一方面极力抢夺抗战胜利果实，准备发动大规模的内战。他们除了在军事上布置内战外，还派大批的官僚政客到全国各地“接收”，（人民讥之为“劫收”）。许德珩感于此，作诗曰：“群魔乱舞闹中华，五子登科哪管它。极目中原无净土，延安可望在天涯。”

许德珩、劳君展同毛泽东有着源远流长的亲密友谊。劳君展（1900—1976），湖南长沙人，早年在湖南周南女校读书时，她就参加了毛泽东、蔡和森于1918年4月在长沙组织的“新民学会”，积极参加驱逐湖南军阀张敬尧运动和五四运动。五四运动后，劳君展赴法国勤工俭学。行前，毛泽东曾在上海半淞园为她送行。1921年中国共产党成立后，毛泽东还写信给在法国的“新民学会”会员劳君展等通报情况。许德珩1915年初考入北京大学，先后与李大钊、毛泽东相识。1917年蔡元培任北大校长后，实行一系列改革，提倡思想自由，培养学术研究氛围，学术、政治团体如雨后春笋般涌现。毛泽东、许德珩都参加了“新闻研究会”和“北京大学平民教育讲演团”，接触日频。1918年至1919年五四运动前夕，毛泽东、许德珩经李大钊介绍，先后参加了由李大钊发起的“少年中国学会”。在“创造少年中国”的政治理想下，李大钊、毛泽东和许德珩等结下深厚的友谊。

许德珩夫妇与毛泽东已阔别20余年。他们通过邢西萍（徐冰）求见毛泽东。不久，即得到通知，毛泽东约他们去红岩咀八路军办事处吃见面。

9月10日中午，许德珩和劳君展来到红岩咀。毛泽东一见面就急步向前，一手拉着许德珩，一手拉着劳君展，说：“真想不到，我们在这里见面了！”寒暄落座后，畅叙阔别之情，回忆当年在北大的情景，回忆在湖南的往事。毛泽东关切地询问他们在法国和归国后的工作生活情况，他们一一向毛泽东作了介绍。

谈话间，劳君展提到给毛泽东送怀表、布鞋和火腿的事，毛泽东表示感谢。

那是1936年秋末冬初，许德珩、劳君展夫妇都在北平教书。一天，徐冰、张晓梅夫妇来探望许德珩时，说到红军长征初到延安，由于国民党军队的封锁，物资供应困难，日用品和吃的东西都很缺乏，尤其是没有布鞋穿，大家都穿草鞋，也没有怀表。许德珩和劳君展听到这些情况，当即决定自己拿钱买些日用品和食品送给毛泽东。徐冰说，现在有一辆卡车要去陕北，要买东西最好赶快去办。于是劳君展和张晓梅立即到东安市场买了一些火腿、怀表和布鞋，托张晓梅带到延安去。1983年，中共中央文献研究室在整理编辑《毛泽东书信选集》时，发现了毛泽东1936年11月2日写的感谢信，信中说：“各位教授先生们：收到惠赠各物（火腿、时表等），衷心感谢，不胜荣幸！我们与你们之间，精神上完全是一致的……”

话题逐渐转到现实中来，许德珩说，战时的重庆，物价飞涨，文教人员的生活极其困苦。他十分感谢毛泽东委托蔡畅从延安给他带来了一卷延安自产的手工制呢，这一卷呢子衣料，做了全家人的冬衣，解决了大问题。毛泽东动情地笑着说：“一切都会好的，将来会好的。”毛泽东询问许德珩在重庆的生活工作情况。许德珩谈了抗日战争期间。他根据周恩来的建议，回原籍江西任江西抗敌后援会主任委员，动员民众抗战，保卫家乡，以及担任国民参政会参政员，于1938年来到重庆，利用国民参政会这一合法的讲坛，公开反对国民党的倒行逆施和独裁统治等情况。其中谈到他在国民参政会活动中，与中共代表董必武、吴玉章、林伯渠、邓颖超过往密切，配合默契，每当国民参政会开会，总是搭乘中共代表的车子往返。毛泽东听得很高兴，他爽朗地笑着说：“我也是个合法的参政员哩！”（1938年7月，国民党决定在武汉召开国民参政会第一次大会，聘请中共7人为国民参政会参政员，第一位就是毛泽东，不过他从未出席过。）从“国民参政会”又谈到武装斗争的问题，许德珩、劳君展对毛泽东的军事才能深表钦佩。后来又谈到在重庆发起“民主科学座谈会”的情况。

毛泽东听了汇报很高兴，很支持。他勉励许德珩和劳君展，要把座谈会搞大，搞成一个永久性的政治组织。许德珩当时也有这个考虑。但是又担心人数太少。毛泽东说：“人数不少，即使人数少也不要紧，你们都是有影响的代表性人物，经常在报上发表意见和看法，不是也起很大作用吗？”

正是在毛泽东的关怀鼓励下，许德珩等人才下定决心把“民主科学座谈会”建成一个永久性的组织，这就是后来成立的九三学社。

毛泽东邀许德珩夫妇共进午餐，席间还有周恩来、华岗、熊子容等，气氛十分亲切融洽。由于重庆政治环境险恶，许德珩夫妇深为毛泽东的安全担心，临别前，劳君展频频相劝：此地不可久留，宜早作归计。10 月 11 日，在张治中等人的陪同下，毛泽东平安返回延安，许德珩夫妇这才放了心。（原载 1998 年九三学社中央研究室编写的《九三学社简史》）

毛泽东接见梁希、潘菽、金善宝等科学家

1945 年 8 月 28 日傍晚，中央大学著名教授梁希、潘菽、金善宝、涂长望突然听到毛泽东飞抵重庆的消息。他们既兴奋又担心：兴奋的是毛泽东雄才伟略，胆识非凡，为了国家民族利益，大义凛然，不惜深入虎穴与蒋介石进行和平谈判；担心的是蒋介石可能加害于毛泽东。忧喜交加的心情使他们彻夜难眠。

自 1939 年以来，在周恩来、潘梓年支持下，梁希、潘菽、金善宝、涂长望、干铎、谢立惠、李士豪等科技界人士近 20 人组成了“自然科学座谈会”，其中一部分人参与编辑《新华日报》的“自然科学”副刊。1943 年，在梁希 60 岁诞辰到来时，周恩来、董必武、邓颖超等，特在新华日报社为梁希祝寿。周恩来祝酒时说：“新中国总要到来的，新中国需要大量的科学家。”梁希无限感慨地说：“我无家无室，有了这样一个大家庭，真使我温暖忘年!”

当时，中共常在新华日报社邀请科技文教工作者及其他爱国民主人士举行纪念会、联欢会、座谈会、时事报告会等活动，“自然科学座谈会”的同志经常参加，成为《新华日报》社和中共领导人最信赖的朋友。在延安革命根据地急需西北地区气象资料的时候，涂长望曾向延安提供了气象资料和一大批气象书籍；延安急需农业技术和良种时，金善宝曾向延安提供了良种和技术资料。

9 月的一天，梁希、潘菽、金善宝、涂长望、干铎、谢立惠、李士豪等著名教授接到毛泽东接见他们的通知，这是他们一生中最兴奋、最难忘的事。

他们按通知所定的时间来到嘉陵江边张治中将军的公馆，王炳南同志在门口迎接，在一个长条形的房间里，见到了日思夜想的毛泽东。毛泽东一一与他们握手，寒暄落座后，毛泽东像拉家常似的和大家交谈起来。先是说重庆气候恶劣，很不习惯。又说到飞抵重庆的经过和一路见闻。他说重庆的科学家朋友提供的气象资料这次也派上了用场。还谈到延安现在的日子好过了，他感谢国统区各界人士对延安精神上和物质上的支援和帮助，还提到了重庆科学家支援良种和农业技术的事。毛泽东点燃一支烟，深深吸了一口，然后坐下说：“谈谈吧，你们有什么意见（指抗战胜利后国内时局)?”梁希首先发言，他说：“我们感到很苦闷。”毛泽东等梁希继续说，但梁希没有下文了。毛泽东频频点头，重复着梁希的话，“噢，苦闷——苦闷——苦闷。”连续重复了三遍。接着大家就抗日战争胜利后的中国时局、国共和谈、中国的前途和命运等方面感到困惑的问题，向毛泽东提问，毛泽东一一答复，解释中国共产党在抗战胜利后的路线、方针和政策。潘菽问：“为什么把已经解放的一些地方让给国民党?”［指 9 月 19 日周恩来在重庆谈判中提出：我军将从广东、浙江、苏南、皖南、皖中、湖南、湖北、河南（豫北不在内）8 个省区的根据地撤退，到陇海路以北及苏北、皖北集中］毛泽东站起身来，在椅子旁边向后退了两步说：“退一步是可以的，退两步也可以”。然后做了个还击的手势说：“退三步就不可以了!”大家都会意地笑了。座谈将结束时，毛泽东注意到坐得靠后的金善宝教授还没有发言，当时金善宝虽然只有四十九岁，但由于长期患胃病，加上工作劳

累，生活艰辛，已是满头白发。毛泽东亲切地问道：“后边那位白发先生有什么意见？”金善宝早准备了一张名片，想送给毛泽东，一直没有合适的机会，于是迅步向前，把名片递给毛泽东。毛泽东看了名片，高兴地说：“噢，你就是金先生！金先生今年高寿喽？”“我今年50整。”金善宝不忍日理万机的毛泽东分心，临时说了个整数。“噢，想不到我还长你三岁哩！”毛泽东爽朗地笑着说。毛泽东请金善宝发表意见，金善宝考虑到抗战胜利后蒋介石有发动内战的迹象，担心毛泽东在重庆不安全，他说：“今天我们都很高兴。从历史上看，人民总是要革命的，而革命又总是要流血的，不流血的革命是不会成功的。”又说：“毛先生是吃惯了小米的，到这里来吃大米是不习惯的。”他暗示希望毛泽东早作归计。大家非常担心毛泽东在重庆的安全，都希望他早日离开重庆。毛泽东很理解大家的心情，频频点头表示会意。会见结束时，毛泽东满怀深情地说：“我十分感谢诸位教授先生们，在爱国、民主、和平方面，我们的心是相通的。”

毛泽东在重庆谈判期间对九三学社创始人们的亲切接见，给了他们巨大的支持和鼓舞，及时指明了前进的方向，这对九三学社的建立和未来的健康发展，起了决定性的作用。

（原载1998年九三学社中央研究室编写，学苑出版社出版的《九三学社简史》）

毛主席和九三学社

许德珩

九三学社，从成立到现在，已经走过了将近四十年的历程。它是在毛主席启发、推动下成立的，也是在毛主席亲切关怀下才继续存在和发展的。当年的情景，至今犹历历在目。

那是在抗日战争末期，1944年年底，日本侵略军对我大西南发动进攻，桂林失陷，川黔吃紧，蒋介石集团中投降空气浓厚，法西斯反动势力猖獗。重庆科技界、文化界、教育界的一些高级知识分子，对时局极感焦虑，经常聚在一起，互相交换对时局的看法，认为要民主，要团结，要抗战到底。一开始，梁希、潘菽、税西恒、黄国璋、张雪岩、何鲁、涂长望等同志，常常到我家同我和我的爱人劳君展座谈时局，间或也在中苏文化协会张西曼同志处座谈。大家渐渐地对座谈有了兴趣，于是就形成座谈会的方式，讨论民主与抗战问题，一致认为要抗战获得胜利必须争取政治的民主。

民主与科学是“五四”以来所揭举的两面极有意义的旗帜，所以我们座谈会取名为民主科学座谈会。后来因故又把民主科学座谈会的名称取消了。因此有一个时期座谈会是没有名称的。这一座谈会的主张是“团结民主，抗战到底”，发扬“五四”反帝反封建的精神，为实现民主与发展科学而奋斗。

抗战胜利后，参加座谈会的一些朋友们都要回到各自原来的地方去，但是想到一年多来，大家经常在一起座谈，有了共同的思想基础，希望能成立一个永久性的组织，长期存在下去。正在酝酿期间，毛主席来到重庆。

为了争取国内的和平、民主、团结，反对内战，1945年8月28日毛主席和周恩来、王若飞等同志，在张治中将军等人的陪同下，飞抵重庆与国民党当局进行谈判。毛主席的飞赴重庆，是震动世界的重大事件，证明中国共产党是真诚谋求和平的，是一贯代表人民愿望的。

毛主席到达重庆这一消息，像春风一样传遍了山城，给广大国统区的人民带来了光明和希望。听到毛主席亲来重庆，我们兴奋异常。随后，我就向徐冰同志表示，我和我的爱人劳君展同志急于想同毛主席谈谈。不久就收到了毛主席的请帖，约我和君展于9月中的一天在红岩咀八路军办事处吃午饭。那天上午8时，我和君展徒步前往红岩咀。

一见面，毛主席一手拉着君展，一手拉着我说："想不到我们在这里见面了。"我们和毛主席阔别二十多年，山城重聚，快何如之。毛主席和我畅谈了当年在北大时的情景，追述了参加少年中国学会和北大平民教育讲演团的一些事情；君展回顾了在周南女校读书时加入新民学会和驱逐军阀张敬尧运动的往事，以及1921年君展赴法勤工俭学在上海候船时，毛主席约了许多新民学会的人在半淞园欢送并摄影留念的情景。故人叙旧，格外亲切。随后，毛主席风趣地说："你们知道我这个人怎么会打仗呢？我是逢山开路，遇水搭桥"。大家都会意地笑了起来。

话题转到了延安的生产和生活情况。毛主席告诉我们："经过大生产运动，现在陕北人民的生活显著好转，基本上达到了丰衣足食。回想初到陕北时，生活是相当艰苦的。在北平的教授先生知道我们物资缺乏，还给我们送来了火腿、怀表和布鞋，真是令人感动。"这时君展才不得不把我们买东西给毛主席的经过谈出来。事情是这样：1936年秋末冬初的一天，那时我们都在北平，徐冰、张晓梅夫妇来我家说："现在延安由于国民党反动派的封锁，物资供应困难，日用品和吃的都比较缺乏，尤其没有布鞋穿，大家都穿草鞋，也没有怀表。"我和君展听了这些话，当即决定由我们拿钱去买些日用品和食品送给毛主席。徐冰同志还说："现在正有一辆卡车要去延安，要买东西最好赶快去买。"于是君展与张晓梅同志两人就到东安市场（即现在的东风市场）买了一些火腿、怀表、布鞋等。东西买好拿走时，晓梅同志问："要不要毛主席的亲笔收条？"我们说："这么一点东西还要毛主席亲自开收条？不要，不要！"席间，经君展这么一谈，毛主席说："啊！原来那些东西还是你们送的呀！早就收到了，让他们吃了，用了，我也吃了。"前不久，中共中央文献研究室的同志来访，带来了当年毛主席收到我们赠品的回信复印件，信的内容热情洋溢，令人深受鼓舞。47年之后拜读之下，倍感亲切，更增加我们对毛主席的怀念。

我们当时还向毛主席汇报了民主科学座谈会的情况。毛主席勉励我们说："既然有许多人参加，就把座谈会搞成一个永久性的政治组织。"我说："我们也在考虑这样做，不过担心成立组织人数太少。"毛主席指出："人数不少，即使少也不要紧，你们都是些科学文教界有影响的代表性人物，经常在报上发表意见和看法，不是也起到很大的宣传作用吗？"经过毛主席这样一番指点和推动，我们受到很大的启发和鼓舞，决心把座谈会改组成一个永久性的政治组织。

这天，同桌午饭的有周恩来、华岗、熊子容同志，还有两位同志，我记不起是谁了。我们为这样的欢聚高兴，又为毛主席深入虎穴担心。所以当我们向毛主席告辞时，君展说："重庆气候不好，山城不可久留，早作归计为好。"彼此心领神会，一笑而别。

1945年9月3日，日本签字投降，全国各地庆祝胜利。民主科学座谈会的朋友们，在重庆举行了一个盛大的座谈会。会上有的同志提议，为纪念抗日战争和世界反法西斯战争的伟大胜利，把座谈会改为九三座谈会，大家一致赞成。到1946年5月4日，九三学社在重庆成立，并发表新闻于重庆《新华日报》上。九三学社筹备期间，为争取国内和平与民主，反对蒋介石集团阴谋破坏旧政协，进行了不懈的斗争。

1946年10月，九三学社中央迁到北平，在重庆、成都、上海、南京分别成立分社。这期间，九三学社密切联系一批进步的和中间的教授及其他高级知识分子，做了不少工作。社中央迁到北平后，与中国共产党加强联系，同各民主党派及其他民主人士一起，拥护并宣传共产党的方针、政策，反对蒋介石集团的反动统治，在"反对独裁，反对内战"的口号下，配合各地的抗暴运动、反饥饿反迫害运动、反扶日运动、争取北平解放运动等，做了很多工作，在民主革命中起了积极的作用。1949年1月，北平围城期间，九三学社发表宣言，响应毛主席的八项和平主张，拥护召开新政治协商会议。

1949年1月底，北平解放。同年6月15日，新政治协商会议筹备会在北平举行。我代表九三学社参加了这次会议。当时，毛主席授意周恩来同志，让九三学社向新政协筹备会写一报告，说明九三学社做了哪些工作。后来，由我和其他四位同志署名写了工作报告，由中国大辞典编纂处印刷厂排印数百份，送交新政协筹备会与会代表人手一份。从此，九三学社参与了新中国的建立，正式成为我国的民主党派之一了。

新中国成立后，九三学社成员中有些同志认为，九三学社已经完成了它在民主革命中的历史使命，提议可以解散。我们酝酿解散的时候，毛主席正在苏联访问。先是沈钧儒先生领导、后来我也参加的救国会也要解散。因为救国会的成员都在北京，大家同意解散，签名后就解散了。而九三学社成员主要分布在北京、上海、南京和重庆。当时重庆尚未解放，我们与重庆的社员一时联系不上，还作不出解散的决定。及至将要商讨作出决定时，亦即1950年2月间，毛主席回到了北京。当他听到救国会解散时，很为惋惜地说：救国会是进步团体，不应当解散。又听说九三学社也要解散，当即表示不同意，并由中央领导同志传达了他的意见。中央领导同志向我们阐述了民主党派在新中国成立后的地位和作用，指出九三学社不但不能解散，而且还要继续发展。从此，九三学社不但继续存在而且有了新的发展。30多年来，在中国共产党的领导下，在推动成员做好岗位工作，努力为祖国建设服务，在社会主义革命和社会主义建设事业中，起到了党的助手作用，作出了贡献。

值此纪念毛主席90周年诞辰之际。回顾九三学社发展的历史，使我们益发怀念毛主席，怀念他在革命的统一战线中的丰功伟绩。上述事实表明，没有中国共产党的领导，没有毛主席的亲切关怀，九三学社的成立和发展是不可能的。回想当年“九三”成员不足百人，而今在中国共产党的领导下，在“长期共存，互相监督”“肝胆相照，荣辱与共”方针的指引下，经过长期的努力，它已经发展成为一个有一万多名成员，以高级知识分子为主的民主党派了。最近胡耀邦同志讲过两句话：“毋忘团结奋斗，致力振兴中华！”我们一定要响应党和国家的号召，推动九三学社广大成员振奋精神，贡献自己的知识和专长，为实现祖国四化大业，为振兴中华，作出应有的努力，不辜负毛主席对我们的关怀和期望。

（1983年12月，原载1985年九三学社中央办公厅编写的《九三学社建社四十周年纪念册》）

难忘的重庆岁月（节选）

潘菽

由于抗日战争，我在重庆度过了九个年头。回顾我已接近黄昏的一生，在重庆那八、九年的苦难生活，对我是有一定的特殊意义的。主要的一点是，它使我由学术和政治的分工论者变成学术和政治的统一论者。

1933年，我的长兄梓年同志在上海被捕，我做了一些营救工作，因而与党有些接触，增加了对党的了解。使我印象最深刻的是，在党领导下工作的人是如何忠诚地为国家民族担负着如何艰苦危险的任务。到了抗日战争爆发前夕，民族危机已达到极点，亡国之祸已迫在眉睫，我感觉到要挽救危亡，只有广泛发动人民大众，而要广泛发动人民大众只有中国共产党才能做到。那时党的武装力量相当强大，并已宣布了抗敌的正确政策。因此我虽满怀殷忧，但对抗战的最后胜利却抱有充分的信心。当学校决定迁往重庆时，我也就带着这样心情来到重庆。

还要提一下《新华日报》。当我到南京，准备西上时，我的长兄梓年同志也到了南京。他是为了筹备把《新华日报》在南京办起来的。不料险恶的形势急转直下，很快南京也受到了威胁，不得不转移到武汉去办报。我很关心这个报，因为它能使广大的人民大众听到党的声音，这对抗战斗争是非常重要的。我在重庆听到《新华日报》快出版了，就托我在报馆工作的一个小兄弟把每天的社论和重要的消息报道都剪下来寄给我。不多时，武汉也受到威胁，《新华日报》又最后撤退到重庆。我的那个小兄弟美年同志却不幸遇到敌机轰炸而牺牲了。报馆迁到重庆后我就直接订阅了《新华日报》，直到我因抗战胜利而回到南京。《新华日报》也曾准备迁回南京，一部分人员也已到了南京，并租定了房屋，但因和谈破裂而未果。我此时还连带想到在重庆每天给我送《新华日报》的那个姓牟的报童。他看来只有十几岁，但显得颇有政治觉悟，不怕送报所遇到的困难和暴行而坚持送报。

在重庆时期的生活中，我首先回想起来的还是和《新华日报》以及《新华日报》馆的关系。我从这方面的关系得到了处在国家、民族大灾难时期所很需要的光明和鼓舞，也使我增加了对党的认识和向往。我的老兄负责《新华日报》的工作。我常去看他，因而也比较常去《新华日报》馆，结识了那里的一些同志，如章汉夫、吴克坚、石西民、熊瑾玎、乔冠华、于刚等。我以和老兄的兄弟关系去那里，与他们联系比较方便，他们也不把我看作外人。他们有什么过节联欢会、纪念会或庆祝会都邀我去参加，当然也邀别的人。因此，延安方面的一些重要消息、言论或文件，我也比较容易听到或看到。也由于这种关系，常驻在重庆的党内领导同志，如周总理、董老、邓大姐，我也较有机会能看到。因而我逐渐靠拢了党。我在重庆时期的主导思想是，除了学校的教学任务和不能完全丢掉业务工作外，应该力所能及的多参加一些对党的事业有益也就是对抗战有益的活动或工作。这是促使我在那时参加一些社会活动的动力根源。由于自己的活动能力薄弱，在所参加的社会活动所尽的力量其实很有限，虽然都是积极从事的。我是一个跑龙套的人，当不了主角。我没有什么突出的行动事迹或贡献。对党来说，我在那时是一个志愿的但不够管用的兵卒。

我到了重庆的第二年春天，《新华日报》迁来重庆。我的老兄介绍我参加了“中国学术研究会”。我第一次去参加时，在门口招呼我的是陈元晖同志。他那时是我们系里的一个学生，我由此明白了他的政治面目。在那次会上作中心发言的是侯外庐同志，讲的是新三民主义问题。出席的人还有钱俊瑞、翦伯赞、葛名中（葛春霖）、孙克定等同志。他们都是我初次认识的。还有其他几个同志我记不起来了。听说郭沫若同志是这个会的会长，我的老兄也是会员。但在那次会上他们都没有出面。对那次会的论题，我完全没有什么条件可以表示意见。1927年秋，我初回国到了家乡县里见到以国民党员的身份在县政府工作的老兄时，我曾对他表示过我的一种看法，即认为三民主义还不彻底。但这完全是我的一种直觉印象，要我作出学术论证是做不出来的。

这个研究会似乎是党所推动组织的，但我没有究问，不明确这一点。这个会分为自然科学和社会科学两组。我参加了上述的那次会以后没有再参加第二次这样的全体会。听说社会科学方面的人都离开重庆到解放区去了，只剩下自然科学组的人还继续活动。在我的回忆中，这一组织的活动也不很经常，但也没有宣告解散，直到抗战胜利。有一次会上有两个人吵架吵得很厉害，我也没有听出他们究竟为了什么。其中的一个就没有再来参加。

我在学校中有两位同事，即梁希同志和金善宝同志，他们都很关心抗战前途，知道我和《新华日报》有联系后都想和我谈谈，以更多了解延安方面的消息。我就和他们约定时间并另外邀了校内同事一两个人在一起谈。之后大家觉得这样谈谈很有必要，就决定经常这样谈谈，时间是每星期的一天晚上，地点是在另一个同事李士豪同志的房间里。他单身住一个房间，来往的人很少，地点也较僻静。在第二次或第三次会谈时校内的涂长望同志和干铎同志也参加了进来。稍后，在附近的重庆大学的谢立惠同志也参加进来了。较后参加进来的是在附近一个工厂里工作的钱保功同志。还有一个在相去不远的一个研究所里工作的同志也参加得较早，但不久就去世了，一时记不起他的名字了。这些都是经常参加的人。也有个别有关系的人临时来参加的。这个会的内容主要是交换交换所听到的时局消息，特别是延安方面的消息，议论抗战局势问题，尤其是延安方面的政治主张和政策以及言论是大家所急切希望了解的。后来又增加了学习马列主义代表著作的内容。梁老学习得最认真。他结合林学写了一篇学习心得论文在会上宣读并在《群众》上发表出来。我对学习也是希望对业务上的理论问题的理解有所帮助。但我学习起来感到吃力，难于深入，收获太少，但总算是我比较细心地学习马列主义的开始。这个会原来没有什么名称，也没有想到要有一个名称。后来对外有了一些联系，在谈到它时就姑名之为“自然科学座谈会”。这个会和前面所说的“中国学术研究会”的自然科学组会有交叉，如谢立惠同志和我两方面都参加，但不是一回事。这个会的内部是很和好的，可以说没有什么意见分歧，更没有什么争吵。这个会成立后党就知道的。此后，《新华日报》馆有什么纪念会、庆祝会之类不仅邀我去参加，也会邀这个会一些人去参加，但不一定是全体。有时我们也主动去看看那里的同志，和他们谈谈。梁老特别喜欢到那里去看望看望。他对党是非常向往的。梁老在六十生辰时，周总理和董老等同志特别为他举行一个庆祝会，他在会后写了几首诗分别送给几位领导同志以表答谢之意。

我还参加了另外一个座谈会。这个座谈会就是九三学社的前身。已故的黄国璋同志和我很熟，他原来在重庆的北碚工作。在抗战中期稍后，他来到重庆市区工作。他和劳君展同志的老兄是亲密的同学，因而也熟识劳君展同志。由于这个关系，大概他常去许老那时的寓所谈谈。他在和他们谈的时候，可能曾提到我。许老和我在五四运动时曾同时被捕并被拘留在一起。所以他是知道我的名字的。我和许老是北大同学，他比我高一个年级，他又是五四运动的一位健将，所以我更知道他，但我和他还不熟识。他们大概想到要我也去谈谈。第一次就和黄国璋同志一起去了。去许老家里时，每次都要吃饭，在吃饭前后互相谈谈。经过几次以后，我又介绍税西恒同志也来参加。我初到重庆时，税老是重庆大学工学院院长。我从学生中听说他是一个开明进步人士，他来参加时还带了一位姓周的朋友（一时记不起名字）一起来参加。税老参加进来后，聚会的地点就改在重庆市自来水公司，因为税老已转任那里的总工程师，那里有厨师，吃饭也方便，因此仍是每次聚会都要吃饭。过了不久，我又把学校里座谈会的同志陆续介绍进来。此外还有一些从别的方面参加进来的人。这样，这个座谈会就有相当规模了，代表的方面也较广了。这时已接近抗战胜利的日子，有一部分同志感觉到这个会应该有一个名称，许老曾提议可以名为“民主科学座谈会”，大家对此没有提出不同的意见。这个名称也没有向外公开用过。

抗战胜利了，就面临着国内以后的复兴问题。国民党一党执政的局面是必须改变的了。因此，争取民主的斗争就开始升温起来。这个座谈会的同志感觉到有扩大并正式建立公开的组织，代表文教科技界的一部分，参加到争取民主的斗争的行列中去以增强斗争力量的必要。于是就决定这样做了。这以后增加吸收了一些可以团结的人士。有一次座谈会是在1945年被决定为世界反法西斯战争胜利纪念日的九月三日召开的。从这次座谈会起，改为“九三座谈会”。在这次会上要解决的一个问题就是要建立的组织的名称问题。在讨论中有一种意见认为，可以考虑到九月三日这个纪念日的重要意义；同时这个组织的性质应该确定为一个学术性的政治团体而不是寻常意义的一个政党，以便照顾到所要团结的文教科技界的许多人不愿参加政治活动这个特点，因此这个组织可以定名为“九三学社”。这个建议得到会上的同意，所要建立的组织的名称就此定了下来。经过半年多的筹备和酝酿，于次年五月四日举行“九三学社”的成立大会，宣告成立。

那时国际上有一个“国际科学工作者协会”，在英国的分会是“英国科学工作者协会”，在法国的分支是“法国科学工作者协会”。法国的居里先生是这个国际组织的会长。那时英国的李约瑟正在重庆负责设重庆“中英文化馆”的事。他是英国科学工作者协会的一个负责人，和涂长望同志认识。因此我们学校里那个座谈会的人想到可以借用这个有一定进步倾向的国际组织的名义建立一个“中国科学工作者协会”，以宣传科学的社会性和应起的社会进步作用，并用来团结我国那时科学界已有的许多有一定进步要求的人士，以做好抗战胜利后所需要进行的大量复兴建设工作的准备。这个提议经大家赞同后就起草发起建立这个组织的缘起和会章草案，征求发起人。结果得到重庆地区和其他可以联系到的非解放地区的科技界近百人的积极响应，很少有表示不赞同的。发起人中包括全体创议人，也有九三学社前身的座谈会的人，如黄国璋和税西恒。这样，就在 1944 年春天的某一日借用我们学校的地方举行了“中国科学工作者协会”的成立大会。会上推举竺可桢同志为会长，梁希同志为副会长，涂长望同志任秘书长。这个会还曾出版一种小型的会刊，名为《科学新闻》，由我任编辑工作。这个会在新中国成立后结束，把几个这样一般性的科学团体，包括延安地区的，加以合并调整成为“中华全国自然科学会联合会”。从中国科学工作者协会的创议人和发起人中，可以看到这个会和九三学社是有一定的联系的。九三学社建立后，特别是在新中国成立后的继续发展中，把原“中国科学工作者协会”的许多成员都发展进来了。

我在学校参加的那个座谈会的人和《新华日报》有较多的联系外，我们中有些人有时也被邀到曾家岩的八路军办事处去参加一些活动。我第一次去那里是为了参加党方面给我的老兄举行庆祝他的五十生辰的小型茶话会。记得周总理、董老和邓大姐都是出面的。其他的人我只记得一个沈钧儒。我都是第一次认识他们。沈老在交谈时讲了他的一种保健法，即每天早晚做若干次叩齿动作。这个说法引起了我的思考，所以我还记得起他。后来有一次我到那里去时看到董老，他在谈话中问我能否到延安去。对这个问题，我当时一下子答不出来。略略考虑一下后，我说还有妻子儿女在沦陷区，生活依靠我接济，到了解放区去，就不好接济了。董老因此就没有再谈下去。其实我还有另一个考虑却没有说，那就是所爱好的专业不能放弃，为了业务还是留在学校的教学工作岗位上较好。现在看来，我这个选择是比较对的，但有负于党那时对我的关怀和期望，我很抱憾。

关于我们学校里那个座谈会的人和《新华日报》的关系，还有一点可以补充一下。那里的编辑部曾委托我们代编该报的自然科学副刊并约我们给该报写文章。文章写了几篇，但不多。我曾用“许之慈”和“苏德邻”的笔名写了两篇文章。这两篇文章都没有多大意思。说起来惭愧，发表在这个报上是不够相称的，但并不是由于我没有认真写。

最值得回忆的还是抗战宣告胜利后能在重庆首次拜识了毛主席。毛主席飞到重庆那天的晚上，我和梁老、金老等几个同志正在学校的一个空场上乘凉闲谈，忽然传来一个消息说毛主席已来到重庆。我们都吃了一惊，为的是担心毛主席的安全。尤其梁老表现得特别震惊和担心，过了两天《新华日报》馆方面来了一个口头通知要我们校内座谈会的人于某日某时到某处去看望毛主席。通知是由我传达的，大家都非常高兴，到时都分别去了。在进门后招呼我们的是王炳南同志。我们并排坐在一个长形房间的一边。似乎我们之外还有个别其他的人参加，现在记不起来了。毛主席出来坐在我们的对面。寒暄以后，他没有主动对我们讲话，只是我们分别向他请教问题时，他才分别答复。我向他请教的一个问题是，为什么把已经解放的一些地方让给国民党。他站起来在椅子旁边向后退两步以示意说，让一步是可以的，让两步也可以，要再让就不可以了，简单的两三句话就使我完全明白。不便费他太多时间，不多一会就向他告别了。时间不多，但大家都感到很大的荣幸，受到很大的鼓舞。

（1985 年 6 月 13 日，原载 1985 年九三学社中央办公厅编写的《九三学社建社四十周年纪念册》）

沧桑风雨话同舟

谢立惠

1907年，我生于安徽省无为县。现任成都电子科技大学校务委员会副主任、一级教授，九三学社中央参议委员会副主任、四川省委名誉副主委、成都市委名誉主委、全国政协常委、省科协名誉主席等职。

建立合肥地下党联络站

1931年1月，我到合肥第六女子中学任数理化教员。1932年2月初，中共党员顾衡到合肥来找我（顾是我的中学和大学同班同学，曾介绍我参加共产主义青年团的外围组织“大地社”），希望我为中共下地党工作，任务分两个方面：（1）作为合肥城内党的单线联系的联络站，传递秘密文件，保存宣传品，采购一些用品；（2）在学生中秘密传播反帝、反封建的爱国主义思想，批判蒋政权对中共的歪曲、造谣、污蔑，帮助党组织发现、培养、组织进步学生，逐步发展党员。顾衡谈到做好学生工作首先要把课教好，得到学生的信任，还谈到搞地下党工作的一些纪律。

我传递的文件绝大多数是从别的地方邮寄来的，大多是用隐墨水把文件内容写在普通信空行里或书刊空白处。我见常用的隐墨水是稀米汤，就又提供了酚酞稀溶液、氯化钴溶液等。当时的六女中有一间物理表演仪器储藏室，那里破旧不用的物理仪器就成为存放宣传品的好地方。我还为地下党采购文具、纸张、蜡纸、油墨等。另外，我还按联系人要求，起草了一些宣传品，在蜡纸上刻写稿子。

1932年夏，联系人凌同志来通知，上级已批准我加入中国共产党。

我当时教了五六个班的课程，接触学生面较广。我同学生谈到“九一八”事变后的国情，自己在南京参加学生爱国运动的经历，妇女问题等。1932年秋，与我接触较多的李静一（曾任上海第一医学院党委副书记）、蔡柏（辽宁省政协常委）、鲍有苏（曾任南京师范学院党委副书记）等准备组织一个读书会，希望我参加和指导。“朝曦读书会”成立后，大约每周开一次会，会前，一些成员常常和我共同研究要讨论的问题。这些都得到了凌同志同意的。不久，李静一、鲍有苏先后加入了中国共产党。

1934年4月，经常来找我联系的同志忽然不来了。1934年7月，我也不得不离开合肥到梧州广西大学任教去了。直到70年代，我才听说当时合肥中共县委被敌人破坏了。

参加“自然科学座谈会”

1939年春，在周恩来同志及《新华日报》社长潘梓年同志领导下，梁希、潘菽（潘梓年同志的二弟）、金善宝、干铎、涂长望和我这些大学教授在重庆成立了“自然科学座谈会”。座谈会曾在《新华日报》上公开发表过文章，但组织的成员是不公开的。潘梓年同志经常指导座谈会的活动。座谈会每一两周开一次会，学习、讨论《新华日报》发表的文章，《新华日报》的重要社论、专论等。先后参加座谈会的约有20人。经常参加活动的有10人左右。

我和座谈会的同志曾多次应邀参加《新华日报》社举办的纪念会、联欢会、座谈会等。在一次联欢会上，延安来的同志在报社内小广场表演了《兄妹开荒》《一朵红花》等，我也带着妹妹去看了。至今，联欢会上大家齐呼“中国共产党万岁”的情景，还时时浮现在我的眼前。我还聆听过周恩来同志1938年底所作的关于论持久战问题的报告，周恩来同志的精辟分析深深地印在我的脑海里。使我最感动的事是周恩来同志为梁希祝寿。那是1943年的一天，周恩来同志约座谈会的7个人去《新华日报》社吃午饭。我看到寿桃、酒席，正不明白时，周恩来同志已举杯为梁希60岁寿辰祝寿了。我和同去的人感动得不知该说什么了。

1940年初，周恩来、潘梓年同志要求座谈会的同志负责编辑《新华日报》的《自然科学》副刊。我们四五个人就承担了这项工作。副刊的稿件最初几乎全由座谈会的同志提供。以后，外来的稿件越来越多，也就大量采用外稿了。对每期稿件，我们初步编定后，就送到化龙桥虎头岩下《新华日报》社编辑部审查付排。那时，化龙桥桥头茶馆里经常有特务，我们去报社还得对付特务的盯梢。

一次，《新华日报》社有一台高级交流收音机坏了，送到修理店修后却收不到延安电台广播了。我当时在重庆大学教无线电原理课程，又有一定的实践经验。潘梓年同志请我检查一下收音机的毛病。我查出一个密封的中频变压器被稍稍旋偏了，灵敏度降低了，是特务有意捣鬼。我立即把中频变压器校正好，恢复了这台收音机对延安台的收听。潘梓年同志还请我将一台高级收音机改装为收音、收报两用机，我也按要求改装成功了。

组织“中国科协”

周恩来同志一向重视科技工作者的团结与进步，指示《新华日报》社负责同志指导、帮助“自然科学座谈会”团结更多的科技、教育工作者，组织范围较广泛的、公开的科学团体。1944年底，《组织中国科学工作者协会缘起》拟定了，并分头向国统区各大城市征求科技工作者参加发起，得到了一百多位科技工作者的赞成。1945年7月1日，“中国科学工作者协会”于重庆沙坪坝正式成立。第一届理事长是竺可桢同志，监事长是李四光同志。搞具体工作的是干事，总干事是涂长望，我是负责组织工作的干事。1946年上半年，“中国科协”在重庆办了科技专题座谈会和大型讲演会。我曾主持过关于原子弹问题的大型讲演会，在关于雷达问题的讲演会上，还担任过主讲人。

“中国科协”的影响迅速扩大，除重庆总会外，西南、西北一些大城市又先后成立了分会，在美国、英国、法国等地也成立了分会。一年后，会员就发展到七八百人了。1946年秋，涂长望代表“中国科协”参加了在伦敦召开的“世界科协”成立会，并被选为世界科协远东区代表理事。

参加组织“九三学社”

1944年冬，许德珩同志在毛泽东、周恩来同志的启发下，邀集重庆文教科技界几位高级知识分子潘菽、税西恒、黄国璋、劳君展等组织“座谈会”，一致赞成中国共产党的主张，反对国民党的法西斯独裁、抗战不力，要求团结、民主，反对分裂、反对投降，抗战到底。“座谈会”逐渐扩大，因其主要成员是五四运动中的英勇战士，为继承和发扬五四运动争民主、争科学的传统精神，不久“座谈会”就定名为“民主科学座谈会”。为适应公开的政治斗争的需要，“自然科学座谈会”的同志又分别加入了“民主科学座谈会”。不久，“民主科学座谈会”改名为“民主科学社”。

1945年9月3日，为纪念抗日战争和世界反法西斯战争的伟大胜利，“民主科学社”在重庆七星岗中苏文化协会举行庆祝活动，决定改名为“九三学社”，并成立了“九三学社筹备会”。

1946年5月4日，九三学社在重庆正式成立，并发表了成立宣言，提出了八项基本主张和对时局的三点意见。

1946年秋，九三学社绝大多数社员陆续离开重庆。1946年10月，九三学社决定将北平作为九三学社总社所在地，并在上海、重庆、南京等地分别成立了分社。

我参加组织了“九三学社”，曾任第一、二届九三学社理事会理事，第三、四届中央委员，第五、六、七届中央常委等。

领导重庆分社工作

1946年10月27日，九三学社重庆分社在上清寺国民外交协会召开成立大会，有20多位社员参加会议，推选了税西恒、何鲁和我等15人为重庆分社理事、监事。1946年冬，重庆分社大部分理事、监事又陆续离开重庆，我成了重庆分社的实际负责人。重庆分社常和其他民主党派、人民团体采取联合行动，召开联合座谈会等。如：1946年11月10日，以21个组织名义，发表联合声明，反对“国民大会”的召开；1947年1月2日，以16个组织名义，发表联合宣言，支援爱国学生的正义行动；1947年2月9日，以16个组织名义，发表联合通电，呼吁各界人民援助爱国学生，把反抗美帝暴行的斗争进行到底等。我曾走在学生游行队伍的第一列，冲破军警的暴力阻拦。特务报纸《新华时报》还造谣说，吴玉章通过谢立惠用钱收买学生搞学生运动。

解放初，九三学社部分成员认为九三学社已经完成了它在民主革命中的历史使命，可以解散了。正在这时，周恩来同志及时传达了毛泽东同志的指示，民主党派今后还有重要的任务，九三学社不能解散。

1950年，社中央指定我负责重庆分社的整顿重建工作。中共西南局统战部副部长程子健同志和党派处处长彭友今同志也找我谈话，要我把整顿重建重庆分社的工作立即担当起来，并谈到解放后统一战线的重大任务和民主党派的重要作用等。当时，留在重庆的九三学社社员只有四五人了。重庆市委统战部与我研究决定，首要的工作是发展一批有学术威望、在群众中有一定影响的社员。1951年9月3日，重庆分社恢复成立。税西恒同志担任了重庆分社主委。我曾担任重庆分社第一、二届副主委、并负责组织工作。

几十年来，我参加了党的统战工作和高校教育、管理工作。1982年，中国物理学会给我颁发了在物理科研教学方面辛勤工作五十年的荣誉证书。1986年，四川省人民政府授予我从事科技工作五十年以上的荣誉证书。

（原载1991年四川省政协文史资料委员会办公室、中共四川省委统战部党史办公室合编的《风雨同舟》）

为科教事业奋斗的税西恒

税西恒是我国优秀的科学技术工作者，著名的水电工程专家。他1889年生于四川泸县，16岁以前一直在乡间私塾上学。1900年，庚子事变以后，帝国主义列强对中国加紧侵略，清朝政府则日益腐败，年轻的税西恒非常痛心，立志报国。1906年，进上海中国公学中学部。这个学校是孙中山领导的同盟会在国内的一个据点。他在这里受到了革命的熏陶。1911年，加入了孙中山领导的同盟会，积极投入民主革命运动。

辛亥革命后，税西恒于1912年赴德国公费留学，他抱着“实业救国”的理想，入柏林工科机械系。在艰苦的条件下，不仅学完本专业的全部课程，而且还选修了水利、建筑、采矿等课程，最后取得了优异成绩，又受聘为著名的西门子电工厂的设计工程师。可是他为了及早改变祖国贫穷落后的面貌，毅然辞去了工作，于1919年回到四川。从此他开始在家乡从事建设和教育事业。

他担任过四川兵工厂总工程师职务。出国留学前，1912年在泸县创办水力发电厂，这是当时四川有数的发电厂之一。为了解决重庆人民多年来顶风冒暑，爬坡上坎，肩担手提到两江取水的困难，于1927年在重庆创办了自来水公司。那时候军阀内战不息，政局不安，政府无钱，要兴办水厂这样的公用事业谈何容易。税西恒担任水厂的设计和建筑工作，没有经费，他就东奔西走，邀约商界朋友，发动群众力量，四方筹集资金。当时四川工业非常落后，还没有一家水泥厂，要用水泥，就要从上海或国外运来，花钱费时。他研究了重庆地质情况，就地取材，用山城到处都有的石料来建造水池。经过两年筹备四年修建，1932 年重庆第一座水厂终于顺利完工供水。以上两项工程都是在没有外国技术力量，完全以税西恒为主的中国工程技术人员设计建造起来的，均是我国最早自行设计建造的水力发电厂和自来水厂之一。

同时，税西恒对四川境内的龙溪河、大渡河、岷江、乌江和贵州境内的二郎滩等地，进行了水力发电和给水工程的测量、勘查，历经艰辛。在勘查岷江时，几乎葬身鱼腹。1936 年，有一次他率领重庆大学师生，由涪陵乘小船，沿乌江逆流而上，历时十多天，克服重重困难，完成了龚滩水电站第一次勘测工作。但是，由于当时军阀割据，连年内战，民不聊生，财政枯竭，他的开发水利资源的宏伟计划根本无法实现。

抗日战争时期，他担任川康经济建设委员会调查设计组主任和川康兴业公司技术室主任等职，又不辞辛苦长途跋涉，亲赴边远地区进行考察，主持制定了“川康经济建设五年计划”，极力推动先办灌县水力发电厂。无奈那时国民党反动政权只知积极反共，消极抗日，贪污勒索，中饱私囊，毫不顾及国家人民的长远利益。他眼看自己的建设抱负不得施展，甚至连已经作好一切计划安排的灌县水电厂也无法开工兴建，于是在 1945 年春愤而辞职。

税西恒又是著名的科学教育家和民主教授。20 年代他就担任过四川工业专门学校教授，1935 年起任重庆大学工学院院长兼机电系主任。他治学严谨，平易近人，关怀师生。为家乡兴办工科大学不遗余力，重大工学院的五层楼教学主楼就是他主持修建的。他按就地取材的原则，开采石料为主要建筑材料，开创了以石料为大楼墙体的先例。至今这幢石楼还矗立在江畔，为美丽的嘉陵江风光增添了色彩，而这座大楼里培养的成千成百科技工作者，今天正战斗在祖国“四化”建设的各条战线上。

1941 年，皖南事变发生后，政治形势日趋险恶，周恩来同志领导的南方局指示重庆地下党创办蜀都中学，由教育界知名人士担任发起人和校董，税西恒即是其中之一。1947 年，他又创办重华法商学院，并任院长。1949 年，任中国公学大学部代理校长。在办学中，税西恒热情支持进步学生运动，掩护和资助地下党的革命活动。当蜀都中学将要被国民党查封时，他挺身而出，担任校长，与国民党据理力争，使地下党的这一据点得以保全。1947 年，重庆数万学生举行震惊中外的“反饥饿、反内战、反迫害”示威大游行时，税西恒也义愤填膺地和同学们走在一起，高呼反对美蒋的口号。国民党特务曾多次到他家进行恐吓，他不理睬。反动派要他到电台发表反共讲话，他严词拒绝，他说：“要我在电台上骂共产党，杀我的头我也不干”。

税西恒也是个知名的社会活动家，九三学社创建人之一。回国后 20 多年的亲身经历，使他深刻地认识到，国家的政治若不清明，要想发展经济建设和文化教育完全是徒劳的；而要改变这种黑暗腐败的政治局面，唯有在中国共产党的领导下，投身到争取和平民主运动的洪流中去。1944 年，他与许德珩、潘菽等组织成立“民主科学社”，次年 9 月 3 日，为纪念抗日战争和世界反法西斯战争的伟大胜利，改名为“九三学社”。自此以后，税西恒反对美蒋，拥护中共的政治态度愈加坚定和鲜明，多次撰文在报纸上宣传共产党提出的“和平建国的基本方针”。当时，九三学社有的重要会议，如社的第一次理监事会就是在他的家中召开的。

1949 年，新中国成立了，中国人民站起来了。年满 60 岁的税西恒欣喜若狂，积极参加新中国的建设工作。在他 70 岁高龄时，还跋山涉水在现场勘测，为扩建重庆市自来水工程提出规划方案。他常常深有感触地说，我生不逢时，青壮年时期遇到腐败的国民党，想建设国家而不可得，迎来解放又年过花甲，我若晚生十年就好了。但是，他总是尽力而为，不论在工业或农业上他见到的、想到的，认为对国家有利之处，他总是在会议上或会下提出建设性意见，以表他爱国赤子之心。对于“四人帮”倒行逆施他十分痛恨。在极“左”思潮最猖獗时，他敢于仗义执言，为老一辈无产阶级革命家受迫害而鸣不平。虽然他当时受到围斗、抄家，也无所畏惧，也没有动摇他对党和社会主义的信念。特别是党的十一届三中全会以来，党的各项政策逐步落实，形势越来越好，使他感到极大欣慰。

建国后，税西恒历任九三学社中央理事、中央常委、副主席，重庆分社主委、西南军政委员会文教委员会委员、四川省人民委员会委员、重庆市人民委员会委员及重庆自来水公司经理、总工程师、技术顾问，重庆市政协第二、三、四、五、六届副主席，重庆市各届人民代表、四川省人民代表，全国政协第二、三届委员，全国人大第三、五届代表。

1980年6月，税西恒不幸病逝，终年92岁。税西恒几十年来，为祖国、为四川的经济建设和科学教育事业，为发展祖国统一战线，为祖国的社会主义革命和社会主义建设事业的发展，勤勤恳恳，努力工作，贡献了一切力量。

今天重庆自来水公司已经修建了很多座水厂，供水量比解放前增长了几十倍。今天四川境内龙溪河、大渡河、岷江、乌江上已经建起了一座座的水电站，长江三峡的葛洲坝水利工程已经胜利完成了。今天重庆大学已经发展成重点的理工科大学，很多大专院校已经在四川境内建成。特别是党的十一届三中全会以来，党领导的两个文明建设正在日新月异地向前发展。税西恒等老一辈科技专家、教育家的夙愿实现了。税西恒的一生做了不少有益于人民和革命的事情，四川人民会永远记住他的。

（刘珍菁、潘立斋，原载1991年四川省政协文史资料委员会办公室、中共四川省委统战部党史办公室合编的《风雨同舟》）

继承父亲高尚品德，做对国家民族有益的人

税鸿先（税西恒之女）

中共重庆市委统战部、九三学社重庆市委、红岩联线联合举办税西恒同志遗物捐赠仪式。税西恒的遗物将长期保存在特园中国民主党派历史陈列馆，这是党和国家对他一生的肯定，是给予他最大的荣誉。我代表家属表示衷心的感谢。

家父的一生是爱国爱民的一生，他始终怀有国家有难、匹夫有责的高度爱国主义精神。他一生经历了三个时期，清王朝、国民党政府和新中国。

青少年时代对清王朝丧权辱国非常气愤，起而投身孙中山先生领导的辛亥革命，并亲身参加了京津同盟会领导的暗杀小组刺杀摄政王。国民革命政府成立后，被公派到德国留学，在那生活了近八年，度过了第一次世界大战。他废寝忘食，刻苦学习。他本是学机电专业的，那时机械专业和电机专业是合并在一起的，但他选修了很多其他专业课程，勘探、采矿、土建等，为的是学得更多的知识，以便为祖国的建设更好地服务。一战1918年结束，1919年他立即回到祖国，虽然当时他已留在西门子公司工作，任设计工程师。但他毅然放弃了国外优厚待遇，急忙回国投身祖国的建设工作，实现他实业救国抱负。回国后不留恋大城市的安定舒适生活，奋不顾身地投入家乡四川泸县的水力发电厂建设工作。他多年奔波在穷乡僻壤之间搞勘测、设计和建厂工作，生活艰苦，工作辛劳

自不待言。由于建厂资金紧张，他主动提出自己只吃饭，不拿工资。1923 年，建成泸州济和水力发电厂，是当时中国第二、四川第一个由国人自建的水力发电厂。1928 年，又投身于重庆自来水厂建厂工作，至 1932 年建成。山城重庆地理环境十分复杂，建厂难度很大，是一般平原城市不能比拟的。家父是一个旧社会的海归分子，仅用了十三年时间就在中国偏僻落后的四川省建成两项造福于黎民百姓的工程项目，实属不易。他在实践工作中深深体会到靠少数科技人员努力是不能快速振兴中国的，所以必须培养更多的科技人才，加入到建设祖国的队伍中来。所以 1935 年他到重庆大学开始了教育工作。每年寒暑假亲自带领学生们对川黔一带水利资源和矿产资源进行实地勘测，并编出川康五年建设规划，希望有朝一日开发这些宝贵资源为国所用。但由于国民党政府热衷于打内战，不思建设国家，他的愿望落空了，感到极度绝望。他弄清了形势，中国振兴的希望在中国共产党肩上。于是参加了党的统一战线，与许德珩等一批民主进步教授一起发起和组织了九三学社，参加了新民主主义革命活动。虽然当时白色恐怖厉害，但他毫不畏惧，除了积极参加九三学社的各种活动之外，还勇敢承担了蜀都中学校长的职务。这个学校是地下党的据点，他从精神上和经济上支援地下党。当时有一大批地下党老党员都是蜀都中学的教师，如熊相、张仲明、万秉涛、张兴富同志等。

1949 年，新中国成立，他迎来了人生中的政治春天。对祖国的前程充满了希望。他拥护共产党、热爱共产党，自觉地、积极地投入各种政治运动中。虽然有些改革措施也伤及他个人利益，但他从不抱怨，愉快地参与进去，向自己发起攻击，清洗旧社会带给自己的阶级烙印。他的理念就是任何改革对国家民族有利，他就坚决拥护，哪怕自己受到伤害也无怨无悔。令他唯一感到遗憾的就是解放时他的年龄已大，整整六十周岁，又因有疾病（心脏病）困扰，因此他在新中国没能真枪实弹地为社会主义建设做更多的实际工作。他曾说，假如我晚出生十年就好了，可以为新中国做更多的工作。可以说家父一生经历三个时期都是为国家的进步，社会的发展站在了斗争的前列，奋勇前进。

他的个人品德和修养也是值得我们后人效仿的。他平易近人，生活俭朴，乐于助人。他关心困难群众，有求必助。在他晚年，多次有人来看望他，送来礼物，感谢他几年甚至几十年前得到了我父母二老的资助而解困。我自己就亲自遇到过三四次。他对工人和同事态度谦和，从不发脾气或责怪人，但是对工程质量要求严格，一丝不苟。可遇问题总是耐心解释，以理服人。所以和他一起工作的同事都非常爱戴他。在“文化大革命”期间，重庆武斗厉害，市中区买菜买肉难，是自来水厂的老工人从南岸和江北买了菜和肉送到我家来。尤其称奇的是在“文化大革命”中，自来水厂的职工没有给他贴过一张大字报。据说当时有人煽动群众给反动技术权威税西恒贴大字报（这些煽动者也是运动中的受骗者，我们不会去计较），但是老工人们说：“税西恒老两口解放前对我们工人很好，解放后也很好，我们有困难总是热心帮助，如果我们还要贴他们的大字报就太没良心了。”当时不少领导都非常吃惊。

他晚年病危住医院期间，我回重庆照顾他二十多天。一次他把我叫到病床前用微弱的声音对我说：“鸿先，爸对不起你，没有给你留下遗产。但是我生病住院花了很多钱，还要拖累你来偿还。”我安慰他说，你不必担心，你的医疗费用国家全部给报销的。他说：“这不好，我多年没给国家做工作了，无功不受禄。”虽然他记忆力不好，对国家的政策已经记不清了。但是从另一侧面恰恰反映出他朴质的精神本质，就是廉洁奉公，毫无个人私利。他高尚的情操感动得我泪流满面。的确，父亲没给我留下物质的遗产，但是他留给我们后人的精神遗产太多太宝贵了，取之不尽，用之不竭。我们后代一定要继承他的高尚品德，做一个对国家民族有益的人。

与中共党员合作共事四十年

王际强

1906年，我出生于沈阳市。1931年，在美国普渡大学获硕士学位。

我历任全国政协委员，四川省人民代表和常委，重庆市政协常委和副主席，九三学社中央常委、九三学社四川省委副主委、九三学社重庆市委主委。

我是用东北大学官费被派往美国留学的。“九一八”的翌年春，因官费无着落，乃回国到北京，那时东北大学已由沈阳迁到北京，随即在东大任教，先后任教授、电机系主任、代理工学院院长等职。后因东大工学院与在陕西城固县右路坝新成立的西北工学院合并，我也随之转入。从1949年起，在重庆大学历任电机系主任、工学院院长等职，并兼任过校学术委员会副主任委员、学衔委员会委员等职。

我是从旧社会过来的人，解放后我需要中国共产党对我的了解，更需要对我的教育和帮助。1950年春，由谢立惠同志介绍我加入九三学社，这对我来说是一生中的重大转折。在重庆大学党委的领导和帮助下，在社内老同志的辅导下，我努力学习马列主义和毛主席著作。通过新旧社会对比和参加社会实践，才逐渐建立了愿意接受中国共产党的领导和愿意走社会主义道路的信念，并决心为此做些贡献。随着时光的转移和不断的政治理论学习，对党的统一战线和民主党派的地位和作用等重大问题，也逐渐有了较正确的理解，对与党合作共事有了较深的实感。

1952年，我被任命为重庆大学副教务长（后提升为教务长）。1953年2月间，西南文教部组织“赴哈工大学习参观团”，由重大党委书记、副校长（后提升为校长）郑思群为团长。成员有康振黄、邱党心及我共八、君臣人，学习苏联专家的教学经验。返渝后郑校长就让我在重大推广苏联教学经验，进行教学改革，建立新的规章制度，并鼓励我放手大胆去做。1962年，我受聘为水电部高等工业学校“发电厂、电力网与电力系统”教材编审委员会副主任兼“电力网与电力系统”教材编审小组组长。1964年，受该委员会的委托，在重庆大学召开“电力网与电力系统”统一教材编审小组会。当时由于在重大还很少主持过这类会议，所以郑校长非常重视，亲自过问，随时对我给予帮助和指导，并责成我校其他有关部门对会议大力协助，使会议开得较为圆满。

郑思群同志很重视统战工作并身体力行。他对我真诚相待，推心置腹，在政治上经常给予帮助和鼓励。由于我和金锡如同志（先为教务长、后为副校长）都不能列席校党委会议，所以郑校长经常向我二人单独阐述学校每个时期的大政方针及具体措施，让我们心中有数，工作有所遵循。郑校长对我的工作该鼓励的予以鼓励，该批评的也进行严肃批评。我一直把郑思群同志视为严师益友，在我们之间可算是肝胆相照。我还记得在1957大鸣大放时，有人怂恿我说：“你是有职无权的，为什么不鸣放”。我回答说，“我既是有职又是有权”。“职”是党给我的，“权”也是党赋予的。我贯彻执行的是校党委对教学工作的具体要求，我敢于“发”党委决定之“号”,“司”党委决定之“令”，怎么能说我是空有其职而无实权呢！

我参加九三不久，就一度负责重大支社的工作。我对发展组织极其慎重，在支社考察发展对象的过程中，同时亲自向校党委统战部门汇报并向基层党组织征询意见。那几年重大支社发展的30多位同志中，担任正副系主任、教研室主任的就有10余人之多（其中，之后加入共产党的有五六人）。当时九三成员在重庆大学的教师中是有一定威望的。

在“十年浩劫”中，我受到的冲击和迫害是比较大的。对个人的不幸，我早已置之度外，但我始终相信党，事实确是如此。党的十一届三中全会后使我得以平反和落实政策。这一切更增加了我对党的热爱。

1978 年 4 月，重庆市委统战部召开了关于恢复民主党派组织活动的座谈会。随之成立了九三临时领导小组。由我负责主持小组工作。从此，我的主要精力用于九三学社重庆市委的工作。自 1980 年起担任九三学社重庆市委第一副主委和主委，直到 1988 年。对于新时期党的统战方针和统一战线工作以及参政议政，与党合作共事有了更切实的感受。

在民主党派恢复活动初期，由于受极“左”思潮的影响，社员普遍心有余悸。我们到一些单位发展成员时，及时组织社员及所联系的知识分子座谈，宣传党的十一届三中全会精神和党的统一战线政策。我也深入到一些科研单位去做工作，通过召开一些座谈会使大家消除疑虑。与此同时开展协助各基层单位落实党的知识分子政策和“文化大革命”中抄家物资退赔等一些实际工作。所有这些都调动了大家为四化服务的积极性。在组织发展中主张宁缺毋滥，注意吸收那些政治上可靠、工作上积极进取，具有一定代表性的高中级知识分子入社。并仍按过去的经验，一定要通过有关的基层党组织协助了解所拟定的发展对象的政治情况。社市委从 1980 年起每年举办一次新社员学习会。（一般为 3 ~ 5 天）组织新社员进行社章、社史以及民主党派地位与作用等问题的教育，学习我社在各个革命时期与党风雨同舟、合作共事的光荣历史，并邀请市委统战部的领导作重要讲话。通过学习，新社员对党领导的统一战线及我社有了进一步的认识和了解。新社员纷纷表示要为完成党提出的各项任务而努力工作，为两个文明建设、促进振兴中华和统一祖国大业的实现，贡献出毕生的力量。在当时，举办这样的活动，在重庆市各民主党派中还属首创。

在如何加强社市委领导班子和社市委机关建设工作中，我首先考虑的是如何搞好领导班子的团结，只有坚持一班人的团结工作，才能调动一班人的积极性，消除不团结因素，同心同德才能搞好社的工作。为此，在重庆市委统战部的大力协助下，进行了部分人事调整，从而使社市委领导班子能够齐心协力地开展工作，使社的工作出现了新局面。

在我担任市政协常委和副主席期间，我认为只要心里头有个共产党，有社会主义，就能在与党合作共事方面一改过去所谓说“政协话”的风气，可以发挥己见，直言不讳地对党的工作提出批评和建议。我常常体会到“知无不言”容易做到，而“言无不尽”尚须经历一个过程。但是，在政治协商和推荐人选时我是做到秉公对待的，也并不是单从九三的利益出发而主要是从党的利益出发来考虑的，所以有时还能据理力争。

我是解放后在党的教育和帮助下才懂得人的真正价值和如何做人、如何做工作的。我是个平凡的人，只是做了些极其平凡的事，一切都是微不足道的。坚持党的领导，认真学习和宣传党的方针政策并身体力行，锲而不舍，持之以恒，是我后半生所奉行的圭臬。

现在我已达耄耋之年，不再担任任何实质性的职务了。但我仍关心国家大事和重庆大学的大事以及九三学社的大事，随时学习时事政策和有关文件。在参加有关会议时还能提些建议并做些力所能及的宣传和推动工作，以发挥我最后的一点余热。作为中国共产党领导的爱国统一战线中的一员，我时刻关注着党的统一战线和中华民族的统一大事。国共第二次合作已过去四十多年了，但愿能在有生之年能够再度听到国共合作的又一声惊雷。

（原载 1991 年四川省政协文史资料委员会办公室、中共四川省委统战部党史办公室合编的《风雨同舟》）

编后记

九三学社重庆市委编纂的《重庆市志·九三学社重庆地方组织志（1946—2007）》（以下简称《社志》）是九三学社重庆市地方组织有史以来的第一部社志，始于2008年2月，脱稿于2013年6月，历时5年多。它全面、客观、真实地记录了九三学社重庆市委员会自1946年成立以来至2007年60年来的历史发展轨迹。社志的编纂是一件很有意义的工作，也是九三学社重庆市委员会自身建设的一项基础性工作，不仅具有重要的历史价值，更具有重要的现实意义。

社志的编纂，大致经历了3个阶段：

第一是拟定篇目和资料采访收集阶段。2008年，根据重庆市第二轮市志编纂工作部署，贯彻落实《重庆市政府办公厅关于开展第二轮重庆市志编纂工作的通知》（渝办〔2007〕39号）精神，提出重庆各民主党派单独成志、分别出版的总体目标。《社志》的编纂出版工作得到社市委的高度重视。为加强对《社志》编纂工作的领导，保证编纂工作的顺利进行，经主委会研究决定，成立了以谢小军主委为主任的编委会，并设立了社志编纂办公室，全面启动了社志的编修工作。社市委机关贯彻主委会决定和对社志编写提出的原则和要求，明确工作计划，提出具体要求，确定了主编及参与人员为编辑，做了大致上的分工。由社市委机关各处室提供资料并拟定提纲，编写人员拟定出社志篇目（初稿），在广泛征求意见基础上，又拟定出社志篇目修订稿。为收集资料，编写人员先后查阅了社市委档案室及各处室的文字、图片资料，到市档案馆等查阅复印相关资料。同时，发函社各区县、支社组织，索取有关社志资料。还多次走访老社员、老领导及相关老同志，收集相关资料。第二为编写阶段。从2008年2月开始，由编写人员根据社志篇目统稿并编写（初稿）。初稿经编委会、主委办公会、机关办公会、专职副主委联席会近10次审阅、讨论，广泛征求意见和建议，不断修改完善。其间，因原编写人员2010年12月退休，现编写人员于2011年11月着手这项工作后，集中精力编写并完成初稿（征求意见稿）。在这个过程中，几易提纲、反复校改，也穿插着进一步征集、核实和考订资料，并完成了对图片部分的征集、编纂等工作。第三是审定阶段。2012年1月《社志（征求意见稿）》呈社志编纂委员会审查征求意见。同时，发送各区级组织征求意见并进行修改。2012年4月，《社志（修改稿）》再次送社志编纂委员会审查征求意见，并发送区级组织征求意见并进行修改。2012年5月，《社志》形成初稿，经初审修改后，送重庆市地方志办公室复审。2013年3月，《社志（送审稿）》再发送社志编撰委员会初审。2013年6月，《社志》形成初稿，经初审修改后，送重庆市地方志办公室复审。2014年5月，在修改相关文稿后，再送重庆市地方志办公室复审。

《社志》的编纂出版，是在九三学社重庆市委领导的关怀和直接领导下进行的，是集体智慧的结晶。九三学社重庆市委第三届、四届主委、副主委及秘书长对编纂《社志》工作十分重视，多次做出批示、听取汇报、研究工作，并及时组织力量，推进和保障了修志工作的顺利开展；同时，社志的成书也得益于社市委机关各处室、社各区级组织及老社员的通力合作、积极配合、大力支持。原则上涉及思想建设、参政议政、社会服务、组织建设、机关建设的内容，由相关职能处室提供资料，社区级组织的资料由各区级组织提供，为顺利开展社志编写做了大量工作。此外，在社志编写过程中，得到了重庆市地方志办公室、西南师范大学出版社的具体指导，得到了社四川省委等单位的大力支持，在此，一并表示最衷心的感谢，并特向为本志编写工作付出艰辛劳动的各位编纂人员和审改专家致以最诚挚的谢意。

《重庆市志·九三学社重庆地方组织志（1946—2007)》主要分为综述、大事记，以及包括历史沿革在内的6篇、28章、55节、9表，12个区级组织介绍，附录包括重要工作报告、重要事件、回忆文章三个方面的内容。在编辑过程中，我们本着实事求是的原则，力求比较全面地反映九三学社重庆市地方组织60余年来成立、发展、壮大的主要历程。

《重庆市志·九三学社重庆地方组织志（1946—2007)》，体例完备、资料翔实，但囿于水平之限，错误纰漏，实属难免，加上受“文化大革命”十年浩劫影响，档案资料毁损，疏漏之处，在所难免。在此，我们全体编辑人员向各位读者表示最诚挚的歉意，并诚望九三学社领导和广大社员不吝指正。

《重庆市志·九三学社重庆地方组织志（1946—2007）》编辑部

2014年5月

重庆市求精中学校
CHONGQING QIUJING HIGH SCHOOL

百/年/树/人 精/益/求/精

重庆求精中学教案